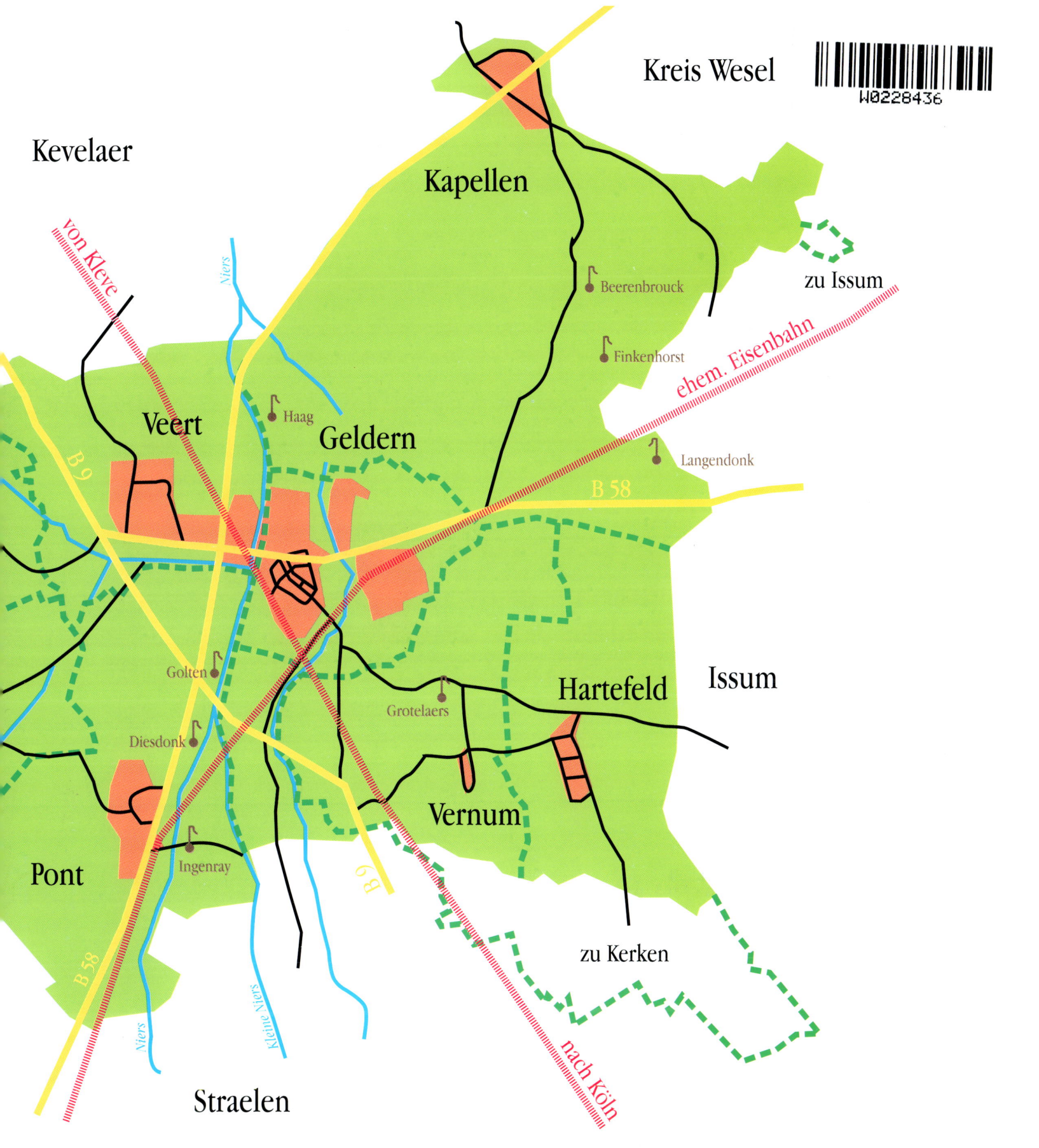

Kevelaer

Kreis Wesel

zu Issum

Kapellen

von Kleve

Niers

ehem. Eisenbahn

Beerenbrouck

Finkenhorst

Veert

Haag

Geldern

Langendonk

B 9

B 58

Golten

Issum

Hartefeld

Grotelaers

Diesdonk

Vernum

Pont

Ingenray

zu Kerken

B 58

Niers

Kleine Niers

B 9

nach Köln

Straelen

W0228436

Die Denkmäler
der Stadt Geldern

Geldrisches Archiv 6

Stefan Frankewitz

Die Denkmäler der Stadt Geldern

Geldern 2001

**Kunst ist schön,
macht aber viel Arbeit**

Karl Valentin (1882–1948)

Die Deutsche Bibliothek – CIP-Einheitsaufnahme

Frankewitz, Stefan:
Die Denkmäler der Stadt Geldern / Stefan Frankewitz. –
Kleve: B.o.s.s-Dr.-und-Medien, 2001
   (Geldrisches Archiv; 6)
   ISBN 3-933969-12-3

Kommissions-Verlag B.o.s.s Druck und Medien, Kleve
ISBN 3-933969-12-3

MESPILVS
Gesellschaft zur Förderung des Stadtarchivs Geldern e.V.

Text und Fotos, soweit nicht anders angegeben:
© Dr. Stefan Frankewitz
Umschlagentwurf: Stefan Frankewitz und Theo van Koeverden
Layout: Stefan Frankewitz, Rolf Zimmer

Gesamtherstellung: B.o.s.s Druck und Medien, Kleve

Inhalt

Grußwort des Bürgermeisters 8

Geleitwort des Landeskonservators 9

Vorwort 10

Dank 11

Abkürzungen 12

Denkmalschutz und Denkmalpflege 13

Was ist ein Denkmal? 13
Zur Geschichte der Denkmalpflege 14
Denkmalpflege in Geldern nach 1945 16
Schutz der Denkmäler in der Praxis 17
Aufgabe der Denkmalpflege 18
Argumente für die Denkmalpflege 20
Literatur zur Denkmalpflege 21
Zur Zielsetzung dieses Buches 22

Denkmäler und ihr Umfeld 23

Das Denkmal als Teil der Kulturlandschaft 23
Wieviel Grün verträgt ein Denkmal? 24
Wieviel Reklame verträgt ein Denkmal? 25

Die Denkmälergruppen in Geldern 27

Kirchen und Kapellen 27
Wegkreuze, Heiligenhäuschen und Kapellchen 27
Burgen, Schlösser, Herrenhäuser 28
Wassermühlen 29

Windmühlen 30
Bauernhöfe 30
Wohn- und Geschäftshäuser 30
Friedhöfe 31
Andere Denkmäler 31
Abschluß der Denkmalliste? 31

Katalog der Denkmäler

Die Denkmäler im Ortsteil Geldern 33
Historischer Überblick 35
Am Mühlenturm 1: Ehemaliger Mühlenturm und Kasematten . 37
Am Ölberg / Vernumer Straße 42
Am Ölberg: Friedhofskapelle 42
Am Ölberg: Friedhof 44
An der Insel 45
Bahnhofstraße 45
Boeckelter Weg 49
Boeckelter Weg: Jüdischer Friedhof 50
Brühlscher Weg 51
Friedrich-Spee-Straße 53
Gelderstraße 1: Evangelische Heilig-Geist-Kirche . . . 54
Gelderstraße 60
Haagscher Weg 61
Harttor 62
Hülser-Kloster-Straße 64
Issumer Straße 64
Issumer Tor 71
Issumer Tor 36: Villa von Eerde, jetzt Rathaus 72
Issumer Tor 75
Kapuzinerstraße 76
Kapuzinerstraße 32: Kapuzinerkirche 78
Kapuzinerstraße 83
Karmeliterstraße 84

Karmeliterstraße 12: Pastorat 85
Kirchplatz 11: Katholische Pfarrkirche St. Maria Magdalena . . 88
Köln-Mindener-Bahn 105
Lessingstraße: Windmühlenstumpf 107
Lindenallee 108
Markt 108
Nordwall 113
Ostwall 118
Ostwall: Refektorium des Klosters Nazareth 120
Ostwall 122
Pater-Delp-Straße 128
Südwall 129
Weseler Straße 130
Westwall 135

Die Denkmäler im Ortsteil Hartefeld 149
Historischer Überblick 151
Dypter Straße 151
Friedhofsstraße: Friedhof 151
Hartefelder Dorfstraße 152
Hartefelder Dorfstraße 67:
Katholische Pfarrkirche St. Antonius 153
Hartefelder Dorfstraße 167
Poelycker Weg 169

Die Denkmäler im Ortsteil Kapellen 171
Historischer Überblick 173
Aengenesch: Wallfahrtskapelle zur Schmerzhaften Mutter . . 174
Aengenesch 182
Am Geisberg 184
Am Mühlenwasser 186
Bartelter Weg 4: Schloß Haag 188
Bartelter Weg 197
Beerenbrouckstraße 198
Beerenbrouckstraße 62: Haus Beerenbrouck 199
Finkenhorster Weg 9: Haus Finkenhorst 203
Finkenhorster Weg 204
Kapellener Markt 205

Kapellener Markt 6: Katholische Pfarrkirche St. Georg 205
Kapellener Markt 226
Kiwittweg 230
Langendonker Weg 25: Haus Langendonk 230
Langendonker Weg 237
Lange Straße 237
Passerweg 242
St.-Bernardin-Straße 244
Waltersheide 244
Weseler Straße 245
Zitterhuck 246
Zur Boeckelt 247

Die Denkmäler im Ortsteil Lüllingen 249
Historischer Überblick 251
An de Klus 41: Kapelle St. Rochus 251
Genieler Straße 254
Genieler Straße 71: Kapelle St. Antonius in Geniel 254
Rochusweg 256

Die Denkmäler im Ortsteil Pont 259
Historischer Überblick 261
Antoniusstraße 18: Katholische Pfarrkirche St. Antonius . . . 263
Antoniusstraße 18: Friedhof und Ehrenmal 276
Antoniusstraße 277
Engelenweg 279
Haus Golten: Haus Golten 279
Möhlendyck 22: Haus Ingenray 282
Ponter Dorfstraße 286
Steinstraße 288
Venloer Straße 61: Haus Diesdonk 288
Venloer Straße 291
Walbecker Straße 292
Wendersstraße 293

Die Denkmäler im Ortsteil Veert 295
Historischer Überblick 297
Beurskensweg 297

Geurdenweg	298
Harttor	299
Heideweg	301
Kapellener Straße	302
Kapellener Straße: Wiliksche Mühle	302
Kirchstraße	303
Klever Straße	305
Nobispfad	306
Schulstraße 1: Katholische Pfarrkirche St. Martinus	307
Schulstraße	319
Stellenweg	322
Tombergsweg 15: Kapelle Klein-Kevelaer	323
Utrechter Straße: Turmwindmühle	324
Veerter Dorfstraße	325
Venloer Straße	325
Wettener Straße	326

Die Denkmäler im Ortsteil Vernum und auf der Baersdonk . . . 327

Historischer Überblick	329
Am Güterbahnhof	329
Baersdonker Weg	331
Duisburger Straße 72: Haus Grotelaers	334
Duisburger Straße	337
Geskensweg	338
In de Veenhey	339
Krefelder Straße	340
Meiersteg	341
Poelycker Weg	342
Poelycker Weg 10: Windmühle	342
Sittermansweg	344
Vernumer Straße	346

Die Denkmäler im Ortsteil Walbeck . . . 349

Historischer Überblick	351
Am Brökelken 35: Haus Steprath	353
Am Schloß Walbeck 3: Schloß Walbeck	361
Am Schloß Walbeck	368

An der Fossa	369
Bergsteg	370
Heeseker Weg	371
Hochstraße	371
Hochstraße 25: Altes Pastorat	373
Kevelaerer Straße	374
Kevelaerer Straße: Friedhof	375
Kokerweg 18: Kokermühle	376
Luciastraße 1: Katholische Pfarrkirche St. Nikolaus	378
Luciastraße	395
Neesenweg	395
Pinnertstraße	396
Ringweg	397
Schmalkuhler Weg: Steprather Windmühle	399
Straelener Straße	400
Walbecker Markt: Wallfahrtskapelle St. Luzia	401
Walbecker Markt	405
Walbecker Straße	407

Anhang . . . 411

Quellen zur Bau- und Kunstgeschichte in Geldern	412
Die Bodendenkmäler der Stadt Geldern	433
Glossar	435
Literatur	437
Jahrbücher der rheinischen Denkmalpflege	453
Register zu den Architekten und Künstlern, Firmen und Handwerkern	455
Abbildungsnachweis	467
MESPILVS und das „Geldrische Archiv"	468

Grußwort des Bürgermeisters der Stadt Geldern

Nicht nur die Bürgerinnen und Bürger, sondern auch die zahlreichen Besucher, die jedes Jahr nach Geldern kommen, kennen die interessanten und sehenswerten Seiten unserer Stadt. Trotzdem wird jeder, der dieses Buch in die Hand nimmt, überrascht sein, wieviele Baudenkmäler es trotz der Zerstörungen des Zweiten Weltkriegs in Geldern, Hartefeld, Kapellen, Lüllingen, Pont, Veert, Vernum und Walbeck gibt. Diese Denkmäler spiegeln die historische Bedeutung der Stadt wider, sie bestimmen nicht nur das Stadtbild, sondern tragen auch dazu bei, daß Geldern zu den Orten am Niederrhein gehört, wo man gerne lebt.

Da nicht nur der alte Stadtkern, sondern auch alle Ortsteile Gelderns in gebührendem Maße Berücksichtigung in diesem Buch finden, wird von dem Werk eine identitätsstiftende Wirkung ausgehen.

Ich freue mich, daß MESPILVS, die Gesellschaft zur Förderung des Stadtarchivs Geldern, die Initiative ergriffen hat, ein so umfangreiches Werk herauszugeben. Der Verein hat nicht nur erhebliche Mittel für die Realisierung dieses ansprechenden Buches bereitgestellt, sondern konnte auch andere namhafte Institutionen und Förderer von der Wichtigkeit eines solchen Werkes überzeugen. Ihnen allen dankt auch die Stadt Geldern.

Ich wünsche dem Buch eine weite Verbreitung, damit das Gespür für die Denkmäler, die letztlich die Schönheit unserer Stadt ausmachen, nicht verloren geht und weiter gestärkt wird.

Paul Heßler
Bürgermeister

Geleitwort des Landeskonservators

Baudenkmäler sind wie auch archäologische Zeugnisse das substantielle Gedächtnis menschlicher Generationen, die im doppelten Wortsinn begreifbare Erinnerung an ihre Vergangenheit. Und Denkmalpflege ist eine Verhaltensweise der Vernunft von uns Menschen im Umgang mit diesen Belegstücken unserer historischen Entwicklung ebenso wie mit der gegenwärtigen Umwelt und damit letztlich mit uns selbst. Denkmäler sind überdies wie die ihnen entgegengebrachte Wertschätzung ein Spiegelbild unseres Selbstverständnisses.

Seit jeher hat die Gesellschaft darum die Wahrung der historischen Kontinuität als ein moralisches Prinzip erkannt. Deshalb auch hat das namentlich durch die Aufklärung konkretisierte und im 19. Jahrhundert institutionalisierte und organisierte Bedürfnis nach Denkmalpflege schließlich seinen juristisch fixierten Niederschlag gefunden in den Denkmalschutzgesetzen der Gegenwart. Durch diese wandelte sich die Denkmalpflege von einer mehr aus einer Bildungsmoral entwachsenen Kulturverpflichtung zu einem allgemeinen Belang im öffentlichen Auftrag, der sich nach heutigem Verständnis entscheidend festmacht an der geschichtlichen Dimension des überlieferten Bauerbes.

Derzeit gibt sich die öffentliche Meinung allerdings vielerorts mit einer lediglich nach Geschichte aussehenden Erscheinung von Gebäuden zufrieden. Schein und Anschein genügen meist, um den Anspruch der Vergangenheit zu befriedigen. Insofern ist es wichtig, daß sich die für die Bau- und Bodendenkmäler Verantwortlichen mit ihrem Anliegen den Bürgern immer wieder verständlich machen.

Besitzern und Bewunderern, vielleicht aber sogar mehr noch den Gegnern von Denkmälern muß der erkennende Zugang zu diesen Kulturwerten erleichtert werden. Sie alle müssen vertraut gemacht werden mit den besonderen Ansprüchen des Individuums Denkmal. Vorrangig unter dem vitalen Gesichtspunkt der Zukunftsvorsorge und Nachhaltigkeit müssen Denkmäler als kostbare Ressourcen verstanden und behandelt werden. Ihre umfassende Überlieferung als einzigartiger menschlicher Selbsterfahrungs- und Erlebniswert sind wir den uns nachfolgenden Generationen jederzeit schuldig. Das aber kann nur gelingen, wenn über die Bedeutung der Denkmäler sowie die jeweilige Aufgabenstellung und die Art und Weise des Handelns ein jenen gegenüber wohl gesonnener Grundkonsens besteht.

Dazu kann diese fundierte Darstellung der Denkmäler der Stadt Geldern einen wichtigen Beitrag leisten, in dem sie Kenntnis und Verständnis der historischen Monumente dieser Stadt weckt und verstärkt. Dem engagierten Autor ist für seine Arbeit herzlich zu danken, Bürger und Bürgerinnen von Geldern sind zu diesem Werk zu beglückwünschen.

Prof. Dr. Udo Mainzer
Landeskonservator

Vorwort

Das vorliegende Buch versteht sich als Bestandsaufnahme der Denkmäler in Geldern, wie sie sich um die Wende vom 20. zum 21. Jahrhundert darstellen. Die Fotos wurden generell im Verlauf der Jahre 1999 und 2000 aufgenommen, doch schon jetzt zeigt sich, wie kurzlebig das aktuelle Erscheinungsbild einzelner Denkmäler sein kann. Bei zwei Denkmälern mußte auf ältere Fotos zurückgegriffen werden, da sie gerade saniert werden und eingerüstet sind.

Ohne die Hilfe und das Zuvorkommen der Denkmaleigentümer hätte dieses Buch nicht in dieser Form geschrieben werden können. Ihnen allen gebührt mein aufrichtiger Dank. Darüber hinaus gilt auch all den Personen ein herzliches Dankeschön, die gerne Informationen und Wissen, Bilder oder Archivalien, Zeit und Geduld bereitstellten:

Egbert Arts, Geldern-Walbeck; Jutta Buschmann, Goch; Peter Derix, Kevelaer; Dr. Detlev von Detten, Xanten; Petra Dietz, Bonn; Pastor Stefan Dördelmann, Geldern; Hubert und Katharina Düesberg, Geldern; Dr. Ruth Fannei, Grevenbroich; Katja Gräfin von Hoensbroech, Geldern-Kapellen; Felix Jeske, Geldern; Theo van Koeverden, Kleve; Dr. Peter Lingens, Frankfurt; Jonkheer van Nispen tot Zevenaar, Niederlande; Pastor Peter Hennesen Geldern-Hartefeld; Dr. Helmut Lulay, Bonn; Heinz Maes, Geldern; Dr. Paul Artur Memmesheimer, Königswinter; Erich Nauss, Geldern-Walbeck; Paul Niersmann, Geldern-Walbeck; Dr. Udo Oerding, Geldern-Kapellen; Johannes Patyk, Geldern-Walbeck; Pfarrer Reiner Podswina, Geldern; Christoph Pyka, Kleve; Dr. Rainer Schiffler, Pulheim-Brauweiler; Dr. Burghart Schmidt, Köln; Pastor Peter Schneiders, Geldern-Walbeck; Pastor Thomas Stapper, Geldern-Kapellen; Sabine Sweetsir, Rheinberg; Pastor Michael Terhoeven, Geldern-Veert; Drs. Bert Thissen, Kleve; Dr. Elgin van Treeck-Vassen, München; Kurt Welter, Geldern; Hubert Winterhoff, Geldern; Rolf Zimmer, Kleve.

Stefan Frankewitz

Dank

Mespilvs, die Gesellschaft zur Förderung des Stadtarchivs Geldern, dankt allen nachstehenden Institutionen und Personen, die die Realisierung dieses Buches mit freundlicher und zum Teil großzügiger Unterstützung ermöglichten:

Heinz Josef van Aaken, Zimmerei, Kevelaer
Anton-Betz-Stiftung der Rheinischen Post
Andrea Arden, Versicherungsagentur, Geldern
Baumschule Beterams, Geldern
Dr. Paul Bösken-Diebels
Dr. Theo und Gisela Camp, Geldern
Deutsche Bank, Geldern
Deutsche Stiftung Denkmalschutz
Johannes Düllings, Bau- und Möbelschreinerei, Geldern-Kapellen
Rudi Eck, Immobilien, Geldern
Reinhard Fleurkens, Geldern
Gisela Grabowski, Fotostudio, Geldern
Manfred Gross, Duisburg
Dr. Dietrich Hellen, Kerken
Wolfgang Herlings, Architekturbüro, Geldern
Otto Hermans, Sefferweich
Prof. Hannes Hermanns, Architekt, Kleve
Gerd Janssen, Geldern
Kiwani-Club Gelderland
Kreis Kleve, Abteilung Vermessung, Bodenordnung

Dr. Koenen Schmähling, Geldern
Dr. Gerd. P. Köster, Geldern
Küppers, Feinkost, Geldern-Kapellen
Wilhelm Lackmann, Bauunternehmung, Geldern-Kapellen
Landschaftsverband Rheinland
Werner Lemmens, Architekt, Geldern-Kapellen
Werner Lingens, Kevelaer
Martin Link, Geldern
Heinrich Linssen GmbH & Co KG, Geldern
Ministerium für Arbeit, Soziales und Stadtentwicklung, Kultur und Sport des Landes Nordrhein-Westfalen
Johannes Patyk, Geldern-Walbeck
Photo Porst, Geldern
Hans-Josef Post, Geldern
Ute Piroeth, Architektin, Köln
Ernst Quartier, Architekturbüro, Kevelaer
Ulrich Rütten, Zimmerei, Geldern-Walbeck
Verlag Sauerländer, aare Verlag, kbv Luzern
Martin Schoenen, Bauunternehmung, Geldern
Karl Singendonk, Aachen
Rudolf Slickers, Viersen
Stadt Geldern
Sparkasse Geldern
Stadtwerke Geldern
Volksbank Gelderland e. G.
Hubert Winterhoff, Geldern
Büro für Burgenforschung Dr. Joachim Zeune, Eisenberg/Allgäu – München – Bamberg – Kleve

Abkürzungen

BAM   Bistumsarchiv Münster
DiR   Denkmalpflege im Rheinland
GA   Gemeindearchiv
GHK   Geldrischer Heimatkalender
GW   Geldern'sches Wochenblatt
HStAD   Nordrhein-Westfälisches Hauptstaatsarchiv Düsseldorf
JbrD   Jahrbuch der rheinischen Denkmalpflege
NL   Niederrheinische Landeszeitung
NN   Niederrhein Nachrichten (jeweils die für Geldern gültige Ausgabe)
PfA   Pfarrarchiv
RAL   Rijksarchief in Limburg, Maastricht
RP   Rheinische Post, Ausgabe Geldern
StA   Stadtarchiv
UH   Unsere Heimat. Zwanglose Blätter, herausgegeben von den Heimatvereinen des Kreises Geldern. Beilage zur Niederrheinischen Landeszeitung. – Blätter des Vereins für Heimatschutz und Museumsförderung. Beilage zum Kevelaerer Blatt
VHVG   Veröffentlichungen des Historischen Vereins für Geldern und Umgegend

Denkmalschutz und Denkmalpflege

Was ist ein Denkmal?

Diese Frage geht im doppelten Wortsinn an die Substanz. In einem weiten, abstrakten Sinne ist jedes Bauwerk irgendwie ein Denkmal, das Zeugnis ablegt von einer individuell gestalteten Architektur und das eine bestimmte Geisteshaltung und einen konkreten Gestaltungswillen eines Menschen zum Ausdruck bringt. In der Praxis aber reicht diese Definition nicht aus, um sinnvoll Denkmalpflege zu betreiben, denn dann müßte man tatsächlich jedem Bauwerk den gesetzlichen Schutz angedeihen lassen, sei es noch so unproportioniert, verbaut, verunstaltet oder gar noch so häßlich. Denkmalpflege findet also nur bei „schönen" Gebäuden statt? Mitnichten.

Es ist aber festzuhalten, daß Denkmalpflege – wie alle kulturellen Erscheinungen – immer auch ein Kind der jeweiligen Zeit ist und dementsprechend unterschiedlichen Bewertungskriterien unterliegt. Am Ende des 19. Jahrhunderts gab es noch zahlreiche Häuser vergangener Jahrhunderte, sie waren nichts besonderes. Nur so ist der heute höchst merkwürdig klingende Brief des bekannten Gelderner Geschichtsschreibers Friedrich Nettesheim von 1872 an den Bürgermeister der Stadt Geldern zu verstehen: *Auf Ihre geehrte Zuschrift vom 16. d. M. beehre ich mich Ihnen zu erwiedern, daß unsere Gemeinde keine Baudenkmale von einiger Bedeutung besitzt, die Gegenstand einer Inventarisation sein können. Es ließe sich in dieser Beziehung allenfalls unsere katholische Pfarrkirche in Vorschlag bringen, von der jedoch bis dahin eine Beschreibung noch nicht besteht* (StA Geldern, Akten B, Nr. 607).

Konkreter klingt die Definition im § 2 des Denkmalschutzgesetz des Landes Nordrhein-Westfalen aus dem Jahre 1980: „Denkmäler sind Sachen, Mehrheiten von Sachen und Teile von Sachen, an deren Erhaltung und Nutzung ein öffentliches Interesse besteht. Ein öffentliches Interesse besteht, wenn die Sachen bedeutend für die Geschichte des Menschen, für Städte und Siedlungen oder für die Entwicklung der Arbeits- und Pruduktionsverhältnisse sind und für die Erhaltung und Nutzung künstlerische, wissenschaftliche, volkskundliche oder städtebauliche Gründe vorliegen."

Der Denkmalschutzgedanke definiert die Erhaltungswürdigkeit somit immer auch an der Bedeutung eines Denkmals, Individualität allein genügt nicht. Ein alter Hühnerstall, in der Not der Zeit um 1950 mit ebenso einfachen wie vielfältigen Mitteln gebaut, mag zwar Zeugnis seiner Zeit und der gesellschaftlichen Stellung und Möglichkeit seines Erbauers ablegen, doch dies allein ist nicht Grund genug, ihn als erhaltenswertes Denkmal einzustufen. „Erhaltenswert" ist ein Denkmal erst, wenn es „bedeutend für die Geschichte des Menschen ist" oder: wenn es bedeutend für die Geschichte des Menschen einer Region ist. Zweifellos muß einem einzelnen Gebäude, das als eines der wenigen Häuser einer Stadt den Zweiten Weltkrieg überdauert hat, größerer Zeugniswert gerade für diese Stadt zuerkannt werden. Der Denkmalwert ergibt sich also auch aus dem historischen Kontext und dem städtebaulichen Umfeld.

Den Kölner Dom, der als überaus komplexer Baukörper in seinen ergrabenen Fundamenten noch ein Denkmal für dic Spätantikc abgibt, cin überragendes Zeugnis für die Religiösität und mittel-

Denkmalschutz
als Thema eines
Kinderbuchs von
Jörg Müller

alterliche Architekturgeschichte darstellt und gleichermaßen zum richtungsweisenden Denkmal für den Historismus im 19. Jahrhundert wurde, diesen Kölner Dom mit der Luziakapelle in Walbeck oder einer anderen Kapelle vergleichen zu wollen, erscheint unredlich: Die Bedeutung, die der Kölner Dom für den Kölner hat, besitzt zweifellos die Luziakapelle für den Walbecker! Aus gutem Grund qualifiziert das Gesetz nicht die Denkmäler, es unterscheidet nicht zwischen „wichtigen", „weniger wichtigen" oder gar „unwichtigen" Denkmälern, es kennt eben nur „Denkmäler". Allein dieses Beispiel mag verdeutlichen, daß auch Denkmäler individuelle Geschöpfe sind. Um ihre Vielfalt und Eigenart zu erhalten, bedarf es vor allem der genauen Kenntnis der Denkmäler und ihres Umfeldes, die gesetzlichen Vorschriften sind in der Denkmalpflege zwar notwendiges Regelwerk, sie können aber keinesfalls Sachkenntnis ersetzen. Dementsprechend ist es völlig abwegig, „die Bürgerschaft … nicht die Fachleute" entscheiden zu lassen, was unter Denkmalschutz gestellt werden soll (RP vom 21. Dezember 2000).

Zur Geschichte der Denkmalpflege

Mit der Begründung, daß „benanntes Mauerwerck ganz ohne Zweck ist, dagegen die Stadt durch das Abbrechen desselben verschönert wird" wurden schon 1823 in Straelen die vier mittelalterlichen Stadttore restlos beseitigt (FRANKEWITZ 1978, S. 89). Denkmäler – historische Gebäude schlechthin – sind immer schon mehr oder minder mutwillig abgebrochen worden, um dem Neuen, dem vermeintlich Besseren, Platz zu machen. Das 19. Jahrhundert, das Saekulum, das mit der französischen Revolution endgültig das Mittelalter überwunden zu haben schien, ging zum Teil so barbarisch mit den alten Denkmälern um, daß von einer „geradezu fanatischen Abrißwut des 19. Jahrhunderts" gesprochen werden kann (MAINZER 1976, S. 13).

Die Zeitgenossen von damals dahingehend in Schutz nehmen zu wollen, sie hätten es nicht besser wissen können, erscheint nicht gerechtfertigt. Schon 1779 hatte der Landgraf von Hessen eine „Verordnung, die im Lande befindlichen Monumente

und Altertümer betreffend" erlassen, in der er festschrieb, „daß die in Unseren Landen befindlichen Monumente und sonstigen Altertümer möglichst erhalten werden" (HUSE 1996, S. 26).

Denkmalpflege tat schon damals Not, und der bekannte Berliner Baumeister und Architekt Karl Friedrich Schinkel warnte 1815: „. . . und wenn jetzt nicht ganz allgemeine und durchgreifende Maßnahmen angewandt werden, so werden wir in kurzer Zeit unheimlich, nackt und kahl wie eine neue Colonie in einem früher nicht bewohnten Lande dastehen" (HUSE 1996, S. 70).

Aber auch in unserer Region wußte man um die Notwendigkeit, Denkmäler als Zeugnisse der eigenen Geschichte zu erhalten, um kommenden Generationen Möglichkeiten zur Identifikation und Standortbestimmung bieten zu können.

Joseph Hubert Mooren, der bekannte Pfarrer in Wachtendonk, und Mitbegründer des Historischen Vereins für den Niederrhein sowie des Historischen Vereins für Geldern und Umgegend, bedauerte 1857: „Vieles, was einen unersetzlichen, geschicht-

lichen Werth hatte, ist durch den alles verzehrenden Zahn der Zeit vernichtet, noch mehr durch Menschenhand verwüstet worden"; es war „Gefahr im Verzuge", denn schon damals bedrohten „Straßenbau und Wegeverlegungen, Auskiesung und Aussandung" den Bestand der überlieferten Denkmäler (HÖVELMANN 1977, S. 47).

Dem Verlust der Denkmäler stand in der zweiten Hälfte des 19. Jahrhunderts das Bauen in historisierenden Formen einerseits – in der Zeit ist das jetzige Gelderner Rathaus gebaut worden (→ Geldern, Issumer Tor 36) – und die Entstehung zahlreicher Altertums- und Geschichtsvereine andererseits gegenüber, die sich für Denkmalpflege, das heißt für den Erhalt von Originalen, von Denkmälern einsetzten. Diese privaten Initiativen waren auf Überzeugungsarbeit angewiesen und konnten sich nicht auf gesetzliche Vorgaben stützen. Erst mit der Etablierung des „Provinzialkonservators" 1893 und der Gründung des „Rheinischen Vereins für Denkmalpflege und Heimatschutz" im Jahre 1906 erhielt die Denkmalpflege in der Rheinpro-

„Hier fällt ein Haus, dort steht ein Kran und ewig droht der Baggerzahn oder Die Veränderung der Stadt"

vinz einen höheren Stellenwert, ihre Möglichkeiten, etwas gegen den Willen eines Privatmanns durchzusetzen, waren aber dennoch stark eingeschränkt (KIESOW 2000).

Denkmalpflege in Geldern nach 1945

Bekanntlich war die Innenstadt Gelderns 1945 zu 82% zerstört worden. So schmerzlich der Verlust zahlreicher Bürgerhäuser, die zum großen Teil noch aus dem 18. Jahrhunderts stammten, auch sein mag, die etlichen Abrisse von historischen Gebäuden nach 1945 sind viel bedauerlicher. Das Rathaus am Markt, das ab 1724 als Ersatz für das spätmittelalterliche Rathaus von 1477 neu errichtet worden war, blieb als Ruine noch bis zum Sommer 1946 erhalten; gemessen an der neuerlichen Rekonstruktion der Dresdner Frauenkirche wäre es ein Leichtes gewesen, das Rathaus in Geldern mit den noch vorhandenen originalen Materialien wiederaufzubauen.

Doch nicht nur Ruinen wurden überall abgeräumt, auch Bestehendes sollte noch wesentlich später einfach abgerissen werden. 1959 mußte das alte Postgebäude an der Bahnhofstraße für den Neubau der Abfüllanlage von Coca-Cola weichen, 1967 opferte man das Ehrenmal am Nordwall für Parkplätze, 1971 fiel die Westwallschule von 1895 der Abrißbirne zum Opfer, um hier einen weit weniger schönen Zweckbau für die Realschule errichten zu können, 1974 mußte am Beginn des Westwalls das Geschäftshaus von Clemens Hovestadt beseitigt werden, um den Westwall verkehrsgerecht an das Hartor anzubinden, 1973 sollte die 1901/2 errichtete Franziskusschule in der Kapuzinerstraße für einen Zweckbau der Berufsschule und 1978 – nur um einen Parkplatz zu schaffen – die daneben gelegene, im Jahre 1900 errichtete Zigarrenfabrik Kersten ab-

gebrochen werden. In demselben Jahr – 1978 – wurden die alten Häuser Markt 17 und 18 neben der Heilig-Geist-Kirche – wo fast einhundert Jahre zuvor Gelderns erstes Fahrradgeschäft eröffnet worden war – abgebrochen. 1977 bereits war das harmonische Gebäude am Haagschen Weg, Ecke Nordwall, gegen den erklärten Willen des Landeskonservators abgerissen worden. Auch hier folgte ein weit weniger harmonisches Wohnhaus (FRANKEWITZ 1991a, S. 21, 56, 58, 57, 56, 51, 54, 58).

Höchst sonderbar mutet der Verlust eines an und für sich unscheinbaren Hauses in der Issumer Straße an. Die Maureranker im rückwärtigen Giebel zeigten, daß das Haus, in dem die Schillschen Offiziere im August 1809 übernachteten, bevor sie wenig später in Wesel erschossen wurden (→ Issumer Straße 14), 1619 errichtet worden war. Das Haus hatte also nicht nur die Belagerung von 1643, das große Bombardement von 1703, die Explosion des Pulverturms 1735, sondern auch das Inferno von 1945 überstanden; im Zuge der „Kreation Glockengasse" aber mußte es im Rahmen der Stadtkernsanierung im Januar 1981 beseitigt werden (FRANKEWITZ 1991a, S. 41). Wie sehr der ungebremste Abrißwillen damals das Stadtbild veränderte, mag man ermessen, wenn man heute vor dem Denkmal → Westwall 43 steht und sich vorstellt, es wäre 1962 – wie vorgesehen – tatsächlich abgebrochen worden.

Das in der Stadt Geldern Geschehene steht nicht allein im Raum, sondern es ist nur beispielhaft für das fortschrittsgläubige Denken der 1960er und 1970er Jahre, in denen Denkmäler – ähnlich wie im 19. Jahrhundert – in der breiten Bevölkerung keinen hohen Stellenwert genossen. In diesem Zusammenhang sind – ebenfalls nur beispielsweise – die Abrüche von Häusern im Zentrum Kapellens 1961 und 1963, die Beseitigung des Kaplanshofes in

Walbeck 1969, der Abbruch des 1696 errichteten Torhauses vom Brauershof auf der Baersdonk 1971 (→ Vernum, Am Güterbahnhof 42), der Abbruch der alten Schule in Hartefeld 1975, der Abbruch der „süßen Ecke", der Gastwirtschaft „Zur Barriere" in Veert ebenso zu nennen, wie zahlreiche Stadtkernsanierungen, die ebenfalls vor Abbrüchen nicht zurückschreckten (für Straelen s. etwa SCHIFFLER 1987, S. 53).

Dieser Entwicklung, die mit einem permanenten Identitätsverlust in unseren Dörfern und Städten und im Landschaftsbild – und zwar im gesamten Rheinland – einherging, sollte das Nordrhein-Westfälische Denkmalschutzgesetz von 1980 endlich Einhalt gebieten.

Schutz der Denkmäler in der Praxis

Heute, zwanzig Jahre nach Inkrafttreten des Denkmalschutzgesetzes, führt jede Gemeinde als „Untere Denkmalbehörde" eine Liste der Denkmäler, die auf dem jeweiligen Gemeindegebiet unter Schutz stehen. Mit der Einführung des Denkmalschutzgesetztes ist die Diskussion in und um die Denkmalpflege keineswegs beendet, sondern lediglich auf eine gesetzliche Grundlage gestellt worden. Nach wie vor können und werden Denkmäler beseitigt, wenn nur von der „richtigen" Seite ein entsprechendes öffentliches Interesse formuliert und vorgetragen wird. Zu den wichtigsten und bekanntesten Baudenkmälern, die in Nordrhein-Westfalen beseitigt wurden, gehörte der im Oktober 1987 niedergelegte Plenarsaal des Deutschen Bundestages in Bonn und das 1992 abgebrochene ARAG-Hochhaus in Düsseldorf (DiR 5, 1988, Nr. 1, S. 1).

Neben den politisch motivierten, willkürlichen Abbrüchen gibt es aber auch notwendige Abbrüche,

wenn beispielsweise die Standsicherheit nicht mehr gegeben ist und ein Gebäude wegen Einsturzgefahr eine erhebliche Gefahr für Leib und Leben darstellt (KÖHREN-JANSSEN 2000). Effiziente Denkmalpflege, sie setzt allerdings den guten Willen des Denkmaleigentümers voraus, kann verhindern, daß ein Denkmal in einen solchen Mißstand gerät.

Für manche Denkmalbesitzer sind Denkmäler nur lästig, zumal wenn sie der Meinung sind, ein Denkmal dürfe in keiner Weise verändert werden und er müsse sich mit seinem weniger komfortablen Haus abfinden. Das Denkmalschutzgesetz sagt in seinem ersten Paragraphen ganz klar, daß Denkmäler nicht nur „zu schützen" und „zu pflegen", sondern auch „sinnvoll zu nutzen" sind. Von keinem Menschen wird erwartet, daß er in einem zugigen Haus mit maroden Fußböden, quitschenden Türen, verkommenen Fenstern und ohne Badezimmer wohnt. Derartige Ansprüche an die Erhaltung von Baudenkmälern sind nur an Gebäude in Freilichtmuseen zu stellen. In der Praxis hingegen können natürlich abgängige Teile eines Denkmals ersetzt werden, doch der Ersatz muß zum Denkmal passen.

Liebenswertes Detail: Briefkastenschlitz in einer Tür am Westwall

In ein Jugendstilhaus gehören keine Kunststoff-fenster, an einen Kirchturm gehören keine Antennenanlagen, in mittelalterliche Schlösser gehören keine Aluminiumtüren und in ein Bauernhaus des 18. Jahrhunderts gehört ebenso wenig eine Betondecke, wie in das Schloß Moyland! Wer Schloß Moyland im Rohbau gesehen hat, weiß, daß hier außerordentlich gesündigt wurde, doch derartige Sünden sollen und dürfen nicht als Grundlage für weitere Bausünden herangezogen werden.

Von Denkmalbesitzern kann nicht erwartet werden, daß sie sich in der Praxis der Denkmalpflege auskennen, wenn aber Architekten gegen besseres Wissen aus wirtschaftlichen Gründen dem Bauherrn nach dem Mund reden, wird die Sache ernst! Es ist schon erstaunlich, welche Vielfalt in der Argumentation von dieser Seite aus entwickelt werden kann. Da wird plötzlich einem alten Haus Baufälligkeit attestiert, ohne daß seine Substanz ernsthaft bedroht wäre, auf der anderen Seite wird für ein Haus, bei dem es mehr als fraglich ist, ob es wirklich „bedeutend für die Geschichte des Menschen" ist, der Höchstsatz an Fördermitteln beantragt. Auch für noch so unpassende Anbauten an einem Denkmal hat so mancher Architekt eine geradezu entwaffnende Logik entwickelt: Gerade durch den geplanten Neubau neben dem Denkmal werde die alte Substanz in ihrem Erscheinungsbild nur aufgewertet!

Auch wenn der Gesetzestext immer wieder vor jedem Denkmal neu interpretiert werden muß, in der Praxis haben sich die formulierten Maßstäbe bewährt. Das heißt aber nicht, daß die Gründe, warum ein Haus unter Denkmalschutz gestellt werden soll und muß, auch von jedermann eingesehen wird. Dementsprechend kann und darf die Entscheidung, ob ein Gebäude Denkmal ist und damit in die Denkmalliste einzutragen ist, keine demokratische sein.

Das hieraus resultierende Problem ist mit vielen anderen Dingen in unserer Demokratie vergleichbar. Tagtäglich prallen verschiedene Meinungen aufeinander, und es bedarf immer wieder großer Kraftanstrengung, den anderen von der Notwendigkeit einer Maßnahme zu überzeugen, die dieser für nutzlos hält. Hin und wieder muß auch ein Architekt oder Bauherr einsehen, daß ein geplantes Nutzungskonzept in einem alten Gemäuer zwar die Attraktivität eines Ortes steigern könnte, das Denkmal aber dann zerstört wäre. Nicht jedes Nutzungskonzept ist in jedem Denkmal zu verwirklichen, aus einer Windmühle kann man ebenso wenig einen Bungalow machen, wie aus einer Kirche ein Parkhaus.

Die Frage, was denn an einem Denkmal verändert werden kann, kann also nicht allgemeingültig und pauschal beantwortet werden. Auch ein Gebäude ist eben ein Individuum, bei dem zunächst alles, innen wie außen, unter Schutz steht. Schneidet man einem Menschen ohne seine Einwilligung einfach die Haare ab, so ist das eine Körperverletzung, gleichwohl dem Menschen dadurch kein direkter Schmerz und kein organischer Schaden zugefügt wurde. Mit der gleichen Einstellung sollte man Denkmälern begegnen. Egal, welches beliebige Gewerk entfernt oder durch ein neues, noch so täuschend ähnliches es ersetzt wird, immer geht ein Stück erfahrbare Originalität mit Alters- und Überlieferungsspuren und damit ein Teil des Zeugniswerts verloren.

Aufgabe der Denkmalpflege

Es ist n i c h t Aufgabe der Denkmalpflege, lediglich beabsichtigte Veränderungen in und an einem Denkmal abzusegnen. Denkmalpflege setzt sich dementsprechend immer aus zwei Komponenten zusammen: Auf der einen Seite steht der Denkmalbesitzer, der im Extremfall sein Denkmal beseitigen möchte, auf der anderen Seite steht der Denkmalpfleger, der als Anwalt seiner stummen und wehrlosen Klienten am liebsten keine Veränderung an seinem Denkmal sehen möchte. Zwischen beiden Extremen ist nur mit gutem Willen beider Parteien ein Kompromiß möglich.

Jede Veränderung an einem Denkmal ist erlaubnispflichtig. Die Erlaubnis erteilt die Stadt Geldern als Untere Denkmalbehörde im Benehmen mit dem Rheinischen Amt für Denkmalpflege.

Die Pflicht des Denkmalbesitzers, eine Erlaubnis zur Veränderung einzuholen, wird in der Praxis oftmals dahingehend interpretiert, man dürfe „gar nichts" verändern. Das stimmt natürlich nicht. Aufgabe der Untere Denkmalbehörde ist es, zu überprüfen, ob eine geplante Veränderung an einem Gebäude das Denkmal nicht über Gebühr in seinem Erscheinungsbild verunstaltet. Oberster Grundsatz der Denkmalpflege muß natürlich der Erhalt von Denkmälern unter größtmöglichem Erhalt der originalen Substanz sein. Neue Fenster beispielsweise müssen dem historischen Stil des Gebäudes entsprechen. Gleiches gilt für die Dacheindeckung, ein Fassadenanstrich oder auch für den Innenausbau.

Damit ist ein weiteres Thema angesprochen: Oftmals hört man die Meinung, Denkmalschutz beziehe sich lediglich auf den Schutz der äußeren Hülle, im Inneren seien alle Veränderungen möglich. Daß dies so nicht richtig sein kann, liegt auf der Hand. Grundsätzlich ist an einem Gebäude alles und jedes Detail Denkmal. Eine Stuckdecke ist ebenso Bestandteil eines Denkmals wie eine Holzbalkendecke, ein alter Flur oder ein alter Kamin. Die Summe der Details bestimmt die Qualität eines Denkmals!

Erst im zweiten Schritt kann man sich Gedanken machen, ob die eine oder andere Veränderung im Innern – oder auch am Äußeren – hingenommen werden kann und im Einklang mit dem denkmalpflegerischen Anspruch steht. Die Untere Denkmalbehörde berät den Bauherrn bereits im Vorfeld

Altes Mauerwerk im
Originalzustand
und
schlecht saniertes
Mauerwerk

Nicht denkmalgerecht:
Dachflächenfenster,
Schüssel und Kamin-
haube

favorisieren; so sind die Dachüberstände in den Neubaugebieten „landschaftstypisch" geworden. In Neubaugebieten mag dies angehen, doch inzwischen werden auch die älteren Häuser mit solchen Dachüberständen versehen, ohne das erkannt wird, daß diese gar nicht zum Stil des Hauses passen. Steht ein Haus unter Denkmalschutz ist es natürlich die Pflicht des Denkmalpflegers, derartige Mißstände zu verhindern. Ähnliches kann für die völlig grundlosen Verschieferungen von Kaminen, Traufen und Ortgängen konstatiert werden, die an historischen Gebäuden nichts zu suchen haben.

Argumente für die Denkmalpflege

Der Ausbau und die Erhaltung eines Denkmals nach denkmalpflegerischen Gesichtspunkten mag im Einzelfall mit höheren Kosten verbunden sein, doch die Vorteile, die der Denkmalbesitzer dadurch erfährt, sind nicht von der Hand zu weisen:
- höhere Wohnqualität und gesteigertes Ambiente
- erhöhte steuerliche Abschreibung
- öffentliche Zuschüsse

Denkmäler stehen im Blickpunkt der Öffentlichkeit, denn ihnen kommt eine besondere identitätsstiftende Wirkung in unseren Stadt- und Dorfbildern zu. Besitzer von Baudenkmälern dürfen stolz sein, einen wesentlichen Beitrag zur Attraktivität der Stadt Geldern zu leisten.

In der Tat ist der beste Denkmalpfleger ein verständnisvoller Denkmalbesitzer. Wer nicht nur in, sondern auch mit einem angenehmen Ambiente wohnen und leben möchte, wird von selbst darauf achten, daß sein Denkmal nicht von einem häßlichen Kaminschutz, einer Antenne, einer großen Schüssel und von völlig unhistorischen Dachflächenfenstern verunstaltet wird.

einer Baumaßnahme darüber, was möglich ist, damit die Originalität der Substanz seines Denkmals nicht unnötig verändert wird.

Die Denkmalpflege versucht auch, das Landschaftstypische für die jeweilige Landschaft zu erhalten. Trotzdem muß festgehalten werden, daß das Landschaftstypische nicht statisch ist, sondern einem ständigen Wandel unterliegt (LINGENS 1994b, S. 15). Strohdächer insbesondere auf landwirtschaftlichen Gebäuden waren im 18. Jahrhundert in Geldern üblich und prägten damit das Bild der Landschaft, heute stellt ein Strohdach in unserer Gegend eine Seltenheit wenn nicht sogar ein Kuriosum dar. Ein anderes Beispiel: Bis weit in die zweite Hälfte des 20. Jahrhunderts war es am Niederrhein üblich, ein Dach am Giebel enden zu lassen und diese Nahtstelle, den sogenannten Ortgang mit einem Putzband oder mit ornamental gestalteten Ortgangziegeln zu versehen. Dann plötzlich kam bei Neubauten die Mode auf, große, altertümlich wirkende Dachüberstände wie bei Schwarzwaldhäusern zu

Literatur zur Denkmalpflege

Der Stellenwert der Denkmalpflege ist in den letzten Jahren derart gestiegen, daß eine Übersicht über die vorhandene Literatur auch für den Fachmann kaum mehr zu erreichen ist. Dabei sind vier Zielrichtungen zu unterscheiden:

1. Literatur, die bemüht ist, Denkmalschutz und Denkmalpflege als gesellschaftliche Aufgabe zu begreifen und zu vermitteln,
2. Literatur, die sich mit der konkreten Denkmalpflege im Rahmen des Erhalts, der Sanierung und Nutzbarmachung eines Denkmals mit seinen zahlreichen Einzelgewerken beschäftigt,
3. historische Bauforschung und
4. Inventarisation von Denkmälern; die beiden letzten Kategorien bilden die eigentliche Grundlage für die Beurteilung einer Denkmallandschaft im Allgemeinen und der Denkmaleigenschaft eines einzelnen Gebäudes im Besonderen.

Zu 1: Wohl die beste Einführung in die Geschichte und die Problematik der modernen Denkmalpflege bietet das 1982 geschriebene und inzwischen in der vierten Auflage 2000 erschienene Buch von KIESOW, das nicht nur für jeden Architekten und Verwaltungsmann, der sich mit Denkmalpflege beschäftigt, zur unbedingten Pflichtlektüre gehören sollte.

Zu 2: Eine Übersicht über die zahlreichen Einzelpublikationen mit den unterschiedlichsten Fragestellungen wie „Schadensatlas Ziegelmauerwerk" oder „Dachausbau und Volldämmung in Altbauten" bietet die 1999 erschienene, 52 Seiten umfassende Übersicht „Denkmalpflege und Altbausanierung" des „Fraunhofer-Informationszentrum Raum und Bau IRB".

Zu 3: Nur Beispielhaft seien genannt: Konrad BEDAL: Historische Hausforschung. Eine Einführung in Arbeitsweise, Begriffe und Literatur (Beiträge zur Volkskultur in Nordwestdeutschland, Heft 8). Münster 1978, letzte, veränderte Auflage Bad Windsheim 1993. Außerordentlich wichtig speziell für den Niederrhein sind die beiden Arbeiten von ZIPPELIUS für den ländlichen Raum und DAUTERMANN für den städtischen Bereich (siehe Literaturverzeichnis).

Zu 4: Das bekannteste Inventar der Denkmäler im Rheinland ist die 1891 von Paul CLEMEN begonnene Reihe „Die Kunstdenkmäler der Rheinprovinz", als deren zweiter Band noch in demselben Jahr „Die Kunstdenkmäler des Kreises Geldern" erschien. Eine Übersicht über die bis 1937 fortgesetzte Reihe findet sich bei BISPING 1993, S. 526 f.

Das Inventar des Kreises Geldern von 1891 ist das einzige gedruckte Inventar zu den Gelderner Denkmälern. Es behandelt auf 113 Seiten den gesamten Kreis Geldern. Zwar konnten in vielen Bereichen neue Erkenntnisse gewonnen werden – was nach über einhundert Jahren Forschung auch nicht überraschen muß – doch noch immer ist der CLEMEN auch heute noch mit Gewinn und Bewunderung zur Hand zu nehmen.

Ab 1964 hat es Bemühungen gegeben, die Inventare von CLEMEN durch neue zu ersetzen, allein für den damaligen Kreis Kleve entstanden so fünf ausgezeichnete Bände aus der Feder von Peter HILGER; nach 22 Bänden wurde die Reihe 1975 „abgebrochen, denn der vorgesehene Zeitrahmen von ca. zwanzig Jahren für die vollständige Bearbeitung aller nordrheinischen Städte und Kreise war nicht einzuhalten, der Arbeitsaufwand zu hoch für ein Werk ohne wissenschaftliche Vollständigkeit, das zudem den neuen Kriterien für Stadt- und Ortssanierungen nicht mehr genügte (BISPING 1993, S. 528). Bereits parallel zu diesen Bänden entstanden in den 1970er Jahren die Kurzinventare, in denen die erkannten Denkmäler in nur einer

Zeile bedacht wurden. Daß diese Kurzinventare (vgl. JbrD 29, 1983, S. 342–346) – von denen einige als „Denkmälerverzeichnisse" des Landeskonservators gedruckt wurden (Übersicht bei BISPING 1993, S. 530) – der praktischen Denkmalpflege nicht gerecht werden konnten, versteht sich von selbst. Statt nun aber einen praktikablen Weg einzuschlagen wurde 1977 ein auf 164 Bände projektiertes „Großinventar" begonnen, in dem jedem Ort ein eigener Band gewidmet sein sollte. Inwieweit ein Abschluß der Reihe abzusehen ist, muß angesichts der Tatsache dahingestellt bleiben, daß seit 1977 erst vier Bände – Brühl, Bad Münstereifel, Kerken und Straelen – fertiggestellt wurden. Auch mit der 1988 für das Rheinland begonnenen Reihe „Denkmaltopographie Bundesrepublik Deutschland", in der inzwischen die Bände Zülpich und Königswinter erschienen sind, wird eine praxisorientierte Übersicht über die Denkmäler im Rheinland noch nicht erreicht. Zwar war schon 1989 ein Inventar der Denkmäler in Geldern durch Rainer Schiffler vom Rheinischen Amt für Denkmalpflege „in Arbeit" (JbrD 33, S. 267), eine Nachfrage ergab aber, daß eine Publikation nicht absehbar ist.

Zur Zielsetzung dieses Buches

Nachdem die erste und einzige gedruckte Übersicht über die Denkmäler Gelderns vor mehr als einhundert Jahren erschienen ist, möchte dieses Buch nach zwanzig Jahren Nordrhein-Westfälischem Denkmalschutzgesetz erstmals ein Inventar vorlegen, aus dem hervorgeht,

– was aus den Denkmälern von 1891 geworden ist und wie sie heute beurteilt werden,

– welche Bauten bereits 1891 vorhanden waren, damals aber noch nicht als Denkmäler erachtet wurden,

– welche Bauten erst nach 1891 erbaut wurden und heute unter Denkmalschutz stehen.

Das Buch möchte einen Beitrag dazu liefern, dem gesetzlichen Auftrag nachzukommen, Denkmäler zu erforschen. Natürlich kann nicht für jedes Gebäude eine detaillierte baugeschichtliche Untersuchung vorgelegt werden, doch mit dem hier veröffentlichten Material mag vielleicht der Anstoß gegeben werden, sich mit der Baugeschichte des einen oder anderen Denkmals nochmals intensiv zu beschäftigen.

Wenn bei den einzelnen Denkmälern – leider oft genug – auf Mißstände hingewiesen wird, das beispielsweise die erneuerten Fenster nicht zu der Epoche passen, aus der das Denkmal stammt, so geschieht dies nicht mit erhobenem Zeigefinger und erst recht nicht, um mit Fingern auf einen Denkmalbesitzer zu zeigen. Anliegen des Buches ist es, den Blick zu schärfen und zu sensibilisieren, um Zusammenhänge klar zu machen und um damit letztlich schon mehrfach begangene Fehler der Vergangenheit in der Zukunft zu vermeiden.

Denkmäler und ihr Umfeld

Das Denkmal als Teil der Kulturlandschaft

Leider endet der Einfluß der Denkmalpflege normalerweise wenige Meter hinter oder vor einem Denkmal; das Umfeld der Denkmäler gehört meist dem Städteplaner allein, die daraus resultierenden Ergebnisse sind zuweilen katastrophal.

Wer von Geldern nach Walbeck fährt, konnte sich jahrelang an der schönen Silhouette Walbecks mit der Kirche in der Mitte und den beiden Windmühlen rechts und links erfreuen. Dieser Blick wurde in den letzten Jahren immer weiter verunstaltet durch eine Ampelanlage, üppige Verkehrsbeschilderung, Treibhäuser und Neubauten eines Gewerbegebiets, hinzu

trat – wie inzwischen allerorten – ein markanter Antennenturm einer Kommunikationsfirma. Dem Besucher, der von Straelen nach Walbeck kommt, muß sich über die Häuser wundern, die unmittelbar neben der Kokermühle das ehemalige Bild der Feldmühle stark beeinträchtigen und von der Straelener Straße aus sogar verstellen. Die Windmühle in Veert (→ Utrechter Straße 12) und die in Geldern an der → Lessingstraße 12 stellen jeweils nur noch einen Bestandteil eines Wohngebiets dar. Die Erfahrbarkeit der Denkmäler in ihrer ursprünglichen Umgebung ist in beiden Fällen nur noch mit Phantasie möglich. Geradezu wohltuend stellt sich dagegen der Blick auf die Vernumer Windmühle dar, der man trotz der

Liebenswertes Landschaftsbild: Blick von Vernum nach Hartefeld

Denkmal in einem
erhaltenswerten
Landschaftsbild:
die Nobiskate in Veert

Hochspannungsleitung ihr historisches Umfeld weitgehend bewahrt hat. Der Blick von der Bundesstraße 58 auf die Ponter Kirche verschwand 1994 hinter Neubauten und einem Lärmschutzwall, auch in Hartefeld rücken die Neubaugebiete immer näher an die Kirche. Man muß kein Prophet sein, um voraussagen zu können, daß es die wenigen noch verbliebenen Blicke auf die Gelderner Kirche St. Maria-Magdalena aus westlicher und südlicher Richtung in einigen Jahren nicht mehr geben wird.

Aber nicht nur in den etwas großräumigeren Zusammenhängen muß man sich über den wenig sensiblen Umgang mit der unmittelbaren Umgebung von Denkmälern wundern. Es ist erstaunlich, wieviele Verkehrsschilder, Straßenlaternen, Ampelanlagen aber auch Trafohäuschen, Papierkörbe, Bushaltestellen direkt vor, nicht aber neben einem Denkmal stehen. Beim Durchblättern dieses Buches achte man darauf, bei wievielen Denkmälern man ihr äußeres Erscheinungsbild allein durch etwas guten Willen und auch ohne viel Geld verbessern könnte.

Es war schon ein besonderer Erfolg für die Untere Denkmalbehörde, daß 1992 auf ihr Drängen hin eine Litfaßsäule vor der Villa van der Moolen (→ Veert, Harttor 44) wieder abgebrochen wurde (RP vom 14. Februar 1992), andererseits konnte trotz Denkmalpflege nicht verhindert werden, daß 2000 vor der Heilig-Geist Kirche ein merkwürdiger Anbau neu errichtet wurde (→ Gelderstraße 1).

Wieviel Grün verträgt ein Denkmal?

Im Zuge der ökologischen Renaissance des späten 20. Jahrhunderts spielt das Grün an Häusern und im öffentlichen Raum in den Straßen und auf den Plätzen in Städten und Dörfern eine zunehmend große Rolle. Auch Parkanlagen gehören dem Gesetz nach zu Denkmälern, die geschützt werden müssen. Im Außenbereich macht dieses Grün keine Probleme, in einer Ortschaft aber kann man geteilter Meinung sein, wie weit ein Straßenzug oder ein einzelnes Haus begrünt sein soll. Hier muß entschieden werden, wo der „Kultur" der Vorrang vor der „Natur" zu geben ist – oder umgekehrt.

Zu den Herrenhäusern, deren Besitzer in früheren Zeiten Vorreiter für die Gartenkultur und die Anlegung von Parks gewesen sind, gehört fast immer ein historischer Park zur Gesamtanlage dazu. Was wäre Schloß Haag (→ Kapellen, Bartelter Weg 4) ohne seine in die Landschaft führenden Alleen, oder Haus Golten (→ Pont, Haus Golten) ohne die repräsentative Zufahrt? In beiden Fällen sind die Alleen Bestandteile des Denkmals.

Bäume und Sträucher tragen durchaus dazu bei, historischen Gebäuden einen angemessenen Rahmen zu geben. Ökologisch gesehen sind sie zweifellos auch sehr sinnvoll, ob sie aber immer dem Mauerwerk zuträglich sind, ist zumindest zu hinterfragen. Sie können das Bild beleben, aber auch beeinträchtigen. Dichtes Strauchwerk hat vor befestigten Häusern des Mittelalters nichts verloren, denn dieses hätte einem Angreifer nur Schutz geboten.

Im innerstädtischen Bereich mag das Grün zur Belebung des Stadtbildes beitragen und eine romantische Atmosphäre schaffen. Wenn aber hierdurch ein spätgotischer Torbogen mit Wappenstein – wie am Pastoratsgebäude in Geldern (→ Karmeliterstraße 12) – quasi „verloren" geht, weil er nicht mehr erfahrbar ist, erscheint das aus der Sicht der Denkmalpflege nicht so günstig zu sein. In Pont (→ Antoniusstraße 19a) ist ein Denkmal aufgrund der üppigen Begrünung zumindest im Sommer

Natur contra Kultur: Eingegrüntes Denkmal in Pont

regelrecht verschwunden. Bäume im Straßenbild beeinträchtigen zwar nicht die Bausubstanz sie sollten aber so gepflanzt werden, daß sie nicht die alten Strukturen verbergen.

Wieviel Reklame verträgt ein Baudenkmal?

Von entscheidender Bedeutung für das Erscheinungsbild eines Denkmals ist die Frage, inwieweit es als Werbeträger herhalten darf oder muß. Es sollte doch erlaubt sein, an Denkmälern, die gewerblich genutzt werden, Reklame anbringen zu dürfen. Diese Aussage ist durchaus differenziert zu betrachten, denn auch hier gilt, daß jedes Denkmal ein Individuum darstellt und daß das, was bei dem einen Denkmal möglich ist, bei dem anderen nur zur Verunstaltung führen würde.

Werbetafel vor
einem Denkmal in
der Bahnhofstraße

Eine heutige Tankstelle braucht eigentlich kein Reklameschild, denn die gesamte Architektur ist eine einzige Reklame. Bei manchen Häusern eifert man den Tankstellen kräftig nach, und scheut sich nicht, das gesamte Untergeschoß zu Reklamezwecken völlig auszuräumen, ohne auf das Erscheinungsbild des Hauses zu achten (→ Geldern, Issumer Straße 4). Auch überdimensionale Transparente aus Plastik gehören ebenso wenig an ein Denkmal, wie selbstleuchtende Reklameschilder überhaupt. In der Bahnhofstraße hat man auf eine die Fassade verunzierende Reklame zwar verzichtet, der Blick auf das Denkmal wird aber durch die große Werbetafel nicht gerade bereichert.

In der Denkmalpflege geht es nicht darum, Reklame an und für sich zu unterbinden, sondern sie dem Denkmal anzupassen. Natürlich hat es auch schon in früheren Zeiten Reklame gegeben – und in einigen Fällen ist sie inzwischen zu einem Bestandteil des Denkmals geworden, wie bei dem Haus → Geldern, Issumer Tor 8. Und daß man mit Reklame auch anders umgehen kann, zeigt die Sparkasse an der alten Bürgermeisterei in Walbeck (→ Walbecker Straße 2), die hier im wahrsten und im doppelten Sinne des Wortes ein Zeichen gesetzt hat.

Daß aber die beste Reklame die Qualität des angebotenen Produktes ist, wird leider nur in wenigen Einzelfällen berücksichtigt. Das Schmuckgeschäft → Issumer Straße 64 kommt – zum Vorteil des Denkmals und des Stadtbildes – seit Jahren ganz ohne Reklame aus.

Die Denkmälergruppen in Geldern

Nach 20 Jahren Denkmalschutzgesetz kann für das Satdtgebiet Geldern folgende Bilanz gezogen werden. Aufgeschlüsselt nach den Ortsteilen stehen heute (Dezember 2000) in Geldern 83, in Hartefeld 4, in Kapellen 48, in Lüllingen 3, in Pont 12, in Veert 21, in Vernum 12 und in Walbeck 26 Denkmäler unter Denkmalschutz, das heißt insgesamt wurden 209 Denkmäler rechtskräftig in die Denkmalliste eingetragen. Bei einigen Denkmälern ist das Verfahren zur Eintragung noch nicht abgeschlossen, andere sind erst in jüngster Zeit als Denkmäler erkannt worden.

Aufgeschlüsselt nach Denkmälergruppen stehen unter Schutz:

- 15 Kirchen und Kapellen
- 22 Heiligenhäuschen und Wegkreuze
- 6 (ehemalige) Windmühlen
- 1 Wassermühle
- 36 (ehemalige) Bauernhöfe oder Bauernhäuser
- 10 Herrenhäuser
- 4 Villen
- 102 Wohn- und Geschäftshäuser
- 1 Bahnhof
- 12 andere Denkmäler

Kirchen und Kapellen

Kirchen und Kapellen gehören zu den Bauwerken, die in aller Regel auch von Laien uneingeschränkt als Denkmäler anerkannt und akzeptiert werden.

Die Gelderner Gotteshäuser datieren aus verschiedenen Epochen. Eine romanische Kirche – oder auch nur Teile davon – gibt es in Geldern nicht. Allein in den Kirchen St. Georg in Kapellen und St. Nikolaus in Walbeck konnten bislang archäologisch romanische Vorgängerbauten nachgewiesen werden.

Die ältesten erhaltenen und oberirdisch sichtbaren Teile einer Kirche datieren aus dem frühen 14. Jahrhundert. Aus dieser Zeit stammt das Mittelschiff von St. Maria-Magdalena in Geldern (→ Kirchplatz 11). Wohl erst aus dem 15. Jahrhundert datieren die erhaltenen Kirchenbauten in Kapellen und Walbeck. In diese Zeit fällt auch der Neubau der Wallfahrtskapelle in Aengenesch.

Zu Beginn des 16. Jahrhunderts wird die Wallfahrtskapelle in Walbeck errichtet, und am Ende dieses Jahrhunderts wird die Veerter Kirche noch im gotischen Stil wiederaufgebaut.

Aus dem 17. Jahrhundert stammt die Gelderner Kapuzinerkirche, die 1628 geweiht wurde, und 1655 erbaut man in Geniel die heutige Kapelle. Nur die Kapelle Klein-Kevelaer in Veert und die 1740 geweihte Gelderner Heilig-Geist-Kirche datieren aus dem 18. Jahrhundert.

Die beiden Kirchen in Hartefeld und Pont stammen aus dem 19. Jahrhundert. Beide Gotteshäuser sind bedeutende Zeugnisse für die Epoche der Neugotik, denn in beiden ist die originale Ausstattung weitgehend erhalten geblieben.

Wegkreuze, Heiligenhäuschen und Kapellchen

Eine eigene Gruppe Denkmäler bilden die zahlreichen Wegkreuze, Heiligenhäuschen und Kapellchen nicht nur in Geldern, sondern am Niederrhein überhaupt. Eine Bestandsaufnahme in den späten 1980er Jahren ergab, daß es auf dem Gebiet des alten Kreises Geldern insgesamt 307 solcher Objekte gab. Gleichwohl jedes Wegkreuz – insbesondere die zahlreichen Unfallkreuze – für den Errichter einen hohen Erinnerungswert haben, haben sie meist keinen Denkmalwert im Sinne des Gesetzes.

Auch auf dem Stadtgebiet Gelderns gibt es zahlreiche Wegkreuze und Heiligenhäuschen, die Zeugnis von der Volksfrömmigkeit ablegen. 1989 wurden – zusammen mit den Kriegerehrenmalen im öffentlichen Raum – insgesamt 92 solcher Objekte gezählt, von ihnen stehen heute 25 unter Denkmalschutz.

Wegkreuze und Heiligenhäuschen haben, da sie ständig der Witterung ausgesetzt sind und nicht über üppige Baumassen verfügen, keine so lange Lebensdauer, wie beispielsweise Häuser. Wegkreuze, wenn sie zudem nur aus Holz bestehen, sind besonders anfällig für äußere Einflüsse. Aber auch Heiligenhäuschen sind durchaus empfindlich. Oft genug wird ein Heiligenhäuschen durch eine durchgreifende Restaurierung als Modell seiner selbst im Maßstab 1 zu 1 ersetzt.

In der Nacht vom 21. auf den 22. Juni 1994 hatte ein Lastwagen beim Wenden ein Heiligenhäuschen auf der Boekelt am Bartelter Weg, das auf einen Vorgängerbau von 1865 zurückgeht, übersehen und umgefahren; die Bruderschaft baute das Heiligenhäuschen zwar wieder auf, das Original aber ist und bleibt zerstört und kann durch eine Rekonstruktion nicht ersetzt werden. In der Konsequenz wurde das Heiligenhäuschen aus der Denkmalliste gestrichen.

Meist nur zufällig begegnen Wegkreuze und Kapellen in den schriftlichen Quellen seit dem späten Mittelalter. In einem Weistum aus der Zeit um 1360 wird bei Nettetal-Leuth ein *Kruitzboum* genannt, worunter ein Kreuz unter einem Baum zu verstehen ist. Bei Grefrath wird im Jahre 1400 unmißverständlich ein *Hagelcruys,* ein Hagelkreuz genannt, und das in Geldern für 1514 erwähnte Antonius-Heiligenhäuschen kann mit Hilfe des ältesten Gelderner Stadtplans aus der Zeit um 1560 an der Fleuth lokalisiert werden.

Das älteste „Flurdenkmal" in Geldern ist das Kölner Heiligenhäuschen in Veert aus dem Jahre 1686 (→ Heideweg), einige wenige Heiligenhäuschen datieren noch aus dem 18. (z. B. → Vernum, Krefelder Straße/Kölner Straße), die meisten aus dem 19. Jahrhundert.

Burgen, Schlösser und Herrenhäuser

Eine Burg im mittelalterlichen Sinne hat es in Geldern bei der Stadt selbst in der Nähe der heutigen Burgstraße und dem Mühlenweg gegeben. Unter einer Burg verstehen die Quellen des Mittelalters allein den Wehrbau, der direkt dem Landesherrn untersteht und entweder von ihm selbst oder einem Amtmann bewohnt wird. Zu einer Burg gehörte in der Regel eine in unmittelbarer Nähe gelegene Siedlung, die meist Stadtrechte besaß oder zumindest als „Stadt" bezeichnet wurde. Die „Burg" hatte nicht nur für die ihr zugeordnete Siedlung, sondern auch für das Territorium eine „bergende" Funktion. Diese Kriterien treffen auf die Burg Geldern zu, die in der Tat bereits 1357 als *huus ende borch* bezeichnet wird.

Auch das Schloß Walbeck (→ Walbeck, Am Schloß Walbeck 3) dürfte im Mittelalter „Burg" genannt worden sein, denn als Mittelpunkt einer Herrschaft, der das Dorf Walbeck untergeordnet war, treffen auf das Haus die gleichen Kriterien zu, wie auf die Burg Geldern. Da Walbeck aber Mittelpunkt einer privaten Herrschaft, einer Herrlichkeit

war, finden sich zu dem Haus in den landesherrlichen Archiven nur wenige Angaben, und so ist es
zu erklären, das für das Haus bislang noch kein
Beleg als „Burg" ausfindig gemacht werden konnte.

Das Haus Langendonk im kurkölnischen Amt
Rheinberg auf der Grenze zum geldrischen Amt
Geldern gelegen wird 1391 erstmals als *huys ind
slos zu Langendunck* genannt (→ Kapellen, Langendonker Weg 25). Zu jener Zeit verstand man
unter einem „Schloß" nicht etwa einen auf repräsentatives Wohnen ausgerichteten Prunkbau, sondern ein befestigtes Haus, in dem man Leib und
Leben sowie Hab und Gut unter Verschluß, gesichert mit Schloß und Schlüssel, halten konnte. Im
Rheinland wird der Begriff „Schloß" in diesem Sinne
seit 1339 für Wehrbauten benutzt.

Bei den übrigen befestigten Häusern Steprath
(Walbeck), Grotelaers (Vernum), Ingenray, Diesdonk, Golten (Pont), Haag, Beerenbrouck und Finkenhorst (Kapellen) handelt es sich um Privatbauten
des einheimischen Adels, für sie kennen die Quellen
nicht den Begriff „Burg" oder „Schloß"; sogar das
„Schloß" Haag wurde bis zur Mitte des 19. Jahrhunderts – wie die anderen Herrensitze auch – schlicht
„Haus" genannt.

Wassermühlen

Von den ehemals relativ zahlreichen Wassermühlen
auf dem Gelderner Stadtgebiet ist nur noch das
Gebäude der Willickschen Mühle an der Niers nördlich von Schloß Haag erhalten. Weitere Wassermühlen gab es auf der Niers in Pont und zwei bei der
Burg Geldern. Auch zum Haus Langendonk gehörte
eine Wassermühle ebenso, wie zum Haus Beerenbrouck. Darüber hinaus stand an der Fleuth in der
Nähe von Kapellen eine Wassermühle, und auf der

Baersdonk südlich von Geldern arbeitete die Pletz-
mühle. Im Gegensatz zu Windmühlen wurden Wassermühlen von der Denkmalpflege erst relativ spät
entdeckt; so ist zu verstehen, das die Wassermühle
auf der Baersdonk noch 1975 abgebrochen wurde.

Die Willicksche Mühle
an der Niers

Windmühlen

Weitaus günstiger als bei den Wassermühlen stellt sich die Überlieferung der Windmühlen dar. Dies hat zwei Gründe: Zum einen waren die Windmühlen aufgrund der relativen Enge nicht so gut für den Einbau von großen Elektro- oder Dieselmotoren geeignet, zum anderen sind sie wesentlich früher als die Wassermühlen in das Blickfeld der Denkmalpfleger geraten. Schon 1911 hat es im Rheinland eine Erfassung der Windmühlen gegeben, die das öffentliche Interesse auf diese frühen technischen Denkmäler lenkte. 1931 führte der Landeskonservator erneut eine Bestandsaufnahme durch und mußte mit Erschrecken feststellen, daß der Bestand im Rheinland von ehemals rund 300 Windmühlen um 1900 auf nur noch etwa 70 gesunken war.

Die älteste Windmühle in Geldern ist die Steprather Mühle in Walbeck (→ Schmalkuhler Weg 5). Sie wird in einer Steuerliste von 1510 erstmals genannt. Die zweitälteste Windmühle in Geldern stand in der Festungsstadt selbst (→ Am Mühlenturm 1). Es handelt sich dabei um den jetzigen Mühlenturm, einem ehemaligen Festungsturm, der 1643 zur Windmühle umgebaut wurde. Andere Windmühlen aus Stein wurden im 19. Jahrhundert in Veert (→ Utrechter Straße 12), Vernum (→ Poelycker Weg 10) und Geldern (→ Lessingstraße 12) erbaut.

Die Kookerwindmühle in Walbeck (→ Kokerweg 18) aus dem späten 18. Jahrhundert besteht aus einem hölzernen Fachwerkbau und stellt aufgrund ihrer Form eine Besonderheit dar.

Bauernhöfe

Weniger offensichtlich als bei den großen Häusern des Adels gibt sich die Denkmaleigenschaft der Bauernhäuser zu erkennen. Dabei stehen sie aufgrund ihrer Geschichte diesen kaum nach. Zahlreiche Namen Gelderner Bauernhöfe können in eine Steuerliste bis in das Jahr 1369 zurückverfolgt werden. Der Baubestand der Höfe ist jedoch wesentlich jünger.

Zu den ältesten Höfen zählt die vielfach umgebaute Schratzkate in Kapellen (→ Beerenbrouckstraße 46), die noch aus dem Ende des 17. Jahrhunderts stammen dürfte. Aus dem 18. Jahrhundert datieren die Bauernhäuser des Ravenshofes in Vernum (→ Geskensweg 5), das Campsche Haus in Geldern (→ Haagscher Weg 10), die Nobiskate in Veert (→ Nobispfad 19), die Pächterwohnung bei Haus Grotelaers (→ Vernum, Duisburger Straße 72) und der Neesenhof in Walbeck (→ Neesenweg 40). Zu den älteren und baugeschichtlich sehr interessanten Anlagen gehören auch die Scheunen in Vernum (→ In de Veenhey 12) und beim Neesenhof in Walbeck (→ Neesenweg 40). Die übrigen Höfe bzw. Bauernhäuser stammen aus dem 19. und noch aus dem 20. Jahrhundert (→ Vernum, Sittermansweg 7, → Hartefeld, Hartefelder Dorfstraße 95). – An landwirtschaftlichen Nebengebäuden ist nicht mehr viel unter Denkmalschutz zu stellen, da diese Gebäude meist im Zuge der Modernisierung der Höfe insbesondere in den letzten vierzig Jahren abgebrochen wurden. Mehr zufällig ist ein Backhaus auf der Baersdonk erhalten geblieben (→ Vernum, Baersdonker Weg 96).

Wohn- und Geschäftshäuser

Den größten Teil der Denkmäler bilden die zahlreichen Wohn- und Geschäftshäuser in den Ortskernen. Gerade diese Häuser stehen im Blickpunkt der Öffentlichkeit, denn ihnen kommt eine besondere identitätsstiftende Wirkung für den jeweiligen Ort zu. Jede Veränderung an diesen Gebäuden wird inzwischen genau registriert – und oft genug muß sich die Denkmalpflege am Erscheinungsbild dieser Häuser messen lassen. Dabei sind es nicht unbedingt die Gebäude in ihrer Größe allein, von denen eine besondere Wirkung ausgeht, meist sind es die vielen Kleinigkeiten, die alle zusammengenommen den Reiz und die Qualität eines Denkmals bestimmen. Deshalb wurde bei der Beschreibung dieser Häuser versucht, auch auf scheinbar unwichtige Details hinzuweisen.

Friedhöfe

Ob Friedhöfe in Gänze als Denkmal zu betrachten sind, ist noch nicht abschließend geklärt. Es gibt die Meinung, nicht ein ganzer Friedhof könne, sondern jedes Grab müsse einzeln für sich unter Denkmalschutz gestellt werden. Abgesehen davon, daß dies eine unpraktikable Lösung wäre, ist festzuhalten, daß auch ein Haus in toto unter Schutz gestellt wird; zu Recht wird in der Beschreibung eines Denkmals nicht jedes Teil einzeln aufgeführt, das für sich allein genommen keinen Erhaltungswert besitzt; ein Fenster aus Kunststoff in einem Haus des 18. Jahrhunderts ist mitnichten erhaltenswert! Auf der anderen Seite wird man gerade bei jüdischen Friedhöfen nicht allein einzelne Steine unter Denkmalschutz stellen wollen. Tatsächlich ist der jüdische Friedhof in Geldern am → Boeckelter Weg tatsächlich in Gänze als Denkmal eingetragen. Friedhöfe

sollte man nicht nach ihrer kleinräumlichen Funktion für den Einzelnen beurteilen, sondern man sollte sie mit den zahlreichen Grablegen in ihrer Gesamtheit als besondere Parkanlagen behandeln und pflegen.

Andere Denkmäler

Aus dem Rahmen der oben genannten Kategorien fallen Ehrenmale, Brunnen, Gedenktafeln, Kunstwerke oder ein Sgraffito heraus; einige von ihnen stehen in Geldern schon unter Denkmalschutz, die Diskussion aber, inwieweit sie überhaupt in die Denkmalliste einzutragen sind, ist noch nicht beendet. Sie wurden in diesem Buch weitgehend trotzdem aufgenommen, um die Vielfalt der Kulturlandschaft zu dokumentieren und um eine Grundlage für zukünftiges Handeln und Beurteilen zu schaffen.

Abschluß der Denkmalliste?

Mit diesem Buch ist die Denkmalliste der Stadt Geldern keineswegs abgeschlossen. Auch in Zukunft müssen weitere Häuser unter Denkmalschutz gestellt werden, die hier noch nicht einmal Erwähnung finden. Welche Bauten oder Monumente in die Denkmalliste aufzunehmen sind, werden kommende Untersuchungen zeigen. Vorrangig wird man hierbei das Augenmerk auf die markanten Wohnhäuser lenken müssen, die zwischen 1915 und 1940 erbaut wurden.

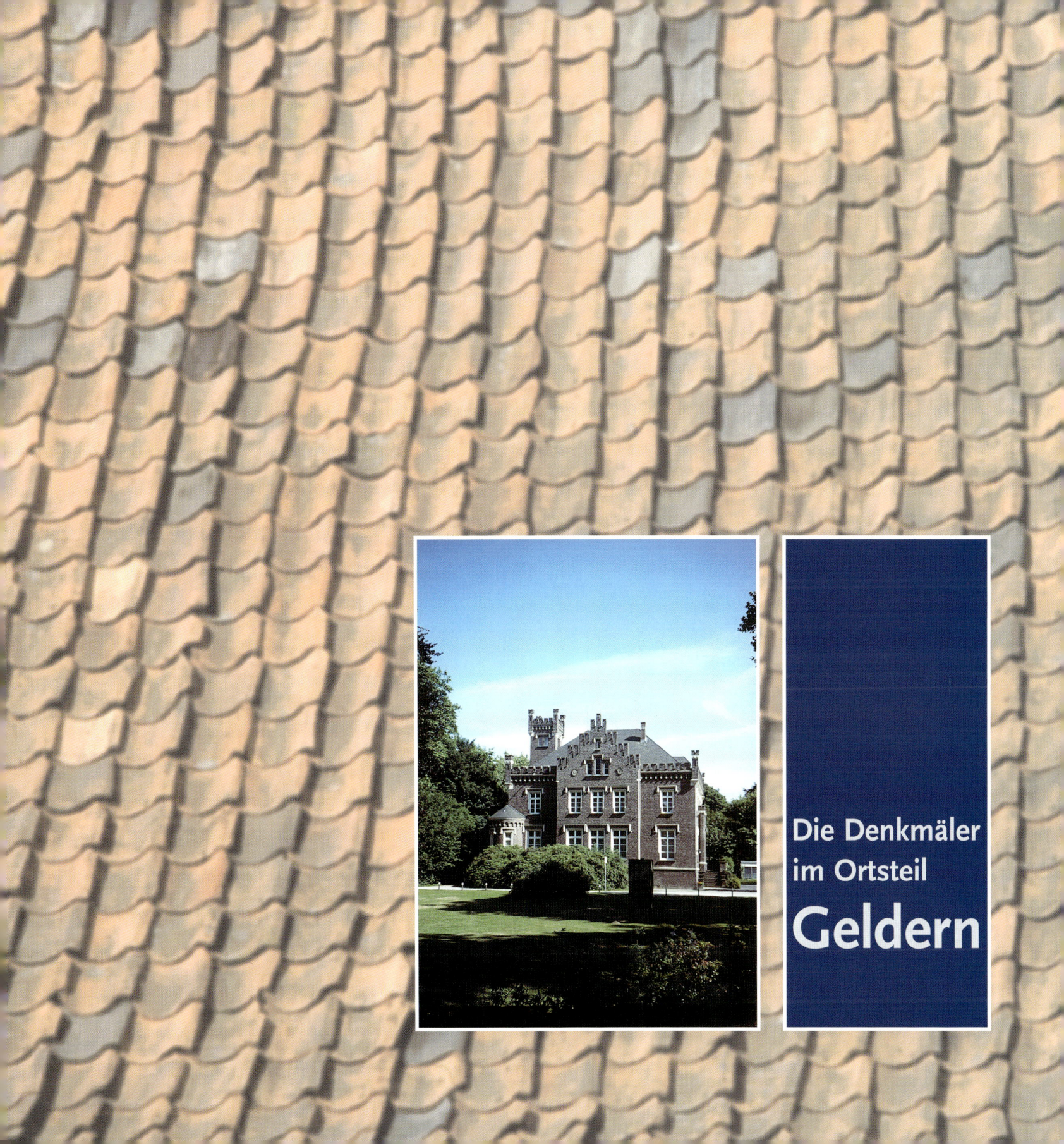

Die Denkmäler
im Ortsteil
Geldern

Stadt Geldern –
Historischer Überblick

Geschichte

Die historischen Anfänge der Stadt Geldern verlieren sich im Dunkel der schriftlosen Geschichte. Die Stadt entstand im Anschluß an eine mittelalterliche Burg der Grafen von Geldern, die 1237 erstmals genannt und 1637 wieder abgebrochen wurde. Diese Burg sicherte vermutlich einen alten Niersübergang. Im Mittelalter waren Stadt und Burg Zentrum eines landesherrlichen Amtsbezirks, der von Kevelaer, Wetten und Kapellen im Norden bis (Kerken-)Stenden und (Kempen-)Tönisberg im Süden reichte. Nach der Eroberung durch die Preußen 1703 war die Stadt die Hauptstadt des „Herzogthums Geldern, Königlich Preußischen Antheils". Ab 1816 wurde Geldern Kreisstadt. Zwischen 1823 und 1857 wurden die vereinigten Kreise Geldern und Rheinberg vom Kreissitz Geldern aus verwaltet. Damals (1843) zählte man in der Stadt 3885 Einwohner.

Wirtschaftlicher Aufschwung machte sich langsam nach dem Anschluß an die Eisenbahnstrecken Köln–Kleve 1863 und Venlo–Wesel 1874 bemerkbar. 1897 hatte die Stadt 5974 Einwohner, 1925 waren es in 911 bewohnten Häusern 6511.

Durch den starken Zuzug von Flüchtlingen stieg die Einwohnerzahl nach dem Zweiten Weltkrieg rasant an. Bereits 1957 wurde die zehntausender Marke überschritten.

Den sich wandelnden Verwaltungsstrukturen wurde 1969 mit der Kommunalen Neugliederung Rechnung getragen: Die alte Stadt Geldern wurde mit den Orten Pont, Veert Walbeck, Lüllingen, Kapellen, Hartefeld und Vernum sowie einem Teil der Baersdonk zur neuen Stadt Geldern zusammengeschlossen. 1975 ging der alte Kreis Geldern in dem neu gebildeten Kreis Kleve auf und verlor den Kreissitz. Bedingt durch die relativ günstige Lage zu den Ballungszentren Duisburg, Düsseldorf, Krefeld und Mönchengladbach ist nach wie vor ein ungebrochenes Wachstum in der Stadt und ihren Ortsteilen zu beobachten.

Stadtgrundriß

Während der Grundriß der Stadt im Mittelalter durch die Mauer mit Toren und Türmen geprägt wurde (→ Am Mühlenturm 1), bestimmt in der Neuzeit die moderne Befestigung mit doppelten Gräben, Bastionen und Ravelins das direkte Umfeld. Die Festung wurde 1764 geschleift, erhalten blieb der innere Festungsgraben, der erst kurz nach 1945 mit dem Trümmerschutt der zerstörten Stadt zugeschüttet wurde. Mit Hilfe älterer Karten läßt sich der Verlauf der Festungsgräben immer noch im Luftbild und Stadtgrundriß nachvollziehen. Erst nach dem Anschluß an die Eisenbahnstrecken

Geldern um 1560,
Karte des Jacob van
Deventer

wuchs die Stadt langsam über ihre mittelalterliche Ausdehnung hinaus.

Zerstörungen

Durch die Stadtbrände 1475, 1530 und 1547, die Bombardierung 1703, die Explosion des Pulverturms 1735 und insbeondere durch die flächendeckende Bombardierung der Stadt 1945 sind zahlreiche Baudenkmäler unwiederbringlich verlorengegangen. In der Innenstadt datieren deshalb nur wenige bauliche Reste aus der Zeit vor 1703. Schon 1859 notierte der Volkskundler Wilhelm Heinrich Riehl über Geldern: „Das bedeutendste historische Denkmal der Stadt ist ohne Zweifel ihr Name".

Archiv

Zur Geschichte der Stadt gibt es zahlreiche Quellen. Die ersten, immer noch mit Gewinn zu lesenden und bemerkenswerten Übersichten über die Quellen – auch außerhalb Gelderns – wurden bereits 1863 (NETTESHEIM 1963, S. X–XII), 1891 (CLEMEN 1891, S. 11–14) und 1957 (OEDIGER 1957, S. 329–357) vorgelegt; eine gedrängte Übersicht über das Stadtarchiv und seine Bestände, die vom Beginn des 14. Jahrhunderts bis in die Jetztzeit reichen, wurde 1988 publiziert (FRANKEWITZ 1988a, S. 171–174).

Für die Zeit vor 1800 sind für die Gelderner Stadtgeschichte insbesondere die Klosterarchive im Hauptstaatsarchiv Düsseldorf (OEDIGER 1964, S. 157–160) sowie das dortige landesherrliche Archiv zu nennen (OEDIGER 1957, S. 339–348). Weiterhin finden sich zahlreiche Geldern betreffende Urkunden in dem 5357 Nummern umfassenden Archiv des Schlosses Haag (modernes Findbuch im StA Geldern) sowie im Archiv Scheres im RAL (Kopie des Findbuchs im StA Geldern).

Eine Übersicht über die archivische Überlieferung für die Geschichte der Ortsteile findet sich jeweils bei diesen.

Literatur

Die Literatur zur Stadt Geldern ist sehr vielfältig. Als epocheübergreifende Darstellungen sind zu nennen:

Zur Geschichte von den Anfängen bis 1863: NETTESHEIM 1963 (geschrieben 1863),

zur mittelalterlichen Topographie und Verfassungsgeschichte: FRANKEWITZ 1986a,

zur engeren städtischen Geschichte bis um 1800: HENRICHS 1971 (geschrieben 1887 bis 1912),

zur Geschichte der ersten Hälfte des 19. Jahrhunderts: HÖVELMANN 1974,

zur Geschichte der zweiten Hälfte des 19. Jahrhunderts: BOSCH 1994,

zur Geschichte des 20. Jahrhunderts bis 1969: BOSCH 1998,

zur Kunstgeschichte in der ersten Hälfte des 20. Jahrhunderts: LINGENS 1998a,

zur städtebaulichen Entwicklungsgeschichte ab 1945: FRANKEWITZ 1991a,

zur Verwaltungsgeschichte ab 1969: SCHMIDT 1994.

Am Mühlenturm 1:
Ehemaliger Mühlenturm
und Kasematten

Eintragung in die Denkmalliste: 6. Dezember 1985
Denkmal Nr. A 18 und A 19
Eigentümer: Stadt Geldern

Voraussetzungen:
Ehemalige Stadtbefestigung

Der Mühlenturm ist der letzte erhaltene bauliche Rest der umfangreichen Befestigungsanlagen, die Geldern seit dem Mittelalter schützten. Die mittelalterliche Befestigung bestand aus einer 1770 Meter langen Stadtmauer aus Backstein mit 19 Türmen sowie den Toren Issumer Tor, Geldertor, Harttor und Haustor (MEURER 1979, Nr. 1. – FRANKEWITZ 1986a, S. 66–70). Mit dem Aufkommen der Feuerwaffen insbesondere zu Beginn des 16. Jahrhunderts konnten auf den schmalen Mauern und schlanken Türmen keine großen Geschütze aufgestellt werden. Deshalb wurden in Geldern zunächst zwei Rondelle vor der Stadtmauer, eines am Nordwall, eines am Südwall in der Nähe des Geldertores, errichtet. Vor diesen Rondellen und um die ganze Stadt wurden ab 1579 neun Bastionen gelegt, die im 17. Jahrhundert zusätzlich durch dazwischengelegene Ravelins – Inseln im Festungsgraben – verstärkt wurden (EBE-JAHN 1966. – FRANKEWITZ 1995a, S. 66–68). In dieser Gestalt blieb die Festung bis zur Schleifung im Jahre 1764 erhalten (MEURER 1979, Nr. 35), sodann wurde der äußere Graben bis auf einen kleinen Bach zugeworfen, der innere Graben hingegen blieb bis zur Verfüllung mit dem Schutt der zerstörten Stadt Geldern nach 1945 erhalten. Was geblieben ist, ist allein der Stadtgrundriß, der in seinem Straßenverlauf außerhalb der Wälle noch an vielen Stellen die Lage der Festungsgräben,

Bastionen und Ravelins zu erkennen gibt (FRANKEWITZ 1995a, S. 69). Dementsprechend wurde das gesamte Stadtgebiet in den 1990er Jahren als ortsfestes Bodendenkmal in die Denkmalliste der Stadt Geldern eingetragen (VOLLMER-KÖNIG 1996).

Mühlenturm – Geschichte

Über den Ursprung des Turms ist nicht viel bekannt, in einer Dissertation über die Festung Geldern wird er gar nicht erwähnt (EBE-JAHN 1966). Die unteren ehemals fünf Geschosse des Mühlenturms wurden wohl 1546 als *Rondele ofte platte formen in der stat binnenste graven*, also als „Plattform" im inneren Stadtgraben erbaut; eine gewisse Bestätigung findet diese Datierung durch drei starke Sandsteinbänder, die im unteren Bereich – durch den Mühlenberg verdeckt – den Turm im Speck-

Der Mühlenturm
von Osten

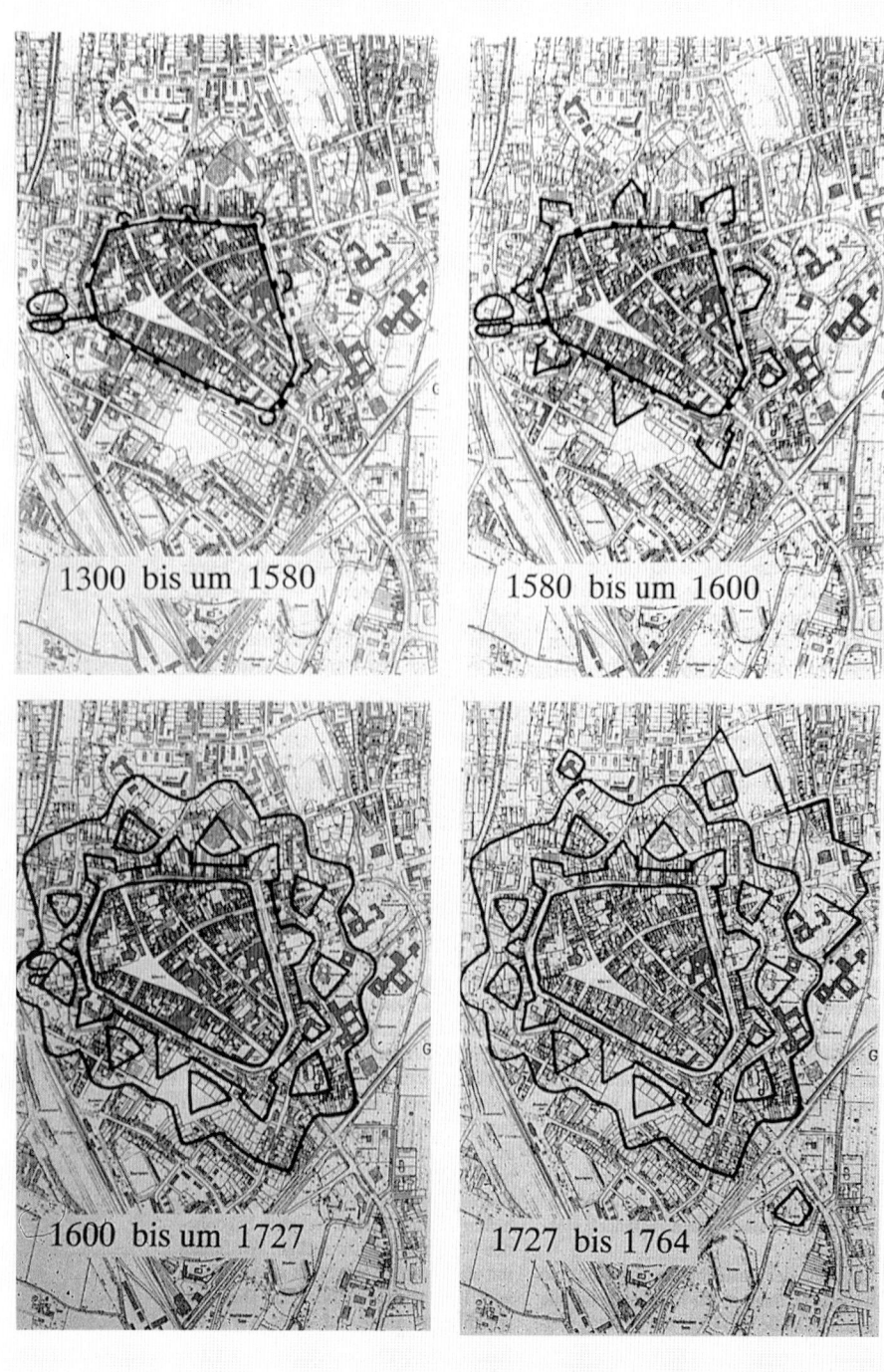

Die Entwicklung der Befestigungsanlagen Gelderns

1300 bis um 1580

1580 bis um 1600

1600 bis um 1727

1727 bis 1764

lagenstil umlaufen (FRANKEWITZ 1985, S. 83) sowie durch die Darstellung des Turmes auf der Karte des Jacob van Deventer (MEURER 1979, Nr. 1). Nach dem Bau der Bastionen und Ravelins im frühen 17. Jahrhundert konnte der Turm als Geschützträger aufgegeben werden. Durch Aufmauern von zwei weiteren, sich nach oben verjüngenden Geschossen wurde der Turm 1643 durch den Baumeister Wilhelm Vyten zur Windmühle ausgebaut; am 5. November diesen Jahres konnte als erstem Windmüller Jacob Raymaeckers die neue Mühle verpachtet werden (RP vom 24. März 1988). Bis um die Mitte des 19. Jahrhunderts arbeitete die Mühle, sie wurde dann stillgelegt und ihrer Haube mit den Flügeln beraubt (HÖVELMANN 1985). Im Zweiten Weltkrieg diente der Turm als Beobachtungsposten (BOSCH 1970, S. 106, 119, 135–137, 140–144), das direkt angebaute Haus (BOSCH 1977, S. 72) wurde zerstört, danach zog man in den Turm zur Stabilisierung und zur Herrichtung eines Jugendheims fünf Betondecken ein (JbrD 19, 1951, S. 198). Bis 1964 wurde das Mauerwerk ausgefugt (JbrD 25, 1965, S. 173), eine abermalige, optisch und technisch bedenkliche Ausfugung, die den Turm trocken legen sollte, folgte 1989 (NN vom 3. Juni 1989). Um den Turm als Aussichtsturm nutzen zu können erhielt er 1988 einen etwas zu groß dimensionierten Aufstieg mit Zinkblechverkleidung, der von Westen gesehen das Erscheinungsbild des Turms beeinträchtigt (vgl. dagegen die falschen Angaben im JbrD 38, 1999, S. 252). Seit den 1990er Jahren dient der Turm auch als Ausstellungsraum für Künstler.

Mühlenturm – Beschreibung
Sechsgeschossiger, runder Backsteinturm von knapp 23 m Höhe und 8,60 m Durchmesser bis zum vierten Geschoß. Die Mauerstärke beträgt am Fuß des Turms 265 cm, sie nimmt geschoßweise nach oben

ab und mißt im vierten Geschoß immer noch gut 150 cm. Der alte Einstieg des frei vor der Stadtmauer errichteten Turms befindet sich im heutigen dritten Geschoß und wird von Natursteinen umrahmt. Durch die Türöffnung im darüberliegenden Geschoß gelangte man auf die hölzerne Galerie der Windmühle; die Rüstlöcher für die Galerie wurden bei der groben Oberflächenbehandlung ebenso weitgehend beseitigt, wie nicht mehr genau zu benennende Initialen oder eine Jahreszahl über dem jetzigen Toilettenanbau. Die beiden sich verjüngenden Geschosse, die 1643 beim Ausbau zur Windmühle aufgesetzt wurden, weisen mit etwa 70 cm eine deutlich geringere Mauerstärke als der eigentliche Turm auf (FRANKEWITZ 1985, S. 77–81).

Kasematten – Geschichte

Nicht unter, sondern neben dem Mühlenturm befinden sich Kasematten (wörtlich: „überdeckte Häuser"). Diese wurden als Verteidigungsanlagen mit Schießständen und Schießscharten sowie als Unterkünfte für Soldaten nicht unterirdisch, sondern ebenerdig errichtet und sodann mit Erde überdeckt. Auch die Gelderner Kasematten sind bislang nicht Gegenstand der Forschung gewesen (EBE-JAHN 1966), wohl auch, weil sie im Zweiten Weltkrieg als Luftschutzbunker dienten und anschließend vermauert wurden. Erst 1985 wurden sie geöffnet (GHK 1986, S. 63), 1990 behutsam gereinigt (RP vom 7. August und 1. September 1990) und zum Teil unter Begleitung der Unteren Denkmalbehörde durch ein internationales Workcamp 1991 archäologisch untersucht (RP vom 7., 14. September, 5. Oktober 1991).

Kasematten – Beschreibung

Die Kasematten bestehen aus sechs Räumen: 1. dem Zugang, 2. der Rampe, 3. dem Aufenthaltsraum,

4. dem Gang mit Schießstand nach Westen, 5. dem Schießstand nach Osten und 6. dem Pulvermagazin. Der Zugang besteht aus Backstein, ist tonnengewölbt und führt vom (höher gelegenen) Weg um den Mühlenberg in das Innere des Berges. In der Rampe konnte 1991 durch das Workcamp zum Teil der alte Fußboden aus Blausteinplatten freigelegt werden, der in Schräglage zum Aufenthaltsraum hochführt. Die Rampe war demnach vom Boden bis zum Scheitel des Gewölbes mindestens 340 cm hoch. An der Decke der Rampe sind die Baunähte zu erkennen, an denen das etwa 225 cm lange Lehrgerüst für die einzelnen Bogensegmente an den jeweils fertig gemauerten Bogen neu ansetzte.

Der 20 m lange und 5,6 m breite Aufenthaltsraum ist segmentbogig geschlossen und wird durch eine Mauer in zwei nicht gleich große Räume unterteilt. An der Schmalseite führt ein etwa 75 cm hoher

Schießstand (4) in den
Kasematten

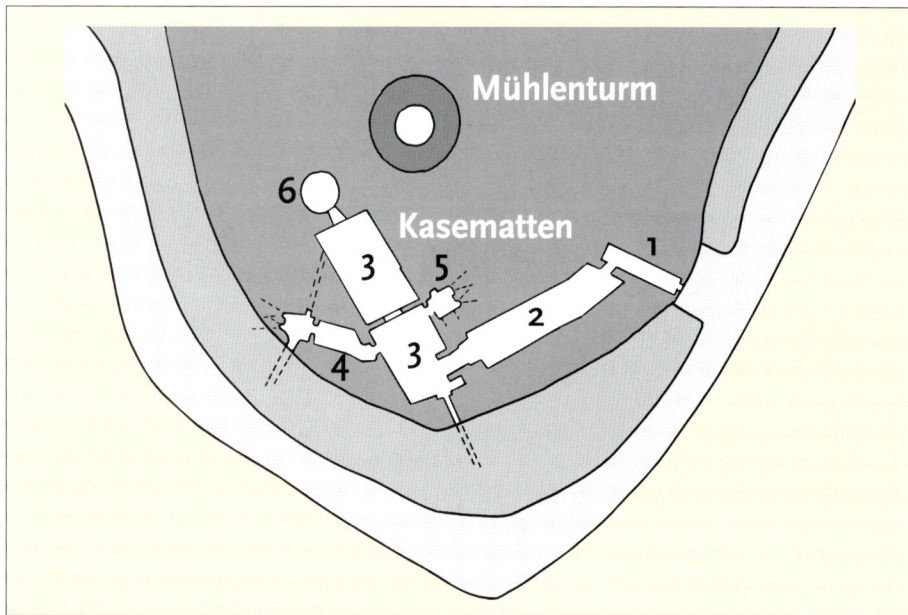

und 50 cm breiter und mehrere Meter langer Kriechgang nach Südosten, an dessen Ende sich sicherlich eine Schießscharte befand, die spätestens mit der Umgestaltung des Mühlenbergs beseitigt wurde.

Der 9,4 m lange Gang mit dem Schießstand nach Westen ist zweifellos der älteste Teil der Kasematten. Er besteht aus Sandstein, in dem sich zahlreiche Graffiti befinden. Die älteste Jahreszahl, die hier bisher ermittelt werden konnte, stammt aus dem Jahr **1854**, sie sagt demnach nichts über die Datierung der Anlage aus. Es dürfte reizvoll sein, die verschiedenen Graffiti auf ihren Inhalt hin zu untersuchen (vgl. KRAACK, LINGENS). – An der Stelle, an der der Gang schräg an den Aufenthaltsraum stößt, ist zu erkennen, daß Teile von ihm abgebrochen und zur Stabilisierung neu aufgemauert werden mußten, ein Hinweis, der zeigt, daß der Gang älter ist als der Aufenthaltsraum. Am Ende des Ganges befindet sich eine Schießkammer mit zwei 55 cm hohen und schmalen – jetzt geschlossenen – Schießscharten. Darunter – knapp über dem sicherlich nicht ursprünglichen Boden – eine weitere Scharte in Form eines Maules mit einem Durchmesser von 20 cm. An der Decke erkennt man den zugesetzten „Kamin", der für den nötigen Rauchabzug sorgte, wenn gefeuert wurde. Nicht ganz im rechten Winkel führt von der Schießkammer wieder ein 85 cm hoher und 50 cm breiter Kriechgang in südliche Richtung.

Ein ähnlicher Schießstand, jedoch ohne Gang, ist vom Aufenthaltsraum aus nach Nordosten gerichtet; auch diese Kammer weist zwei Schießscharten und einen Kamin auf; nach Süden hin ist hier eine rundbogige Öffnung zugemauert worden.

Am Ende des Aufenthaltsraumes schließt ein schmaler Durchgang zu einem kreisrunden Raum von 3,40 m Durchmesser an, der als Pulvermagazin anzusprechen ist. Das Magazin war ursprünglich wohl nur durch eine Luke auf halber Höhe erreichbar, der jetzige Durchgang wurde erst später in dieser Form geschaffen. Durch ein rundes Angstloch von 70 cm Durchmesser im Scheitel der Kalotte des insgesamt rund 4,9 m hohen Raumes konnte das Pulver nach oben zu den Kanonen auf der Bastion befördert werden.

Zur Datierung und Bedeutung von Mühlenturm und Kasematten

Die Datierung des Festungsturms um 1550 scheint recht sicher zu sein. Die Datierung der Gelderner Kasematten, die in ihrer heutigen Gestalt auf mindestens zwei Baumaßnahmen zurückzuführen sind, ist hingegen äußerst kompliziert. Ihre Entstehung ist kaum vor 1550 (vor dem Bau des später zur Mühle ausgebauten Geschützturmes) anzusetzen, letzte Baumaßnahmen werden allenfalls bis 1763, bis zum Befehl zur Schleifung der Festung Geldern, vorgenommen worden sein. Allein die Maulscharte in dem nach Westen gerichteten Schießstand kann für eine nur grobe Datierung noch im 16. Jahrhundert herangezogen werden (vgl. PIPER 1912, S. 342). Wichtiger erscheint aber die Tatsache, daß der weitgehend baugleiche Schießstand nach Osten, der für die Verteidigung des Geldertores zuständig war, nur Sinn macht, wenn an dieser Stelle die Bastion eingezogen und noch nicht mit Erde überdeckt war. Da mit dem weiteren Ausbau der Bastionen, daß heißt mit zusätzlicher Anschüttung der Bastionen um 1600 zu rechnen ist (FRANKEWITZ 1995a, S. 67f.), erscheint die Datierung der Schießstände in das letzte Viertel des 16. Jahrhunderts wahrscheinlich zu sein; für 1577 jedenfalls sind Vermessungen und erste Arbeiten für neue Befestigungswerke überliefert (RAL, Rekenkamer Roermond Nr. 487, Blatt 29, 32, 34).

Die Gelderner Kasematten und der Mühlenturm sind nicht nur für Geldern, sondern für den Nieder-

rhein von außerordentlicher historischer Bedeutung. Gehörten um 1600 mit Wachtendonk, Venlo, Straelen, Moers, Orsoy, Rheinberg, Wesel, Büderich, Rees, Emmerich und Schenkenschanz neuzeitliche, bastionierte Festungsanlagen quasi zum alltäglichen Bild einer bedeutenderen Stadt, sind für diese Epoche kaum Hinterlassenschaften überliefert. Deshalb ist der Zeugniswert der Gelderner Kasematten für das durch Kriege bestimmte 16. und 17. Jahr-

Graffiti im Gang nach Westen (4) mit der Jahreszahl „18/54"

Aufenthaltsraum (3) mit Blick zur Rampe (2)

„Angstloch" im Pulver-
magazin (6)

Friedhofskapelle ▷

Wegkreuz Am Ölberg

hundert kaum zu überschätzen. Nach wie vor wäre eine neuerliche Beschäftigung mit den neuzeitlichen Befestigungsanlagen Gelderns lohnend; ihre Entstehungsgeschichte ist immer noch eher im sagenhaften Bereich angesiedelt (N. N. 1941); erst eine eingehende baugeschichtliche Untersuchung der Kasematten sowie eine intensive Quellenrecherche, wie sie bisher auch in der einschlägigen Literatur noch nicht vorgelegt wurde (EBE-JAHN 1966), kann und wird zu neuen Ergebnissen führen.

Kunstwerk

Vor dem Mühlenturm wurde 1990 im Rahmen eines Bildhauersymposions von Peter van de Locht eine fein bearbeitete Marmorsäule aufgestellt, bei der es dem Künstler „um die Betonung der Vertikalen sowie um das Eindringen ins Innere der Skulptur mittels kleiner Bohrungen" geht (VAN HEUMEN 1992, S. 37).

Am Ölberg / Vernumer Straße: Wegkreuz

Eintragung in die Denkmalliste:
Denkmal Nr.

Auf quadratischem Sockel erhebt sich ein großes Steinkreuz mit dem etwa 100 cm großen Kruzifixus aus Bronze. Auf dem Sockel vorn die Aufschrift: **Gedenke o Mensch an deinen / Erlöser und bethe für die, welche / dieses Zeichen zu Seiner Ehre sezten.** Auf der rechten Seite: **Gesezt zur Ehre Gottes von / Fr. Graf Schmising Kerssenbrock und / dessen Ehefrau Gräfin von Mirbach,** auf der linken Seite: **Ansehn macht Gedenken / Wenn Ansehn Gedenken macht / Wer dann Bilder verlacht?** Hinten die Jahreszahl

1854 (ENDBERG 1956). Graf Schmising-Kerssenbrock war von 1852 bis 1868 Bürgermeister der Stadt Geldern (HÖVELMANN 1974, S. 189 f. – BOSCH 1994, S. 485).

Am Ölberg: Friedhofskapelle

Eintragung in die Denkmalliste: 10. April 1995
Denkmal Nr. A 168
Eigentümer: Graf zu Hoensbroech

Geschichte

1858 ließen Franz Egon von Hoensbroech und seine Frau Mathilde von Loe auf ihrem eigenen Grundstück auf dem 1821 angelegten Friedhof eine Grabkapelle im neugotischen Stil errichten. Pläne des Architekten Friedrich von Schmidt, der einen acht-

Längsschnitt und Querschnitt durch die Kapelle

seitigen Zentralbau entwarf (Historisches Museum der Stadt Wien, erwähnt im Katalog Wien 1991, S. 224, fotografische Kopien im StA Geldern), kamen nicht zur Ausführung, statt dessen wurde eine Kapelle nach Plänen von Vincenz Statz (1819–1898) errichtet (VOGTS 1960, S. 109, Nr. 28), „die wohl zu den schönsten Grabkapellen zu zählen ist" (Beilage zum GW vom 14. Dezember 1861) und deshalb auch von Statz selbst in sein Buch „Kirchliche Bauwerke im Gothischen Style" 1858/59 aufgenommen wurde (VOGTS 1960, S. 20).

Baupläne und Beschreibung

Die überlieferten Pläne – ein Exemplar befindet sich in der Bibliothek des Kunsthistorischen Seminars der Universität zu Bonn – werden von Statz folgendermaßen beschrieben:

„Tafel 15. Grundriß einer gräflichen Begräbniß-Kapelle, in Ziegelsteinen mit hausteinernen Einfassungen, Gesimsen und Courennements ausgeführt. Dieses Blatt gibt zur Hälfte den Grundriß der eigentlichen Kapelle, zur anderen Hälfte den der Fundamente, welche die Todtengruft umschließen. Im südlichen Anbau befindet sich die Treppe, um in die Gruft hinunterzusteigen, im nördlichen die Sakristei.

Tafel 15A. Vorderansicht derselben.

Tafel 15B. Seitenansicht.

Tafel 15C. Choransicht.

Tafel 15D. Längendurchschnitt dieser Kapelle, woraus die Lage der Gräber zu ersehen ist, nämlich der Länge der Kapelle folgend nach zwei Seiten hin, indem in der Mitte ein freier Raum sich befindet, welcher zum Einbringen der Särge in die verschie-

Inschriftstein an der
Kapelle

Grabstein für Brey –
Elsemann von Joseph
Elsemann ▷

Sockel des Grabsteins
für von Eerde und von
Groote

denen Gräber dient. Dieser Mittelraum erhält durch eine im Boden der Kapelle befindliche längliche Oeffnung das nöthige Licht. Auch unter der Sakristei sind 6 Gräber angebracht; jedoch befindet sich an der Stelle, worüber der Altar steht, kein Grab, wie solches kirchliche Vorschrift ist. Die einzelnen Gräber sind durch Hausteinplatten gebildet.

Tafel 15 E. Querdurchschnitt der Kapelle durch die beiden Anbauten mit einer Ansicht der in die Gruft hinunterführenden Treppe. Hieraus ist die Ueberwölbung der ganzen Gruft, worauf der Fußboden der Kapelle ruht, zu ersehen. Der Fußboden ist des sumpfigen Grundes wegen, worauf die Kapelle erbaut ist, um 7 Stufen über dem Terrain erhöht. Aus gleichem Grunde sind unter dem Boden der Gruft Grundbogen mit Cement und Traß gemauert, welche Einrichtung sich seit dem mehrjährigen Bestehen dieser Kapelle in Bezug auf die Abhaltung der Feuchtigkeit aus der Gruft als gut bewährt hat. Das Hauptdach ist von Holz mit Schieferbedeckung, wogegen die kleinen Dächer der Anbauten aus 5/4 Zoll dicken Granitplatten gebildet sind."

In der zweijochigen Kapelle mit 5/8 Chorschluß, die heute noch als Grablege genutzt wird, hängen mehrere Totenschilde der Familie von Hoensbroech.

An der Stirnseite nach Osten ist eine Sandsteinplatte mit folgender Inschrift in Fraktur angebracht:
Franz Egon Marquis und Reichsgraf / von und zu Hoensbroech, Erbmarschall / des Herzogthums Geldern / erbaute waehrend seiner Ehe mit Mathilde / Freyin von Loe diese Kapelle nebst / Familien=Begraebniss zur groesseren / Ehre Gottes und zum Troste der armen / Seelen im Fegfeuer im Jahre des Herrn 1855.

Seit einigen Jahren befindet sich die Kapelle in einem renovierungsbedürftigen Zustand, die Sandsteine blättern ab und sind zum Teil durch neue zu ersetzen.

Am Ölberg: Friedhof

Eintragung in die Denkmalliste:
Denkmal Nr.

Aus hygienischen Gründen wurden die Friedhöfe in der Stadt bei der katholischen und evangelischen Kirche 1821 aufgehoben und durch den am 27. April 1821 weit vor den Toren der Stadt eingeweihten neuen Friedhof ersetzt (FRANKEWITZ 1990, S. 40–53. BOSCH 1994, S. 134). Damals waren die Leichenfelder noch nach Konfessionen getrennt. –

Der heutige Friedhof ist dank der umsichtigen Pflege durch den langjährigen Abteilungsleiter für die städtische Garten- und Friedhofsabteilung Willy Düllings ein wunderschöner Park. Anders als bei den meisten Friedhöfen am Niederrhein dominieren hier hochstämmige Bäume, die zum Teil schon vor Jahrzehnten bewußt in aufgelassene Grabstellen gepflanzt wurden. Darüber hinaus besitzt der Friedhof noch eine ganze Reihe älterer Grabdenkmäler aus dem 19. und 20. Jahrhundert, die zum Teil für sich selbst Denkmalcharakter beanspruchen dürfen.

Zahlreiche alte Familiennamen bekannter Gelderner Familien sind auf den Grabmälern zu entdecken (LINGENS 1998a, S. 63. – LINGENS 1999a, 2000. – KOCH 2000, S. 185); es wäre eine wichtige und lohnende Aufgabe, den Grabdenkmälern eine eigene Untersuchung zu widmen.

An der Insel 1: Wohnhaus

Eintragung in die Denkmalliste:
Denkmal Nr.

Zweigeschossiges Backsteinhaus mit hohem Mansarddach und zweigeschossigem Anbau aus den 1920er Jahren. An der Vorderseite der zweiachsigen Giebelseite rechts ein dreiseitiger Erker mit darüberliegendem Balkon, an der linken Seite ein eingeschossiger Windfang mit weit vorkragendem Walmdach. Obwohl das Haus bisher nicht in die Denkmalliste eingetragen wurde, ist es vorbildlich mit viel Geschmack und Liebe zum Detail restauriert worden.

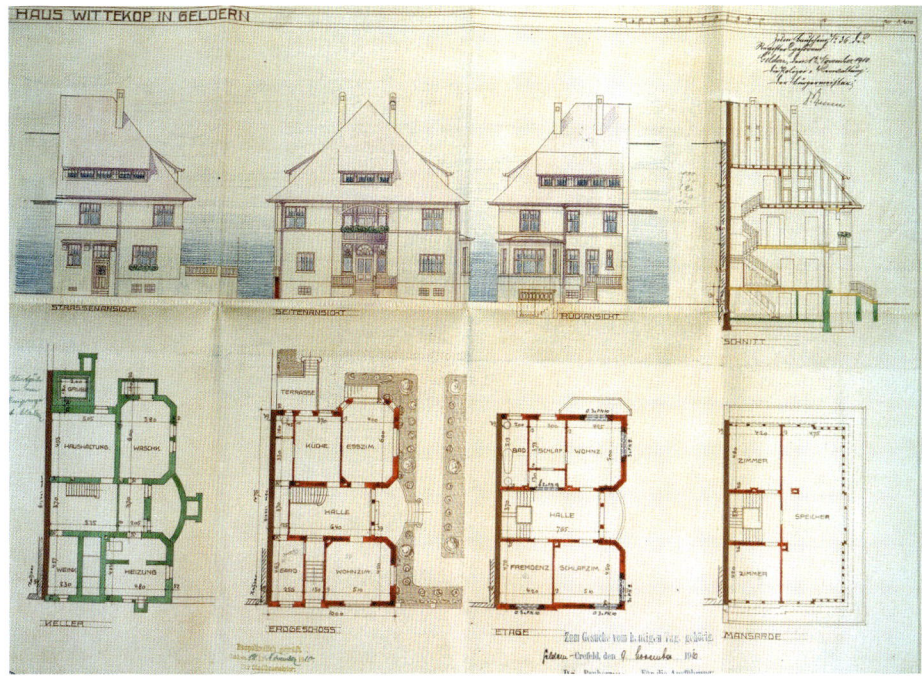

Bahnhofstraße 13: Villa Wittekop

Eintragung in die Denkmalliste: 20. April 1993
Denkmal Nr. A 95

Außerhalb der Wälle ließen Ludwig und Maria Wittekop 1911 von dem Krefelder Architekten Hugo Koch an der Bahnhofstraße eine an drei Seiten freistehende Villa mit Walmdach auf einem großzügigen Grundstück errichten, das bis zum alten Festungsgraben reichte. Die Rückseite des Hauses wurde direkt an die bestehende Bebauung angefügt. Die etwas unscheinbare, unsymmetrisch gegliederte, zweiachsige Schmalseite zur Straße hin nimmt die Haustüre auf. Die eigentliche Schauseite ist die zum Graben hin orientierte Gartenseite, die in der mittleren der drei Achsen eine etwas zurückversetzte Veranda mit gerader Freitreppe in den Garten und darüber einen überdachten Balkon aufnimmt.

Bauzeichnung zur Villa Wittekop

An der Insel 1

Bahnhofstraße 13:
Villa Wittekop

Ehemaliges Postamt

An der gartenseitigen Schmalseite führt neben einem dreiseitigen Erker auf der Ecke eine weitere Treppe ins Freie. Mit der Ausrichtung der Schauseite zum Graben hin verhinderte der Bauherr bewußt eine weitere Bebauung der Bahnhofstraße an dieser Stelle. Mit seiner zum Garten ausgerichteten zentralen Halle und den zum Teil abgeschrägten Ecken greift das Haus den Gedanken des Maison des Plaissance des 18. Jahrhunderts auf und modifiziert das Raumgefüge in einer modernen Villenarchitektur.

Bahnhofstraße 24–28: Ehemaliges Postamt

Eintragung in die Denkmalliste: 22. Mai 1987
Denkmal Nr. A 35
Eigentümer: Georg Müller

Dieses Postamtsgebäude, das ein älteres an der Ecke Bahnhofstraße / Westwall ablöste, wurde 1924 nach Plänen des Architekten Großklaus als langgestreckter, 13achsiger, zweigeschossiger Backsteinbau über Kellergeschoß mit Mansarddach erbaut. Straßenseitig werden die drei mittleren Achsen von einem in die Dachzone reichenden Dreiecksgiebel zusammengefaßt (Kreis Geldern 1930. – BOSCH 1984, S. 161. – FRANKEWITZ 1991a, S. 69). Die Fensterlaibungen bestehen aus etwas zurückversetzten Zementbändern, die mit der gestrichenen Oberfläche den Eindruck vermitteln sollen, es handele sich hierbei um Sandstein. Über der Türe in der Mittelachse unter einem Sturz mit Gebälk drei stilisierte Wappenschilde mit einem Posthorn, dem Reichsadler in der Mitte und einem gefiederten Rad auf einem Fluß als Symbol für die Postbeförderung zu Wasser, zu Lande und in der Luft. Der Eingang zur Schalterhalle befand sich ursprünglich in der äußersten rechten Achse, wurde von hier um die Ecke in die Poststraße verlegt und ist seit dem Bezug des neuen Postgebäudes, das an der linken Seite angebaut und 1985 eröffnet wurde (RP vom 10. August 1985), vermauert; über dem ehemaligen Zugang in der Poststraße hängt eine große, wohl aus den 1960er Jahren stammende Kupferplatte mit drei Brieftauben. 2000 wurden die Faschen der Fenster ohne Not verschiedenartig angestrichen.

Das Gelderner Postamt gehört mit den zeitgleich und in ähnlicher Weise errichteten Postämtern in Düsseldorf-Oberkassel, Dülken, Viersen und Waldniel zu den Gebäuden, „die sich in ihrer Gestaltung den Städtebildern gut einfügen, ohne auf eine gewisse monumentale Wirkung als öffentliche Gebäude zu verzichten. Architektonisch schließen sie sich an gute alte Bauten des Bezirks an, sind aber in ihrer Formgebung selbständig entwickelt" (HERCHER 1928, S. 273). Abhängig vom Gelderner Postamt dürfte das im Sommer 1925 unter Leitung des Postbaurats Agatz begonnene und am 9. Oktober 1927 eingeweihte Postamt in Viersen (DiR 16, 1999, S. 188) gewesen sein.

Das Erscheinungsbild des Gelderner Postamtes wird zum Teil sehr störend durch den 90 Meter hohen, 1984 in Betrieb genommenen Fernmeldeturm beeinflußt (STRICKER 1985).

Bahnhofstraße 25: Ehemalige Devotionalienfabrik

Eintragung in die Denkmalliste: 14. Januar 1992
Denkmal Nr. A 73
Eigentümer: Georg Müller

1898 ließ der bekannte Maler und Inhaber des „Instituts für kirchliche Kunst" Heinrich Bösken an

der Bahnhofstraße durch den Gelderner Architekten Josef Emsters ein überaus reich verziertes Wohnhaus mit einem dahinter gelegenen Fabrikgebäude erbauen. Das Haus mit unregelmäßiger Fassadengliederung ist hauptsächlich verputzt, die Fensterumrahmungen hingegen sowie der Sockel sind mit glatt gestrichenen Ziegeln steinsichtig. Dazu beleben über Eck gestellte Ansätze von Fialen das Obergeschoß im Bereich der abgerundeten Ecke Bahnhofstraße / Am Bückelewall. – Der gesamte rückwärtige Teil „fiel 1993/94 im Rahmen der Gebäudesanierung um" (LINGENS 2000, S. 228, Anm. 3) und wurde als Kopie des Originals in den alten Formen neu erbaut.

Das „Institut für kirchliche Kunst" stellte zahlreiche „religiöse Statuen und Gruppen, Krippen und Reliefs für Kircheneinrichtungen sowie Abgüsse nach Werken bedeutender Meister der Kunstgeschichte her"; gleichwohl das Institut 1905 als „fabrikmäßiges Unternehmen" bezeichnet wird, sind „von seinen Werken … heute keine mehr bekannt" (LINGENS 2000, S. 224f.). Das Stadtarchiv Geldern verwahrt aus der Fabrik einen 56 × 76 cm großen Gipsabguß der fünften Kreuzwegstation, bei der Simon von Cyrene Jesus hilft, das Kreuz zu tragen.

Hermann Josef Stübben, der bekannte Stadtplaner u. a. für Aachen, Köln und Düsseldorf, stellte auch für Geldern 1908 einen Bauplan auf (StA Geldern, Akten B, Nr. 365. – KARNAU 2000, S. 127). Der Plan nahm auf die Bösken-Villa Rücksicht und sah vor, die damals noch zu bauende Straße Am Eiland hier die Bahnhofstraße queren zu lassen. Erst mit der Bebauung des Gebietes Am Bückelewall in den 1990er Jahren wurde die Einfahrt zur ehemaligen Gärtnerei tatsächlich zur Kreuzung.

Bahnhofstraße 27–29
mit Drachen

Bahnhofstraße 27–29: Ehemalige Tabakfabrik

Eintragung in die Denkmalliste: 20. Dezember 1993
Denkmal Nr. A 116

Die ehemalige Tabakfabrik der Gebrüder Berg besteht aus einem großen, zweigeschossigen Wohnhaus an der Straße und dem zweigeschossigen Fabrikationsgebäude im rückwärtigen Teil. Die Fabrik entstand 1896 in den Formen der Neo-Renaissance. Nach dem Zweiten Weltkrieg produzierte in den Räumen das „Kleiderwerk Niederrhein" von Peter Nolte unter anderem auch Uniformen (FRANKEWITZ 1991a, S. 68). – Das Wohn- und Geschäftshaus mit nach Westen abgewalmtem Satteldach hat an seiner linken Seite einen Spitzgiebel und ein Erkertürmchen an der rechten Ecke. Hier wohnte in den 1930er Jahren der Lehrer und Kunstmaler Franz Pistorius (FRANKEWITZ 1989a, S. 10f.). Die Dekorierung der Backsteinfläche ist durchaus üppig: Ganz links eine mit Stuck reich umrahmte Tür, darüber im Giebelfeld ein Drache. Besondere Aufmerksamkeit verdienen die großen aber kleinteilig gestalteten Fenster, die bei der Sanierung des Hauses durch den Architekten Friedrich Beckschulze aus Hamm 1994 nach originalem Vorbild erneuert wurden.

Das Produktionsgebäude ist ein langer, zweigeschossiger Backsteinbau von sechs Achsen Länge; je zwei paarweise zugeordnete Fenster bilden eine Achse. Hofseitig erschließt ein achtseitiger Treppenturm mit achtseitigem Pyramidendach zusätzlich auch das Dachgeschoß im ausgebauten Mansarddach. An der Rückseite finden sich in den Achsen große Fenster. Westlich des Produktionsgebäudes wurde 1996 ein Zweckbau mit einem gläsernen Treppenhaus errichtet (RP vom 14. August 1996), das das alte mit dem neuen Gebäude verbindet. Die

Ehemalige Tabakfabrik

Bahnhofstraße 36–38
und Oberlicht im Haus
Nr. 36

Realisierung dieses Baukörpers erwies sich leider nicht so harmonisch, wie es die Pläne vermuten ließen. Geradezu störend wirkt das große Werbeschild, das vor der Westseite zwar in gewissem Abstand, jedoch viel zu groß für das Denkmal errichtet wurde.

Bahnhofstraße 36–38

Eintragung in die Denkmalliste: jeweils 9. März 1993
Denkmal Nr. A 79 und A 80
Eigentümer von Nr. 38: Elisabeth Brey

Zweigeschossiges Doppelhaus über Kellergeschoß von insgesamt sechs Achsen und Satteldach aus dem Beginn des 20. Jahrhunderts. Nach Beschädigungen im Zweiten Weltkrieg wurde das Doppelhaus 1948 wiederhergestellt. In der linken und rechten Achse, die beide turmartig aber im Detail verschieden gestaltet sind und mit Zwerchgiebel bis in die Dachzone reichen, jeweils die Eingangstüre, rechts original mit farbig verglastem Oberlicht erhalten, links leider unpassend ersetzt. Links fehlt auch das Dach des Zwerchgiebels. In den Putzflächen zwi-

schen den Fenstern jeweils ein Erker, links dreiseitig, rechts zweiseitig über Eck gestellt.

Boeckelter Weg 2:
Ehemaliges Kreis- und
Stadtgymnasium

Eintragung in die Denkmalliste: 13. Februar 1992
Denkmal Nr. A 77

1926 bis 1927 wurde das Gymnasium des Kreises und der Stadt Geldern von den Architekten Wahl und Rödel aus Essen als mit leicht glatt gestrichenen Ziegeln der „Warbeyener Klinker-Werke" erbaut (HERCHER 1928, S. 185 und dazu die Anzeige der Klinker-Werke S. 305). Ein früherer Bauplan des Architekten Scholz aus Düsseldorf, der die Volksschule in Straelen baute, blieb unberücksichtigt (HERCHER 1928, S. 319). Die Anlage besteht aus den „drei Baumassen: Schule, Turnhalle und Direktorwohnhaus um einen großen Mittelhof" (WAHL 1927, S. 5), der vom Boeckelter Weg aus durch eine Tordurchfahrt zu erreichen ist (FRANKEWITZ 1991a, S. 91). Denkmäler sind das Schulgebäude und die

Boeckelter Weg 2:
Ehemaliges Kreis- und
Stadtgymnasium

jedoch gingen verloren. Nach einem abermaligen Umbau 1995 beherbergt das ehemalige Schulgebäude heute die letzten Nebenstellen der Verwaltung des Kreises Kleve in Geldern.

Die Turnhalle ist ein langgestreckter Bau, dessen Eingangsbereich von Rundfenstern beleuchtet wird. Auffällig ist die doppelte Reihe liegender Rechteckfenster im Hallenbereich. Das expressionistische Gebäude wird – ebenso wie das Gymnasium selbst – im Sockelbereich von fünf Backsteinbändern geprägt, die wenige Zentimeter aus dem Mauerwerk vorstehen. – Nach dem Zweiten Weltkrieg diente die Turnhalle auch als Theater- und Konzertsaal im zerstörten Geldern.

Turnhalle. Eingeweiht wurde das Gymnasium am 8. September 1927 (KELLER 1977, S. 45).

Das Schulgebäude schmiegt sich leicht gebogen an den Boeckelter Weg an. Der expressionistische Bau mit zwei Geschossen über einem Kellergeschoß mit Satteldach und langgestreckter Dachgaube mit neun Fensterpaaren ist unregelmäßig gegliedert. Das von den beiden Längsseiten zu erreichende Treppenhaus wird an der Straßenseite über der Tür durch ein über beide Geschosse reichendes Drillingsfenster beleuchtet. An dem hohen Treppengiebel findet sich in Mauerankern die Datierung **A**(nno) **D**(omini) **1926**.

Nach dem Neubau des nach Friedrich Spee benannten Gymnasiums an der Friedrich-Spee-Straße zog 1959 die Landwirtschaftsschule vom Ostwall kommend (→ Ostwall 32) nach einem entsprechenden Umbau in das Gebäude ein (GENFELD 1981, S. 7). Leider wurden die originalen Fenster noch vor der Eintragung in die Denkmalliste durch neue ersetzt. Die Einteilung der Fensterflächen konnte zwar beibehalten werden, die ausgewogenen Proportionen

Boeckelter Weg: Jüdischer Friedhof

Eintragung in die Denkmalliste: 1. März 1994
Denkmal Nr. A 123

Etwa einen Kilometer östlich des Stadtkerns und weitab jeder Bebauung wurde der „israelitische Friedhof" – so bezeichnet auf der Kreiskarte von 1877 – im Jahre 1866 angelegt. Heute befindet er

Grabstein auf dem
jüdischen Friedhof

sich in einem Wohngebiet, das sich insbesondere nach dem Zweiten Weltkrieg um den Boeckelter Weg entwickelte. Der etwa 50 m lange und 25 m breite Friedhof liegt stadtauswärts hinter dem Haus Nr. 54. Er besteht aus einem rechtwinklig von der Straße wegführenden Weg, an den sich rechts und links zwei baumbestandene Rasenflächen anschließen, auf denen insgesamt 104 Grabsteine stehen. Leider fluchtet der Weg auf eine neuerbaute Garage auf dem Nachbargrundstück.

Im Februar 1972 wurden 26 Grabsteine mutwillig umgeworfen. Heute befinden sich diese in einem unterschiedlichen Zustand, die Inschriften sind in der Regel gut lesbar. Einige Steine weisen auch hebräische Inschriften auf (EYCKMANN 1984, S. 40–56. – BROCKE, S. 90. – STADTARCHIV GELDERN 1988. – KEUCK 1992, S. 126–141. – PETERS 1993,

S. 156–157. – PRACHT-JÖRNS 2000, S. 326). Als eine der Letzten wurde hier 1977 Lisbeth Bütow beerdigt; sie und ihr schon 1949 verstorbener Mann Bruno erbauten 1948 das Haus Brühlscher Weg 79, über dessen Türe sie selbstbewußt den noch vorhandenen Judenstern anbrachten.

Brühlscher Weg 8, 10 und 12

Eintragung in die Denkmalliste:
Denkmal Nr.

Zusammen mit den drei Denkmälern Brühlscher Weg 41, 43 und 45 bilden die gegenüberliegenden Häuser Nr. 8, 10 und 12 auf dem Brühlschen Weg eine einzigartige städtebauliche Situation in der

Stadt Geldern. Nur in der Innenstadt – innerhalb der Wälle – gibt es eine solche „Straßenschlucht". Die Häuser Nr. 8 und 10 von 1913 und 1914 (Architekt Hermkens) mit ihren Giebeln, die auch hier quasi auf dem Dach stehen – der eine ist geschwungen, der andere dreieckig – und Erkern im Obergeschoß geben zu erkennen, daß sie in Abhängigkeit oder sogar zusammen mit den Nrn. 41, 43 und 45 errichtet wurden. Das Haus Nr. 12 hingegen steht losgelöst von der Nr. 10 und erinnert mit seinem Erker an der linken Seite und der markanten Rundsäule im Eingangsbereich an der rechten Seite an eine Stadtvilla.

Im weiteren Verlauf des Brühlschen Weges stehen noch weitere, zumindest bemerkenswerte Backsteinbauten mit expressionistischen Zügen, die im Einzelnen noch untersucht werden sollten.

Brühlscher Weg 41

Eintragung in die Denkmalliste: 15. April 1992
Denkmal Nr. A 86

Zusammen mit den beiden Denkmälern → Brühlscher Weg 43 und 45 bildet das zweigeschossige Backsteinhaus mit seinem hohen Giebel, der nicht aus der Mauerfläche herauswächst, sondern über dem breiten Traufgesims quasi auf dem Dach steht, ein markantes Ensemble auf dem Brühlschen Weg. Die Fassade des 1910 erbauten Hauses mit höher gelegenem Oval- und Drillingsfenster im Untergeschoß sowie dem dreiachsigen, nur leicht vorkragendem Erker ist unregelmäßig gegliedert. – Störend für die Gesamterscheinung des Denkmals erweist sich die Aufstellung der Peitschenlaterne

sionistische Ausformungen. Die breite Dachgaube mit vier Fenstern über dem weit vorkragendem Dach erscheint für das Gebäude zu groß.

Brühlscher Weg 45

Eintragung in die Denkmalliste: 15. April 1992
Denkmal Nr. A 87
Eigentümer: Herbert Freche

Zusammen mit den beiden Denkmälern → Brühlscher Weg 41 und 43 bildet das zweigeschossige Backsteinhaus mit seinem hohen Giebel, der ebenfalls nicht aus der Mauerfläche herauswächst, sondern über dem breiten Traufgesims quasi auf dem Dach steht, die rechte Seite eines markanten Ensembles auf dem Brühlschen Weg. Die Fassade des ebenfalls 1910 erbauten Hauses unterscheidet sich in Details von den anderen, paßt aber in den schon expressionistisch zu bezeichnenden Baustil. Auffällig sind die Türumrahmung mit breiten Putzbändern und bekrönendem Dreiecksgiebel; die Relieffelder sind mit floralem Dekor belegt. Bemerkenswert sind die zwei kleinen Fenster über der Türe und der kalottenförmige Erker im Obergeschoß.

ebenso, wie die Anbringung eines Zigarettenautomaten neben der Türe.

Brühlscher Weg 43

Eintragung in die Denkmalliste: 15. April 1992
Denkmal Nr. A 84

Zwischen den beiden Denkmälern → Brühlscher Weg 41 und 45 mit ihren hohen Giebeln bildet das Denkmal Haus Nr. 43 einen verbindenden Riegel in Form eines zweigeschossigen, traufständigen Backsteinbaus mit Satteldach von 1910. Das Untergeschoß mit Puztzsockel und besonderer Betonung der Türe durch ein halbkreisförmiges Oberlicht ist unregelmäßig gegliedert und zeigt bereits expres-

Friedrich-Spee-Straße: Büste von Friedrich Spee

Eintragung in die Denkmalliste:
Denkmal Nr.

Die Familie des Jesuitenpaters Friedrich Spee wohnte auf dem Haus Langenfeld in der Nähe von Wachtendonk im geldrischen Amt Krickenbeck. Von hier zog ein Zweig der Familie im 16. Jahr-

Friedrich Spee

hundert nach Kaiserswerth, wo am 25. Februar 1591 Friedrich Spee geboren wurde. Er trat 1610 in den Jesuitenorden ein und erlangte besondere Bedeutung durch sein 1630/31 anonym verfaßtes Werk „Cautio criminalis" („Bedenken gegen Verleumdungen"), mit der er sich vehement gegen die Hexenverfolgung aussprach. Spee starb 1635 in Trier an der Pest (KELLER 1990a)

Das am 14. März 1959 eingeweihte neue humanistische Jungengymnasium erhielt den Namen des Jesuitenpaters, um dessen Verdienste und seine familiäre Bindung zum Gelderland zu würdigen. Vor dem Gymnasium stellte man um 1960 eine Bronzebüste von Friedrich Spee auf. Sie ist eine Stiftung des „Majoratsherrn der heutigen Speegroßfamilie" (KEL-

LER 1977) auf Schloß Heltorf bei Düsseldorf und der Abguß einer Büste aus der Werkstatt des Düsseldorfer Bildhauers Willi Hoselmann (1890–1978), die in Kaiserswerth im östlichen Bereich der Kaiserpfalz steht (VON LOOZ-CORSWAREM, PURPAR 1996, S. 226).

Gelderstraße 1: Evangelische Heilig-Geist-Kirche

Eintragung in die Denkmalliste: 15. Oktober 1986
Denkmal Nr. A 21

Geschichte

Die Heilig-Geist-Kirche steht an der Stelle des mittelalterlichen, 1415 gegründeten Hospitals gleichen Namens. Gleichzeitig wurde hier „eine Kapelle zu Ehren des allmächtigen Gottes, des Heiligen Geistes, der allerheiligsten Jungfrau Maria sowie des hoch gelobten Bekenners Antonius, dem Marschall des Guten, errichtet"; ein zweiter Altar wurde 1425, ein dritter um 1450 aufgestellt (FRANKEWITZ 1990, S. 10 und S. 20). Der Stadtbrand von 1530 zerstört auch das Hospital; 1578 wurde die Kapelle als Gotteshaus für die neue Lehre benutzt; den Reformierten gelang es 1586 sogar, die Pfarrkirche Maria-Magdalena für sich zu beanspruchen, so daß die Heilig-Geist-Kapelle vorübergehend nur noch als Wachlokal diente, doch schon 1587 wurden die alten Zustände durch den spanischen König wiederhergestellt.

Mit der Eroberung Gelderns durch die Preußen im Jahre 1703 endet die Geschichte des Hospitals; die Hospitalskirche wird den Reformierten und Lutheranern – das sind insbesondere die preußischen Soldaten – übergeben, die hier am 23. Dezember 1703 erstmals im reformierten Sinne predi-

Evangelische
Heilig-Geist-Kirche

Innenraum der
Heilig-Geist-Kirche

Die Heilig-Geist-Kirche
auf einem Plan von
1764

gen. Mit der Explosion des Pulverturms 1735 wurde das mittelalterliche Hospital und die als Garnisonskirche dienende Kapelle völlig zerstört (NETTESHEIM 1963, S. 270 f. – HENRICHS 1971, S. 165 f. – MEURER 1979, Nr. 46. – FRANKEWITZ 1990, S. 36 f.), der folgende Neubau konnte 1740 geweiht werden. – Mit dem Abzug der preußischen Truppen 1794 wurde *das Gotteshaus … öde, und im Winter 1794/95 vier Monathe lang zum Strohmagazin.* Am 30. März 1808 vereinigten sich die beiden protestantischen Gemeinden (FRANKEWITZ 1990, S. 58).

Neubau von 1740

Am 23. Oktober 1736 erfolgte die Grundsteinlegung zu einer neuen Garnisonskirche als Zentralbau im preußischen Barockstil. Nach vierjähriger Bauzeit folgte die Weihe der neuen Kirche am 13. November 1740 (CLEMEN 1891, S. 21). Das Vorbild für den Entwurf zu der „unter Beihilfe des Königs" errichteten

Kirche lieferte die wenige Jahre zuvor in Wesel 1729 von Jost Heimburger erbaute Lutherkirche, die wie die Gelderner an die „Architektur militärischer Zweckbauten" erinnert (DEURER 1991, S. 404).

Beschreibung und Restaurierungen

Gebaut wurde über quadratischem Grundriß ein hoher Betsaal aus Backstein mit Pyramidendach und bekrönender Laterne mit einem Glockendach. Die Schauseiten zur Gelderstraße und zur Heilig-Geist-Gasse sind jeweils dreiachsig gegliedert und durch Dreiecksgiebel über den leicht vorgezogenen Mittelachsen mit Eingangstüren betont. Die Fensterachsen sind zweigeschossig gegliedert, über annähernd quadratischen, korbbogigen Fenstern befinden sich hohe und schlanke Rundbogenfenster. Die Fassaden werden durch Pilaster gegliedert und belebt.

Schon vor 1888 befand sich das Gotteshaus in einem restaurierungsbedürftigen Zustand; der abgesackte Dachreiter wurde wieder gerichtet, die Dachhaut neu mit Schiefer gedeckt, die Freitreppen, Gewände und Gesimse teilweise erneuert; sechs Fenster erhielten gußeiserne Rahmen und neues Glas, die Fenster an der Schauseite zur Gelderstraße hin mußten ersetzt werden; denkmalpflegerisch höchst interessant ist die diesbezügliche Aussage:

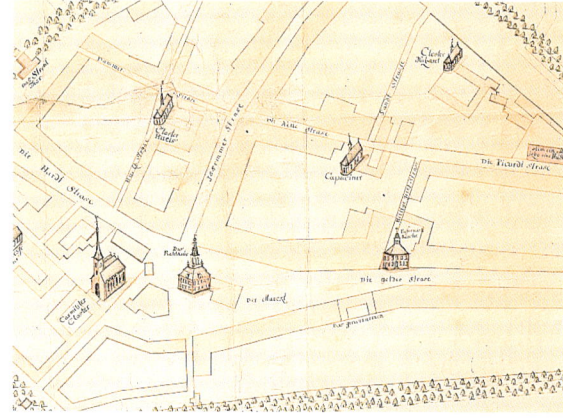

Die Ausführung muß in Eichenholz geschehen, damit wenigstens diese Seite kein fabrikmäßiges Aussehen erhält (Beilage Nr. 10).

Eine weitere Erneuerung erfolgte 1940. „Diese junge Restaurierung war ein wohlgelungenes Werk; der Gelderner Kirchenmaler Heinrich Brey malte die Kirche in Hellgrün und Grau mit hellblauen Linien aus, die Werkstatt Ophey lieferte einen neuen Altar, der sich wohl dem barocken Schnitzwerk der Kanzel anpaßte"; am 14. Februar 1945 wurde die Kirche von Brandbomben getroffen, „die gesamte Inneneinrichtung wurde ein Raub der Flammen und verkam unter dem eingestürzten Dache. Die Kultgeräte allerdings waren vor dem Unglückstage geborgen worden" (LINGEN 1948, Geldern, S. 6. – FRANKEWITZ 1990, S. 72).

Wiederaufbau

Der Wiederaufbau erfolgte nach Plänen des Gelderner Architekten Gorris, die Gestaltung des Innenraums plante Baurat Möller aus Geldern-Veert (RP vom 26. Juli 1952). Dabei erhielt die leere Ruine ein neues Gesims, auf das eine Stahlkonstruktion als Dachstuhl aufgesetzt wurde; Richtfest war am 24. März 1950, die Neuweihe folgte am 27. Juli 1952 (FRANKEWITZ 1990, S. 73f. – JbrD 19, 1951, S. 198). Bei der Wiederherstellung wurde eine dem Denkmal nicht gerecht werdende Betonempore eingezogen (JbrD 20, 1956, S. 120), auf die Dachspitze setzte man nicht wieder eine vierseitige geschlossene Laterne mit Glockenhaube, sondern eine offene achtseitige mit Zwiebelhaube; diese wirkt wesentlich leichter und besser für den strengen Bau; bekrönt wird die Zwiebelhaube von einem schmiedeeisernen Kreuz, über dem ein Geusenengel anzeigt, woher der Wind weht (RP vom 10. Februar 1951).

1955 wurde an den Fenstergewänden und am Portal gearbeitet (JbrD 21, 1957, S. 219), 1970 das

Mauerwerk wegen Durchfeuchtung neu verfugt (RP vom 14. Oktober 1970); eine grundlegende Innensanierung schloß sich an, bei der neue Treppen, ein neuer Fußboden mit einer Fußbodenheizung und neue Fenster eingebaut werden sollten (FRANKEWITZ 1990, S. 88f. – RP vom 2. Dezember 1972). Entgegen den Wünschen des Landeskonservators, der einen Fußboden mit Blausteinplatten favorisierte, wurde ein Holzfußboden eingebaut (RP vom 12. September 1973).

Fenster

Beim Wiederaufbau nach dem Zweiten Weltkrieg erhielt das Gotteshaus Buntglasfenster von der Gocher Firma Menke; „in der Wirkung sind die Fenster so gehalten, daß sie weder Figuren noch Ornamente aufweisen, sondern lediglich durch gestreute

Fenster der Kirche

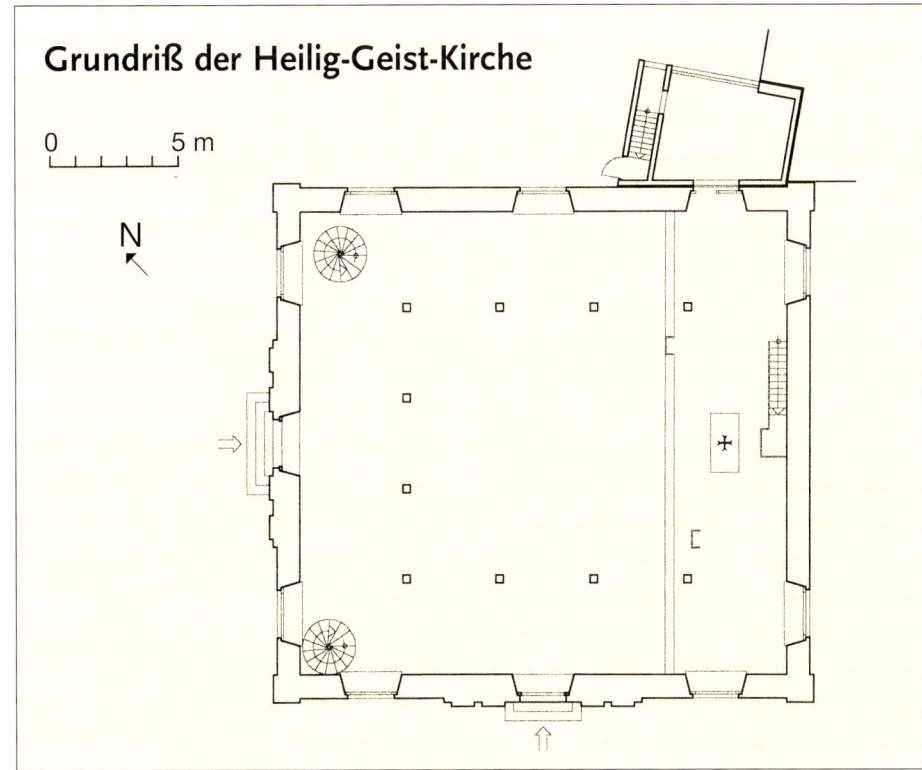

Farbenkompositionen gedämpftes Licht in das Gotteshaus fallen lassen" (RP vom 30. Januar 1951. – FRANKEWITZ 1990, S. 74).

Für 1972 wurden neue Fenster „in einfachem Kathedral- oder Danziger Glas" geplant (FRANKEWITZ 1990, S. 89), die in den 1950er Jahren eingebaute „provisorische Verglasung" sollte durch neue Fenster nach Entwürfen von Manfred Espeter aus Münster „stilgerecht ersetzt werden" (RP vom 2. Dezember 1972). Tatsächlich gehören sie in ihren modernen aber nicht aufdringlichen Formen mit zurückhaltenden aber warmen Farben zu den schönsten Kirchenfenstern in Geldern.

Orgel

Nicht lange nach ihrer Einrichtung (1740) *erhielt die Garnisonskirche eine schöne Orgel* (FRANKEWITZ 1990, S. 58). Es handelt sich dabei wahrscheinlich um ein Werk von Peter Weidtman aus Ratingen; eine zweite Orgel wurde 1860 von dem Orgelbauer Wilhelm Rütter in Kevelaer gekauft; nach ihrer Zerstörung 1945 erhielt die Kirche erst 1975 eine neue, moderne Eule-Orgel vom Volkseigenen Betrieb Orgelbau in Bautzen (ARBOGAST 1994).

Ehemalige Glocken und Glockenspiel

1754 erhielt die Kirche zwei Glocken (FRANKEWITZ 1990, S. 58), wenigstens eine der beiden 1746 gegossenen stammte von Alexius Petit; eine von ihnen mußte im Ersten Weltkrieg abgeliefert werden, sie wurde 1924 durch eine neue ersetzt; eine dritte, 1756 in Stettin gegossene Glocke wurde 1942 eingezogen (LINGEN 1948, Geldern, S. 6. – FRANKEWITZ 1990, S. 72).

1951 erhielt die Kirche von der evangelischen Kirchengemeinde in Sonsbeck eine 1714 gegossene Glocke (RP vom 14. Juli 1951). Am 17. Juni 1956 wurde ein Glockenspiel mit 16 Glocken in Betrieb genommen, die die Firma Rincker in Sinn bei Herborn gegossen hatte (RP vom 7. Juni 1956. – FRANKEWITZ 1990, S. 87), 1970 erweiterte man das Glockenspiel um acht Glocken (RP vom 28. November 1970 und 2. Dezember 1972).

Ehemalige Kanzel

„Die Kanzel, ein Geschenk Friedrichs des Großen von 1740, mit der freischwebenden Treppe und reicher Barockschnitzerei war von hohem Kunstwert. In rokokohafter Beschwingtheit schwebte der Baldachin darüber, der Erinnerungen an die preußische Königskrone weckte, ohne dieses Gefühl aufzudrängen"; die Kanzel ging 1945 verloren (LINGEN 1948, Geldern, S. 5. – FRANKEWITZ 1990, S. 72).

Friedhof und Grabkammern

„Bereits für 1433 ist überliefert, daß zu der Gasthauskapelle ein kleiner Friedhof gehörte, auf dem verstorbene fremde Pilger bestattet werden konnten". Von diesem Friedhof ist bislang 1987 nur das Fragment eines Grabsteins eines Adeligen gefunden worden. Ab 1821 löste der neue Friedhof Am Ölberg den alten ab (FRANKEWITZ 1990, S. 40 und 46).

In der Kirche selbst gibt es zahlreiche Grabkammern, in der die hochstehenden preußischen Militärs oder andere wichtige Funktionsträger und ihre Angehörigen beigesetzt wurden; ein Teil der Grabkammern ist auf einem Plan von 1802 eingezeichnet (ECHTERNACH 1960).

Umfeld

Die Heilig-Geist-Kirche wurde sowohl als Eckbebauung, als auch als Bestandteil der Straßenflucht der Häuser am Markt und der Gelderstraße erbaut (vgl. FRANKEWITZ 1991a, S. 28, 29, 31, 45, 53). Dieses historische Ensemble wurde zunächst durch den

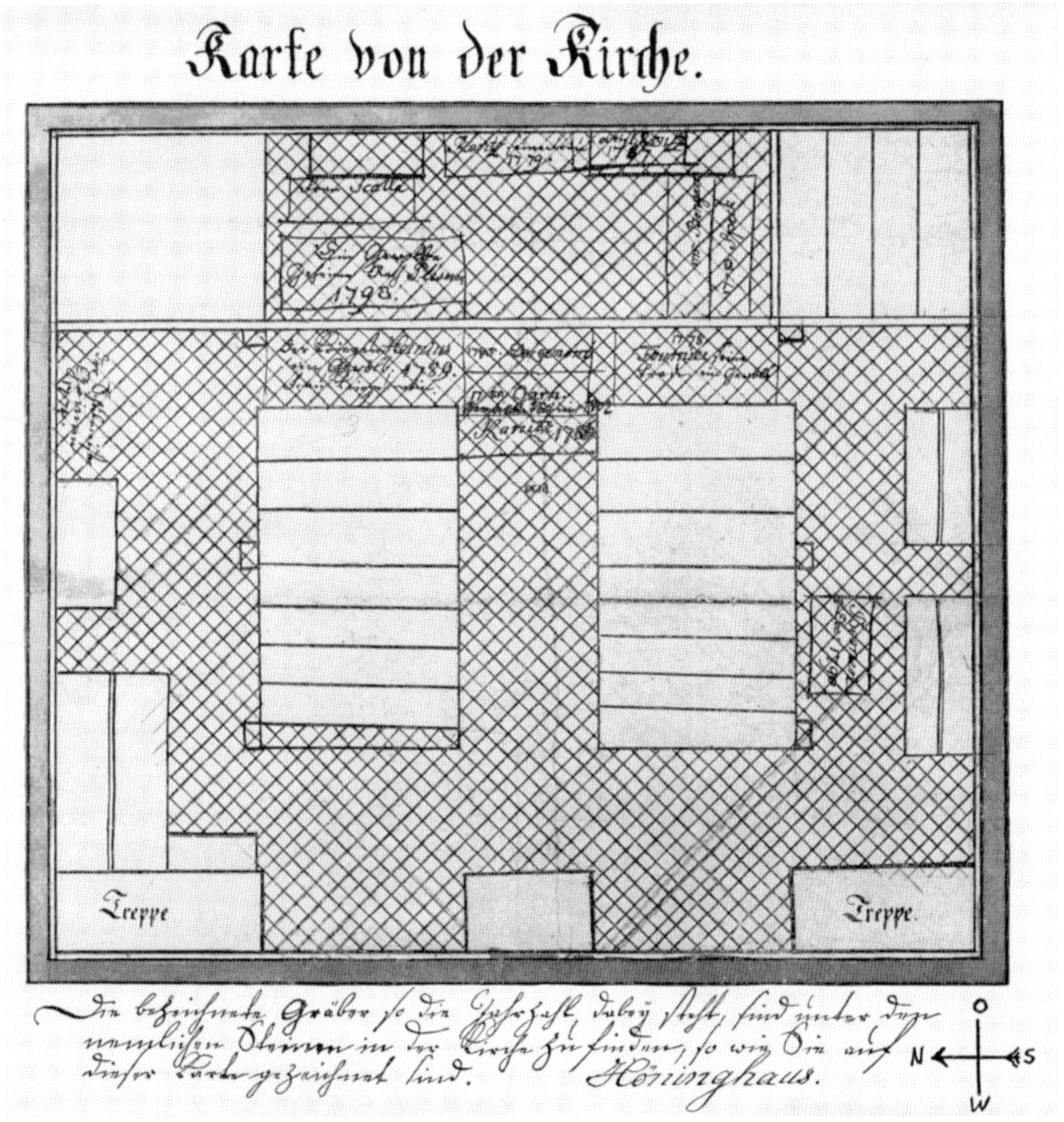

Plan der Gräber in der Heilig-Geist-Kirche, 1802

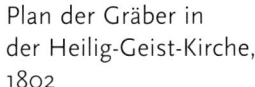

Abriß der Häuser am Markt, an der Heilig-Geist-Gasse und der anschließenden Rücknahme der Bauflucht 1978 gestört.

Mit dem 1987 erfolgten Abriß des breitgelagerten Hauses südlich der Kirche (FRANKEWITZ 1991a, S. 53) wurde zwar Platz für die Breestraße geschaffen, die Kirche steht seitdem aber nicht mehr im erkennbaren Zusammenhang mit den Straßenfluchten.

Ein vorerst letzter, schwerwiegender Eingriff erfolgte trotz des Protestes der Unteren Denkmalbehörde (RP vom 15. Juni 1999): Im Mai 2000 wurde die Fassade des letzten Hauses am Markt vor der Kirche ohne Not schubladenartig vorgezogen. Diese Veränderung ist auch aus städtebaulicher Sicht sehr unglücklich; zudem mußte dem Neubau ein Baum weichen, der bei der früheren Sanierungsmaßnahme überleben durfte. Mit der neuerlichen Veränderung wurde die Sicht vom Markt auf die Kirche verstellt und das Erscheinungsbild des Gotteshauses stark beeinträchtigt. In der Tat strahlt das Ergebnis nun den Charme eines Containers aus! Während gegen die – an und für sich sinnvolle – Bebauung des Marktes an der Nordseite eine Bürgerinitiative gegründet wurde, gab es am südlichen Ende des Marktplatzes keine hörbaren Proteste.

Gelderstraße 12: Haus Terstegen

Eintragung in die Denkmalliste: 15. Oktober 1985
Denkmal Nr. A 28

Zu den wenigen Häusern des 18. Jahrhunderts, die den Zweiten Weltkrieg und die Nachkriegsperiode zumindest leidlich überstanden haben, gehört das Haus Terstegen in der Gelderstraße von 1740 (Datierung nach JbrD 19, 1951, S. 198). Im hinteren Bereich des Hauses richtete 1835 der Kaufmann Bernhard Roeffs zusammen mit Buschmann die erste Seidenfabrik in Geldern ein (FRANKEWITZ 1991a, S. 47). – Das sieben Achse breite, verputzte Backsteingebäude ist an den Ecken mit Quaderputz verziert. Die drei mittleren Achsen, die in der Mitte die von einem Gebälk überdeckte Eingangstür aufnehmen, springen risalitartig um einen Stein vor und werden von einem Dreiecksgiebel in der Dachzone zusammengefaßt. In der Mitte des Dreiecksgiebels auf einem runden Medaillon eine achtblättrige Blüte. Die Fensteröffnungen des repräsentativen

Obergeschosses sind deutlich höher als die im Untergeschoß. Im Innern sind ein Kamin und ein Stuckmedaillon, das spielende Kinder zeigt, erhalten. – An der Rückseite sind zwei unterschiedliche lange Flügel angebaut, wovon der nördliche mit der Gartenmauer einen Hof umschließt (FRANKEWITZ 1991a, S. 47). – Nach vorliegenden Fotos (StA Geldern, Bildarchiv) war die linke Seite des Backsteingebäudes durch Kriegseinwirkung bis auf die Umfassungsmauern zerstört, der rechte Teil arg ramponiert. Nach den Sicherungsarbeiten folgten erst 1955 „Verhandlungen über die Fassadenwiederherstellung" (JbrD 21, 1957, S. 219), die 1958 durchgeführt wurden. Bei dieser Gelegenheit erhielt die Fassade einen neuen Verputz und die ornamentale Verzierung über den Fenstern des linken Teils wurden nach dem Vorbild der rechten Seite erneuert (JbrD 22, 1959, S. 164 und zwei Abb. S. 158 und 159); eine Nische zwischen dem Haus und der danebenliegenden Toreinfahrt, die eine der frühen Gelderner Zapfsäulen aufnahm, wurde vermauert und ebenfalls verputzt. Wohl in den 1980er Jahren wurden die Fenster leider durch neue Kunststofffenster ersetzt, unten ohne jede Aufteilung, oben mit zwischen den Thermopenscheiben liegenden Sprossen, die dem Charakter des stattlichen Gebäudes ebenfalls nicht gerecht werden. – Vom Südwall aus war der Hof durch ein Holztor mit Schnitzwerk und Monogramm im halbrunden Oberlicht in einer aufwendigen kalottenförmigen Nische zu erreichen (Abbildung: BOSCH 1977, S. 93), erhalten ist heute noch die Nische.

Gelderstraße 32:
Plastik vor dem Finanzamt

Eintragung in die Denkmalliste:
Denkmal Nr.

Ein weitgehend in Vergessenheit geratenes Kunstwerk steht seit dem 14. Juli 1971 auf dem Parkplatz vor dem damals neuen Finanzamt. Im Rahmen der Idee „Kunst am Bau" schuf der Kölner Bildhauer Friedel Denecke die 4,50 m hohe und 1,45 m breite Plastik aus wetterfestem und wartungsfreiem COR-TEN Stahl aus Amerika, der in Deutschland beim Hüttenwerk HOAG in Oberhausen hergestellt wurde; die Plastik steht „als vertikaler Akzent vor den horizontalen Formen des neuen Gebäudes. Bei Betrachtung von verschiedenen Standpunkten aus verändert sich die Transparenz und der Rhythmus innerhalb der Säule" (Schreiben des Künstlers an die Stadt Geldern. – RP vom 15. Juli 1971).

Haagscher Weg 10:
Campsches Haus

Eintragung in die Denkmalliste: 15. Oktober 1986
Denkmal Nr. A 22
Eigentümer: Dr. Theo Camp

Bei dem Campschen Haus handelt es sich um ein backsteinernes Bauernhaus von fünf Achsen Breite im Untergeschoß und zwei bzw. einer Achse in den beiden Dachgeschossen und Krüppelwalmdach von 1764. Den Ortgang zieren holländische Dreiecke, die ihrerseits von an dieser Stelle untypischer Verschieferung leicht verdeckt werden. – Nach allgemeiner Instandsetzung 1952 (JbrD 20, 1956, S. 121) sowie der Trockenlegung des Mauerwerks und einem Neuanstrich (JbrD 25, 1965, S. 173) folgte noch vor 1989 die „Neueindeckung des Krüppelwalmdachs mit Tonziegeln, Erneuerung der Firste mit Naturschiefer. Aufarbeitung … der Eingangstür" (JbrD 38, 1999, S. 252). Die alten Schiebefenster (JbrD 25, 1965, S. 173) wurden 1994 durch neue Elemente ersetzt. Anstelle der 1986 aus Altersgründen niedergelegten Linden wurden vor dem Haus 1989 zwei neue Bäume gepflanzt.

Das Haus ist das erste, das noch im Jahr der Schleifung der Festung Geldern an die Ausfallstraße in Richtung Kevelaer auf die Festungswerke, auf ein ehemaliges Ravelin, gebaut wurde. Das Haus, dessen

Skulptur vor dem Finanzamt

Das Campsche Haus

Wirtschaftsgebäude nach dem Zweiten Weltkrieg abgerissen wurde (Abb. bei Bosch 1977, S. 82), ist aber nicht als typisch niederrheinisch anzusprechen (so noch Frankewitz 1986b, S. 18f.), sondern verkörpert mit seiner einheitlichen Höhe des Untergeschosses bis in die Kübbungen den Typus des „preußischen" Bauernhauses (Frankewitz 1989/90, S. 211f.).

Harttor 2: Geschäfts- und Wohnhaus

Eintragung in die Denkmalliste:
Denkmal Nr.

Großes, repräsentatives und verputztes Geschäfts- und Wohnhaus mit Krüppelwalmdach und acht Fensterachsen im Obergeschoß aus der Zeit um 1800. Rechts und links neben dem Haus je ein einachsi-

Harttor 2

ger und eingeschossiger Anbau, der linke noch mit bekrönendem Dreiecksgiebel über der Fensteröffnung, der rechte durch ein neues, liegendes Rechteckfenster verändert. Die drei linken Fenster im Untergeschoß wurden Ende der 1950er Jahre zu einem großen Schaufenster mit dahinterliegender Empore zusammengefaßt. Trotz der überdimensionierten, vier Achsen breiten Dachgaube, den modernen und unpassenden Fenstern und dem schmucklosen Putz verkörpert das Haus mit seiner Freitreppe und schmiedeeisernem Gitter als letztes in Geldern den Typus des herrschaftlichen Bürgerhauses des 18. Jahrhunderts, wie er in der Innenstadt bis zur Zerstörung 1945 noch des öfteren zu finden war (vgl. Bosch 1977, S. 16, 21, 22, 46). Bereits vor dem Zweiten Weltkrieg bedauerte der Landeskonservator, daß die charakteristische Freitreppe am Hotel Dahlhausen (im Krieg zerstört) „aus verkehrstechnischen Gründen" verschmälert wurde (JbrD 14/15, 1937, S. 591).

Harttor 4: Ehemaliges Hotel

Eintragung in die Denkmalliste: 3. März 1999
Denkmal Nr. A 115

Das Haus liegt an der alten Ausfallstraße von Geldern in Richtung Kevelaer, Straelen und Xanten und wurde kurz vor 1836 als Gastwirtschaft vor dem Harttor als langgestrecktes, traufständiges, zweigeschossiges Haus erbaut. Nach Ausweis einer Karte von 1836 schloß sich an der Rückseite in Richtung Norden ein weiteres Gebäude an, das wohl am Ende des 19. Jahrhunderts zu einer vierseitig geschlossenen Hofanlage ausgebaut wurde. Aus dieser Zeit – etwa 1880/90 erhielt das Gebäude seine noch heute bestehende Fassade mit Anklängen an die Neo-

Harttor 5:
Ehemalige Gaststätte, Geschäfts- und Wohnhaus

Eintragung in die Denkmalliste:
Denkmal Nr.

Großes und repräsentatives Backsteinhaus von fünf Achsen Länge mit Mansarddach und einachsigem Zwerchgiebel mit Krüppelwalmdach aus dem späten 19. Jahrhundert. Die Fenster werden durch zum Teil profilierte Putzleisten eingefaßt, zusätzlich dekoriert eine einfache Putzleiste in Schulterhöhe der Fenster das Obergeschoß. – 1897 war hier Peter Heinrich Kempkens „Schenk- und Gastwirth" (Adreßbuch 1897, S. 21) der „Ochsenkopf" genannten Gaststätte. Aus Mangel an geeigneten Sälen wurden in diesem Gebäude nach dem Zweiten Weltkrieg von verschiedenen Gremien Sitzungen abgehalten. Dem Haus kommt mit den beiden Gebäu-

renaissance. Der rückwärtige Flügel sowie ein Teil des Ostflügels wurden 1986 niedergelegt.

Die straßenseitige Schauseite ist in drei weitgehend eigenständige Teile aufgegliedert: Der linke, im Obergeschoß vierachsige Teil hat im Erdgeschoß eine ehemals korbbogig geschlossene Tordurchfahrt. Die Fenster im Erdgeschoß sind gerade, im Obergeschoß korbbogig geschlossen. Über den beiden mittleren Fenstern ragt ein Zwerchgiebel mit Rundbogenfenster in die Dachzone.

Der Mittelteil des Hauses weist unten drei Achsen auf. Aus der gesamten Breite des Mittelteils wächst ein spitzer Giebel empor, der durch ein schlankes Fenster akzentuiert wird.

Der rechte Teil ist dreiachsig, unten mit geraden, im Obergeschoß mit korbbogigen Fensterstürzen. Über den beiden rechten Achsen wächst ein spitzer Zwerchgiebel mit rundbogigem Fenster in die Dachzone. An diesen Teil lehnt sich ein schlichter, eingeschossiger Anbau an, der ehemals von einem geschweiften Giebel bekrönt wurde. – 1999 und 2000 wurde das Haus grundlegend saniert, wobei die das Stadtbild prägende Front der Schauseite erhalten werden konnte; die inzwischen angebrachte Reklame findet in dieser Gestalt aber nicht die Zustimmung der Denkmalpflege.

den Harttor 2 und 4 eine besondere das Stadtbild prägende Funktion zu, bildet doch das Harttor das „Einfallstor" von Westen.

Hülser-Kloster-Straße: Mosaik an der Michaelschule

Eintragung in die Denkmalliste: 20. Juni 1995
Denkmal Nr. A 189
Eigentümer: Stadt Geldern

An der Südseite des kriegszerstörten, 1949 bis 1951 wiederaufgebauten Gebäudes der Michaelschule (VERWEYEN 1995, S. 176–182) brachte der 1891 in Geldern geborene Künstler Lorenz Bösken 1952/ 1953 ein rund 330 cm breites und 560 cm großes Tonsteinmosaik an (RP vom 25. Oktober 1952), das

den aus zwei Wolken niederschwebenden Erzengel Michael zeigt, der im Begriff ist, dem geflügelten Drachen einen Speer in das Maul zu stoßen (CUYPERS 1970). Das Mosaik ist unten rechts bezeichnet **L. BÖSKEN DÜSSELDORF** und stellt ein frühes Beispiel für eine Kunst am Bau dar, für die es zu jener Zeit im kriegszerstörten Geldern noch nicht viel Verständnis gab (FRANKEWITZ 1992b, S. 17).

Issumer Straße 3: Geschäfts- und Wohnhaus

Eintragung in die Denkmalliste: 26. Januar 1997
Denkmal Nr. A 224

Schlichter zweigeschossiger Putzbau aus dem Ende des 19. Jahrhunderts mit im Obergeschoß drei Fen-

Mosaik an der Michael-Schule

Issumer Straße 3

sterachsen und im Mansarddach mit drei Gauben, die mit Spitzhelmen abschließen. Ähnliche Spitzhelme bei profanen Bauten sind beispielsweise auch beim Groterhorsthof (→ Vernum, Baersdonker Weg 90) zu finden. – Das Haus hat durch den modernen Ladeneinbruch Schaden genommen, gleichwohl legt es Zeugnis ab für die frühere Bebauung einer wichtigen Geschäftsstraße Gelderns.

Issumer Straße 4:
Fassade eines Geschäfts-
und Wohnhauses

Eintragung in die Denkmalliste: 25. Juli 1996
Denkmal Nr. A 151

Zierlicher zweigeschossiger Putzbau aus dem Ende des 19. Jahrhunderts mit Putzquaderung im Obergeschoß, drei Fensterachsen und Mansarddach; über der mittleren Achse ein zierlicher, von einer Vase bekrönter Giebel. Das Erdgeschoß ist durch einen modernen Ladeneinbruch mit einem sehr großen Reklameausleger faktisch zerstört, gleichwohl kommt der restlichen Fassade immer noch eine wichtige und das Stadtbild prägende Rolle zu.

Issumer Straße 8:
Geschäfts- und Wohnhaus

Eintragung in die Denkmalliste: 11. Dezember 1995
Denkmal Nr. A 199

Auffällig schmales, dreigeschossiges Geschäfts- und Wohnhaus mit Walmdach aus dem frühen 19. oder noch aus dem 18. Jahrhundert. Das sich weit nach hinten erstreckende Haus (Frankewitz 1991a, S. 40)

weist nur zwei Achsen auf. Das erste Drittel im Untergeschoß ist dem Ladenkokal vorbehalten. Bereits 1882 wurde die Fassade verändert, dabei sollten zwei rundbogige Blenden um die Fenster im zweiten Obergeschoß entfernt werden. Wahrscheinlich stammt aus dieser Zeit das aufwendige Gebälk an der Traufe. Das Haus ist auch ein bemerkenswertes Beispiel dafür, zu welch kleinräumlichen Aufteilungen es in der Innenstadt kommen konnte.

Issumer Straße 10:
Geschäfts- und Wohnhaus

Eintragung in die Denkmalliste: 2. Mai 1997
Denkmal Nr. A 225
Eigentümer: Wolfgang Henke

Repräsentatives, dreigeschossiges Geschäfts- und Wohnhaus aus Backstein mit Walmdach von fünf Fensterachsen Breite im Obergeschoß aus dem 19. Jahrhundert. 1903 ließ der Möbelfabrikant Ludwig Steckelings das Haus mit einer neuen Fassade versehen (Frankewitz 1991a, S. 40); bereits damals gab es an der rechten Seite ein großes, jedoch reich verziertes Schaufenster. Die vertikale Gliederung mit aufwendigem Stuckdekor an den Ecken und in der Mitte ist weitgehend erhalten. Die originale Türe ist zudem ein seltenes Schmuckstück. Bei der letzten Renovierung 1998 wurde der Eingang aus der linken Schaufensterachse wieder in den historischen Eingang in der Mitte verlegt, die Fenster im Obergeschoß in Holz nach denkmalpflegerischen Maßgaben erneuert. So konnte dieses für die Issumer Straße wichtige Denkmal in seinem äußeren Erscheinungsbild nicht unerheblich aufgewertet werden.

Tür des Hauses
Issumer Straße 10

Issumer Straße 4

Issumer Straße 8

Issumer Straße 10

Issumer Straße 13

Issumer Straße 13:
Geschäfts- und Wohnhaus

Eintragung in die Denkmalliste:
Denkmal Nr. A 157

Dreigeschossiges Geschäfts- und Wohnhaus aus der Zeit um 1880 von vier Achsen Breite, im ersten Obergeschoß mit hochrechteckigen, im zweiten Obergeschoß mit rundbogigen Fenstern. Der rote, glatte Ziegelstein wird von der weißen Fensterumrahmung und den weißen Putzbändern in Schulterhöhe der Fenster betont; oben finden sich zusätzlich Maskenkonsolen. Gerade bei diesem Haus ist zu bedauern, daß das Untergeschoß durch die Art des Einbaus eines Ladenlokals 1989 zerstört wurde.

Issumer Straße 14:
Gedenktafel an die Schillschen Offiziere

Eintragung in die Denkmalliste:
Denkmal Nr. C 2

An dem Haus Issumer Straße 14 steht auf einem groß dimensionierten Reklameausleger eine 90 × 70 cm große Bronzetafel mit der Aufschrift: **In diesem Hause, dem ehemaligen „Gasthof / zum wilden Mann" weilten im August / des Jahres 1809 tags vor ihrer Überfüh- / rung nach Wesel die elf Schillschen Offiziere, darunter der am 28. Juli 1784 in / Geldern geborene Konstantin von Gabain / Gestiftet vom Historischen Verein für Geldern und Umgegend im August 1909**. Die Tafel erinnert an elf Offiziere des Majors Ferdinand von Schill. Dieser wollte mit einem Freikorps den preußischen König dazu animieren, sich

gegen Napoleon zu stellen (BECKER 1994). Sein Plan mißlang, er selbst fiel in Stralsund, 500 seiner Männer wurden auf französische Galeeren verbannt, elf seiner Offiziere über verschiedene Stationen – unter anderem Geldern – in die Festung Wesel geschafft. Hier wurden sie auf den Lippewiesen am 16. September 1809 standrechtlich erschossen (CUYPERS 1955. – KELLER 1961).

Auf dem eigentlichen Inschriftfeld sitzt unter einer ausladenden Girlande ein Adler, unter dem Feld in zwei Wappenschilden links der Reichsadler und rechts der Gelderner Löwe mit den Mispelblüten (LINGENS 1994a). „Bei der Bronzetafel handelt es sich um ein Gemeinschaftswerk, das nach dem Entwurf von Heinrich Brey und einem Modell von August Dierkes in Guß und Ziselierung von Johann Vorfeld hergestellt worden ist" (LINGENS 1998a, S. 164). Ursprünglich sollte die Tafel von der „Württembergischen Metallwarenfabrik Geislingen-St." – heute bekannt unter dem Kürzel WMF – hergestellt werden (StA Geldern, Akten B, Nr. 608b).

Bronzetafel am Haus
Issumer Straße 14

Nach dem Abbruch des alten Hauses im Januar 1981 wurde die Gedenktafel durch den Historischen Verein für Geldern und Umgegend im Dezember 1995 über dem Erdgeschoß des nicht gerade schönen Neubaus angebracht (LINGENS 1998a, S. 165). Durch die völlig veränderte Situation kam so nicht die Reklame zum Denkmal, sondern das Denkmal zur Reklame!

Issumer Straße 23: Geschäfts- und Wohnhaus

Eintragung in die Denkmalliste:
Denkmal Nr. A 160

Auch bei diesem Haus besitzt allein ein Teil der Fassade einen städtebaulichen Zeugniswert. Wie bei

„Märchenhaus"
Issumer Straße 23

anderen Häusern auch ist hier das Untergeschoß durch die Art, wie ein Laden eingebaut wurde, zerstört, das Obergeschoß mit den drei rot abgesetzten Fensterumrahmungen auf der hellen Putzfläche aber trägt positiv zum Erscheinungsbild der Issumer Straße bei. In der Bevölkerung handelt es sich bei dem Gebäude um das „Märchenhaus", weil sich über dem mittleren Zwillingsfenster im Putz ein farbiges Bild mit Hänsel und Gretel und der Hexe befindet.

Issumer Straße 38: Geschäfts- und Wohnhaus

Eintragung in die Denkmalliste:
Denkmal Nr. A 213

Zweigeschossiger Putzbau mit hohem Giebel aus dem Beginn des 20. Jahrhunderts. Der Einbau eines Ladenlokals erfolgte moderater als bei anderen Geschäftshäusern. Zusammen mit der umliegenden Bebauung ist die Fassade des schlichten Hauses ein Zeugnis für die Vorkriegsbebauung in der Issumer Straße.

Issumer Straße 40: Gaststätte und Wohnhaus

Eintragung in die Denkmalliste:
Denkmal Nr. A 226

Zweigeschossiger Putzbau mit Walmdach aus dem Ende des 19. Jahrhunderts. Charakteristisch für das Erscheinungsbild der Fassade sind die korbbogige Tordurchfahrt, das Gesims mit Gebälk zwischen den Geschossen und die aufwendige Fensterbekrönung im Obergeschoß.

Issumer Straße 42:
Geschäfts- und Wohnhaus

Eintragung in die Denkmalliste:
Denkmal Nr. A 227

Dreigeschossiger Putzbau mit Satteldach aus dem Beginn des 20. Jahrhunderts. Der Eindruck, den der Einbruch des großen Schaufensters vermittelt, wird glücklicherweise von den noch vorhandenen kannelierten Pilastern gemildert. Die profilierten Fensterumrahmungen im Obergeschoß sind mit Stuckornamentik bekrönt.

Issumer Straße 44:
Gaststätte und Wohnhaus

Eintragung in die Denkmalliste: 20. September 1993
Denkmal Nr. A 103
Eigentümer: Ulrich und Gisela Immerath

Kleiner, zweigeschossiger Putzbau mit Satteldach und vier Achsen aus der zweiten Hälfte des 19. Jahrhunderts. Bemerkenswert sind die drei Fenster im Untergeschoß, die durch ein profiliertes Gebälk zusammengefaßt werden, das von vier Pilastern mit schönen Kapitellen getragen wird. Der Bauantrag für diesen Fensterumbau, bei dem die Eingangstüre in die mittlere der drei Achsen gelegt wurde, datiert bereits von 1896. Die rundbogige, mehrfach profilierte Tordurchfahrt erinnert an eine Zeit, in der man mit Pferd und Wagen in den Hinterhof gelangen mußte. Um 1910 beherbergte das Haus ein „Sattler-, Polster- und Dekorationsgeschäft" von Gerhard Bonnes. Außerdem wurden hier „Fahr- und Fuhrgeschirre jeder Art" sowie „Reitzeuge" hergestellt (Adreßbuch des Kreises Geldern 1910. Geldern,

Issumer Straße 38
(rechts) und 40

Issumer Straße 42

Issumer Straße 64:
Geschäfts- und Wohnhaus

Eintragung in die Denkmalliste: 25. März 1987
Denkmal Nr. A 34
Eigentümer: Wim und Christel Niks

Zweigeschossiges, dreiachsiges Backsteinhaus mit verputzter Fassade und Walmdach aus der Zeit um 1900. Die heutige Gestalt des nach hinten langgestreckten Hauses ist vermutlich in verschiedenen Bauphasen erwachsen. Über der Tür befindet sich ein Oberlicht mit einfacher Bleiverglasung. 1952 wurde ein neuer Putz auf die Fassade aufgebracht (JRD 20, 1956, S. 121), die 2000 neu gestrichen wurde. – Im Untergeschoß des Hauses befindet sich vorne eine Schmuckgeschäft und im rückwärtigen

Issumer Straße 44

Issumer Straße 64 ▷

Issumer Straße 62

Anzeigen-S. 22). Nach dem Zweiten Weltkrieg verkaufte Ria Hümpel in dem Geschäft Kleiderstoffe (StA Geldern, Akten D, Nr. 894). Eine Sanierung und ein Neuanstrich der Fassade erfolgte im Juni 1999.

Issumer Straße 62:
Café und Wohnhaus

Eintragung in die Denkmalliste:
Denkmal Nr. A 161
Eigentümer: Heinz Schreurs

Zweigeschossiges Backsteinhaus mit Walmdach aus der Zeit um 1900. Prägend für die Issumer Straße wirken die vier korbbogig geschlossenen Fenster im Obergeschoß, das an den Ecken von hellen Quadersteinen eingefaßt wird. Das übergroße Fenster mit Eingang im Untergeschoß wird von Riemchenverkleidung gerahmt.

Teil eine Wäscherei. Bemerkenswert und hier besonders zu betonen und für das Denkmal außerordentlich verträglich ist die Tatsache, daß beide Gewerbe ganz ohne Reklame auskommen, ein seltener aber schöner Beweis, daß Qualität die beste Werbung ist!

Issumer Tor 8: Geschäfts- und Wohnhaus

Eintragung in die Denkmalliste: 12. Dezember 1995
Denkmal Nr. A 218
Eigentümer: Therese Missing

An markanter Stelle steht über schräg abgewinkeltem Grundriß dieses zweigeschossige Backsteinhaus von jeweils fünf Fensterachsen Länge sowohl an der Straßen-, als auch an Platzseite. Das 1907 für die „Pelzwarenfabrik" Verhoolen erbaute Haus nimmt an der Straßenseite ein Ladenlokal mit vier großen Schaufenstern auf; in der darüber gelegenen Putzfläche erinnert in erhabenen Buchstaben der Namenszug **WILHELM VERHOOLEN** an den Bauherrn. Auch die hölzerne Schaufensterdekoration aus der Erbauungszeit ist noch original erhalten und besitzt Seltenheitswert! – An der Platzseite gibt sich der Baukörper als Wohnhaus mit auffälliger Türumrahmung zu erkennen. Der eigenwillige Grundriß mit der abgeschrägten Seite ergibt sich aus dem Umstand, daß hier bis 1946 der alte Festungsgraben die Baufluchten bestimmte (FRANKEWITZ 1991a, S. 82). Auch hier wurde das Gewerbe mit störenden Abwässern nicht zufällig direkt an den Stadtgraben erbaut, eine Tatsache, die auch an anderen Stellen in der Stadt immer wieder zu beobachten ist.

Issumer Tor 8 und
Issumer Tor 24

Issumer Tor 24: Wohnhaus
Eintragung in die Denkmalliste: 29. August 1995
Denkmal Nr. A 146

Zweigeschossiger, zweiachsiger Putzbau mit Walmdach aus der Zeit um 1900. Die rechte Achse des mit Putzornamenten um Fenster und Türen reich verzierten Hauses springt risalitartig ein wenig vor, nimmt unten die Türe auf und endet oben mit einem hohen Zwerchgiebel mit einem Fenster, über dem ein Wappenschild mit einem Schrägbalken prangt. Auf der linken Ecke befindet sich im Obergeschoß ein Runderker, der von einem etwas kleinen Kegeldach bekrönt wird. Die alten Fenster des qualitätvollen Hauses wurden im Obergeschoß im Jahre 2000 denkmalgerecht durch neue Holzsprossenfenster ersetzt.

Issumer Tor 36:
Villa von Eerde, ehemaliges Landratsamt, jetzt Rathaus

Eintragung in die Denkmalliste: 21. Juni 1985
Denkmal Nr. A 10
Eigentümer: Stadt Geldern

Geschichte

Auf dem Gelände einer wohl nie fertiggestellten Bastion des erweiterten Festungsareals (FRANKEWITZ 1991a, S. 86f. – FRANKEWITZ 1995a, S. 67 und 69) ließ sich der Landrat Georg Freiherr von Eerde 1862/63 eine repräsentative, freistehende zweigeschossige Villa aus Backstein mit Walmdach errichten. An der Schauseite zur Straße Issumer Tor hin werden die drei mittleren Achsen durch einen leichten Risalit unter einem hohen Treppengiebel zusammengefaßt. Oben im Giebelfeld finden sich die ungefaßten Wappen des Bauherrn, ein Halbmond, sowie das seiner Frau Auguste von Groote, im quadrierten Schild jeweils drei Vögel, im Herzschild zwei Sterne und darunter ein Kleeblatt (BERND 1835, II, Nr. 31 und I, Nr. 89. – FAHNE 1848, S. 120. – HÖVELMANN 1983, S. 81. – SPITZNER-JAHN 1996, S. 39–42. – KOCH 2000, S. 184). Ursprünglich befand sich an dieser Seite eine steinerne Veranda (BOSCH 1991, S. 87). Auch die Rückseite, an deren östlicher Seite ein eingeschossiger Küchentrakt angebaut wurde, weist einen ähnlichen Giebel auf. An der Ostseite treten links ein viergeschossiger, quadratischer Treppenturm, ein Erker mit Balkon sowie rechts ein eingeschossiger Rundturm hervor. Die nach Westen gerichtete Seite nimmt die von

Issumer Tor 36 aus der Luft und im Park

kleinen Türmchen flankierte Türe auf, zu der eine zweiläufige Freitreppe führt. Alle Fensterstürze werden von einem leicht hervortretenden Sandsteingesims überdeckt, das an den Enden girlandenartig nach unten abknickt; derartige Überdeckung und Betonung der Stürze waren zwar schon länger bekannt (ROMBERG 1847, Tafel 20 und 21), tauchen hier in Geldern aber erstmals auf und wirken für einige wenige Bauten stilbildend (→ Ostwall 59. – Veert, Veerter Dorfstraße 9. – Walbeck, An der Fossa 22). Die linke Achse an der Rückseite besteht aus drei übereinander angeordneten, hochrechteckigen Fenstern, die nur halb so breit wie die übrigen sind; sie verraten, daß sich hier zwei Toilettenanlagen verbergen, die in jener Zeit durchaus einen gehobenen Lebensstil dokumentieren (MARTIN 1976).

Die Villa mit von Rundbögen getragenen Zinnen und Türmchen wurde im englischen Tudor-Stil nach dem immaginären Vorbild einer Burg errichtet. Der Entwurf zu diesem ungemein qualitätvollen Gebäude dürfte auf den Kölner Baumeister und späteren königlichen Baurat Vinzenz Statz (1819–1898) zurückgehen. Neben der Beziehung zu Köln durch die Frau des Bauherrn und der Tatsache, daß Statz (später) einen Entwurf für einen Tafelaufsatz für den Landrat von Eerde entwarf (HÖVELMANN 1983, S. 90 f.) sowie seine vielfache Tätigkeit im Kreis Geldern (so in der Gelderner Pfarrkirche, auf dem Gelderner Friedhof, bei den Schlössern Krickenbeck und Wissen und in Kevelaer: VOGTS 1960, Register) spricht für die Urheberschaft von Statz die Formensprache des Gebäudes selbst. So finden sich von Bögen getragene Zinnen, kleine Ecktürmchen und die girlandenartige Fensterstürze ebenfalls bei dem von Statz 1853 neogotisch überformten Schloß Krickenbeck (VOGTS 1960, S. 85).

1894 übernahm der Kreis Geldern die Villa und errichtete zusätzlich ein zweigeschossiges Verwal-

tungsgebäude, das aber 1966 dem heutigen Verwaltungsgebäude weichen mußte; bereits 1956 war das „rote Haus" für verschiedene Kreisämter hinzugebaut worden; seit 1985 dienen die alte Villa, das „rote Haus" und das ehemalige Landratsamt als Rathaus der Stadt Geldern (FRANKEWITZ 1991a, S. 86f.), der Küchenanbau als Magazin für das Stadtarchiv. Bis 1989 folgte eine aufwendige Restaurierung und Herrichtung zu Sitzungszwecken im Hochparterre und Fraktionsräume im Obergeschoß, der gesamte Dachraum wurde ausgesteift (vgl. dazu JbRD 38, 1999, S. 252). Die Haustüre wurde 1996 von der Firma Tervooren aus Kevelaer-Kervenheim nach altem Muster erneuert. Im Sommer 1998 wurden alle 71 Fenster durch die Gelderner Firma Johann Bergers denkmalgerecht und nach altem Vorbild durch neue ersetzt (RP vom 1. August 1998).

Park

Gleichzeitig mit dem Bau der Villa ließ der Bauherr im Stile der Zeit einen relativ großen englischen Park um das Haus anlegen (vgl. FRANKEWITZ, VOIGT 1993, S. 85). In den Bereichen, in denen er nicht durch die spätere Bebauung sowie die besonders störenden Parkplätze zerstört ist, bietet er von den geschwungenen Wegen noch einige schöne Sichtachsen auf einzelne Bäume oder die Villa. Verschiedene Bäume stammen noch aus der Erbauungszeit des Hauses und sind somit rund 140 Jahre alt. Im rückwärtigen Parkwald belebt ein langer Teich die Anlage. An der Süd- und an der Ostecke sowie dazwischen findet sich jeweils ein künstlich aufgeworfener, zum Teil von Bäumen gesäumter Hügel; früher standen auf diesen erhöhten Rondellen vielleicht Sitzgruppen. Ein ähnliches Rondell findet sich im Park von Haus Golten (→ Pont, Haus Golten). – Der Park könnte unter Mitwirkung des Grafen Carl Ludwig von Varo (1792–1876) von Haus Caen bei

Straelen entstanden sein, der der Überlieferung nach der Vormund von Georg von Eerde war (HÖVELMANN 1974, S. 192); von Varo besaß bei Haus Caen eine eigene Baumschule, war Mitglied im Verein zur Förderung des Gartenbaus und unterhielt Beziehungen zum Düsseldorfer Gartendirektor Maximilian Friedrich Weyhe (1775–1846) (SCHILDT 1987, S. 52–54). Die Entstehung des Parks für den Gelderner Landrat ist damit in engem Zusammenhang mit den insbesondere noch bei Adelshäusern erhaltenen Parkanlagen englischen Stils am Niederrhein zu sehen.

Skulptur im Park

Vor dem Rathaus steht auf dem Rasen ein behauener, 260 cm hoher Steinklotz mit einer Nut, in der sich eine 9 cm starke und 266 cm lange Stahlspitze befindet. Die Skulptur aus Anröchter Dolomit stammt von dem Bildhauer Walter Wittek (Jahrgang 1943) und entstand im Rahmen des Bildhauersymposions am Markt 1990 (VAN HEUMEN 1992, S. 47–51). – Auch der reizvolle aber ungeliebte „Demokratische Kreis" des Künstlers Pierre Theunissen vom Marktplatz, der 1990 während des Bildhauersymposions entstand (VAN HEUMEN 1992, S. 39–41) und 1998 aufgrund einer demokratischen Entscheidung abgebrochen wurde, soll im Park wieder aufgestellt werden (RP vom 2. Juni und NN vom 14. Oktober 1998).

Alte Rathausfenster im Verwaltungsgebäude

Im Foyer des 1966 bezogenen Verwaltungsgebäudes sind die Fenster des alten, 1945 zerstörten Rathauses auf dem Markt aufgestellt. Sie sind nicht eigens in die Denkmalliste eingetragen, denn sie gehören zum Inventar des Stadtarchivs (FRANKEWITZ 1989). Zu diesen Fenstern gehört auch das von Johann Mühlhoff aus Kevelaer entworfene und von der Kevelaerer Glasmalerei Derix ausgeführte Fenster von 1912 mit dem sagenhaften Gelderner Drachenkampf (LINGENS 1996, S. 61 f.), das MESPILVS, die Gesellschaft zur Förderung des Stadtarchivs Geldern, 1996 als Poster herausgab.

Issumer Tor 45:
Ehemalige Gaststätte „Zur Sonne"

Eintragung in die Denkmalliste: 21. Oktober 1987
Denkmal Nr. A 43
Eigentümer: Brigitte Sperling / Elisabeth Deutskens

Zweigeschossiger Backsteinbau von 1908 mit Putzflächen im Obergeschoß und an der Ostseite und Walmdach. Die für den Schenkwirt Gerhard Cremers errichtete Wirtschaft, die bereits 1910 von seiner Witwe geführt wurde (Adreßbuch 1910, S. 56), weicht in Details von der ursprünglichen Planung ab. Im Obergeschoß springen die beiden linken Fen-

Fratzen am Haus
Issumer Tor 45

ster an der fünfachsigen Straßenseite und die beiden rechten an der vierachsigen Seite zur Egmondstraße hin etwas vor und werden durch eine kleine Laterne mit Pyramidendach turmartig zusammengefaßt. Unter diesen Fensterbänken schauen jeweils zwei Fratzen den Betrachter an. – Bei der grundlegenden Sanierung 1987 und 1988 wurden alle Fenster denkmalgerecht durch neue Holzfenster ersetzt, ein maroder, eingeschossiger Billardsaal „mit Zierbalustrade konnte wegen gravierender Bauschäden nicht gehalten werden, er wurde abgerissen. Die Ostfassade wurde als Putzfassade mit Backsteinlisenengliederung dem Gesamterscheinungsbild angeglichen" (JbrD 38, 1999, S. 252).

Issumer Tor:
Muttergottesfigur in der
Adelheidkirche

Eintragung in die Denkmalliste: 9. Mai 1990
Denkmal Nr. C 1
Eigentümer: Stadt Geldern

Kaum einer dürfte in der 1968 geweihten St. Adelheid Kirche ein hochkarätiges, mittelalterliches Kunstwerk vermuten. Es handelt sich dabei um

Issumer Tor 45

eine 78,5 cm hohe Sandsteinfigur der Gottesmutter, die 1948 bei Ausschachtungsarbeiten zu dem Haus Hartstraße 1 am Markt und hinter dem Chor der Pfarrkirche Maria-Magdalena gefunden und dem Stadtarchiv übereignet wurde. Seit 1993 wird die zuvor gereinigte und gesicherte Figur in der Adelheidkirche verehrt. Die alten Beschädigungen und das fehlende Kind lassen vermuten, daß die Figur bereits in früherer Zeit der Erde übergeben worden war, vielleicht im Zuge des Bildersturms 1578 oder der Zerstörung 1703; besonders fein gearbeitet ist die als Reif gestaltete Krone mit rhombischer Oberfläche und fünfblättrigen Blüten; charakteristisch für die Figur ist das Gewand, das in typischen Röhrenfalten herabhängt und sie in einen westfälischen Umkreis aus der Zeit um 1400 stellt (HÖVELMANN 1986a). Da derartige Röhrenfalten durchaus schon früher zu beobachten sind (LEGNER 1978, S. 101, 225. – LEGNER 1980, Tafel 89, 162, 163), dürfte die Figur mit ziemlicher Sicherheit auf das in der Pfarrkirche 1397 erwähnte „Bild" Unserer Lieben Frau zu beziehen sein, die im nördlichen Nebenchor auf dem Altar Unserer Lieben Frau stand und von Elbert von Eyll, dem Küchenmeister des Herzogs von Geldern, und seiner Frau reich mit Wachs dotiert wurde (RAL, archief huis Scheres, Nr. 1509. – FRANKEWITZ 1988c).

Kapuzinerstraße 25

Eintragung in die Denkmalliste: 12. Mai 1993
Denkmal Nr. A 99
Eigentümer: Stibi-Bergmann

Zweigeschossiger Putzbau von fünf Fensterachsen Länge mit Walmdach und zwei Dachhäuschen aus der Mitte des 19. Jahrhunderts. Nach der Beseitigung der durch den Luftangriff erfolgten Schäden

im Jahre 1945 stellt das Haus in seiner Schlichtheit ein typisches Beispiel für die nüchterne Architektur der Gelderner Innenstadt dar, die durch den Zweiten Weltkrieg weitgehend eliminiert wurde. Als Eckhaus am Sandsteg kommt ihm auch aus städtebaulichen Gründen eine besondere Bedeutung zu. 1897 wohnten und arbeiteten hier die Geschwister Ingenmey als Schneider und Kleidermacher (Adreßbuch 1897, S. 15 und 21).

Kapuzinerstraße 27: Geschäfts- und Wohnhaus

Eintragung in die Denkmalliste: 8. Februar 1994
Denkmal Nr. A 114

Zweigeschossiger, traufständiger Putzbau von sechs Fensterachsen Länge mit Mansarddach aus der Mitte des 19. Jahrhunderts. Durch die Tordurchfahrt in der ersten Achse von links wurde der Hofraum im

hinteren Bereich erschlossen. Das Haus stellt in seiner Schlichtheit ein typisches Beispiel für die nüchterne Architektur der beginnenden Industrialisierung in der Gelderner Innenstadt dar. Zu dieser Zeit betrieb hier Wilhelm Hoster eine Hopfenhandlung. 1900 etablierten sich in dem Haus die 1894 gegründete Tabakfabrik der Gebrüder Kersten (Hüskens 1991), für die neben dem Haus ein stattlicher Neubau errichtet wurde (s. Abb. bei Bosch 1994, S. 396); dieser mußte 1978 dem Parkplatz für die Berufsschule weichen (Frankewitz 1991a, S. 51).

Kapuzinerstraße 30: Wohnhaus

Eintragung in die Denkmalliste: 26. Mai 1993
Denkmal Nr. A 100

Zweigeschossiger Putzbau von vier Achsen Breite mit Satteldach, durch Maueranker **A**(NN)**O 1749** datiert. Das schlichte aber ansprechende Haus

◁ Gottesmutter in der St. Adelheid Kirche

Kapuzinerstraße 30

Gottesmutter über dem
Portal

Die Kapuzinerkirche
von der Glockengasse
aus gesehen

wurde im Zweiten Weltkrieg stark beschädigt und
blieb als Ruine bis 1950 liegen. Durch den erfolgten
Wiederaufbau konnte eines der wenigen Häuser
aus dem 18. Jahrhundert, in dem vor dem Zweiten
Weltkrieg das Zollamt ansässig war (Bosch 1977,
S. 63) für die Nachwelt erhalten werden.

Kapuzinerstraße 32: Kapuzinerkirche

Eintragung in die Denkmalliste: 21. Juni 1985
Denkmal Nr. A 11
Eigentümer: Georg Müller

Geschichte

Neben den vier mittelalterlichen Klöstern der Karmeliter (→ Karmeliterstraße 12), der Karmelitessen,

der Augustiner-Chorherren am Ostwall (→ Refektorium) und dem Kloster in gen Hüls ist das Kapuzi-
nerkloster das jüngste und letzte Kloster in Geldern.
Den Orden der Kapuziner gibt es seit 1525, 1610
kam er nach Köln, 1615 nach Düsseldorf und 1619
nach Geldern. Der Name des Ordens leitet sich von
der Kapuze der Kutte des Heiligen Franziskus her,
dem der Orden verbunden ist (Kaul 1978, S. 111).

Mit dem Bau der Kirche in Geldern begannen
die Kapuziner 1625, drei Jahre später wurde sie am
17. Juli 1628 geweiht (Clemen 1891, S. 21). Bei der
Belagerung Gelderns durch die Preußen 1703 und
der Bombardierung der Stadt wurde auch die Kapuzinerkirche stark beschädigt und brannte ab. Der
Wiederaufbau zog sich bis 1712 hin (siehe Baugeschichte). Bei der Aufhebung des Klosters im Jahre
1803 zählte der Orden noch 35 Mitglieder (Hen-

RICHS 1971, S. 134). 1806 kaufte ein Laienbruder die Kirche, die 1839 der städtischen Armenverwaltung übertragen wurde, aus der das Krankenhaus hervorging (HÖVELMANN 1971). Im Kloster war bis 1839 ein Geschäft mit „seidener, halbseidener, baumwollener und wollener Waare" untergebracht (GW vom 12. Oktober 1839). Die alten Klostergebäude, von denen ein Teil in einem Gemälde von Heinrich Brey bildlich überliefert ist (StA Geldern, Gemäldesammlung, und Pastorat in Geldern, Karmeliterstraße 12. – HÖVELMANN 1971, S. 165) wurden 1896 durch Neubauten ersetzt, die 1945 zerstört wurden.

1999 erhielt die katholische Kirchengemeinde durch das Bistum Münster die Aufforderung, sich von eine ihrer drei Kirchen zu trennen. Im Oktober 1999 fiel die Entscheidung, die Kapuzinerkirche an einen Privatmann zu verkaufen, der sie – nach Sanie-rung und Umbau – als Kulturhaus nutzen möchte (RP vom 20. Oktober 1999).

Baugeschichte

Von dem Gründungsbau des 17. Jahrhunderts dürfte nach der Zerstörung von 1703 nicht viel erhalten gewesen sein. Schon 1704 erfolgte die Grundsteinlegung zum Langhaus, 1705 zum Chor (KAMPS 1913, S. 698. – KAUL 1978, S. 116), doch noch 1710 scheint es nur Trümmer gegeben zu haben (StA Geldern, Urkunde Nr. 446), 1712 konnte die wiederaufgebaute Kirche geweiht werden (HENRICHS 1971, S. 134. – KAUL 1978, S. 116).

1928 wurden die Gewölbe und das Dach instandgesetzt (JbrD 23, 1930, S. 25). In den letzten Kriegstagen wurde die Kirche am 18. Februar 1945 erneut zerstört. Erhalten blieben allein einige Umfassungs-

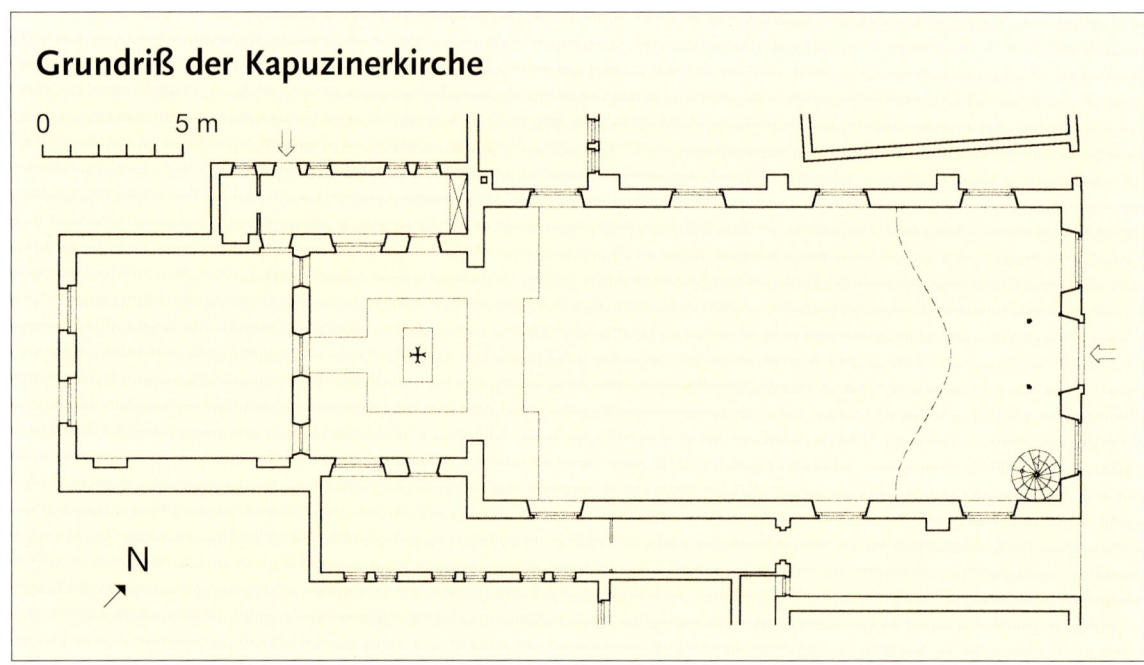

Grundriß der Kapuzinerkirche

0   5 m

N

mauern (Foto der zerstörten Kirche: JbrD 19, 1951, S. 196). Noch in demselben Jahr begann der Wiederaufbau und bereits 1948 konnte das Gotteshaus als erstes der zerstörten Gelderner Kirchen wieder neu geweiht werden. Bereits zehn Jahre später zeigten sich ernsthafte Bauschäden, so daß die Kirche zwischen 1958 und 1965 unter der Leitung des Architekten M. Hermens völlig renoviert werden mußte und der Liturgiereform angepaßt werden konnte (RP vom 7. Juli 1965), um am 18. Dezember 1965 neu konsekriert zu werden (RP vom 18. und 20. Dezember 1965. – Bosch 1998 S. 510). Im Zuge dieser Arbeiten wurden die Mauerkronen auf die ursprüngliche Höhe erhöht und ein neuer Dachstuhl eingebracht (JbrD 22, 1959, S. 164), 1959 der schlanke Dachreiter aufgesetzt (Frankewitz 1991a, S. 50). 1964 wurde eine Empore eingebaut und zur Sicherung des Bauwerks ein Ringanker aus Stahlbeton eingezogen; nach Plänen des Bildhauers Reifschneider aus Wuppertal erhielt das Kirchenschiff

eine Raumtonne; die Fenstergewände wurden erneuert und eine Neuverglasung in klarem Antikglas vorgenommen (JbrD 25, 1965, S. 173).

Ehemalige Ausstattung

„Die Gemälde in der Kirche und auf dem Hochaltar sind in Brüssel gemalt … und dieses alles ist in der Kirche aufgestellt worden 1718" (Kamps 1913, S. 699). Die alte Ausstattung, von der insbesondere die drei großen Barockaltäre zu nennen sind (Abb. Geldern 1930. – Bosch 1977, S. 80), ging 1945 weitgehend verloren. Der Hauptaltar zeigte im Mittelbau ein Ölgemälde der Kreuzigung, der nördliche Seitenaltar die Verzückung des Heiligen Antonius, der südliche den heiligen Felix vor Maria kniend; auch die reich geschnitzte Kommunionbank von 1720, die aus der Pfarrkirche stammte (Clemen 1891, S. 22), wurde vernichtet.

Aus der ersten Kirche blieb allein eine Holzfigur des heiligen Antonius von Padua erhalten, die ihn als

Inneres der Kapuziner-
kirche 1937. Gemälde
von Heinrich Brey

Antonius reicht dem
Esel die Hostie

Franziskaner im Gewand mit Kapuze zeigt, wie er
dem nicht fressen wollenden Esel die Hostie reicht;
die Figur wurde zwischen 1698 und 1700 aus Flan-
dern nach Geldern gebracht und stammt von dem
Bildhauer Quilinus (KAUL 1978, S. 114–116).

Beim Wiederaufbau erhielt der Chor ein Fresko
mit dem auferstehenden Jesu von dem Gelderner
Maler Jan Vissers (MEYERS 1996, S. 224, mit Foto). Im
Zuge der Renovierungsarbeiten 1958–1965 stiftete
die Stadt der Kirche eine Glocke aus dem früheren
Rathausturm (BOSCH 1998, S. 510), Altar, Priestersitz,

Lesepult und Tabernakel schuf Will Horsten aus
Kevelaer (RP vom 7. Juli 1965).

Im Zuge des Verkaufs der Kirche wurden das
moderne Kircheninventar – Altar, Hängekreuz,
Tabernakel, Ambo, Priesterstuhl und Bänke – nach
Tschernobyl, die Orgel, die von der Orgelbaufirma
Seifert in Kevelaer hergestellt und im November
1987 geweiht worden war (RP vom 23. November
1987), in die Adelheidkirche in Geldern verbracht
(RP vom 18. Januar 2000).

Beschreibung

Die Kapuzinerkirche ist ein einschiffiger Backsteinbau mit einem Kreuzgratgewölbe mit kräftigen Gurten versehenen Rechteckchor von insgesamt 37,35 m Länge und 11,15 m Breite. Die nach
Osten (!) zur Kapuzinerstraße ausgerichtete Giebelseite nimmt drei Fenster und das bossierte Portal
auf, über dem in einer Nische eine barocke Madon-
nenfigur auf einem Sockel mit rundem Medaillon
mit der Inschrift **S**(ANCTA) **MARIA OR**(A) **PR**(O)
steht; unter ihr finden sich auf einem Stein das
geldrische Landeswappen mit den beiden gegen-
einander gestellten Löwen und die Buchstaben
S(ENATU) **P**(OPULO)**Q**(UE) **G**(ELRIENSIS) (Heilige
Maria bitte für den Senat und die Bevölkerung Gelderns). Das Wappen umgibt ein Spruchband mit der
Aufschrift **REE<u>DIF</u><u>I</u><u>C</u>AT<u>V</u>M <u>C</u>ON<u>S</u>ER<u>V</u>A** (bewahre
das Wiedererbaute); die (von mir) unterstrichenen
Buchstaben scheinen als Chronogramm einmal farbig hervorgehoben gewesen zu sein, sie ergeben die
Jahreszahl 1712 (KAUL 1978, S. 119).

Der Giebel, dessen Ortgang holländische Dreiecke aufweist und mit Sandsteinen abgedeckt ist,
wird von einem renovierungsbedürftigen Giebelkreuz mit den Leidenswerkzeugen Christi bekrönt
(BEGRICH 1989). Teile hiervon wurden „zur Gefah-
renabwehr" bereits um 1994 abgenommen.

Kunstwerk an der Kirche

Hinter der Kirche wurde in der Glockengasse 1990 im Rahmen eines Bildhauersymposions von Günther Zins (Jahrgang 1951) ein mit filigranen Edelstahlrohren angedeuteter Quader aufgestellt und angebracht, der scheinbar aus der Kirche hervorkommt (VAN HEUMEN 1992, S. 53–57).

Kapuzinerstraße 38

Eintragung in die Denkmalliste: 11. Dezember 1995
Denkmal Nr. A 217

Zweigeschossiger, giebelständiger Putzbau mit kräftiger Putzrahmung der Fenster im Obergeschoß. Über den beiden Fenstern im Giebel, dessen Ortgang mansardähnlich geknickt ist, in zwei runden Putzflächen die Datierung **AN**(NO) **1908**. Laut Bauakte ist das heutige Haus aus einem schlichten Wohnhaus mit rundbogigem Fenster in der unteren Mittelachse hervorgegangen. Es dürfte im frühen 19. Jahrhundert erbaut worden sein; zu Beginn des 20. Jahrhunderts sollte die mittlere Achse zu einem Schaufenster für die Metzgerei Leitfeld verbreitert werden (Bauakte und Adreßbuch 1910, S. 59).

Kapuzinerstraße 60 und 62

Eintragung in die Denkmalliste:
26. September 1995 und 18. April 1995
Denkmal Nr. A 188 und A 187
Eigentümer von Nr. 62: Maria und Karl-Heinz Tekath

Zweigeschossiges, traufständiges Doppelwohnhaus aus Ziegelsteinen mit Satteldach von 1928. Im Untergeschoß weist das unterkellerte Haus sieben Ach-

Inneres der Kapuzinerkirche 1997

Kapuzinerstraße 38

Doppelhaus Kapuziner-
straße 60 und 62
(linke Hälfte)

sen auf. Die mittlere nimmt die durch aufwendige Mauerung betonte Türe auf, hinter der ein Gang zur rückwärtigen Gartenseite des Hauses führt (Zeichnung aus der Bauakte bei LINGENS 1995, S. 161). Beide Eingangstüren sind original erhalten. In der Dachzone findet sich ein breitgelagerter Zwerchgiebel, dessen zwei Fensterachsen jeweils von einem Dreiecksgiebel bekrönt werden. Architekt war Albert Reichpietsch aus Geldern. 1995 wurde das Haus Nr. 62 modernisiert. Die noch original vorhandenen Wandmalereien, die neben Wellenbändern auch Stilleben in Sprüh- und Schablonentechnik aus der Erbauungszeit des Hauses zeigen (LINGENS 1995), wurden zwar in Mitleidenschaft gezogen, erhalten blieben aber einige Teile unter der Tapete. Zwei Motive wurden darüber hinaus im Flur als Wandschmuck beibehalten.

Das Doppelhaus gehört zu den bisher noch nicht gebührend beachteten und untersuchten Häusern des Expressionismus in Geldern, zu dem auch das zwei Jahre zuvor erbaute Haus → Westwall 41 oder das Pastorat in → Walbeck, Luciastraße gehören.

Karmeliterstraße 1

Eintragung in die Denkmalliste: 23. September 1993
Denkmal Nr. A 105

Zweigeschossiges Backsteinhaus von sechs Achsen Länge mit Satteldach aus dem frühen 19. Jahrhundert. Ganz rechts und in der dritten Achse von links befindet sich je eine Türe. Das schlichte Haus ist ein Beispiel für die frühe Mietshausbebauung im Stadtkern Gelderns. 1840 wohnten hier ein Weber, ein Geselle, ein Tagelöhner und ein Schmied mit seiner Familie (StA Geldern, Einwohnerverzeichnis Nr. 419).

Karmeliterstraße 1

Karmeliterstraße 12: Pastorat

Eintragung in die Denkmalliste: 23. September 1993
Denkmal Nr. A 104
Eigentümer: Katholische Kirchengemeinde
St. Maria-Magdalena

Geschichte
Das heutige Pastoratsgebäude ist aus dem ehemaligen Karmeliterkloster hervorgegangen, das an dieser Stelle von 1306 bis 1802 bestand. Das Kloster war das größte und bedeutendste der ehemals fünf Gelderner Klöster; sein reiches Archiv ist im Hauptstaatsarchiv in Düsseldorf bewahrt geblieben (OEDIGER 1964, S. 158f. – Kopie des Findbuchs im StA Geldern). Bei der Bombardierung der Stadt 1703 wurde auch das Kloster beschädigt (REAL 1903, S. 239–241. HENRICHS 1971, S. 166), wie auch archäologische Befunde erwiesen (FRANKEWITZ 1998, S. 280f.). – Möglicherweise wurde das Gebäude im rückwärtigen Teil am Ende des 18. Jahrhunderts als Hochschule genutzt (HÖVELMANN 1976). Nach der Säkularisierung des Klosters kaufte die Kirchengemeinde erst 1856 die verbliebenen Klostergebäude (FRANKEWITZ 1992a, S. 36).

Plan von 1808
Während von der Klosterkirche, der Pfarrkirche St. Maria-Magdalena (→ Kirchplatz 11), zahlreiche Baunachrichten überliefert sind, gibt es für die eigentlichen Klostergebäude nur wenige Hinweise. Wichtigste Quelle ist deshalb eine 1808 für den anstehenden Verkauf angefertigte Grundrißzeichnung des Klosters (HStAD, Roerdepartement, Arrondissement Kleve, Nr. 878. – Druck: FRANKEWITZ 1998, S. 279). Die Zeichnung umfaßt den Bereich vom Westwall, links, bis zur Kirche, die am rechten Bildrand selbst nicht mehr eingezeichnet ist. Dargestellt

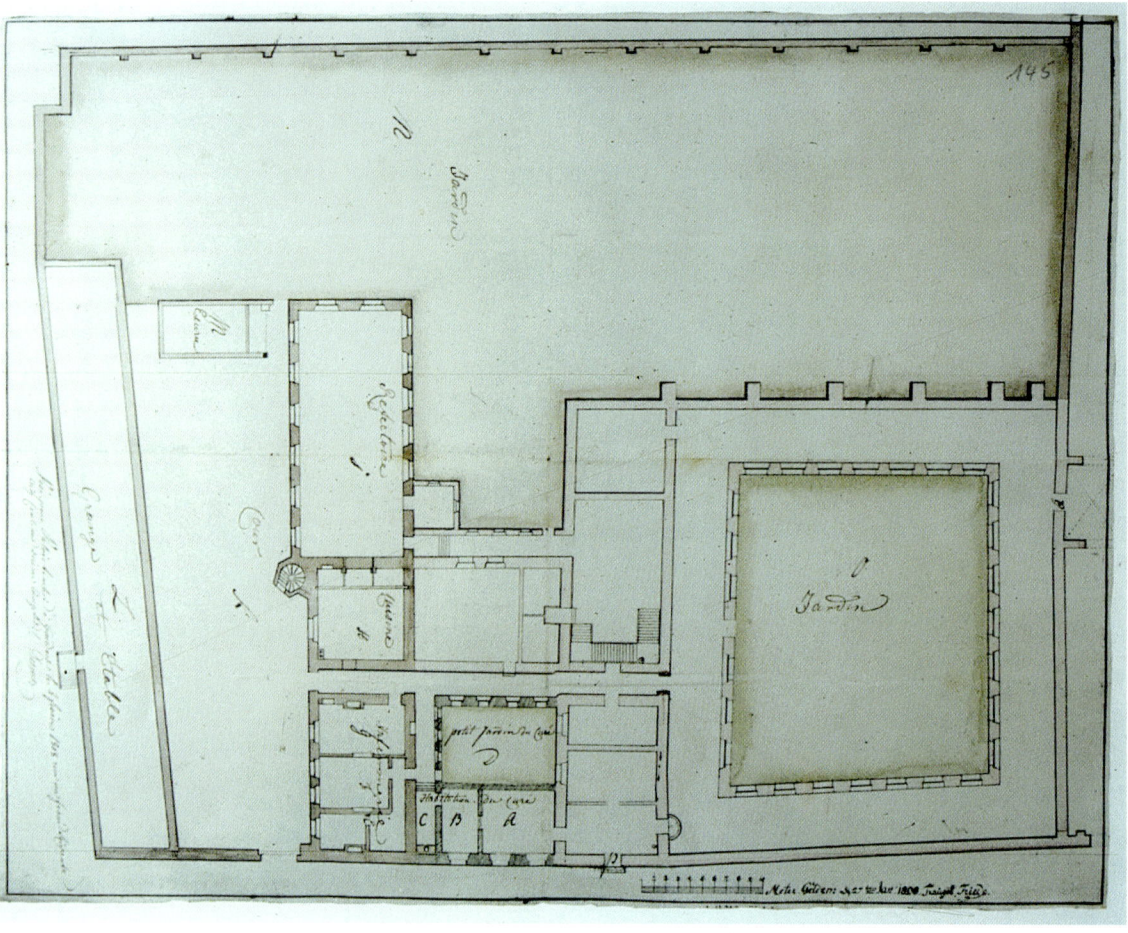

sind ganz links parallel zum heutigen Westwall der Pferdestall (*Grange et Étable*), rechts davon der noch heute bestehende Hof (*Cour*), der nach Norden durch ein *Exurie* begrenzt wird. Das nach rechts anschließende, lange Gebäude mit vielen Fenstern ist das heutige Pastoratsgebäude, und noch weiter nach rechts lagen in den heute verschwundenen Gebäuden die Räume des Abtes (*Habitation du Curé*) und dessen kleiner Garten (*petit Jardin du Curé*). Ganz rechts erkennt man den Kreuzgang, der einen Garten (*Jardin*) umschließt, und nach Osten mittels eines Durchgangs, von dem aber nur die beiden Maueransätze gezeichnet sind, zum Haupt-

portal der Kirche führt. Nach den Ausgrabungsergebnissen wurden die aufgefundenen Fundamente des Kreuzgangs aus Backstein im 14. Jahrhundert errichtet, ohne verändert worden zu sein (FRANKEWITZ 1998, S. 281).

Nach diesem Plan, dessen Genauigkeit noch heute überrascht (FRANKEWITZ 1998, S. 280), nahm der nördliche Teil des Gebäudes über den gesamten Grundriß im Untergeschoß den Speisesaal des Klosters (*Refectoire*) auf. Nach Süden setzt ein etwas schmaleres Gebäude an, das, wie auch heute noch, bis zur Karmeliterstraße reicht. In ihm befand sich direkt neben dem Speisesaal die Küche (*Cuisine*), darunter teilte ein Gang das gesamte Gebäude, und es folgten drei weitere Zimmer. An der Westseite der beiden Gebäude befand sich schon damals der noch heute erhaltene Treppenturm, der zu den Räumen im Obergeschoß führte.

Beschreibung

Direkt an der Karmeliterstraße steht giebelständig das zweigeschossige, geschlämmte Backsteingebäude von fünf Achsen Länge und zwei Achsen Breite mit Satteldach, wohl noch aus dem 17. Jahrhundert. Der Giebel des *principalen Bauw* mußte nach der Bombardierung von 1703 wiederaufgebaut werden (HENRICHS 1971, S. 166). – Die Innenräume sind gegenüber dem Plan von 1808 gänzlich verändert. Direkt an die nördliche Schmalseite stößt ein weiteres backsteinernes, zweigeschossiges verputztes Backsteingebäude von sieben Achsen Länge mit nach Norden abgewalmtem Satteldach. Die zur Pfarrkirche gerichtete Schauseite mit bekrönendem Dreiecksgiebel über der mittleren Achse mutet klassizistisch an und dürfte auf eine Veränderung aus der ersten Hälfte des 19. Jahrhunderts zurückzuführen sein; die nördliche, geschlämmte Schmalseite mit hohen vermauerten Fensteröffnungen und Entlastungsbögen sowie die auffällig hohen Maueranker in der Ostseite zeigen, daß das Gebäude im Kern dem 16./17. Jahrhundert angehört. – Nach dem Zweiten Weltkrieg wurde noch 1954 über eine Instandsetzung beraten (JbrD 21, 1957, S. 219). Bei der anschließenden gründlichen Sanierung wurden sämtliche Holzdecken mit den entsprechenden Holzbalken durch Betondecken ersetzt.

Bestandteil des Denkmals ist auch die alte Umfassungsmauer des Klosters in der Karmeliterstraße und dem Westwall. Direkt neben dem Pastoratsgebäude führt ein sehr schöner, profilierter Torbogen in Form eines Eselsrücken zum Hof. Über dem Tor

ein leider stark verwitterter Wappenstein wohl eines Priors. – An der Seite zum Westwall ist in der Backsteinmauer eine kleine mit Sandsteingewänden versehene Pforte erhalten, die auch auf dem Plan von 1808 eingezeichnet ist (FRANKEWITZ 1998, S. 280).

Gemälde im Pastorat – Stifterbild

Im Pastorat wird ein Ölgemälde von 52 cm Höhe und 58 cm Breite aus der Zeit um 1500 verwahrt (eine wesentlich größere Kopie durch den Gelderner Maler Heinrich Brey hängt im Chor des nördlichen Seitenschiffs der Pfarrkirche (→ Kirchplatz 11). Das Gemälde wurde 1969 durch die Werkstatt des Landeskonservators gesichert (JbrD 28, 1971, S. 158 f.). Es zeigt die anmutige Gottesmut-

Elisabeth von Geldern auf dem Stifterbild im Pastorat

Portrait des Petrus ab Angelo im Pastorat

ter mit dem Kind vor einem Teppich mit floralem Dekor, flankiert vom heiligen Augustinus und der heiligen Maria-Magdalena; über ihr schweben drei Engel; vor ihr kniet eine Nonne, der älteren Aufschrift auf dem Rahmen gemäß Katharina von Geldern (HENRICHS 1971, nach S. 128); diese war eine illegitime Tochter Herzog Adolphs von Geldern und Priorin des Gelderner Augustinerinnen Klosters Nazareth am Ostwall (→ Ostwall, Refektorium); die Burg im Hintergrund könnte vielleicht die in Geldern darstellen, die 1637 abgebrochen wurde.

Portraits

Im Pastorat hängt ein Portrait des Gelderner Pastors und Subpriors Petrus ab Angelo mit Monstranz aus dem Jahre 1680 (KELLER 1990b, S. 119) sowie ein Portrait mit Totenkopf von 1657; beide Gemälde wurden 1969 restauriert (JbrD 28, 1971, S. 158).

Bild der Kapuzinerkirche

Ein überdimensionales Ölgemälde der Kapuzinerkirche mit der Ansicht der älteren Nebengebäude (→ Kapuzinerstraße 32) von Heinrich Brey hängt im Flur des Pastorats; eine kleinere Version dieses Motivs besitzt das StA Geldern.

Kirchplatz 11: Katholische Pfarrkirche St. Maria-Magdalena

Vorgeschichte

Die erste Erwähnung einer Kirche in Geldern datiert aus dem Jahre 1067. Mit einer Urkunde dieses Jahres schenkte der Kölner Erzbischof Anno II. der von ihm gegründeten und erbauten Stiftskirche St. Georg in Köln verschiedene Güter, darunter *in Gelre ecclesiam cum omni decimatione* – in Geldern die Kirche mit allen Zehnten (Historisches Archiv des Erzbistums Köln, PfA Köln, Georg A I 1. – LACOMBLET 1, Nr. 209). Geldern – das war im 11. Jahrhundert nicht etwa die heutige Stadt, sondern unter „Geldern" verstand man die von sumpfigen Niederungen umgebene, hochwasserfreie Aldekerker Platte, an deren Rändern heute die Orte Geldern, Vernum, Hartefeld, Sevelen, Oermten, Rheurdt, Schaephuysen, Tönisberg, Stenden, Aldekerk, Eyll, Nieukerk und Winternam liegen; dieser Bezirk wird seit dem 14. Jahrhundert „Vogtei Gelderland" genannt (FRANKEWITZ 1986a, S. 105–118). Wo genau die Kirche des 11. Jahrhunderts *in Gelre* stand, ist nicht bekannt, es muß aber in Aldekerk oder Nieukerk gewesen sein. Vom Namen her mag man annehmen, die Kirche in Aldekerk sei die ältere, doch der als christlicher Altarblock verwendete römische Votivstein, der im 19. Jahrhundert beim Abbruch des Altares der Nieukerker Kirche zum Vorschein kam und heute am Turm der Kirche vermauert ist (Frankewitz 1986a, S. 79, Anm. 21, mit Literatur), scheint zu zeigen, daß hier die älteste christliche Stätte in dem Landstrich mit dem Namen *Gelre* zu suchen ist. Auch von der Lage her scheint Nieukerk der geeignetere Standort für die älteste Kirche zu sein, ist doch die Entfernung von Nieukerk bis zur Nordwestecke der Vogtei Geldern (bei der heutigen Stadt Geldern) etwa genauso weit wie bis zur Südostecke (kurz vor Tönisberg) oder nach Osten (etwa bei Oermten) (s. Karte bei Frankewitz 1993, S. 404).

Die Burg der Grafen von Geldern war vermutlich zu Beginn des 12. Jahrhunderts an der Niers in der Nähe eines wichtigen Niersübergangs gegründet worden, erwähnt wird sie aber erst mehr als einhundert Jahre später in einer Urkunde von 1237; die sich vor der Burg entwickelnde Burgsiedlung wird erst später, 1286 lateinisch *villa* 1287 französisch *ville* genannt. Erst 1290 taucht für die Ansiedlung vor der Burg der unzweideutige Begriff *oppidum* = Stadt auf – und vielleicht nicht zufällig fällt die erste Erwähnung einer Kirche in dieser Stadt in diese Zeit. In einer Liste, die kurz nach 1290 niedergeschrieben wurde, ist von der *ecclesia Gelrensis infra oppidum* der Kirche in der Stadt die Rede (Oediger 1969, S. 153). Die späte Nennung der Kirche und ebenso ihre Lage am Rande der Vogtei Gelderland lassen die Vermutung zu, daß sie erst im 13. Jahrhundert – ähnlich wie 1275 Aldekerk – von Nieukerk abgepfarrt wurde (Frankewitz 1992a, S. 25–27).

Pfarr- und Klosterkirche

1306 schenkte Graf Reinald von Geldern den Karmelitern die „freie Kapelle oder Kirche, die neben unserer Burg steht" (*libera capella seu ecclesia sita prope castrum nostrum*: StA Geldern, Akten A, B 2, S. 1); noch in demselben Jahr bestätigte der Kölner

Erzbischof die Gründung des Klosters (HStAD, Geldern, Karmeliter, Nr. 1. – StA Geldern, Akten A, B 2, S. 1–3. – HOLTHAUSEN 1909, S. 419–421). „Beides, der Gebrauch des Begriffs Kapelle und die Lagebeschreibung kann nur bedeuten, daß die Kirche in der Stadt nur wenige Jahre zuvor noch gar nicht existierte und erst kürzlich gegründet worden war." (FRANKEWITZ 1992a, S. 27).

Baugeschichtliche Entwicklung

Die von CLEMEN beschriebene baugeschichtliche Entwicklung der Gelderner Kirche kann inzwischen aufgrund archäologischer Beobachtungen in und bei der Kirche (VERBEEK 1953. – FRANKEWITZ 1998) und der Berichte zur Restauration des Gotteshauses in der Zeit zwischen 1860 und 1880 (Beilage Nr. 5 und Nr. 7) in Teilen revidiert werden.

Ursprüngliche Klosterkirche

Im nördlichen Seitenschiff war in der kriegszerstörten Kirche in einer Grabkammer eine Mauer gefunden worden; diese „muß einem älteren Zustand der Kirche angehört haben, den man mit schmalerem Seitenschiff, von etwa halber Mittelschiffbreite, annehmen muß, dem wohl der Turm am Westende des Nordschiffs entsprach" (VERBEEK 1953, S. 25).

Nach dem vorliegenden Befund war das erste Gotteshaus der Karmeliter ein zweischiffiger Bau mit basilikalem Querschnitt, das heißt, das breitere Hauptschiff war höher als das nur halb so breite nördliche Seitenschiff (VERBEEK 1953, S. 25f.). Aufgrund der Lage der aufgefundenen Seitenschiffmauer – nördlichen des sechsten Jochs des Hauptschiffs – ist anzunehmen, daß das Hauptschiff des Gründungsbaus sieben Joche mit einem ⁵/₈ Chor-

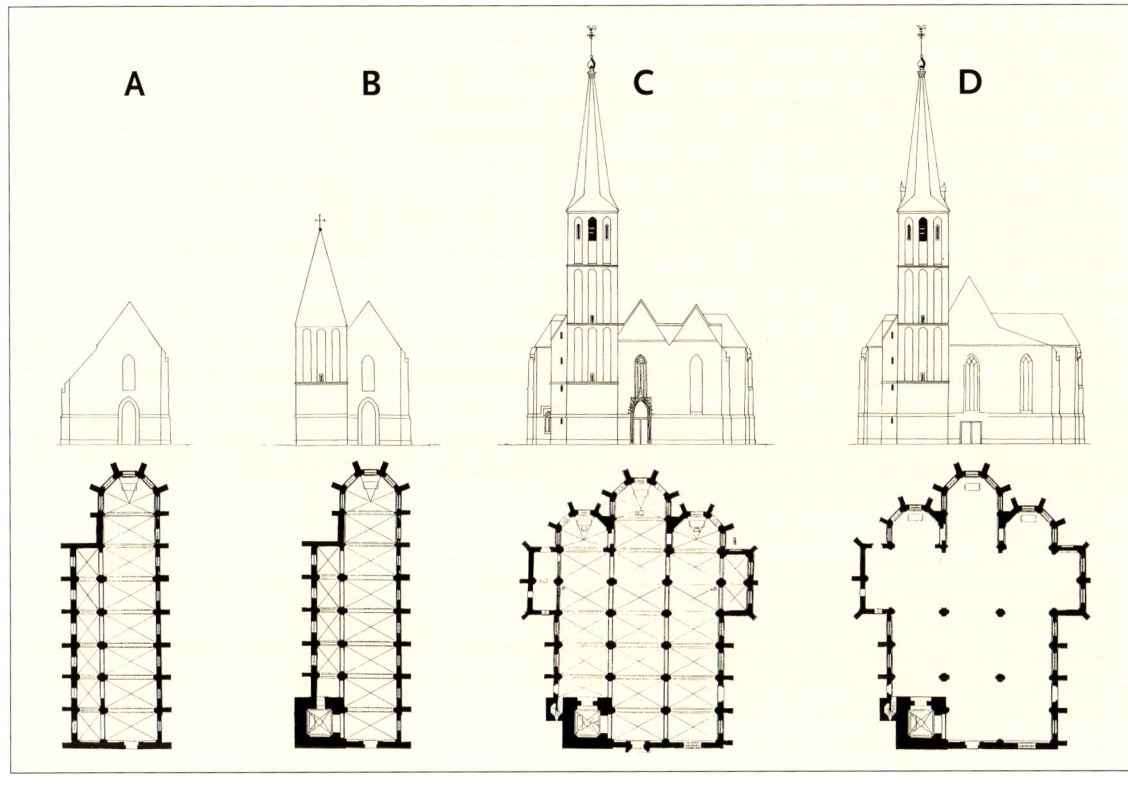

Die Entwicklung der Pfarrkirche St. Maria Magdalena

A Gründungsbau um 1310
B Klosterkirche mit Turm um 1350
C Ausbau zur Hallenkirche um 1400
D Wiederaufbau nach 1945

schluß umfaßte und somit der heutigen Ausdehnung des Mittelschiffs von West nach Ost entsprach. Das gleichzeitig erbaute nördliche Seitenschiff hat demselben Befund gemäß wahrscheinlich sechs Joche umfaßt; der dazugehörige Ostabschluß ist wegen der geringen Breite dieses Schiffs gerade anzunehmen.

An der Westseite wird das Seitenschiff in der Flucht des Hauptschiffs abgeschlossen haben, einen Turm wird es bei dieser frühen Bettelordenskirche ursprünglich nicht gegeben haben, erst recht nicht vor dem Seitenschiff.

Anbau des Turms

Als der Turm erbaut werden sollte – der Überlieferung nach geschah dies 1339 mit Hilfe des gerade zum Herzog erhobenen Reinald von Geldern (HEN-

RICHS 1971, S. 82) – gab es nicht mehr die Möglichkeit, diesen dominierend und – wie sonst üblich – vor das Hauptschiff zu stellen, denn hier erhob sich bereits der Kreuzgang des Klosters, der über eine kleine Vorhalle direkt an das Hauptschiff der Kirche anschloß; demzufolge wurde der Turm an die linke nördliche Seite unter Aufgabe des westlichen Jochs des Seitenschiffs erbaut (FRANKEWITZ 1998, S. 281). Dagegen berichtet aber die Chronik, mit dem Bau des Kreuzgangs sei erst 1347 begonnen worden (HOLTHAUSEN 1909, S. 422); gleichwohl das Datum 1339 nicht urkundlich, sondern auch nur durch die wesentlich später geschriebene Karmeliterchronik überliefert ist, birgt diese Nachricht eine gewisse Wahrscheinlichkeit, denn auch in der Stadt Goch hat Herzog Reinald um 1340 den Ausbau der dortigen Kirche gefördert und sich durch sein neu angeschafftes, herzogliches Wappen ein Denkmal gesetzt (FRANKEWITZ 1986 c, S. 6 f.).

Ausbau zur dreischiffigen Hallenkirche

Auch wenn die Karmeliterchronik den Bau von zwei Seitenschiffen in das Jahr 1339 datiert (CLEMEN 1891, S. 16. – HENRICHS 1971, S. 82), dürfte der Ausbau zu einer dreischiffigen Hallenkirche aus stilistischen Gründen tatsächlich erst für die Zeit um 1400 anzunehmen sein. Im Jahre 1400 wurden den Karmelitern mit Rücksicht auf ihre Bautätigkeit Geldzahlungen erlassen, und 1401 schenkte der Herzog von Geldern den Brüdern 19 Malter Roggen „für Herstellung des Gestühls und für Verschönerung des Chores" (HENRICHS 1971, S. 83), was darauf schließen läßt, das der Chor selbst keine Baustelle war. Die Nachricht vom Empfang von „sechzig Goldgulden

für den Bau des Turmes" mag sich auf eine Erhöhung des Turmes beziehen, sie setzt nicht unbedingt einen Neubau voraus (HENRICHS 1971, S. 83).

Auch die Erwähnung der „neuen Seite zum Markt hin" (*der nyer syden ten marckt wairt*) läßt nicht an einen Neubau der Kirche, sondern an eine Erweiterung um ein südliches Seitenschiff denken; dafür spricht auch die Baunaht zwischen heutigem Mittel- und Südschiff an der Westseite der Kirche (vgl. dagegen CLEMEN 1891, S. 17).

Bei dieser Baumaßnahme in der ersten Hälfte des 15. Jahrhunderts dürfte also das nördliche Seitenschiff abgebrochen und durch ein breiteres und höheres mit einem polygonalen Chorschluß ersetzt und der Turm erhöht worden sein; ein südliches Seitenschiff wurde in gleicher Form und Größe neu hinzugebaut. Das Hauptschiff des Gründungsbaus

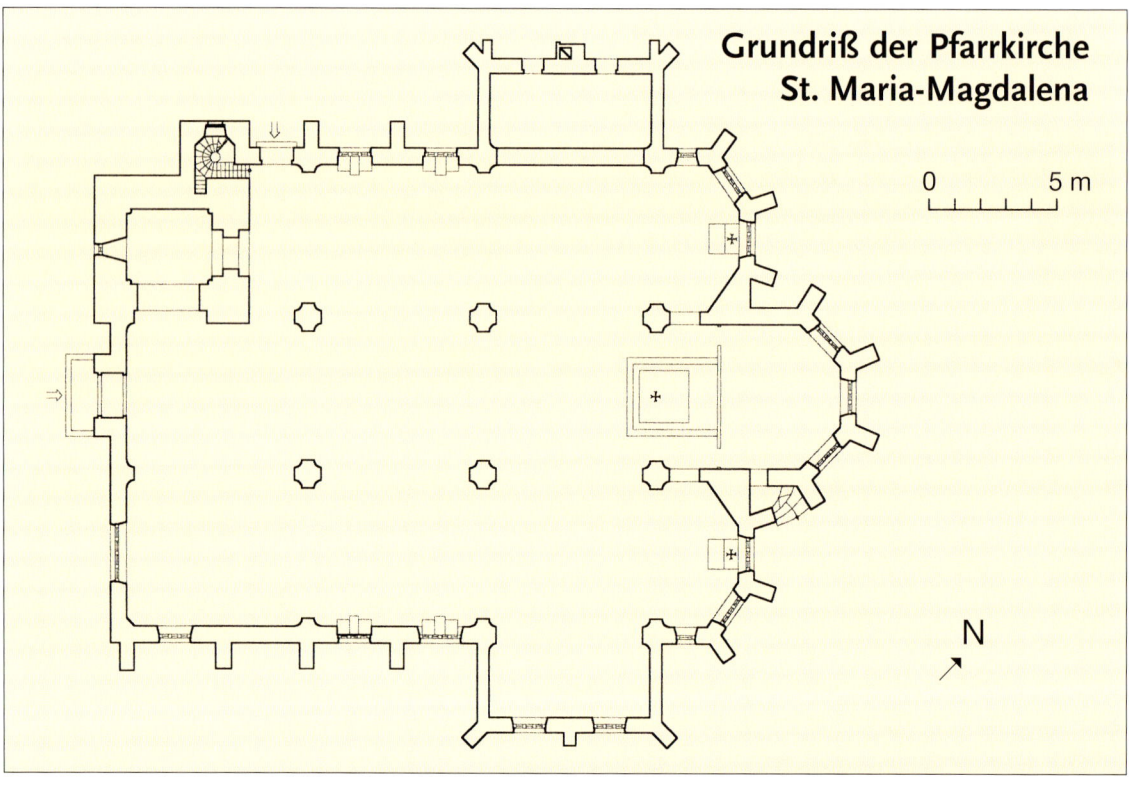

Grundriß der Pfarrkirche
St. Maria-Magdalena

0   5 m

N

aber blieb stehen; hierfür spricht auch, daß noch im 19. Jahrhundert „die beiden Seiten des Chores, welche sich an das Langschiff anschließen, ungeöffnet" waren und „nur in ihren oberen Theilen eine schmale Fensteröffnung" besaßen (Beilage Nr. 5. – Vgl. dagegen CLEMEN 1891, S. 18, der die Öffnung zu den Seitenschiffen hin in das 18. Jahrhundert datiert). Auch der Umstand, daß sich „beim Kronenaufmaß für den Dachstuhl zeigte …, daß wahrhaftig nicht alles gerade und regelmäßig ist" und die „Masse zwischen Pfeilern, Mauern und Chören … gewollt oder ungewollt wechseln" (KRAUHAUSEN 1952, S. 21), dürfte ein weiteres Indiz dafür sein, daß die Kirche in verschiedenen Etappen erbaut wurde.

Vermutlich wurden die beiden Querhäuser in der Breite von zwei Jochen ebenfalls in dieser Zeit erbaut (vgl. dagegen CLEMEN 1891, S. 17f.); hierfür spricht die Darstellung der großen Giebel an den Enden der Querhausarme auf Ansichten aus der Zeit vor 1703 (z. B. MEURER Nr. 40 und 50).

Ebenfalls in die Bauphase des frühen 15. Jahrhunderts müßte der Bau einer Sakristei an der Südseite im Zwickel des Querhauses und des südlichen Nebenchors fallen; von dieser Sakristei legt nur noch ein Gewölbeansatz an der Ostseite des Querhauses Zeugnis ab.

Zerstörung 1703

Bei der Bombardierung der Stadt durch preußische Truppen 1703 (MEURER Nr. 50 und 58) wurde auch die Kirche in starke Mitleidenschaft gezogen: sie war verbrannt, die vier Glocken geschmolzen und die Altäre, die Orgel und *andere Kerke-Ornamenten* völlig zerstört, zudem waren Teile des Mauerwerks und der Pfeiler umgefallen (HENRICHS 1971, S. 166), ein Leprosenhaus an der Südseite wurde ebenfalls zerstört und nicht wieder aufgebaut (HENRICHS 1971, S. 225). Auch wenn im einzelnen die Zerstörung

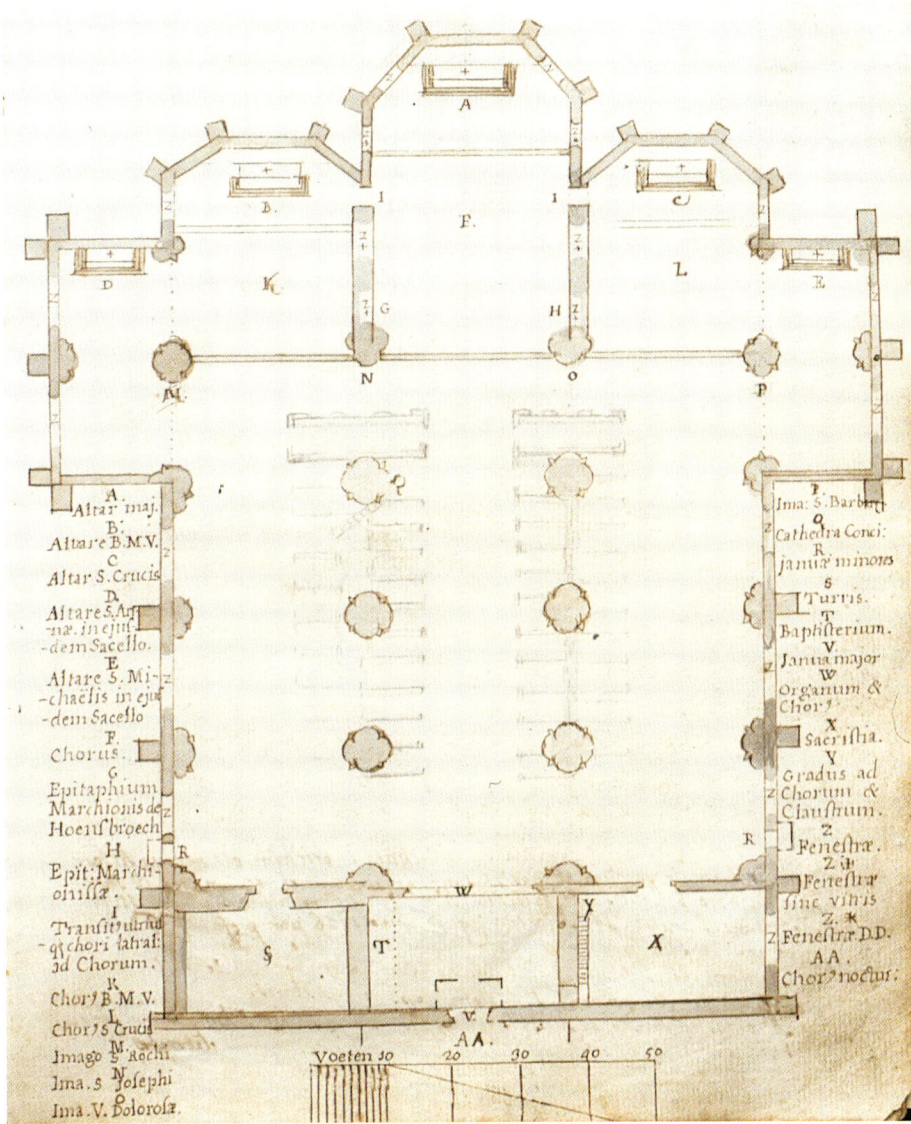

Grundriß der Kirche aus der Chronik von 1760

nicht genau benannt werden kann, scheint sie auch aufgrund der bildlichen Überlieferung erheblich gewesen zu sein; zumindest dürften alle Dächer und wohl auch die Gewölbe zerstört gewesen sein (MEURER Nr. 50). – Wohl nur relativ leicht beschädigt wurde die Kirche bei der Explosion des Pulverturms 1735 (MEURER Nr. 46. – HENRICHS 1971, S. 165f. – NETTESHEIM 1963, S. 271).

St. Maria-Magdalena

... um 1930

... nach der Zerstörung

Neugotische Restaurierung im 19. Jahrhundert

Eine wohl größere Reparatur des Mauerwerkes und des Daches ist bereits für 1840 überliefert (HStAD, Landratsamt Geldern, Nr. 307, Blatt 81v–82), doch erst kurz nach 1860 ist die Kirche im Zuge der Neugotisierung optisch stark verändert worden: „Wer sie früher gekannt und nun sehe, kenne sie kaum mehr" (Beilage Nr. 5).

Weiterhin heißt es: „Sämmtliche Mauerflächen sind neu verputzt; alle Gesimse und Pfeilerabdachungen in sauber profylirter Form mit Sandstein erneuert", das Hauptportal nach Westen war neu, durch die Verlegung der Sakristei konnten der Turm und die Westjoche des Mittel- und südlichen Seitenschiffs freigelegt werden, die Fenster erhielten steinernes Maßwerk und der Hauptchor wurde zu den

Nebenchören geöffnet. Im Innern erhielten die Pfeiler „neue Rundsäulchen mit Kapitälen in reicher Gliederung".

1861 heißt es in der Zeitung: „Die Restauration unserer Pfarrkirche schreitet rüstig vorwärts und läßt sich aus dem bis jetzt Vollendeten schließen, daß diese eine wahre Zierde unserer Stadt zu werden verspricht" (GW vom 28. Dezember 1861). Erst zu dieser Zeit erhielt der Chor eine Ummantelung mit Tuffstein (Beilage Nr. 7). Später heißt es, „alle Erneuerungen" hätten „ihr doch den Charakter eines alten Denkmals nicht genommen" (Beilage Nr. 7). Bezeichnenderweise übergeht CLEMEN in seiner Denkmäleraufnahme von 1891 gerade diese Epoche der Restaurierung, ohne zu merken, daß sie auch ihn zu täuschen vermochte; hätte CLEMEN gewußt, daß die Maßwerke erst dreißig Jahre alt

... bei der Neuweihe
1952

... im Jahre 2000

waren, er hätte sie mit Sicherheit nicht mit einer Abbildung in seinem Inventar aufgewertet!

Charakteristisch für die Gelderner Kirche – und somit auch vorbildhaft für spätere Hallenkirchen – waren die engen Joche, von denen zwei etwa ein Quadrat umschrieben. Hierdurch wurde eine Betonung der Längsachse erreicht (REINKE I, S. 96).

Zerstörung 1945 und Fortleben nach dem Zweiten Weltkrieg

Bei der Bombardierung Gelderns am 14. Februar 1945 erlitt die Innenstadt schwerste Schäden. „Wenn auch keine Bombe die Kirche wohl unmittelbar getroffen hatte, so genügten doch die Luftminen und Sprengbomben, die in unmittelbarer Nähe der Kirche gefallen waren, um verheerende Zerstörungen anzurichten. Vermutlich sind durch den Luft-

druck der Minen die Fenster der Kirche eingedrückt worden, das Gewölbe wurde hochgehoben und dann zum Einsturz gebracht" (CUYPERS 1952, S. 11f. – Abbildung bei BOSCH 1977, S. 180). Die folgende „Benutzbarmachung" durch den Architekten Dominikus Böhm aus Köln brach so radikal mit dem historisch überlieferten Baubestand, daß von einem „Wiederaufbau" keine Rede sein kann. Gleichwohl besitzt das, was Böhm innerhalb der Ruine schuf, einen eigenständigen Charakter, sein Werk legt Zeugnis vom Umgang mit einem Denkmal in den 1950er Jahren ab. Die erneute Weihe fand am 16. November 1952 statt (CUYPERS 1952).

In der Kirche blieben zwar acht Maßwerke soweit erhalten, daß eine Restaurierung sinnvoll gewesen wäre, doch wurden sie aus „Sparsamkeitsgründen" alle entfernt (KRAUHAUSEN 1952, S. 19f.) und –

Blick über den Altar
zur Orgel und der
Kassettendecke

fast schon programmatisch für den Aufbauwillen –
durch ein einfaches Maßwerk in Form des VW-Zeichens ersetzt. Die Gewölbe wurden nicht wiederhergestellt, statt dessen eine Flachdecke eingezogen; hierdurch bedingt wurden nicht mehr alle
Pfeiler gebraucht, so daß Böhm jedes zweite Pfeilerpaar, insgesamt sieben Pfeiler, abbrechen ließ.
Die verbliebenen Pfeiler wurden auf ein architektonisches Mindestmaß reduziert und haben mit
den gotischen nichts mehr gemein. Durch diese
Maßnahmen hat die alte Hallenkirche des frühen
15. Jahrhunderts einen wirklichen Hallencharakter
erhalten.

Auch im äußeren Erscheinungsbild wurde die
Kirche nicht unerheblich verändert. Böhm ging
beim Ausbau der Kirche davon aus, daß die zerstörte
Marktbebauung durch Neubauten ersetzt werden
würde; damit dann das Dach der Kirche auch
vom Markt her sichtbar bliebe, erhöhte er das Mittelschiff, ohne auch die Fenster zu vergrößern.
Heute – ohne die Marktplatzbebauung – wirkt dieser Eingriff für die Proportionen des Gotteshauses
sehr störend. Mit dieser Erhöhung mußte zwangsläufig die gesamte Dachlandschaft verändert werden, die Aufgabe der charakteristischen Giebel an
der Westfassade (siehe etwa Bosch 1991, S. 161) war
die Folge. Allein der Knickhelm des Turmes mit
einer zwiebelförmigen Spitze und bekrönendem
Kreuz dürfte noch aus dem 18. Jahrhundert stammen.

Innenraum

Bei der Innengestaltung der Kirche „wurde die
Denkmalpflege nur noch in sehr beschränktem
Umfang zugezogen" (JbrD 20, 1956, S. 120). Der von
Dominikus Böhm einheitlich in schwarz und weiß
neu gestaltete Innenraum war aber nicht ohne
Reiz. Von den hellen Boden- und Wandflächen

hoben sich die schwarz gebeizten Hölzer der Bänke,
Beichtstühle und Windfänge, der Orgelbühne und
der Deckenbalken sowie die schwarze Kanzel und
der Altar vornehm ab. „Alles wurde harmonisch auf
eine einheitliche Note abgestimmt, dem Geiste
unserer Notzeit angepaßt, aber im Material dennoch edel und wertvoll gehalten" (Krauhausen 1952,
S. 21).

Um 1960 scheint man noch oder wieder daran
gedacht zu haben, die Kirche einzuwölben (JbrD 25,
1965, S. 173).

Ab 1969 wurde der Innenraum unter Leitung des
Architekten Philipp Glitz aus Geldern-Kapellen verändert (Joosten 1988, S. 70 f.). Die Holzbalkendecke
wurde mit einer dunklen, weinroten Kassettendecke

verkleidet (RP vom 24. Mai 1969), die Kanzel wurde entfernt, unter den Fenstern wurden wieder Gesimse eingebaut; 1983 erhielten die Wände einen zarten Cremeton, Pfeiler und Pilaster wurden farbig abgesetzt (JOOSTEN 1988, S. 93), rote Teppiche auf den Boden gelegt. Mit diesen Maßnahmen wurde der Charakter der Böhmschen Kirche zwar völlig verändert, dem mittelalterlichen oder neugotischen Ideal kam man dadurch aber nicht wirklich näher.

Während der Renovierung traten 1983 in der Turmhalle neugotische Wandmalereien des 19. Jahrhunderts auf, die entgegen der Meinung des Landeskonservators wieder restauriert wurden (JOOSTEN 1988, S. 93f.).

Beschreibung und äußere Instandsetzungen

Dreischiffige Backsteinkirche mit drei $5/8$ Chorschlüssen, Querhaus und dem nördlichen Seitenschiff vorgestelltem, viergeschossigem Westturm mit begleitendem Treppenturm. Das um ein Joch längere Mittelschiff ist außen seit dem 19. Jahrhundert mit Tuffstein verkleidet.

Beim Wiederaufbau verschwand am Südportal die neugotische Umrahmung mit Eselsrücken und dem von Heinrich Brey entworfenen und von Hermann Sensen ausgeführten Christkönigs-Mosaik im Tympanon (LINGENS 1998, S. 191f. mit Foto).

Um 1960 wies die Turmhaube „bedrohliche statische Schäden" auf (JbrD 25, 1965, S. 173), 1965 wurde sie ebenso wie der Turmhahn von 1703 repariert (BOSCH 1998, S. 508). Vor 1989 „Neueindeckung der Dachflächen mit Moselschiefer in altdeutscher Deckung. Ersatz von Zinkrinnen durch Kupfer. Sanierung der Außenmauern: Reinigung, Auswechselung maroder Feldbrandpartien, anschließende Neuverfugung. Auswechselung verwitterter Natursteinelemente wie Gesimse, Wasserschläge,

Fenstersohlbänke und Mauerabdeckungen. Erneuerung schadhafter Tuffsteinpartien am Chor (Ostseite). Einbau fehlender Maßwerke in Schallukenfenstern des Turms. Überarbeitung der bleiverglasten Fenster" (JbrD 38, 1999, S. 251f.).

Fenster

Bei dem Bombardement von 1703 dürften alle älteren Fenster vernichtet worden sein. Beim Wiederaufbau wird man auf Maßwerke völlig verzichtet haben; bis 1862 waren sie lediglich „mit schmalen Eisenstäben und profanem Glase" ausgestattet (Beilage Nr. 5).

Im Zuge der Neugotisierung erhielt die Kirche 1861 neue Fenster, die in höchsten Tönen gelobt wurden: „Einen besonders erhebenden Eindruck auf jeden Besucher des Gotteshauses machen die von Herrn van Treeck aus Hüls angefertigten Glasfenster. Dieselben sind mit solchem Fleiße gearbeitet, die Farbenpracht so zart und die ganze Durchführung zeugt von einem solchen Kunstsinne, daß wir es für schuldige Pflicht halten, Herrn van Treeck weiteren Kreisen hierdurch zu empfehlen" (GW vom 28. Dezember 1861). Im Chor zeigten die Fenster die 14 Nothelfer, „je sieben zu beiden Seiten des Heilands als Segenspenders, welcher in der Mitte sich befindet" (Beilage Nr. 5), die Entwürfe hierzu stammten von F. H. Zettler aus München (Beilage Nr. 7).

Die neuen Maßwerke waren so „gotisch", daß sie im Inventar von 1891 abgebildet wurden (CLEMEN 1891, S. 17).

Die nach dem Zweiten Weltkrieg eingebauten Maßwerke mit dem VW-Zeichen stammen von der Firma Josef Schiffer in Rheinberg (KRAUHAUSEN 1952, S. 24), die heutigen Fenster sind in schlichtem changierendem Grau gehalten und gehören zum Programm der Böhmschen Ausstattung.

Ausmalung

„Die Kirche hatte 1680 einen neuen Farbenschmuck durch die Brüder Lukas und Bernhard erhalten" (CLEMEN 1891, S. 19).

Im Zuge der neugotischen Restaurierung wurde die Kirche von Th. Fischer aus Krefeld ausgemalt (Beilage Nr. 7); allein in der Turmhalle ist die „Wachsmalerei" 1983 wiederhergestellt worden.

Gräber:
Grabkammer der Katharina

Bei der Restaurierung der Kirche im Jahre 1850 wurde erstmals die Grabkammer der Katharina von Geldern im Liebfrauenchor – im nördlichen Seitenschiff – freigelegt; sie enthielt *drei eiserne Stäbe, worauf die Kiste geruht. Drei eiserne Nägel worauf*

eine Art Leuchter, 1 am Kopf-Ende, und an jeder Seite 1. Keine Kiste, keine Leiche, keine Knochen (StA Geldern, Nachlaß Nettesheim, Nr. 1) Die Grabkammer ist 2,6 m lang und 1,3 m breit und mit Zierkreuzen und Inschriften in roter Farbe verziert. In den frischen Putz wurde in arabischen Ziffern die Jahreszahl **1497** geritzt (VERBEEK 1953).

Eine Nachschau 1990 und 2000 ergab, daß der Putz durch Kondenswasser starken Schaden genommen hat (FRANKEWITZ 1991c).

Grabplatte für Katharina von Geldern

Die 70 × 154 cm große Grabplatte, bestehend aus drei Messingplatten mit feiner Gravur gehört gemäß der Aufschrift auf dem nicht mehr vorhandenen, neugotischen Rahmen (Abbildung bei HENRICHS 1971, nach S. 16) Katharina von Geldern, Schwester Herzog Adolphs von Geldern (NETTESHEIM 1963, S. 102. – VAN SCHILFGAARDE 1967, S. 105).

Die Platte zeigt die Regentin auf einem Kissen liegend und am Fußende von zwei Hunden als Zeichen der Treue begleitet vor einer räumlich dargestellten Architektur. Katharina ist bekleidet mit einem Unterkleid und darüber mit einem langen Kleid mit Dekolleté und einem weiten Mantel, der durch ein Band zusammengehalten wird. Die zum Gebet gefalteten aber nicht geschlossenen Hände beschirmen ein junges Mädchen mit einem Buch; die Platte wurde ebenso wie die der Elisabeth von Kleve in der dortigen Stiftskirche von dem Kölner „Kupfergräber" Willem Loeman aus Uerdingen hergestellt (FRANKEWITZ 1992c, S. 85f.).

Ehemaliges Hochgrab für Herzogin Elisabeth

Zu den wichtigsten Grabdenkmälern gehörte das Hochgrab der letzten in Geldern auf der Burg residierenden Herzogin Elisabeth († 20. April 1572); im

Die Fresken in der Grabkammer. Auf dem oberen Bild unter der Decke in gotischen Zahlen die Datierung von **1497**

der der Gelderner Kunstmaler Heinrich Brey 1906
eine Kopie anfertigte (LINGENS 1998a, S. 162f.). Die
Vermutung, dieses Monument sei in den Jahren
1578 bis 1587 geschändet und zerstört worden
(REAL 1906, S. 347) ist nicht zutreffend, denn noch
um die Mitte des 17. Jahrhunderts wird *das erha-
bene Monument … etwa 3 Fuss hoch von der
Erde und hat an den 4 Ecken 4 Wappen, Geldern etc.* (BAMBAUER, KLEINHOLZ 1980, S. 96) beschrieben. Bei einer Restaurierung der Kirche im Jahre
1850 soll die Hälfte des *Grabsteines* der Herzogin in
gut erhaltenem Zustand gefunden und *zur Grundlage des im Jahre 1853 an der Südseite des Chors
der Kirche errichteten sogenannten Missionskreu-
zes vermauert worden sein* (StA Geldern, Nachlaß
Nettesheim, Nr. 1).

Epitaphe für den Marquis
von Hoensbroech und seine Frau

Im Hauptchor befand sich noch im 18. Jahrhundert östlich des ersten Pfeilers an der Nordseite
das Epitaph des Marquis von Hoensbroech und
diesem gegenüber an den Südseite das seiner
Frau. Es handelte sich dabei um den am 18. Juni
1735 verstorbenen Wilhelm Adrian von Hoensbroech und seine am 16. November 1727 verstorbene Frau Elisabeth Henriette von Schellart von
Obbendorf (PfA Geldern, Karmeliterchronik, S. 21,
44 und 45).

Andere Grabdenkmäler

Seit dem Mittelalter bis zum 18. Jahrhundert diente
das Kircheninnere auch als vornehme Grablege für
zahlreiche örtliche Adelige sowie die geldrische
Geistlichkeit. Die Karmeliterchronik von 1760 im
PfA Geldern nennt viele Namen hier Bestatteter und
überliefert zudem dazugehörige Wappen in reizen-
den Zeichnungen.

RAG befindet sich eine Entwurfszeichnung für ein
Grabmal, das so nicht ausgeführt wurde (VAN SCHILF-
GAARDE 1967, S. 113 und Abb. 9), ausgeführt wurde
ein Hochgrab nach einer weiteren Zeichnung, von

Ausstattung:

Taufstein

Der barocke Taufstein aus Marmor auf zierlichem Schaft steht seit der Renovierung 1983 im Chor. Das sechsseitige, verzierte Becken mit einem sehr hohen, mehrfach gebrochenen Messingdeckel mit Kreuz stammt aus dem frühen 18. Jahrhundert (Clemen 1891, S. 19).

Reliquienschrein

Im nördlichen Seitenchor steht der 1882 gekaufte kupfervergoldete Schrein des Goldschmieds Franz Wüsten aus Köln. Er dient zur Aufbewahrung der Gebeine der Heiligen Galenus und Valenus. Diese waren der Stadt Geldern wohl 1476 von dem aus Geldern stammenden Bischof von Cambray geschenkt worden; seitdem gelten die Märtyrer als Gelderns Stadtpatrone (Henrichs 1971, S. 101–110).

Der neugotische Reliquienschrein von 1882

Der 82 cm lange und 38 cm breite Schrein ruht auf vier Löwen; an den Kopfenden stehen die vollplastischen Figuren der genannten Heiligen jeweils zwischen zwei emaillierten Säulen, an den Seiten sind zahlreiche Heilige in Gravur dargestellt.

Immerwährende Hilfe

In der Turmhalle steht umgeben von der neugotischen Ausmalung eine Immerwährende Hilfe in außerordentlich reich geschnitztem Rahmen und mit Krabben besetzten Fialen und hoch aufragendem Aufsatz. Als Stifter dieses um 1900 entstandenen Altars können mittels der geschnitzten Wappen, die von einem Engel gehalten werden, der Graf von Hoensbroech und die Stadt Geldern namhaft gemacht werden. – Die Immerwährende Hilfe, die bis zur Zerstörung 1945 an einem Pfeiler zwischen Mittel- und südlichem Seitenschiff stand, ist erst 1983 „auf dem Speicher einer Gelderner Schreinerei" wiedergefunden und aufgestellt worden (Joosten 1988, S. 95).

Reste der Kanzel

Von der barocken Kanzel, die 1716 vom Grafen von Hoensbroech gestiftet wurde, sind nur drei hölzerne Medaillons erhalten, die im Chorraum aufgehängt wurden; die vier ebenfalls nicht vernichteten Streben unter dem Kanzelkorb in Form von Statuen mit Darstellungen eines Engels (Matthäus), eines Adlers (Johannes), eines Stiers (Lukas) und eines Löwen (Markus) waren bis vor einigen Jahren an der Südseite des Turms angebracht (Frankewitz 1986b, S. 12) und wurden inzwischen entfernt.

Bänke

In der Hauptsache befinden sich in der Kirche schlichte, schwarz gebeizte Bänke, die dem Böhmschen Entwurf entsprechen (siehe Innenraum). Hin-

Osterleuchter

Der bronzene Osterleuchter im Chor wurde 1990 von dem Künstler Jan Vissers aus Geldern-Veert nach einer Idee von Fritz Meyers entworfen; als Motive dienten ihm Überlieferungen aus der Stadtgeschichte, die mit dem sagenhaften Drachenkampf beginnt und bis zur Zerstörung Gelderns im Jahre 1945 reicht (RP vom 14. April 1990. – Meyers 1994, S. 17).

Hirtenschüppe

Der Pfarre gehört auch eine sogenannte „Hirtenschüppe", das Symbol des Schäfers. Eine Darstellung eines Hirten mit einer Schüppe findet sich im neugotischen Fenster im Chor der Hartefelder Kirche. Die Gelderner Hirtenschüppe trägt die Aufschrift **S**(eine)**r Hochwürden, dem Herrn Joh**(annes) **Bless bei seiner Einführung als 1. Seelsorger zu Pfalzdorf am 21. Juli 1887 gewidmet von der Gemeinde**; Bless kam am 3. Mai 1893 nach Geldern und brachte so die Schüppe mit nach Geldern (Tekath 1999b).

Glocken

1680 sind bei einem Brand des Kirchturms die Glocken abgestürzt (Clemen 1891, S. 19). – 1871 hingen fünf Glocken im Turm, von denen drei **1723** und zwei **1766** datiert waren (StA Geldern, Akten B, Nr. 607, S. 37), zumindest eine der älteren soll in Geldern von Petit gegossen worden sein (RP vom 30. September 1971). Die im Zweiten Weltkrieg abgelieferten Glocken konnten 1949 nach Geldern zurückgeführt und wieder aufgehängt werden (Krauhausen 1952, S. 15). 1971 wurde die Glocke von 1723 durch eine neue, von Petit und Edelbrock in Gescher gegossene, ersetzt, die alte wurde an das Museum in Kevelaer abgegeben (RP vom 30. September 1971).

ten in der Kirche stehen noch drei, im Chor zwei ältere Bänke aus Eiche mit geschnitzten Wangen mit Weinlaub und Reben. Im südlichen Seitenschiff stehen zwei neugotische, schwarz gebeizte Kniebänke.

Chorteppich

Zur späten neugotischen Ausstattung gehört der 1927/28 gewebte Chorteppich. Den Entwurf hierzu lieferte der Gelderner Kirchenmaler Heinrich Brey, die Ausführung erfolgte durch den 1876 gegründeten Gelderner Paramentenverein. Auf dem quadratischen Teppich von rund 4,70 m Seitenlänge mit umlaufendem Spruchband befindet sich im zentralen Achteck die Darstellung der Arche Noah (Lingens 1998a, S. 243 f.).

geln (RP vom 7. Oktober 1992) paßt weder zu dem
vornehmen Schwarz der Böhmschen Ausstattung,
noch zum Zelebrationsaltar.

Figuren:
Schlußstein – Gnadenstuhl

Der einzige noch in der Kirche erhaltene Schlußstein mit rund 50 cm Durchmesser ist heute in der
Turmhalle als Bild vermauert. Die Reliefdarstellung
zeigt Gottvater auf dem Thron, der auf einer Wolke
schwebt, vor ihm sein Sohn und der heilige Geist
in Gestalt der Taube. Die Darstellung datiert aus
der Zeit um 1400 und kann deshalb mit dem Ausbau
des Gotteshauses zur Hallenkirche in Verbindung
gebracht werden. – Drei weitere, einfache Schlußsteine aus den abgestürzten Gewölben befinden sich
heute in Privatbesitz (→ Pont, Möhlendyck 22).

Apostel und Heilige

Von dem neugotischen Figurenzyklus, der um 1860
von Bildhauer Fleige aus Münster angefertigt wurde
(Beilage Nr. 5 und 7), sind allein die vier Evangelisten auf Kapitellen im Chor aufgestellt. – Von
den übrigen Sandsteinfiguren wollte man nach dem
Zweiten Weltkrieg nichts wissen; einige Figuren wurden jahrelang im Freien hinter dem Jugendheim
am Südwall gelagert und kamen von dort zum
Innenhof des Pastorats; andere wurden der Erde
übergeben; beim Bau der Bücherei 1969 kamen sie
wieder zum Vorschein und wurden von dem Bauunternehmer Hans Stratmans geborgen; seitdem
stehen sie im Park seines Hauses Ingenray (→ Pont,
Möhlendyck 22).

Kruzifix im Altarraum

Über dem Zelebrationsaltar hängt an einem schlichten Holzkreuz ein etwa lebensgroßer Kruzifixus,
wohl aus dem 19. Jahrhundert.

Gnadenstuhl.
Schlußstein aus
der Hallenkirche
um 1400

Orgel

Die heutige, von Romanus Seifert & Sohn in Kevelaer gebaute und am 26. Juni 1971 geweihte Orgel
(OMMER 1988, S. 112f.) paßt sich mit ihrem schwarz
gebeizten Gehäuse dem von Böhm eingebrachten
Inventar bestens an.

Gleiches kann man von der als Meisterstück
von Reinhold Hansen (1962–1991) gebauten Chororgel, die am 4. Oktober 1992 geweiht wurde, nicht
sagen, denn das an historisierende Formen erin-
nernde Gehäuse mit zwei figürlich bemalten Flü-

Kreuzweg

Die neugotischen Kreuzwegstationen, „sämmtlich in einer Art Vierpaß hineingezwängt", wurden nach 1862 von Custodis in Köln angefertigt und hingen zuerst an den Pfeilern des Mittelschiffs; ursprünglich besaßen die etwa 66 × 80 cm großen Vierpässe ein aufgesetztes Kreuz und eine angehängte Tafel mit Inschrift (Beilage Nr. 7); dieser qualitätvolle Kreuzweg gehört zu den wenigen noch erhaltenen Ausstattungsstücken der Neugotik; er hängt heute im südlichen Querhausarm.

Gemälde:
Apostelzyklus

Vom Schloß Haag (→ Kapellen, Bartelter Weg 4) stammen die 120 cm breiten und rund 220 cm großen Bilder, die die zwölf Apostel als Vollfiguren zeigen. 1945 verschenkte man sie an die Pfarre in Geldern; sie wurden dann in Hartefeld zwischengelagert, ab 1980 aber hängte man acht der Bilder in der Kirche auf (JOOSTEN 1988, S. 95f.), Petrus und Paulus hingen 1983 in der Kapuzinerkirche, sie hängen noch nicht in Maria-Magdalena. Bis 1985 wurden sechs der zwölf großformatigen Ölgemälde restauriert (JbrD 34, 1992, S. 248).

Im Inventar von Schloß Haag verstecken sich die Bilder unter den *derthien portretten*, die um 1776 *op de groote vestibulle voor de Capelle* hingen (Beilage Nr. 1). Clemen beschreibt sie in seinem Inventar: „Auf dem Flur im zweiten Geschoss zwölf lebensgrosse Apostelfiguren von Kaspar de Krayer, lebhaft bewegte Einzelgestalten mit fein studierten ausdrucksvollen Greisenköpfen" (CLEMEN 1891, S. 31). Bei der Restaurierung in den 1980er Jahren fand man das Monogramm **HC** und die Jahreszahl **1632**. Demnach ist Kaspar de Krayer nicht der Maler, doch welcher Künstler sich hinter **HC** verbirgt, ist nicht bekannt (HÖVELMANN 1986b).

Kreuzigung

Im südlichen Seitenschiff hängt über dem modernen Tabernakel ein etwa 80 × 120 cm großes Öl-

Kruzifix im Altarraum

Die ersten drei Stationen des Kreuzwegs

gemälde mit einer Darstellung der Kreuzigung aus dem 17. Jahrhundert. Jesus schaut betend zum Himmel. Während der linke Häscher sich zu Jesus gewandt hat, krümmt sich der andere vor Schmerz. Maria und Johannes blicken zu Jesus hinauf, Maria Magdalena hat sich dem Totenkopf vor dem Kreuz zugewandt.

Kreuzabnahme

Unter der Orgelbühne hängt ein 80 × 89 cm großes Ölgemälde auf drei Holzbrettern mit der Darstellung der Kreuzabnahme durch Maria und Josef von Arimatäa mit auffällig ruhigen Gesichtszügen aus dem späten 16. Jahrhundert.

Stifterbild

Im nördlichen Nebenchor hängt ein 165 × 140 cm großes Stifterbild, das die Gottesmutter mit dem Kind, flankiert vom heiligen Augustinus und der heiligen Maria-Magdalena zeigt; vor ihr kniet Katharina, eine illegitime Tochter Herzog Adolphs von Geldern und Priorin des Gelderner Augustinerinnen Klosters Nazareth am Ostwall (→ Ostwall, Refektorium). Das rund 200 × 200 cm große Bild ist die vergrößerte Kopie eines Originals im Pfarrhaus (→ Karmeliterstraße 12), das der Gelderner Kunstmaler Heinrich Brey 1954 malte (RP vom 22. Mai 1954. – LINGENS 1998a, S. 153f.).

Hungertuch

Nur einmal im Jahr wird das große Hungertuch aus der Pfarrkirche St. Maria-Magdalena in der St. Adelheid Kirche zur Fastenzeit gezeigt. Es handelt sich bei dem Tuch um einen gestickten Teppich von 210 × 165 cm aus dem Jahre 1737 mit der Darstellung der Passion Christi. Als Stifter wird auf dem Tuch das Gelderner Ehepaar **jacobvs de mans en iohanna magdalena ressels** genannt; vermutlich

wurde es im niederländischen Boxmeer angefertigt und hing in Geldern im Karmelitessenkloster (SCHOLTEN-NEESS 1970), das an der Stelle der Realschule stand und an das heute nur noch der Straßenname „An het wette Kloster" erinnert (CLEMEN 1891, S. 22. – OEDIGER 1964, S. 157).

Alte, verlorengegangene Ausstattung: Ehemalige Altäre

„Über die Ausstattung der alten Pfarrkirche geben die beiden Karmeliterchroniken eine Reihe von Notizen: 1393 wird ein Katharinenaltar erwähnt, 1473 ein Johannesaltar und ein Peter- und Paulsaltar, 1494 ein Bartholomäusaltar, 1511 ein Annenaltar, 1521 ein Sebastiansaltar, 1525 ein Nikolausaltar, 1622 ein altare sacri scapularis, 1680 ein Eligiusaltar" (CLEMEN 1891, S. 19). Für 1397 ist auch ein Altar Unserer Lieben Frau bezeugt (RAL, archief huis Scheres, Nr. 1509 → Issumer Tor: Muttergottesfigur in der Adelheidkirche).

Ehemalige Hauptaltäre im Mittelschiff

Der Barockaltar, 1720 angeschafft (HENRICHS 1971, S. 87, hier auch eine Beschreibung), war 1862 noch vorhanden und wurde als äußerst störend empfunden, da der riesige, bis an das Gewölbe reichende Aufbau keine Öffnung der Stirnwand zuließ (Beilage Nr. 5).

Im Zuge der Neugotisierung wurde er durch einen neuen „holzgeschnitzten, spärlich polychromierten Kreuzaltar" aus Münster ersetzt, der nur wenig später zugunsten eines Altars aus Marmor versetzt wurde.

Dieser Marmoraltar war „eine Stiftung unseres Kaisers" und „die kostbarste Ausstattung des Chores" und – wie die beiden anderen Altäre in den Seitenschiffen – von dem bekannten Baumeister Vincenz Statz entworfen und von dem Bildhauer

Custodis in Köln angefertigt worden (Beilage Nr. 7). 1952 fand man bei den Aufräumarbeiten eine Blechbüchse mit einer Urkunde aus dem Jahre 1874; aus ihr geht hervor, daß der König der Pfarre am 13. September 1863 eine Summe von 9000 Mark geschenkt hatte. „Mit diesem Geld wurde von den Künstlern Hubert Heerperath und Friedrich Custodis ein zweites Bild für den Altar geschaffen und aufgestellt" (Niederrheinische Zeitung vom 26. Januar 1952). 1945 wurden die Altäre zerstört.

Ehemalige Kommunionbank

Die neugotische Kommunionbank war von Eduard Custodis in Köln angefertigt worden, sie war „mit Flachbildern versehen" und „reich durchbrochen" (Beilage Nr. 7) und wurde 1945 zerstört.

Ehemaliges Kruzifix

Bis vor einigen Jahren hing an der Südseite des Turms an einem schlichten Holzkreuz ein Kruzifix des späten 15. Jahrhunderts aus einer niederrheinischen Werkstatt. Markant ist der gerade herunterhängende, sehnige Körper, der 1891 „neu polychromiert" war (CLEMEN 1891, S. 19). Das Kreuz wurde inzwischen entfernt, es ist zu wünschen, daß es wieder aufgehängt wird.

Köln-Mindener-Bahn 2: Ehemaliges Eisenbahnergebäude

Eintragung in die Denkmalliste: 12. April 1994
Denkmal Nr. A 125
Eigentümer: Willi Groterhorst

Eingeschossiges Wohnhaus von vier Achsen Breite über Kellergeschoß mit Satteldach aus der Zeit um 1875. Das Haus entstand im Zuge der Köln-Min-

dener-Eisenbahnstrecke von Wesel über Geldern nach Venlo (→ Köln-Mindener-Bahn 34) und diente vermutlich zuerst als Bahnwärterhaus.

Die beiden mittleren Achsen sind um einen Stein vorgezogen und nehmen einen Zwerchgiebel auf. Der Zugang erfolgt über zwei kleine Freitreppen an der Ostseite sowie in dem rückwärtigen Anbau an der Hinterseite. Der First dieses kleinen Anbaus liegt auf der Traufhöhe des Haupthauses. Zu erwähnen sind die sechs Ausflugslöcher eines Taubenschlags im Giebel des Anbaus. Zahlreiche Details zeigen, daß das Gebäude sachgerecht saniert wurde. Zu nennen sind neben den Holzfenstern beispielsweise die Ausfugung des Mauerwerks, die Freigesperre, die die Dachüberstände tragen, und die Ortgangziegel mit schneckenförmig eingerollten Enden.

Köln-Mindener-Bahn 2

Köln-Mindener-Bahn 34:
Ehemaliger Bahnhof

Eintragung in die Denkmalliste: 24. Februar 1983
Denkmal Nr. A 3
Eigentümer: Günter und Dirk Horn

Geschichte

Im Zuge einer projektierten Eisenbahnstrecke von
Hamburg nach Paris baute die private „Köln-Mindener Eisenbahngesellschaft" ab 1866 die Teilstrecke
von Venlo über Geldern und Wesel nach Münster;
wegen Verzögerungen beim Brückenbau über den
Rhein bei Wesel konnte die Teilstrecke aber erst
1874 eröffnet werden (Hövelmann 1978, S. 139–141).
Damit erlangte die Strecke keine große Bedeutung. Schon 1930 strebten die Niederländer die
Stilllegung der Strecke von Venlo nach Geldern an,

ab 1936 fuhren die Züge von Geldern aus nur noch
bis Straelen (Frankewitz 1988b, S. 22f.), und nach
dem Zweiten Weltkrieg war der Verkehr nach Wesel
wegen der zerstörten Rheinbrücke unterbrochen.
Der letzte planmäßige Zug fuhr am Köln-Mindener
Bahnhof am 28. Februar 1967 ab (RP vom 1. März
1967), die Geleise wurden 1975 entfernt (Hövelmann
1978, S. 148).

Das Bahnhofsgebäude aus der Erbauungszeit der
Bahnstrecke wollte die Bundesbahn zunächst abbrechen, doch nach der Veräußerung an einen Privatmann konnte das Gebäude ab 1977 zu Wohnzwecken und als Jugendheim ausgebaut werden. Bei
dieser Gelegenheit wurden die ehemals rundbogigen Fenster und Türen nach Befund wiederhergestellt (JbrD 30/31, 1985, S. 493. – Baupläne bei
Hövelmann 1978, S. 142–144). – Das Erscheinungsbild und die Erfahrbarkeit des ehemals weit vor

den Toren der Stadt einsam gelegenen Bahnhofs wird durch die nahe an das Gebäude herangerückte Bebauung – insbesondere durch das Gebäude östlich des Bahnhofs – nicht unerheblich beeinträchtigt.

Beschreibung

Zweigeschossiges Bahnhofsgebäude der frühen 1870er Jahre von fünf Achsen Länge mit Rundbogenfenstern, Satteldach und leicht vorspringendem Mittelrisalit, der bis in die Dachzone reicht. An den beiden Giebelseiten zwei je zweiachsige, niedrige Anbauten mit Satteldach. Die an diesem Gebäude typischen Dachüberstände an den vier Giebeln werden durch Freigespärre getragen. An dem nach Osten weisenden Giebel sind noch die Originalspuren eines aufgemalten Schildes mit dem Namen **Geldern** in Frakturschrift zu erkennen; der Zusatz **-Ost** war durch den Einbau eines Fensters zerstört, er wurde nach der Wiederherstellung des alten Fensters nicht ergänzt.

Lessingstraße 12: Windmühlenstumpf

Eintragung in die Denkmalliste: 14. August 1985
Denkmal Nr. A 14

Am 21. August 1820 schrieb der Landrat an den Bürgermeister von Geldern: *Ich habe mit Verwunderung gesehen, daß links der Straße von hier nach Issum eine Wind-Mühle gebaut wird, ohne daß es mir bekannt ist, daß zu dieser Anlage eine höhere Authorisation erfolgt ist* (StA Geldern, Akten B, Nr. 1308, Blatt 1). Kurz darauf wurde der Bau einer backsteinernen Turmwindmühle als Feldmühle weit vor den Toren der Stadt im „Hoch-

boekelder Feld" durch die Brüder Stephan und J. H. Aengeneyndt beantragt (SOMMER 1991, S. 190, Nr. 4404–07). Schon 1919 wurden die Flügel entfernt und bereits 1935 die oberen Stockwerke abgetragen (VOGT 1989, S. 95. – Vgl. das Bild bei FRANKEWITZ 1991a, S. 89). Die Erstellung eines neuen, gemauerten Mühlenbergs sowie der Ausbau zu Wohnzwecken im Jahre 1982 haben den originalen

Windmühlenstumpf an der Lessingstraße

Zeugniswert des Denkmals stark beeinträchtigt, trotzdem konnte für die moderne Wohnbebauung, die um das Denkmal gelegt wurde, die Erinnerung an einen historischen Platz erhalten werden.

Lindenallee 17–19: Sgraffito von Heribert Reul

Eintragung in die Denkmalliste: 20. Juni 1995
Denkmal Nr. A 163
Eigentümer: GWS Wohnungsgenossenschaft Geldern e. G.

An der Ostseite des von der „Gemeinnützigen Wohnungs- und Siedlungsgenossenschaft für den Kreis Geldern" erbauten Hauses schuf 1954 der Kevelaerer Künstler Heribert Reul ein Sgraffito, eine Fassadenmalerei, bei der das Bild in den frischen Putz quasi eingedrückt wurde. Das Bild zeigt eine junge Familie mit einem frisch gepflanzten Baum und

Lindenallee 17–19

eine Sonne, bezeichnet ist es **REUL 54**. Das Bild steht symbolhaft und programmatisch für die nach dem Zweiten Weltkrieg geschaffene Siedlung „Haagsches Feld" (vgl. die Luftbilder bei FRANKEWITZ 1991a, S. 78f.), in der neben vielen Flüchtlingen auch zahlreiche ausgebombte Bürger eine neue Heimat fanden.

Markt: Drachenbrunnen

Eintragung in die Denkmalliste:
Denkmal Nr.
Eigentümer: Stadt Geldern

Marktplatz

Auf dem heutigen Marktplatz der Stadt Geldern standen bis 1945 das Rathaus aus dem 18. Jahrhundert mit einem nach Süden anschließenden Baublock sowie ein Häuserblock vor der Kirche; insgesamt bildete die Bebauung drei eigenständige Marktplätze (FRANKEWITZ 1986a, S. 65–69). Nach der Kriegszerstörung ist bis heute im Herzen der Stadt der Wiederaufbau unterblieben, gleichwohl aus städtebaulichen Gründen die Notwendigkeit einer Fassung des Raumes nie ernsthaft in Zweifel gezogen wurde (FRANKEWITZ 1991 a, S. 22–24). „Die ausgedehnte Fläche entspricht kaum der kleinteiligen Struktur der Gelderner Altstadt und wirkt in ihrer heutigen Weitläufigkeit überdimensioniert (OTTEN, THOMA 2000, S. 31).

Stattdessen wurde in Geldern versucht, fehlende Architektur durch Möblierung und Bepflanzung optisch aufzufangen. Der erste dahingehende Versuch von 1986 ist inzwischen schon Geschichte: Die damals gepflanzten Bäume wurden 1999 abgeholzt und durch Platanen ersetzt, andere Bänke – nun ohne Rückenlehne – kamen zur Aufstellung.

Der 1990 im Rahmen des vielbeachteten Bildhauersymposions am Markt durch den Künstler Pierre Theunissen aufgestellte Demokratische Kreis, gebildet aus neun unterschiedlich hohen Betonsäulen, konnte zwar im Bereich seiner Aufstellung die Weite des Raumes durch eine wohltuende vertikale Komponente mildern, doch das Kunstwerk wurde noch nicht einmal akzeptiert, in der Folge eines demokratisch gefaßten Beschlusses wurde es 1999 abgebrochen; der Schöpfer hatte es nicht verstanden „für die hiesigen Verhältnisse den richtigen Ton zu treffen" (Frankewitz 1992b, S. 15).

Drachenbrunnen

Der Brunnen auf der Kreuzung von Hartstraße, Issumer Straße und Markt von 1990 geht wegen seiner Größe über das Maß der üblichen Möblierung hinaus, er ist fester Bestandteil des Marktes geworden.

Um so bedauerlicher ist, daß er von zahlreichen Verkehrsschildern umzingelt wird. Der Brunnen wurde von dem damals in Aachen dozierenden Künstler Wolfgang Binding entworfen. Das Becken des Brunnens und die sich in der Mitte erhebende, rund 5,60 m hohe Säule bestehen aus Blaustein, sie wurden von dem Aachener Steinmetz Bruno Schwarzenberg geschaffen. Um die Säule herum windet sich der sagenhafte Drache, der von den Stadtgründern Wichard und Lupold getötet wird; diese Figurengruppe wurde in der Kölner Werkstatt Lotito gegossen; das obere Ende der Säule wird von fein gearbeiteten Mispelblüten geziert, oben auf der Säule steht in Bronze gegossen der geldrische Löwe, seit 1229 das Wappentier der Grafen von Geldern und ebenfalls seit dem 13. Jahrhundert bis heute das Wappentier der Stadt Geldern (Lingens 1996, S. 73–75).

Markt 20: Ehemalige Remise

Eintragung in die Denkmalliste: 14. Dezember 1994
Denkmal Nr. A 126

Im hinteren Bereich des im Zweiten Weltkrieg völlig zerstörten Hauses Markt 20 hat sich ein architektonisches Kleinod im Stadtkern erhalten: Eine Remise. Das dazugehörige Haus war durch Maueranker in das Jahr 1716 datiert; hier wohnte der Gelderner Justizrat Peter Heinrich Coninx (1746–1814), im 19. Jahrhundert konstituierte sich in dem nun als Gasthof ausgewiesenen Haus 1851 der „Historische Verein für Geldern und Umgegend", und am Ende des 19. Jahrhunderts übernahm der Sanitätsrat

Dr. Thielmann das Haus (BOSCH 1977, S. 21–23). Er erbaute 1911 die besagte und noch erhaltene Remise, einen eingeschossigen Putzbau mit Mansarddach, Tor und Zwerchgiebel, um hier seine Kutschen und Pferde unterstellen zu können (RP vom 29. Januar 1977). Als Architekten beauftragte der Bauherr das bekannte Duo Girmes und Oediger aus Krefeld. Im Gegensatz zu den Gelderner Häusern → Nordwall 65 und → Ostwall 1 ist die Remise ebenso wie die Häuser → Westwall 43 und → Westwall 61 von der Forschung als Bauten von Girmes und Oediger bislang nicht erkannt worden (SCHWANKE 1987 und 1993). Interessant ist, daß sich die Architekten bei der Wahl der zu erstellenden Architektur dem Stil des 18. Jahrhunderts anpaßten

Remise im Hinterhof

und ein „barockes" Gebäude entwarfen (vgl. die abgebrochene Remise in der Vorburg von Graurheindorf bei Bonn in: JbrD 34, 1992, S. 44). – Bereits 1948 wurde in die Remise eine Wohnung eingebaut. 1996 sollte diese Wohnung durch die Kölner Architektin Ute Piroeth modern aber sehr qualitätvoll saniert und umgebaut werden. Bei dieser Gelegenheit erhielt das kleine Haus eine neue, sehr moderne Türe. Im Dach wurde an der westlichen Schmalseite eine interessante Öffnung der Dachhaut realisiert, die an dieser Stelle und an diesem Gebäude als gelungene Lösung zu bezeichnen ist. Bei diesem Atelierfenster wurden lediglich die Dachpfannen durch eine Glasscheibe ersetzt, die Sparren blieben erhalten und die ruhige Fläche der Dachhaut wird nicht durch einen Rahmen verunziert. Nicht umsonst ist dieser interessante Ausbau in einer Fachzeitschrift vorgestellt worden (Bauidee Februar 1998, S. 18–23).

Markt 25:
Frontansicht mit
Gelderner Stadtwappen
und Eingangshalle

Markt 25:
Ehemalige Sparkasse; Stadtwerke

Eintragung in die Denkmalliste: 20. September 1984
Denkmal Nr. A 7
Eigentümer: Stadtwerke Geldern GmbH

Das dreiachsige, zweigeschossige Backsteinhaus über Kellergeschoß und mit Mansarddach wurde 1913 als städtische Sparkasse mit Museum von dem aus Geldern stammenden Düsseldorfer Architekten Lepelmann erbaut. Seinen Namen verewigte der Architekt in einer der Muschelkalkplatten an der Fassade (Fotos des Hauses in einer Anzeige des Architekten bei HERCHER 1928, S. 290). Zwischen den Fenstern des Ober- und Untergeschosses gibt es drei große Medaillons. Nördlich des eigentlichen Hauses

findet sich eine zum Denkmal gehörende, leicht zurückversetzte Durchfahrt, über der das Wappen der Stadt Geldern, in Muschelkalk der schreitende Löwe und die drei Mispelblüten, prangt (FRANKEWITZ 1996a, S. 32f.). Auch der 1920 angebaute rückwärtige Teil wurde von Lepelmann entworfen.

Das 1914 eröffnete Kreismuseum wurde hauptsächlich mit den von Michael Buyx aus Nieukerk gesammelten „Altertümern" bestückt (N. N.: 1914). Aufgelöst wurde das erste Museum Gelderns 1938, die Bestände wurden in das neuerbaute Museum „Haus des Volkes" in Kevelaer überführt (SCHOLTEN-NEESS 1965, S. 111f.).

Nach dem Zweiten Weltkrieg war in dem Haus teilweise die Stadtverwaltung untergebracht. Bis 1985 wurde das Gebäude von den Gelderner Stadtwerken, die hier ihr neues Domizil fanden, grundlegend restauriert. Dabei blieben im vorderen Bereich die alten Fenster glücklicherweise erhalten; das malerisch verwinkelte Innere wurde von späteren Zutaten befreit und „die sehr repräsentative und detailreiche Eingangshalle mit Treppenanlage wieder freigelegt" (JbrD 34, 1992, S. 250).

Markt 26:
Geschäfts- und Wohnhaus

Eintragung in die Denkmalliste: 2. März 1999
Denkmal Nr. A 223
Eigentümer: Hella und Werner Kleinbielen

Dreigeschossiges Geschäfts- und Wohnhaus mit Putzfassade und Satteldach aus dem Beginn des 20. Jahrhunderts. Während das Obergeschoß und das darüberliegende Stockwerk ihre ursprüngliche

Markt 26 und Erker
am Haus Markt 26

fünfachsige Gliederung mit dazwischengestellten Pilastern mit Kompositkapitellen behalten haben, ist das Erdgeschoß durch den modernen Aufbruch der Fassade 1956 völlig verunstaltet worden. Bereits 1907 aber waren auf der rechten Seite zwei Fensterachsen zu einem großen Schaufenster zusammengefaßt worden (Bauakte). Trotzdem gehört das Haus mit dem daneben gelegenen Gebäude der Stadtwerke (→ Markt 25) zu den wichtigsten Denkmälern des Stadtkerns, dessen Marktplatzbereich im Zweiten Weltkrieg bis auf diese beiden Häuser völlig zerstört wurde. – Im Juni 1999 wurde die Fassade durch die Firma Frank Boers, Kevelaer, aufwendig saniert und neu gestrichen; dabei konnte der Einbruch für das Ladenlokal in seiner Wirkung positiv verändert werden. – Auf der Rückseite des Hauses ist ein hölzerner Erker aus der Erbauungszeit des Hauses erhalten.

Nordwall 1: Wohnhaus

Eintragung in die Denkmalliste: 19. Juni 1995
Denkmal Nr. A 147
Eigentümer: Mechtilde Camp

Zweigeschossige, freistehende Villa über niedrigem Kellergeschoß mit auffällig hohem, vom zweiten Geschoß durch ein Gesims abgesetzten Kniestock mit Walmdach aus dem Ende des 19. Jahrhunderts. Im Untergeschoß sind die oberen Ecken der Fenster abgerundet, im Obergeschoß zusätzlich mit segmentbogigen Giebeln überdeckt. Über den Obergeschoßfenstern schauen aus den runden Medaillons Wildschweinköpfe heraus. Der Kniestock hat kleine runde, zum Teil zugesetzte Fensteröffnungen. An der Schauseite zum Nordwall hin befindet sich über der aufwendig erneuerten eiche-nen Zugangstür auf verzierten Kragsteinen ein Balkon mit aufwendigem schmiedeeisernem Gitter. Bauherr der repräsentativen Villa, die heute leider nur noch untypische Kunststoffenster aufweist, war der Gelderner Arzt Dr. Karl Claessen (Adreßbuch 1897, S. 11. – Frankewitz 1991a, S. 75).

Nordwall 13 und 15: Wohnhaus

Eintragung in die Denkmalliste:
Jeweils 12. Februar 1992
Denkmal Nr. A 75 und A 76
Eigentümer: Doris Schäfer

Langes, traufständiges zweigeschossiges Backsteinhaus mit unterschiedlich farbigen Ziegeln von zehn Achsen Länge im Unter- und elf Achsen im Obergeschoß mit Mansarddach von 1890. In der fünften

dem Namen Jean Real durch zahlreiche historische Veröffentlichungen hervorgetreten ist (Adreßbuch 1910, S. 60).

Nordwall 19: Wohnhaus

Eintragung in die Denkmalliste: 20. April 1993
Denkmal Nr. A 96
Eigentümer: Doris Schäfer

Zweigeschossiger, traufständiger Putzbau von vier Fensterachsen mit Satteldach aus der Zeit um 1900. Die Fenster und die Tür im mit Putzquaderung dekorierten Untergeschoß sind rundbogig und weisen markante Schlußsteine auf. Die Fenster im Obergeschoß sind korbbogig geschlossen und haben ebenfalls Schlußsteine. Zwischen den Fenstern des

Nordwall 13 und 15
(rechte Seite)

Achse von links erschließt eine korbbogige Durchfahrt den rückwärtigen Teil des Gebäudes; diese Achse wird zusätzlich durch Pilasterrahmung und einem spitzen Giebel betont, den zwei schmiedeeiserne Spitzen bekrönen. Das Dachgeschoß wurde mindestens bis 1969 durch schlanke und schöne Dachhäuschen – ähnlich wie beim Groterhorsthof (→ Vernum, Baersdonker Weg 90) – mit Spitzhelmen beleuchtet (FRANKEWITZ 1991a; S. 58), die aber leider nichtssagenden Dachflächenfenstern gewichen sind. Die im Untergeschoß an der rechten Seite befindlichen, nicht originalen, durch ihr auffälliges Weiß störende Putzflächen in der lebhaften Backsteinfassade lassen nicht erahnen, daß im dahinter gelegenen Flur und den anschließenden Zimmern noch die alten Stuckecken erhalten sind. – 1910 unterhielten Heinrich und Franz Ehren ein Fuhrgeschäft in dem Gebäude, in dem auch der Stadtrentmeister Johann Real wohnte, der unter

Nordwall 19

Unter- und des Obergeschosses finden sich vier Stuckfelder mit reichen Verzierungen. Leider entsprechen die jetzigen Fenster, die zudem im oberen Viertel blind sind, in keiner Weise dem Charakter des schönen Hauses, das zwischen der Nachkriegsarchitektur am Nordwall wohltuend auffällt.

Nordwall / Webergasse 1: Gedenkstein für die jüdische Gemeinde

Eintragung in die Denkmalliste:
Denkmal Nr.

In einer kleinen Grünanlage liegt an der genannten Ecke ein Findling mit einer 25 × 63 cm großen Bronzetafel, die ein Bild der ehemaligen Synagoge zeigt und die Inschrift trägt: **Unweit dieses Ortes – am Nordwall 39 – stand die / 1875 erbaute Synagoge der jüdischen Gemeinde / in Geldern. / Intoleranz und Rassenwahn zerstörten sie in der / Pogrom-Nacht vom 9. November 1938. / Der Vernichtung der Synagoge folgte der Mord an / den jüdischen Mitmenschen.** Aufgestellt wurde die Gedenktafel 1990 (Zeitung am Sonntag, Kr. Kleve. – PRACHT-JÖRNS 2000, S. 325).

Nordwall 51: Amtsgericht

Eintragung in die Denkmalliste:
Denkmal Nr. A 158

Im Zuge der Errichtung markanter Bauten innerhalb der Stadterweiterungen des 19. Jahrhunderts spie-

Gedenkstein am Nordwall

Amtsgericht am Nordwall

Stadtwappen
am Amtsgericht

len die Gerichtsgebäude, die in ihrem Titel noch das Adjektiv „Königlich" führten, im Rheinland eine besondere Rolle (Brües 1980, S. 29). In diesem Kontext entstand, wenn auch relativ spät, das Gebäude des Gelderner Amtsgerichts am Nordwall, das am 22. März 1905 eingeweiht wurde (Bosch 1994, S. 3 c). Dabei errichtete man auch ein Gefängnis (Schönell 1989), das das ältere am Harttor (Bosch 1991, S. 58) ersetzte. Die 1904 und 1905 datierten Pläne stammen vom königlichen Kreisbauinspektor Schreiber (HStAD, Regierung Düsseldorf, Hochbauabteilung, Karten XI, Nr. 253–263).

Das dreigeschossige, verputzte Gebäude des Amtsgerichts erhebt sich über L-förmigem Grundriß, die Basis des L bildet dabei die zweigeteilte Schauseite am Nordwall; der rechte, dreiachsige Teil der Fassade besteht im Untergeschoß aus rotem Sandstein, springt risalitartig vor und nimmt rechts die zweiteilige Zugangstür unter einem von vorspringenden, über Eck gestellten Säulchen getragenen, mehrfach profilierten Gesims auf. Als Schlußstein der korbbogigen, mit Rundstab gestalteten Portalumrahmung dient ein trapezförmiger Sandstein mit einer Darstellung des Wappens der Stadt Geldern, dem zwiegeschwänzten, gekrönten goldenen Löwen in Begleitung von drei ungefaßten Mispelblüten (Frankewitz 1996, S. 34). Alle Fenster haben Sandsteingewände. Die Fenster des zweiten und dritten Geschosses sind korbbogig und mit Schlußsteinen geschlossen, lediglich die rechte Achse des zweiten Geschosses wird aus drei hochrechteckigen Fenstern gebildet. Der im Krieg verlorengegangene, spitz und hoch aufragende Giebel (Abb. bei Bosch 1991, S. 50 f.) wurde beim Wiederaufbau durch einen Dreiecksgiebel mit Rundfenster ersetzt. Die linke Seite ist vierachsig gegliedert, ganz links eine Tordurchfahrt. Die ehemals korbbogigen Fenster im zweiten und dritten Geschoß wurden nach dem

Zeiten Wertkrieg mit geraden Stürzen erneuert. 2000 erfolgte eine umfangreiche Sanierung der Fassade.

Nordwall 53: Wohnhaus

Eintragung in die Denkmalliste: 16. Juni 1992
Denkmal Nr. A 89
Eigentümer: Annemarie Lamers

Dreigeschossiger Putzbau von vier Achsen mit Satteldach von 1905. Über der Tür in der rechten Achse ein runder Erker, der für das nur dreiachsige zweite Obergeschoß als Balkon dient. Über dem mittleren, hufeisenförmigen Fenster im zweiten Obergeschoß im Putz auffällige Flechtstruktur im Jugendstil. –

Nordwall 53

Auch nach Osten hin besaß die ehemals freie rechte Seite ein über alle Geschosse reichendes Jugendstildekor. Die Behandlung dieser Fläche und das hufeisenförmige Fenster in der Fassade waren gerade in Bezug auf Geldern für ihre Zeit sehr modern (vgl. die Abb. von 1901 in JbrD 29, 1983, S. 214). Bauherr war der bedeutende Gelderner Bauunternehmer Johann Elsemann (LINGENS 1998a, S. 43f. – LINGENS 1999b, S. 290). – Wie so oft wurden die Fenster bereits zu einem früheren Zeitpunkt durch nicht denkmalgerechte Kunststofffenster ersetzt, dafür aber konnte im Oktober und November 1999 durch die Firma Boers, Kevelaer, die weiße Fassade vorsichtig von den überlagernden Farbschichten gesäubert und nach Befund mit vergoldeten Rechtecken vorbildlich restauriert werden.

Nordwall 65:
Wohn- und Geschäftshaus

Eintragung in die Denkmalliste:
Denkmal Nr. A 221

Zweigeschossiger, rechteckiger Putzbau von 1907 mit unregelmäßiger Aufteilung der Achsen und Mansarddach. Ein nur wenig vorspringender Erker an der Kreuzungsecke markiert das Obergeschoß ebenso, wie die gläserne Verandaüberdachung an der Nordseite. Ein Zwerchgiebel in Form einer Fledermausgaube bekrönt die Seite zum Issumer Tor.

Das Haus wurde als markante Eckbebauung von den renommierten Krefelder Architekten Girmes und Oediger für den Gelderner Rechtsanwalt Peter Dammer errichtet (Bauplan und Beschreibung bei SCHWANKE 1987, S. 545–547). Nach dem Zweiten Weltkrieg befand sich im Untergeschoß das „Schuhhaus Vogt". Erst mit dem Einzug der Spar- und

Nordwall 65

Darlehnskasse Issum 1970 (FRANKEWITZ 1991a, S. 61) wurde das äußere Erscheinungsbild des Untergeschosses mit dem Einbruch von großflächigen Fenstern und der Verkleidung der Restflächen durch unpassende Schieferplatten zerstört. Trotz dieser starken Beeinträchtigung bleibt das Haus ein wichtiges Denkmal im Gelderner Stadtbild; es ist zu hoffen, daß in absehbarer Zeit das Untergeschoß wiederhergestellt wird.

Ostwall 1: Reckmann-Villa

Eintragung in die Denkmalliste: 14. Januar 1992
Denkmal Nr. A 74
Eigentümer: Georg Müller

Zweigeschossiger Backsteinbau von unregelmäßiger Gestalt aus dem Jahre 1903. Straßenseitig dominieren in der linken Achse ein dreiseitiger Erker mit darüberliegendem Balkon und hoch aufragendem Zwerchgiebel, an der rechten Seite ein mehrfach gebrochener Turm mit bekrönender Zwiebelhaube. An der rechten Seite, die im oberen Viertel unter einem Krüppelwalmdach durch Fachwerkstruktur belebt wird, befindet sich der Zugang. Über ihm beleuchtet ein hohes Fenster, dessen oberer Teil von einem Kreis umfangen wird und teilweise Bleiver-

glasung aufweist, das Treppenhaus. An der rechten Hausecke über dem Sockel ein Stein mit der straßenseitigen Datierung **1903** und an der rechten Seite **1904**.

Das markante und romantisch wirkende Haus wurde als freistehende, verschachtelte Villa in einem Garten mit dazugehörigem Gitterzaun von den Krefelder Architekten Girmes und Oediger (RP vom 16. Oktober 1991. – Bauplan und Beschreibung bei SCHWANKE 1993, S. 96 f. – Vgl. ähnliche Bauten bei SCHWANKE 1987, S. 526 f.) für den Gelderner Kreisarzt Dr. Karl Reckmann erbaut; auf ihn nimmt der Äskulapstab in der Spitze des straßenseitigen, mehrfach geschwungenen Giebels Bezug. – Das in seiner Originalität weitgehend erhaltene Denkmal wurde 1992 aufwendig und stilgerecht durch den Eigentümer saniert.

Ostwall 3–5: Ehemaliges Verwaltungsgebäude für Metallwarenfabrik

Eintragung in die Denkmalliste: 25. Februar 1992
Denkmal Nr. A 78

Langgestreckter zweigeschossiger Backsteinbau über hohem, verputztem Sockelgeschoß von zehn, jeweils paarweise zusammengefaßten Fensterachsen mit abgerundeten Ecken und langgestreckten Stufengiebeln; an der südlichen Schmalseite befand sich auf der Höhe des Obergeschosses zwischen zwei Fenstern die Datierung **1928** in erhabenen Ziffern. Die Pläne zu dem Gebäude stammen von dem Architekten Johannes Pottbecker aus Geldern-Veert. – In den 1990er Jahren wurden leider alle Holzfenster durch völlig untypische und daher nicht denkmalgerechte Fenster ersetzt. – Das Gebäude wurde als Verwaltungsgebäude für die Metallwarenfabrik Seiler & Co erbaut, die sich größtenteils noch hinter dem Verwaltungsgebäude befindet. Nach dem Zweiten Weltkrieg befand sich in den Gebäuden das Bekleidungswerk Nolte (FRANKEWITZ 1991a, S. 62).

Ostwall 9: Wohnhaus

Eintragung in die Denkmalliste:
Denkmal Nr.

Zwischen den Denkmälern → Ostwall 3–5 und → Ostwall 13 steht ein etwas unscheinbares, hell verputztes Wohngebäude, daß einige bemerkenswerte Architekturteile aus der Zeit um 1900 aufweist. Zu nennen sind die korbbogigen Fenster, die rundbogigen Türen, der Erker auf kräftigen Konsolen mit geschweiftem Dach sowie der von Fialen begleitete Zwerchgiebel an der rechten Seite, die erahnen lassen, daß sie zu einem Haus mit qualitätvoller Architektur gehörten. Gleichwohl das heutige Erscheinungsbild ein Denkmal nicht erkennen läßt, ist die Front zwischen den beiden eingetragenen Denkmälern, aus stadtbildpflegerischen Gründen erhaltenswert.

Ostwall 13: Wohnhaus

Eintragung in die Denkmalliste: 12. Dezember 1995
Denkmal Nr. A 219

Ostwall 9 und 13 (rechts)

Zweigeschossiger, fünfachsiger Putzbau mit Satteldach aus dem Ende des 19. Jahrhunderts. Die mittlere Achse mit der Eingangstür wird durch ein

leichtes Hervortreten aus der Front sowie einem bis in die Dachzone reichenden flachen Dreiecksgiebel betont. Zwischen den Fenstern des Unter- und Obergeschosses befinden sich reich verzierte Kartuschen und in der Mitte fünf Baluster, die den Eindruck eines Balkons im Obergeschoß vermitteln.

Ostwall: Refektorium des Klosters Nazareth

Eintragung in die Denkmalliste: 18. April 1995
Denkmal Nr. A 166

Geschichte

Das Kloster Nazareth verdankt seine Entstehung einer 1418 vorgenommenen Schenkung eines Grundstücks an der Stadtmauer durch das Gelderner Ehepaar Johannes und Griet Worchem an vier Jungfrauen (StA Geldern, A, Urkunde Nr. 31. – GROSSE OSTERHOLT 1951, S. 123 f.). In den der neuen Gemeinschaft durch die Stadtverwaltung gegebenen Statuten wurde u. a. bestimmt, daß die Jungfrauen keine Kinder in ihrem Hause unterrichten durften (WENSKY 1999, S. 28). Als Beichtvater fungierte der Prior des Augustinerchorherrenklosters Gaesdonck bei Goch. Zu dem „ersten Holzhaus" gehörte ein Umgang, ein „Kantoor", Beichthaus, Herrensaal, Küche und Speisezimmer und dazu zahlreiche Wirtschaftsgebäude; die Klosterkapelle konnte 1457 vollendet werden. Der Reichtum des Klosters dürfte zu einem nicht unerheblichen Teil auf die Geldzahlungen zurückzuführen sein, die die Schwestern beim Eintritt in den Konvent leisteten (BRIMMERS 1986, S. 176).

Im Zuge der Besetzung der Stadt Geldern durch niederländische Soldaten im Jahre 1578 wurde das

Kloster von den Schwestern verlassen, und der bekannte Oberst Martin Schenk von Nydeggen bezog hier sein Quartier. Im Verlauf des 17. Jahrhunderts kam es zu zahlreichen Reparaturen. Nach der Säkularisierung 1802 wurden die Gebäude des Klosters zunächst von der Familie van der Moolen gewerblich genutzt (Bosch 1977, S. 73); 1860 betrieb Wilhelm Boeker eine Malzdarre im Refektorium (Bauakte).

Bedeutung des Klosters

Prominenteste Angehörige des Klosters war in der zweiten Hälfte des 15. Jahrhunderts Katharina von Geldern, die 1497 in Geldern verstorbene, illegitime Tochter Herzog Adolphs von Geldern (van Schilfgaarde 1967, S. 105); sie war Priorin des Klosters. Im Pastorat (→ Karmeliterstraße 12) ist ein Ölgemälde erhalten, das sie als kniende Nonne auf einem Bild mit der Gottesmutter und dem Heiligen Augustinus zeigt.

Die Bedeutung des Klosters kommt auch darin zum Ausdruck, daß Herzog Karl von Geldern in seinen Mauern wichtige Zusammenkünfte legen konnte – wie für 1520 überliefert (Frankewitz 1994, S. 301).

Handschriften

Neben zahlreichen anderen Arbeiten wurde im Kloster auch gesponnen und gewebt (vgl. Brimmers 1986, S. 177).

Bekannt geworden aber ist das Kloster als Entstehungsort zahlreicher Handschriften. Bereits aus der Gründungszeit des Klosters soll eine Chronik des Konvents datieren (Grosse Osterholt 1951, S. 123), die 1944 vernichtet wurde; die Universitätsbibliothek Bonn hingegen verwahrt noch Gebets- und Erbauungsbücher des 15. Jahrhunderts, die im Gelderner Kloster Nazareth geschrieben

Refektorium am Ostwall

wurden (Oediger 1964, S. 160). Andere Handschriften, die zwischen 1446 und 1519 zu datieren sind, liegen „heute in der Staatsbibliothek Preußischer Kulturbesitz in Berlin und in der Bibliotheca Jagielonica in Krakau" (Keller 1999, S. 217 – Costard 1992). „Die Nonnen kopierten mystische Schriften von Meister Eckhart, Jan Ruusbroek, Jan Brugmann, Thomas von Kempen und anderen sowie volkssprachliche Übersetzungen berühmter Theologen (Augustinus, Hugo von St. Viktor), aber auch Erbauungsschriften und Lieder" (Beissel 1987, S. 127).

Refektorium

Nach der Kriegszerstörung hegte man noch 1951 den Plan, die Klosterruine zugunsten des Berufsschulneubaus restlos zu beseitigen. Dieses Ansinnen konnte durch den Landeskonservator vereitelt werden, und bis Herbst 1952 erfolgten Sicherungsmaßnahmen am Gebäude. Der häßliche Zementputz im Innern sollte beseitigt werden, als zukünftiges Nutzungskonzept wurde an die Unterbringung eines Heimatmuseums gedacht (JbrD 20, 1956, S. 120f.). Bis 1954 waren die Arbeiten nach Plänen des Architekten Trösch (RP vom 10. Januar 1953) abgeschlossen (JbrD 21, 1957, S. 219).

Beschreibung

Zweischiffiger, sechs Joche langer, wenig eingetiefter Kellerraum mit Kreuzgratgewölben, die in der Mitte von fünf Rundpfeilern mit schlichten Kapitellen und Kämpferplatten getragen werden.

In den 1957 erneuerten, von Hans Mennekes entworfenen und von der Glasmalerei Derix in Kevelaer ausgeführten bleiverglasten Fenstern mit farbigen Wappen und niederländischen Bezeichnungen finden sich in den beiden Fenstern vor Kopf die Wappen des Grafen von Geldern (Löwe mit Schindeln) und das der Stadt Geldern (Löwe mit drei Mispelblüten); in den fünf Fenstern an der Längsseite in der Mitte die Wappen des Herzogtums Geldern (im gespaltenen Schild jeweils der geldrische und jülichsche Löwe) und das sagenhafte Wappen des Vogtes von Pont mit den drei roten Mispelblüten (FRANKEWITZ 1996a, S. 36–44); in den beiden Fenstern links zunächst die Wappen von Nijmegen und Roermond, zwei der vier Hauptstädte des Herzogtums Geldern, und im anschließenden Fenster die Wappen der Städte Venlo, Goch, Erkelenz, Straelen und Wachtendonk; in den beiden Fenstern rechts zunächst die Wappen von Zutphen und Arnhem, die beiden anderen Hauptstädte, und sodann die der Orte Kessel, Krickenbeck, Montfort und Viersen (RP vom 21. September 1957).

Ostwall 30:
Ehemaliges Magazin, ehemalige Kaserne, ehemalige Stadtverwaltung, ehemaliges Arbeitsamt

Eintragung in die Denkmalliste: 5. Dezember 1985
Denkmal Nr. A 17

Geschichte

Bereits 1674 gab es in Geldern ein *oud magazijn van den Conink*, ein altes königliches Magazin (HENRICHS 1971, S. 33), das 1703 bei der Beschießung Gelderns durch die Preußen „bis auf die Grundmauern" zerstört wurde (MEURER Nr. 32, Ziffer 50). Nach dem Wiederaufbau – schon 1722 werden Reparaturarbeiten am „unteren Söller des königlichen Domänen-Magazins" durchgeführt (StA Geldern, Akten A, P 6, Blatt 11v. – RP vom 4. August 1988) – scheint hier 1734 ein Salzmagazin eingerichtet worden zu sein (HENRICHS 1971, S. 33), in dem das Salz gelagert wurde, das allein zugunsten der staatlichen Kasse von hier aus an die Bevölkerung der geldrischen Provinz verkauft wurde; vielleicht weil das staatliche Monopol des Salzverkaufs ständig unterlaufen wurde (RECKMANN 1981) konnte das Gebäude 1758 (auch?) als „Magazin für Hafer, Lebensmittel und Brennholz" dienen. (MEURER 1979, Nr. 33, Ziffer 66). Zudem erhielten der Hutfabrikant *Bina et Consorten* 1764 durch den König von Preußen *zum Behuff der Fabrique ein Theil des alten Geldrischen Magazin=Gebäudes gratis eingeräumt*; weiterhin wurde ihnen erlaubt, *ein Fabriquen Siegel jedoch ohne Adler und bloß mit ihren Handlungszeichen und der Unterschrift „Königl. privilegirte Huth-Fabrique von Bina et Compagnie zu Geldern"* zu führen (StA Geldern, Urk. 382, Blatt 11). Unter der Bezeichnung *Magazin jetzo Hutfabrik* ist das Haus schon 1764 auf einem Plan verzeichnet (MEURER 1979, Nr. 35). Wie lange hier die Hutfabrik bestand, ist nicht bekannt.

1816 wurde „der Stamm des 3ten Bataillons 17ten Landwehrregiments" nach Geldern verlegt, „welchem das ehemalige Salzmagazin als Zeughaus eingerichtet worden ist" (GW vom 21. Februar 1829). Als „Magazin" der „General Direction des Krieges" wird das Gebäude im Kataster 1846 geführt (Katasteramt Kleve, Geldern, Verzeichnis der Güterbesitzer 1846, Flur C, Nr. 287). Im Zuge der Revolution 1849 wollten sich im Mai diesen Jahres Krefelder Demokraten mit den Beständen des Zeughauses bewaffnen, doch der Weseler Festungskommandant schickte zur Bewachung Soldaten mit zwei Kanonen nach Geldern, die aber nicht zum Einsatz gebracht werden mußten (GHK 1981, S. 101; BOSCH 1994, S. 67).

1897 residierte in dem zur „Neustraße" (heute Kapuzinerstraße) zählenden Haus der Kommandeur des Bezirkskommandos Konrad von Windisch (Adreßbuch 1897, S. 7). Von den Bewohnern des Hauses sind für 1910 neben dem Stab zahlreiche Reserve- und Landwehroffiziere namentlich überliefert (Adreßbuch 1910, S. 5 f.). Noch vor dem Zweiten Weltkrieg richtete das Arbeitsamt Büroräume in dem alten Haus ein. Im Zweiten Weltkrieg wurde das Gebäude bis auf die Außenmauern zerstört.

Bis April 1951 konnte das Haus wiederhergestellt werden (RP vom 2. April 1951) und bot seitdem dem Forstamt Niederrhein, der Kreishandwerkerschaft bis 1957, der Kreispolizei bis 1970 und dem Arbeitsamt bis 1996 eine neue Bleibe. Von 1970 bis 1984 waren hier auch verschiedene Ämter der Stadtverwaltung untergebracht (FRANKEWITZ 1991a, S. 64. – RP vom 23. März 2000). Seit 1999 und 2000 beherbergen die Räume des Gebäudes Büros für eine Krankenkasse, einen Steuerberater und einen Anwalt.

Ehemaliges Salzmagazin am Ostwall

Umbauplan 1 für das Salzmagazin

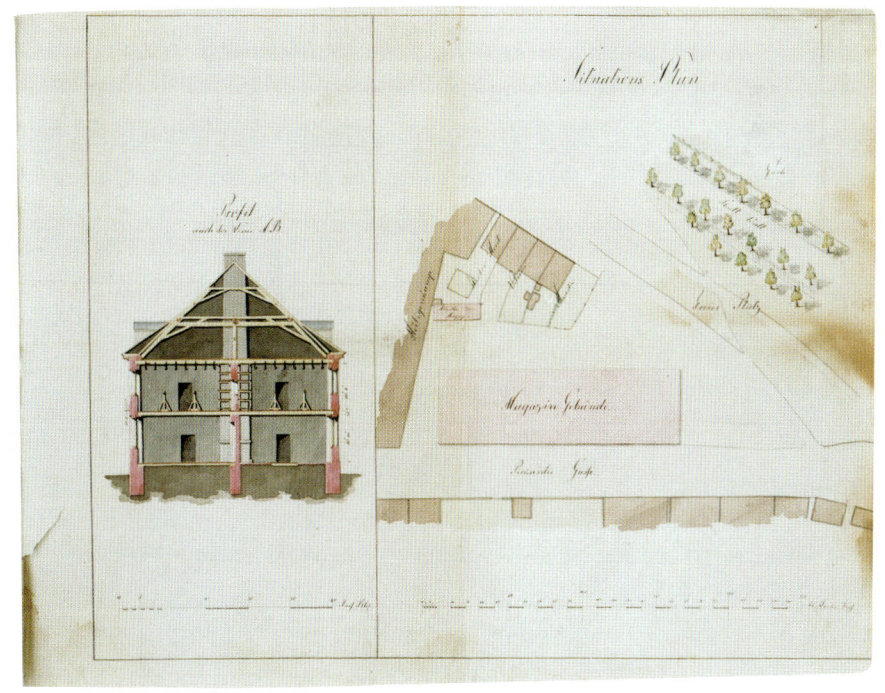

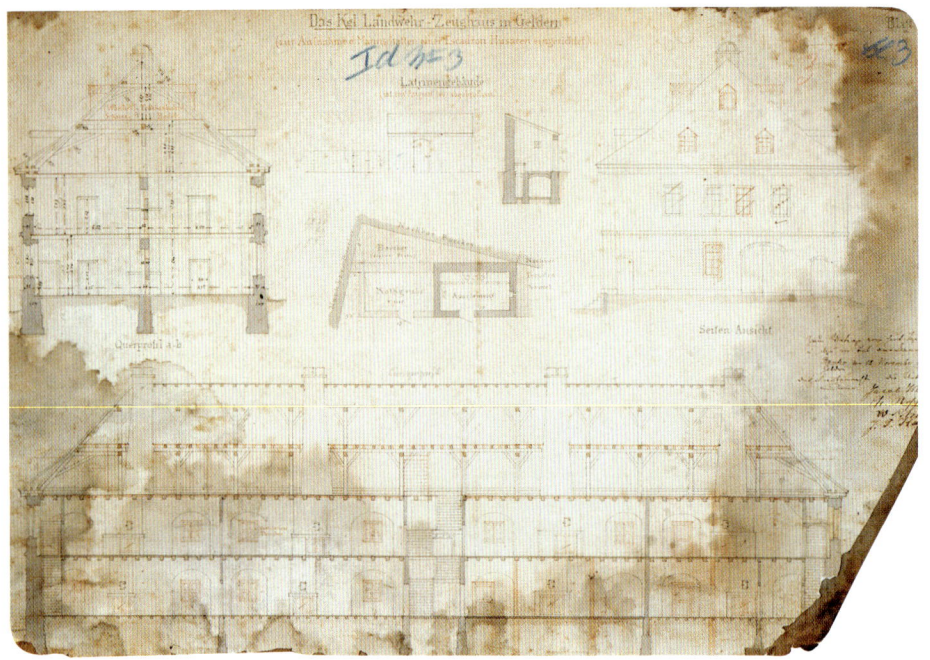

Umbaupläne

Aus dem späten 18. Jahrhundert, der Zeit der Franzosen in Geldern ab 1794 und der preußischen Zeit ab 1816 sind 13 bemerkenswerte handgezeichnete und kolorierte Baupläne des Gebäudes vorhanden, die im Rahmen einer umfangreichen historischen Baugeschichte noch ausgewertet werden müssen.

Es handelt sich dabei um:

1. **Situations Plan** (54 × 40,5 cm), der den schematischen Grundriß des Gebäudes an dem mit Bäumen gesäumten *Stadt Wall* (= Ostwall) sowie eine Querschnittzeichnung des Gebäudes zeigt,

2. eine Ansicht der **Facade** mit dem **Grundriss des Dachbodens** (54 × 40,5 cm),

3. zwei Grundrisse, bezeichnet **Grundriss II^{ter} Etage** und **Grundriss I^{ter} Etage**, (54 × 40,5 cm),

4. eine Bestandszeichnung (55,5 × 43,5 cm) mit Ansicht des linken Teils, kombiniert mit einem Längsschnitt der rechten Hälfte, zwei Grundrissen und einem Querschnitt, bezeichnet **No. 3 du Carton**,

5. einen Umbauplan (50 × 41 cm), mit Ansicht des linken Teils, kombiniert mit einem Längsschnitt der rechten Hälfte, zwei Grundrissen und einem Querschnitt; der untere Grundriß zeigt die Räume mit Betten ausgestattet, bezeichnet **No. 1 du Carton de Guelder** und **Plan du Batiment pre le convent des Nazareth avec les changements projettés pour la faire Servis de caserne** (Umbauplan des Gebäudes neben dem Kloster Nazareth zu einer Kaserne), datiert **an 9** = 1800,

6. einen **Plan, Profil, Coupe et Elévation de la Cazerne**, oben links bezeichnet **No. 6 du Carton**, mit Ansicht des linken Teils, kombiniert mit einem Längsschnitt der rechten Hälfte, zwei Grundrissen und einem Querschnitt (50 × 67 cm),

Umbauplan 9 für das Salzmagazin   ▽ Umbauplan 10 für das Salzmagazin

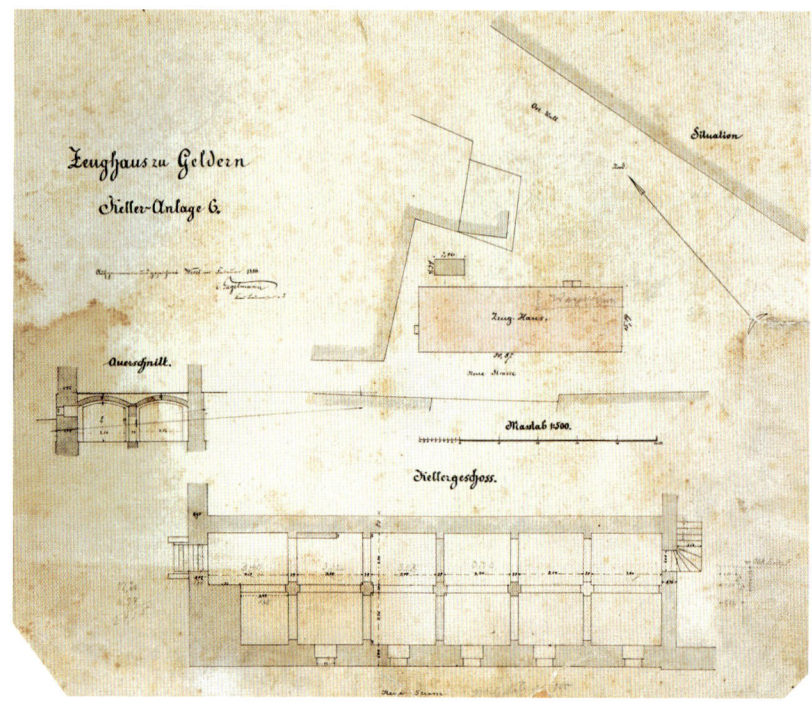

7. ein Blatt, oben links bezeichnet **No. 4 du Carton**, mit Ansicht des linken Teils, kombiniert mit einem Längsschnitt der rechten Hälfte, zwei Grundrissen und einem Querschnitt und verschiedene Streichungen bei zu entfernenden Mauern (56,5 × 43,5 cm), daran geklebt eine kleine Skizze,

8. ein Blatt, bezeichnet **No. 12 du Carton**, mit dem schematischen Grundriß des Gebäudes, der Umfassungsmauer sowie Ansicht und Schnitt der Latrine, (51 × 33 cm),

9. einen Umbauplan von 1867 mit Quer- und Längsschnitt und einer Ansicht einer Stirnseite, bezeichnet **Das Kgl. Landwehr-Zeughaus in Geldern (zur Aufnahme d. Mannschaften einer Escadron Husaren eingerichtet)**, (54 × 36 cm),

10. einen Lageplan von 1886, mit dem schematischen Grundriß des Gebäudes am *Ost-Wall* und einer Grundrißzeichnung des Kellergeschosses, bezeichnet **Zeughaus zu Geldern Keller Anlage 6**, (40 × 37 cm),

11. einen Lageplan von 1886, abgezeichnet 1895 (43 × 37 cm) mit dem schematischen Grundriß des Gebäudes am *Ost-Wall* und einer Grundrißzeichnung des Kellergeschosses, bezeichnet **Zeughaus zu Geldern Keller Anlage 6**, (40 × 37 cm),

12. einen Plan, bezeichnet **Das Kgl. Landwehr-Zeughaus in Geldern** von 1867, mit Querschnitt, Ansicht der Stirnseite und Längenprofil, Ansicht und Grundriß der Latrine, (46,5 × 43,5 cm),

13. Zeichnung der Keller-Anlage im Geldernschen Zeughause, beim Umbau der Kaserne, 1886, Rest eines größeren Planes (25,5 × 25).

Beschreibung

Das stattliche zweigeschossige Gebäude von beachtlichen 13 Fensterachsen Länge und drei Fensterachsen Breite zählte schon 1782 als „schönes Zeughaus" (HÖVELMANN 1980, S. 218) zu den stadt-

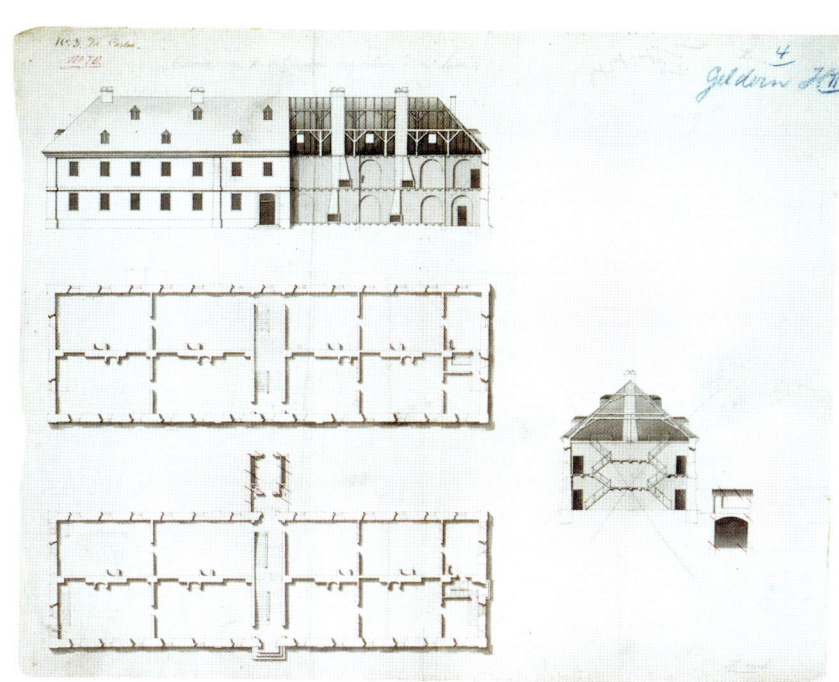

Umbauplan 3 für das Salzmagazin   ▽ Umbauplan 5 für das Salzmagazin

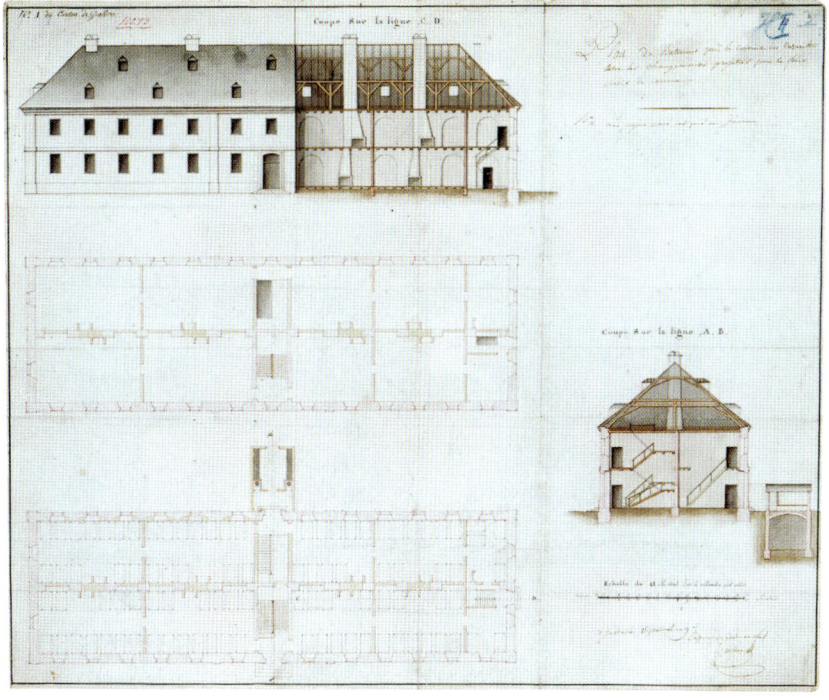

bildprägenden Gebäuden. 1839 sollten die Fensterläden, die Fensterrahmen und das hölzerne
Dachgesims erneuert bzw. angestrichen werden
(GW vom 10. August 1839). Nach Kriegszerstörung,
bei der das gesamte Dach verloren ging und nur
noch die Außenmauern stehenblieben (StA Geldern, Bildarchiv), wurden die Mauerköpfe der Ruine
mit einem umlaufenden Betongesims gesichert.
Beim Wiederaufbau erhielt das Gebäude wieder ein
Walmdach, wie es bereits auf einer Karte von 1759
dargestellt ist (Meurer Nr. 34, Ziffer 53). Die Fassade
wurde neu gestaltet (JbrD 21, 1957, S. 219) und der
freundliche Putz gab dem Gebäude im kriegszerstörten Geldern den Namen „Weißes Haus" (RP vom
21. April 1951). Vor 1985 erhielt das Gebäude einen
neuen Anstrich und die Fenster wurden überarbeitet (JbrD 34, 1992, S. 250). – 1999 wurde der Putz
durch Sandstrahlung entfernt, allein die vertikalen
Lisenen wurden wieder farbig gefaßt; die nicht mehr
sanierbaren Fenster wurden denkmalgerecht in Holz
mit Sprossen und Thermopaneglas erneuert. Bei
der Innensanierung konnte die alte Raumdisposition erhalten bleiben (RP vom 23 März 2000).

Ostwall 32:
Ehemalige Landwirtschaftliche Winterschule

Eintragung in die Denkmalliste: 15. Februar 1995
Denkmal Nr. A 193
Eigentümer: Leo Franken

Architekt der „Fortbildungsschule für junge Land-
wirte", die 1906 mit 23 Schülern eröffnete (Genfeld
1981, S. 3. – Bosch 1994, S. 257 f.), war der Gelderner Stadtbaumeister Gorris. Errichtet wurde ein

zweigeschossiger Backsteinbau über niedrigem Kellergeschoß von drei breiten Achsen sowie einem
rückwärtigen, rechtwinkligen Anbau von ebenfalls
drei Achsen mit Mansarddach und ausgebautem
Dachgeschoß. Die mittlere Achse mit der Eingangstür und einer ursprünglich geraden, jetzt von
links kommenden Treppe wird durch ein um einen
Stein hervortretenden Mittelrisalit mit mehrfach
geschweiften Giebel mit Rundfenster betont. Unter
diesem Fenster befindet sich eine rechteckige
Putzfläche, auf der laut Bauakte die Aufschrift
Landwirtschaftliche / Winterschule in erhabenen
Buchstaben aufgebracht war. – Die Fenster wurden
leider noch vor der Eintragung in die Denkmalliste
durch Kunststoffenster ohne die typische Einteilung
ersetzt (vgl. die Bilder bei Bosch 1991, S. 62 f.), vom
Einbau eines Dachflächenfensters hat der Eigentümer während des Unterschutzstellungsverfahrens
glücklicherweise selbst Abstand genommen. Stattdessen wurde an der Ostseite ebenfalls eine Dachgaube eingebaut.

Ostwall 38:
Kachelmosaik von Heribert Reul

Eintragung in die Denkmalliste: 20. Juni 1995
Denkmal Nr. A 184
Eigentümer: Kreishandwerkerschaft Kleve

An dem 1958 durch den Kevelaerer Architekten Hermann Helmus als „Haus des Handwerks" erbauten Gebäude wurde als Kunst am Bau ein über drei Stockwerke reichendes Kachelmosaik nach Entwürfen des Kevelaerer Künstlers Heribert Reul angebracht. Es zeigt einen Mann mit Schürze, der von Symbolen für die Berufsstände der Schmiede (Hammer, Hufeisen, Zange), Maurer (Kelle, Winkel und Lot), Bäcker (Bretzel und Mehlschüppe), Schneider (Schere und Bügeleisen), Steinmetz (zwei Klöpfel) und der bildenden Künstler (drei Wappen) umgeben ist.

Ostwall 59: Wohnhaus

Eintragung in die Denkmalliste:
Denkmal Nr.

Zweigeschossiges, dreiachsiges Backsteingebäude mit Satteldach aus der Zeit des Historismus um 1880. Bemerkenswert sind die zinnenförmigen, farbig abgesetzten Umrahmungen der Fensterstürze und die den Mittelrisalit mit dem gerade schließenden Zwerchgiebel begleitenden, über Eck gestellten

Kachelmosaik am
Haus des Handwerks

Ostwall 59

Fialen mit Zinnen; eine weitere Fiale an der linken Ecke ist nur noch im Unterbau vorhanden. Auch an der ehemals unverputzten Ostseite befinden sich an der Giebelspitze zwei über Eck gestellte Fialen. Das ehemals freistehende Haus hat durch den Anbau des benachbarten Hauses Ostwall 61 nicht nur einen Teil seines Gartens, sondern insbesondere seine dominierende Wirkung für den Ostwall eingebüßt. Vorbild für die Architektur des Hauses war zweifellos die in den gleichen historischen Formen entstandene Villa des Landrats von Eerde (→ Issumer Tor 40).

Ostwall 63: Wohnhaus

Eintragung in die Denkmalliste:
Denkmal Nr. A 222

Zweigeschossiger, dreiachsiger Ziegelbau mit ausgebautem Mansarddach, in der rechten Achse mit

Ostwall 63

der Haustür sitzen die beiden Fenster jeweils zwischen den Geschossen. Das obere Drittel des Obergeschosses wird aus verschiedenfarbigen, glatt gestrichenen Steinen gebildet; neben und zwischen den Fenstern sind große rechteckige Putzflächen ausgespart, die mit aufwendigen Stukkaturen belegt sind; in der Stuckfläche unter dem rechten oberen Fenster auf einem Spruchband über einem Blumengebinde die Datierung **1898**. Entworfen hat den anspruchsvollen Bau der Architekt Emsters. Den Bauplänen nach gab es an der Rückseite eine geschlossene, fünfseitige Veranda.

Pater-Delp-Straße 24:
Sgraffito von Heribert Reul

Eintragung in die Denkmalliste:
Denkmal Nr.

Im Obergeschoß eines zweigeschossigen Wohnhauses von 1959 befindet sich an der von der Straße abgewandten Giebelseite ein etwa 250 cm hohes und 150 cm breites Sgraffito des Kevelaerer Künstlers Heribert Reul. Es zeigt einen tanzenden Schusterjungen mit Schürze, der in der Rechten einen Schuh, in der Linken ein Paar Stiefel hält. Unten rechts die Bezeichnung **REUL** (19)**60**. Das Motiv nimmt Bezug auf die ehemaligen Bewohner des Hauses, denn das Gebäude wurde für Belegschaftsmitglieder der Schuhfabrik Krause am Nordwall erbaut. – Vor dem Sgraffito steht jetzt ein Carport, der die Sicht auf das Bild zwar beeinträchtigt, aber das Fotografieren erleichtert.

Südwall 41: Wohnhaus

Eintragung in die Denkmalliste: 14. Juni 1984
Denkmal Nr. A 5
Eigentümer: Familie Begrich von Moock

Zweigeschossiger, traufständiger, vierachsiger Putzbau mit Satteldach aus der Zeit um 1890. Unter- und Obergeschoß werden durch ein doppeltes Gesims mit dazwischenliegenden Stuckornamenten voneinander getrennt. Anfang der 1980er Jahre erhielt die Fassade einen neuen Mineralanstrich (JbrD 34, 1992, S. 250), die zunächst in Kunststoff erneuerten Fenster wurden 1997 glücklicherweise wieder durch denkmalgerechte Holzsprossenfenster ersetzt. – Das Haus gehört zu den älteren und damit schlichteren Gebäuden, die ab den 1890er Jahren auf den Wällen errichtet wurden.

Sgraffito in der Pater-Delp-Straße

Südwall 41

Südwall 43

Im Park Unserer
Lieben Frau

Südwall 43:
Ehemalige Gaststätte und Wohnhaus

Eintragung in die Denkmalliste: 20. April 1993
Denkmal Nr. A 97
Eigentümer: Christa und Günter Gerrits

Zweigeschossiger, traufständiger, dreiachsiger Putzbau mit Satteldach aus der Zeit um 1890. Die glatte Putzfläche wird durch die mehrfach profilierten Laibungen mit Stuckornamenten über den Fenstern belebt; über der Tür grüßt ein Löwenkopf. 1998 erhielt das sanierte Haus neue denkmalgerechte Fenster. Das Haus gehört zu den älteren und damit schlichteren Gebäuden, die ab den 1890er Jahren auf den Wällen errichtet wurden. 1897 betrieb die Witwe Friedrich Hamel im Untergeschoß eine Schenk- und Gastwirtschaft (Adreßbuch 1897, S. 21), die bis zum Ende der 1980er Jahre existierte.

Weseler Straße 15:
Parkanlage und Friedhof

Eintragung in die Denkmalliste: 5. Dezember 1995
Denkmal Nr. A 152

Weit außerhalb der Stadt und heute am Rande eines Wohngebiets liegt der kleine und sehr schöne Park des Pensionats der Schwestern Unserer Lieben Frau. Dieses Pensionat wurde 1892 erbaut; eine dazugehörige Kapelle wurde 1907 von Johann Elsemann aus Geldern errichtet (LINGENS 1998a, S. 245–249).

Um zwei weite Rasenflächen gruppieren sich hochstämmige Kastanien-, Ahorn- und Lindenbäume. In der Nordwestecke steht eine kleine neu-

Friedhof an der Weseler
Straße

gotische Kapelle, über deren Eingang mit einer viel
zu modernen doppelflügeligen Tür in Sandstein das
Lamm Christi herunterblickt. Die wohl nicht mehr
in Gebrauch befindliche Kapelle weist an der Rückseite eine halbrunde Apsis auf.

In der Nordostecke des Parks befindet sich der
kleine von einer Eibenhecke eingefaßte Friedhof,
auf dem die Nonnen Unserer Lieben Frau ihre
letzte Ruhestätte fanden. Der Mittelweg führt zu
einem Relief mit dem auferstandenen Christus.

Weseler Straße 20:
Geschäfts- und Wohnhaus

Eintragung in die Denkmalliste: 11. Dezember 1995
Denkmal Nr. A 197

Zweigeschossiges Backsteinhaus von fünf Achsen
Länge mit Satteldach aus dem Jahre 1900. 1910
arbeitete hier Allegonda Hoffmann als Kostüm-
schneiderin (Adreßbuch 1910, S. 25), die die beiden

Fensterachsen rechts der mittigen, noch originalen Haustüre 1926 zu einem Schaufenster zusammenfassen ließ; dieses Schaufenster ist heute als historisches Element zu betrachten. Die Fenster des Obergeschosses werden jeweils durch acht Steine geziert, die das Aussehen von Natursteinen haben; derartige Steine nahmen bei historischen Bauten des 16. und 17. Jahrhunderts die Gehänge für die Fenster und Läden auf. Die Fenster selbst sind neu.

Weseler Straße 28: Wohnhaus

Eintragung in die Denkmalliste: 20. April 1993
Denkmal Nr. A 91
Eigentümer: Karl-Heinz Beckers

Das sehr ansprechende, zweigeschossige Wohnhaus wurde 1899 für den Post-Assistenten Albert Reichelt nach Plänen des Gelderner Architekten Josef

Emsters geplant (Bauakte) und laut Inschrift über der Türe **1900** erbaut. Das Haus erhebt sich über einem niedrigen Kellergeschoß und besitzt ein Mansarddach. Die beiden linken zur Straße gelegenen Fensterachsen der Schauseite sind paarweise einander zugeordnet, die dritte Achse weist breitere Fenster auf und wird in der Dachzone durch einen rundbogigen Zwerchgiebel mit Rundfenster und zwei aufgesetzten Zinnen bekrönt. Auffällig sind die zwei Friese, die genau in der Höhe der Fensterriegel die Fassade strukturieren. Das um die halbe Tiefe des Hauses zurückgesetzte Treppenhaus bildet zur Straße hin eine vierte Achse. Drei Pfeiler mit schmiedeeisernem Tor und Gitter begrenzen den kleinen Garten zur Straße hin. – Auf der Rückseite wurde ein später angebauter Balkon am Obergeschoß 1999 für einen zweiten Balkon für das Dachgeschoß aufgestockt, die derzeitigen Fenster aus Kunststoff sollen durch hölzerne, nach altem Muster gestaltete ersetzt werden.

Weseler Straße 30: Wohnhaus

Eintragung in die Denkmalliste: 20. April 1993
Denkmal Nr. A 93

Zweigeschossiger Putzbau über Kellergeschoß von
drei Achsen Breite mit Mansarddach, laut Bauer-
laubnis in der Bauakte 1901 erbaut. In der linken
Achse die Eingangstür mit halbrundem Oberlicht,
darüber auf der Putzfläche ein einfaches Band und
in der Dachzone ein konkaver Zwerchgiebel. Die
erneuerten Fenster zeigen alte Aufteilungen, die
Türe ist noch original.

Weseler Straße 32: Wohnhaus

Eintragung in die Denkmalliste: 20. April 1993
Denkmal Nr. A 94
Eigentümer: Konrad Loeker

Zweigeschossiger Backsteinbau über niedrigem Kellergeschoß von drei Achsen Breite mit Satteldach, 1903 von der Firma Elsemann errichtet. Die
rechte, breitere Achse, steht ein Stein vor und
weist einen konkaven und segmentbogig geschlossenen Zwerchgiebel auf, über dessen ovalem Fenster eine Putzfläche liegt, die laut Bauzeichnung die
Datierung **1903** enthalten sollte. Als Besonderheit
des Hauses sind die mit farbigen Fliesen belegten
Segmentbögen über den geraden Fensterstürzen zu
nennen.

Die in der Bauzeichnung dargestellten Fenster
sind sehr bemerkenswert, zeigen sie doch, wieviel
Gewicht der Baumeister auf die Einheit von Wandfläche und Fensterfläche legte. Gerade dieses Beispiel sollte Anregung bieten, beim Einbau von
neuen Fenstern auf das alte Vorbild zu achten.

Weseler Straße 30
und 32 (links)

Bauzeichnung zu
Weseler Straße 32

Oben: Weseler Straße 33 und 35 (rechte Seite) und Weseler Straße 156 (unten)

Weseler Straße 33 / 35: Ehemalige „Gendarmeriewohnungen"

Eintragung in die Denkmalliste:
20. April und 26. Mai 1993
Denkmal Nr. A 92 und A 101

Anderthalbgeschossiges Doppelhaus aus Backstein von 1906 mit Walmdach, an den beiden Enden je ein zur Straße gewandter, zweiachsiger Giebel mit Krüppelwalmdach. Der obere Teil des Hauses ist mit Putzflächen belegt. Das Doppelhaus wurde von der Stadt Geldern für „Gendarmeriewohnungen" erbaut; der Entwurf stammt von Stadtbaumeister Friedrich Gorris. – Im rückwärtigen 1946 aufgestockten Teil des Hauses Nr. 35 wurden bis 1992 in der Fabrik Heinrich Hartnagel Krawatten hergestellt, die mit ihren speziellen, insbesondere maritimen Motiven international vertrieben wurden.

Da das Doppelhaus zwei Parteien gehört, ist das Erscheinungsbild in den Details sehr uneinheitlich. Während der rechte Giebel noch – erneuerte – Ortgangziegel aufweist, finden sich am linken Giebel untypische Schieferplatten. Im linken Teil finden sich Kunststoffenster, im rechten Teil konnten 1999 die alten Holzfenster mit Verständnis des Eigentümers und der Hilfe der Denkmalpflege wieder stilgerecht durch Fenster aus Holz ersetzt werden.

Weseler Straße 156: Wohnhaus

Eintragung in die Denkmalliste: 12. Mai 1993
Denkmal Nr. A 98
Eigentümer: Alfons und Maria Maghs

Eingeschossiges Wohnhaus aus Backstein mit Mansarddach aus der Zeit um 1930. In der rechten

Achse springt im Untergeschoß kalottenförmig ein kleiner Erker vor, der einen Balkon trägt. Darüber erhebt sich ein dreiachsiger Giebel mit Mansarddach. Den Zugang vermittelt an der rechten Seite ein zurückgesetzter Anbau mit Satteldach. – Nach dem Zweiten Weltkrieg bezog der Kunstmaler Heinrich Brey die Leisten für seine Bilderrahmen aus der Werkstatt Maghs, die sich noch heute im rückwärtigen Anbau befindet (LINGENS 1998, S. 151).

Westwall 3: Wohnhaus

Eintragung in die Denkmalliste: 23. September 1991
Denkmal Nr. 69

Direkt neben dem Postamtsgebäude errichtete 1910 Adolf Wentzel im neubarocken Stil das zweigeschossige Wohnhaus aus Bruchstein mit Mansarddach vor einer seit 1867 in Geldern ansässigen Brennerei (FRANKEWITZ 1991a, S. 56). Die Straßenfront des Hauses über Sockelgeschoß ist fünfachsig gegliedert, die beiden linken Achsen und die drei rechten werden von zwei durch große, liegende Quader gebildete Lisenen voneinander geschieden. In der mittleren Achse befindet sich eine Türe mit aufwendiger Putzumrahmung und einem Rundfenster. Den eigentlichen Eingang nimmt ein rechts neben dem Haus wie ein sechseckiger Turm gestalteter, eingeschossiger Erker mit gebrochenem und geschwungenem Schieferdach auf. Über der rundbogigen Türeinfassung mit der alten, neubarocken Türe ist ein aufwendig mit Rankenwerk eingefaßtes Ochsenauge eingelassen. An den Eingangserker schließt ein eingeschossiger Anbau mit geschwungenem Schieferdach an. Darüber reicht an der Nordseite ein zweiachsiger Zwerchgiebel mit geschwungener Bekrönung in die Dachzone.

Neben der Villa stand an der Stelle der Abfüllanlage von Coca-Cola das 1888 erbaute Postamtsgebäude, das ab 1924, nach dem Auszug der Post in das neue Gebäude (→ Bahnhofstraße 24–28), als Landwirtschaftsschule diente. 1959 wurde das stattliche Gebäude (StA Geldern, Bildarchiv, Album 1930) zugunsten der Abfüllanlage abgebrochen, die ihrerseits im Februar 1993 demontiert wurde.

Westwall 14: Wohnhaus

Eintragung in die Denkmalliste: 9. September 1994
Denkmal Nr. 127

Zweigeschossiges Backsteinhaus über Kellergeschoß mit Putzquaderung und drei Fensterachsen, durch die Wetterfahne in das Jahr **1907** datiert. Die linke

Achse nimmt die segmentbogig geschlossene Eingangstüre mit abgerundetem Oberlicht auf. Alle Fensteröffnungen sind im oberen Viertel in der Fassade durch ein rundovales, pilzförmiges, an den Enden eingerolltes Putzband eingefaßt. Die rechte, breitere Achse springt risalitartig leicht vor und wird durch einen Giebel in Form eines Eselsrückens bekrönt. Daneben beleuchten im Mansarddach zwei nicht stilgerechte Dachflächenfenster den 1948 zu Wohnzwecken ausgebauten Dachraum. Die Rückseite mit allen Fensteröffnungen hat seinen Denkmalcharkter durch moderne und unsachgemäße Umbauten völlig eingebüßt. – Zu den wichtigen Details, die das Erscheinungsbild des Hauses in besonderer Weise mitprägen, gehören die Haustüre – leider mit falschem Beschlag – und das schmiedeeiserne Gitter, mit dem der kleine Vorgarten eingefriedet ist. Die alte Mauer im Garten könnte noch vom Karmeliterkloster stammen.

Westwall 24: Wohnhaus

Eintragung in die Denkmalliste: 14. September 1994
Denkmal Nr. 137
Eigentümer: H. Fösken

Zweigeschossiges, verputztes Wohnhaus aus der Zeit um 1900 über Kellergeschoß mit Putzquaderung und Mansarddach. Die linke der drei Fensterachsen ist breiter als die anderen, die mittlere springt dreiseitig turmartig vor und wird durch ein ebenfalls dreiseitiges Pultdach in Höhe des Traufgesims abgeschlossen. Darüber wächst ein zweifach gebrochener Zwerchgiebel in die abgeschrägte Dachzone, in der zwei Dachflächenfenster eingebaut sind. Der rechten Achse vorgestellt ist ein eingeschossiger, schräg gestellter Erker, dessen flache Decke einen Balkon für das Obergeschoß bildet. In diesem Erker befindet sich die mit doppelter Profilleiste einge-

Westwall 14

Westwall 24

faßte Eingangstüre. Allein die geschnitzte Tür mit auffälliger Rosette und Oberlicht wird leider durch einen modernen Türknauf und drei moderne Briefkastenschlitze beeinträchtigt.

Westwall 26: Wohnhaus

Eintragung in die Denkmalliste: 9. August 1994
Denkmal Nr. 138
Eigentümer: E. Heekerens-Quickert

Zweigeschossiges, backsteinernes Wohnhaus von zwei Fensterachsen Breite mit großen Putzflächen und Mansarddach von 1906. Die linke Achse wird durch einen zweifach geschwungenen Zwerchgiebel mit Fenster bekrönt. Architekt war Johann Elsemann aus Geldern. Der rechten Achse ist ein halbrunder, zweigeschossiger Erker vorgestellt, dessen flache

Decke einen Balkon für das Mansardgeschoß bildet. Die nach oben rund- und korbbogig geschlossenen Fenstergewände werden von aufwendigen Profilleisten gerahmt. Die Fenster dieses sehr qualitätvollen Hauses, die ursprünglich durch aufwendig gestaltete Sprosseneinteilungen lebten, sind erneuert. – Seit 2000 wird der kleine Vorgarten von einer niedrigen Mauer mit Gitter eingefaßt.

Westwall 33: Wohnhaus

Eintragung in die Denkmalliste: 9. September 1994
Denkmal Nr. 120
Eigentümer: Lore David-Spikermann und
Rainer Kanders

Zweigeschossiges, backsteinernes Wohnhaus mit Mansarddach von drei Fensterachsen Breite aus

Westwall 26

Westwall 33

der Zeit um 1900. Die linke Fensterachse ist breiter als die anderen und springt um etwa 15 cm risalitartig vor. Hier findet sich im Untergeschoß ein dreibahniges Fenster, das durch Sandsteinpfeiler mit Renaissanceformen unterteilt wird. Darüber befindet sich ein nur wenig vorspringender Balkon, zu dem in einer flachen Nische eine dreibahnige Tür führt. Der zweifach und gegenläufig geschwungene Zwerchgiebel mit zwei Rundbogenfenster endet in einer über Eck gestellten Fiale. – In der mittleren Achse sitzt die rundbogige Türöffnung, die über der Türe ein rundes Fenster als Oberlicht aufnimmt. Im Mansarddach sind – wohl nachträglich – zwei schmucklose Fenster eingebaut worden. In der rechten Seitenwand beherrschen zwei große Fenster mit farbiger Bleiverglasung die Giebelseite. An der Rückseite findet sich ein alter, hölzerner Wintergarten aus der Entstehungszeit des Hauses.

Zu den wichtigen Details, die dem durch zwei horizontale Bänder gegliederten Haus zu seiner liebenswerten Ausstrahlung verhelfen, gehören neben der Türe das aufwendige, schmiedeeiserne Gitter am Balkon, die Fiale an der Giebelspitze und ein aus farbigen Kacheln bestehender Fries mit Lilienmotiven unter der Traufe. 1994 wurde die Fassade restauriert.

Westwall 37: Wohnhaus

Eintragung in die Denkmalliste: 7. September 1994
Denkmal Nr. 124
Eigentümer: Petra Kormann

Dreiachsiges, zweigeschossiges, verputztes Wohnhaus mit Putzquaderung bis zur halben Höhe der Erdgeschoßfenster und Satteldach. Das Haus stammt aus dem Ende des 19. Jahrhunderts, denn schon 1897 wohnten hier ein Postsekretär und ein Lehrer (Adreßbuch 1897, S. 9). Die rechte Achse nimmt die Türe auf, über der mittleren Achse reicht ein geschwungener Zwerchgiebel mit einem Fenster in Form einer aufgehenden Sonne in die Dachzone. Zwei horizontale Putzbänder jeweils in Schulterhöhe der Fenster gliedern die Fassade. Über

Westwall 37

den Fenstern befinden sich Putzflächen mit aufwendigen Stuckarbeiten in Form von Kastanienblättern und Kastanien. Ungemein gewonnen hat das Haus durch die Entfernung der Kunststoffenster der 1960er Jahre und den Einbau stilgerechter Holzfenster während der Renovierungsarbeiten 1994, die beiden Reklameschilder neben der Türe erscheinen allerdings etwas zu groß.

Westwall 39: Wohnhaus

Eintragung in die Denkmalliste: 9. August 1994
Denkmal Nr. 130

Zweigeschossiges Wohnhaus aus Backstein von drei Achsen Breite mit Mansarddach aus der Zeit um 1900 (im Adreßbuch von 1897 noch nicht genannt). Unter den Obergeschoßfenstern finden sich hübsche Verzierungen aus farbigen Kacheln, das Portal in der linken Achse ist aufwendig gerahmt. Leider wurden Türe und Fenster nicht denkmalgerecht erneuert, sondern durch unpassende Kunststoffelemente ersetzt.

Westwall 41: Wohnhaus

Eintragung in die Denkmalliste: 11. Juli 1994
Denkmal Nr. 131
Eigentümer: Gabriele und Günther Grofe

Zweigeschossiger, vier Achsen breiter, giebelständiger Backsteinbau mit Satteldach aus dem Jahre 1926. Die dritte und vierte Achse, die wie die zweite über einem Kellergeschoß liegen, springen als über Eck gestellter, vierseitiger, flachgedeckter Erker hervor. In dem hohen Dreiecksgiebel mit drei

Westwall 39 und 41
(rechts)

hochrechteckigen Fenstern wird der Ortgang durch holländische Dreiecke geziert. An der rechten Seite des Hauses springt rechtwinklig ein Risalit mit Dreiecksgiebel vor.

Das Haus gehört zu den letzten Bauten, die auf dem Westwall errichtet wurden, es konnte der bereits vorhandenen Bebauung eingepaßt werden. So steht die rechte, abgeschrägte Seite des Erkers genau in der Flucht des hier nach Nordost abknickenden Westwalls.

Das Haus verkörpert einen anderen Baustil als die um die Jahrhundertwende errichteten Wohngebäude. Auffällig ist die Betonung der Fassade durch den Backstein, der das Haus zu einem wichtigen Zeugnis des Expressionismus in Geldern werden läßt. Da das Haus heute weitgehend im Originalzustand erhalten ist, muß der vom Bauherrn und Architekten Reichsbahnrat und Regierungsbaurat Boetzkes entworfene Bauplan noch während der Ausführung geändert worden sein: Ursprünglich sollte der Erker nur eingeschossig errichtet werden, der schmucklos geplante Giebel sollte allein ein zweiflügeliges Fenster mit Klappläden erhalten, und der Vorsprung an der rechten Seite sollte nur durch drei kleine Fenster und ein Walmdach belebt werden. Tatsächlich hat das Haus erst durch die Planänderung seine Qualitäten erhalten. Vielleicht hat sich hier der Einfluß eines anderen, befreundeten Architekten bemerkbar gemacht; das 1932 von dem Gelderner Architekten Albert Reichpietsch erbaute Haus Egmondstraße 6 läßt Ähnlichkeiten in der Grundstruktur erkennen, äußerlich aber gleicht es Häusern auf dem Brühlschen Weg.

Westwall 43: Wohnhaus im Villenstil

Eintragung in die Denkmalliste: 15. Februar 1995
Denkmal Nr. 132
Eigentümer: Dr. Ibrahim Massaad

Zweigeschossiges, verputztes Wohnhaus von drei Achsen Breite mit Mansarddach aus den Jahren 1907/1908. Der Zugang erfolgt durch einen die Straßenfront beherrschenden, dreiseitigen Erker in der Mittelachse, die in der Dachzone durch einen weit ausladenden, geschwungenen Zwerchgiebel über dem Traufgesims betont wird. Die linke Schauseite nimmt mittig einen weiteren Zugang auf, über dem zwei hohe Drillingsfenster bis in die Dachzone reichen. Bemerkenswert ist die Verzierung aus Stuck unter dem breiten Traufgesims.

Bauzeichnung für
Westwall 43

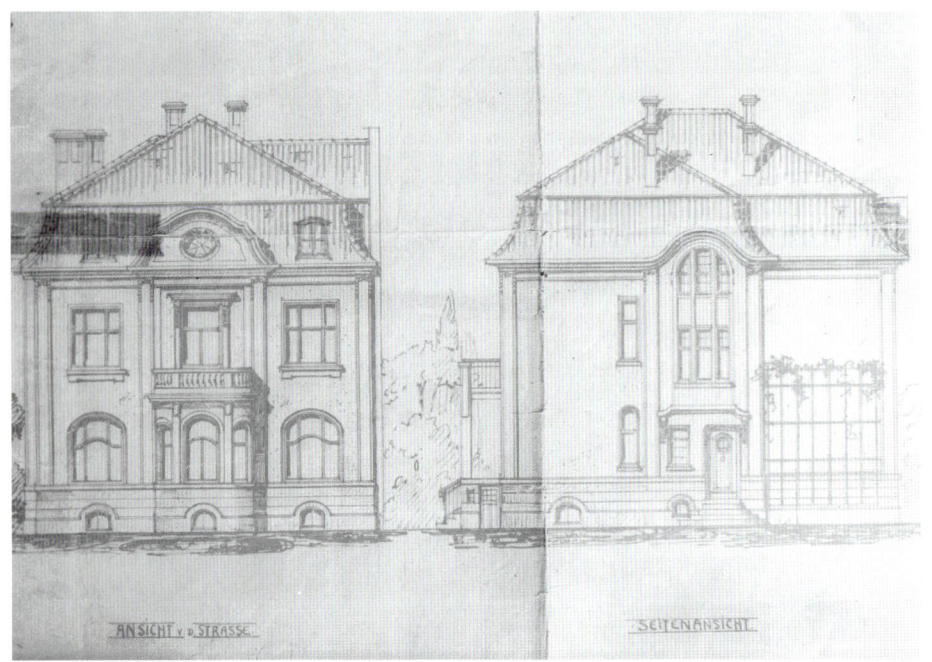

Westwall 49: Wohnhaus

Eintragung in die Denkmalliste:
Denkmal Nr.

Zweigeschossiges Backsteinhaus, die rechte Seite mit zwei Achsen, die linke Hälfte springt risalitartig um einen Stein vor und verbindet die beiden Fenster im Unter- und Obergeschoß jeweils in einer korbbogigen Blende; die Brüstung der unteren Fenster wird durch Baluster, die der oberen Fenster durch rechteckige Blenden mit Stuckdekor betont; über dieser Doppelachse wächst ein Zwerchgiebel mit einem Fenster in das Mansarddach.

Westwall 51: Wohnhaus

Eintragung in die Denkmalliste: 13. September 1994
Denkmal Nr. 133

Zweigeschossiges, verputztes Wohnhaus mit drei Achsen im Unter- und zwei Achsen im Obergeschoß mit Mansarddach aus der Zeit um 1900 (im Adreßbuch von 1897 noch nicht genannt). Ein Zwerchgiebel mit Zwillingsfenster, der erkerartig aus der Fassade hervorspringt, reicht in das Mansarddach. Auffällig sind der Scheibenfries in Höhe des unteren Fensterriegels, der Dreiecksgiebel über der Tür und der Fries in Form des „laufenden Hundes" im Obergeschoß. Die Türe ist noch die ursprüngliche, die Fenster wurden leider nicht denkmalgerecht erneuert, sondern durch unpassende Kunststoffelemente ersetzt.

Das Haus wurde als repräsentative Stadtvilla mit zwei Schauseiten für den Justizrat Dr. Löffler von den renommierten Architekten Girmes & Oediger 1907/1908 erbaut (Bauakte). Es hat Ähnlichkeiten mit einem für den Seidenwarenfabrikanten August Girmes in Krefeld erbauten Haus (Schwanke 1987, S. 521). Im Gegensatz zu den Gelderner Häusern → Nordwall 65 und → Ostwall 1, ist das Haus Westwall 43 ebenso wie das Haus → Westwall 61 und die Remise → Markt 20 von der Forschung als Bauten von Girmes und Oediger bislang nicht erkannt worden (Schwanke 1987 und Schwanke 1993).

1962 gab es Pläne des Architekten Josef Lemmen, die prächtige Villa durch einen nüchternen Zweckbau mit viel Glas zu ersetzen (Bauakte)!

Der Architekt des Hauses ist unbekannt, denn die Bauakte ist unvollständig; sie beginnt erst 1921 mit der Genehmigung für Otto Boetzkes, *einen*

Haustür von Westwall 53

hölzernen Schuppen für ein Motorfahrrad zu errichten. Das Haus dürfte aufgrund derselben Friese zeitgleich mit dem benachbarten Haus → Nr. 53 vom selben Architekten erbaut worden sein. 1910 gehörte es noch dem Brennereibesitzer Adolf Wentzel (Adreßbuch 1910, S. 65).

Westwall 53: Wohnhaus

Eintragung in die Denkmalliste: 15. April 1992
Denkmal Nr. 83

Zweigeschossiges, verputztes Wohnhaus über rechtwinkligem Grundriß mit Mansarddach aus der Zeit um 1900 (im Adreßbuch von 1897 noch nicht ge-

nannt). Der zurückliegende Teil weist zwei Achsen auf, der vordere unten zwei und oben drei. Um die abgerundete Ecke sind in beiden Geschossen je drei hochrechteckige Fenster eingelassen. An dem vorgezogenen Teil wächst ein geschwungener Zwerchgiebel mit drei Fenstern in die Dachzone. Das Gitter des Fensters der originalen Türe ist floral verziert, die Fenster wurden vor der Eintragung in die Denkmalliste leider nicht denkmalgerecht durch unpassende Kunststoffelemente ersetzt. Das nicht datierte Haus dürfte etwa zeitgleich mit dem benachbarten Haus Nr. 51 vom selben Architekten erbaut worden sein, denn auch hier findet sich der Scheibenfries und der Fries in Form des „laufenden Hundes". Das Haus gehörte dem jüdischen Schuhfabrikanten Max Cain, der um 1935 von Geldern wegzog (BENGER 1988, S. 160. – PRACHT-JÖRNS 2000, S. 326). – Trotz 1994 durchgeführter Sicherungsmaßnahmen weist der vordere Teil des Hauses bedenkliche Setzrisse auf.

Westwall 55: Wohnhaus

Eintragung in die Denkmalliste: 19. April 1995
Denkmal Nr. 185

Zweigeschossiges, backsteinernes Wohnhaus von drei Fensterachsen Breite mit Satteldach aus dem Jahre 1896 – oder wenig später – (Bauakte) in Renaissanceformen, entworfen von dem Gelderner Bauunternehmer Johann Elsemann. In Details weicht der Baubestand vom Plan ab. Die in der rechten Achse liegende Türe und das darüber befindliche Fenster werden durch kräftige, aufgesetzte Putzquader eingefaßt, die sich ebenfalls an der linken Hausseite finden. Die Traufzone beherrscht eine Balustrade und über der rechten Achse ein mehrfach geschwungener Zwerchgiebel. Noch vor der Eintragung in die Denkmalliste wurden die Fenster leider nicht denkmalgerecht durch unpassende Kunststoffelemente ersetzt.

Westwall 57 und 59: Doppelwohnhaus

Eintragung in die Denkmalliste: 19. Juni 1995
Denkmal Nr. 149 und 148
Eigentümer von Nr. 59:
Graziella und Klemens Krahwinkel

Zweigeschossiges Doppelwohnhaus von sechs Achsen Länge mit Mansarddach im Stil der Neu-Renais-

sance von 1902 (Bauakte zum Haus Westwall 59). Die beiden mittleren Achsen sind als schwacher Risalit zusammengefaßt, nehmen im Untergeschoß die beiden Haustüren und in der Dachzone einen mehrfach geschwungenen Zwerchgiebel auf, der von zwei dekorativ gestalteten Dachgauben begleitet wird. Die Fassade des Untergeschosses ist mit

Westwall 55

Rauhputzquaderung belegt. Architekt war der Gelderner Unternehmer Hermkens, Bauherr der Lehrer und Heimathistoriker Jakob Wirtz, der noch 1910 hier wohnte (Adreßbuch 1910, S. 65) und später in Aldekerk tätig war. – Wie so oft steht auch vor diesem schönen Haus leider eine große Peitschenlaterne.

Westwall 61

Eintragung in die Denkmalliste: 26. September 1995
Denkmal Nr. 186

Zweigeschossiges und dreiachsiges, giebelständiges Wohnhaus mit Krüppelwalmdach und Erker im

Westwall 57–59
(rechte Seite)

Westwall 61 ▷

Haustür von Westwall 61 ▷

Obergeschoß von 1910. Den Zugang in der linken Achse vermittelt eine sehr schöne, schmiedeeiserne Gittertür, den erneuerten Fenstern fehlt leider die historische Einteilung.

Bauherren waren die Gebrüder Ibes, die in Geldern eine große Gärtnerei und Baumschule in der Nähe der Bahnhofstraße betrieben (FRANKEWITZ 1991a, S. 57). Den Entwurf zu diesem repräsentativen Haus lieferten die bekannten Architekten Girmes und Oediger aus Krefeld (Bauakte), die auch das Haus → Westwall 43 entwarfen. Im Gegensatz zu den Gelderner Häusern → Nordwall 65 und → Ostwall 1, ist dieses Haus Westwall 61 ebenso wie das Haus Westwall 43 und die Remise → Markt 20 von der Forschung als Bauten von Girmes und Oediger bislang nicht erkannt worden (SCHWANKE 1987 und 1993).

Westwall 68 und 71
(rechts)

1932 den alleinigen Zugang zum Haus in die linke Achse legen.

Das Gebäude gehört zu den frühesten Häusern, die auf dem Westwall errichtet wurden. Es steht noch in der Tradition der gründerzeitlichen Gebäude, deren Fassaden noch nicht so dekorbeladen waren, wie nur wenige Jahre später zahlreiche Häuser in der Nachbarschaft. Bauherr war der Gelderner Bauunternehmer Johann Elsemann (Bauakte).

Westwall 71: Wohnhaus

Eintragung in die Denkmalliste: 20. Juli 1994
Denkmal Nr. 135
Eigentümer: Peter Elsemann

Zweigeschossiges, dreiachsiges Wohnhaus mit Mansarddach von 1898. Neben der linken Achse eine heute vermauerte Tür zu einem Torweg. Das Untergeschoß ist mit Putzquaderung belegt, das Obergeschoß ist backsteinsichtig. Über der rechten Achse befindet sich über dem Traufgesims ein Zwerchgiebel. 1909 erhielt das Haus an der Rückseite einen Wintergarten (Bauakte). – Das Erscheinungsbild dieses für den bekannten Gelderner Bauunternehmer Johann Elsemann errichteten Hauses wird stark durch den Einbau von neuen, nicht denkmalgerechten Fenstern beeinträchtigt, die den Segmentbogen und einen Teil des Fensters selbst für Rolladenkästen geopfert haben. Die Türe mit aufwendiger Schnitzerei ist noch original. – Von 1935 bis zu seinem Tod 1978 wohnte der Gelderner Kunsterzieher und Maler Franz Pistorius in dem Haus; im Dachgeschoß hatte er sein Atelier (FRANKEWITZ 1989, S. 12–16).

Westwall 69: Wohnhaus

Eintragung in die Denkmalliste: 1. September 1994
Denkmal Nr. 134

Zweigeschossiges, traufständiges Wohnhaus aus Backsteinbau von vier Achsen Breite mit Satteldach und zwei Dachgauben von 1893/94. Die linke und rechte Achse springen leicht hervor. Neben den mit Dreiecksgiebeln und Segmentbögen abgedeckten Fensterstürzen im Obergeschoß ist als Dekor das kräftige Traufgesims zu nennen.

Ursprünglich waren zwei Türen in den äußeren Achsen geplant; der Geldener Arzt Dr. Neinens ließ

Westwall 73: Wohnhaus

Eintragung in die Denkmalliste: 21. Juli 1994
Denkmal Nr. 136
Eigentümer: Peter Elsemann

Zweigeschossiges, dreiachsiges Backsteinhaus mit Mansarddach von 1899 (Bauakte). Die rechte, etwas breitere und vorgezogene Achse wird von einem schlichten Dreiecksgiebel mit halbrunden Zwillingsfenstern bekrönt. Die Stürze des mittleren Fensters und der beiden in der rechten Achse sind von segmentbogigen Putzflächen überdeckt, auf die üppige Stuckarbeiten aufgebracht sind. Das Erscheinungsbild dieses für den Gelderner Bauunternehmer Johann Elsemann errichteten Hauses wird ebenfalls stark durch den Einbau von neuen, nicht denkmalgerechten Fenstern beeinträchtigt, zumal Teile der Fensteröffnungen durch Rolladenkästen zugesetzt wurden. Die Türe mit aufwendiger Schnitzerei ist hingegen noch erhalten und ein wahres Schmuckstück.

Westwall 73 und Haustür

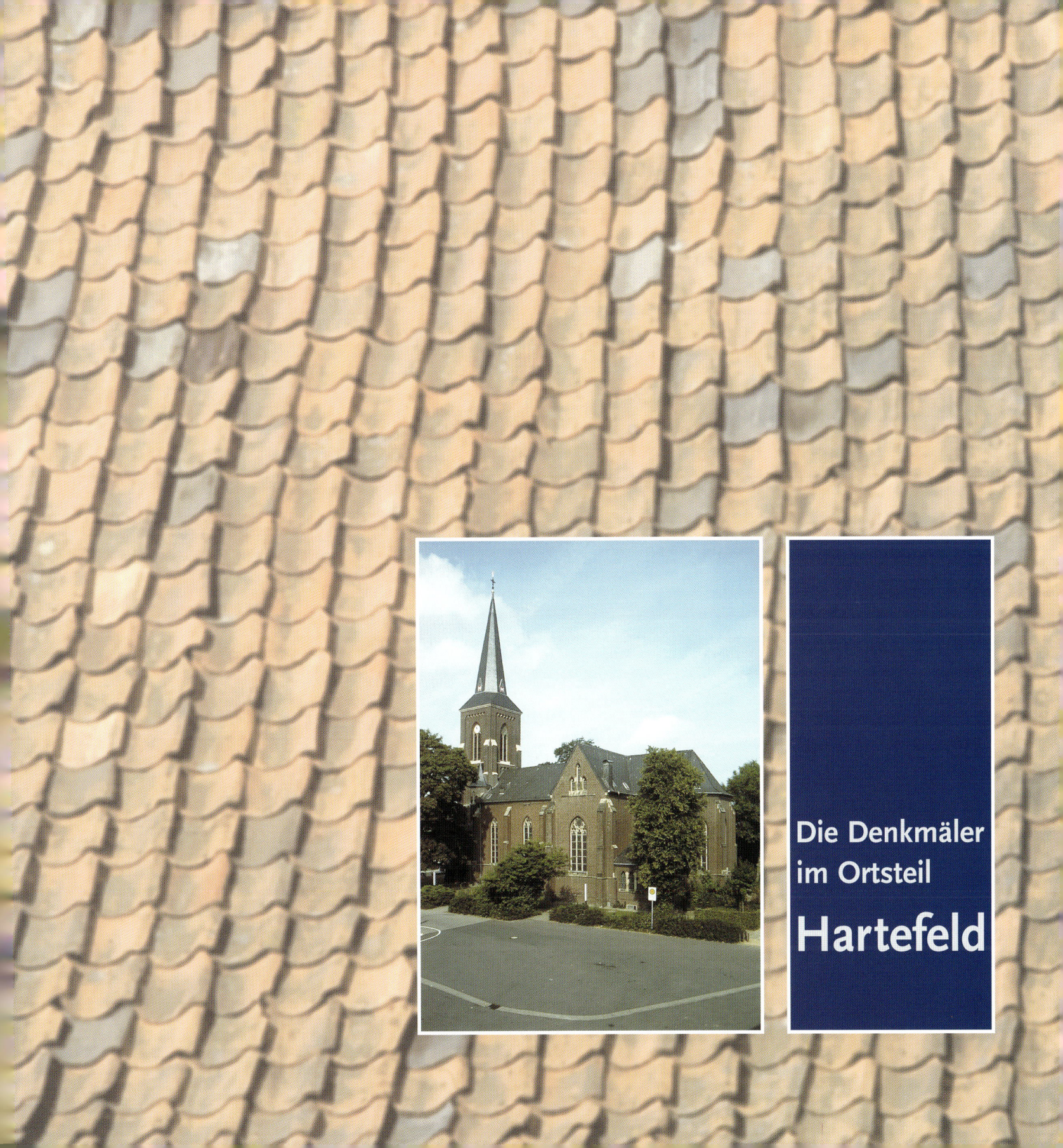

Die Denkmäler
im Ortsteil
Hartefeld

Hartefeld
Historischer Überblick

Hartefeld gehörte zu dem seit dem 14. Jahrhundert bezeugten Gerichtsbezirk der Vogtei Gelderland. Der Ortsname wird zuerst 1294/95 unter der Bezeichnung *Hirtenvelt* genannt (MEIHUIZEN, tekst, S. 36). Die eigentliche Bauerschaft und die spätere Gemeinde hieß aber bis zur kommunalen Neugliederung 1969 → Vernum (dort die weitere Geschichte). Kirchlich gehörte der Ort bis 1804 zu dem 4,5 km entfernten Nieukerk.

Dypter Straße 14: Saelhof

Eintragung in die Denkmalliste: 27. September 1993
Denkmal Nr. A 110

Der Saelhof gehört zu den frühen Höfen in Vernum; unter dem Namen *Saelman* taucht er bereits in einer Steuerliste von 1369 auf (DOORNINCK 1903, S. 80). Als *Sael Hoff* wird er mit Kohl- und Obstgarten sowie zahlreichen weiteren Ländereien in einem Liegenschaftsbuch 1748 genannt (StA Geldern, Akten A, Q 4, Blatt 9–10). – Bei dem heutigen Bauernhaus handelt es sich um ein zweigeschossiges, backsteinernes Wohnhaus von sechs Achsen Breite mit Satteldach aus der ersten Hälfte des 19. Jahrhunderts. Das Haus steht T-förmig vor dem ehemaligen, nun zu Wohnzwecken ausgebauten Stallteil. Die beiden linken Fenster des Hauses liegen höher als die übrigen, da sich hier die Opkamer befindet. Der Stallteil mit hohem Satteldach ist ungewöhnlich breit.

Friedhofsstraße: Friedhof

Eintragung in die Denkmalliste:
Denkmal Nr.

Der alte Friedhof befand sich um das alte Kirchlein (→ Hartefelder Dorfstraße 67). „Am 30. September 1846 wurde der neue Friedhof hinter der Kaplanei eingeweiht" (PfA Hartefeld, Chronik der Pfarre Hartefeld I, S. 17). Ideeller Mittelpunkt ist an der Nordseite das neugotische, sandsteinerne und hoch aufragende Friedhofskreuz aus der Zeit um 1870. Von der Aufschrift auf dem Sockel sind wegen Abwitterung nur noch jeweils die letzten Worte der beiden letzten Zeilen, **Fuchs** und **Kempen**, zu lesen. – Auf dem heutigen Friedhof befinden sich noch einige bemerkenswerte ältere Grabmonumente des 19. Jahrhunderts, die sich wohltuend von den modernen Steinen abheben. Erwähnenswert ist auch das große Holzkreuz mit kräftig modelliertem Kruzifix in der Nähe der Friedhofskapelle, das von

Der Saelhof

Friedhofskreuz

Ehrenmal von 1960

Leo Dierkes (1902–1990) aus Kevelaer geschaffen wurde (freundliche Auskunft von Dr. Peter Lingens). Der Platz in Sichtweite der Kirche trägt in besonderer Weise zur Identität des Dorfes Hartefeld bei.

Hartefelder Dorfstraße 46: Ehrenmal beim Pastorat

Eintragung in die Denkmalliste:
Denkmal Nr.

Für die Gefallenen der beiden Weltkriege fertigte der Kunstbildhauer Wilhelm Hanebal aus Büderich bei Düsseldorf 1960 ein 362 cm großes Ehrenmal aus Krensheimer Muschelkalk (StA Geldern, Bestand Vernum, Nr. 167, mit Zeichnung). Es zeigt einen erschöpften Krieger, der sich auf sein Schwert

stützt. Oben auf der Stele steht **UNSEREN / TOTEN / 1914–1918 / 1939–1945**, unten am Sockel **W. HANEBAL**.

Hartefelder Dorfstraße 46: Katholisches Pastorat

Eintragung in die Denkmalliste:
Denkmal Nr.

Das Gebäude wurde 1822 vom zweiten Hartefelder Pastor, einem ehemaligen Kapuzinerpater aus Geldern, erbaut (SCHUMACHER 1924). Maßgeblich beteiligt war der Hartefelder Schmied Gerard van Gemmeren (PfA Hartefeld, Chronik der Pfarre Hartefeld I, S. 17 und ebenda, Spezial Akten betreffend den Neubau des Pastorats-Hauses zu Hartefeld).

1884 hatte das Haus noch *kleine Fensterscheiben*, was auf hölzerne Blockrahmenfenster schließen läßt. Wie die Ankersplinte **1822** an der Vorderseite verraten, ist das heutige, zweigeschossige Backsteinhaus mit fünf Achsen und profilierter Türumrahmung der ursprüngliche Bau. Die Aufschieblinge auf den Sparren bewirken, daß das Walmdach einen markanten Knick aufweist.

Bei der Entfernung der Blockrahmen sind die Fensteröffnungen erkennbar an jeder Seite um einen Stein verkleinert worden.

Hartefelder Dorfstraße 67: Katholische Pfarrkirche St. Antonius

Eintragung in die Denkmalliste: 24. September 1993
Denkmal Nr. A 108

Geschichte

Die erste Erwähnung einer Kapelle in Hartefeld datiert vom 23. August 1460, als Herzog Arnold von Geldern in einer Pergamenturkunde bekannt gab, daß seine Hausleute in der Honschaft Vernum zu Ehren Unserer Lieben Frau und des Bekenners Antonius eine Kapelle errichtet hätten, nicht aber in der Lage seien, diese mit Messen auszustatten; aus diesem Grunde schenkte der Herzog seinen Hausleuten etwa zehn holländische Morgen Land im Neufeld (PfA Hartefeld; Kopie und Regest im StA Geldern). Um 1500 wird die Kapelle als dem Heiligen Urban geweiht erwähnt (OEDIGER S. 328), jedoch scheint es sich hierbei um eine Verwechslung zu handeln, denn auch nach einem Visitationsbericht von 1667 war sie dem heiligen Antonius geweiht und besaß einen Heilig-Kreuz- und einen Annen-Altar (HABETS 3 1892, S. 184). Zeitweilige Beschneidungen der Rechte der Kapelle in Harte-

feld durch den Bischof im Jahre 1779 (SOMMER 1955) mögen den Prozeß beschleunigt haben, eine eigene Pfarre bilden zu wollen.

Nach der Abpfarrung von Nieukerk im Jahre 1804 (FRANKEWITZ 1993, Karte S. 404) wurde die Kirche 1806 zur Hilfskirche von Sevelen, 1808 aber endgültig zur Pfarrkirche erhoben. Wie die Kapelle von 1460 aussah, ist gänzlich unbekannt.

Am 31. Mai 1812 lud die Gemeinde Vernum den Grafen Franz Egon von Hoensbroech dazu ein, einen Tag später am 1. Juni den Grundstein zu einer neuen Kirche in Hartefeld zu legen (Archiv Schloß Haag, Nr. 2274). Was wirklich geschah ist unklar, denn erst am 6. September 1818 wandte man sich mit der Bitte an den Landrat um *Bewilligung einer allgemeinen Kirchen und Haus-Collecte zum Erweiterungsbau der Kirche zu Hartefeld* (HStAD, Landratsamt Geldern Nr. 69, Blatt 2);

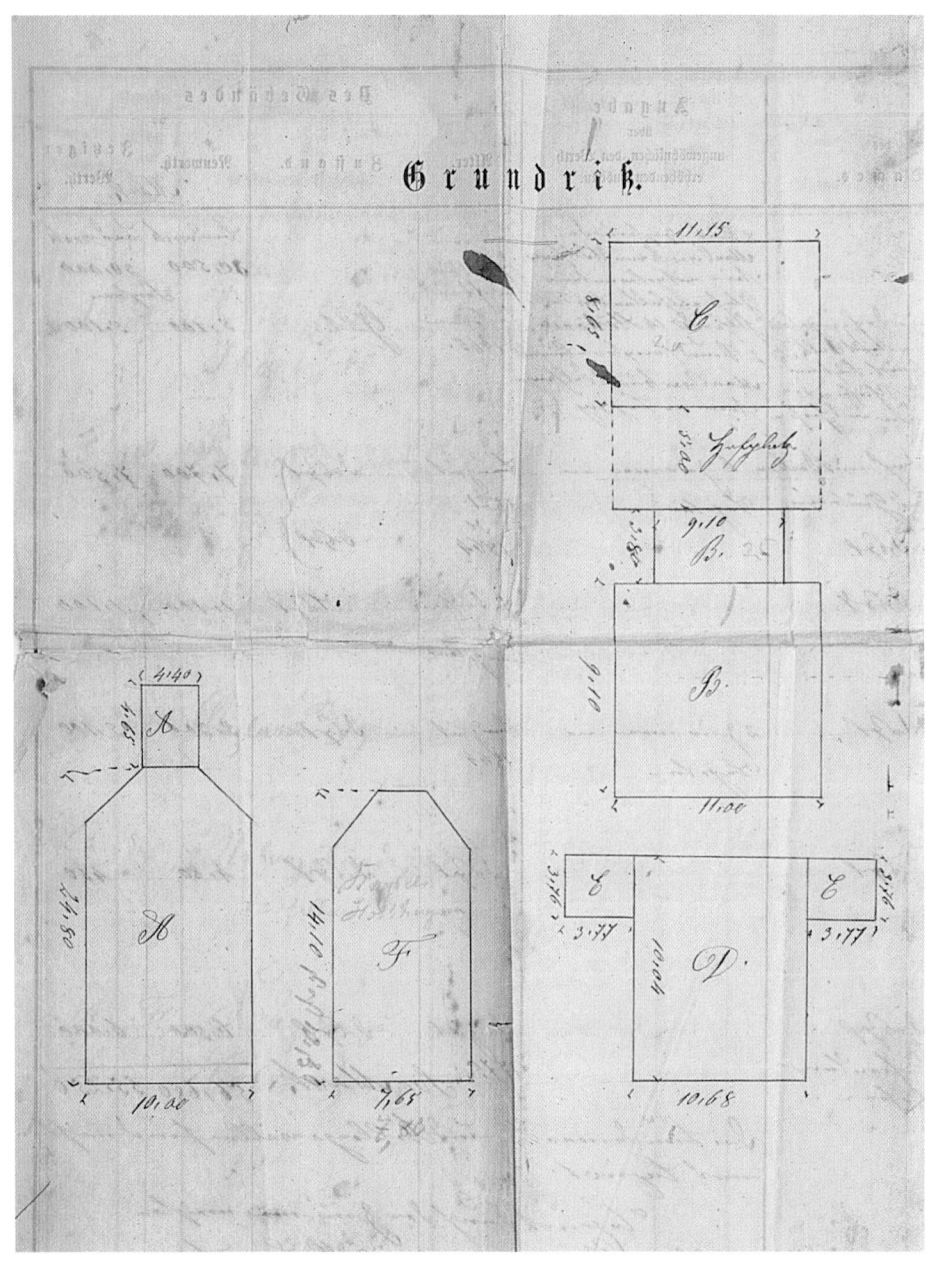

Grundriß.

Die alte Hartefelder
Kirche, 1876

tefeld gehörten, beklagten sich 1820: *die Kirche ist viel zu klein, kann die Pfarrgenossen nicht fassen, wie wohl wir bereits auf unsere Kosten ein Stück daran gebaut haben. Dieselbe läßt sich auch nicht mehr erweitern, oder das Schulgebäude muß niedergerissen werden, welche ungeheueren Kosten!* (PfA Hartefeld, Schreiben vom 29. März 1820).

Am 3. Januar 1822 schließlich sollten *Gemeinheitsgründe zum Nutzen der Kirchenfabrik zu Hartefeld zur Erbauung der Kirche und Pastorat verkauft werden* (PfA Hartefeld, Spezial Akten betreffend den Neubau des Pastorats-Hauses zu Hartefeld). Offenbar war die Kirche erst 1824 fertig (PfA Hartefeld, Chronik der Pfarre Hartefeld I, S. 13; StA Geldern, Schulchronik Hartefeld bis 1904/05, Blatt 9) und wurde durch den Bischof jedoch erst 1829 geweiht, denn erst für dieses Jahr findet sich in den Kirchenbüchern ein bischöfliches Vidimus.

Gebaut wurde eine Saalkirche mit Flachdecke und einem dreiseitigen Chorschluß sowie eine nahezu quadratische Sakristei an der Stirnseite des Chores (CLEMEN 1891, S. 32); gemäß einer Bestandsaufnahme der Kirche von 1876 hatte dieses kleine Gotteshaus acht Fenster und zwei Rundfenster, war 24,80 m lang, 10,0 m breit, 8,0 m bis zum Dachgesims und 13,0 m bis zur Giebelspitze hoch (PfA Hartefeld, Beschreibung von 1876). Bei Erdaufschlüssen anläßlich des Einbaus einer Heizung um 1977 konnten Fundamente dieser einschiffigen Kapelle beobachtet werden (StA Geldern, Bildarchiv). Sie lagen etwa jeweils 1,40 m von den Außenmauern entfernt. Bei der neuerlichen Verlegung der Fußbodenplatten im Altarbereich wurden 1997 die Fundamente der östlichen Chorwand der Kapelle beobachtet und für das Pfarrarchiv von Pastor Hennesen fotografiert.

die Regierung in Kleve erwiderte, man hätte *zuvor genau untersuchen sollen, ob sie auch zur Errichtung und Unterhaltung einer eigenen Pfarre im Stande sey* (ebenda, Blatt 4). Auch die Bewohner von Poelyck, die gegen ihren Willen zur Pfarre Har-

Neubau

Bereits 1888 gab es in Hartefeld Bestrebungen, eine neue Kirche zu errichten, wie die Gründung eines Bauvereins am 10. Dezember diesen Jahres beweist (PfA Hartefreld, Protokollbuch „Antoniuskollekte und Kirchenbauverein"). 1893 trat die Zivilgemeinde Vernum unentgeltlich den freien Platz vor der Kirche ab, der zuvor – bis 1846 – Friedhof gewesen war, da man diesen Platz für den *seit langen Jahren nothwendig gewordenen Erweiterungsbau der dortigen Pfarrkirche* benötigte (HStAD, Landratsamt Geldern Nr. 69, Blatt 148).

1894 wurde die siebzig Jahre alte Kirche wegen ihrer räumlichen Enge (Beilage Nr. 12) zugunsten der jetzigen Kirche aufgegeben. Nach Plänen des aus Kevelaer stammenden Neusser Architekten Julius Busch sollte zunächst nur das Querschiff mit dem neuen Chor errichtet werden; Busch erkannte jedoch – im Gegensatz zur Pfarrgemeinde –, daß ein harmonisches Ganzes nur durch einen Weiterbau mit abschließendem Turm im Westen zu erreichen war. Vielleicht ist darauf der Vermerk in der Pfarrchronik zu beziehen, daß *der Plan von Busch vielfach kritisiert* wurde (PfA Hartefeld, Chronik der Pfarre Hartefeld I, S. 19). Zunächst wurden 1894 ein neuer Chor und die beiden Kreuzarme errichtet; ein Teil scheint schon 1894 weitgehend fertiggestellt gewesen zu sein, denn am 30. November des genannten Jahres rechnete der Glasmaler Wilhelm Derix für verschiedene Fenster ab (PfA Hartefeld, Belege zu den Kirchenrechnungen). Die Weihe erfolgte am 13. Juni 1896 durch den Weihbischof von Galen aus Münster. Ein Teil der alten Kapelle blieb stehen, wurde aber noch vor 1901 ersetzt, denn in diesem Jahr fügte man den heutigen Turm hinzu (Beilage Nr. 13); die Abrechnung zum Turmbau durch den Bauunternehmer Gerhard Hoyer datiert vom 1. März 1902 (PfA Hartefeld, Belege 1901/02).

St. Antonius in Hartefeld von Südosten

Baupläne

Zu dem Neubau ab 1893 wurden mindestens neun Baupläne angefertigt, die im Original zur Zeit nicht auffindbar sind, aber als Kopien vorliegen.
1. Drei Ansichten von Süden, Osten und Westen.
2. Ansicht von Westen. Das dritte Geschoß zweiachsig mit Turmuhr dargestellt, rechts vom Turm als Alternative nur ein Fenster gesondert gezeichnet;

St. Antonius,
Ansicht von Westen,
1893

St. Antonius,
Längsschnitt, 1893

unten rechts bezeichnet (auf der Kopie nicht zu lesen).

3. Ansicht von Südwesten, zeigt die beiden Untergeschosse des Turms, Treppenturm und ein Joch des Langhauses, bezeichnet **Blatt 2 Kirche in Hartefeld**.

4. Ansicht von Westen und Schnitt durch das Querhaus, Blick nach Osten, bezeichnet **Kirche in Hartefeld. Erweiterung**. Unten rechts handschriftlich *Neuss, den 21. Juni 1893. Ju.*(lius) *Busch R*(egierungs)*b*(au)*m*(ei)*ster*.

5. Grundrißzeichnung, bezeichnet **Kirche in Hartefeld. Erweiterung. Grundriss.** Zeigt auch noch den Chor der Kapelle von 1824. Unten rechts handschriftlich *Neuss, den 28. Juni 1893. Ju.*(lius) *Busch R*(egierungs)*b*(au)*m*(ei)*ster*.

6. Längsschnitt durch die Kirche, Blick nach Norden, bezeichnet **Kirche in Hartefeld. Erweiterung**. **Längenschnitt**. Unten rechts handschriftlich *Neuss, den 28. Juni 1893. Ju.*(lius) *Busch R*(egierungs)*b*(au)*m*(ei)*ster*.

7. Konstruktionszeichnung, bezeichnet **Kirche in Hartefeld. Thurmhelm 1:50**. Schnitt durch den Turm mit fünf Grundrissen auf verschiedenen Ebenen. Rechter Rand des Plans zu Zweidrittel abgerissen.

8. Zehn Detailzeichnungen auf einem Blatt, betrifft die Dachkonstruktionen, bezeichnet **Kirche in Hartefeld. Dachkonstruktionen des Langschiffes, der Kapellen, des Treppentürmchens 1:50.**

9. Blaupause, bezeichnet **Hartefeld Orgel-Empore 1:20**.

Restaurierungen und Umbauten

Das Chorfenster in der Stirnwand wurde aus optischen Gründen 1921 zugemauert, das Glas wurde *in das eine seitliche Fenster umgesetzt und kommt jetzt in seiner ganzen Schönheit zur Geltung* (PfA Hartefeld, Chronik, S. 26). Nach dem Zweiten Weltkrieg wurde die Stirnwand des Chores wieder geöffnet und mit einem farbigen Glasfenster ausgestattet. Außenrestaurierungen erfolgten 1971 und 1999.

Bei der nach 1971 durchgeführten Renovierung waren nach Meinung des bischöflichen Gutachters Dr. Große Boymann drei Heiligenfiguren und der Kreuzweg aus Gips „zu vernichten" (RP vom 24. Dezember 1971).

An Stelle des originalen Hauptportals an der Westseite des Turmes – erhalten ist lediglich der geschnitzte Sturz über der Türe mit Drachendarstellungen – findet sich seit den 1980er Jahren eine nicht zum Stil der Kirche passende, mit Kupferblech beschlagene Türe. Bei der Renovierung in den letzten Jahren wurden alle Sandsteingesimse durch neue erstetzt. Der Wetterhahn wurde 1998 neu vergoldet (RP vom 5. September 1998).

Beschreibung

Einschiffige, kreuzförmige Backsteinkirche von drei Jochen Länge mit Querschiff und gestrecktem Fünfachtelchor. Den Westturm begleiten nördlich eine Nebenkapelle, südlich der Aufgang zur Orgelbühne und ein Zugang von außen zur Turmhalle. Die drei freistehenden Seiten des viergeschossigen, einachsig gegliederten Turmes mit Knickhelm werden jeweils von zwei vierfach abgetreppten Strebepfeilern eingerahmt. Im Zwickel zwischen dem Chor und dem südlichen Querhaus hat man eine kleine Sakristei angebaut.

Die mehrfach abgetreppten Strebepfeiler sind mit Sandsteinen abgedeckt, die zusammen mit den recht aufwendigen Maßwerken aus Sandstein und den rot glasierten Backsteinen, die die über zwei Geschosse reichende abgetreppte Blende mit dem

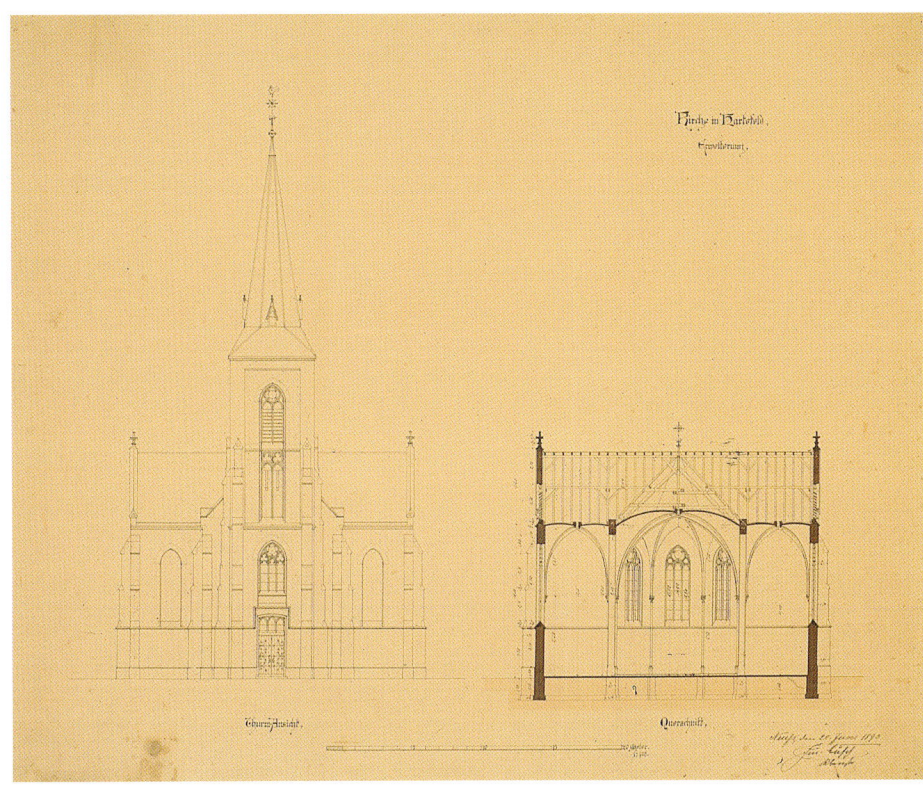

St. Antonius,
Ansicht von Westen
und Querschnitt, 1893

Hauptportal umrahmen, dem Backsteinbau ein lebhaftes Äußeres vermitteln.

Fußboden

Der Fußboden des Kirchenschiffs besteht aus dunklen Blausteinplatten. Im Chor farbige Fliesen mit ornamentalem Muster und Darstellung von Drachen. Vor dem Hauptaltar sind in den Boden die vier Elemente Erde, Feuer, Wasser und Luft in Form von Darstellungen eines Löwen, eines Drachen, eines Fischs, und eines Adlers eingelassen. Eine ganz ähnliche Darstellung der Elemente in einem Fußboden befindet sich auf dem Derpmanshof in Saelhuysen. – Ornamentale Fliesen finden sich auch in der kleinen Kapelle nördlich des Turms. – *194 blaue Flurplatten* für den Turm wurden 1901 aus Venlo bezogen (PfA Hartefeld, Belege 1901/02).

Fenster

Gemäß der Aufschrift **Peter Henrich Diepers
et** / (A)**nna Mar**(ia) **Hib.**(ertina) **Hennekens
conj.**(uncti) **d.**(e) **d.**(ato) **1865** im mittleren Fenster an der Nordwand dürften alle sechs farbigen Fenster des Langhauses aus dem Jahre 1865 stammen. Sie wurden – zusammen mit den beiden Fenstern im Querhaus – im genannten Jahr von dem Glasmaler Nicolas in Roermond hergestellt (Chronik der Pfarre Hartefeld I, S. 17). Jedes Fenster zeigt zwei Heilige. Die jeweils darunter eingebrachten zwei Kreuzwegstationen wurden wohl erst 1898 hinzugefügt, da die Fenster der alten Kirche sonst zu niedrig für den Neubau gewesen wären (Beilage Nr. 12). Die Heiligen an der Nordseite sind (von links nach rechts): Im ersten Fenster zwei nicht mehr bezeichnete Heilige, im zweiten Fenster ein barfüßiger, nicht näher bezeichneter Märtyrer mit Buch und Zweig und die heilige Barbara, im dritten Fenster Georgius und Eustachius, an der Südseite (von links nach rechts) Aegidius und Cyriacus, Catharina und Margaretha sowie im dritten Fenster ein nicht näher zu bezeichnender Bischof sowie der heilige Blasius mit zwei gekreuzten Kerzen. – Die beiden Fenster des Querhauses sind ornamental gestaltet und zeigen nur unten jeweils eine Kreuzwegstation.

Die Fenster in der nördlichen Chorwand mit dem heiligen Antonius und in der südlichen Chorwand mit einem heiligen Abt – wahrscheinlich Bernhard von Clairveaux – mit den Schlußworten des „Salve regina" auf einem Spruchband wurden im Oktober 1921 eingebaut (PfA Hartefeld, Chronik der Pfarre Hartefeld I, S. 25). Die beiden Fenster in den abgeschrägten Seiten des Chors gehen auf Entwürfe von Friedrich Stummel von 1898 zurück und stammen aus der Kevelaerer Werkstatt Derix (LEIN-WEBER 1979, S. 54: Entwurf für das nach Nordosten

gerichtete Chorfenster, das hier fälschlich als „im Krieg zerstört" erwähnt wird). Im noch erhaltenen Anschreibebuch der Firma Derix in Kevelaer ist für Oktober 1898 notiert: *Ein Fenster mit 2 Gruppenbilder im Chor eingesetzt.* Auch der originale Karton ist bei der Firma Derix ebenso erhalten, wie der für das andere Fenster (freundliche Mitteilung und Fotokopien von Herrn Derix, Kevelaer). Das nach Nordosten gerichtete Fenster hat Maria Verkündigung und darüber die Geburt Jesu zum Thema und zeigt oben im Vierpaß Gottvater. Das nach Südosten gerichtete Fenster zeigt Christi Himmelfahrt und Maria Magdalena am Grab mit dem auferstandenen Christus; das dunkle Mittelfenster mit überwiegend roten Tönen wurde in den 1950er Jahren neu eingebaut.

2 Fenster für die Taufkapelle … 1 Fenster für Orgelboden und *8 kleine Thurmfenster* wurden 1901 von dem Gocher Glasmaler Joseph Menke geliefert (PfA Hartefeld, Belege 1901/02).

Ausmalung

1904 wurde der Chor der Kirche von dem Gelderner Kirchenmaler Heinrich Brey ausgemalt (PfA Hartefeld, Protokollbuch „Antoniuskollekte und Kirchenbauverein" und Chronik der Pfarre Hartefeld I, S. 21); offenbar sind diese Malereien von zurückhaltender Natur gewesen, denn 1928 unterbreitete der Kunst- und Kirchenmaler Heinrich Repke aus Wiedenbrück ein Angebot zur Ausmalung der Kirche, mit der Absicht, *die ganze Kirche farbenfroh zu halten, um den bis jetzt so kalt anmutenden Raum seine Eintönigkeit zu nehmen,* allein die *vorhandenen 14 hl. Nothelfer* – offenbar von Brey – sollten erhalten bleiben (Beilage Nr. 20); ein Jahr später, am 7. Dezember 1929, stellte Repke für die *Neuausmalung der Kirche mit farbiger Behandlung der Chorstühle sowie Neubemalung der*

Wandfiguren laut Offerte sowie *Bemalung des Hochaltars mit reicher Vergoldung* seine Rechnung aus (PfA Hartefeld, Akte „Ausmalung der Kirche u. Capelle"). Warum Heinrich Repke und nicht Heinrich Brey aus Geldern den Auftrag zu Ausmalung erhielt, kann nur vermutet werden; vielleicht führ-

ten die finanziellen Nachforderungen Breys zu Differenzen zwischen ihm und der Kirche (Beilage Nr. 18). – Über das Aussehen der Kirche zu dieser Zeit unterrichtet ein Foto, das von der Orgelempore aufgenommen wurde und das Rankenwerk sowie die Engel in den Chorkappen zeigt (Repro im PfA Hartefeld). 1971 waren noch Malereien vorhanden (RP vom 24. Dezember 1971), wurden anschließend aber beseitigt. In den 1990er Jahren folgte ein „Neuanstrich des Kircheninnenraums, aufgrund fehlender Originalbefunde neue Farbfassung" (JbrD 38, 1999, S. 253).

Ausstattung:
Hochaltar

Der Schrein des neugotischen Hochaltars mit qualitätvollem Gespränge wurde 1897 von der Gelderner Kunstschreinerei Ophey gefertigt (PfA Hartefeld, Chronik der Pfarre Hartefeld I, S. 20) und 1923 in seine heutige Form gebracht (Beilage Nr. 18). Die bei dieser Gelegenheit angefertigten Flügel mit Gemälden des Gelderner Kirchenmalers Heinrich Brey (s. dazu die Abb. um 1930 bei Lingens, S. 107) wurden zu einer unbekannten Zeit entfernt; sie sollten nach der Renovierung von 1971 „nicht mehr angebracht werden" (RP vom 24. Dezember 1971) und wurden vernichtet. Der 1929 von Heinrich Repke in Gold gefaßte Altar (PfA Hartefeld, Akte „Ausmalung der Kirche u. Capelle", Rechnung vom 7. Dezember 1929) wurde um 1986 polychromiert. – Die vier Schnitzgruppen des Hochaltars stammen von dem Kevelaerer Bildhauer Jakob Holtmann (Lingens 1998, S. 106). Sie zeigen auf der linken Seite den betenden Jesus am Ölberg, die Geißelung Jesu und rechts die Verspottung des Herrn sowie seine Kreuztragung. In der Mitte steht unter einem reich geschnitzten Baldachin ein Kreuz. Der Schrein wird bekrönt von einer Kreuzigungsszene

mit den Figuren von Maria und Johannes. – Vor
der von zwei größeren Säulen gerahmten Mensa
sieht man links in Reliefdarstellungen die Opferung
des Isaac, in der Mitte das Kreuz und auf der rechten Seite Melchisedech.

Nördlicher Seitenaltar

Ebenfalls aus der Werkstatt des Gelderner Kunst-
schreiners Jakob Ophey stammt der Herz-Jesu-Altar
im nördlichen Querarm, der am 23. Dezember
1903 aufgestellt wurde. Der ebenfalls durch reiche
Schnitzereien gekennzeichnete Schrein nimmt in
der mittleren Nische die mit Heiligenschein versehene Statue von Christus auf, die als Geschenk
des Hartmans-Hofes am 29. September 1920 aus
der Gocher Werkstatt von Ferdinand Langenberg
nach Hartefeld kam; die Reliefdarstellungen – rechts
der sitzende Christus, der die Kinder zu sich kommen läßt und links Christus in Begleitung der Sün-
derin – stammen aus der Werkstatt von Heinrich
Moors in Kevelaer (PfA Hartefeld, Chronik der Pfarre
Hartefeld I, S. 20 und S. 25).

Südlicher Seitenaltar

Die Formen der Schnitzereien des Schreins des
Nebenaltars im südlichen Seitenschiff sind mit dem
im nördlichen identisch und stammen ebenfalls von
Jakob Ophey von 1903. Im mittleren, überhöhten
Feld steht eine Marienfigur in betender Haltung, die
links und rechts von den Flachreliefs von Heinrich
Moors aus Kevelaer begleitet wird. Links sieht man
Maria bei Anna mit Joachim, rechts den Heiligen
Dominikus, wie er den Rosenkranz aus der Hand
der Gottesmutter empfängt.

Bilder im Querhaus

Im nördlichen Seitenarm hängt an der Westseite ein
großes Bild in Form eines Spitzbogenfensters mit

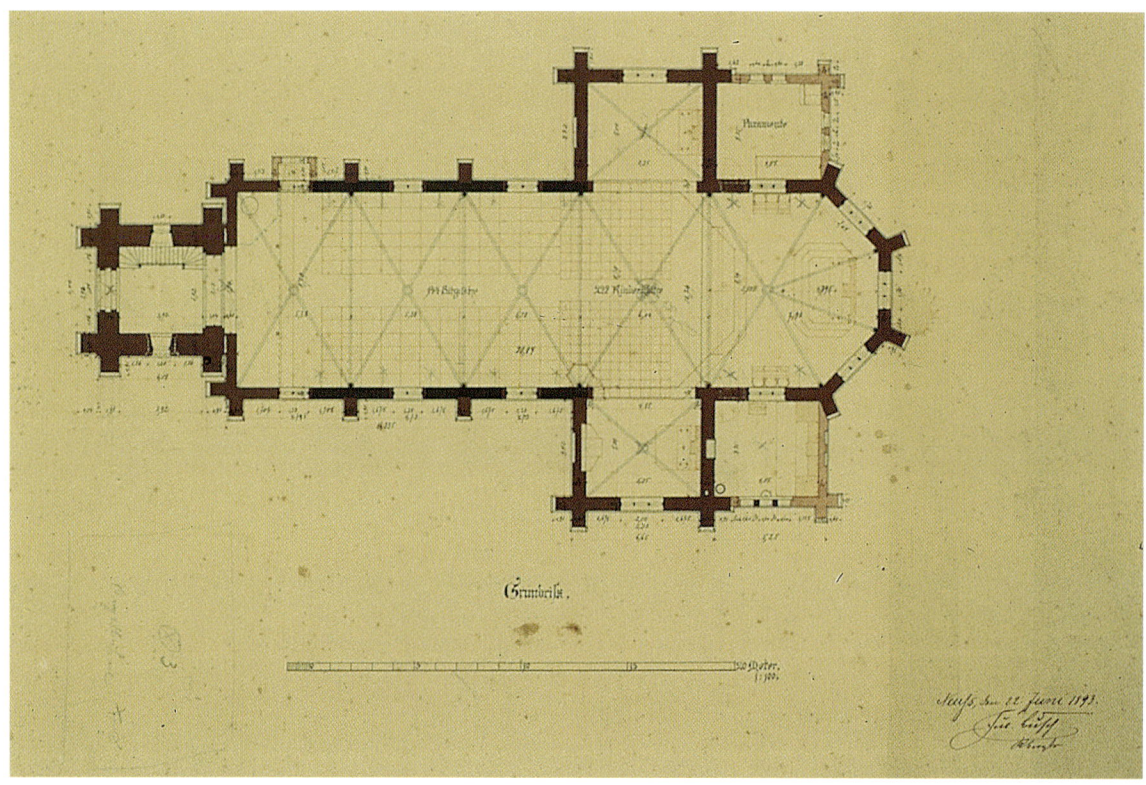

einer Darstellung des verlorenen Sohnes, im südlichen Seitenarm in gleicher Form und gleichem Format die Darstellung des barmherzigen Samariters; beide Bilder stammen von Heinrich Repke aus Wiedenbrück und wurden 1929 angeschafft (Beilage Nr. 17).

Bilder im Chor

Im Chor hängen unter den Fenstern nach Norden und Süden in Vertiefungen zwei für diese Stellen gemalte Bilder von Heinrich Brey auf Zinkblech (erwähnt im Inventar von 1932, s. Beilage Nr. 21). Das Bild unter dem nördlichen Fenster zeigt die Bergpredigt, das andere das letzte Abendmahl; bei der Restaurierung des letzteren Bildes im Jahre 1999 stellte sich heraus, daß auf der Rückseite eine gleiche Darstellung aufgemalt ist.

Immerwährende Hilfe

Ebenfalls in der Kapelle nördlich des Turms findet sich eine Immerwährende Hilfe aus den 1970er Jahren von Jakobs aus Kevelaer.

Skulpturen

An den Ecken vom Chor zu den Querarmen links der Heilige Antonius und rechts der heilige Joseph, um 1900. – An der Stirnseite des südlichen Querarms relativ kleine Figuren des 19. Jahrhunderts von Jesus in Begleitung der vier Evangelisten in Gestalt des Engels mit dem Buch (Matthäus), dem Löwen (Markus), dem Stier (Lukas) und dem Adler (Johannes); die Figuren stammen nach Ausweis eines Fotos von der alten, 1861 aus Münster angeschafften Kanzel (PfA Hartefeld, Chronik der Pfarre Hartefeld I, S. 17). – Über dem Zugang zur nördlichen

Herz-Jesu-Altar

Turmkapelle der heilige Sebastian und im Süden
die heilige Cäcilia mit Orgel. – In der Turmhalle ein
großes, restaurierungsbedürftiges Kruzifix aus dem
19. Jahrhundert.

Orgel

1843 erhielt die Kirche eine erste Orgel von dem
Orgelbauer Wilhelm Rütter (1812–1887) aus Kevelaer, das Orgelgehäuse fertigte der Schreiner van
den Brand aus Lottum an. 1914 erhielt die neugotische Kirche eine neue Orgel der Firma Ernst Seifert in Kevelaer (PfA Hartefeld, Chronik der Pfarre
Hartefeld I, S. 21), das Orgelgehäuse fertigte der
bekannte Jakob Ophey aus Geldern (s. Beilage
Nr. 21). Die das Westfenster des Turmes ver-
deckende Orgel wurde 1979 geteilt und recht und
links von dem Fenster aufgestellt (ausführlich zur
Orgel: Arbogast 1988).

Taufbecken

Im Chor steht ein neugotisches, sechsseitiges Taufbecken aus Sandstein mit modernem Deckel auf
schlanker Säule, um 1900. Am Rand die umlaufende Inschrift in Fraktur: **Ego te / baptizo / in
nomine / Patris et / Filii et Spi= / ritus sancti**
(ich taufe dich im Namen des Vaters, des Sohnes
und des heiligen Geistes), am ebenfalls sechsecki-
gen Fuß des Beckens die Bezeichnung **Cathe-
rina Agnes Beckers / vidua I Christin Nielen II
Gerhard Teloy / Steemanns** (Katharina Agnes
Beckers, Witwe 1. von Christian Nielen und 2. von
Gerhard Teloy, Steemanns); von welchem Hof sie
stammen, ist bislang unbekannt.

Ehrentafeln

Eine Holztafel, überschrieben **Aus diesem Kirch-
spiele starben für König und Vaterland** mit den
Namen der im Kriege 1870/71 Gefallenen.

Ein Bildnis der Schmerzhaften Mutter von Heinrich Brey wurde zusammen mit zwei Gedächtnistafeln für die Gefallenen im Ersten Weltkrieg 1914–1918 am 10. September 1922 eingeweiht (PfA Hartefeld, Chronik der Pfarre Hartefeld I, S. 27). Heute sind in der Turmhalle nur noch die beiden Holztafeln von Ophey vorhanden (Beilage Nr. 21).

Bänke

Die heutigen 28 Sitzbänke im Langhaus und die zwei im Chor gehören zur neugotischen Ausstattung und werden im Inventar von 1908 genannt (Beilage Nr. 17); zwei Kirchenbänke, die Orgelbrüstung und sechs weitere Kirchenbänke rechnete der Gelderner Kunstschreiner Jakob Ophey im März 1902 ab (PfA Hartefeld, Belege 1901/02).

Das letzte Abendmahl von Heinrich Brey

◁ Marienaltar

Kruzifix und Ehrentafeln unter dem Turm

Taufstein

Altes Altarbild

Ölgemälde auf Leinwand aus dem 18. Jahrhundert mit der Anbetung der Hirten und einem Wappen, das in einem gespaltenen Schild, über dem ein Dreieck liegt, vorne im roten Feld eine silberne, hinten im silbernen Feld eine rote Blume zeigt, bezeichnet **G** und **K**. Das Bild stammt aus dem früheren Altar (CLEMEN 1891, S. 32) und wurde laut Aufschrift auf den Steinen unten rechts von **F. Groen** aus Kleve im Jahre **1845** unter Pastor **B. Niehoff** restauriert.

Ehemalige Kommunionbank

Die Kommunionbank wurde wohl nach 1971 in Teilen neu aufgestellt: Zwei Bänke stehen vor den einfachen Bänken in den Querhausarmen, eine in der nördlichen Turmhalle und das **IHS** bezeichnete ehemalige Mittelstück in der Turmhalle.

Leuchter

In der Vierung hängt ein runder, zweigeschossiger, neugotischer Messingleuchter von 1936, unten mit acht und oben mit vier elektrischen Kerzen.

Glocken

Eine Glockenweihe ist in Hartefeld bereits für den 17. Juni 1609 überliefert (StA Geldern, Akten A, G 12, Blatt 21), eine weitere fand 1832 statt (PfA Hartefeld, Kopie im StA Geldern).

Am 25. März 1922 wurden drei von Petit & Gebr. Edelbrock in Gescher (Westfalen) gegossenen Glocken geweiht (PfA Hartefeld, Chronik der Pfarre Hartefeld I, S. 25). Die im Zweiten Weltkrieg eingeschmolzenen Glocken sollten am 29. August 1954 durch zwei neue, ebenfalls in Gescher gegossene Glocken ersetzt werden (StA Geldern, Schulchronik 1905–1972, S. 201).

Turmuhr

Die erste Turmuhr wurde im Ersten Weltkrieg *abmontiert* (Beilage Nr. 17). Die neue, im Juni 1922 eingebaute Turmuhr stammt von der Firma B. Vortmann in Recklinghausen (PfA Hartefeld, Chronik der Pfarre Hartefeld I, S. 27).

Ehemalige Kanzel und ehemaliger Beichtstuhl

Die 1861 von einem Bildhauer aus Münster angefertigte Kanzel und ein Beichtstuhl (Chronik der Pfarre Hartefeld I, S. 17) sind nicht mehr vorhanden. Die Kanzel hatte nach Ansicht des Kunstreferenten des Bistums Münster, Dr. Große Boymann, 1971 „keinerlei Qualität" und wurde leider vernichtet (RP vom 24. Dezember 1971); immerhin sind von ihr noch die Figuren erhalten, die im südlichen Querhaus stehen.

Ehemalige Statuen

Bei den im Inventar von 1908 genannten *zehn Statuen aus Gips* (Beilage Nr. 17), handelt es sich wohl um diejenigen, die 1971 zur Vernichtung freigegeben wurden (RP vom 24. Dezember 1971).

Hartefelder Dorfstraße:
Antonius-Kapellchen

Eintragung in die Denkmalliste:
Denkmal Nr.

An der Einmündung des Neuhausweges zur Hartefelder Dorfstraße steht über Eck ein neueres Kapellchen aus Backstein, das der Form nach um 1930 erbaut wurde. Den mit einem Kreuz bekrönten Giebel bestimmen Holländische Dreiecke am Ortgang und abgeschrägte Strebepfeiler. Die Glasfenster weisen noch florale Jugendstilformen auf. Den Zugang vermittelt eine spitzbogige Öffnung mit Gitter, zwei weitere spitzbogige Öffnungen an den Seiten scheinen nachträglich vermauert zu sein. In dem zweiflügligen Gitter sind die Initialen **H**eiliger **A**ntonius eingelassen. – Auf dem Altar steht eine etwa 90 cm große, farbig gefaßte Figur des heiligen Antonius,

vielleicht noch aus dem 19. Jahrhundert. Ein Kreuz, das der Heilige in der Hand hielt, wurde durch einen T-Stab mit Glöckchen ersetzt.

Hartefelder Dorfstraße 95:
Hennekenshof

Eintragung in die Denkmalliste: 24. Januar 1994.
Denkmal Nr. A 119
Eigentümer: Hermann Josef Dercks

Hinter drei großen Linden versteckt sich das zweigeschossige Bauernhaus vor einer vierseitigen Hofanlage aus Backstein. Das Haus mit sechs Fensterachsen Länge im Obergeschoß und weit vorkragendem Walmdach entstand nach Auskunft des Besitzers „um 1916". Im Untergeschoß sitzt links an Stelle von zwei Rechteckfenstern ein quadrati-

Heiliger Antonius im
Antonius-Kapellchen

Antonius-Kapellchen

Wohnhaus des
Hennekenshofes

Der Velmanshof

sches, das sich durch die Brüstungshöhe und dem darunter gelegenen Kellerfenster als zur Opkamer gehörig zu erkennen gibt. Dekoriert wird das Haus durch ein einfaches Geschoßgesims, gebildet durch eine leicht vortretende Rollschicht, und die Betonung der Obergeschoßecken durch nicht verputzte Quadersteine. Mit der nach links anschließenden Westfront des Wirtschaftsteils legt der Hof in der Dorflage Hartefeld ein markantes Zeugnis für das ehemals fast ausschließlich von Bauernhöfen geprägte Ortsbild ab. – Auf dem bei TRANCHOT 1802/04 (22 Sevelen) *Groß Henneker Hof* genannten bäuerlichen Anwesen wohnte 1748 *Jacob Henneckes* (StA Geldern, Akten A, Q 4, Blatt 31), der vermutlich in der Nachfolge des für 1369 bezeugten *Henken in gen Have* zu sehen ist (DOORNINCK 1903, S. 80; ein ebenfalls hier genannter

Henneken Neve dürfte auf den Nevenhof zu beziehen sein).

Hartefelder Dorfstraße 113: Velmanshof

Eintragung in die Denkmalliste:
Denkmal Nr.

Große, vierflügelige Backsteinhofanlage mit vor den Westflügel gestelltes Wohnhaus. Dieses ist zweigeschossig mit fünf Achsen und Walmdach und datiert aus dem letzten Viertel des 19. Jahrhunderts. Gegliedert wird die Fassade durch Lisenen an den Ecken und an der mittleren Achse, die die Tür aufnimmt. Die leicht korbbogigen Fensterstürze sind

mit Ziegeln in kräftigem Rot abgesetzt. Ein heller Putzsockel und ein Klötzchenfries zwischen den Geschossen gliedern mit dem Traufgesims die Fassade. Nach rechts schließt sich ein Nebengebäude an, das zwei neu eingebrachte Garagentore und die mit einem Stufengiebel überdeckte Tordurchfahrt aufnimmt. Die Südseite nimmt eine außergewöhnlich lange Scheune ein. Vor dem Haus mit einer Kiesschüttung befindet sich noch der Rest des ehemaligen Gartens mit schmiedeeisernem Gitter. Die Hofanlage befindet sich in einem so bemerkenswert guten Zustand, daß es um so bedauerlicher ist, daß die Fenster nur aus Kunststoff sind.

Auf der bei TRANCHOT 1802/04 (22 Sevelen) *Veltgens Hof* genannte Anlage wohnte 1748 *Theys Veltmans* (StA Geldern, Akten A, Q 4, Blatt 33).

Poelycker Weg: Kapellchen St. Anna

Eintragung in die Denkmalliste: 26. September 1995
Denkmal Nr. A 171

Backsteinernes Kapellchen, das der heiligen Anna geweiht ist. Ähnlich wie das Kapellchen in der Nähe der → Duisburger Straße 72 oder in Aengenesch (→ Kapellen, Langendonker Weg) handelt es sich bei dem Bauwerk im Grunde um ein Heiligenhäuschen, das durch das Vorziehen von Seitenwänden, die auch hier offen sind, zum Kapellchen aufgewertet wurde. Das Kapellchen mit Satteldach und bemerkenswerten Firstziegeln mit Firstkämmen ist im Stil der Neugotik mit spitzbogigen Wandöffnungen und mit Sandsteinabdeckungen des Giebels mit bekrönendem Kreuz in der zweiten Hälfte des 19. Jahrhunderts errichtet worden (FRANKEWITZ 1995b, S. 100f. und S. 105, Nr. 36). Über dem Zugang befindet sich eine Sandsteintafel mit der Aufschrift **St. Anna / ora pro nobis** (heilige Anna, bitte für uns). In dem mit einem Kreuzgratgewölbe überdeckten, offenen Vorraum befindet sich eine früher an jedem Heiligenhäuschen zu findende Kniebank. In der mit schmiedeeisernem Gitter gesicherten Nische steht eine rund 50 cm hohe Annenfigur aus Gips.

Das Anna-Kapellchen

Die Denkmäler
im Ortsteil

Kapellen

Kapellen
Historischer Überblick

Über die Anfänge Kapellens ist nichts bekannt. Die Lage der Kirche, die zudem namengebend für das dazugehörige Dorf wurde, direkt an der alten Römerstraße von Xanten nach Tongeren im heutigen Belgien (HAGEN 1931, S. 218f; GESCHWENDT 1960, S. 188, Nr. 6b; vgl. FRANKEWITZ, VOIGT 1993, S. 86) und in unmittelbarer Nähe eines römischen Fundplatzes (GESCHWENDT 1960, S. 188, Nr. 5) läßt zwar vermuten, daß sie an einem kultisch wichtigen Ort entstand, eine Einordnung in die Zeit vor der ersten Jahrtausendwende (WÜSTEN 1960, S. 111) bleibt aber ohne einschlägige archäologische Nachweise Spekulation.

Bis 1331 bildete Kapellen eine eigenständige Herrschaft, dessen administrativer Mittelpunkt das Haus Beerenbrouck war (→ Beerenbrouckstraße 62); in diesem Jahr gelangte die Herrschaft durch Kauf an den Grafen von Geldern und bildete seitdem einen von mehreren Gerichtsbezirken im Amtsbezirk Geldern (FRANKEWITZ 1986a, S. 146–172). Bis zum Ende des alten Reiches war das Dorf durch die Römerstraße geteilt, die nördliche Seite gehörte zum Herzogtum Kleve, die südliche mit der Kirche und dem Markt zum Herzogtum Geldern (SCHUMACHER 1922. – FRANKEWITZ 1986a, S. 149).

Als eigenständige Bürgermeisterei zählte Kapellen 1843 insgesamt 1880 Seelen (Statistische Uebersichten 1843). 1897 hatte der Ort nur noch 1679 (Adreßbuch 1897, S. 104), 1937 aber wieder 1871 Einwohner (Adreßbuch 1938, S. 14). Mit der kommunalen Neugliederung 1969 wurde die Gemeinde aufgelöst und bildet seitdem mit anderen Ortsteilen die neugebildete Stadt Geldern; damals wohnten in Kapellen 2346 Einwohner (SCHMIDT 1994, S. 17).

Archiv

Ein geordnetes Gemeinde- und Kirchenarchiv scheint es schon 1598 gegeben zu haben, denn in diesem Jahr wurde eine neue *kerken kystz*, eine „Kirchenkiste" angefertigt, in der normalerweise die Archivalien aufbewahrt wurden. Sie ist vielleicht mit dem Kirchenbrand 1690 untergegangen, erhalten blieben aber auch ältere Rechnungen. – In dem im BAM hinterlegten Pfarrarchiv – eine vollständige Übersicht war nicht zu erhalten – befindet sich im „Rentenboeck 1763" eine Pfarrchronik von 1881 bis 1956; die Fortsetzung dieser Chronik behandelt die Zeit von 1956 bis 1980; beide Chroniken stellen für die angegebenen Zeiträume eine wahre Fundgrube dar. – Im Besitz von Hans Stratmans, Geldern-Pont, befinden sich die Kirchenrechnungen – zum Teil mit Belegen – von Kapellen von 1598 bis 1816 (mit Lücken), die er mit dem Abbruch des alten Pastoratsgebäudes 1960 übernahm. Eine Publikation ist in Vorbereitung. – Das Archiv der Gemeinde Kapellen bis 1969, bestehend aus wenig älteren und in der Hauptsache aus Stücken des 20. Jahrhunderts, gelangte mit der kommunalen Neugliederung an das Stadtarchiv Geldern (FRANKEWITZ 1988, S. 174).

Für die Geschichte von Aengenesch liegt eine handschriftlich ab 1877 geführte Chronik mit zahlreichen wertvollen Notizen vor, aus der WÜSTEN 1960 vieles veröffentlichte.

Die Wallfahrtskapelle
von Südwesten

Aengenesch: Wallfahrtskapelle

Eintragung in die Denkmalliste: 3. Januar 1983
Denkmal Nr. A 2
Eigentümer: Katholisches Pfarrektorat Aengenesch

Geschichte

Aengenesch bedeutet „An der Esche". Das Gebiet von Aengenesch gehörte ursprünglich zu einem Teil zum Kirchspiel Winnekendonk, wie aus einem Weistum von 1442 hervorgeht, zum anderen zu dem relativ jungen Kirchspiel von Kapellen – daher auch der Name „Kapelle" (FRANKEWITZ 1986a, S. 148–150). Noch 1550 gehörten zumindest Teile der Nachbarn

von Aengenesch, sicher aber die Bewohner der Boeckelt und auf der Wörchem zum Kirchspiel Winnekendonk, denn in diesem Jahr baten sie darum, der für sie wesentlich näher liegenden Kirche in Kapellen zugeteilt zu werden (Archiv Haag, Nr. 5174. – FRANKEWITZ 1986a, S. 151). In dieser Grenzlage ist die Entstehung der Aengenescher Wallfahrt zu sehen; man wollte eine eigene Kapelle haben und sich von der Abhängigkeit einer viel zu weit entfernten Mutterkirche lösen; ging man sonntags zur Kirche, kam man an der von Kapellen vorbei, durfte hier aber dem Gottesdienst nicht beiwohnen! Zudem lag Winnekendonk zusätzlich in einem anderen Territorium, es gehörte zum Herzogtum Kleve.

1430 wurde die Kapelle „zu Ehren der heiligen Maria an der Stelle gebaut …, wo der Sage nach das Bild der schmerzhaften Mutter in einem hohlen Eschenbaum gefunden wurde"; bereits am 3. Juli 1431 konnte die hier errichtete Kapelle durch den Kölner Bischof Konrad „zur Ehren der hl. Maria, des hl. Apostels Johannes, des Evangelisten, der Märtyrer Papst Cornelius und des hl. Christophs" geweiht werden; mit Urkunde vom 31. Dezember 1436 unterstellte Herzog Arnold von Geldern die Kapelle dem Karmeliterkloster in Geldern. (B. 1880, S. 134. KELLER 1985, S. 89–93); seit dem 18. Jahrhundert gilt sie als Hilfskirche (B. 1880, S. 143). Im 17. Jahrhundert diente die Kapelle für 25 Jahre der katholischen Gemeinde Issum als Kirche (PfA Aengenesch, Chronik 1877, S. 216). Mit der Aufhebung des Karmeliterklosters in Geldern wurde die Kapelle zu Aengenesch der Pfarre Kapellen unterstellt, 1911 bemühte man sich aber, eine eigene Pfarre aufzubauen (PfA Aengenesch, Chronik 1877, S. 196); 1921 wurde die Kapelle zum Pfarrektorat mit Tauf-, Trauungs- und Beerdigungsrecht erhoben (KAMPS 1931, S. 26).

Gründungsbau

Einschiffiger, zweijochiger Backsteinbau mit 5/8 Chorschluß mit einer kleinen Sakristei mit Pultdach an
der Südseite, hohem, über dem Chor abgewalmten
Schieferdach und einem schlanken Dachreiter von
1431. Der ebenfalls aus der Gründungszeit stammende liegende Dachstuhl mit vier Gebinden ist in
vier mächtige Ankerbalken eingezapft, die auf der
Mauerkrone ruhen und mit Eisenankern an der
Wand befestigt sind. Die Dachstühle tragen die
Pfetten, auf die die im First zusammengeblatteten
Sparren ruhen, die nochmals mit Kehlbalken gesichert sind. Drei weitere Ankerbalken, die ebenfalls
auf der Mauerkrone aufliegen, tragen die hölzerne
Fachwerkkonstruktion, die ihrerseits den Dachreiter
trägt.

Da lediglich der Chor mit Fenstern ausgestattet
ist, steht zu vermuten, daß die Wandflächen in den
beiden Jochen mit Fresken bedeckt waren.

Erweiterung

1720 wurde die Kapelle um ein Joch nach Westen
erweitert und mit einem barocken, geschweiften
Giebel mit Endvoluten, Pilasterrahmen und rusti-
zierter Portalumfassung versehen. In dieser Form
ist eine Ansicht der Kapelle auf einem etwa
11 × 7 cm großen Wallfahrtsfähnchen gedruckt
worden (TEKATH 1993). – Die Erweiterung ist von
außen auch an dem etwas ausbiegenden Traufgesims zu erkennen.

Restaurierungen

Nicht näher benannte Reparaturen sind für 1814
bis 1818 überliefert (PfA Aengenesch, Chronik 1877,
S. 39); *das Türmchen brannte infolge Blitzschlages
im Jahre 1833 bis auf die Glocke nieder, wurde
aber in demselben Jahre in gleicher Form wieder
hergestellt* (PfA Aengenesch, Chronik 1877, S. 217:

Fachwerkkonstruktion
für den Dachreiter

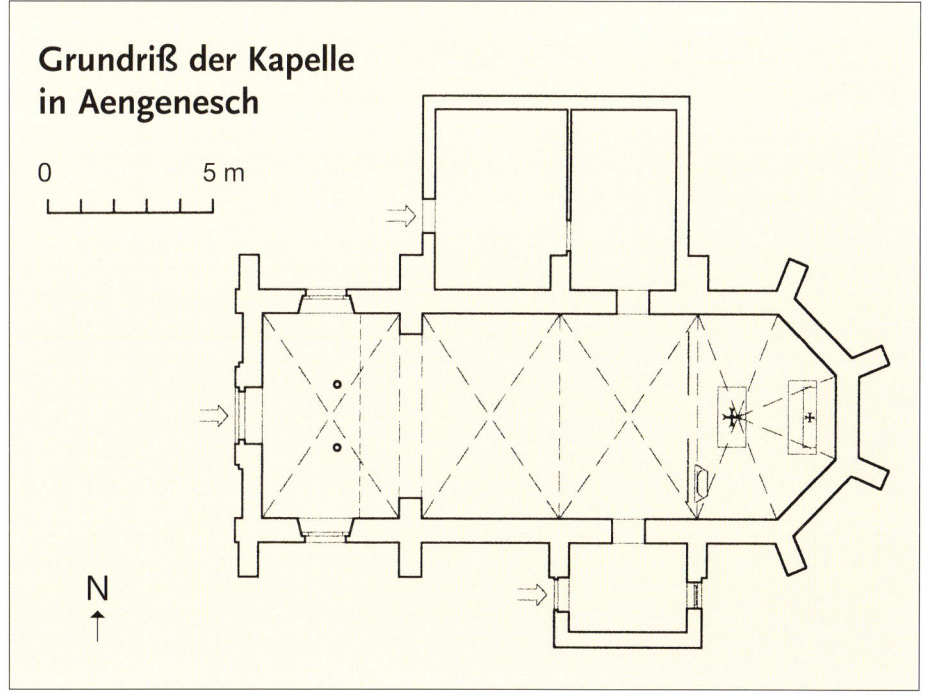

**Grundriß der Kapelle
in Aengenesch**

0   5 m

N

Zeitungsartikel vom 30. September 1931); bei der Instandsetzung 1858 werden entlohnt eine Reise nach Köln, der Dachdecker für Arbeiten in Zink und Blei, *an Bickern in Königswinter für gelieferte Steine, Fenstereinfassungen … an Herr Baumeister Schadt (?) in Cöln für gelief. Glasfenster … ein Maurer für Verputz und Fundamentverbesserung, ein anderer für inwendige Verputz … an Glaser Polders für das einsetzen der Gläser und Zubehör … an Fracht für das übersante Fensterglas … an Puteanus für Farbwahren und desgleichen* und *Dalmann für eine neue Communionbanck* (PfA Aengenesch, Chronik 1877, S. 39 und 48).

Im Jahre (18)92 im Sommer ist die Capelle inwendig angestrichen, von dem Anstreicher Meister Peters aus Geldern … Im Jahre 1894 ist die Capelle Bänke, Predigtstuhl und Sakristei von den Anstreicher Haas aus Capellen angestrichen mit Öhlfarbe (PfA Aengenesch, Chronik 1877, S. 174).

Ab 1926 wurden die Sakristei und das äußere Mauerwerk restauriert. *Im November (1908) baute Schreiner Bergmann-Geldern uns eine neue Orgelbühne* (PfA Aengenesch, Chronik 1877, S. 210).

Für die 500-Jahrfeier wurde 1931 eine große Restauration geplant, die vom Kreisbaumeister Felderhoff aus Geldern *unentgeltlich … mit Erlaubnis des Herrn Landrats* geleitet wurde (PfA Aengenesch, Chronik 1877, S. 214); die Kapelle wurde äußerlich instand gesetzt, die Altartafeln restauriert (Reinhold 1934, S. 125 f.); „1932 wurde das Innere ausgemalt" und die Marienstatue „instandgesetzt" (JbrD 11, 1934, S. 183). Im Zweiten Weltkrieg wurden „Dach und Fenster leicht beschädigt" (JbrD 19, 1951, S. 199). 1981 bis 1983 wurde die Kapelle umfangreich saniert (Murmann 1984). Bei diesen Arbeiten isolierte man die Mauern gegen aufsteigende Feuchtigkeit, der alte Putz im Innern wurde abgeschlagen (RP vom 24. Juli 1982), an der Nordseite eine neue Sakristei angebaut, die alte Sakristei an der Südseite zu einer Betkapelle umgestaltet, „um den Pilgern jederzeit einen Zugang zur Marienfigur gewährleisten zu können" (RP vom 13. Juni 1983). „Der wohl um 1930 aufgebrachte Zementputz am Westgiebel wurde abgeschlagen, lediglich die Architekturgliederungen (geschweifter Volutengiebel, Pilastervorlagen, Fensterfeld und rustizierte Portalrahmung) wurde neu verputzt (und) mit Mineralfarbe gestrichen" (JbrD 30/31, 1985, S.493f.). Die heutige, teils steinsichtige, teils verputzte Gestaltung des Giebels geht auf die Sanierung von 1981–83 zurück. – Für 2001 ist eine Sanierung der Dachkonstruktion vorgesehen, bei der die Funktion des Dachstuhls beibehalten bleiben soll; die Dachhaut in Form von Sattelbrettern mit Schiefereindeckung wird komplett erneuert werden müssen.

Die spätmittelalterliche, namengebende Esche soll 1648 gefällt worden sein (WÜSTEN 1960, S. 262); sicherlich wurde ein Baum nachgepflanzt, denn *am 3. April 1905 wurde die alte Esche gefällt, welche schon länger am Absterben war und zu Schaden stand*; eine neue Esche wurde vier Tage später am 7. April gepflanzt (PfA Aengenesch, Chronik 1877, S. 191); die große Esche an der Nordseite der Kapelle könnte noch aus dieser Periode stammen, die Esche auf dem Platz vor der Kapelle ist erst wenige Jahrzehnte alt.

Fenster

Die drei Chorfenster stammen von Friedrich Stummel aus Kevelaer (LEINWEBER 1979, S. 44). Das nach Nordosten gerichtete Fenster zeigt die Heimsuchung und Christi Geburt und trägt unten die Aufschrift **Geschenk der Eheleute / Bollen Anno Domini 1895**. Im Ostfenster, das durch den Altar weitgehend verstellt wird, ist oben die Verkündigung an Maria dargestellt; darunter werden in

einem teppichartigen Muster insgesamt 24 Vögel dargestellt, darunter die Wappen des Stifters, an der vornehmeren linken Seite das vermehrte Wappen von Wolff-Metternich, rechts von Hoensbroech (im silbernen Feld über drei Balken ein steigender schwarzer Löwe). Hier findet sich die Aufschrift **Gezeichnet von F. Stummel Maler in Kevelaer / ausgeführt in der Glasmalerei von W. Derix in Goch 1886**. Das dritte, nach Südosten gerichtete Fenster zeigt oben die Darbringung des Herrn im Tempel und unten Jesus mit den Schriftgelehrten im Tempel.

Fenster von Friedrich Stummel

◁ Inneres der Wallfahrtskapelle

Fenster von Friedrich
Stummel

Das Gnadenbild
von Aengenesch

Die Lieferung von zwei weiteren Fenstern mit Teppichmuster von Derix ist für Aengenesch für 1905 bezeugt (freundliche Mitteilung und Fotokopien von Herrn Derix, Kevelaer); um sie bezahlen zu können, wurde die alte Esche gefällt (WÜSTEN 1960, S. 262). Sie sind nicht mehr vorhanden, denn an der Süd- und Nordseite des Chores sowie an der Orgelbühne finden sich Fenster der 1950er Jahre.

Gleichwohl die Fenster von Stummel die bezaubernde Kapelle von Aengenesch mit ihren außerordentlichen Kunstwerken eher verdunkeln als erhellen, gehören sie in ihren Farben und Darstellungen zu den schönsten in Geldern.

Ausstattung:
Schmerzhafte Mutter

Das ursprüngliche Gnadenbild aus der ersten Hälfte des 15. Jahrhunderts ist verloren, es wurde nach 1621 „durch neidische Bosheit von gottvergessenen Händen, in unserem an Schlechtigkeit so reichen Jahrhundert, nach Ablauf des mit den Holländern abgeschlossenen Waffenstillstandes, zugleich mit der Erinnerung an die alten Gnaden gänzlich beseitigt" (KELLER 1985, S. 90).

Die heute in Aengenesch verehrte Schmerzhafte Mutter aus Holz (Linde?) ist dunkel gebeizt, 40 cm hoch, 29 cm breit, 10 cm tief. Sie stammt zwar noch aus dem frühen 16. Jahrhundert (FRANKEWITZ 1986b, S. 50f.), ist aber erst 1947 erworben und in der Kapelle aufgestellt worden (PfA Aengenesch, Chronik 1877, S. 271. – GORISSEN 1967, S. 134, Anm. 5). Der fast waagerecht liegende Körper des Toten mit abgewinkelten Unterbeinen und herabhängendem rechten Arm wird von der mit Kapuze bekleideten, sitzenden Gottesmutter gehalten. Die Figurengruppe weist kaum markante Details auf und dürfte eher aus der Hand eines lokalen Schnitzers stammen.

Die Figur wurde in den 1970er Jahren in der kleinen Eingangshalle (alte Sakristei) an der Südseite in einem modernen Käfig aus Beton mit schmiedeeisernem Gitter aufgestellt.

Altar

Der Altar ist aus verschiedenen Stücken zusammenkomponiert. Während das neugotische Gehäuse und das Schnitzwerk im Dezember 1885 aus Münster kamen (PfA Aengenesch, Chronik 1877, S. 158. – WÜSTEN 1960, S. 262), Clemen spricht von einem „modernen Altar" (CLEMEN 1891, S. 38), sind die Altartafeln und die Gottesmutter wesentlich älter. Zweifellos ist der neugotische Altar mit krabbenbesetztem Schnitzwerk, Bögen und Ranken um die beiden Altartafeln herum entworfen worden;

diese werden zusätzlich von zwei Heiligenfiguren – links Antonius und rechts Sebastianus – flankiert. Über der Expositionsnische mit dem Altarkreuz von 1947 von Ferdinand Dierkes aus Kevelaer (PfA Aengenesch, Chronik 1877, S. 243) steht die ältere Marienfigur. – Auf der Rückseite des Gehäuses ist oben in der Mitte mit roter Farbe vermerkt: **Letzter Anstrich Mai 63 K. Bongers**, unten links die Jahreszahl **1932**.

Marienbild

Die Gottesmutter von Aengenesch war 1891 – wohl im Zuge der Schaffung des neugotischen Altars – „neu polychromiert" worden; die mit Plinthe 111 cm große Muttergottes aus Holz „mit unter dem Kronreif frei herabfliessendem Haar, in reichem, in grossen Motiven fallendem Mantel, trägt auf dem linken Arme das Kind, das in der Linken eine Taube hält, während die Rechte in die Mantelschliesse der Mutter greift. Die linke Hüfte ist ein wenig ausgebogen, die Haltung von grosser Vornehmheit und edler Würde" (CLEMEN 1891, S. 38). Nach der ersten Datierung in das frühe 16. Jahrhundert (CLEMEN 1891, S. 38. – NÜSS 1963, S. 101) kann dieses „Kunstwerk von europäischem Rang" aus stilistischen Gründen – genannt seien neben den wallenden Locken der abgespreizte Zeigefinger, die tief heruntergezogenen Augenlider und das breite Kinn – dem Kalkarer Meister Arnt zwischen 1475 und 1480 zugeschrieben werden (GORISSEN 1967, S. 127 und 133).

Altartafeln

Von einem anderen Altar stammen die beiden in das frühe 16. Jahrhundert zu datierenden Tafelgemälde an dem neugotischen Altar. Die 90 × 34 cm großen Tafeln, die um ihre eigene Achse drehbar befestigt sind, zeigen zum einen links den heiligen Adrian mit Schwert und Rüstung und Johannes den

Gottesmutter im Altar

Alte Altartafeln im neugotischen Altar

Kreuzabnahme

Aus einem Schnitzaltar stammt die acht Figuren umfassende Gruppe einer Kreuzabnahme. Sie ist aus Holz, 64 cm hoch, 38 cm breit und 15 cm tief. Gezeigt wird nicht die Abnahme vom Kreuz im eigentlichen Sinne, sondern das Wegtragen des Leichnams zur Salbung; das Motiv geht auf den flämischen Künstler Rogier van der Weyden zurück und datiert aus dem späten 15. Jahrhundert (GORISSEN 1973) und ist „ein Produkt der brabantischen Devotionalien-Industrie" (GORISSEN 1974).

Wie das bedeutende Werk nach Aengenesch gekommen ist, ist nicht bekannt, im Inventar von 1891 wird es nicht erwähnt (CLEMEN 1891, S. 38f.), denn erst *Den 28 März 1895 wurde ein Gruppenbild welches mehrere Jahren … auf dem Söller gelegen hatte, aufgehängt, repariert, polychromirt und ein neues Kästchen darum gemacht, von P. Jansen Maler aus Kevelaer, kostet 107 Mark* (PfA Aengenesch, Chronik 1877, S. 180) Denkbar ist, daß es mit einem dazugehörigen Altar als Geschenk des Gottfried von Greveray am Ende des 15. Jahrhunderts nach Geldern kam. Greveray war 1415 in Geldern geboren worden, trat hier in den Karmeliterorden ein und wurde 1456 Weihbischof von Cambray; die Beziehung zu seiner Vaterstadt und seinem Konvent hat er nie abreißen lassen, zahlreiche Besuche sind bis 1490 bezeugt; „außer den Gebeinen der beiden Märtyrer Galenus und Valenus schenkte er der Pfarrkirche noch andere Reliquien, ferner kostbare Kirchenparamente und eine Menge wertvoller Bücher" (HENRICHS 1971, S. 102). Sollte der Altar zunächst auf diese Weise nach Geldern gekommen sein, ist der weitere Weg bis Aengenesch nicht mehr weit, denn die Wallfahrtskapelle unterstand ja seit 1436 den Gelderner Karmelitern. Vielleicht gelangte das in Vergessenheit geratene Teil erst nach Aufhebung des Klosters nach Aengenesch.

Altartafeln mit Stiftern

Die Kreuzabnahme ▷

Opferstock

Täufer mit Kreuzesfahne, rechts die heilige Katharina mit Schwert, Krone und Rad sowie die heilige Elisabeth, die mit der linken Hand den Mantelzipfel hochhebt. Im gedrehten Zustand sieht man links die Kreuzigung und rechts das dem Kreuz zugewandte Stifterpaar. „Die beiden Tafeln sind ausgezeichnete niederländische Werke aus den ersten Jahrzehnten des 16. Jh. Die Zeichnung ist von grosser Linienschönheit, der Faltenwurf bei den drei grossen Mantelfiguren der Vorderseiten meisterhaft und mit ausserordentlicher Liebe und Gewissenhaftigkeit durchgeführt" (CLEMEN 1891, S. 39).

Der heilige Adrian könnte ein Hinweis auf den Stifter sein; möglicherweise war dies Adrian von Boedberg, Besitzer von Schloß Haag (→ Bartelter Weg 4) und Erbmarschall des Herzogtums Geldern; er starb (vor) 1509 (FRANKEWITZ 1997, S. 188).

Zelebrationsaltar

Der moderne Zelebrationsaltar wurde aus den Resten einer Kommunionbank gebildet; an der Vorderseite zieren ihn drei flache, ungefaßte, 40 cm hohe Holzreliefs; sie zeigen links Mariä Verkündigung, in dem größeren Feld in der Mitte den heiligen Josef, der das Jesuskind hochhält und rechts Maria bei Anna.

Taufstein

Im Chor steht neben dem Altar ein 102 cm hoher, neugotischer Taufstein aus Sandstein, darauf befindet sich ein hölzerner Deckel; sein Schaft wird aus vier zusammengefaßten Säulen gebildet.

Kruzifix

Korpus vielleicht noch aus dem 18., Kreuz aus dem 19. Jahrhundert. Die goldfarbig gefaßten Ränder des Kreuzes sind ebenso erhaben gearbeitet, wie die in Vierpässen auslaufenden Kreuzenden. Der farbig gefaßte Körper ist leicht S-förmig geschwungen. Der Gesichtsausdruck des Gekreuzigten mit langen Haaren, mit geschlossenen Augen und einem Kinnbart zeigt, daß er nicht mehr leidet. Der Kruzifix zeigt Ähnlichkeiten mit dem am Wegkreuz in → Veert, Schulstraße / Gerhard-Hauptmann-Straße.

Opferstock

Eine Besonderheit stellt der kleine, hölzerne Opferstock dar, der in einer Größe von 18 × 16 × 18 cm an einer neugotischen Bank befestigt ist. Derartige Opferstöcke gehörten zu jeder Kirchenausstattung; da sie ständig durch neue und sicherere ersetzt wurden, sind alte Opferstöcke sehr selten. Der Aengenescher Opferstock mit der Aufschrift **Offer vor de Sterf van het Vee** (Opfer für das verstorbene Vieh) stammt vielleicht noch aus dem Ende des 18. Jahrhunderts.

Figuren

Den 18ten Februar 1896 sind noch 2 neue Bilder, 1 Herz Jesu und 1 Herz Maria Statuen ... von dem Bildmacher Bösken aus Geldern verfertigt, eine Statue des hl. Aloysius wurde 1910 neu polychromiert (PfA Aengenesch, Chronik 1877, S. 180 und 195). – Die beiden Figuren des 20. Jahrhunderts an der Orgelempore sollen aus der Kirche in Kapellen stammen.

Ehemalige Kommunionbank

Die Gemeinde Wetten überließ in hochherziger Weise Ostern 1925 unserer Kirche ein nicht mehr benutztes, kunstvoll geschnitztes Antipendium, das zu einer Kommunionbank umgearbeitet wurde (PfA Aengenesch, Chronik 1877, S. 209). Möglicherweise handelt es sich dabei um das jetzige Antependium am → Zelebrationsaltar.

Ehemaliger Kreuzweg

1876 wurde ein neuer Kreuzweg geweiht (Wüsten 1960, S. 261).

Ehemaliger Beichtstuhl

1876 wurde ein neuer Beichtstuhl aufgestellt (Wüsten 1960, S. 261).

Schützensilber

Das hauptsächlich aus der zweiten Hälfte des 20. Jahrhunderts stammende Schützensilber der Sebastianus- und Antonius-Bruderschaft wird hinter Glas in einem großen hölzernen Rahmen ausgestellt.

Glocke

Angeblich erhielt die Kapelle 1609 den Dachreiter und eine Glocke mit einer Inschrift und einem Chronogramm, aus dem das genannte Jahr hervorgeht; sie wurde von Jan Stommel gegossen, der seinen Namen in Spiegelschrift aufbrachte (PfA Aengenesch, Chronik 1877, S. 135f. – Wüsten 1960, S. 249. – Korting 2000b, S. 96f.).

Orgel

Im November (1908) *baute Schreiner Bergmann-Geldern uns eine neue Orgelbühne* für das vorhandene Harmonium; eine neue Orgel der Firma Seifert in Kevelaer wurde am 6. September 1925 in der Kapelle geweiht, eine neue, *fast verdoppelte Orgelbühne* folgte 1948 ; schon 1951 war die Orgel vom Wurm befallen (PfA Aengenesch, Chronik 1877, S. 193, 209, 244, 254).

Aengenesch 30: Altes Rektoratsgebäude

Eintragung in die Denkmalliste: 24. September 1993
Denkmal Nr. A 108
(Vormals: Aengenesch 15a)

Nördlich der Wallfahrtskapelle und vor dem Friedhof steht das hohe, nahezu quadratische, zweigeschossige Rektoratsgebäude aus Backstein mit flachem Walmdach und eingeschossigem Anbau an der Rückseite aus dem Jahre 1906; *erbaut wurde das Haus von Bauunternehmer Wilhelm Terhorst in Capellen und Schreinermeister Mathias Beekmans in Aengenesch ... Treppe nebst Haustür wurden geliefert von der Möbelschreinerfirma Hoyng & van Acken in Rees* (PfA Aengenesch, Chronik 1877, S. 192. – Vgl. Wüsten 1960, S. 262), es ersetzt die ältere, 1835 gebaute Vikarie (PfA Aengenesch, Chronik 1877, S. 66).

Die Ecken des Hauses sowie die Fenstergewände und das Traufgesims sind mit roten, glatten Ziegeln

gegenüber den Feldbrandsteinen deutlich abgesetzt. Auch zwei umlaufende Friese in Höhe der Bogenansätze der Fenster bestehen aus den gestrichenen roten Ziegeln. Bemerkenswert sind zudem die mit farbigen Kacheln mosaikartig ausgefüllten Rundungen über den Obergeschoßfenstern. – Das Dach des qualitätvollen Hauses wird leider von einem unpassenden Kaminaufsatz, einem Dachflächenfenster und zwei Antennenanlagen dominiert.

Aengenesch:
Ehrenmal auf dem Friedhof

Eintragung in die Denkmalliste: 10. August 1994
Denkmal Nr. A 142

Auf dem nördlich der Wallfahrtskirche 1921 angelegten Friedhof mit dem schmiedeeisernen Tor am Zugang steht das Ehrenmal für die Gefallenen

Altes Rektoratsgebäude

Zugang zum Friedhof

Ehrenmal

zunächst nur des Ersten Weltkriegs. Auf einem Sockel, in den die Namen der Soldaten eingemeißelt sind, steht ein steinernes Kreuz, vor dem eine Girlande, ein Stahlhelm und ein Schwert liegen; es wurde von der Firma Steeger geschaffen (KAMPS 1931, S. 26f.). Der Korpus besteht aus Gußeisen. Vor dem Kreuz befindet sich ein symbolisches Grab mit einer mit Flachrelief verzierten Grabplatte. Die wohl 1921 aufgestellte Gruppe wurde nach dem Zweiten Weltkrieg um zwei Steintafeln erweitert, auf denen rechts die Namen der Vermißten und links die der Gefallenen des Zweiten Weltkriegs überliefert sind.

Aengenesch 38: Bauernhof

Eintragung in die Denkmalliste: 24. September 1993
Denkmal Nr. A 107 (Vormals: Aengenesch 16a)

Aengenesch 38

Unmittelbar neben der Wallfahrtskapelle steht ein um 1880 erbautes, eingeschossiges Bauernhaus

T-förmig vor einer Hofanlage. Die Fenster des Hauses mit leichtem Stich sind an der fünfachsigen Fassade mit Steinrahmen versehen. Über der mittigen Tür springt ein ebenfalls mit Steinrahmen eingefaßter Zwerchgiebel vor. Alle Fenster sind an den Ecken und in Schulterhöhe durch größere Steinquader betont. Da das Wohnhaus quer zu dem dahinterliegenden Wirtschaftsteil steht und die Firste in der Dachausmittlung ein T bilden, spricht man hierbei auch von einem T-Haus (ZIPPELIUS 1957, S. 94–107).

Am Geisberg:
Heiligenhäuschen beim Loewshof

Eintragung in die Denkmalliste: 20. Juni 1995
Denkmal Nr. A 173
Eigentümer: Nordrhein-Westfalen-Stiftung

Der Überlieferung nach steht das Heiligenhäuschen aus Backstein an einem alten Prozessionsweg von Kapellen zur Wallfahrtskirche in Aengenesch. Stilistisch gehört es zu den neugotisch beeinflußten Bauwerken der Volksfrömmigkeit aus der Zeit nach 1850 (FRANKEWITZ 1995b, S. 91–94 und S. 103, Nr. 21). 1995 wurde das Heiligenhäuschen in Eigenleistung der Nordrhein-Westfalen-Stiftung als Eigentümer renoviert. Die Expositionsnische wurde neu verputzt und hellblau ausgemalt, das Dach erneuert. Das verschwundene originale Gitter konnte ausfindig, gereinigt und gestrichen und wieder angebracht werden. Bei dieser Gelegenheit wurden auch die vier das Heiligenhäuschen umrahmenden Kopflinden aufgeästet (HERTEL 1995), die ehemalige Kniebank durch eine Sitzbank ersetzt. In dem Heiligenhäuschen wird heute eine Kopie des Bildes der Kevelaerer Gottesmutter verehrt.

Heiligenhäuschen beim Loewshof

Das Wohnhaus des Hacksteins Hofes und die Rückseite

Am Geisberg 14: Hacksteins Hof

Eintragung in die Denkmalliste: 15. März 1994
Denkmal Nr. A 122

Ausgesprochen reizvoll ist der Hacksteinshof in seinen überkommenen Bauteilen als Bauernhof erhalten geblieben. Der Hof besteht aus einem eingeschossigen Wohnhaus – wohl aus der zweiten Hälfte
des 19. Jahrhunderts – mit Krüppelwalmdach, das
quer vor den dahinter gelegenen Wirtschaftsteil
gebaut wurde. An der Rückseite des Stallteils befindet sich unter dem Halbwalm eine vermauerte,
korbbogige Einfahrt, im Mauerwerk ist zu erkennen, daß die rechte Abseite nachträglich verbreitert

worden ist. Nicht ganz parallel zum Haus mit Stallteil steht eine backsteinerne Längstennenscheune mit Krüppelwalmdach und angebautem, offenem Schuppen. Zwischen Scheune und Haus sowie Scheune und dem Weg tragen zwei weitere, jüngere Gebäude zum Hofcharakter der Anlage bei.

Am Mühlenwasser 1

Eintragung in die Denkmalliste: 21. Oktober 1987
Denkmal Nr. A 44
Eigentümer: Maria Hollmann

Zweigeschossiger Putzbau von fünf Achsen Länge mit Krüppelwalmdach aus der ersten Hälfte des 19. Jahrhunderts. Auffällig ist, daß das Obergeschoß wesentlich höher als das Untergeschoß ist. Die mittleren drei Achsen werden von einem Dreiecksgiebel bekrönt. Die butzenartig gewölbten Fensterscheiben, die vermeintlich zu einem alten Haus passen, würde man heute nicht mehr einbauen. Vor

1989 erfolgte eine Neueindeckung mit Tonziegeln und eine Sanierung der Putzfassade (JbrD 38, 1999, S. 253), die inzwischen aber von wildem Wein völlig verdeckt wird. Abgesehen davon, daß der Bewuchs auch Bauschäden verursachen kann, muß die Frage erlaubt sein, ob die Erfahrbarkeit des Denkmals durch eine Reduzierung der Fassadenbegrünung nicht positiv beeinflußt würde.

Am Mühlenwasser: Ehrenmal

Eintragung in die Denkmalliste:
Denkmal Nr.

Direkt an der Fleuth befindet sich das Kapellener Ehrenmal für die Gefallenen der beiden Weltkriege. Das ursprüngliche Ehrenmal wurde am 18. November 1936 eingeweiht (FELDERHOFF 1941, S. 45f.). Es besteht aus einer Mauer mit sechs Tafeln mit den Namen der Gefallenen und fünf unterschiedlich großen Holzkreuzen. – An dieser Stelle stand

Am Mühlenwasser 1

Ehrenmal an der Fleuth

die alte Kapellener Wassermühle, die 1925 abgebrochen wurde (FRANKEWITZ 1986a, S. 138).

Am Mühlenwasser / Am Geisberg: Heiligenhäuschen

Eintragung in die Denkmalliste: 20. Juni 1995
Denkmal Nr. A 175

Direkt an der Einmündung des Weges Am Geisberg auf die Straße Am Mühlenwasser steht ein kleines Heiligenhäuschen aus Backstein mit einem Satteldach aus Schiefer. Verehrt wird in der Nische die Gottesmutter mit dem Kind auf einem Foto. An der Rückseite befinden sich Holländische Dreiecke. Aus stilistischen Gründen ist das Heiligenhäuschen in die zweite Hälfte des 19. Jahrhunderts zu datieren (FRANKEWITZ 1995b, S. 91–94). 1984 wurde das Häuschen grundlegend aber denkmalgerecht von der Kapellener Liebfrauenbruderschaft instand gesetzt. Aus dieser Zeit datiert das neue schmiedeeiserne Gitter, das auf den alten Rahmen geschweißt wurde.

Am Mühlenwasser: Heiligenhäuschen

Eintragung in die Denkmalliste:
Denkmal Nr.
Eigentümer: Graf zu Hoensbroech

Am Ende der langen Allee, die axial vom Schloß Haag (→ Bartelter Weg 4) zur Straße Am Mühlenwasser führt, steht ein verputztes Heiligenhäuschen mit verschiefertem Satteldach mit zurückgesetzter, halbrunder Nische aus der zweiten Hälfte des 19. Jahrhunderts. An der rechten Seite findet

Heiligenhäuschen
Am Geisberg

Heiligenhäuschen
in der Nähe
von Schloß Haag

sich Quaderputz. Die Umschrift über der Expositionsnische lautet **Heiliger Hubertus – bitte für uns** (Frankewitz 1995b, S. 93). In der Nische liegt heute ein kleiner Engel, und an der Rückseite hängt ein kleines etwa 10 × 12 cm großes (Gips-?)Relief mit dem mantelteilenden Martin und dem Bettler.

Am Mühlenwasser 143: Wimmershof

Eintragung in die Denkmalliste: 27. September 1993
Denkmal Nr. A 113

Backsteinerne Hofanlage mit T-förmig dem Wirtschaftsteil vorgesetzten Bauernhaus und ebenfalls T-förmig ausgebautem Mittelhaus sowie parallel dazu eine Längstennenscheune aus der ersten Hälfte des 19. Jahrhunderts; die beiden Gebäude sind

Wimmershof

durch einen Anbau miteinander verbunden. Das Bauernhaus stellt somit den seltenen Typus des doppelten T-Hauses dar (Zippelius 1957, S. 107 f. und S. 201, Abb. 104). Das fünf Achsen breite Bauernhaus mit Krüppelwalmdach ist in der linken Achse zweigeschossig und nimmt rechts die überhöhte Opkamer auf. – Der westliche Giebel der Scheune löst sich vom Gebäude und wird schon seit einigen Jahren abgestützt; es bleibt zu hoffen, daß eine dringend notwendige Sanierung bald erfolgen wird.

Bartelter Weg 4: Schloß Haag

Eintragung in die Denkmalliste: 26. Oktober 1982
Denkmal Nr. A 1
Eigentümer: Graf zu Hoensbroech

Geschichte

Haag wird zuerst 1337 als *hoff in ghen Haege by Gelre* als klevisches Lehen im Besitz des Konrad von

Issum genannt (Dösseler, Oediger 1974, Nr. 291). Gleichwohl quasi vor den Toren der Stadt Geldern gelegen, rechnete der Hof zusammen mit der Bauernschaft Boeckelt zu jener Zeit bis zum Ende des 14. Jahrhunderts zur Grafschaft Kleve (Frankewitz 1986a, S. 148f.). 1353 scheint das Anwesen im Besitz der von Boedberg gewesen zu sein, denn in diesem Jahr verzichtete Willem von Boedberg auf zwei Höfe *an ghen Hage* (Archiv Haag, Nr. 2116). 1433 konnte Johan von Boedberg das Amt des Erbmarschalls im Herzogtum Geldern erwerben (Archiv Schloß Haag, Nr. 1485, 1486), das seitdem bei den jeweiligen Besitzern des Hauses blieb. Die Familie von Boedberg besaß bis 1613 das Haus. Durch Vertrag vom 29. Dezember 1618 gelangte es an Adrian von Hoensbroech aus dem südniederländischen Hoensbroek (Archiv Haag, Nr. 2794 und dazu Nr. 1490). Seitdem besitzt diese Familie bis heute – inzwischen in der zwölften Generation – das Schloß (s. die Erbfolge bei Frankewitz 1997, S. 206/207).

Die innere Vorburg von Schloß Haag

Baugeschichte

Das mittelalterliche Haus, von dem es keine Abbildungen gibt, wurde 1662 zugunsten eines Neubaus niedergelegt; den zahlreichen Baunachrichten zufolge, die 1858/59 vom Archivar und Sekretär des Hauses, Heinrich Ferber, ausgewertet wurden (Beilage Nr. 4), wurde das neue Haus in nur zwei Jahren auf den mittelalterlichen Fundamenten – unter Verzicht auf einen Turm – errichtet. Der von Ferber lediglich erschlossene zweite Turm muß nicht zwingend existiert haben. Die Wiederverwendung der mittelalterlichen Fundamente erklärt die nicht axial zur Vorburg ausgerichtete Lage des Hauses (s. den Plan bei CLEMEN 1891, S. 29, KAUL 1976, S. 60, HANSMANN, KNOPP 1981, S. 79). Der Neubau von 1662 bis 1664 – Baumeister war Meister Dirk van Deyl (Archiv Haag, Nr. 2133) – ließ über hohem Kellergeschoß ein schlichtes zweigeschossiges, sechs Achsen breites und fünf Achsen tiefes Haus mit Walmdächern entstehen (Farblithographie bei HANSMANN, KNOPP 1981 I, Tafel 39; KAUL 1976, S. 61, Foto bei

Schloß Haag um 1890

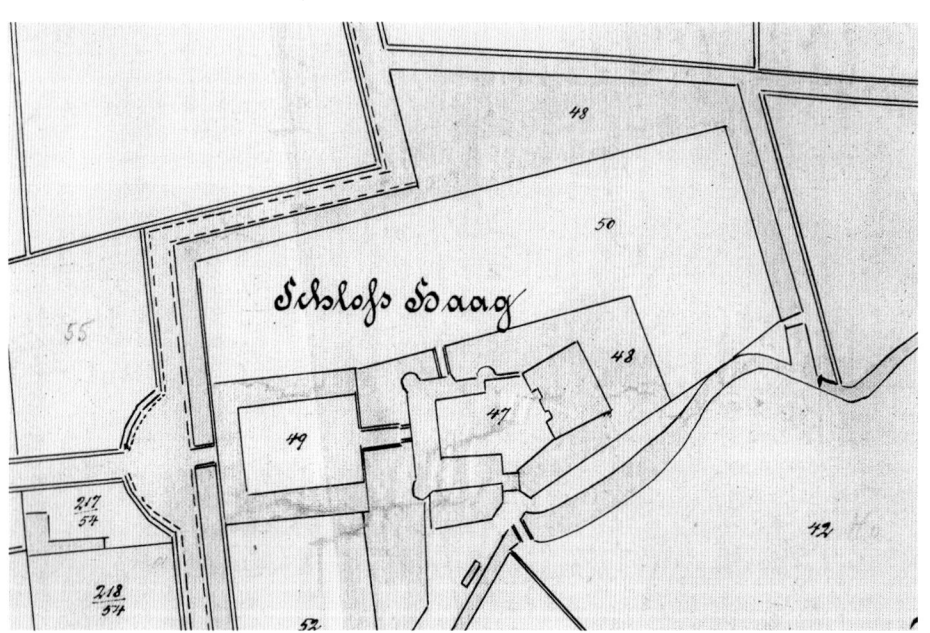

KLAPHECK 1916, S. 123), dessen zur Vorburg gerichtete Schauseite von zwei Risaliten bestimmt wurde (Abb. bei KAUL 1976, S. 63). Die Aufstockung des Hauses um ein Geschoß sowie die Aufstockung der sechsten Achse um zwei weitere Geschosse zu einem Turm an der Südostecke in den Jahren 1876 und 1877 (KAUL 1976, S. 63; die Datierung bei CLEMEN „1852–1858" ist falsch), die Einfügung einer dreibogigen Loggia mit Balkon zwischen den Risaliten und die Umgestaltung der zweiachsigen Fassade des rechten Risalits in eine dreiachsige mit unproportionalem Formendekor der Neugotik erwies sich mehr als unglücklich: „Wenn heute die stattliche alte Vorburg aber nicht wäre, so wüßte man nicht, ob das Herrenhaus ein Hospital, eine Schule oder ein Waisenhaus wäre!" urteilte ein Zeitgenosse (KLAPHECK 1916, S. 122. – Die erste farbige Fotografie bei RENARD 1921, Tafel 5, andere Abb. auch bei KAUL 1976, S. 67, HANSMANN, KNOPP 1981 II, S. 78, FRANKEWITZ 1997, S. 205). Dementsprechend wurde der Abschied von dem „unschönen Gebäude" nach der Zerstörung im Zweiten Weltkrieg nicht als großer Verlust gewertet (N. N. 1949, S. 46).

Raumaufteilung und Ausstattung des ehemaligen Hauses

Gemäß einem 1685 aufgenommenen Inventar (Archiv Haag, Nr. 2224) verfügte das Haus Haag im Untergeschoß über den *grooten sale*, die *roode Camer*, die *geel Camer*, eine *strypse camer*, die *myn heere ende mevvrouw camer*, die *kinder camer*, ein *stoeffken* und einen *vorsael*, im Obergeschoß lagen neben der Kapelle, die *Blauw camer*, die *groen camer* und verschiedene andere Kammern (vgl. den Grundriß bei CLEMEN 1891, S. 29).

Bis zur Zerstörung 1945 bildete Schloß Haag „das beste Bild einer Schloßausstattung am Niederrhein aus dem Jahrhundert des Großen Krieges";

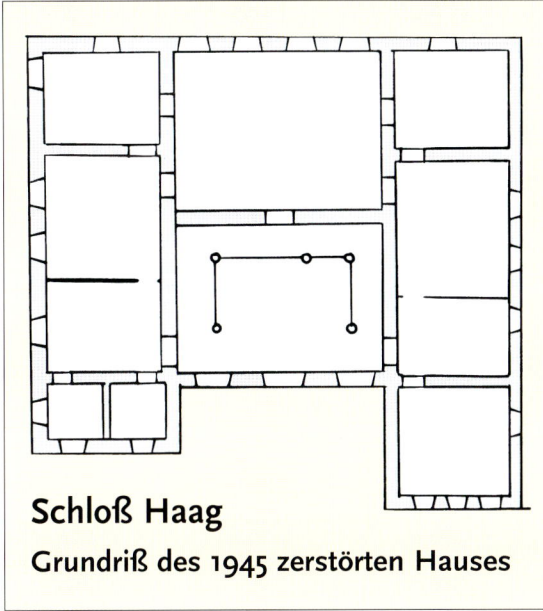

Schloß Haag
Grundriß des 1945 zerstörten Hauses

um den großen Speisesaal lagen die rote, die gelbe, die blaue und die grüne Kammer, rechts vom Speisesaal ein Billardsaal (KLAPHECK 1916, S. 308 f.). Berühmt war die Gemäldesammlung, zu der 1891 neben der „großen Eberjagd von Rubens und Snyders" auch „auf dem Flur im zweiten Geschoß zwölf lebensgrosse Apostelfiguren von Kaspar de Krayer" gehörten (CLEMEN 1891, S. 31), die nun zum Teil in der → Gelderner Pfarrkirche Maria Magdalena hängen. Einem Inventar aus der Zeit um 1776 zufolge (Beilage Nr. 1) gab es in den beiden Wohngeschossen des Hauses rund 28 Säle, Kammern und Gänge, in denen insgesamt 63 Portraits und 30 andere Gemälde hingen; in einer Kammer im Keller wurden noch „einige Bilder" verwahrt (Beilage Nr. 1, Position 33).

Frühere Kapelle

Zum Haus Haag gehörte auch eine Kapelle, die durchaus die besondere Bedeutung der Anlage unterstreicht. Die Existenz einer Kapelle ist für 1528 anzunehmen, denn in diesem Jahr wird ein Kaplan des Hauses Haag genannt (Archiv Haag, Nr. 1842). Zudem werden im Inventar von 1685 zwei Kapellen-Kissen *mit het wapen van boedtbergh* genannt (Archiv Schloß Haag, Nr. 2224, Blatt 5v.). – Eine neue Kapelle scheint es 1629 gegeben zu haben, denn in diesem Jahr erlaubte Papst Urban dem Freiherrn von Hoensbroech, in seiner „neu errichteten Kapelle auf dem Schlosse Haag täglich eine heilige Messe lesen zu lassen" (Archiv Haag, Nr. 2104); bereits für 1624 ist darauf bezügliche Korrespondenz überliefert (Archiv Haag, Nr. 2103). – In dem Neubau von 1662/64 lag die Kapelle im Obergeschoß über dem Flur des Untergeschosses (CLEMEN S. 30); ein Vincenz Statz zugeschriebener Neubau (VOGTS 1960, S. 20, 80, 109) bezieht sich nicht auf die Hauskapelle, sondern betrifft die Friedhofskapelle in Geldern (→ Geldern, Am Ölberg). Die Erlaubnis, in der Schloßkapelle Messen lesen lassen zu dürfen, wurde ständig erneuert (HABETS 3 1892, S. 384 und Archiv Haag, Nr. 2105–2108a).

Ehemalige Neugotische Kapelle

Am 1. Mai 1902 wurde durch den Schloßgeistlichen der Grundstein zu einer neuen Kapelle „in gothischem Style nach einem von Herrn Baugewerksmeister J. Elsemann jr. angefertigten Plane" gelegt (GW vom 6. Mai 1902). Diese neue Kapelle stand an der Nordostecke des Hauses im Schloßgraben und war durch das Westportal direkt vom Hof aus zu begehen (Postkarte im Bildarchiv des Stadtarchivs). Bereits am 14. Oktober 1902 konnte die Kapelle geweiht werden; an ihr wirkten namhafte Künstler und Handwerker mit, neben Elsemann auch die Gebrüder Steeger aus Geldern (vgl. LINGENS 1999, S. 204 f.), die Gebrüder Bausch aus Kevelaer (vgl. LINGENS 1998, S. 21), der Glasmaler W. Derix aus Goch und die Gelderner Schnitzerwerkstatt Jakob

Das umgebaute
Haupthaus und links
davon die Kapelle
von 1902

GELDERN. Schloss Haag

Ophey (Beilage Nr. 15). 1945 wurde die Kapelle zusammen mit dem Haupthaus zerstört, die Glocke der Kapelle wurde in der neu errichteten Kapelle in Kevelaer-Achterhoek aufgehängt (KORTING 2000b, S. 97).

Den vorliegenden Fotos gemäß war die Schloßkapelle einschiffig und umfaßte zwei Joche und einen ⅝ Chor. Das im Zeitungsartikel von 1902 beschriebene Wappen von Hoensbroech-Windischgrätz über dem Portal von der Gelderner Firma Steeger ist auf einem Foto zusammen mit dem Silberpaar auf seiner Danksagung abgedruckt (StA Geldern, Bildarchiv).

Zerstörung und Restaurierungen

Am Ende des Zweiten Weltkriegs wurde das Haupthaus „bis auf Reste der Umfassungsmauern zer-

stört" (JbrD 19, 1951, S. 199); 1947 wurde damit begonnen, die Trümmer des Haupthauses zu beseitigen (N. N. 1949, S. 44), Ruinen blieben aber bis nach 1965 im Gelände liegen (s. Foto in der RP vom 13. Oktober 1951 und Luftbild bei FRANKEWITZ 1991a, S. 117). Alle Dächer der inneren Vorburg und der gesamte Westflügel mit einem nach Norden weisenden Treppengiebel (Abb. bei CLEMEN 1891, S. 31) wurden bis auf die Außenmauer zerstört. Der Westflügel wurde nicht wiederaufgebaut, dafür sollten aber die hier freigelegten Reste des auf mächtigen Bögen an der Innenseite ruhenden Wehrgangs aus dem 15. Jahrhundert gesichert und ergänzt werden (Abb. der zerstörten Nordwestecke: JbrD 19, 1951, S. 203). Bis 1951 konnten die stark in Mitleidenschaft gezogenen Türme wiederhergestellt werden (RP vom 13. Oktober 1951), die Dachdeckung

zwischen den beiden Vorburgen neue Natursteinabdeckungen, zur gleichen Zeit weitere Erneuerungen der Dächer (JbrD 34, 1992, S. 248), kleinere Sanierungsmaßnahmen folgten (vgl. die nicht ganz korrekten Angaben im JbrD 38, 1999, S. 252). 1996 wurden die Dachstühle des Nord- und Ostflügels der inneren Vorburg mit Landesmitteln durch die Zimmerei van Aken, Kevelaer, konstruktiv gesichert und restauriert. Im Zuge der Nutzungsänderung des unmittelbaren Umfeldes von Schloß Haag in eine Golfanlage 1997 wurden in der inneren Vorburg unter weitgehender Wahrung der historischen Substanz ein Restaurant, Büroräume und dazugehörige Nebenanlagen eingebaut; die Inbetriebnahme erfolgte 1999. Ausgrabungen anläßlich der Neugestaltung des Innenhofs der inneren Vorburg im August 1998 erbrachten nur wenige aussagekräftige Befunde zur Baugeschichte (VAN DE GRAAF 1999). – Nach der weitgehenden Nutzbarmachung und den damit verbundenen Veränderungen ist zu wün-

Zwei Innenansichten aus dem zerstörten Haupthaus, um 1910

erfolgte mit Schiefer (JbrD 20, 1956, S. 121). 1954 fanden umfangreiche Besprechungen mit dem Landeskonservator statt, weitere Aufbauarbeiten folgten erst 1956 (JbrD 21, 1957, S. 219). Auf den Wiederaufbau des nach Norden weisenden Treppengiebels des Westflügels wurde verzichtet (JbrD 22, 1959, S. 164). Bis 1964 konnte der „Äpfelturm" an der Nordwestecke mit seiner in Mauerstärke liegenden Treppe zum Wehrgang sowie der Wehrgang selbst durch den Architekten M. Hermens aus Geldern wiederhergestellt werden (JbrD 25, 1965, S. 173). In der Mitte der 1980er Jahre wurden ein Turm an der Westseite und das Dach des Ostflügels der inneren Vorburg mit Moselschiefer gedeckt. In diesen Ostflügel sollte zudem eine Wohnung eingebaut werden (RP vom 12. Juni 1982 und JbrD 30/31, 1985, S. 493 mit Foto). 1983–85 erhielt die Brücke

schen, daß in näherer Zukunft das äußere, zum Teil stark ausgewaschene Mauerwerk unter Wahrung der Originalität fachgerecht ausgefugt wird.

Innere Vorburg

Die innere, dreiseitige Vorburg wird ursprünglich vom Haupthaus durch einen Graben getrennt gewesen sein; bestätigende Hinweise konnten 1998 archäologisch ermittelt werden (VAN DE GRAAF 1999, S. 15). An der West- und Nordseite ist die Ringmauer mit den hofseitigen, durch Spitzbögen getragenen Wehrgang aus dem 15. Jahrhundert erhalten. An der westlichen Außenseite kragt der Wehrgang auf einem Klötzchenfries um einen Stein vor, ähnlich wie beim Schloß Walbeck (→ Walbeck, Am Schloß

Torturm an der Westseite und Nordwestturm

Walbeck 3). In den Schießscharten an der Westseite finden sich noch heute Sattelhölzer (original?), um Hakenbüchsen auflegen zu können; vor einer Fensteröffnung im Obergeschoß befindet sich an der Außenseite ein altes, schmiedeeisernes Gitter, ansonsten sind die Schießscharten an den Außenseiten als völlig schmucklose Schlitze gestaltet.

Den ursprünglichen Zugang zu dieser Vorburg vermittelte ein quadratischer Torturm mit spitzbogigen Durchfahrten und achtseitigen gotischem Knickhelm aus dem 15. Jahrhundert an der Südwestecke. Die backsteinerne Tonne, mit der die Durchfahrt überdeckt wird, ist durch Nähte vom Turm selbst getrennt und scheint nachträglich eingebaut worden zu sein. Gesichert wurde der Durchgang des Turmes durch zwei hölzerne Tore. Das eine war feldseitig an der Innenseite des Turms angebracht und war in Dornen gelagert, die unten in Stein und oben in einem Balken drehten. Ein zweites Tor befand sich hofseitig an der Außenseite des Turmes; von seiner Existenz legen schwere Kloben an Klobensteinen aus Sandstein auf der Scheitelhöhe der Durchfahrt Zeugnis ab. Da im Obergeschoß des Turms früher das Archiv gelagert wurde, trug er den Namen „Archivturm".

An den Ecken der Nordseite erheben sich zwei schwere Rundtürme mit Knickhelmen und mit leicht vorkragendem Wehrganggeschoß über einem Klötzchenfries, die ebenfalls dem 15. Jahrhundert angehören; an diesen Rundtürmen finden sich neben den einfachen Schießscharten auch welche mit Sandsteineinfassung in Form von Schlüsselscharten.

Backsteine

Die Backsteine haben unterschiedliche Größen: Am Torturm Länge 26 bis 28 cm, Breite 13 bis 13,5 cm, Höhe 6 bis 7 cm, an der Wehrmauer bei gleicher Höhe Länge nur 23 bis 24 cm, Breite 12 bis 12,5 cm, am Nordostturm Länge 27,5 bis 28,5 cm, Breite 13 bis 13,5 cm, Höhe 7 bis 8 cm. Eine Datierung scheint mit ihnen nicht möglich, die Maße erscheinen durchaus üblich (vgl. SCHIETZEL 1982, S. 42, Anm. 20).

Umbau der Vorburg

Die für 1680 durch Arnold Adrian vorgenommenen, „einem Neubau gleich kommende Reparaturen des Vorhofes" (Beilage Nr. 4) umfaßten den völligen Neubau des gesamten Ostflügels mit nach Osten gerichteter Tordurchfahrt, die feldseitig von einem Dreiecksgiebel bekrönt wird, sowie einem zur Feldseite runden, zur Hofseite eckigen Treppenturm an der Südostecke, weiterhin – unter Weiterverwendung der alten Ringmauer als Außenmauer – den Bau eines West- und Nordflügels. Bei dieser Gelegenheit wurde die alte Ringmauer für zahlreiche Fensteröffnungen im Unter- und Obergeschoß durchbrochen und im Nordflügel eine nach Norden gerichtete Tordurchfahrt gebaut; die sich anschließende steinerne, vierbogige Brücke wurde 1720 von Maurermeister Jakob Sprenger erbaut (Archiv Haag, Nr. 2141); an der Ostseite dieser Brücke ist in der Mitte ein Wappenstein aus Muschelkalk eingelassen, der die Wappen von Hoensbroech und von Loe zeigt; da zwei Damen von Loe erst im 19. Jahrhundert nach Schloß Haag heirateten (FRANKEWITZ 1997, S. 207), muß der Stein nachträglich an dieser Stelle eingelassen worden sein. – Die Umrahmung des neuen Zugangs erfolgte an der Feldseite 1686 durch zwei aus Lüttich stammende Halbsäulen, die einen Architrav mit flachem Dreiecksgiebel tragen, in dem das Wappen des Bauherrn Arnold Adrian von Hoensbroech (schreitender Löwe vor vier Balken: BERND 1835, Nr. 113) und das seiner dritten Frau Katharina von Bocholtz (drei Leopardenköpfe) eingefügt ist. Nach der Zerstörung von 1945 wurde der Glocken-

und Uhrenturm über dem nördlichen Portal ebensowenig wiederaufgebaut, wie der gesamte Westflügel; statt dessen wurden hier unter Betonung der alten Schießscharten die Fensteröffnungen wieder zugesetzt.

Grabstein

In der Durchfahrt ist an der westlichen Mauer ein großer Grabstein aus Namurer Blaustein eingelassen. Er zeigt das Wappen des Antonius Baron von Hoensbroech und das seiner Frau Anna Maria von Berge genannt Trips. Auf dem Stein befinden sich rechts und links zwei Leisten mit je acht Wappen, der Stein selbst wird von zwei weiteren Leisten mit nochmals je acht Wappen begleitet. Die Wappen sind bezeichnet:

Pallant	Hoensbroech	van Bergh gt. Trips	Houdrion
Alpen	Daure	Hunsberg	Brakele
Batenborgh	Merode	Ley	Roysin
Harff	Hompesch	Haecke	Launoy
Leerodt	Grobendonck	Hoeszyt gt Oest	Bernemicourt
Grein: d'Oveur	Recteren	Aelbroeck	Hemstede
Wyling	Ursel	Eynatten	Grobendonck
Gronstein	Immerzeel	Gulpen	Ursel

Der Grabstein lag zuerst in der Kapelle „op Slavante", wurde nach Haus Oost und von dort nach Schloß Hoensbroek in der niederländischen Provinz Limburg gebracht; von dort gelangte er erst 1935 nach Schloß Haag (BELONJE 1961, S. 108).

Äußere Vorburg

Axial auf das neue Nordportal von 1680 ausgerichtet wurde 1688 die dreiseitige, zur inneren Vorburg hin offene äußere Vorburg mit der Pächterwohnung erbaut (Beilage Nr. 4), an der wohl noch 1785 gebaut wurde (CLEMEN 1891, S. 30). Das Portal des Haupthauses, das aus „Hausteine von Lüttich" gefertigt war (Beilage Nr. 4), wurde bei dem Umbau in der zweiten Hälfte des 19. Jahrhunderts an den Westflügel der äußeren Vorburg versetzt (CLEMEN 1891, S. 30) und befindet sich heute an der Innenseite des Nordflügels.

Park

Mit dem Neubau des Hauses Haag und der Umgestaltung und Neuorientierung der Vorburgen im 17. Jahrhundert ging die Gestaltung eines großen Landschaftsparks einher, der im Sinne des barocken französischen Gartens mittels langer Alleen weit in die umliegende Landschaft hineingeführt wurde und als Disposition heute noch erhalten ist. So

Der Spiegelweiher
im Park

entstand vom neuen Ostportal der inneren Vorburg aus eine knapp 1000 m lange Allee nach Osten (heute Barteler Weg), die dann nach Südosten abknickt und nach weiteren 2000 m die Beerenbrouckstraße erreicht; vom Nordportal aus wurde in der Verlängerung der Achse der beiden Vorburgen ein schnurgerader, 900 m langer Weg in Richtung Norden bis zur Straße nach Kapellen (heute Am Mühlenwasser) angelegt, und ein weiterer Weg auf einem Damm läuft in südliche Richtung 500 m in gerader Linie auf die Stadt Geldern zu. Diese Alleen mit weiteren Verbindungswegen und um das Schloß laufende Gräben und Teiche sind – zumindest schematisch – bereits auf Karten des frühen 18. Jahrhunderts eingezeichnet (MEURER 1979, Nr. 31, 49, 51–55, 65) und auf der Tranchot-Karte von 1802/03 (Blatt 21 Geldern) gut zu erkennen (FRANKEWITZ, VOIGT 1993, S. 87); die nach Osten führende Allee taucht unter dem Namen *Der Haagische Dyck* auf einer Karte von 1790 auf (HStAD, Karten 2508, Druck: FRANKEWITZ 1986a, S. 171) und ist als abgepflanzte Allee schon auf einer Karte von 1764 (Geheimes Staatsarchiv Berlin, Preußischer Kulturbesitz, XI. HA Karte A 50.742) und auf einer von 1773 zu sehen (HStAD, Karten 2800).

Im 19. Jahrhundert wurde in unmittelbarer Schloßnähe ein Landschaftspark nach englischem Muster geschaffen. Zahlreiche exotische und einheimische, oft mehr als einhundert Jahre alte Gehölze bescheren dem Schloß ein ansprechendes Ambiente. Direkt vor dem Ostportal der inneren Vorburg bestimmt eine alte Eibenlaube den Zugang zum Schloßplatz. Besonders typisch für den Landschaftspark – wie auch für andere zeitgleiche Anlagen am Niederrhein – sind die Blutbuchen und die Solitärbäume in den Wiesen, die als Sichtmarken die Blicke in bestimmte Richtungen lenken. Da bekannt ist, daß die auch bei Schloß Haag vorkommende Eichenblättrige Buche und die Gelbeiche in Deutschland 1860 bzw. 1843 eingeführt wurden, läßt sich die Umwandlung des Parks recht sicher in die zweite Hälfte des 19. Jahrhunderts datieren; auch wenn der Charakter einer „weitgehend verkommenen Parkanlage" sich in den letzten Jahren zum Positiven wandelt, bleibt die Verpflichtung, „die noch vorhandenen dendrologischen Kostbarkeiten zu erhalten" (Hild 1971, S. 81).

Bartelter Weg 15: Ehemaliges Forsthaus

Eintragung in die Denkmalliste: 25. März 1987
Denkmal Nr. A 31
Eigentümer: Graf zu Hoensbroech

Zweigeschossiges Backsteingebäude von zwei Achsen Breite und einer Achse Tiefe mit Satteldach und eingeschossigem Anbau mit Walmdach aus dem Ende des 19. Jahrhunderts. Unter- und Obergeschoß werden durch einen Sägezahnfries voneinander getrennt. Die Fenster wurden nach altem Vorbild erneuert. Das romantische Erscheinungsbild des für den Förster von Schloß Haag erbauten Hauses wird durch den Bewuchs zwar gesteigert, andererseits aber wird gerade hierdurch die Erfahrbarkeit des Denkmals geschmälert.

Bartelter Weg 50: Heikamphof

Eintragung in die Denkmalliste: 25. März 1987
Denkmal Nr. A 30

Am Ende der langen Allee, die von Schloß Haag aus in Richtung Osten führt, liegt breit gelagert ein

△ Forsthaus

▽ Heikamphof

backsteinernes Bauernhaus mit Krüppelwalmdach aus dem Ende des 18. Jahrhunderts. Da das Haus zum Schloß Haag gehörte ist diese Lage nicht zufällig.

Mit fünf Fensterachsen erscheint das in der Tradition des niederrheinischen Hallenhauses errichtete Bauernhaus ungewöhnlich breit. Das Traufgesims und die Türumrahmung zeigen an, daß das Haus um 1900 verändert wurde. In diese Zeit gehört auch ein Anbau nach Norden.

Bei dem noch vor Eintragung in die Denkmalliste 1983 erfolgten grundlegenden Ausbau des Hofes zu Wohnzwecken verschwanden praktisch alle historischen Bauspuren. Da in früheren Zeiten der Dachraum nur als Speicher diente und nicht ausgebaut war, wird das Erscheinungsbild durch die vielen Dachgauben beeinträchtigt. Trotzdem wahrt das Anwesen mit ehemaligem Backhaus und Nebengebäude in bemerkenswerter Geschlossenheit die alte Disposition der Hofanlage.

Beerenbrouckstraße 40: Heiligenhäuschen

Eintragung in die Denkmalliste: 23. September 1987
Denkmal Nr. A 38

Backsteinernes, verputztes Heiligenhäuschen mit weit vorgezogenem Satteldach. Aufgrund der seltenen Grundrißform – das Heiligenhäuschen ist fast doppelt so tief, wie vergleichbare Heiligenhäuschen, ist es in die Zeit um 1800 zu datieren (FRANKEWITZ 1995b, S. 88, 90) und gehört damit noch zu einer älteren Schicht der religiösen Flurdenkmäler. Verehrt werden in der tiefen Nische vier Gipsfiguren.

Beerenbrouckstraße 46: Schratzkate

Eintragung in die Denkmalliste: 19. August 1993
Denkmal Nr. A 102

Eingeschossiges Bauernhaus mit innerem hölzernen Tragegerüst und Krüppelwalmdach sowie einer

Erweiterung für eine Opkamer an der rechten Seite mit Walmdach. Da die Firste in der Dachausmittlung hakenförmig erscheinen, spricht man bei diesen Häusern von Hakenhäusern (Zippelius 1957, S. 75f. und 92–94). Derartige Hakenhäuser, die entwicklungsgeschichtlich zwischen dem Hallenhaus und dem T-Haus stehen, sind auf dem Stadtgebiet Geldern sehr selten; allein zwei Höfe in Walbeck (→ Neesenweg 40) und Vernum (→ Sittermansweg 11) sind ebenfalls als Denkmäler eingetragen.

Die Fassade des Hauses wird gegliedert durch ein Fenster an der linken Abseite, der ehemals höheren Türe mit Entlastungsbogen, einem daneben liegenden großen Küchenfenster mit Entlastungsbogen und den zwei höher gelegenen Fenstern der Opkamer. Am Entlastungsbogen des Küchenfensters findet sich in Mauerankern die Jahreszahl **91**. Da die hohen Entlastungsbögen über der Decke zum Obergeschoß liegen, scheint eine Ergänzung der Datierung in das Jahr 1691 nicht unwahrscheinlich (vgl. Dautermann 1992, S. 199), der Ausbau zum Hakenhaus mit Opkamer mit Fachwerk in der östlichen Giebelwand wird vielleicht nicht viel später erfolgt sein, wie die Ausmauerung der Gefache zum Teil in Fischgrätmuster vermuten läßt (vgl. die Ausmauerung der Fachwerkscheune bei Haus Schlousen in Nieukerk: Schiffler 1983, S. 47f. und Abb. 86).

Beim Ausbau des Hauses 1994 zu modernen Wohnzwecken wurden zahlreiche Keramikscherben gefunden. Nach der leider nicht in allen Teilen denkmalgerechten Sanierung – unter anderem wurde eine Betondecke eingezogen (Lingens 1994b, S. 8f.) – ist auf jeden Fall die Proportion eines wichtigen niederrheinischen Bauernhauses des späten 18. Jahrhunderts für die Landschaft gerettet worden. – Neben dem eigentlichen Bauernhaus steht noch der Rest einer Längstennenscheune mit hölzernem inneren Tragegerüst aus dem 18. Jahr-

hundert. Erhalten sind drei Gebinde mit auf der einen Seite eingehälsten, auf der anderen Seite aufgekämmten Ankerbalken, die durch hohe, naturgebogene Kopfstreben gesichert werden.

Das romantische Erscheinungsbild des alten Hofes hatte schon in der ersten Hälfte des 20. Jahrhunderts das Interesse eines Gelderner Fotografen geweckt (GHK 1983, S. 146f.).

Beerenbrouckstraße 62: Haus Beerenbrouck

Eintragung in die Denkmalliste: 15. Oktober 1986
Denkmal Nr. A 24

Lage

Ein Blick auf die Karte zeigt, daß Beerenbrouck in der feuchten Niederung einer Fleuthschlinge errichtet wurde, eine für das Mittelalter typische Lage für einen Adelssitz. Nach Ausweis der Katasterkarte umgab das Anwesen verschiedene Gräben, die heute aber alle verfüllt sind.

Geschichte

Wie bei den meisten mittelalterlichen Häusern des Adels wird ein gleichnamiges Geschlecht oft früher genannt, als das entsprechende Haus. Ähnlich verhält es sich bei Beerenbrouck. Vertreter dieser Familie sind seit dem 12. Jahrhundert bezeugt (Kaul 1976, S. 22). Das erste sichere Datum zur Geschichte des Hauses datiert aus dem Jahre 1331, als der Knappe Loef von Beerenbrouck dem Grafen Reinald von Geldern seine *heerscap van Berenbroec* mit dem Gericht Kapellen und weiteren umfangreichen Rechten verkaufte, jedoch ohne seinen *hof van Berenbroec* (Frankewitz 1986a, S. 148). Wie so viele andere befestigte Häuser auch war Beeren-

brouck zunächst also nur ein Hof, von dem aus aber herrschaftliche Rechte, u. a. das Kirchenpatronat über die → Kapellener Kirche und Gerichts- und Mühlenrechte, ausgeübt wurden. Die nächste Erwähnung des Anwesens datiert erst aus dem Jahre 1461, als Elisabeth von Beerenbrouck den Wessel van den Loe heiraten sollte, dieser aber zunächst das Haus Wissen bei Weeze kaufen sollte, und – wenn dieses nicht so viel wert sei wie Beerenbrouck – noch weitere Besitzungen in die Ehe einbringen sollte (Kaul 1976, S. 24). Dies sind in der Tat bis heute die beiden einzigen Nennungen von Beerenbrouck zwischen 1331 und dem 18. Jahrhundert, die natürlich keinerlei Rückschlüsse auf die Topographie und das aufgehende Mauerwerk zulassen. – 1784 gelangte Beerenbrouck auf dem Erbweg an die Familie Ruys von Beerenbrouck (Spitzner-Jahn 1996, S. 38), und in der ersten Hälfte des 20. Jahrhunderts

pachtete der Gelderner Kirchenmaler Heinrich Brey das Haus an, das so „zum Schauplatz großer Jagdgesellschaften" wurde (Lingens 1998, S. 43 und 51–53).

Alte Ansichten und Beschreibung

Das Haus Beerenbrouck ist ein zweigeschossiger, verputzter Backsteinbau aus der Zeit um 1800. Nur wenig später wurden in den 20er oder 30er Jahren des 19. Jahrhunderts zwei sehr schöne, kolorierte Federzeichnungen des Hauses Beerenbrouck von Alexander Frans van Aefferden (1767–1840) angefertigt. Dem Wunsch, hier eine gleichzeitige Grundrißzeichnung abdrucken zu dürfen, konnte der Historische Verein für Geldern und Umgegend mit Schreiben vom 8. August 2000 leider nicht entsprechen, da er eine eigene Veröffentlichung über den Zeichner plant. Die eine Ansicht (19 cm hoch, 30,5 cm breit) zeigt das Haus von der Gartenseite,

die andere (19 cm hoch, 30 cm breit) von der Hofseite. Dieses Bild ist **18**28 (oder 1834 ?) datiert und **A. F. v. A.** signiert. Gemäß dieser Zeichnung erhob sich der zweigeschossige Putzbau von fünf Fensterachsen Länge über ein Kellergeschoß mit Ochsenaugen auf einem zur Hinterseite etwas steiler abfallenden Hügel. Die drei mittleren Achsen, in deren Mitte eine dreiseitige Treppe zu dem mit Rustikaputz umrahmten Portal führt, sind in einem flachen Risalit mit bekrönendem Dreiecksgiebel zusammengefaßt, der ein Rundfenster aufnimmt. Sämtliche Fenster haben grüne Fensterläden, die im Untergeschoß sind rundbogig, die im Obergeschoß gerade geschlossen. Das Satteldach sitzt auf einem kräftigen Traufgesims, das nahtlos in den Ortgang überführt und durch die zweiachsige Giebelseite als Gesims, das durch ein weiters Fenster in der Dachzone durchbrochen wird. Der Krüppelwalm an der Gie-

belseite nimmt ein hohes, aufwendiges Eisengespränge mit Glocke und bekrönender Wetterfahne auf. Links vom Haus schließen Wirtschaftsgebäude an, die wohl auch Wohnzwecken dienten. Der das Haus umgebende Park ist nach englischem Vorbild mit geschwungenen Wegen gestaltet. – Die Ansicht vom Park aus zeigt, daß hier der Mittelrisalit nur zweiachsig gegliedert ist, im Giebelfeld befindet sich ein Ochsenauge. Rechts vom Haus steht ein eingeschossiges, dreiachsiges Gebäude, das wohl als Gartenhaus diente.

Ein Ölgemälde aus der zweiten Hälfte des 19. Jahrhunderts (48 cm hoch, 62 cm breit) zeigt das Haus ebenfalls von der Rückseite, die schmiedeeiserne Fahne ist auf dem Bild schon verschwunden. Etwa von demselben Standort hat ein Fotograf das Haus noch am Ende des 19. Jahrhunderts festgehalten. Auf diesem Foto ist der nach Osten gerich-

Haus Beerenbrouck zu Beginn des 19. Jahrhunderts, Gartenseite

Restaurierungen

Trotz des Brandes ist das eigentliche Haus weitgehend so erhalten, wie es auf den Zeichnungen festgehalten wurde. Beim Wiederaufbau durch den Gelderner Bauunternehmer Johann Elsemann (LINGENS 1998a, S. 43) wurden aber die Krüppelwalme durch geschweifte Giebel ersetzt. 1987 wurde das Haus insgesamt grundlegend saniert: „Reinigung und Neuverfugung der geschlämmten Backsteinfassaden, u. a. am sehr schadhaften Westgiebel Auswechslung maroder Mauerpartien. Anbringung einer neuen Schlämme und mineralischer Anstrich nach Befund. Reparatur und Neuanstrich sämtlicher Holzsprossenfenster. Anbringung neuer Schlagläden nach originalem Vorbild. Sanierung des Dachwerks und der Dachhaut. Im Innern vollständige Wahrung der originalen Raumdisposition; Aufarbeitung der alten Türen, Holzböden und Stuckdecken. Wiederaufbau der Backsteinmauern im Vorgartenbereich, konstruktive Sicherung des Ständerwerks der Scheune sowie Neueindeckung der Scheune mit Tonziegeln. Sanierung der Außenwände der Kapelle: Reinigung, Neuverfugung sowie Trockenlegung des Mauerwerks. Sanierung des maroden Kapellendachs: Eindeckung mit den alten Tonziegeln unter Verwendung neuer Strohdocken" (JbrD 38, 1999, S. 253).

tete Wirtschaftsteil als Wohnstallhaus mit tief heruntergezogenem Dach auszumachen. 1908 zerstörte ein Brand teilweise das Haus, der anschließende Bauernhof wurde vollständig vernichtet; an seine Stelle wurde der heutige Hof an der Straße errichtet (Notizen von Joseph Brey um 1935, im Besitz des Heimatvereins Kapellen).

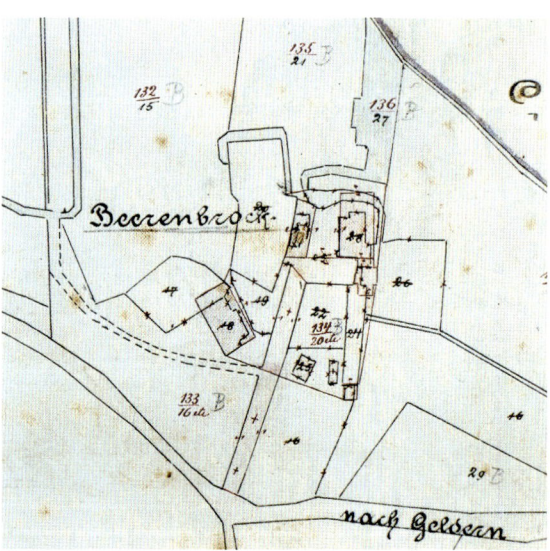

Plan von Haus Beerenbrouck um 1890

Kapelle

Zum Haus Beerenbrouck gehört eine Kapelle, die nicht im Haus integriert ist, sondern nach barocker Manier im Garten als eigener Baukörper steht. Die erste bischöfliche Erlaubnis, in der neu errichteten Kapelle Messe lesen zu dürfen, datiert vom 17. April 1739, dem dritten Sonntag nach Ostern (HABETS 3 1892, S. 384). – Bei der Kapelle handelt es sich um einen kleinen Saalbau aus Backstein mit Satteldach und zwei geschwungenen Giebeln mit holländi-

Kapelle von Haus
Beerenbrouck

einigen Jahren entfernt und restauriert. Das etwa 140 × 150 cm große Ölgemälde zeigt Jesus inmitten seiner Jünger beim letzten Abendmahl mit dem eingeschlafenen Johannes an seiner Schulter. Ob dies der ursprüngliche Altar war, ist fraglich, denn 1772 stand in der Kapelle ein Tragaltar (*altare portabile*: HABETS 3 1892, S. 385).

schen Dreiecken an den Ortgängen. Die Längsseiten mit je zwei Fenstern werden mittig durch je einen Strebepfeiler geteilt. Die zum Haus hin gewandte Vorderseite nimmt die korbbogige Türe auf und ist in Mauerankern **1739** datiert; an der Rückseite findet sich ein vermauertes Ochsenauge. Der barocke Altaraufbau aus Holz ist noch vorhanden, das Altarbild des späten 16. Jahrhunderts wurde vor

Finkenhorster Weg 9: Haus Finkenhorst

Eintragung in die Denkmalliste: 15. Oktober 1986
Denkmal Nr. A 25

Versteckt im Wald liegt das verwunschen überwachsene Haus Finkenhorst direkt am Ufer der Issumer Fleuth. Da das Haus vor dem Ende des Alten Reiches ein Lehen des Hauses Eyll bei Kamp-Lintfort war (SPITZNER-JAHN 1996, S. 49), taucht es in den geldrischen Lehnsregistern nicht auf. – Von einem alten Graben um das Anwesen ist nichts mehr zu erkennen. Ein Adam von der Horst gehört 1434 – neben der Witwe von Haus Langendonk (→ Langendonker Weg 25) zu den Gönnern der Kapelle in Aengenesch (B. 1880, S. 134 und 180). Eine Elisabeth von der Horst, Tochter des Herrn zu Finkenhorst, heiratete 1570 Adolph von Langen (VERHUVEN 1951, S. 56). Ihr Enkel Adolph von Langen – 1653 mit dem Eyller Lehen belehnt (SPITZNER-JAHN 1996, S. 49) – heiratete Anna Sibilla von Offenberg genannt Spiegel zu Broich bei Willich. Ein **1665** datierter Stein mit den Wappen der beiden über der Türe ist heute völlig überwuchert und nicht mehr sichtbar. Der Stein zeigt unter einer Krone heraldisch rechts das Wappen von Langen (ein aus kleinen Quadraten gebildeter Querbalken) und links das von Offenberg (im quadrierten Schild vorne oben zwei große X, hinten

Das alte Altarbild
der Kapelle

Haus Finkenhorst

Forsthaus bei Finkenhorst

Leider steht das Haus seit einigen Jahren leer, die Substanz wird hierdurch nicht besser; auch das maßlos wuchernde Efeu dürfte dem Mauerwerk nicht zuträglich sein.

Finkenhorster Weg 9: Forsthaus bei Haus Finkenhorst

Eintragung in die Denkmalliste: 19. April 1995
Denkmal Nr. A 184

Vor dem Haus Finkenhorst steht über hohem, verputztem Kellergeschoß das zum Herrenhaus gehörende Forsthaus, das angeblich 1905 errichtet wurde. Der Backsteinbau besteht aus einem zwei-

drei Kreise oder Ringe, unten umgekehrt. – Fahne 1848, S. 312). Mit Adolph von Langen stirbt dieses Geschlecht auf dem Haus 1712 aus, der Besitz kommt an die Familie von Erxen, die ihn bis 1772 behalten hat (Verhuven 1951, S. 59 f.) Als weitere Besitzer werden die von Weyenhorst und von Büllingen genannt (Verhuven 1951, S. 60. – Spitzner-Jahn 1996, S. 49). 1831 befand sich das Haus im Besitz von Franz Weidemanns und wurde rittermäßig anerkannt (Bär 1919 S. 588, Nr. 159). Seit 1843 gehört es der adeligen Familie von Diergardt (Kaul 1976, S. 41).

Bei dem heutigen Haus Finkenhorst handelt es sich um einen zweigeschossigen Backsteinbau mit Walmdach über dreiseitigem Grundriß. Gemäß den – zum Teil zugesetzten – Rundbogenfenstern dürfte das Haus kurz vor der Mitte des 19. Jahrhunderts erbaut worden sein. Bei einer sicherlich schon einige Jahre zurückliegenden Sanierung sind die Kamine leider verschiefert worden und erscheinen ebenso untypisch wie die roten Dachziegel.

achsigen Baukörper mit Giebeln, an den sich im rechten Winkel ein ebenfalls zweiachsiger Anbau mit Krüppelwalmdach anlehnt. Die – wie die meisten Fenster – rundbogige Tür ist über eine kleine Veranda mit Freitreppe zu erreichen. Leider sind die Fenster nicht denkmalgerecht durch neue ersetzt worden; die ehemaligen Oberlichter erscheinen nun als Verbretterungen.

Kapellener Markt 5: Wohnhaus

Eintragung in die Denkmalliste: 20. April 1993
Denkmal Nr. A 90
Eigentümer: Guido und Armin Aengenheyster

Zu den wenigen dreigeschossigen Bauten in einem Dorf gehört dieses vierachsig gegliederte Backsteinhaus mit rundbogiger Tordurchfahrt an der linken Seite. Das traufständige Haus mit Satteldach stammt aus der ersten Hälfte des 19. Jahrhunderts. Die Tordurchfahrt erinnert daran, daß zu dem Anwesen auch ein landwirtschaftlicher Betrieb gehörte.

Kapellener Markt 6: Katholische Pfarrkirche St. Georg

Eintragung in die Denkmalliste: 15. Oktober 1986
Denkmal Nr. A 23
Eigentümer: Kath. Kirchengemeinde St. Georg

Geschichte

Die bis um 1290 zum Dekanat Straelen gehörende Pfarrkirche wird kurz nach 1295 erstmals als *capelle in Engilshem* genannt, noch 1481 spricht eine Quelle von der *ecclesia Capella alias Berenbroch* (OEDIGER 1969, S. 189). Da das Patronat der Kirche bis 1331 dem Knappen Loef von Beerenbrouck gehörte, der es in diesem Jahr zusammen mit der Herrschaft Beerenbrouck *mit den gerichte van Capellen hoghe en neder*, also mit der hohen und niederen Gerichtsbarkeit zu Kapellen an den Grafen von Geldern verkaufte (FRANKEWITZ 1986a, S. 148), liegt die Vermutung nahe, daß die Kirche in Kapellen ursprünglich eine Eigenkirche war, die zudem zum Kirchspiel Menzelen gehörte (ebenda S. 150); so wäre auch der Name „Kapellen" – im Gegen-

Kapellener Markt 5

Kapellener Markt von Südosten

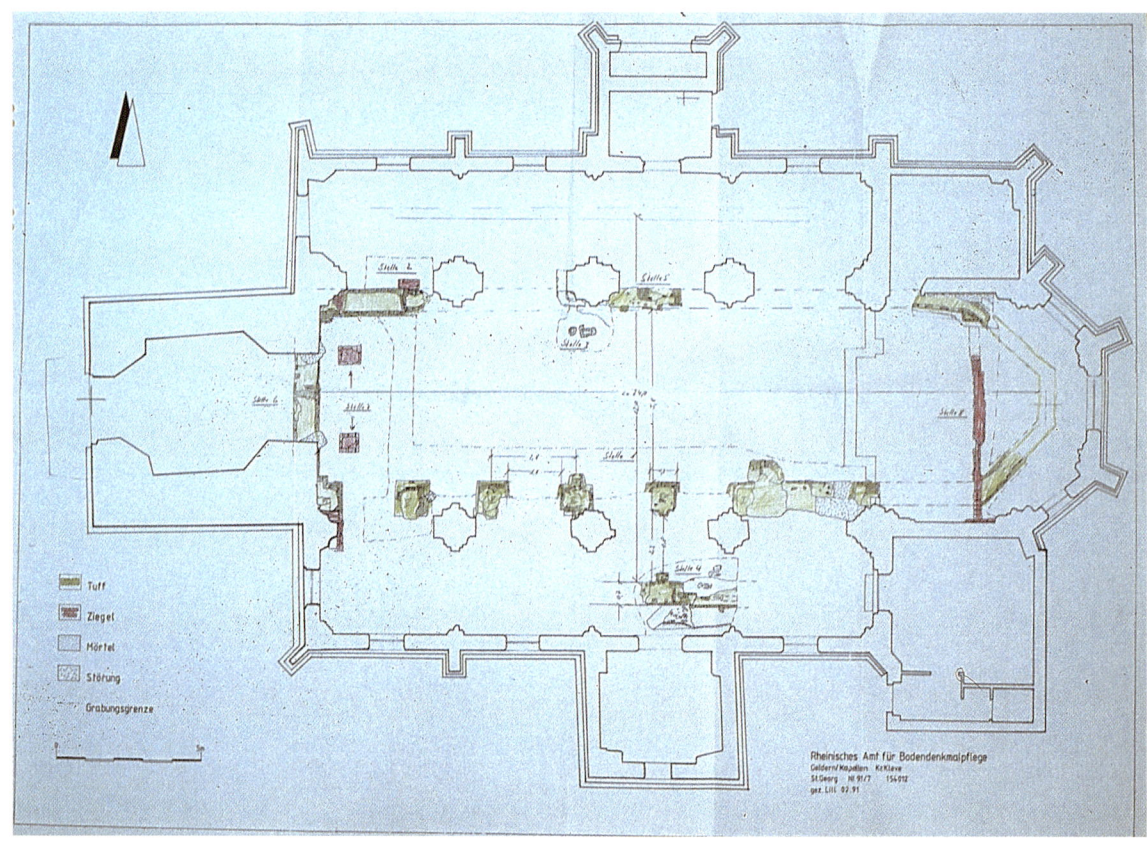

satz zu einer Kirche – zu erklären. Die Bildung eines eigenen Kirchspiels Kapellen, das einem Weistum von 1442 gemäß auch aus Teilen des Kirchspiels Winnekendonk hervorgegangen ist (Franke-witz 1986a, S. 149f.) muß spätestens im 13. Jahrhundert erfolgt sein.

Daß die Kirche dem Heiligen Georg geweiht ist, ist einem Visitationsprotokoll aus der Zeit um 1500 zu entnehmen (Oediger 1973, S. 310).

Ausgrabung

Im Januar 1991 konnten an der Südseite im Mittelschiff in einem 80 cm tiefen Graben für einen Heizungsschacht die alten Pfeilerfundamente einer Vorgängerkirche aus Tuffstein beobachtet werden, die wohl einem romanischen Bauwerk aus der ersten Hälfte des 13. Jahrhunderts zuzuweisen sind (RP vom 17. Januar 1991). Die Ergebnisse der anschließend vom Rheinischen Amt für Bodendenkmalpflege aufgenommenen Befunde erbrachten, daß die jetzige Kirche einen romanischen Vorgängerbau hatte (Fischer 2000, S. 13–18). Von dieser Kirche wurden an drei Stellen die nördliche Mauer, der Westabschluß unter der Ostwand des heutigen Turmes, sechs von sieben Pfeilerfundamenten an der Südseite des Kirchenraums, ein Teil einer Südwand vor der heutigen Taufkapelle und zwei Ansätze eines polygonalen Chorschlusses gefunden (Plan von G. Lill vom Rheinischen Amt für Bodendenkmalpflege bei Fischer 2000, S. 12, hier veröffent-

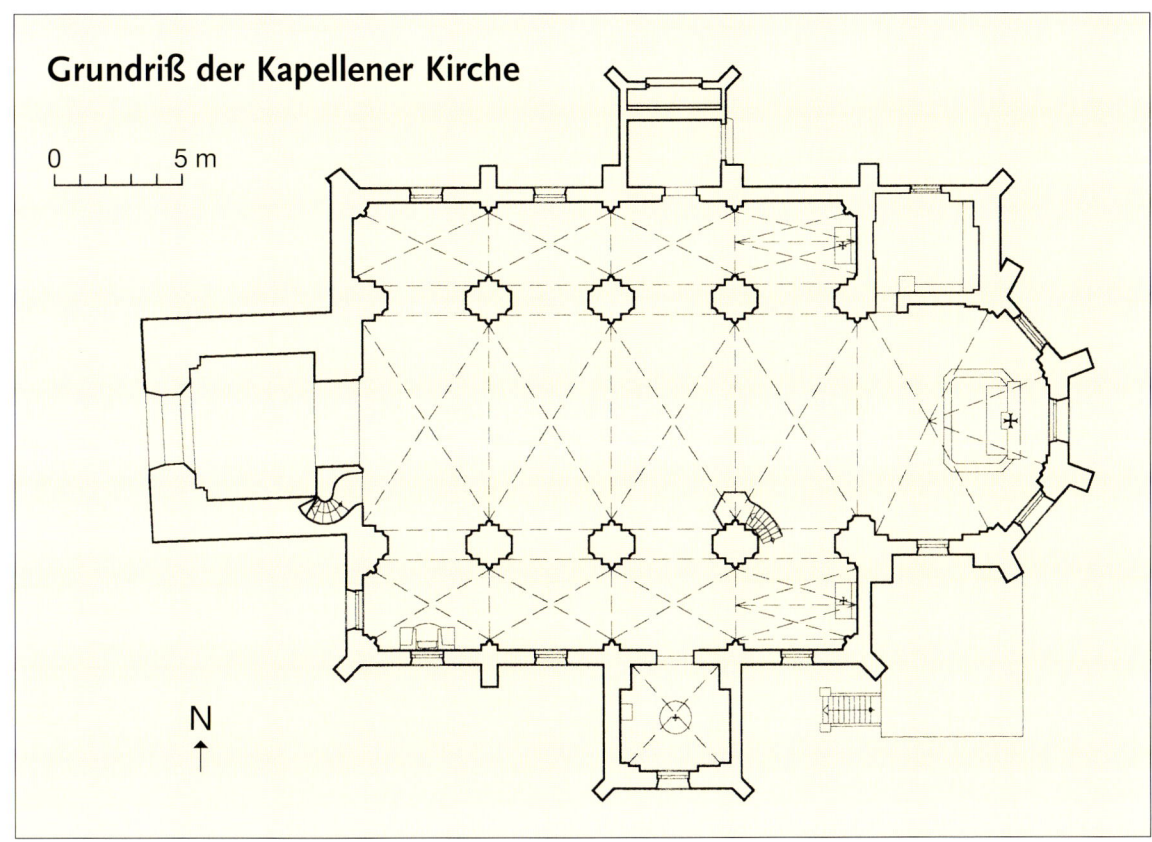

Grundriß der Kapellener Kirche

0   5 m

N

licht mit freundlicher Genehmigung von Dr. D. von Detten vom 3. Februar 2000). Diese Kirche bestand aus Tuffstein, hatte offenbar noch keinen Turm und besaß lediglich nach Süden ein Seitenschiff; die Kirche war bei einer Breite von etwa 10,3 m mit einer Länge von etwa 25,7 m kaum kürzer als das heutige Gotteshaus. Der polygonale Chor, der an die spätromanischen Chöre in Roermond und Sinzig aus der Zeit um 1220 und 1230 erinnert (KUBACH, VERBEEK 1971, S. 354 und 356), läßt an eine Entstehung im ersten Viertel des 13. Jahrhunderts denken. Für die Annahme, die romanische Tuffsteinkirche habe zunächst eine runde Apsis gehabt und sei erst später verlängert und mit einem polygonalen Chorschluß versehen worden (FISCHER 2000, S. 18f., vgl.

demgegenüber den Plan bei ihm auf S. 12!), gibt es keinerlei Hinweise.

Baugeschichtliche Entwicklung

Die baubegleitenden Beobachtungen von 1991 haben gezeigt, daß die romanische Kirche praktisch komplett – wenn auch in verschiedenen Bauphasen – durch die heutige dreischiffige Kirche ersetzt wurde (vgl. dagegen WÜSTEN 1960, S. 118, der meinte, der romanische Bau verstecke sich in dem gotischen). Ein 1444 dotierter Katharinen-Altar „in der Kirche zu Kapellen an der Südseite" (Archiv Schloß Haag, Nr. 1055) setzt zwar nicht zwingend ein südliches Seitenschiff, erst recht nicht eine dreischiffige Kirche voraus (so CLEMEN 1891, S. 37), gleichwohl ist dies – zusammen mit einer 1404 datierten Glocke – ein Hinweis dafür, daß das Gotteshaus zu dieser Zeit seine heutige Gestalt besaß. Als Entstehungszeit der heutigen Kirche kann vielleicht das letzte Drittel des 14. Jahrhundert angenommen werden.

Eine Kernbohrung der östlichen Wand des Turmes vom Mittelschiff aus in einer Höhe von etwa 30 cm ergab, daß hier eine Mauer aus Tuff vorhanden ist, die vor der eigentlichen Backsteinmauer des Turmes steht (FISCHER 2000, S. 20). Ob hier noch romanisches Mauerwerk erhalten ist, bleibt fraglich, denn noch heute bestehen zahlreiche Partien der gotischen Kirche aus Tuff. Möglich ist aber, daß der Turm nachträglich vor diese romanische Kapelle gestellt wurde.

Der Turm – wohl noch dem 13. Jahrhundert zugehörig – weist an seiner Ostseite im Dachraum des Mittelschiffs zahlreiche Rüstlöcher auf; ein älterer Dachanschlag der romanischen Kirche ist nicht zu beobachten; vielleicht kann der First des romanischen Daches unter dem Gesims zwischen erstem und zweitem Turmgeschoß angenommen werden. Das Mauerwerk des Langhauses stößt mit einer Naht und ohne Verzahnung gegen das des Turmes.

Gleichwohl die Bauabfolge im einzelnen unklar ist, könnte der Abbruch der romanischen Kirche und der gotische Neubau folgendermaßen erfolgt sein: Zunächst wurde das (südliche) Seitenschiff der romanischen Kirche abgebrochen und durch ein neues, gotisches ersetzt, erhalten blieb dabei allein ein Teil der Westmauer. Bei dem Neubau wurden die gotischen Pfeiler direkt südlich an bzw. vor die verbliebene romanische Mauer des Hauptschiffs gestellt (FISCHER 2000, S. 22). Sodann wurde das romanische Hauptschiff niedergelegt, der Turm blieb auf jeden Fall, der romanische Chor wahrscheinlich stehen.

Die Planung der neuen gotischen Kirche sah möglicherweise wiederum eine zweischiffige Kirche mit einem basikalen Querschnitt vor. Dafür sprechen die im Dachraum über dem Mittelschiff zu beobachtenden Gewölbeansätze, die deutlich über den bestehenden liegen; wären diese Gewölbe ausgeführt worden, würde ihr Scheitel sogar über der heutigen Mauerkrone liegen. Den Rüstlöchern für die obere Pfette des Pultdachs für das Seitenschiff und den Wandvorlagen nach zu urteilen sollte das Seitenschiffdach fast einen Meter tiefer an die Südwand des Hauptschiffs anschlagen (FISCHER 2000, S. 22).

Da die hochgelegenen Gewölbeansätze im Mittelschiff mit dazwischenliegenden – vorbereiteten

Ansätze für nicht verwirklichte Gewölbe an der Südmauer im Mittelschiff

aber nicht benutzten – Verzahnungen für Schildwände zwischen den Jochen lediglich an der Südwand zu beobachten sind und keinerlei Entspre-
chung an der Nordwand finden, werden diese
Gewölbe nie verwirklicht worden sein. Mit Aufgabe
dieses Planes konnte dem Pultdach des südlichen
Seitenschiffs die heutige, steilere Dachneigung
gegeben werden. – FISCHER 2000, S. 22f. äußert sich
nicht zu dem Problem, daß das höhere Gewölbe
nur an der Südseite zu finden ist; auch die vor-
gesehenen Verzahnungen für die nicht realisierten
Schildwände werden von ihm ignoriert.

Für eine zunächst nur zweischiffig geplante
(gotische) Kirche spricht die Mauerstärke der nördlichen Mittelschiffwand, die mit knapp 60 cm um
20 cm dicker als die südliche ist, um den an dieser
Seite vermehrten Druck des Daches aufnehmen zu
können. Da aber an der Außenseite der Mittelschiffwand im Dachraum des heutigen nördlichen
Seitenschiffs keinerlei Vorlagen von – für einen zweischiffigen Bau notwendigen – Strebepfeilern zu
beobachten sind, scheint auch der Plan für eine
zweischiffige Kirche zugunsten einer nun dreischiffigen noch während des Baus aufgegeben worden
zu sein.

Da der basikale Querschnitt nicht zur Ausführung gekommen war, konnte man nun die Arka-
denöffnungen vom Hauptschiff zum nördlichen Seitenschiff höher als nach Süden konzipieren; der
Höhenunterschied beträgt etwa 40 cm.

Erst nach der Fertigstellung der dreischiffigen
Kirche mit einer Staubwand nach Osten wurde der
romanische Chor abgebrochen und durch den bestehenden gotischen ersetzt; dies ist im Dachraum
des nördlichen Seitenschiffs zu erkennen, wo die
nördliche Backsteinmauer des Chores ohne Verzahnung gegen das zum Teil aus Tuff bestehende
Mauerwerk des Hauptschiffs stößt; zudem ist ein

dem Mittelschiff entsprechender, höher gelegener
Gewölbeansatz nicht zu erkennen, weil die Höhe
des Chorgewölbes direkt dem bestehenden angepaßt werden konnte. Die Abbruchkante der Staubwand des Mittelschiffs ist im Dachraum sowohl nach
Süden, als auch nach Norden gut zu erkennen.

Ursprünglich mag sich die Sakristei in einer der
Vorhallen an der Süd- oder Nordseite befunden
haben. In einer uns nicht bekannten Zeit wurde
nachträglich eine neue Sakristei in den Zwickel zwischen nördlichem Seitenschiff und Chor gebaut;
hierfür wurden die Fenster vom Chorjoch nach Norden sowie das nach Osten öffnende Fenster des
nördlichen Seitenschiffs vermauert, wie noch heute
im Dachraum über der Sakristei zu erkennen ist;
zudem wurde – um die Sakristei mit einem regel-
mäßigen Kreuzgratgewölbe schließen zu können,
der nach Norden gerichtete Strebepfeiler des Chores gänzlich abgeschlagen (bei FISCHER 2000, S. 24
werden diese Beobachtungen nicht mitgeteilt. Dieser Befund wurde 2000 durch übereifrige Mau-

Abbruchkante der
Staubwand an
der Nordmauer im
Mittelschiff

rer verputzt und damit unkenntlich gemacht); daß diese Maßnahme bereits im 15. Jahrhundert erfolgt sein wird, legen die Maskenkonsolen in der Sakristei nahe, auf denen die Kreuzgratgewölbe an der Außenseite ruhen.

In dieser Gestalt – dreischiffig mit Turm, mit zwei Vorhallen an den Seitenschiffen und der Sakristei – ist der Grundriß 1841 in das Lagerbuch aufgenommen worden (PfA Kapellen, Lagerbuch 1841, S. 8); **1857** wurde – datiert auf einem Schlußstein aus Sandstein – die nördliche Vorhalle nach Norden zur Aufnahme eines Kalvarienbergs spitzbogig geöffnet (WÜSTEN 1960, S. 118 impliziert, die nördliche Vorhalle sei erst 1857 gebaut worden). – Im Zwickel zwischen südlichem Seitenschiff und Chor erbaute man 1965 eine neue Sakristei, ohne die alte aufzugeben.

1690 wurde *die Kirche gänzlich in Asche gelegt* und *bald nachher wieder aufgebaut* (PfA Kapellen, Rentenboeck 1763, Blatt 38v). Eine Aufstellung im ehemaligen Kirchenarchiv berichtet, daß am 29. September 1690 in Kapellen 59 Häuser abbrannten – das dürfte das ganze Dorf gewesen sein (Archiv Hans Stratmans, Geldern-Pont). Gemäß den Gelderner Stadtrechnungen schickte man zur Unterstützung der Brandopfer im Oktober 1690 von Geldern aus mehr als 60 Brote und zwei Tonnen Bier nach Kapellen (StA Geldern, G 25, Blatt 19v–20), und auch aus Veert kamen vier Gulden als Hilfeleistung (SCHUMACHER 1929, Nr. 8). Es ist davon auszugehen, daß bei diesem Brand auch die Kirche ein Raub der Flammen wurde. So dürfte die Inschrift **ANNO 1692 RENOVATVM** auf einem Balken des Glockenstuhls zu verstehen sein.

Tatsächlich stammt aus dieser Zeit das Dachwerk über dem Mittelschiff, das einheitlich gemäß den vorhandenen Abbundzeichen von Ost nach West – vom Chor zum Turm – als Pfettendach mit neun Dachstühlen, die jeweils aus zwei naturgebogenen Dachstühlen mit die Firstpfette tragenden Stuhlsäulen bestehen, erbaut wurde. Auch der Turmhelm wurde in dieser Zeit gezimmert, wie eine dendrochronologische Untersuchung durch Dr. Burghart Schmidt von der Universität zu Köln im Juni 2000 ergab; von den fünf Proben aus dem Dachstuhl des Mittelschiffs konnte eine sicher, die anderen um 1690 datiert werden; drei untersuchte Hölzer des Turmhelms ergaben als sichere Daten 1692 und 1694 (Dokumentation beim Kapellener Heimatverein und im Stadtarchiv Geldern. – FISCHER 2000, S. 26). Zudem belegen die Abbundzeichen ganz klar, daß das Satteldach keinesfalls „über den Chor verlängert und über dem Chorende abgewalmt" wurde (FISCHER 2000, S. 24); warum die Abbundzeichen von FISCHER nicht zur Kenntnis genommen wurden, bleibt ebenso unklar, wie die Chronologie seiner vorgeschlagenen Bauentwicklung der Kapellener Kirche.

Material

Die Kirche besteht hauptsächlich aus Backstein, über der nördlichen Vorhalle und bei den unter dem nördlichen Seitenschiff nicht sichtbaren Mauerpartien sind aber auch viele Tuffsteine zu beobachten. Auch in den Gewölben fand man am 14. Dezember 1959 Tuffsteine (PfA Kapellen, Chronik 1956–1980). Interessant ist in diesem Zusammenhang die Beschreibung von 1841, wonach *die Kirchenmauern ... meistens aus Duffsteine* bestanden (Beilage Nr. 2); offensichtlich wich das Erscheinungsbild von damals erheblich vom heutigen ab, und erst im Zuge der Neugotisierung bis 1861 ist, wie wir es auch bei der Gelderner Kirche Maria Magdalena beobachten können, das heutige Bild einer backsteinernen Kirche entstanden (siehe bei Restaurierung).

Beschreibung und Restaurierungen

Dreischiffige Kirche von vier Jochen Länge mit gestrecktem $^5/_8$ Chor im Osten und vorgestelltem Westturm. Der viergeschossige Turm nimmt an der Westseite das rundbogige Portal auf. Die sich nach oben jeweils um einen Stein verjüngenden, durch Gesimse voneinander klar unterschiedenen Geschosse weisen auf jeder Seite zwischen den Eck- und einer Mittellisene zwei rundbogige Zwillingsbögen auf.

Erste Restaurierungsmaßnahmen sind für 1850 überliefert: *die Pfeiler und Bogen, welche in früheren Zeiten … verstümmelt und ausgehauen worden waren,* sollten *nach der ursprünglichen Form* wiederhergestellt werden (Beilage Nr. 3). Bei dieser Gelegenheit werden durch den Kreisbaumeister Westermann aus Geldern *die schadhaften Fundamente der dortigen Kirche untersucht und die Anordnung zur Herstellung eingeleitet* (Belege zu den Kirchenrechnungen 1851). 1861 war die „Pfarrkirche zu Capellen … im Innern bis auf die Altäre vollständig renovirt. Der äußere Verputz wird mit Nächstem in Angriff genommen" (Beilage zum GW vom 14. Dezember 1861). 1882 bemüht sich der Kirchenvorstand um ein Gutachten des Baumeisters Pelzer in Kleve für eine Restaurierung (PfA Kapellen, Protokollbuch 1849, Blatt 37v–38) 1889 wurde die Taufkapelle *mit einer halbstein Mauer ummantelt,* wie dies schon zuvor mit dem südlichen Seitenschiff geschehen war, 1891 folgte die Bekleidung der Nordseite *mit einer neuen Mauer* (PfA Kapellen, Rentenboeck 1763, Blatt 40–40v).

1928 erhielt das Dach des Mittelschiffs eine neue Schiefereindeckung, der Turm 1931 ein neues Kupferdach; 1939 wurde das nördliche Seitenschiff neu gedeckt (PfA Kapellen, Rentenboeck 1763, Blatt 73v, 74, 75v), doch am 22. Januar 1945 verlor die Kirche „fast ihr ganzes Dach und bis auf kleine Reste das Glas und erhebliche Teile des Maßwerks ihrer Fenster. Von den vier Jochen des nördlichen Seitenschiffes waren die beiden westlichen und das östliche eingestürzt, während das übrig gebliebene … breite Risse erhielt. Auch das Gewölbe des Mittelschiffes wurde an mehreren Stellen aufgerissen" (LINGEN 1948, Capellen S. 2. – KORTING, URBAN 2000, S. 41). Insgesamt waren „die Dächer von Turm und Langhaus, besonders an der N-Seite, erheblich beschädigt"; in der Nordwand des Langhauses gab es eine Bresche in einer Breite von anderthalb Joch, nur eines der Gewölbe des nördlichen Seitenschiffs blieb erhalten. Im Juli 1947 waren die Dächer zwar geschlossen (PfA Kapellen, Rentenboeck 1763, Blatt 82v), insgesamt aber bis 1949 die Schäden zum Teil nur behelfsmäßig beseitigt (JbrD 19, 1951, S. 198). 1953 folgten die Neueindeckung des Daches, eine Ausbesserung des äußeren Mauerwerks sowie der Verputz der Gewölbe (JbrD 20, 1956, S. 121; PfA Kapellen, Rentenboeck 1763, Blatt 91), bis 1958 wurde das Mauerwerk des Turmes ausgebessert, und das aus dem 19. Jahrhundert stammende, stilvolle Maßwerkfenster über dem Portal leider geschlossen (JbrD 22, 1959, S. 165) und eine neue Turmuhr angebracht; bei der Maßnahme wurden 13000 Steine neu eingesetzt (RP vom 24. Dezember 1958). 1959 erhielt das Portal ein etwas fremd wirkendes Sandsteingewände – in Anlehnung an die Blendbögen – in romanischer Rundbogenform, das Mauerwerk wurde neu verfugt; die Gewölberippen wurden im Söllerbereich mit Rundeisen in Beton gesichert, Arbeiten, die sich bis 1960 hinzogen (PfA Kapellen, Chronik 1956–1980). Aus statischen Gründen wurden 1960 in den Turm mehrere Eisenträger eingebaut und der Seiteneingang in Ettlinger Tuffstein eingefaßt (ebenda). Im Januar 1962 erfuhr die Kirche „eine völlige Umgestaltung" sowie einen neuen Innen-

Blick in den Chor mit der Notverglasung, um 1950 ▷

Blick in den Chor, 2000 ▷▷

Kath. Pfarrkirche Kapellen

anstrich, bei dem alles „Überflüssige" weggelassen wurde (ebenda). Bis 1964 konnten die Wiederherstellungsarbeiten abgeschlossen werden; der historische Kontext des Kirchengebäudes in der geschlossenen Dorflage aber wurde durch den Abbruch des alten Küsterhauses an der Südseite sowie durch den Abbruch des Pfarrhauses zwecks Verbreiterung der Straße empfindlich gestört (JbrD 25, 1965, S. 174; vgl. FRANKEWITZ 1991a, S. 115: Luftbild von 1960).

1986 erhielt die Kirche kupferne Regenrinnen (RP vom 21. März 1986). 1989 Außen-, 1991 Innenrenovierung; bei der Außenrenovierung zeigte sich, daß die Südmauer des Seitenschiffs nicht auf einer durchlaufenden Fundamentbank, sondern auf Bogenstellungen ruht (StA Geldern, Bildarchiv 60/15). 1998 folgten weitere Sicherungsmaßnahmen am Außenwerk (RP vom 10. Juli 1998), am Turmhelm (Dokumentation von Architekt. E. Quartier, Kevelaer, im StA Geldern), die Renovierung des Turmkreuzes von 1931 und ein völlig neuer Wetterhahn (RP vom 12. und 15. Oktober 1998). Der alte wurde seines Schwanzes beraubt und sitzt nun als Huhn auf dem Dach des Chores; das Dach der Kirche wurde neu verschiefert (OERDING 2000a).

Alte Fenster

1849 und 1850 sollten die bestehenden Fenster restauriert werden (PfA Kapellen, Protokollbuch, Blatt 3v. – KORTING, URBAN 2000, S. 38). 1851 bedankt sich der Kirchenvorstand bei Franz Egon Graf von Hoensbroech vom → Schloß Haag für die zwei der Kirche geschenkten Chorfenster (Archiv Schloß Haag, Nr. 1060; da das Stück fehlt, konnte der Inhalt im März 2000 nicht überprüft werden). Für 1851 liegen die Abrechnungen für ein neues Fenster sowie für *3 neuwe eysere glasramen* vor (Belege zu den Kirchenrechnungen). 1853 wurde *das Fenster im Kirchthurme* ein nach Westen gerichtetes, großes

Maßwerkfenster, eingesetzt, 1854 folgten *aus einer Schenkung … die kleinen Fenster im Schiffe* (PfA Kapellen, Lagerbuch 2). Im September 1856 quittiert Friedrich Schmidt aus Köln *für die Anfertigung und Ablieferung sieben neuer Kirchenfenster, nach eingereichter Zeichnung* (Belege zu den Kirchenrechnungen). Vermutlich hatte der Neugotiker Schmidt die Maßwerke entworfen. Wohl erst 1858 erhielt die Kirche aus den vorgenannten Stiftungen *Chorfenster* (wieviele?) *und sechs Seitenfenster* von der international arbeitenden königlichen Glasmalereianstalt unter Max E. Ainmiller aus München (Vaassen 1997, S. 198–220); gemalt wurden die Fenster von den Brüdern Ludwig und Max Darée (die Arbeit in Kapellen erwähnt bei Vaassen 1997, S. 346, Anm. 36), sowie Theodor Mayr; bis auf *Maria* und ein *grünes Tapetenfenster* ist nicht überliefert, wie die Fenster aussahen (Notizen im „Journal der Glasmalerey", freundlicherweise dem StA Geldern am 23. Februar 2000 mitgeteilt von Frau Dr. Elgin van Treeck-Vaassen, München).

1880 beschloß der Kirchenvorstand, *das jetzt noch zugemauerte Hauptfenster nach den von der Glasmalerei, bestellt zu Innsbruck, vorgelegten Zeichnung restaurieren zu lassen* (PfA Kapellen, Protokollbuch, Blatt 35). 1881 schenkte der Graf von Hoensbroech gemäß einer *Nota* der Kirche 500 Taler *zur Restauration der 1851 von seinem Vater geschenkten beiden Chorfenstern, behufs Ersetzung des gewöhnlichen Glases durch schöne Figuren aus der Glasmalerei zu Insbruch in Tirol* (PfA Kapellen. – Korting, Urban 2000, S. 38). Schon am 19. Mai 1881 quittieren die *Steinhauermeister von Düsseldorf* Kaufhold & Berndt *für ein der dortigen Pfarrkirche geliefertes Fenster,* das *in 30 einzelnen Stücken* mit der Eisenbahn transportiert wurde (Belege zu den Kirchenrechnungen). *Ende Mai wurden die neuen Glasfenster am Johan*

Chor eingesetzt, kommend aus Innsbruck. Das mittlere Fenster, worin die Himmelfahrt Christi, kostet außer den Steinrahmen 1500 Mark … Die beiden Nebenfenster wurden durch den Herrn Reichsgrafen Wilhelm von und zu Hoensbroech zu Schloß Haag geschenkt (GW vom 3. Juni 1881. – PfA Kapellen, Protokollbuch, vor Blatt 1); von dem Bildprogramm der von der Firma „Tiroler Glasmalerei – Kathedral Glashütte" gefertigten Fenster ist nur bekannt, daß das 1884 eingesetzte, die *Mater dolorosa u. den Abt Antonius* zeigte (Belege zu den Kirchenrechnungen 1884). In einem Fenster war neben dem Wappen des Grafen von Hoensbroech auch das seiner Frau Eleonora zu Windisch-Grätz eingebracht (KORTING, URBAN 2000, S. 39), nach einem 1937 zu datierenden Foto (beim Heimatverein Kapellen) war auf dem nach Nordosten gerichteten, zweibahnigen Fenster bis 1945 neben dem Hoensbroechschen Wappen auch das der Mathilde von Loe (1821–1903), Frau von Franz Egon Graf von Hoensbroech (1805–1874) zu sehen (zur Genealogie S. FRANKEWITZ 1997, S. 207).

An beiden Seiten der Kirche, über dem Haupteingang und in der Sakristei kamen neue Fenster von der Firma Derix aus Goch, *das Maßwerk wurde geliefert von Steger in Geldern* (PfA Kapellen, Rentenboeck 1763, Blatt 42v). Im Anschreibebuch der Firma Derix sind vermerkt für 1899 u. a. vier Fenster in Teppichmalerei in Antikglas zu je 200 Mark, und für April 1907 *1 Fenster an der Orgel mit dem Bilde St. Gregor in Antikglas 290.–; ein Sakristeifenster in Bleiverglasung in Cathedralglas 72,–; 1 Lüftungsflügel hierzu 15,–; 2 Schiff-fenster in Teppichmalerei à 120 M* (freundliche Mitteilung und Fotokopien von Herrn Derix, Kevelaer und Belege zu den Kirchenrechnungen). – Sämtliche Fenster wurden im Zweiten Weltkrieg vernichtet, von keinem gibt es brauchbare Fotos.

Neue Fenster

Nach der Zerstörung des Zweiten Weltkriegs setzte der Steinmetz Krentz aus Duisburg-Beek neue Maßwerke in die Fenster; das Material stammte aus der Kirche in Duisburg-Beek, bis August 1948 waren alle Fenster verglast (PfA Kapellen, Rentenboeck 1763, Blatt 84 und 85. – (KORTING, URBAN, S. 42).

Am 21. Januar (1952) *wurde mit der Sammlung für die neuen Kirchenfenster begonnen, das Interesse ist groß …* Durch den Diözesankonservator wurde ein Entwurf von Susen abgelehnt und stattdessen der von Mulders aus Kevelaer favorisiert. *Beim Entwurf Susen stehen die heiligen Georg und Johannes wie Abziehbilder in der Fischsuppenornamentik* heißt es in der Begründung; die Einsetzung dieser beiden Fenster durch den Glasmaler Johann Mulders erfolgte am 27. August, im folgenden Jahr 1953 wurden auch andere Fenster fertiggestellt (PfA Kapellen, Rentenboeck 1763, Blatt 88v, 90, 91). 1956 wird das „Monikafenster" eingesetzt (ebenda, Blatt 96v), 1957 werden durch Graf Clemens von Hoensbroech die beiden Westfenster neben dem Turm gestiftet (KORTING, URBAN 2000, S. 43–52).

Fenster an der Nordseite

Von links nach rechts: 1. Caecilia mit Harfe, 2. Monika und Jesus am See Genezareth, 3. Die Muttergottes von Fatima erscheint den drei Kindern, unten rechts bezeichnet **BR.**(UDER)**SCHAFT U.**(NSERER) **L.**(IEBEN) **FRAU 1955** (Abb. bei DAHLHAUS 2000, S. 31).

Fenster im Chor

Nach Nordosten der Heilige Georg zu Pferd, nach Osten Maria Himmelfahrt, nach Südosten Jesus am Ölberg. Das nach Süden gerichtete Fenster ist nur farbig.

Fenster an der Südseite

Von links nach rechts: 1. **ST. SEBASTIAN** als römischer Soldat, bezeichnet **BRUDERSCHAFT GEORG**. 2. Der heilige Joseph mit Schiff, vom ehemaligen Gemeindedirektor Hermann Ackermann und seiner Frau gestiftet und am 1. Juli 1958 eingesetzt (PfA Kapellen, Chronik 1956–1980); das Fenster zeigt den Heiligen als Handwerker und die Ansicht einer Zeche, darunter den Kapellener Markt mit Kirche als Hinweis auf den nahenden Zechenbau und die Bergarbeitersiedlung in Kapellen; das Fenster ist bezeichnet **H.C.A. 1958**. 3. Der heilige Florian, der einen Wassereimer über die von Westen dargestellte Kapellener Kirche ausgießt, bezeichnet **1908/1958**; von der Feuerwehr gestiftet und am 1. Juli 1958 eingesetzt (PfA Kapellen, Chronik 1956–1980).

Fenster an der Westseite

Die Fenster neben dem Turm zeigen zum einen den drachentötenden Erzengel Michael und unten rechts das Wappen des Stifters Clemens Graf von Hoensbroech (auf silbernem Schild mit vier roten Balken ein steigender schwarzer Löwe) und das seiner Frau Theresia von Wolff-Metternich, zum anderen den heiligen Franziskus und die heilige Agnes als Namenspatrone der Eltern des Clemens von Hoensbroech, dazu die Wappen der beiden (Hoensbroech wie oben und Schachbrettmuster. – Abbildung aller Fenster bei Korting, Urban 2000, S. 48–52).

Ehemalige Ausmalung

Die Pfarrkirche wurde polychromiert durch Dekorationsmaler Herrn Jacob Rensing aus Crefeld im Jahre 1883; von ihm wurde auch die Taufkapelle ausgemalt (PfA Kapellen, Rentenboeck 1763, Blatt 40). Wann diese Malereien beseitigt wurden ist nicht bekannt.

Fußboden und Grabkeller

Bis 1857 gab es für den Kapellener Adel in der Kirche vier Grabkeller: „1. vor dem Hochaltar für v. Boedberg-v. Dornick von Haus Wankum, 2. in der Kirchenmitte für v. Beerenbroeck und Vinkenhorst, 3. vor dem Catharinenaltar für v. Wyenhorst auf Haus Geisberg, 4. vor dem Johannesaltar für die Geistlichen unserer Gemeinde", bei der Tieferlegung des Fußbodens um 25 cm wurden sie zugeschüttet (Terlinden 2000, S. 158f.).

Der heutige Chorraum wurde schachbrettartig mit über Eck gelegten Marmorplatten 1991 nach Entwurf des Bildhauers Ernst Rasche aus Mülheim gestaltet (RP vom 13. und 15. Juli 1991).

Ausstattung:
Altäre

1444 wird in der Kapellener Kirche ein Katharinenaltar durch Karl von Boedberg dotiert (HStAD,

Der Langenberg-Altar im geschlossenen Zustand

Der Langenberg-Altar
geöffnet

Orte, Kapellen Nr. 1. – Archiv Schloß Haag, Nr. 1055; WÜSTEN 1960, S. 133); 1481 wird ein Johannesaltar neu begründet (*noviter fundatum*, STÜWER 1938, S. 82; die Angabe von WÜSTEN 1960, S. 134, der Altar werde bereits 1448 genannt, ist falsch; in der von ihm zitierten Urkunde wird lediglich von einem Priester in Kapellen gesprochen: RAL, Bischoppelijks archief Roermond, Portefeuille 92 nr 5).

Ein Visitationsprotokoll aus der Zeit um 1500 nennt zusätzlich einen Muttergottes-Altar (OEDIGER 1973, S. 310); da das Protokoll ausdrücklich sagt, Kapellen habe drei Altäre (*habet altaria tria*) dürfte sich die gleichzeitige Erwähnung eines Antonius-Altars auf die Kapelle in Hamb beziehen. Im Visitationsprotokoll von 1669 heißt es, der Johannes-Altar stehe auf der Evangelienseite, also im nördlichen Seitenschiff, der Katharinen-Altar auf der Epistelseite, also im südlichen Seitenschiff (HABETS 3 1892, S. 175).

Der alte, 1888 durch einen neuen Hochaltar ersetzte Altar soll zusammen mit der Kanzel 1720

aufgestellt worden sein; angeblich handelte es sich bei dem mit einem Bild Johannes des Täufers ausgestatteten Altar um eine Stiftung von → Haus Beerenbrouck (PfA Kapellen, Rentenboeck 1763, Blatt 85). „Die alten Altarplatten, die 1875 aus der Kirche entfernt und in dem Pfarrgarten als Bodenbelag verwendet waren, sind (1958) vor dem Turm versenkt worden" (PfA Kapellen, Chronik 1956–1980).

Hochaltar:
Geschichte

Der heutige Hochaltar wurde 1888 von dem Gocher Bildhauer Ferdinand Langenberg (1849–1931) angefertigt (KORTING, OERDING 2000). Der Altar gilt als sein Erstlingswerk, und dementsprechend interessant erscheint die Entstehungsgeschichte des Altars, die zeigt, daß Langenberg zu dieser Zeit noch keinen großen Namen hatte und man sich nicht scheute, seinen Entwurf einer herben Kritik zu unterziehen: *Der Hochaltar für die Kirche in Capellen ist weder in seinen Gesammtverhältnissen, noch weniger aber in seinen architektonischen Details schön zu nennen* heißt es in einem Urteil vom 28. Mai 1886 (Beilage Nr. 8). Geplant war ein dreiteiliger, mit hoch aufragendem Gespränge versehener Altar mit zwei Flügeln. Einem ersten Entwurf, in dem u. a. die weit entfernte Stellung von Maria und Johannes zum Kreuz bemängelt wird und von *fliegenden Engeln, welche das heilige Blut auffangen*, gesprochen wird, auf den sich die Kritik von 1886 bezog (Beilage Nr. 8), entspricht eine 1886 datierte Zeichnung (SACHSSE 1978, S. 12). Ein von Langenberg revidierter Entwurf, bei dem *der weite Abstand von Maria und Johannes zum Kreuz* zwar beibehalten wurde (Beilage Nr. 9), die besagten fliegenden Engel aber fehlen, ist als 1886 datierte Pinselzeichnung erhalten (BUSCHMANN 1999, S. 97).

Äußerst interessant erscheint die Bemerkung von Langenberg, daß nicht er selbst die Zeichnung angefertigt habe, sondern daß sie *vom Regierungs Baumeister Busch ist*. Gemeint ist der Kevelaerer Julius Busch, der später die → Hartefelder Kirche erbaute. Inwieweit auch andere Langenberg zugeschriebene Zeichnungen von Architekten angefertigt wurden, bleibt zu untersuchen.

Der von Langenberg revidierte Entwurf wurde wieder via Kapellens Seelsorger an das Generalvikariat in Münster eingesandt, das am 10. September 1886 zwar festhielt, der neue Plan weise zwar *mehrfache Aenderungen* auf, *in den architektonischen Details dagegen* sei er unverändert geblieben; diese müßten geändert werden, denn nach kirchlichen Bestimmungen von 1821 und 1836 *dürfen auf den Tabernakel weder Blumengefäße, noch Statuen, Bilder, Reliquien u.s.w. gestellt werden* (BAM, PfA Kapellen, Karton 26).

Am 1. Oktober 1886 versicherte der Kapellener Seelsorger in seinem Schreiben an das Generalvikariat, die gerügten Punkte würden geändert, *derart, daß die Herz Jesufigur mehr hinter das Tabernakel gerückt werden soll, sodaß dieses nicht mehr als Sockel erscheint, daß die fliegenden Engel ganz wegfallen und die Figuren Maria und Johannes durch Georg (Patron der Kirche) und Bonifacius ersetzt werden sollen*; am 12. November 1886 schließlich sandte Münster die am *7. des Monats* eingereichten Zeichnungen nach Kapellen zurück und erteilte seine Genehmigung zu dem neuen Altarentwurf (ebenda).

Wie der fertiggestellte Altar tatsächlich aussah, belegt ein Werkstattfoto aus dem Jahre 1888 (SACHSSE 1978, S. 13; SACHSSE-SCHADT 1996, S. 125 und S. 185. – BUSCHMANN 1997, S. 7. – KORTING, OERDING 2000, S. 57). Maria und Johannes waren nun auf den überhöhten Mittelteil direkt neben das Kreuz aufgestiegen, an ihre Stelle über den Seitenteilen waren Bonifatius und Georg getreten, die vier Hauptreliefs waren dieselben geblieben.

Der schon ursprünglich mit Flügeln konzipierte Altar sollte – wohl aus Kostengründen – bereits am 19. Oktober 1888 in Kapellen aufgestellt werden (PfA Kapellen, Rentenboeck, Blatt 39v), ohne die zwei Flügel; diese sollten auf den Innenseiten zwei weitere Schnitzgruppen von Langenberg, auf den Außenseiten zwei Gemälde des Kevelaerer Künstlers Friedrich Stummel zeigen; dies geht aus der außerordentlich positiven Beschreibung des Altars hervor, die anläßlich seiner Aufstellung in der Zeitung abgedruckt wurde (Beilage Nr. 11. – KORTING, OERDING 2000, S. 60).

Die Anhängung der beiden Flügel erfolgte am 13. Mai 1890 (BUSCHMANN 1997, S. 6, BUSCHMANN 1999, S. 96), die Konsekrierung des Altars nahm der Bischof am 6. August 1890 vor. 1901 polychromierte Heinrich Brey den Altar „reich und stilvoll" (Beilage Nr. 14. – vgl. LINGENS 1998, S. 249f.).

Angeblich wurde 1943 das Gespränge über dem eigentlichen Schrein durch einem Bomben-

Bild von Stummel am Hochaltar

angriff zerstört (BUSCHMANN 1997, S. 6), doch auf verschiedenen Fotos, die den Nachkriegszustand des Chores mit der Notverglasung zeigen, ist der Altar noch vollständig erhalten (Fotos beim Heimatverein Kapellen und PfA Kapellen, Chronik 1956–1980). Vielleicht verschwand das Gespränge erst mit der sorgfältigen Reinigung von 1960/62 (BUSCHMANN 1997, S. 6).

Hochaltar:
Beschreibung

Als Antependium am steinernen Unterbau dienen drei Reliefdarstellungen mit der Verkündigung, der Geburt Jesu und der Anbetung durch die heiligen drei Könige. In der Predella auf der Mensa in der Mitte der zweiflügelige Tabernakel mit Engeldarstellungen, rechts und links davon in zwei Feldern die mit grazilen Figuren in überaus harmonisch dargestellten Szenen die Fußwaschung und das letzte Abendmahl. Die Hauptfelder mit nicht weniger sorgfältig geschnitzten Figuren unter jeweils drei reich verzierten Rundbögen zeigen links die Kreuztragung, das letzte Abendmahl in der Mitte und rechts die Grablegung.

Die beiden Flügel zeigen an der Innenseite links Ecce Homo und rechts die Auferstehung; die Rückseiten der Flügel wurden von Friedrich Stummel bemalt; sie zeigen im geschlossenen Zustand links den auferstandenen Christus, wie er Maria Magdalena begegnet, und rechts Jesus am Ölberg mit den schlafenden Jüngern.

Nach der Entfernung des Gespränges, der Baldachine und der Expositionsnische macht der Altar heute nur noch einen unvollkommenen, eher provisorischen Eindruck. Hierzu tragen auch die vier Evangelisten bei – die im Gegensatz zum heiligen Bonifatius und Georg – nur als Hüftbilder ausgebildet sind und somit etwas verloren wirken; das Kreuz steht unvermittelt auf dem Schrein, die Assistenzfiguren fehlen.

Trotz der Veränderungen, die der Altar über sich ergehen lassen mußte, gehört er zu den schönsten und qualitätvollsten Altären in Geldern; nicht zu unrecht wird er bereits 1888 als „künstlerisch bedeutsam" bezeichnet (Beilage Nr. 11).

Zelebrationsaltar

Weißer Marmor, 130 cm breit, 90 cm tief, 100 cm hoch. Am 14. Juli 1991 wurde im Chorraum der neue Zelebrationsaltar von dem Bildhauer Ernst Rasche aus Mülheim an der Ruhr geweiht (RP vom 13. und 15. Juli 1991).

Möbel:
Ambo

Der neue Ambo aus weißem Marmor von dem Bildhauer Ernst Rasche aus Mülheim auf der Evangelienseite wurde 1991 zusammen mit dem Zelebrationsaltar angeschafft.

Kanzel

Eiche, dunkel gebeizt, am Schalldeckel 1714 datiert, angeblich als Stiftung des Hauses Hamb (das zum Kirchspiel Kapellen gehörte) in die Kirche gekommen (PfA Chronik 1948, S. 31), 1923 nach Plänen des Instituts für religiöse Kunst in Köln *fachgerecht restauriert* und abgebeizt (PfA Kapellen, Rentenboeck 1763, Blatt 72), 1945 nur leicht beschädigt, die fehlenden Teile, darunter auch ein Engelkopf, durch den Kapellener Bildhauer Jupp Sieben ersetzt (LINGEN 1948, Capellen S. 2). An der zehnstufigen Treppe zwei mit Rankenwerk reich verzierte Wangenstücke zwischen Pfeilern. Die vier Wangen des sechsseitig angelegten Kanzelkorbes zeigen in hochrechteckigen Feldern mit eingezogenen Seiten geflügelte Engelsköpfe; die einzelnen Wangen stehen zwischen Säulen mit reichem Traubendekor. Der sechsseitige Schalldeckel zeigt an seiner Unterseite eine Taube und an den Seiten mit korbbogigen Giebelfeldern die vier Evangelisten in Form des Adlers, bezeichnet **IOAN/NES**, des Stiers **LVCAS**, des Löwen **MAR/CUS** und des Engels **MATTAE/VS** sowie die Datierung **1714**. Der früher auf dem Schalldeckel stehende heilige Georg befindet sich heute in der Turmhalle.

Taufstein

Von dem alten Taufstein – bereits 1669 fiel er auf, weil er aus „glänzendem Stein" war (*lapideus et nitidus*; HABETS 3 1892, S. 175) – aus Namurer Blaustein sind in der Taufkapelle nur drei kleine Fragmente mit floralem Muster vermauert, die eine zeitliche Zuordnung des Steins in die Zeit um 1200 zulassen.

1884 wurde der Taufstein durch einen neuen *Taufbrunnen aus westphal. Sandstein* von *Bildhauer Heinr. Fuchs zu Kempen* ersetzt (PfA Kapellen, Rentenboeck 1763, Blatt 40. – KORTING 2000a, S. 68f. und S. 81); der Stein mit achtseitigem Becken ist 77 cm breit und 99 cm hoch, dazu gehört ein 55 cm hoher Deckel aus Messing.

Leuchter

Im Mittelschiff hängt ein sehr schöner zwölfarmiger Kerzenleuchter aus Messing aus dem 16. Jahrhundert. Jeweils sechs Arme bilden zwei Etagen. Nach unten weist der Leuchter einen Löwenkopf mit einem Ring, nach oben die Figur des heiligen Georg auf (WÜSTEN 1960, S. 119f.) Möglicherweise handelt es sich bei diesem Kronleuchter um den 1908 von Vorfeld aus Kevelaer gestifteten (PfA Kapellen, Rentenboeck 1763, Blatt 43), im Inventar bei CLEMEN 1891 wird er jedenfalls noch nicht erwähnt.

Kerzenleuchter aus dem 16. Jahrhundert

Leuchter und Sakristeiglocke

Im Oktober 1888 wurden *6 neue messingene kleine Leuchter für den Hochaltar angeschafft … aus der Werkstätte des Wilhelm Polders zu Kevelaer*, dazu schenkte er der Kirche eine Sakristeiglocke, *um das Zeichen zum Beginn der hl. Messe zu geben* (PfA Kapellen, Rentenboeck 1763, Blatt 40), 1895 wurden zwei fünfarmige Altarleuchter gestiftet (ebenda, Blatt 42)

Skulpturen und Bilder:
Anna Selbdritt

Dunkle Eiche, ungefaßt, 39 cm hoch, aus dem Anfang des 16. Jahrhunderts. Die zweifellos schönste Figur in der Kapellener Kirche ist die etwas

unscheinbare und recht kleine Figurengruppe der Anna Selbdritt, die im nördlichen Windfang in einer gesicherten Nische Aufstellung gefunden hat. Die Figur stammt aus dem Heiligenhäuschen, das am Friedhof stand und gelangte am 31. Mai 1960 in die Kirche (PfA Kapellen, Chronik 1956–1980). 1991 wurden das verlorene Jesuskind und die abgebrochenen Hände (FRANKEWITZ 1986b, S. 45) durch den Restaurator Müller in Brühl ersetzt (OERDING 2000b, S. 138. – Abbildung: TERLINDEN 2000, S. 88). – Charakteristisch für die Figurengruppe sind die zurückgekämmten Haare der Gottesmutter, die in langen Locken über die Schulter bis zum Ellbogen fallen, sowie die eng anliegende Kopfbedeckung der Mutter Anna.

Pieta

Die Figur stammt aus dem 1964 abgebrochenen Heiligenhäuschen Am Steeg (OERDING 2000b, S. 137). Der tote Körper Jesu hängt an seiner Mutter, sie hält ihn nicht, ihre Arme sind in Ratlosigkeit ausgebreitet, und sie schaut klagend zum Himmel. Die eigenwillige Komposition stammt wohl aus der ersten Hälfte des 17. Jahrhunderts.

Heiliger Georg

Von der barocken Kanzel stammt die 167 cm große Holzfigur des heiligen Georg, die heute in der Turmhalle Aufstellung gefunden hat. Sie zeigt den Heiligen in römischer Uniform, auf einem Drachen mit Teufelskopf stehend. Die Figur dürfte zeitgleich mit der Kanzel im ersten Viertel des 18. Jahrhunderts entstanden sein.

Kruzifix

Kruzifix im nördlichen Seitenschiff, etwa 125 cm hoch, Holz. Der schwere Körper ist leicht S-förmig geschwungen und stammt aus dem 18. Jahrhundert (vgl. dagegen Wüsten 1960, S. 120). Das Kruzifix wird als „altes Missionskreuz" bezeichnet (Terlinden 2000, S. 79) und ist wohl identisch mit dem 1916 der Kirche geschenkten Triumphkreuz (PfA Kapellen, Rentenboeck 1763, Blatt 70).

Muttergottesfigur

Holz, zweite Hälfte 18. Jahrhundert. Die Figur war in den 1870er Jahren aus der Kirche entfernt worden und wurde im Juli 1949 von Ferdinand Dierkes aus Kevelaer restauriert und dabei der rechte Arm und Teile der linken Hand, des – nicht mehr vorhandenen – Heiligenscheins, der Krone und des Zepters ersetzt (PfA Kapellen, Rentenboeck 1763, Blatt 86v); heute wird die Figur als „Besiegerin des Hakenkreuzes" bezeichnet (Terlinden 2000, S. 87).

Neugotische Pieta

Neugotische Pieta, 69 cm breit, 80 cm hoch, Holz farbig gefaßt, die Figur steht im Eingang vor dem nördlichen Seitenschiff. Die schlanken und markanten Figuren wurden 1903 aus der Werkstatt Langenberg in Goch angeschafft (PfA Kapellen, Rentenboeck 1763, Blatt 43).

Ecce homo

1915 wurde ein *Ecce-homo-Bild unten in der Pfarrkirche* von Ferdinand Langenberg aufgestellt (PfA Kapellen, Rentenboeck 1763, Blatt 69v). Die qualitätvolle und farbig gefaßte, 100 cm hohe Figur zeigt ausdrucksstark Jesus mit leidendem Gesicht sitzend mit gefesselten Händen; die Rechte ist zur Segnung leicht angehoben (Terlinden 2000, S. 83, hier irrtümlich als Schmerzensmann bezeichnet).

Vier Heilige

Vier weitere qualitätvolle Heiligenfiguren der Neugotik aus der Zeit um 1900, Gregor, Bernardin,

Katharina und Theresia, die aus der Werkstatt von Ferdinand Langenberg stammen dürften, stehen heute nicht in der Kirche (Abbildung bei Terlinden 2000, S. 84f.).

Kriegergedächtnistafel

Im Turm wurde 1923 eine Tafel für die Gefallenen des Ersten Weltkriegs angebracht (PfA Kapellen, Rentenboeck 1763, Blatt 72). – Eine Gedenktafel für die Gefallenen und Vermißten des Zweiten Weltkriegs wurde am 26. April 1953 eingeweiht (ebenda, Blatt 90).

Hungertuch

Ein modernes Hungertuch, das in der Fastenzeit im Chor aufgehängt wird/wurde, wurde 1979 nach

Kruzifix im nördlichen Seitenschiff

◁ Die Kapellener Anna Selbdritt

Ecce homo von Langenberg

einem Entwurf des Kapellener Bildhauers Jupp Sieben von Kapellener Frauen angefertigt (NN vom 4. April 1979).

Kreuzweg

Ein alter Kreuzweg aus Terrakotta – um 1877 entstanden (Beilage Nr. 3), 1906 wurden die Stationsbilder von Heinrich Brey aus Geldern *neu gemalt* (PfA Kapellen, Rentenboeck 1763, Blatt 43) –, von dem 1945 die neunte und zehnte Station vernichtet wurden (LINGEN 1948, Capellen S. 2), sollte nach Meinung des Landeskonservators im Juni 1957 entfernt werden; tatsächlich wurde der Kreuzweg in diesem Jahr zerschlagen und bei der Kirche der Erde übergeben (freundliche Mitteilung von Dr. Udo Oerding). Die Beobachtung von 1959, *die Fenster der alten Kirche gingen bis auf 30 cm über dem jetzigen Fußboden* (PfA Kapellen, Chronik 1956–1980), dürfte sich auf die Nischen beziehen, in die der Kreuzweg eingelassen war. – Ersetzt wurde der Kreuzweg erst 1963 (PfA Kapellen, Pfarrchronik 1956–1980) durch geschnitzte Halbreliefs auf etwa 57 cm hohen und unterschiedlich breiten Tafeln von dem Kapellener Künstler Jupp Sieben (1914–1985) (Abbildungen bei TERLINDEN 2000, S. 72–78).

Ehemaliger Rosenkranzaltar

Nachdem bereits im November 1889 *die neuen Altartische in Udelfager Sandstein mit Granitplatte für die beiden Seitenaltäre* aufgebaut worden waren, wurde im August 1892 der Rosenkranzaltar von Ferdinand Langenberg aus Goch in Kapellen aufgestellt (PfA Kapellen, Rentenboeck 1763, Blatt 40 und 41). Charakteristisch für den Altar ist „die kompositorisch bedeutungsvolle Einheit zwischen der zentralen Reliefgruppe und der kunstvollen Ausschmückung des Altargehäuses". Einen völlig gleichen Altar fertigte Langenberg für die Kirche in Xanten-Veen (BUSCHMANN 1999, S. 94, hier auch ein Werkstattfoto des Altars, ebenso bei KORTING, OERDING 2000, S. 61). 1901 polychromierte Heinrich Brey aus Geldern den Altar (GW vom 29. Juli 1902; vgl. LINGENS 1998, S. 249 f.). Bei der Zerstörung der Kirche 1945 wurden „Teile des Aufbaues am Rosenkranzaltar vernichtet" (LINGEN 1948, Capellen S. 2), erhalten blieb allein die von Langenberg geschnitzte Figurengruppe von 108 cm Höhe und 115 cm Breite (SACHSSE-SCHADT 1996, S. 125. – KORTING, OERDING 2000, S. 62); gleichwohl noch am 11. Februar 1960 an diesem Altar die Messe gefeiert wurde (PfA Kapellen, Chronik 1956–1980) ist die Gruppe heute nicht mehr aufgestellt.

Ehemaliger Altar der heiligen Familie (Josefsaltar)

Der Altar war ein Geschenk der Eheleute Jacob Schewfels und wurde von Ferdinand Langenberg in Goch angefertigt und 1893 aufgestellt (PfA Kapellen, Rentenboeck 1763, Blatt 41v). 1901 wurde der Altar von Heinrich Brey polychromiert (GW vom 29. Juli 1902; vgl. LINGENS 1998, S. 249 f.), erhalten blieb allein die von Langenberg geschnitzte Figurengruppe, die 112 cm hoch und 100 cm breit ist und nicht mehr aufgestellt ist (SACHSSE-SCHADT 1996, S. 125 und S. 185, Abb. 44.3: Werkstattfoto um 1892. – KORTING, OERDING 2000, S. 62).

Ehemalige Immerwährende Hilfe

Am 8. Dezember 1889 wurde eine aus Rom stammende Immerwährende Hilfe aufgestellt; *der Rah-*

men ist verfertigt durch Jacob Ophey aus Geldern (PfA Kapellen, Rentenboeck 1763, Blatt 40v). Nach dem Vatikanum in den 1960er Jahren wurde es aus der Kirche entfernt und befindet sich seitdem in Privatbesitz (TERLINDEN, KREUTZ 2000, S. 70).

Ehemaliges Wandschränkchen

Mutter Anna, geschnitzt von Ferdinand Langenberg aus Goch, polychromiert von Haas aus Kleve, 1892 angeschafft (PfA Kapellen, Rentenboeck 1763, Blatt 41), im Werkstattbuch von Langenberg als *St. Anna Schränkchen für Kapellen* nachgewiesen, in 63,5 Tagen (Museum Goch, Nachlaß Langenberg, freundlicher Hinweis von Frau Jutta Buschmann, Goch) geschnitzt; am 31. Mai 1960 wurde die Schnitzerei im Tausch für die Figurengruppe → Anna Selbdritt abgegeben (PfA Kapellen, Chronik 1956–1980), im Frühjahr 2000 in Kapellen nicht mehr nachweisbar (freundliche Mitteilung von Dr. Udo Oerding, Kapellen).

Gruppe aus dem Josefsaltar

Ehemalige Chorstühle

1894 wurden am 16. Juni *die neuen Chorstühle aufgestellt*, die von Jakob Ophey in Geldern angefertigt worden waren; 1901/02 wurden sie von Joseph Brey aus Kapellen polychromiert (PfA Kapellen, Rentenboeck 1763, Blatt 41v und 42v). Aus völlig unvorstellbaren, von Ignoranz geprägten Gründen sprach sich im Juni 1957 der Landeskonservator dafür aus, das Chorgestühl nicht mehr aufzustellen; im Januar 1962 wurde es entfernt (PfA Kapellen, Pfarrchronik 1956–1980).

Ehemaliger Beichtstuhl

Im Monat September (1895) *wurden die alten Beichtstühle durch zwei neue im gothischen Stiele ersetzt. Dieselben sind verfertigt durch Meister Ophey aus Geldern* (PfA Kapellen, Rentenboeck 1763, Blatt 42), sie wurden 1945 „von dem abstürzenden Gestein zertrümmert" (Lingen 1948, Capellen S. 2), konnten wohl aber noch repariert werden, da sie im September 1957 an das Kloster St. Bernardin abgegeben wurden (PfA Kapellen, Chronik 1956–1980).

Ehemalige Kommunionbank

1902 wurde eine neue Kommunionbank von der Gelderner Firma Ophey aus Geldern angefertigt und von Joseph Brey aus Kapellen polychromiert (PfA Kapellen, Rentenboeck 1763, Blatt 42v); *Die Ausführung ist eine ungemein geschickte und gediegene zu nennen und gereicht das Kunstwerk seinem Meister zu großer Ehre* heißt es zurecht in einem zeitgenössischen Bericht (Beilage Nr. 14). Dementsprechend unverständlich ist es, daß sich im Juni 1957 der Landeskonservator dafür aussprach, die Kommunionbank nicht mehr aufzustellen; im Januar 1962 wurde sie entfernt (PfA Kapellen, Pfarrchronik 1956–1980).

Von der ehemaligen Kommunionbank hängen heute im Chorraum an den Wänden nur noch zwei quadratische Füllungen aus Holz mit einer Kantenlänge von 60 cm; sie zeigen den Hirsch an der Quelle und den Pelikan mit Jungen (Abbildung bei Terlinden 2000, S. 64).

Ehemalige Krippe

Eine Krippe aus Wachsfiguren wurde 1899 von den Schwestern vom armen Kinde Jesu in Aachen gekauft (PfA Kapellen, Rentenboeck 1763, Blatt 42v) und zum Weihnachtsfest 1961 durch eine neue ersetzt (PfA Kapellen, Pfarrchronik 1956–1980).

Orgel

Ein 1736 genannter Organist (PfA Kapellen, Rentenboeck 1763, Blatt 19v) setzt das Vorhandensein einer Orgel für dieses Zeit voraus. Am 25. Oktober 1849 beschloß der Kirchenvorstand, durch den Orgelbauer Rütter aus Kevelaer eine neue Orgel anfertigen zu lassen (PfA Kapellen, Protokollbuch, Blatt 2), die Bezahlung für das neue Werk quittiert Rütter am 27. November 1851, bei dieser Gelegenheit wird auch durch den Kreisbaumeister Westermann aus Geldern die Orgelbühne gebaut (Belege zu den Kirchenrechnungen). 1880 genehmigte der Vorstand den Kostenvoranschlag zur Reparatur durch Rütter (ebenda, Blatt 34v).

1899 wird eine neue Orgel von Franz Tibus in Rheinberg aufgestellt, Gehäuse und Orgelbühne liefert der Kunstschreiner Ophey aus Geldern (PfA Kapellen, Rentenboeck 1763, Blatt 42v); 1937 restauriert (ebenda Blatt 75v). 1962 wurde die Orgelbühne neu gestaltet und 1963 die Orgel durch die Firma Fleiter aus Münster umgebaut (PfA Kapellen, Pfarrchronik 1956–1980). Die heutige Orgel fertigte die Firma Seifert aus Kevelaer an, sie wurde im Oktober 1985 geweiht.

Glocken

1891 befanden sich im Turm wenigstens zwei Glocken, eine von 1404 und eine andere, von Jean und Alexius Petit gegossene von 1747 (CLEMEN 1891, S. 38). Auch in der Kirchenrechnung von 1598 wird eine Glocke erwähnt. Im Ersten Weltkrieg mußten 1917 zwei Glocken abgegeben werden, die von Petit blieb aber erhalten und wurde 1923 durch die Firma Petit und Edelbrock in Gescher umgegossen (PfA Kapellen, Rentenboeck 1763, Blatt 70v. – KORTING 2000b, S. 95 und 98). 1924 folgte die Neuanschaffung von drei Stahlglocken von der Firma „Bochumer Verein" (PfA Kapellen, Rentenboeck 1763, Blatt 72v. – KORTING 2000b, S. 94f.). – 1940 mußte die 1923 umgegossene Glocke abgeliefert werden (ebenda, Blatt 75v), 1942 soll noch eine dritte ältere Glocke entfernt worden sein (LINGEN 1948, Capellen S. 2).

Turmuhr

1893 wurde die alte Turmuhr durch eine neue aus der Fabrik Mannhardt in München ersetzt (PfA Kapellen, Rentenboeck 1763, Blatt 41v)

Denkmäler außerhalb der Kirche: Grabstein

Bei der Ausgrabung 1991 wurde in der Kirche auch ein Grabstein gefunden, der an der nördlichen Außenmauer eine neue Aufstellung fand. Namurer Blaustein, 135 cm hoch und 122 cm breit mit der Inschrift **A**(nno) **1672 Quarto January / obiit Gerhardus Joes Cornely / Pastor huius Ecclesiae cuius Anima / requiescat in Pace** (Im Jahre 1672 starb am 4. Januar Gerhard Johannes Cornely, Pastor dieser Kirche, seine Seele ruhe in Frieden) (RP vom 31. Dezember 1998; zum Pastor s. WÜSTEN 1960, S. 153–155. – FISCHER 2000, S. 17).

Kalvarienberg
an der Nordseite

Kalvarienberg

An der nördlichen Außenseite steht in einer Nische der kleinen Vorhalle ein Kalvarienberg. Da die Nische im Schlußstein **1857** datiert ist und der schon ältere Anbau in diesem Jahr umgebaut wurde, könnte das neugotische Kreuz ebenfalls aus dieser Zeit stammen.

1893 erhielt er ein neues schmiedeeisernes Gitter, im folgenden Jahr wurden die drei Figuren von Theodor Brey aus Kapellen neu polychromiert; *zu dem vorhandenen Corpus Christi wurden zwei Figuren neu aufgestellt aus Oberammergau* (PfA Kapellen, Rentenboeck 1763, Blatt 41 und 42). Die Figurengruppe ist heute ungefaßt.

Kapellener Markt 8: Wohnhaus des Künstlers Jupp Sieben

Eintragung in die Denkmalliste: 24. Oktober 1990
Denkmal Nr. A 60

Zweigeschossiges Wohnhaus mit Putzfassade und einem geschwungenen Zwerchgiebel mit zwei Fenstern von 1906. Im linken Bereich der vierachsig gegliederten Fassade befinden sich eine Tordurchfahrt und ein Schaufenster. – Ein rückwärtiger Anbau aus Fachwerk aus dem späten 18. Jahrhundert wurde notwendigerweise aufgrund eines neuen Nutzungskonzeptes 1989 abgebrochen und durch einen Neubau ersetzt – das neue Nutzungskonzept wurde nicht realisiert. – Von 1925 bis 1930 war in dem Haus die Poststation untergebracht, ab 1950 lebte und arbeitete hier der Mönchengladbacher Bildhauer Jupp Sieben (1914–1985). Seine Werke finden sich nicht nur auf dem Kapellener Friedhof, sondern auch am Haus → Lange Straße 22 oder in der Kirche (→ Kapellener Markt 6). Einen Abdruck seiner Linolschnitte über Kinderspiele vor den Silhouetten niederrheinischer Orte (sechs Bilder gedruckt im GHK 1980 S. 161–167) besitzt das Stadtarchiv Geldern (zum Künstler LINKE 1950).

Kapellener Markt 10: Wohnhaus

Eintragung in die Denkmalliste: 25. November 1987
Denkmal Nr. A 48

Kleiner, zweigeschossiger Putzbau mit vier Achsen und Walmdach aus der Zeit um 1900. Die Fenster mit leichten Stichbögen sind im Untergeschoß mit Kartuschen verziert. Das Haus ist in seiner beschei-

denen Schlichtheit typisch für die geschlossene Ortsbebauung. Nach dem Zweiten Weltkrieg befanden sich in dem Haus nacheinander ein Weißwaren-, ein Schreibwaren und ein Anstreichergeschäft (Dokumentation der Kapellener Heimatfreunde).

eingefaßt, die ein einfaches Gebälk tragen. Zwischen den Fenstern des Unter- und Obergeschosses zieren vier Medaillons die Fassade. Das große Haus ist besonders ortsbildprägend für Kapellen und dokumentiert neben den dortigen kleinen Häusern, daß es auch in einem Dorf schon in dieser frühen Zeit Repräsentationsbedürfnisse gegeben hat.

Kapellener Markt 11: Wohnhaus

Eintragung in die Denkmalliste: 3. Mai 1990
Denkmal Nr. A 58
Eigentümer: Effertz

Zweigeschossiges, großzügiges Wohnhaus aus der ersten Hälfte des 19. Jahrhunderts mit Walmdach und Dreiecksgiebel mit halbrundem Fenster über den drei mittleren Achsen. Die Türe wird in klassizistischer Form von breiten, kannelierten Putzleisten

Kapellener Markt 13: Ehemalige Gaststätte „Zur Mühle"

Eintragung in die Denkmalliste: 25. November 1987
Denkmal Nr. A 49

Zweigeschossiger Backsteinbau von fünf Achsen Länge mit Krüppelwalmdach aus der ersten Hälfte des 19. Jahrhunderts. Bei näherem Hinsehen erkennt man, daß der Vorderseite Riemchen vorgeklebt sind. An dieser Stelle existierte schon seit 1835 eine Schankerlaubnis. An den Gaststättenbetrieb in dem zuletzt nur noch als Wohnhaus genutzten Gebäude erinnert immer noch die Putzfläche über der Tür mit der Aufschrift **Zur Mühle** (Dokumentation der Kapellener Heimatfreunde. – Vgl. JbrD 38, 1999, S. 253, hier unter „Kapellener Straße 13" aufgeführt).

Kapellener Markt 15:

Eintragung in die Denkmalliste: 3. Mai 1990
Denkmal Nr. A 57

Ein sehr interessantes Beispiel für architekturgeschichtliche Entwicklung stellt dieses Denkmal dar.

An der Vorderseite befindet sich eine mit Eckquaderung eingefaßte Putzfassade mit vier Fensterachsen, rechts zusätzlich ein großes Schaufenster, das von einer bis in die Zone des Obergeschosses reichende, stilisierte Muschelnische bekrönt wird. Diese Fassade wurde dem Haus um 1900 vorgeblendet. Ein Blick in die Einfahrt links des Hauses läßt eine Fachwerkwand mit drei – unten in späterer Zeit abgesägten – Ständern und zwei Riegelreihen erkennen; von der ehemals wohl doppelten Ankerbalkenkonstruktion (ZIPPELIUS 1957, S. 27) sind oben unter dem Rähm nur noch drei Zapfenohren auszumachen. Die sehr langen Kopfstreben, die den Fachwerkbau in Längsrichtung stabilisierten und über die obere Riegelreihe geblattet sind, lassen eine Datierung des eigentlichen Hauses in die erste Hälfte des 18. Jahrhunderts zu.

Kapellener Markt 15
und Fachwerkwand an
der linken Seite

Kapellener Markt 16:
Gaststätte Brey

Eintragung in die Denkmalliste: 20. Juni 1991
Denkmal Nr. A 61
Eigentümer: Cäcilia Brey-Widlund

Zweigeschossiger Putzbau mit fünf Fensterachsen
und großer korbbogiger Tordurchfahrt an der linken Seite; das traufständige Haus mit Satteldach
stammt noch aus dem späten 18. Jahrhundert, die
Fenster ohne Sprossen passen dementsprechend
nicht zum Stil des Hauses, das das Erscheinungsbild des Kapellener Marktes in besonderer Weise
mitprägt. Bis um 1800 lebte in dem Haus der
Schmied Heinrich Holz. Nach 1886 wurde hier
die **Gaststätte Brey** eingerichtet, wie es auf dem
Schild über der Tür zu lesen ist (Dokumentation
der Kapellener Heimatfreunde).

Kapellener Markt 24:
Ehemaliger Bauernhof Murmann

Eintragung in die Denkmalliste: 21. Oktober 1987
Denkmal Nr. A 45
Eigentümer: Familie Heinrich Bongers

Die meisten Gebäude im Dorf Kapellen hatten
früher etwas mit Landwirtschaft zu tun. Im Gegensatz zu vielen anderen Häusern ist bei diesem
Denkmal aber noch die Hofanlage erhalten. Das
ehemalige Bauernhaus ist ein zweigeschossiger
Backsteinbau von fünf Fensterachsen Länge mit
Krüppelwalmdach und datiert aus der Zeit um 1850,
der Wirtschaftsteil, der zum Teil Wohnzwecken
dient, aus dem Ende des 19. Jahrhunderts. Da
das Wohnhaus quer zu dem dahinterliegenden Wirtschaftsteil steht und die Firste in der Dachausmittlung ein T bilden, spricht man hierbei auch von
einem T-Haus (ZIPPELIUS 1957, S. 94–107).

Gaststätte Brey

Bauernhof Murmann

Mertenshof

bis auf die Außenmauern komplett erneuert. Dabei sind die aufwendig gestalteten Fenster mit Blockrahmen besonders hervorzuheben.

Langendonker Weg 25: Haus Langendonk

Eintragung in die Denkmalliste: 25. November 1987
Denkmal Nr. A 51
(Vormals Aengenesch 20)
Eigentümer: Wilhelm Croonenbrock

Lage

In für das Mittelalter typischer Grenzlage steht noch heute die Turmruine des Hauses Langendonk an der Grenze von Kapellen nach Issum. Im Mittelalter war diese Grenze identisch mit der zwischen dem Herzogtum Geldern und dem kurkölnischen Territorium des Erzbischofs von Köln. Als Grenzmarke diente die Fleuth, die zwischen Vor- und Hauptburg hindurchfloß, so daß die Vorburg auf geldrischem, die Hauptburg auf kurkölnischem Gebiet lag (HStAD, Karten 3761: Karte um 1790. – FRANKEWITZ 1986a, S. 113). Dieser Grenzlage entspricht eine Beurteilung von 1623, daß *das Uberhauß und waßer Colnisch, der Underhoff geldrisch* ist (PICK 1883, S. 30).

Kiwittweg 69: Ehemaliger Bauernhof Mertenshof

Eintragung in die Denkmalliste: 24. März 1998
Denkmal Nr. A 70
Eigentümer: Gerd Janssen

Bauernhof aus dem späten 19. Jahrhundert mit eingeschossigem, fünf Achsen breitem und drei Achsen tiefen T-Haus mit Krüppelwalmdach und großem Zwerchgiebel an der Schauseite vor einem langen Wirtschaftsgebäude. Die Hofseite dieses Stallteils weist in unregelmäßiger Achsfolge verschiedene Fenster- und Toröffnungen auf. Zum Denkmal gehört eine ebenfalls in die zweite Hälfte des 19. Jahrhunderts zu datierende Längstennenscheune, die rechtwinklig zum Stallteil erbaut wurde; an der Ostseite ist die Scheune durch ein Schleppdach für einen Stall erweitert worden. – 1998 und 1999 wurde das Wohnhaus mit anschließendem Stallteil bei einer grundlegenden Sanierung

Geschichte

Die erste Erwähnung des Hauses datiert aus dem Jahre 1391, als der Knappe Johan von Wyenhorst erklärte, der Erzbischof von Köln habe ihm erlaubt, *myn huys zu Langendunck* im Amt und Gericht Rheinberg zu *besseren ind vesten*; dadurch werde sein Lehen um 40 Gulden erhöht und Langendonk werde zum *losledigen offenen slosse ind huyse*, über das der Erzbischof gegen jedermann, ausge-

Turm von Haus Langendonk von Norden ▷

nommen den Herzog von Geldern und den Herzog von Berg, verfügen könne (LACOMBLET III 1853, Nr. 955). Unter einem „Schloß" verstand man nicht ein repräsentatives Gebäude, sondern ein wehrhaftes Haus, in dem man etwas unter „Verschluß" halten konnte. – Dieser Johan von Wyenhorst war nicht mit dem gleichnamigen Drost von Geldern identisch, der dieses Amt von 1407 bis 1413 bekleidete (FRANKEWITZ 1986a, S. 195–197). Mitglieder der Familie von Wyenhorst waren auch mit der Stiftung der → Wallfahrtskapelle Aengenesch beteiligt (B. 1880, S. 134). Langendonk blieb kurkölnisches Lehen (OEDIGER 1970, S. 26, Nr. 134); 1419 war der Ritter Johan von Wyenhorst mit dem Haus belehnt, der mit Jutta von Alpen verheiratet war; nach dem Tod der beiden belehnte der Erzbischof 1436 den Knappen Johan von Alpen mit dem *hus ind slosse* Langendonk, 1473 den Ritter Johan von Alpen, Herrn zu Hönnepel und Drost des Landes Kleve; 1672 wurde Arnold von Wachtendonk zur Hülsdonk und 1693 Adolf Bertram von Wachtendonk zur Hülsdonk mit Langendonk belehnt (HStAD, Kurköln, Lehen II, 134,2–6), was darauf schließen läßt, daß zu dieser Zeit das Haus noch bewohnbar war. Gleichwohl werden die Lehnsträger nicht auf Langendonk selbst gesessen haben, sondern ließen es von einem Burggrafen verwalten (so für 1549 überliefert: WÜSTEN 1960, S. 229). Die 1663 als Besitzer von Langendonk genannten „Erben von Binsfeld" (PICK 1883, S. 30) waren die von Wachtendonk (HARTMANN, RENARD 1910, S. 34); ein Herr zu Binsfeld bezog aber schon 1555 eine Rente aus der Mühle zu Langendonk (WÜSTEN 1960, S. 229). Das Verhältnis der Lehnsträger zu der ab 1669 als Besitzer genannten Familie von Ossery bleibt noch zu untersuchen; bis zum Ende des 19. Jahrhunderts besaß diese Familie das Haus (B. 1880, S. 143. – VERHOOLEN 1962, S. 74. – KAUL 1976, S. 97), 1827 jedoch wohnte der damalige

Besitzer in Unkel am Rhein (VERHOOLEN 1972, S. 179). In den 1870er Jahren diente der Turm noch als Behausung für den im Kulturkampf vertriebenen Aengenescher Priester, der sich hier in „einem Raum, den niemand kannte, *12 Fuß lang, 5 Fuß breit und 8 Fuß hoch, ringsum von dickem Mauerwerk umschlossen*" versteckt hielt (VOELZ 1988, S. 65. – Vgl. WÜSTEN 1960, S. 260).

Über verschiedene andere Eigentümer gelangte das Anwesen schließlich 1914 an Wilhelm Croonenbrock (Dokumentation der Kapellener Heimatfreunde). – Zu dem mittelalterlichen Haus gehörte eine Wassermühle, die 1442 erstmals genannt wird und bis in das 19. Jahrhundert arbeitete (VOGT 1998, S. 553); sie stand nördlich des Hauses an der Stelle, wo der Weg die alte Fleuth querte (FRANKEWITZ 1986a, S. 113).

Ehemaliger Baubestand

Nach dem Lageplan aus der Zeit um 1790, dem die Nachzeichnung der Urkatasterkarte aus der Zeit um 1890 noch entspricht (StA Geldern, Katasterkarten um 1890, Kapellen, Blatt F 1), lag die Hauptburg auf einer Insel, die von der Vorburg aus über eine Brücke zu erreichen war. An dem noch bestehenden Turm vorbei, der auf der Zeichnung als Quadrat auszumachen ist, gelangte man auf einen aus zwei parallelen Gebäuden bestehenden Hof, der nach Osten hin (oben) offen war. Allein das nördliche Gebäude schloß über zwei kleinere Bauten direkt an den Turm an. – Eine schematische Ansicht auf einem Wallfahrtsfähnchen der Kapelle Aengenesch aus dem 18. Jahrhundert (KAUL 1976, S. 96. – KELLER 1985, S. 94. – TEKATH 1993) läßt keine Rückschlüsse auf den tatsächlichen Baubestand zu.

Haus Langendonk auf einem Lageplan um 1790: Die farbigen Punkte im Fluß bezeichnen die Grenze zwischen Kurköln (oben) und dem Herzogtum Geldern (unten)

Turmruine:
Beschreibung und Baugeschichte

Von dem befestigten Haus des Mittelalters ist allein der den Zugang flankierende Turm auf einer Wiese erhalten. Die Gräben sind zugeschüttet, das Gelände der Hauptburg läßt sich aber noch als leichte Erhebung in der Niederung der Fleuthwiese erkennen; es ist als Bodendenkmal in die Denkmalliste eingetragen. Der aus Backstein gemauerte Turm mit insgesamt vier Geschossen ist bis zu einer Höhe von etwa 15,50 m Höhe erhalten; er erhebt sich über eine quadratische Grundrißfläche von 6,90 × 6,90 m und hat unten eine Mauerstärke von 150 cm, die von Geschoß zu Geschoß um einen Stein – etwa 13 bis 14 cm – abnimmt. Bis auf das Tonnengewölbe über dem Untergeschoß fehlen alle Decken. Da sich in einem der Rüstlöcher zwischen den

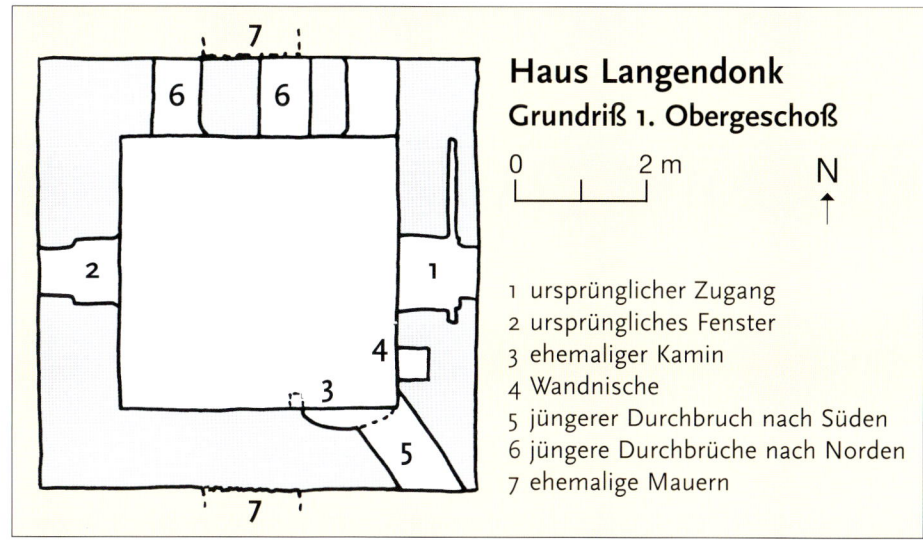

Haus Langendonk
Grundriß 1. Obergeschoß

0   2 m

N

1 ursprünglicher Zugang
2 ursprüngliches Fenster
3 ehemaliger Kamin
4 Wandnische
5 jüngerer Durchbruch nach Süden
6 jüngere Durchbrüche nach Norden
7 ehemalige Mauern

Geschossen noch Holzreste befinden, ist zu vermuten, daß die Balken nicht auf Streichbalken und diese auf Konsolen auflagen, sondern direkt in den Rüstlöchern steckten. Die Steingröße beträgt etwa 27 × 13–14 × 6,5–7 cm und entspricht damit der Größe der Steine am Torturm von Schloß Haag (→ Bartelter Weg 4). Wohl noch bis in die 1950er Jahre war der Turm einige Steinlagen höher und besaß ein schützendes Pyramidendach (VERHOOLEN 1962, S. 74f. – RENARD 1922, Tafel 23. – StA Geldern, Bildarchiv). An der Ostseite des Turms, an der Hofseite also, sind an der Außenseite bis zur Hälfte des dritten Obergeschosses Putzreste auszumachen, die zu einem Bauwerk gehört haben mögen, das noch vor der Erstellung der Karte um 1790 abgebrochen wurde.

Untergeschoß

Ebenfalls an der Ostseite befindet sich ein nachträglich eingebrochener, ebenerdiger Zugang, der in das tonnenüberwölbte Untergeschoß führt. In der nordwestlichen Ecke des Tonnengewölbes befindet sich ein Loch, das nachträglich vergrößert worden ist

Die Südseite des
Turms mit Dach,
um 1920

Zweites Geschoß: Blick
zur Eingangstür (links),
der Wandnische und
dem Kaminansatz an
der rechten Seite

und ursprünglich den Abstieg in den Kellerraum ermöglichte; im Kellerraum selbst finden sich an den Wänden Putzreste mit blauer Farbe.

Im Innern des Turmes geben sich als ursprüngliche Maueröffnungen diejenigen zu erkennen, die mit Formsteinen sorgfältig abgefast sind; bei den nachträglich eingebrochenen Öffnungen finden sich keine Abkantungen und die Laibungen erscheinen unregelmäßig. Gemäß dieser Beobachtung besaß das ebenerdige Kellergeschoß mit dem Tonnengewölbe allein an der Westseite eine schräg nach oben führende Fensteröffnung von etwa 35 × 60 cm Größe. Darüber – also nach Westen – gehören die mannshohen Fensteröffnungen im ersten, zweiten und dritten Obergeschoß zum ursprünglichen Bestand.

Zweites Geschoß

Der Raum im zweiten Geschoß, dem ersten Obergeschoß, war durch den Zugang von der Ostseite, also vom Hof her, zu erreichen. Dies war der ursprüngliche und alleinige Zugang zum Turm, zu dem eine Leiter oder hölzerne Treppe führte. In den Laibungen sind noch die Löcher für einen schweren Holzriegel vorhanden, mit dem die Zugangstür versperrt werden konnte. Zahlreiche übereinanderliegende Putzreste beweisen, daß dieser Raum mehrfach erneuert und dementsprechend ständig bewohnt wurde. – Eine weitere Türöffnung führte an der Nordseite in den kleinen Verbindungstrakt; von außen gesehen handelt es sich dabei um die linke Maueröffnung. Denkbar ist, daß diese Türe auf einen hölzernen Wehrgang führte, der auf einer Mauer auflag, von der der 135 cm dicke Ansatz an der Nordseite zu erkennen ist. Zu diesem Ausgang (und dem mutmaßlichen Wehrgang) gehörte ein Satteldach, dessen Dachanschlag an den Turm als unterster der insgesamt drei Dach-

anschläge zu erkennen ist. Der darüber liegende Dachanschlag scheint wesentlich später – wohl mindestens in die zweite Hälfte des 16. Jahrhunderts – zu datieren, denn er ignoriert den im dritten Obergeschoß plazierten Aborterker; eine hygienisch vertretbare Benutzung des Aborterkers war nicht mehr möglich, die Fäkalien wären nicht mehr in den Graben, sondern aufs Dach gefallen.

Rechts neben der Tür an der Ostseite befindet sich eine originale Wandnische; von ehemals drei Böden aus Holz ist der oberste noch in situ erhalten. – In der anschließenden Ecke an der Südmauer befand sich ursprünglich ein Kamin, dessen kalottenförmige Rundung teilweise noch erkennbar ist; der rechte Konsolstein aus Naturstein ist noch vorhanden, der vorkragende Teil, der die Schürze des

Kamins trug, ist aber abgeschlagen. Dieser Kamin wurde zugunsten einer nachträglich eingebrochenen Türöffnung, die schräg durch das Mauerwerk auf die Südostecke des Turmes führt, aufgegeben und größtenteils zerstört; diese Türöffnung ist an der Südseite des Turmes ganz rechts zu erkennen. Die entsprechenden Balkenlöcher und der Dachanschlag eines darüberliegenden Satteldachs lassen erkennen, daß hier – entgegen der Lagezeichnung – nicht ein offener Zugang zum Hof, sondern ein Gebäude – vielleicht mit einem Tor – gewesen sein muß. Da der Zugang zu dem Raum vom ersten Turmgeschoß aus nachträglich geschaffen wurde, mag auch das Gebäude selbst, zu dem die Rüstlöcher, die Putzreste und der Dachanschlag des Satteldachs gehören, nicht ursprünglich sein. Hierfür

spricht, daß auch an die Südseite eine rund 130 cm dicke Mauer stieß, zu deren Krone eine – jetzt zugesetzte – Öffnung vom zweiten Obergeschoß aus führte; diese zugesetzte Öffnung ist an der Südseite oberhalb des Mauerabbruchs und über dem Dachanschlag zu erkennen.

An der nördlichen Außenseite ist links die türhohe Öffnung zu erkennen, die in den Zwischentrakt führte, der den Turm mit dem Nordflügel verband. Dieser Zwischentrakt muß den erkennbaren Dachanschlägen gemäß zweimal verändert worden sein. Zu der eben genannten Maueröffnung kann nur der unterste Dachanschlag eines Satteldachs gehört haben, der aber – weil der eigentliche Zugang zum Turm an der östlichen Hofseite liegt – nicht zeitgleich mit dem Turm, sondern später zu datieren

Zweites Geschoß: Blick zur Südseite mit dem späteren Durchbruch im Kamin

Putzreste im zweiten Geschoß

Wandnische im zweiten Geschoß

ist. In einer zweiten Bauphase wurde dieses Satteldach zur Hofseite hin ein wenig, zur Grabenseite hin
deutlich erhöht. In einer dritten Bauphase sollte
das Satteldach nochmals erhöht werden, wobei
der First aber weiter zur Hofseite gerückt wurde.
Erst in diesem dritten Veränderungsstadium können
die drei anderen Maueröffnungen entstanden sein,
denn sie durchbrechen alle die früheren Dach-
anschläge.

Drittes Geschoß

Im dritten Geschoß sind gegenüber dem zweiten
nur geringe Putzreste feststellbar, ein Kamin fehlt.
Vielleicht wurde diese Kammer allein als Schlafzim-
mer genutzt. An der Südseite dieses Raumes befindet sich die zugesetzte Türe, die an der Südseite
mutmaßlich zur Mauerkrone führte. An der Westseite ist neben der ursprünglichen Fensteröffnung
ein zweiter Fenstereinbruch geschaffen worden, für
dessen Existenz es keine plausible Erklärung gibt.
An der Nordseite gibt es in der Ecke zur Westseite
eine mannshohe Nische ohne erkennbare Einteilung
und daneben eine weitere, nachträglich geschaffene
Türöffnung, die auf den Dachboden eines nördlichen Anbaus führte.

Viertes Geschoß

An der Nordseite des vierten Geschosses sitzt auf
zwei Konsolsteinen aus Lavastein ein nach unten
offener Aborterker; die Fäkalien fielen von hier
direkt an dem Anbau vorbei auf die Berme des Gra-
bens. Der Aborterker war innen bündig mit einer
Holztüre zu verschließen, die Kloben und eine
eiserne Öse des Verschlusses sind mit Bleifassungen
in Natursteinen noch erhalten. Jede Seite dieses
Geschosses weist mittig eine hohe rechteckige Fensteröffnung auf. An der Südseite hatte dieser Raum
wieder einen Kamin, dessen Zug scheinbar in den

des Kamins im ersten Geschoß mündete. Der
gesamte Verlauf des Kaminzugs ist an der äußeren
Südseite in der tiefen Auswaschung der Fugen
erkennbar. Das vierte Geschoß weist noch schwache
Reste von Lehmputz auf.

Zur Datierung des Turms

Der Turm des ehemaligen Hauses Langendonk
scheint nicht mehr dem 14. Jahrhundert anzu-
gehören. Hierfür sprechen verschiedene Indizien.
Gemessen an dem Rundturm der Burg Uda aus
dem zweiten Jahrzehnt des 14. Jahrhunderts mit
einer Mauerstärke von 230 cm mit knapp 23 m
Höhe (Schietzel 1982, S. 17) dürfte der Turm von
Haus Langendonk mit einer Mauerstärke von nur
150 cm kaum höher als 16 m gewesen sein. Die bei
Langendonk verwandten Backsteine weisen ähnliche Maße wie die Steine am Torhaus von Schloß
Haag auf, das vermutlich im 15. Jahrhundert erbaut

Zugang zum Abort-
erker im vierten
Geschoß, oben links
der Klobenstein

wurde. Das Fehlen von Streichbalken weist sogar in eine noch jüngere Zeit (KIESOW 2000, S. 70f.). Bei allen Vorbehalten möchte ich hier eine Datierung in die Zeit um 1500 vorschlagen.

Perspektive

Aufgrund seiner Originalität gehört der Turm von Haus Langendonk zu den wichtigsten profanen Denkmälern nicht nur in Geldern, sondern im nördlichen Rheinland überhaupt. Deshalb setzt sich die Untere Denkmalbehörde schon seit Jahren dafür ein, daß der Turm zumindest oben gesichert wird und wieder ein Pyramidendach erhält. Da die in Süddeutschland vielfach übliche Ruinensicherung im Rheinland nur selten praktiziert wird, ist es schwierig, öffentliche Mittel hierfür bereitzustellen. Noch immer wird zu sehr nach Nutzungskonzepten gesucht und nicht erkannt, daß Denkmäler auch ohne eine profitable Nutzung allein durch ihre Existenz und visuellen Erfahrbarkeit einen hohen öffentlichen Wert darstellen.

Kapellchen bei Haus Langendonk

Langendonker Weg: Kapellchen bei Haus Langendonk

Eintragung in die Denkmalliste: 19. April 1995
Denkmal Nr. A 170
(Vormals: Aengenesch)

Backsteinernes Kapellchen aus der Mitte des 19. Jahrhunderts mit vergitterter Nische und zwei vorgestellten, quadratischen Pfeilern, unter einem Pyramidendach zusammengefaßt; Seitenwände, wie sonst üblich, fehlen (FRANKEWITZ 1995b, S. 97–99). In der Expositionsnische wird der heilige Antonius der Einsiedler in Form einer kleinen Statue verehrt (HECKMANN 1996b, S. 10f.).

Lange Straße 2–4: Wohnhaus

Eintragung in die Denkmalliste: 13. Juni 1995
Denkmal Nr. A 194
Eigentümer: Wolfgang Dicks

Direkt hinter dem Chor der Kirche in Kapellen und am Beginn der Langen Straße steht beherrschend der große, zweigeschossige Putzbau von fünf Achsen Länge und drei Achsen Tiefe mit Walmdach aus der ersten Hälfte des 19. Jahrhunderts. Die Fenster aus Kunststoff und die Dachflächenfenster passen natürlich nicht zum Denkmal und entsprechen in keiner Weise dem Repräsentationsanspruch des Gebäudes, das als Villa vor die zum Markt hin ge-

Lange Straße 2–4

Lange Straße 6

Stuckdekor am Haus
Lange Straße 6

legene Großbrauerei der Familie Martzeller errichtet wurde (SINGENDONK 1959, S. 52); 1893 wurde die Brauerei aufgegeben, für drei Jahre zwischen 1898 und 1901 fand hier eine Stuhlfabrik ihre Bleibe, und um 1910 etablierte sich in dem Haus und den rückwärtigen Produktionsgebäuden die Schmiede und Maschinenfabrik Jakob Schmetz; im Zweiten Weltkrieg dienten die Gebäude zeitweise als Gefangenenlager; als Reparaturwerkstatt blieb die Schmiede bis in die 1950er Jahre bestehen (Dokumentation des Kapellener Heimatvereins).

Lange Straße 6: Wohnhaus

Eintragung in die Denkmalliste: 19. Juni 1995
Denkmal Nr. A 195

Zweigeschossiger Putzbau von vier Achsen Länge mit Krüppelwalmdach aus der ersten Hälfte des 19. Jahrhunderts. Die Fenster- und Türöffnungen sind mit Putzrahmen eingefaßt und tragen Schlußsteine mit floralem Dekor.

Lange Straße 19: Wohnhaus

Eintragung in die Denkmalliste: 25. November 1987
Denkmal Nr. A 47
Eigentümer: Max und Claudia Düngelhoef

Zweigeschossiger, traufständiger Backsteinbau mit vier Achsen und Satteldach aus der ersten Hälfte des 19. Jahrhunderts. Die Türöffnung wird von einem profilierten Putzband eingefaßt. Die innere Holzbalkendecke zwischen Unter- und Obergeschoß wird durch Maueranker gesichert, die als Buchstaben **M**, **A** und **X** ausgebildet sind. Die historisch nur anmutenden, gewölbten Fensterscheiben würden heute nicht mehr eingebaut werden.

Lange Straße 21: Wohnhaus

Eintragung in die Denkmalliste: 26. Oktober 1999
Denkmal Nr. A 228

Zweigeschossiger Backsteinbau von vier Achsen mit
kleiner Freitreppe und Walmdach aus der Zeit um
1800. Das Giebeldreieck über den beiden mittleren
Achsen wird durch eine Vase bekrönt. Wie die an
jeder Seite um einen Stein verkleinerten Fensteröffnungen erkennen lassen bestanden die Fenster
ursprünglich aus hölzernen Blockrahmen. An der
Seite des relativ langen Hauses finden sich zahlreiche Maueranker. – Das zuerst nicht als Denkmal
erkannte Haus hat sich nach der Abnahme der Verschieferung an der Fassade als eines der qualitätvollsten Wohnhäuser Kapellens entpuppt, das durch
die Entfernung der untypischen Verschieferung des
Ortgangs am Dreiecksgiebel noch aufgewertet werden könnte.

Lange Straße 22:
Geburtshaus von Heinrich und Henriette Brey

Eintragung in die Denkmalliste: 21. Oktober 1987
Denkmal Nr. A 42
Eigentümer: Elmar Brey

Traufständiges, zweigeschossiges, weiß geschlämmtes Backsteinhaus von fünf Achsen, deren linke eine
korbbogige Durchfahrt darstellt, mit Satteldach aus
der Zeit um 1870. Auffällig sind die leicht zurückversetzten Fensterlaibungen sowie das Traufgesims
in Form von schräg gestellten, kleine Satteldächer
bildenden Steinen auf Backsteinkonsolen.

  Das Haus ist für die Kapellener Ortsgeschichte
von besonderer Bedeutung, weil hier die Dichterin
Henriette Brey geboren wurde. An sie erinnert ein
80 × 50 cm großer Stein aus deutschem Marmor
zwischen dem vierten und fünften Fenster im Ober-

geschoß mit der Aufschrift: **HENRIETTE BREY / DIE DICHTERIN / DER SEELE / WURDE IN DIESEM / HAUSE GEBOREN / AM 15. NOV. 1875**. Über der Aufschrift ein aufgeschlagenes Buch mit Feder, unter der Aufschrift ein singender Vogel in einem Käfig, der symbolisch für die seit ihrer Kindheit gelähmte Dichterin steht. Der 1955 an dem Haus eingelassene Stein wurde von dem Kapellener Künstler Jupp Sieben gestaltet (MURMANN 1970). Ebenfalls in diesem Haus wurde am 12. Februar 1872 Heinrich Brey geboren, Bruder der Dichterin. Der weit über die Grenzen des Niederrheins bekannt gewordene Kirchenmaler, dem inzwischen eine Dissertation gewidmet wurde (LINGENS 1998a) hätte es ebenfalls verdient, durch eine Gedenktafel oder einen Straßennamen geehrt zu werden.

Geburtshaus von Heinrich und Henriette Brey

Lange Straße 24

Lange Straße 24: Wohnhaus

Eintragung in die Denkmalliste: 23. September 1987
Denkmal Nr. A 39

Zweigeschossiger, traufständiger Backsteinbau von fünf Achsen Länge mit Satteldach aus der Zeit um 1880 mit einer Putzfassade aus der Zeit um 1900. Bemerkenswert sind die profilierten Fensterumrahmungen, die im Untergeschoß zusätzlich mit floralen Stuckornamenten überdeckt werden. Über den Fenstern des Obergeschosses springt ein zierliches Gebälk hervor. Zwischen den Fenstern ist Quaderputz nur angedeutet. Eine Seltenheit stellt die Dachdeckung dar, die aus Betonplatten besteht und noch aus der Erbauungszeit des Hauses stammt.

Lange Straße 31: Hotel Zum Schwan

Eintragung in die Denkmalliste: 21. Oktober 1987
Denkmal Nr. A 46
Eigentümer: Luise Holtappels

Zweigeschossiger, langgestreckter Putzbau von sieben Achsen Länge mit Satteldach aus dem 19. Jahrhundert. Zwischen den Fenstern des Erdgeschosses ist Quaderputz angedeutet. Unter der Fensterbrüstung der Obergeschoßfenster, die als durchlaufendes Gesims gestaltet ist, finden sich sieben reliefverzierte Schmuckfelder, von denen das über der Türe einen Schwan zeigt.

Lange Straße 34: Haagsches Haus

Eintragung in die Denkmalliste: 25. März 1987
Denkmal Nr. A 33
Eigentümer: Katholische Kirchengemeinde
St. Georg, Kapellen

Großer, repräsentativer, zweigeschossiger, traufständiger Backsteinbau von acht Achsen Länge mit Satteldach von 1866. Das Traufgesims auf kleinen Bögen und die Dreiviertelsäulen in den beiden Türrahmen vermitteln einen strengen Eindruck. Zwischen den mittleren Fenstern im Obergeschoß findet sich in einem Sandstein ein bekrönter Schild mit dem Wappen der Familie von Hoensbroech von Schloß Haag, darunter in einem hellen Naturstein die Inschrift **DAS HAAGSCHE HAUS / 1866**.

Das große Gebäude diente zunächst als Nähschule und Krankenstation des am Ortsrand von Kapellen liegenden, aber zu Sonsbeck gehörenden Klosters St. Bernardin; im 20. Jahrhundert befand

Das Haagsche Haus und der Wappenstein im Obergeschoß

sich in dem Haus der Kindergarten, der aber wegen gesundheitlicher Gefährdung 1953 durch einen neuen ersetzt werden sollte (PfA Kapellen, Rentenboeck 1763, Blatt 90v). 1956 erhielt das Haus eine neue Dachhaut (ebenda, Blatt 95v). Eine neue Funktion kam ihm 1962 mit der Aufstellung der Pfarrbücherei zu (PfA Kapellen, Pfarrchronik 1956–1980). 1980 wurde das Haus komplett saniert und dient seitdem als Pfarrheim der Kirchengemeinde St. Georg (KORTING, OERDING, URBAN 2000). – An die Erbauung des Hauses und seine ursprüngliche Funktion erinnert neuerdings eine viel zu große, polierte und damit nicht zum Denkmal passende Marmortafel an der nördlichen Giebelseite.

Lange Straße 38: Wohnhaus

Eintragung in die Denkmalliste: 23. September 1987
Denkmal Nr. A 37

Zweigeschossiger, traufständiger Backsteinbau mit Satteldach von sechs Achsen Länge aus der Zeit um 1880 im Untergeschoß. Wohl um 1900 wurde das

Haus durch ein hohes Obergeschoß aufgestockt. Ganz links führt eine gerade geschlossene Tordurchfahrt zur Rückseite des Hauses. Über den Stürzen der leicht korbbogig gewölbten Fenstern ragt gebälkartig eine Lage Steine etwas vor. Zusätzlich wird die Fassade durch einen Klötzchenfries zwischen Unter- und Obergeschoß sowie durch einen Sägezahnfries unter der Traufe belebt.

Passerweg 10: Bauernhaus des Passhofes

Eintragung in die Denkmalliste: 26. September 1995
Denkmal Nr. A 178
Vormals: Aengenesch 7a

Zweigeschossiger Backsteinbau von sieben Achsen Länge und zwei Achsen Tiefe mit Krüppelwalmdach aus der Zeit um 1850. Die Fenster sind denkmalgerecht in Holz erneuert. Auffällig ist der etwas vorkragende, wulstige Ortgang. Da das anspruchsvolle Wohnhaus zu dem dahinterliegenden Wirtschaftsteil quer steht und die Firste in der Dachausmittlung ein T bilden, spricht man hierbei auch von einem T-Haus (ZIPPELIUS 1957, S. 94–107).

Passerweg 18:
Ehemalige Scheune der Gildenkampskate

Eintragung in die Denkmalliste: 24. September 1993
Denkmal Nr. A 108
Vormals: Aengenesch 8

Neben den Scheunen in Vernum → In de Veenhey und in Walbeck → Neesenweg zählte die Scheune der Gildenkampskate bis zu ihrem Ausbau zu Wohnzwecken zu den seltenen und wichtigen Denkmälern, die die ländliche Bauweise des 18. Jahrhunderts repräsentieren. Bis 1845 gehörte die Kate der Kapelle in Aengenesch; mit dem Verkaufserlös wurde u. a. der Schulplatz in Aengenesch gekauft (PfA Kapellen, Lagerbuch 1841, S. 95).

Die Scheune der Gildenkampskate vor und nach dem Ausbau

Die Scheune mit einer Längstenne mit hohem Walmdach und einem inneren Tragegerüst mit drei Gebinden mit doppelten Ankerbalken stand trotz der Außenmauern aus Backstein ganz in der Tradition des niederrheinischen Fachwerkbaus. Notwendigerweise gingen bei dem Ausbau 1994 zahlreiche originale Bauteile und damit auch Bauspuren verloren, das heutige Gebäude mit tief heruntergezogenem Dach und S-förmigen Pfannen mit Strohdocken wahrt aber mit dem Ständerwerk und in seinen Abmessungen den historisch überlieferten Kubus.

St. Bernardin Straße 8:
Gastwirtschaft „Zur Hirschquelle"

Eintragung in die Denkmalliste: 25. November 1987
Denkmal Nr. A 50

Zweigeschossiger, verputzter und gelb gestrichener Backsteinbau von fünf Achsen Länge mit pyramidenförmigem Mansarddach aus dem Ende des 19. Jahrhunderts. In der Dachzone sitzt in der Mitte ein Dachhäuschen mit Satteldach und halbrundem Fenster im Dreiecksgiebel. Die Fenster des Hauses sind mit helleren Putzleisten abgesetzt, die im Untergeschoß säulenartig gestaltet sind. In der Mitte der Fensterstürze finden sich kleine Kartuschen, die im Untergeschoß zusätzlich mit Köpfen besetzt sind. Die neuen, sprossenlosen Fenster aus Kunststoff entsprechen natürlich nicht der Qualität des gut proportionierten Denkmals.

St. Bernardin Straße: Friedhof

Eintragung in die Denkmalliste:
Denkmal Nr.

Der frühere Friedhof um die Kirche wurde 1840 durch den heutigen ersetzt; er wurde mit sechs Feldern konzipiert, erschlossen durch einen Längs- und zwei Querwege (TERLINDEN 2000, S. 158f. und S. 195).

St. Bernardin Straße:
Heiligenhäuschen

Eintragung in die Denkmalliste: 12. Dezember 1995
Denkmal Nr. A 220

Backsteinernes Heiligenhäuschen zwischen zwei Kastanienbäumen mit nach hinten halbrund gewölbter Nische und hoher, spitzer Sandsteinabdeckung. 1983 war auf der zur Straße gewandten Seite des Sandsteindachs noch die Inschrift zu lesen: **Mathias Aengenheister et / Guielma Te Loy** … [ein Wort fehlt] **1854**; heute ist diese Inschrift völlig abgewittert. Das Heiligenhäuschen stellt ein frühes Beispiel für den Einzug neugotischer Formen im ländlichen Raum dar (FRANKEWITZ 1995b, S. 92f.).

Waltersheide 36: Schitgenshof

Eintragung in die Denkmalliste: 12. Januar 1994
Denkmal Nr. A 118

Der Schitgenshof ist seit 1711 als Lehen des nicht mehr erhaltenen, auf Kevelaerer Gebiet liegenden Hauses Honselaer nachgewiesen (Archiv Schloß

Haag, Nr. 3953 und 3954). Bei dem heutigen Bauernhaus handelt es sich um ein zweigeschossiges Backsteinhaus mit Krüppelwalmdach, das T-förmig vor den Stallteil gesetzt ist. Das Haus datiert aus der Zeit um 1850. An den Ortgängen charakterisieren holländische Dreiecke die Giebel. In der geräumigen Eingangsdiele, deren Rückseite durch eine Holzwand bestimmt wird, ist eine weiß verputzte Balkendecke erhalten. An der linken Seite führt eine Treppe zur Opkamer, die sich von außen durch die höhergelegenen Fenster zu erkennen gibt. Die Holzfenster wurden in den letzten Jahren leider durch Kunststoffenster mit innenliegenden Sprossen in den Thermopanescheiben ersetzt. 1999 erhielt das Haus eine neue Dacheindeckung. – Vor dem Haus wird noch ein früher zu jedem Hof gehöriger Blumen- und Gemüsegarten gepflegt.

Weseler Straße 239: Kolkmannshof

Eintragung in die Denkmalliste: 25. Mai 1994
Denkmal Nr. A 121
Eigentümer: Familie Vogel

Der Kolkmannshof verdankt seinen Namen dem *Kolkschen veldt*, das bereits in einem Grenzweistum von 1566 genannt wird und auf den Mühlenweiher der Langendonker Mühle hinweist (FRANKEWITZ 1986a, S. 112). – Vierseitig geschlossene Hofanlage mit einem T-förmig vor den östlichen Wirtschaftsteil gestelltes Bauernhaus. Dieses eingeschossige Backsteinhaus mit dreieckigem Zwerchgiebel über der mit Putzlisenen eingefaßten und mit Gebälk überdeckten Türe ist durch Maueranker **1864** datiert. Die Ortgänge sind mit holländischen Dreiecken verziert. Der kleine Garten vor dem Haus ist mit einem typischen schmiede-

Der Schitgenshof (oben) und der Kolkmannshof

Marienkapellchen

eisernen Gitter zwischen Backsteinpfosten eingefaßt. Nach der Instandsetzung in den letzten Jahren
ist mit dieser Hofanlage ein ehemals bäuerliches
Anwesen in seiner Gesamtheit für die Zukunft gerettet worden.

Zitterhuck 21: Katstelle

Eintragung in die Denkmalliste: 3. Juni 1992
Denkmal Nr. A 72
Eigentümer: Geschwister Florian und
Gesine Freimuth

Eingeschossiges, verputztes Backsteinhaus mit drei
Achsen an der Giebelseite, Krüppelwalmdach und
Opkamer an der östlichen Längsseite. Im hinteren
Teil des ehemaligen Bauernhauses war der Stallteil
untergebracht. Im Innern des zu Wohnzwecken ausgebauten Hauses befinden sich noch Kölner Decken
und an der ursprünglichen Stelle ein Kamin.

Katstelle in Zitterhuck

Zitterhuck: Marienkapellchen

Eintragung in die Denkmalliste: 9. Mai 1990
Denkmal Nr. A 59
Eigentümer: Kapellengemeinschaft Zitterhuck

Einschiffiger Backsteinbau, im Stile der Neugotik mit
dreiseitigem Chorschluß, Strebepfeilern und Schieferdach, gemäß dem Schlußstein im Scheitel des
spitzbogigen Portals **1856** erbaut. Über der Jahreszahl ein bekröntes **M** für Maria. Die Portalöffnung
ist nachträglich verkleinert worden, ein schmiedeeisernes Gitter schützt den Innenraum. Bemerkenswert ist der teilweise noch erhaltene Fugenstrich
in dem alten dunklen Mörtel, der bei der umsichtigen Instandsetzung durch die „Heiligenhäuschenge-

meinschaft Zitterhuck" 1990 glücklicherweise nicht
verloren ging. Bei dieser Gelegenheit erhielt das
Kapellchen eine neue Dachhaut, das Mauerwerk
wurde durch einen Ringanker gesichert. – Im Innern
des Kapellchens wird eine qualitätvolle Pieta verehrt, die aus der zweiten Hälfte des 19. Jahrhunderts stammen dürfte. Sie steht auf einem Altartisch
mit der Aufschrift **O, ihr Alle, die ihr vorüber
gehet, sehet zu, / ob ein Schmerz dem meinen
gleich sei**.

Zur Boeckelt 53:
Ehemalige Boeckelter Schule

Eintragung in die Denkmalliste: 23. September 1987
Denkmal Nr. A 41
Eigentümer: Karl-Heinz Beckers

Die Schule auf der Boeckelt wurde als typische
Landschule 1909 von dem Gelderner Baumeister
Elsemann entworfen und errichtet (StA Geldern,
Bestand Kapellen, Nr. 2–14 mit Plänen). Eingeweiht
wurde die Schule am 1. Oktober 1910 (StA Geldern,
Schulchronik Boeckelt). Die Schulklasse, in der
bereits im ersten Jahr rund 60 Kinder unterrichtet
wurden, befand sich im hinteren Zimmer im Erdgeschoß. Der Zugang erfolgte durch eine große
Türe an der rechten Seite des Giebels; heute befinden sich hier zwei kleine Fenster. Das Obergeschoß
diente als Lehrerwohnung und war über die kleinere Türe in der Mitte mit dem darüber angebrachten Marienbild zu erreichen. Ebenfalls 1909 wurde
eine Abortanlage als eingeschossiges Gebäude mit
Satteldach errichtet. Ostern 1965 wurde der Schul-
betrieb eingestellt. Das alte Toilettenhäuschen
wurde unter weitgehender Wahrung des äußeren
Erscheinungsbildes zum Schießstand ausgebaut.

Ehemalige Boeckelter
Schule und das
Toilettenhäuschen

Die Denkmäler
im Ortsteil
Lüllingen

Lüllingen
Historischer Überblick

Auf der Anhöhe westlich des Ortes führt in etwa 1000 m Entfernung der Jülicher Weg vorbei, der ein alter vorgeschichtlicher Weg sein dürfte. Während im Ort selbst vorgeschichtliche Scherben entdeckt wurden (Geschwendt 1960, S. 283, Nr. 61), konnte man in den letzten Jahren zwischen dem Dorf und der alten Straße zahlreiche römische Scherben einer bislang unbekannten römischen Fundstelle auflesen (Funde bei Paul Lambert, Lüllingen). Die Straße bildete im Mittelalter in hochwasserfreier Lage eine ideale Verbindung zwischen den beiden Kaiserpfalzen Aachen und Nimwegen. Dementsprechend war die Straße auch für den Herzog von Geldern von überörtlicher Bedeutung; die Reiseroute Herzog Reinalds II. aus dem Jahre 1343, in dem zwischen Straelen und Goch als Aufenthaltsorte Walbeck und Twisteden genannt werden (Janssen 1970, S. 225, Anm. 11), verdeutlichen den Verlauf der Straße. Auch der heute gebräuchliche Name „Jülicher Weg" dürfte auf die Zeit zwischen 1372 und 1423 zurückgehen, als die Herzogtümer Jülich und Geldern in Personalunion vereinigt waren und die beiden Territorien – insbesondere die wichtigen Residenzen Kaster an der Erft und Nimwegen – gerade mit dieser Straße eine optimale Verbindung hatten. In der Nähe dieser Straße soll auch die erste Kapelle im Lüllinger Feld gestanden haben (Oppenberg 1968, S. 171). Offenbar hat diese Straße seit der Neuzeit keine überörtliche Bedeutung mehr gehabt (bei Bruns, Weczerka 1962/1967 wird sie nicht mehr genannt).

Die erste Erwähnung Lüllingens ist in einer zwischen 1090 und 1120 datierten Urkunde überliefert, woraus hervorgeht, daß das Stift Kaiserswerth über Renteneinkünfte *in lollengen* verfügte (Frankewitz 1991, S. 98). Die zweite Erwähnung des Ortes datiert aus dem Jahre 1388, als Steven van den Eger *des Roden goed van Lullingen in gericht Walbeke* zu Lehen hielt (Doorninck 1901, S. 2). Die Bedeutung des Namens Lüllingen ist unbekannt, es fällt jedoch auf, daß er mehrfach am Niederrhein – in verschiedenen Formen – vorkommt (Frankewitz 1986a, S. 116, Anm. 198).

Lüllingen lag in einem Gebiet, in dem der Graf von Geldern im Mittelalter alte Rechte besaß, wie aus einem Weistum der Ponter Schöffen aus dem Jahre 1413 hervorgeht (Frankewitz 1986a, S. 127–130). In diesem Gebiet nahmen im 13. Jahrhundert die Vögte von Straelen Aufgaben für den Grafen von Geldern wahr; die Erinnerung hieran war noch 1402 wach, als in diesem Jahr das Gut *tot Lullingen* verlehnt wurde, wie man es *van den voocht van Stralen* zu halten pflegte (Sloet 1904, Nr. 4 und 46).

Der heilige Rochus

An de Klus 41: Kapelle St. Rochus

Eintragung in die Denkmalliste:
Denkmal Nr.

Geschichte

Eine erste, dem heiligen Antonius geweihte Kapelle soll im Lüllinger Feld in der Nähe der Jülicher Straße gestanden haben (Oppenberg 1968, S. 171). Zwar wird eine zu *Lullingen* gelegene Kapelle bei ihrer ersten Nennung in einem Visitationsbericht um 1500 als dem heiligen Antonius geweiht genannt (Oediger 1969, S. 294; Oediger 1973, S. 332), über den Standort wird weder hier, noch in einer Steuerliste von 1510, in der die *Cappel tho Lueglyeng* genannt wird (Oppenberg 1968, S. 56), etwas gesagt. Noch 1667 wird die Kapelle als dem heiligen Anto-

nius geweiht genannt, 1725 aber ist der heilige Rochus ihr Patron (HABETS 3, 1892, S. 193 f.; – OPPENBERG 1968, S. 50 f.).

Beschreibung

Einschiffige Backsteinkapelle mit Satteldach von 1747 mit jeweils zwei Fenstern an den Längsseiten, die zwischen den Ecklisenen und jeweils einer mittigen Lisene angeordnet sind. Die Giebelseite im Westen nimmt das Portal auf, die Ortgänge sind durch holländische Dreiecke verziert. Über der Tür befindet sich eine Sandsteinplatte mit der Inschrift **S**(ANCTE) **ROCHE** / **A**(NNO) **1747 E**(RRECTA) (für den heiligen Rochus im Jahre 1747 errichtet). Der Innenraum der Kapelle ist mit einer Tonne aus verputzten Plisterlatten überwölbt. Der Dachstuhl besitzt noch die alten Sparrenpaare mit Kehlbalken

des 18. Jahrhunderts; der Dachreiter, in dem ehemals eine Glocke hing, scheint etwas später als der Dachstuhl aufgesetzt worden zu sein. – Die Kapelle schloß im Osten gerade ab (StA Geldern, Katasterkarten um 1890, Walbeck, Blatt B 1).

Erweiterung

Am 20. Oktober 1921 erfolgte die Grundsteinlegung für eine Erweiterung des kleinen Gotteshauses im neuromanischen Stil mit Tonnengewölbe um ein Querhaus mit Zwillingsarkaden und mit gerade schließendem Chor; den Entwurf zu dem Erweiterungsbau lieferte der Architekt Voß aus Kevelaer (StA Geldern, Schulchronik Lüllingen, S. 2) An der östlichen Außenseite ist ein Sandstein mit der Inschrift **Anno Domini 1921** eingelassen. Bei diesem Umbau wurden die Gläser der Fenster in meist

geometrischen Formen erneuert. Nur die beiden östlichen Fenster in der alten Kapelle zeigen Figuren; an der Nordseite **S. KONRAD** und **S. GERTRUD**, an der südlichen **S. ANNA** und **S. ROCHUS**; hier auch die Bezeichnung **MENKE / GOCH**. Josef Menke war Glasmaler in Goch. Bei der Romanisierung der Kapelle dürften auch die Fensteröffnungen der alten Kapelle neu angelegt worden sein, ein kleines Drillingsfenster mit einer Darstellung des heiligen Rochus im überhöhten Mittelfeld wurde an der Giebelseite über dem Portal eingebaut, der Ortgang mit einem kräftigen Putzgesims versehen. Die jetzt weiß getünchte Kirche scheint in den 1920er Jahren ausgemalt gewesen zu sein (OPPENBERG 1968, S. 172). Durch eine Sakristei mit der Kapelle verbunden, wurde 1962 ein Glockenturm für vier Glocken mit spitzem Pyramidendach errichtet.

Ausstattung

An der Stirnseite des Chores hängt ein einfacher, hölzerner Christus aus dem 19. Jahrhundert, der von schlichten Assistenzfiguren des 20. Jahrhunderts begleitet wird. Im nördlichen Querhausarm steht eine fast lebensgroße, 156 cm große, farbig gefaßte Rochusfigur aus Holz, die noch aus dem 18. Jahrhundert stammt. An der Orgelbühne ist eine weitere, kleine Rochusfigur des 20. Jahrhunderts befestigt.

Kriegerehrenmal

Außen steht vor der Chorwand auf einem gemauerten Sockel ein Holzkreuz mit einer Christusfigur, die vielleicht noch aus dem 18. Jahrhundert stammt. An dem Sockel ist eine in der Kunstschmiede von Fritz Rasch in Kevelaer gefertigte Ehrentafel angebracht, die die Namen der 16 Gefallenen des Ersten Weltkriegs nennt. Begleitet wird der Sockel mit einer Platte mit den Namen der Gefallenen des Ersten Weltkriegs von zwei 1956 aufgestellten Steinplatten mit den Namen der Gefallenen des Zweiten Weltkriegs (OPPENBERG 1968, S. 157). Das alte Ehrenmal, das 1928 eingeweiht wurde (StA Geldern, Schulchronik Lüllingen, S. 18. – OPPENBERG 1968, S. 156 spricht von 1927), stand ursprünglich an der Südseite der Kapelle. „Es wurde aus Findlingen errichtet, die die Bewohner der Kapellengemeinde eifrig gesammelt hatten … Entwurf und Modell des Denkmals sind gemeinsames Eigentum des Lehrers H. Limpinsel und des Kirchenmalers Karl Büttner" (StA Geldern, Schulchronik Lüllingen, S. 19). Bei der Umsetzung 1990 (RP vom 30. August 1990) an die heutige Stelle wurde dieses alte Ehrenmal, auf dem sich u. a. ein aus Kieselsteinen gebildetes Wappen der Rheinprovinz befand, zerstört.

Molkerei

Genieler Straße 1: Ehemalige Molkerei

Eintragung in die Denkmalliste: 9. Mai 1989
Denkmal Nr. A 55

Großer, eingeschossiger und verputzter Backsteinbau über T-förmigem Grundriß mit Satteldächern aus dem späten 19. Jahrhundert. Die Fensterumrahmungen sind ebenso steinsichtig, wie die gemauerten Fialen am Giebel der Schauseite und dem zur Genieler Straße hin gelegenen Anbau. Einige der zahlreichen Maueröffnungen sind nicht ursprünglich, die Fenster sind heute durch moderne Kunststoffenster ersetzt. Charakteristisch für die ehemalige Molkerei sind die langen Laderampen, über die die Anlieferung von Milch und die Abfuhr fertiger Produkte abgewickelt wurde. – Zu dem ganzen Komplex gehört ein freistehendes Waagehäuschen, der Trafoturm im Hintergrund trägt nicht unerheblich zum Erscheinungsbild des Denkmals bei. Das Gebäude besitzt als Produktionsstätte für Milchprodukte im immer noch landwirtschaftlich geprägten Geldern eine wichtige Rolle, gerade weil auch hier die Milchviehhaltung immer mehr in den Hintergrund tritt.

Genieler Straße 71: Kapelle St. Antonius in Geniel

Eintragung in die Denkmalliste: 9. Mai 1989
Denkmal Nr. A 55

Geschichte

Eine zu Walbeck gehörende *Capella in Nyll* ist bereits für die Zeit um 1500 bezeugt (OEDIGER 1973, S. 332). Auch 1667 und noch 1725 wird die Kapelle

Aen gen Nyl zu Walbeck gerechnet (HABETS 3 1892, S. 193f.), 1804 wird sie der Pfarre in Veert zugeteilt (OPPENBERG 1968, S. 138. – VALENTIN 1977, S. 126). – 1854 verzeichnen die Veerter Kirchenrechnungen einen Posten für den Glaser J. Menssen für die Reparatur der Fenster an der Kapelle zu Geniel (BAM, Veert, Karton 11, Rechnung 1854, „Ausgabe IV"). 1926 stellt der Schreinermeister Heinrich Valentin aus Veert folgende Rechnung aus: *Arbeiten an der Kapelle in Geniel: Ein Stück in Decke gemacht, Altar ausgebessert und neue Gehäuse um Pfeiler gemacht. Ein Keilrahmen zum Aufspannen des Hl. Antoniusgemälde gemacht. Antependium kleiner gemacht. Eine Taube für übern Altar gemacht. Altar aufgebaut u. Tür nachgeholfen* (BAM, Veert, Karton 12, Rechnung 1926, Blatt 98).

Beschreibung

Rechteckige, weiß verputzte Kapelle mit dreiseitigem Chorschluß und hinten abgewalmten Satteldach mit Dachreiter. Gemäß den Mauerankern an der Giebelseite mit Quaderputz wurde die Kapelle 1655 erbaut (vgl. FRANKEWITZ 1986b, S. 36). Die Glocke im Dachreiter soll die Jahreszahl 1765 tragen (RP vom 24. August 1957), laut Aufschrift aber wurde sie **1659** von Henricus A. Trie gegossen (VALENTIN 1977, S. 126). Den offenen Dachreiter bekrönt ein über Eck gestellter Würfel, auf dem eine schmiedeeiserne Kompaßrose, ein Kreuz und ein Hahn befestigt sind. An der Rückseite der Kapelle befindet sich eine vergitterte Nische mit einer einfachen Zeichnung auf Aluminium, die den heiligen Antonius zeigt; diese Nische war dem Weg zugewandt, der ursprünglich hinter der Kapelle vorbeilief (Uraufnahme 1844, 4403 Geldern und Zeichnung von Elisabeth Eustrup im GHK 1956, S. 97). – Vor dem Eingang liegt eine alte, abgetretene Grab-

platte aus Namurer Blaustein; die drei großen Linden vor der Kapelle bereichern das Erscheinungsbild der Kapelle.

Den Innenraum überspannt eine neue und sehr einfache hölzerne Flachdecke. Die beiden von außen vergitterten Fenster sind farbig verglast; die Gläser dürften aus dem Beginn des 20. Jahrhunderts stammen.

Ausstattung

Als Altarbild dient ein Ölgemälde von Mathias Boers aus Kevelaer, wohl von 1926, das den heiligen Antonius mit dem Schwein vor der Genieler Kapelle zeigt. – Am 25. August 1991 wurde in der Kapelle ein neuer Altar geweiht, der zum Teil aus den alten Maßwerken der Veerter Kirche erstellt wurde (RP vom 26. August 1991).

Rochusweg 4–6: Ehemaliges „Grenzaufseher-Wohnhaus"

Eintragung in die Denkmalliste: 26. Januar 1996
Denkmal Nr. A 207
Eigentümer: Adele Winkels

Hoher, zweigeschossiger Backsteinbau über Keller-geschoß und mit kleineren Fenstern ausgebauter Kniestock mit sechs Fensterachsen und weit über-stehendem Satteldach von 1899. Zur Genehmigung des Bauverfahrens wurde ein in Berlin gedruckter Plan eingereicht, in dem handschriftlich lediglich der Ortsname, in diesem Falle *Lüllingen u. Wyler*, eingetragen werden mußte. Bei dem Doppelhaus, einem *Normalwohnhaus für 4 Familien*, lagen an der Straßenseite an den Ecken die Küchen, daneben mit jeweils zwei Fenstern die Wohnzimmer; hofsei-tig finden sich für jede Wohnung zwei Schlafzim-mer und an den Ecken zwei Treppenhäuser. Das Haus weist noch viele originale Elemente auf und wird zur Zeit renoviert.

Rochusweg 8 und 8a: Ehemalige Volksschule

Eintragung in die Denkmalliste:
Denkmal Nr.

Eingeschossiger Backsteinbau über T-förmigem Grundriß von 1925/26 (OPPENBERG 1968, S. 122). Der parallel zur Straße gelegene, dreiachsige Trakt, der zwei Lehrerwohnungen aufnahm, hat ein Krüppelwalmdach, der giebelständige Quertrakt, in dem neben einem Flur zwei Klassenräume lagen, wird durch ein Satteldach zwischen zwei auffällig geschwungenen Giebeln im barocken Stil überdeckt. 1970 wurde der Unterricht an der Schule eingestellt (RP vom 17. Juli 1970), seither dient das Gebäude, an das 1988 ein neues Gerätehaus für die Feuerwehr angebaut wurde (RP vom 15. August 1988), als Wohnung, der Feuerwehr und im Dachgeschoß den Schützen der St. Rochus-Bruderschaft, die hier einen Schießstand haben.

Ehemalige Volksschule

Die Denkmäler
im Ortsteil
Pont

Pont
Historischer Überblick

Römische Siedlung

Das Dorf Pont liegt an einer Römerstraße, die von Xanten nach Tongeren (B) führt (HAGEN 1931, S. 219f.). Die heutige Bundesstraße 58 liegt im Gemeindegebiet größtenteils auf der römischen Trasse; zunächst wurde angenommen, die Straße führe von Haus Diesdonk in nördliche Richtung auf das Dorf Veert zu (GESCHWENDT 1960, Karte S. 210), doch eine Karte des Jacob van Deventer aus der Zeit um 1560 legt nahe (MEURER 1980, Nr. 1: Am linken Bildrand führt die schnurgerade Straße von Norden kommend nach unten in Richtung Pont), daß die heutige Straße in ihrer auffälligen, für die römische Zeit typischen Geradlinigkeit schon seit dem Mittelalter an jetziger Stelle lag. Dieser Straße kam im Mittelalter nicht nur überörtliche Bedeutung zu (BRUNS, WECZERKA 1962, Karte 17 und 1967, S. 513), sondern spielte auch als wichtige Verbindung von der Stadt Geldern über Pont und Lingsfort bis an die Maas eine wichtige Rolle (FRANKEWITZ 1994, S. 291–293). In unmittelbarer Nähe zu dieser Straße sind nördlich des Dorfes bei Haus Diesdonk römische Funde aufgetreten, zuletzt wurde hier ein zwölf cm langes römisches Fabelwesen aus Bronze entdeckt, das an einem schlangenähnlichen Korpus den Kopf eines Panthers hat, und in die zweite Hälfte des 2. Jahrhunderts zu datieren ist (PASTOORS 1999); südlich des Dorfes an einer deutlichen Geländekante zur Niersniederung hin ist eine römische Siedlung mit dazugehörigem Gräberfeld nachgewiesen. Teile des Gräberfelds mit 120 Gräbern wurden zu Beginn des 19. Jahrhunderts ausgegraben, die Funde gelangten in die Privatsammlung des Ausgräbers Baron von Geyr auf Haus Caen bei Straelen. Reste der im Zweiten Weltkrieg „voll-

kommen durcheinander geratenen Sammlung" wurden nach dem Krieg dem Heimatmuseum in Kevelaer übergeben. Nach Ausweis der Funde bestand die Siedlung vom Ende des 1. bis zum Beginn des 3. Jahrhunderts n. Chr. (GESCHWENDT 1960, S. 211–218. – CÜPPERS 1962, S. 299–361 und S. 388f.). Von der dazugehörigen Siedlung ist weit weniger bekannt. Neben zahlreichen Streufunden in Form von Ziegelbruchstücken und Keramikscherben (GESCHWENDT 1960, S. 218f., Nr. 6 und 7)

Römische Scherbe
aus Pont

konnte 1981 beim Bau eines Altenteils an der B 58 ein Brunnenkasten freigelegt werden, in dem sich ebenfalls römische Scherben befanden (KOPPERS 1982).

Ob die zahlreichen römischen Funde die Interpretation zulassen, der Ortsname sei lateinisch und beziehe sich auf eine *pons*, eine Brücke, ist ungewiß aber nicht unmöglich. Immerhin legt eine für 1326 überlieferte Zollstelle bei dem Haus Ayendonk südöstlich des Dorfes nahe (FRANKEWITZ 1986a, S. 323; FRANKEWITZ 1986b, S. 22), daß es von Pont aus einen alten Übergang durch die Niersniederung zur Aldekerker Platte hin gegeben hat.

Ortsgeschichte

Das Ponter Gemeindegebiet gehörte im Mittelalter zu den ältesten Besitzungen der Grafen von Geldern, wie sich aus den spätmittelalterlichen Rechtsverhältnissen erschließen läßt (Frankewitz 1986a, S. 58f. und S. 127–130). Nicht zufällig, sondern aus diesem Grund verlegten die Chronisten des späten Mittelalters den sagenhaften Drachenkampf der ebenso sagenhaften Herren von Pont und die Entstehungsgeschichte des geldrischen Herrscherhauses auf das Ponter Gebiet (Frankewitz 1996).

Die erste schriftliche Erwähnung des Ortes unter der Bezeichnung *apud Ponte* datiert von 1294/95 (Meihuizen 1953, tekst S. 35–37). Politisch bildete Pont bis zum Ende des Alten Reiches einen Gerichtsbezirk im Amt Geldern und besaß seit 1632 ein **S**(egel) **des Gerichts und kerspels pont**, das im Siegelfeld den heiligen Antonius zeigt (Pont 1987, S. 37; Frankewitz, Venner 1987, S. 208). Kirchlich gehörte das Dorf bis um die Mitte des 17. Jahrhunderts zum Kirchspiel Straelen (Frankewitz 1986a, S. 125–130). In einer Steuerliste von 1369 taucht Pont mit 32 namentlich genannten Höfen auf (Doorninck 1903, S. 76f.); 1387 werden in einer weiteren Steuerliste 73 Höfe in Veert und Pont gemeinsam veranschlagt (HStAD, Geldern, Gerichte, Drostamt Geldern Ib, Nr. 2 I). 1667 zählte Pont 204, 1725 etwa 300 Kommunikanten (Habets 3 1892, S. 186). 1760 vernichtete ein Brand Teile des Dorfes (Schumacher 1932). Im 19. Jahrhundert bildete die „Spezialgemeinde" Pont mit 742 Einwohnern (1842) zusammen mit Veert einen Teil der Bürgermeisterei Pont (Statistische Uebersichten 1843); zumindest zeitweise war der Bürgermeister von Geldern in Personalunion auch Bürgermeister von Pont. Bis 1969, bis zum Zusammenschluß mit der Stadt Geldern, war Pont eine Gemeinde im Amt Walbeck mit zuletzt 1467 Einwohnern (Verwaltungsbericht 1969–1978, S. 38). Überörtlich bekannt wurde Pont durch eine große, 1979 eröffnete Justizvollzugsanstalt (RP vom 31. August 1979).

Archiv

Zahlreiche Urkunden, die den Raum Pont betreffen und bis in die Zeit um 1400 zurückreichen, befinden sich im RAL in Maastricht. Sie stammen aus dem Archiv eines Zweigs der Familie von Eyll, die im 15. Jahrhundert auf Haus Ingenray (→ Möhlendyck 22) wohnte und gelangten 1880 durch die Heirat von Hedwig Caroline Francken vom Haus Ingenray mit Josef Ernst d'Olne in die Niederlande und wurden 1932 an das RAL abgegeben (StA Geldern, Vorwort in der Kopie des Findbuchs). – Das Archiv der Bürgermeisterei Pont wurde 1944 vernichtet, die wenigen Akten nach 1945 gelangten mit dem Amtsarchiv Walbeck 1969 in das StA Geldern (Frankewitz 1988, S. 174). – Das Pfarrarchiv ist verloren, nach dem Zweiten Weltkrieg waren *die drei Archivschränke … fast völlig zerstört und großenteils verbrannt,* durch Wassereinbruch die *Akten großenteils vernichtet* (PfA Pont, Pfarrchronik, S. 15).

Antoniusstraße 18:
Katholische Pfarrkirche St. Antonius

Eintragung in die Denkmalliste: 5. Dezember 1991
Denkmal Nr. A 64
Eigentümer: Pfarrgemeinde St. Antonius Abbas

Geschichte der alten Kapelle

Die Ponter Kapelle im Kirchspiel Straelen wird
zuerst in einem Visitationsbericht aus der Zeit um
1500 genannt, (OEDIGER 1969, S. 279. – Vgl. VAN DEN
BERG 1953; die hier ohne Quellenangabe vertretene,
vielfach abgeschriebene These, die Ponter Kapelle
werde bereits 1452 genannt, scheint eine Verwechslung mit einem in diesem Jahr in der Straelener
Pfarrkirche erwähnten Antoniusaltar zu sein; PfA
Straelen, Urk. Nr. 11 und Archiv Caen, I 1), in dem
es heißt, die Straelener Pfarrkirche habe eine dem
Heiligen Antonius geweihte Kapelle in Pont (*habet
unam capellam in Pont S. Anthonii*), sie sei mit
24 Gulden dotiert, besitze drei Messen und der Priester werde von der Gemeinde eingesetzt (OEDIGER
1969, S. 279 und OEDIGER 1973, S. 317). Tatsächlich setzten 1559 Seger von Boedberg vom Haus
Ingenray und Loef von Egeren vom Haus Diesdonk
als Kollatoren der *Sanct Anthoenis Capelle* im Kirchspiel Straelen einen neuen Priester in der Ponter
Kapelle ein (RAL, Scheres Nr. 31). Noch 1642 sprechen die Quellen von der „Kapelle" in Pont (VAN
DEN BERG, S. 33), 1667 aber von der „Pfarrkirche"
(*ecclesia parochialis.* HABETS 3 1892, S. 185), so
daß die Kapelle um 1650 zur Pfarrkirche erhoben
wurde. Bereits im 15. Jahrhundert aber scheint die
Kapelle gewisse Pfarrechte besessen zu haben, wie
der spätmittelalterliche → Taufstein sowie die Nennung des Kirchspiels in der Umschrift auf dem
1632 angeschafften Siegel mit dem heiligen Antonius (s. oben) nahelegt.

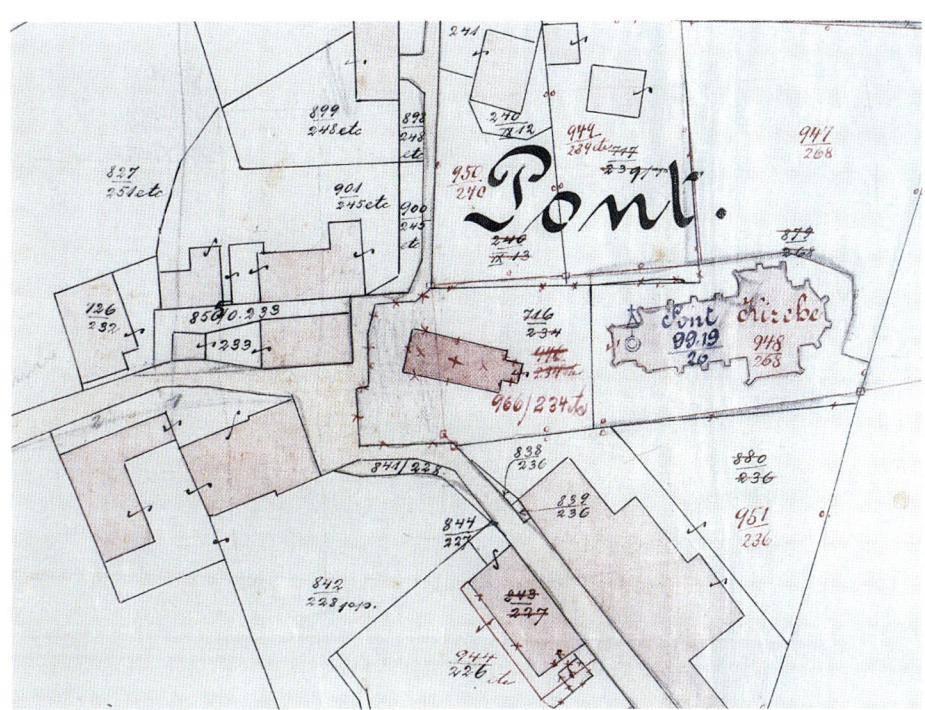

Beschreibung der alten Kapelle

Von der alten Kapelle ist nicht viel mehr als ihre
Lage westlich der heutigen Kirche und ihr rechteckiger Grundriß von vielleicht 19 m Länge und
8 m Breite mit einem quadratischen, eingezogenen
Anbau an der Ostseite – für den Chor oder die
Sakristei – bekannt; die Lage der alten Kapelle und
der neuen Kirche vermittelt die Nachzeichnung der
fortgeschriebenen Urkarte aus der ersten Hälfte
des 19. Jahrhunderts (StA Geldern, Kartensammlung, Nachzeichnung der Urkarte um 1890, Pont,
Flur D, Blatt 4). Den Standort des Altars in der
alten Kapelle – nicht aber deren Ausrichtung – gibt
ein einfaches Kreuz im Boden zwischen der Antoniusstraße und der Kirche an. – Zur Ausstattung der
alten Kapelle gehörten der in der jetzigen Kirche
aufgestellte Taufstein und die Antoniusfigur sowie
das an der Scheune → Antoniusstraße 28 vermauerte Sandsteinrelief.

Die Lage der alten
Kapelle und der
neuen Kirche auf der
Karte um 1890

Planung der neuen Kirche

Bereits 1845 war in Pont für den Neubau einer Kirche mit nur mäßigem Erfolg Geld gesammelt worden, denn 1855 stellte der Bürgermeister Freiherr von Loe an den Landrat ein *Gesuch um Bewilligung einer Hauscollecte in den Regierungsbezirken Düsseldorf, Cöln und Aachen für den Bau der katholischen Pfarrkirche zu Pont.* In der Begründung heißt es: *An die Stelle der alten Pfarrkirche, eigentlich nur eine Kapelle, muß wegen Baufälligkeit und Mangel an Raum eine neue Pfarrkirche gebaut werden. Es ist bereits seit mehreren Jahren damit der Anfang gemacht worden, durch Umlage einen Baufond anzusammeln; bei der geringen Zahl der beitragspflichtigen Mitglieder – die Pfarre zählt im Ganzen nur circa 750 Seelen – wächst die Fonds jedoch nur sehr langsam. Ein anderwertiger Zuschuß ist daher dringend nöthig, einerseits um die kleine Gemeinde nicht zu sehr zu belasten, andererseits um dem durchaus dringenden Bedürfnisse sobald als möglich abzuhelfen* (HStAD, Landratsamt Geldern, Nr. 65, Blatt 24–25). Im März 1855 war ein nicht näher bezeichneter Baumeister in Kleve mit der Erstellung von Plänen mit der Maßgabe beauftragt, *jeden unnützen Luxus* (zu) *vermeiden*, doch schon im April lehnte die Regierung den Antrag ab; man solle zunächst prüfen, ob nicht ein Erweiterungsbau Abhilfe schaffen könne. Zwar hatte man schon für den Neubau 1855 einen Ziegelofen gebaut, doch da noch 1862 ein Neubau nicht in Sicht war, sollte dieser an die „Rheinische Eisenbahngesellschaft" verkauft werden (ebenda Blatt 37–39). Der Kirchenvorstand lehnte den Verkauf jedoch mit dem Hinweis ab, daß die alte Kirche jederzeit wegen Baufälligkeit einstürzen könne und man die Steine spätestens dann brauchen werde (ebenda Blatt 41–41v).

Nur wenige Zeit später erfolgte der erste Spatenstich zu einer neuen Kirche, wie aus einem Schreiben vom 12. Januar 1866 an den Landrat hervorgeht (ebenda Blatt 48). Bei der Revision des Neubaus am 4. September *hat der Baumeister Pelzer den Uebelstand entdeckt, daß der Mörtel an vielen Stellen des Mauerwerkes, welches bereits 3–4 Monate fertig, noch nicht angetrocknet ist,* weil mit nassem Sand gebaut worden sei. Es wurde verlangt, *damit der Bau, der schon hoch aufgeführt ist, nicht Gefahr laufe, duch die Macht der Schwere zusammen zu stürtzen,* brauchbaren Sand anzufahren; *das Holz zum Dachstuhl ist schon zur Hälfte angefertigt und ist zu befürchten, daß, wenn das Mauerwerk jetzt nicht bis zur Vollendung des Baues aufgeführt wird, was noch etwa 14 Tage erfordern könnte, der Zimmermeister eine Entschädigung verlangen könne und das verarbeitete Holz den Winter hindurch liegend viel an seiner Güte einbüßen würde;* der Bau solle auf jeden Fall noch vor dem Winter *unter Dach* kommen (ebenda Blatt 50). Ein Jahr später aber war die Gemeinde 1867 *jetzt gerade mit dem Abbruch der alten Kirche beschäftigt* (StA Geldern, Chronik der Schule zu Pont I, 1880–1920, S. 11). Am 30. März 1869 berichtet der Bürgermeister van Hoffs: *Der Bau ist nocht nicht ganz vollendet, wird aber in 1869 beendigt werden* (HStAD, Landratsamt Geldern, Nr. 307, Blatt 527) Leider bricht hier die Überlieferung ab.

Die für den 17. November 1869 bezeugte Einsegnung der Kirche durch Dechant Brüel (GW vom 20. November 1869, Brüel war Pastor von Geldern 1857 bis 1891, BOSCH 1994, S. 116) setzt die Fertigstellung des Gotteshauses voraus. Die eigentliche Weihe der Kirche durch den Bischof von Münster, Johann Bernard Brinkmann, ist für den 23. Juli 1872 überliefert (PfA Pont, Sterberegister, Eintrag zum

24. Januar 1874) und fand unter Mitwirkung der Pfarrer von Geldern, Veert, Walbeck, Straelen, Moers und Nieukerk statt (PfA Pont, Pfarrchronik, S. 11). Im Gegensatz zu dem Besuch des Bischofs in Geldern wenige Tage später am 27. Juli (GW vom 23., 26. und 30. Juli 1872) hat die Ponter Kirchweihe wegen des herrschenden Kulturkampfes in der Zeitung keinen größeren Niederschlag gefunden.

Baupläne

Einen ersten Entwurf zu einer neugotischen Kirche fertigte der Architekt Friedrich von Schmidt an. Von seiner Hand sind aus dem Jahre 1855 im Historischen Museum der Stadt Wien neun Zeichnungen überliefert, die die geplante neue Ponter Kirche betreffen (erwähnt im Katalog Wien 1991, S. 225; Kopien im StA Geldern). Es sind dies:

1. (Inv. Nr. 157.120/1) Grundrißzeichnung für eine dreischiffige, dreijochige Kirche mit Querhaus, $^5/_8$ Chor und Westturm, Bezeichnet **Skizze einer katholischen Kirche für die Gemeinde Pont enthält ohne das Chor 2470 Quadrat Fuß** und **Bl. 1 Grundriß**. Signiert **Fr. Schmidt 1855**. Schnittflächen dunkel schraffiert (Druck: HECKMANN 1996, S. 128).

2. (Inv. Nr. 157.120/5) wie Nr. 1 aber Schnittflächen heller schraffiert, bezeichnet **Skizze einer katholischen Kirche für die Gemeinde Pont enthält ohne das Chor 2470 Quadrat Fuß,** ohne Signatur.

3. (Inv. Nr. 157.120/6) Strichzeichnung. Westansicht einer dreischiffigen Kirche mit Turm; die Dächer der Seitenschiffe enden im Westen in mit Kreuzen bekrönten Giebeln; hohe Seitenschiffenster nach Westen. Nachträglich bezeichnet **Pont**.

4. (Inv. Nr. 120/9) Strichzeichnung, Westansicht einer dreischiffigen Kirche mit Turm; die Dächer der Seitenschiffe enden im Westen in mit Kreu-

zen bekrönten Giebeln, die Kirche hat ein Querhaus, die Seitenschiffenster nach Westen wesentlich kleiner als bei Nr. 3. Nachträglich bezeichnet **Pont**.

5. (Inv. Nr. 157.120/2) Zeichnung mit Andeutung der Steinlagen und Schattenwurf, Westansicht einer dreischiffigen Kirche mit Turm; die Dächer der Seitenschiffe enden im Westen in mit Kreuzen bekrönten Giebeln, die Kirche hat ein Querhaus, die Seitenschiffenster nach Westen wesentlich kleiner als bei Nr. 3. Signiert **Fr. Schmidt 1855**. Bezeichnet **Bl. 3 Thurmansicht**. Nachträglich bezeichnet **Pont** (Druck: HECKMANN 1996, S. 128).

6. (Inv. Nr. 120/8) Strichzeichnung. Schnitt durch eine dreischiffige Kirche mit Turm und pseudobasikalem Querschnitt; die Dächer der Seitenschiffe enden im Westen in mit Kreuzen bekrönten Giebeln; hohe Seitenschiffenster nach Westen, Blick von Ost nach West. Nachträglich bezeichnet **Pont**.

7. (Inv. Nr. 157.120/3) Zeichnung mit Andeutung der Steinlagen und Schattenwurf, Südansicht einer dreischiffigen Kirche mit Turm und begleitendem Treppenturm sowie einem Dachreiter im Schnittpunkt der Firste von Mittel- und Querschiff; die Dächer der Seitenschiffe enden im Westen in mit Kreuzen bekrönten Giebeln, über dem Giebel des Querhauses drei einbahnige, hochrechteckige Fenster, von denen das mittlere die beiden anderen überragt. Unter dem hohen Maßwerkfenster des Querhauses in drei Nischen ein Kalvarienberg. Signiert **Fr. Schmidt 1855**. Bezeichnet **Bl. 4 Seitenansicht**. Nachträglich bezeichnet **Pont**.

8. (Inv. Nr. 157.120/7) Zeichnung, Längsschnitt durch eine dreischiffige Kirche mit pseudobasikalem Querschnitt und Turm und Dachreiter

Die Ponter Kirche von Nordosten

im Schnittpunkt der Firste von Mittel und Quer-schiff. Blick von Süd nach Nord. Nachträglich bezeichnet **Pont**.

9. (Inv. Nr. 157.120/4) Zeichnung, Längsschnitt durch eine dreischiffige Kirche mit pseudobasi-kalem Querschnitt und Turm und Dachreiter im Schnittpunkt der Firste von Mittel- und Quer-schiff. Wie Nr. 8, jedoch mit Andeutung von Schattenwurf. Signiert **Fr. Schmidt 1855**. Be-zeichnet **Bl. 2 Durchschnitt**. Nachträglich be-zeichnet **Pont**.

Der Vergleich mit der Wirklichkeit zeigt, daß kei-ner dieser Pläne zur Ausführung gelangte, denn die Ponter Kirche ist nur einschiffig und betont mit vier Jochen im Langhaus und zwei Jochen im nach Süden und Norden vorspringenden Querhaus die Länge. Auch der Turm mit an den drei Schauseiten jeweils nur einer Achse auf jedem Stockwerk sowie dem einfachen Knickhelm weicht von den Plänen in starker Weise ab. Diese Auffälligkeiten wurden von HECKMANN 1996 nicht erkannt, das falsche Ergebnis von TEKATH 1999, S. 37, kritiklos übernommen.

Baugeschichte und Restaurierungen

Baumeister der Kirche war Maurermeister Kerns aus Weeze (PfA Pont, Pfarrchronik, S. 11 und danach RP vom 28. Januar 1997). Von diesem Kerns ist bis-lang nichts weiter bekannt geworden; das Adreß-buch von 1861 nennt lediglich einen T. Kerns in Weeze als „Maurer u. Kleinhdlr." (Adreßbuch 1861, S. 425; es handelt sich dabei um Theodor Kerns, 1828–1907. Freundliche Mitteilung von Herrn Hün-nekens, GA Weeze). Offen bleibt, ob er – nicht mehr erhaltene, dann aber abgeänderte – Pläne von Schmidt, oder neue Pläne von einem anderen Architekten lediglich als Baumeister zur Ausführung brachte, oder ob er selbst – ebenfalls nicht mehr erhaltene – Pläne anfertigte und verwirklichte.

1945 erlitt die Kirche leichte Schäden an Turm, Dach und Fenster durch sechs Artillerietreffer, Sand-steinstücke drohten abzustürzen; *bereits im Juli 1946 wurden die beschädigten Kirchenfenster sorg-fältig repariert. Die Neuverglasung in Blei wurde durch die Firma Icks & Söhne in Wachtendonk ausgeführt;* die neue Orgelbühne im westlichen Joch wurde im Frühjahr 1948 gebaut (PfA Pont, Pfarrchronik, S. 15f.); eine Neueindeckung des Tur-mes folgte 1956 (ebenda, S. 20).

Im Zuge der Liturgiereform war eine vorläu-fige Neugestaltung des Altarraumes der Kirche not-wendig; so wurde 1964 die Kommunionbank besei-tigt und ein von dem Gelderner Architekten Josef Ehren entworfener provisorischer Zelebrationsaltar aufgestellt (PfA Pont, Pfarrchronik, S. 54).

Eine notwendige bauliche Erweiterung erfuhr das Gotteshaus durch die im Dezember 1966 im Zwickel zwischen Chor und südlichem Querhaus-arm fertiggestellte Sakristei mit Kegeldach (ebenda, S. 55).

1998 bis 1999 erfolgten unter Leitung des Keve-laerer Architekten E. Quartier umfangreiche und notwendige Sicherungs- und Erhaltungsmaßnah-men (Dokumentation der Maßnahmen bei der Unteren Denkmalbehörde der Stadt Geldern).

Ausmalung

Eine Ausmalung der Kirche ist bemerkenswert spät für das Jahr 1940 durch den Gelderner Kirchen-maler Heinrich Brey überliefert (PfA Pont, Pfarrchro-nik, S. 14). Bei dem Neuanstrich des Innern 1960 – er war nötig geworden, weil im Gewölbe ganze Teile wegen Pilzbefalls abblätterten – spätestens bei dem Neuanstrich von 1966, der die Kirche in *neuem Glanz* erscheinen ließ (PfA Pont, Pfarr-chronik, S. 42 und S. 62), müssen die Malereien von Brey beseitigt worden sein.

Beschreibung

Einschiffige Backsteinkirche von sechs Jochen Länge mit ⅝ Chor, zweischiffigem Querhausarm nach Norden und einem Querhausarm nach Süden, der im Untergeschoß einen Flur mit gußeiserner Wendeltreppe und die dreijochige Sakristei, im Obergeschoß eine dreijochige Sängerbühne aufnimmt. Im Westen vorgelagert der viergeschossige, einachsig gegliederte Turm mit Knickhelm und schwach ausgebildeten Eckrisaliten und schräg gestellten Strebepfeilern an den westlichen Ecken. Unter den Traufen etwas zurückversetzt Maßwerkbogenfriese aus Sandstein in gotischen Formen.

Das alte Hauptportal mit sandsteinernem Oberlicht mit eingestelltem gotischen Spitzbogen – jetzt im Garten des Pastorats aufgestellt – und hölzerner Tür wurde ohne Beteiligung der Denkmalbehörde zugunsten einer am 17. August 1990 in Weeze gegossenen Bronzetür mit modernen Flachreliefs, die die Geburt Jesu, die Ankunft der Hirten, die Kreuzigung und Christi Himmelfahrt zeigen, ersetzt. Die neue Tür war ein Geschenk der Pfarrgemeinde anläßlich des 25jährigen Priesterjubiläums an Pastor Gottfried Helmes (1932–1990).

Leider wurde der freie und schöne Blick von der Bundesstraße 58 auf die Kirche 1994 durch ein Neubaugebiet und einen Lärmschutzwall beseitigt.

Fenster

Die Fenster im Langhaus und den beiden Seitenarmen sind farblos in hellgrauem Glas gehalten und zeigen Ornamente in Seilknotentechnik; sie dürften noch aus der Erbauungszeit der Kirche stammen.

Die fünf Fenster im Chor sind in leuchtenden und warmen Farben gehalten; die beiden nach Norden und Süden gerichteten Fenster tragen im Maßwerk jeweils die Aufschrift **Geschenck / von / Effertz / Hallej /1878**.

Fenster im Chor

und Buch sowie **S**(ANC)**T. WILHELM**; ganz unten findet sich in beiden Fenstern ein Spruchband mit der gleichlautenden Aufschrift **Geschenk / der Eheleute Friedrich / Effertz // Wilhelmina / Effertz geb. Halley / 1872**.

Das Chorfenster hinter dem Hochaltar ist dreibahnig und zeigt im Maßwerk ganz oben einen betenden Engel, der von zwei Weihrauchgefäße schwingenden Engeln begleitet wird; darunter steht auf gotischer Architektur und unter drei mit Krabben besetzten Baldachinen in der Mitte Christus Salvator der Weltenkönig zwischen den Aposteln Petrus und Paulus. Unter der Gruppe die Vollfiguren links **S**(anc)**T. LUDGERUS** als Bischof mit Buch, in der Mitte **S**(anc)**T. JOHANNES** mit Kelch, Schlange und Zweig sowie rechts **BONIFACIUS** mit seiner von einem Schwert durchbohrten Bibel; auch dieses Fenster trägt dieselbe, 1872 datierte Inschrift wie die beiden benachbarten Fenster.

Das durch einen mehrfach profilierten Spitzbogen in der Ostwand des Turmes zu sehende, dreibahnige Westfenster der Kirche ist von ganz besonderer Qualität. Das Fenster wurde von dem bekannten Kirchenmaler Friedrich Stummel aus Kevelaer entworfen und von der Werkstatt Wilhelm Derix 1902 angefertigt. Ganz oben in einem Vierpaß wird es **PORTA CAELI** „Himmelspforte" genannt. Das außerordentlich farbenprächtige Fenster zeigt als zentrales Motiv den Erzengel Michael mit dem Schwert sowie geflügelte Engelsköpfe, die für Stummel „charakteristisch" sind (LEINWEBER 1979, S. 70). Das Fenster ist bezeichnet **Glasmaler / W. Derix / Kevelaer / u. Goch**, und es ist ein **Geschenk der / Freiin Pauline v. Francken / A**(nno) **D**(omini) **1902**, die auf dem Haus Ingenray (→ Möhlendyck 22) wohnte. Ihr farbiges Wappen zeigt in einem quadrierten Schild vorne oben einen Anker und unten einen steigenden Löwen, über

Die nach Nordosten und Südosten gerichteten Fenster sind zweibahnig und zeigen jeweils auf zwei gotischen Sockeln unter mit Krabben besetzten Baldachinen im linken Fenster Maria mit dem Kind und die Unterweisung Mariens, darunter die beiden bezeichneten Halbfiguren **S**(anc)**t. FREDERICUS** und **S**(anc)**ta CAECILIA**, im rechten Fenster den heiligen Josef mit der Lilie als Keuschheitssymbol und einem Winkel als Zeichen des Schreiners und den heiligen Antonius, den Einsiedler mit Buch, T-Stab und Schwein, darunter die bezeichneten Halbfiguren **S**(ANC)**T. PHILIPPUS** mit Kreuzstab

den ein Dreiecksbalken gelegt ist, hinten ein Herz, aus dem ein Kleeblatt wächst, und unten einen Felsenberg. Der bekrönte Schild wird von zwei Löwen gehalten, darüber zwei gekrönte Helme mit offenem Flug sowie dem Herzen mit Kleeblatt und der Felsen als Helmzier (BERND 1835, Nr. 72, 73). Pauline von Francken starb unverheiratet 81jährig am 30. August 1906.

Fußboden

Der Fußboden besteht unter den Bänken aus Holz, im Mittelgang Kacheln, von denen jeweils vier ein kreisrundes floral gestaltetes Element bilden. Im Chorbereich finden sich die gleichen Kacheln, jedoch mit geometrischem Muster. Zusätzlich werden mehrfach aus jeweils vier Kacheln bildliche Elemente gebildet, die vier Drachen, zwei Pfauen und zwei Einhörner zeigen; der Entwurf für diese Kacheln könnte auf den Kevelaerer Künstler Friedrich Stummel zurückgehen (LEINWEBER 1979, S. 70). –

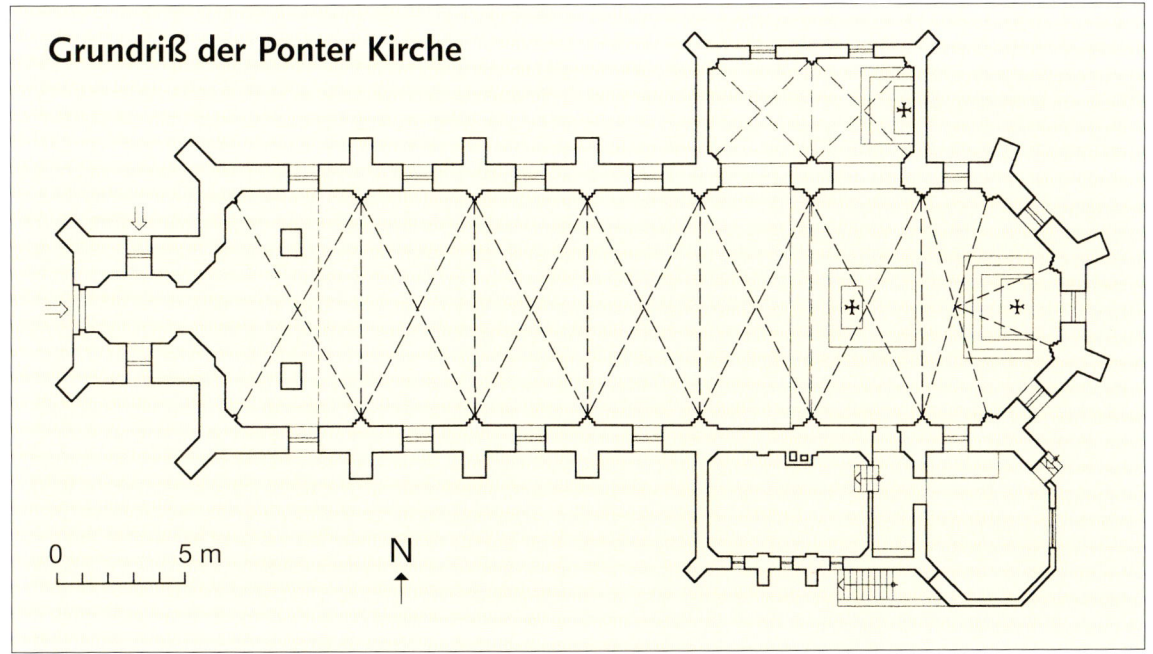

Grundriß der Ponter Kirche

0   5 m

N

Blick zum Chor ▷

Der neugotische
Hochaltar ▷▷

Die abgerundeten Blausteinplatten der beiden Stufen zum Chor könnten noch aus der alten Kirche stammen.

Ausstattung:
Hochaltar

Eiche mit farbiger Fassung, etwa 480 cm hoch, 265 cm breit. Der leider nicht näher bezeichnete neugotische Hochaltar ist dreiteilig gegliedert und betont die Vertikale. Eine Zuschreibung des Schreins an die Werkstatt Jakob Ophey in Geldern kann nur angenommen, nicht aber bewiesen werden. Der obere der beiden geschnitzten Teile der Predella ist mit einem Spruchband belegt: **DI/RI/GATUR DOMINE ORATIO / MEA // SICVT / IN CENSUM IN CONSPECTV / TVO**. In der Mitte der etwas höhere Tabernakel, auf dessen modernen Türe Christus den knienden Thomas, der ungläubig seine Hand in die Wunde Christi legt, segnet. Im rechten und linken sowie über dem mittleren Schreinfeld befinden sich außerordentlich reich geschnitzte Baldachine, darüber krabbenbesetzte Eselsrücken. Im Tympanon des Spitzbogens über der mittleren Nische der seine Jungen fütternde Pelikan als Flachrelief. Den oberen Abschluß des etwas höheren Mittelteils bildet Christus am Kreuz, flankiert von zwei Engeln mit Spruchbändern, auf denen links **gloria deo** (Ehre dem Herrn) und rechts **pax hominibus** (Friede den Menschen) steht. Im linken Teil die Schnitzgruppe Verkündigung an Maria, rechts die Geburt Jesu. Diese beiden Reliefgruppen sowie die vier Statuen wurden durch den Kevelaerer Bildhauer Jakob Holtmann (1863–1935) gefertigt und am 30. November 1899 in Pont aufgestellt (LINGENS 1997, S. 69f.). Die rechte Gruppe ist unten rechts bezeichnet **J. HOLTMANN KEVELAER 190.** (letzte Zahl fehlt). In der mittleren Nische stand bis 1986 ein Kreuz, das durch eine 70 cm hohe Figur des heiligen Antonius, von Gottfried Anfang aus Wilverath in der Eifel als Auftragsarbeit angefertigt, ersetzt wurde (RP vom 19. Dezemebr 1986). Der mittlere Schrein wird von zwei Engeln flankiert, an den Außenseiten des Altars steht links der heilige Johannes mit Kelch, rechts der Dominikaner Thomas von Aquin mit aufgeschlagenem Buch, in dem zu lesen ist **summa theologiae** (das gesammelte Wissen der Theologie). – Auf der Vorderseite der steinernen Mensa sind drei auf (Kupfer-?)Blech gemalte Bilder eingelassen, die links Malachias, in der Mitte das Lamm Gottes und rechts David zeigen; die Bilder könnten aus der Werkstatt von Friedrich Stummel stammen.

Zelebrationsaltar

Der Zelebrationsaltar besteht aus vier Teilen der alten, neugotischen Kommunionbank, die 1964 beseitigt wurde, die Platte selbst ist neu. Vorne zeigt das ehemalige Mittelteil der Kommunionbank den auferstandenen Jesus mit Heiligenschein und Wundmalen beim Mahl mit den beiden Emmausjüngern; in einem von zwei Spitzbögen gebildeten Vierpaß im linken Teil im Spruchband **miserere**, im rechten Teil **panis vere**, hinten **Jesu nostri**.

Seitenaltar

Eiche, etwa 500 cm hoch, 200 cm breit, zum Teil farbig gefaßt, im nördlichen Querhausarm aufgestellt. Auf der vom Betrachter aus gesehen linken Seite bezeichnet und datiert **J.**(acob) **Ophey fec.**(it) / **Geldern 1893**. Der dreiteilige Schrein auf der mit dem Maria-Monogramm verzierten Mensa zeigt in der Mitte unter einem geschnitzten dreiteiligen Baldachin eine Immerwährende Hilfe, bezeichnet **maria immer hilf**, in den in den oberen Vierteln mit Schnitzwerk ausgefüllten Nischen links Dominikus in weißem Gewand mit schwarzem Pre-

digermantel und mit Stab, Buch und Hund, rechts ein Bischof mit aufgeschlagenem Buch, in dem phantasievolle Schriftzeichen zu erkennen sind. Über dem mittleren der mit Lilienbändern nach oben abgeschlossenen Schreinen ragt reich geschnitzes Rankenwerk empor.

Ambo

Holz, gefaßt 109 cm hoch. Die drei mit Schnitzwerk durchbrochenen Teile des Ambos stammen von der alten Kanzel.

Taufstein

Namurer Blaustein, 100 cm hoch, 50 cm Seitenlänge, um 1450 entstanden. Über einer vierseitigen Plinthe mit abgeschrägten Ecken, in die auf der Oberseite vier Medaillons mit nicht mehr erkennbaren Motiven eingearbeitet sind, erhebt sich ein abgetreppter achtseitiger Schaft, der das achtseitige Becken mit vier kleinen menschlichen Köpfen an vier korrespondierenden Seiten trägt (CLEMEN 1891, S. 63). Das Alter des Taufsteins zeigt, daß bereits um die Mitte des 15. Jahrhunderts gewisse Pfarrechte in Pont ausgeübt wurden.

Zwei Chorgestühle

Eiche ohne Fassung, 265 cm hoch, 260 cm breit, das an der Südseite ist 1889 datiert. Im Chor finden sich zwei weitgehend identisch geschnitzte, viersitzige Chorgestühle mit Baldachinen und hochklappbaren Sitzen mit Fabelwesen als Miserikordien. Die Dorsalen sind in vier Felder gegliedert, die mit Ranken in Kerbschnitztechnik gefüllt und oben korbbogig mit geschnitztem Rankenwerk belegt sind. Die Baldachine zieren nach oben Bänder aus Schnitzwerk jeweils zwischen fünf Fialen. Die Betpulte sind analog den Dorsalen in vier Felder gegliedert, die mit Ranken belegt sind.

Die linke Wange des Betpults an der nördlichen Chorseite zeigt zum Kircheninneren hin das Wappen der Stadt Geldern, einen steigenden Löwen mit drei Mispelblüten (FRANKEWITZ 1996, S. 28–35); der Löwe steigt heraldisch nicht korrekt nach links, sondern in Richtung Altar auf. Auf der hinteren Wange, der Stallenwange, ein Spruchband mit der Aufschrift **vigilate et orate** (wachet und betet). Auf der rechten Seite desselben Gestühls am Betpult ein Wappenschild mit Stern und hinten ein leeres Spruchband.

Das Gestühl an der südlichen Seite zeigt an der rechten Seite des Betpults – zum Gemeinderaum gerichtet – einen quadrierten Schild, der vorne oben einen Anker und unten einen steigenden Löwen, über den ein Dreiecksbalken gelegt ist, hinten ein Herz, aus dem ein Kleeblatt wächst, und unten einen Haufen Steine zeigt; es handelt sich hierbei um das Wappen der Familie von Francken, die auf dem → Haus Ingenray ansässig war; das gleiche Wappen in farbiger Gestaltung findet sich im westlichen → Turmfenster; auf der hinteren Wange, der Stallenwange, ein Spruchband mit der Aufschrift **psallite sapienter** (spielt weise die Zither); auf der linken, nach Osten gerichteten Seite desselben Gestühls am Betpult die Datierung **1889** und hinten ein leeres Spruchband (FRANKEWITZ 1986b, S. 24).

Bänke
Im Kirchenschiff stehen insgesamt 36 Bänke aus ungefaßtem Eichenholz. Die Wangen mit sechsblät-

trigen Blüten sind unten in den Formen gotischer Spitzbogenfenster zweifach durchbrochen. Die Wangen sind oben mit drei, ober- und unterhalb des Sitzbretts mit je einem runden Knauf versehen.

Orgel
1872 wurde eine Orgel der Firma Rütter in Kevelaer auf der Empore im südlichen Querschiff aufgestellt. 1948 wurde *die alte Orgel … von der Firma Müller in Rheinberg durchrepariert und auf der neuen Bühne* im westlichen Joch aufgestellt (PfA Pont, Pfarrchronik, S. 16). Nach einer erneuten Reparatur wurde das restaurierte Orgelgehäuse mit 1197 neuen Pfeifen aus Zinn und 134 aus Holz von der Firma Romanus Seifert & Sohn am 19. Dezem-

ber 1993 wieder in Betrieb genommen; um den Blick durch das mehrfach profilierte Portal auf das Westfenster im Turm freizuhalten, wurde der ehemals fünfbahnige Prospekt der Orgel geteilt und aus Gründen der Symmetrie um eine Bahn erweitert (RP vom 20. Dezember 1993); die Fialen mit den Kreuzblumen wurden von Manfred Ranke in Euskirchen geschnitzt (freundliche Auskunft von Herrn Renard, Kevelaer).

Antoniusfigur

Glocken

1921 wurden – wohl als Ersatz für im Ersten Weltkrieg eingezogene Glocken – drei neue Glocken angeschafft; *während des Hitlerkriegs wurden die beiden größeren Glocken … abmontiert und fortgeschafft,* die dritte erhielt durch den Beschuß durch Amerikaner einen Riß (PfA Pont, Pfarrchronik, S. 12). Am 8. Januar 1950 wurden an Stelle der im Krieg beschlagnahmten Glocken drei neue mit den Namen „Antonius" (143 cm), „Adelheid" (120 cm) und „Maria" (107 cm) aus Stahl angeschafft (ebenda, S. 17 und RP vom 14. Oktober 1969).

Uhr

1956 erhielt die Kirche eine elektrische Uhr, gefertigt von der Firma Vortmann in Recklinghausen (PfA Pont, Pfarrchronik, S. 21).

Figuren und Bilder, Gerät:
Antonius

Zu den wichtigsten in Geldern erhaltenen Skulpturen gehört die des Heiligen Antonius in der Ponter Pfarrkirche, sie ist 94 cm hoch, aus Eichenholz und ungefaßt. Die Figur ist aufgrund der leicht geschwungenen Haltung des Heiligen mit dem leicht vorangestellten linken Spielbein sowie der markanten Behandlung des sich kräuselnden Bartes und der Augen in den Umkreis der im 15. Jahrhundert entstandenen Figuren des Niederrheins zu stellen. Stab und Schwein sind erneuert (CLEMEN 1891, S. 63. FRANKEWITZ 1986b, S. 24). Die Figur steht an der Westwand und nicht mehr repräsentativ an der linken Ecke zwischen Chor und Querhaus.

Isidor

An der Ecke zum Querhaus auf einer Konsole in Kapitellform aufgestellt, etwa 130 cm hoch, polychromierte Figur in weichen Formen, um 1900.

Gottesmutter

An der Ecke vom Chor zum südlichen Querhaus-arm auf einer Konsole in Kapitellform aufgestellt, etwa 130 cm hoch. Polychromierte Figur in weichen Formen, um 1900.

Triumphkreuz

Holz, etwa 180 cm hoch, Korpus etwa 100 cm hoch. 1907 von der Familie Stadtbäumer gestiftet und von der Werkstatt Jakob Ophey in Geldern angefertigt; 1957 wurde das Kreuz erneuert und der ursprünglich gefaßte *Corpus von Farbe gereinigt und in Naturholztönung wiederhergestellt* (PfA Pont, Pfarrchronik, S. 12 und S. 34).

Kreuzweg

Eiche, ungefaßt. Figuren etwa 60 cm hoch. 14 geschnitzte Stationen von Gottfried Anfang aus Wilverath in der Eifel 1986 als Auftragsarbeit angefertigt (RP vom 19. Dezemeber 1986) und ersetzt den → ehemaligen Kreuzweg.

Takenplatte

An der Westseite eine Takenplatte aus Gußeisen, 59 cm hoch, 70 cm breit als Brandschutz für die dort aufzustellenden Kerzen. Die **1779** datierte Platte zeigt Maria mit dem Kind, das einen langen Kreuzstab hält, vor einem Strahlenkranz, der umgeben ist von eingerolltem Blattwerk.

Sakristeiglocke

Neben der Sakristeitür eine Glocke in einer schmiedeeisernen doppelten Rahmung mit reicher Verzierung, oben mit Eselsrücken und unten mit einer Strebe versehen, in die ein Dreischneuß eingestellt ist, um 1930. Auf der Glocke die Aufschrift in Kursive: ***A. Bönniger geb. zu Hüls 1868 / Pfarrer in Pont 1906 bis 1926.***

Vortragekreuz

Silber, 205 cm lang, auf der Rückseite des Kreuzes die Aufschrift **Wilh. Bönniger und Helena Bleckmann zum An= / denken an ihre Hochzeit / 24. November 1910**.

Pastorenschüppe

In Pont ist eine Pastorenschüppe erhalten. Sie ist aus Silber, 19 cm lang und hat einen 162 cm langen Stab. Auf der Vorderseite findet sich ein goldenes Kreuz und darüber die Aufschrift **Dem Herrn Joh. Klümpen / Pfarrer von Pont 1841**. Auf der Rückseite folgen die Namen von vier weiteren Pastören von 1888, 1906, 1926, 1937 und wieder auf der Vorderseite von 1940, 1956 und 1996.

Gottesmutter auf der Takenplatte

Ehemaliger Kreuzweg

Der alte neugotische Kreuzweg besteht aus geschnitzten Holzrahmen, deren – einer gotischen Kirche entsprechend – in Kreuzblumen endenden Seiten mit dreifach abgetreppten Pfeilern verziert sind. Die mehrfach profilierte Rahmeninnenseite ist korbbogig geschlossen und mit geschnitzten Ranken belegt. Die Bilder selbst bestehen aus Relief-

figuren aus Gips, als Hersteller könnte die Firma Heinrich Bösken in Geldern in Frage kommen (LINGENS 2000); noch 1940 scheinen die Figuren von Heinrich Brey aus Geldern gefaßt worden zu sein, denn im Zusammenhang mit seiner Ausmalung der Kirche vermerkt die Chronik, der Kreuzweg dürfe nicht abgewaschen werden (PfA Pont, Pfarrchronik, S. 14). 1986 wurde der Kreuzweg zugunsten eines neues → Kreuzwegs entfernt. Glücklicherweise wurde er nicht verbrannt, sondern wird nun auf dem Speicher im Pastorat gelagert.

Ehemalige Kanzel

Wohl bis 1986 besaß die Kirche auch eine mehrseitige Kanzel mit Schalldeckel, die an der Nordseite der Kirche aufgestellt war.

Antoniusstraße 18: Friedhof und Ehrenmal

Eintragung in die Denkmalliste:
Denkmal Nr.
Eigentümer: Pfarrgemeinde St. Antonius Abbas

Friedhof

Der alte, direkt um die Kirche gelegene Friedhof war mit einem Gitter in den Formen des Jugendstils eingefriedet (Foto: Pont 1987, S. 99). Das Gitter wurde 1957 entfernt (PfA Pont, Pfarrchronik, S. 32), das Tor und Teile des Gitters befinden sich heute beim Haus Ingenray (→ Möhlendyck 22). Seit einigen Jahren wird der alte Friedhof nicht mehr belegt, nur wenige ältere Grabsteine zieren das nun parkmäßig genutzte Grün direkt um die Kirche. Beerdigt wird auf dem 1958 nach Osten erweiterten Friedhofsgelände mit der 1966 errichteten Friedhofskapelle (RP vom 28. April 1966 und PfA Pont, Pfarrchronik S. 58).

Ehrenmal

Vor dem Westturm befinden sich die Ehrenmale zum einen für die Kriege 1870/71 und den Ersten Weltkrieg 1914 bis 1918, zum anderen für den Zweiten Weltkrieg 1939 bis 1945. Das erstere ist etwa 430 cm hoch und 220 cm breit und zeigt vor einem großen Kreuz einen Engel, der einen hinsinkenden gefallenen Soldaten auffängt. Das Denkmal ist auf der Rückseite bezeichnet **J. BRINKAMP STADTLOHN i.W. ERBAUT 1930**. Hier auch der Name eines im Krieg 1870/71 Gefallenen; auf der Vorderseite nach Jahren geordnet die Namen der 33 Gefallenen des Ersten Weltkriegs, darüber **1914 WELTKRIEG 1918** und darunter **Ihren Helden Gemeinde Pont** (Foto der Einweihung 1930: Pont 1987, S. 92). – Das am 3. September 1956 eingeweihte Ehrenmal für die Gefallenen und Vermißten des Zweiten Weltkriegs besteht aus einem großen Granitkreuz mit der Aufschrift **1939–1945** und fünf Steintafeln mit den entsprechenden Namen (Fotos: Pont 1987, S. 95 und 96).

18. Jahrhundert. Das ausgewogene Erscheinungsbild des Hauses wird durch die breite Dachgaube mit zwei liegenden Fenstern beeinträchtigt. Hinter dem Haus schließt im rechten Winkel der Stallteil an. Dem Wohnhaus, das der Kirche praktisch gegenüber steht, kommt in der Ortsmitte des Dorfes Pont eine äußerst wichtige, platzbildende Funktion zu.

Antoniusstraße 19

Antoniusstraße 19: Ehemaliger Bauernhof

Eintragung in die Denkmalliste: 5. Dezember 1991
Denkmal Nr. A 65
Eigentümer: Paul Mertens

Eingeschossiges, weiß geschlämmtes Wohnhaus mit fünf Achsen und hohem Walmdach aus dem späten

Antoniusstraße 19a: Wohnhaus

Eintragung in die Denkmalliste: 24. September 1991
Denkmal Nr. A 63
Eigentümer: Norbert Seifert und Agnes Geelen

Zweigeschossiges Backsteinhaus von fünf Achsen Länge und vier Achsen Tiefe mit Walmdach aus dem späten 19. Jahrhundert. Obwohl das Haus völ-

lig eingegrünt und damit alle schmückenden Architekturteile weitgehend versteckt sind, kommt dem großen, herrschaftlichen Gebäude gegenüber der Kirche und in unmittelbarer Nähe zum Denkmal → Antoniusstraße 19 eine besonders ortsbildprägende Rolle zu. Mit weißen Fenstern würde das Haus sicherlich freundlicher wirken.

Antoniusstraße 28: Sandsteinrelief

Eintragung in die Denkmalliste:
Denkmal Nr.

Ein besonders bemerkenswertes Denkmal stellt die rund 40 × 50 cm große Sandsteinplatte an der Scheune des Hauses Nr. 28 dar. Es zeigt in einem Flachrelief Christus und die Samariterin am Brun-

nen (Frankewitz 1986b, S. 25). Das um die Mitte des 16. Jahrhunderts zu datierende Kunstwerk entstand vielleicht in Kalkar in der Werkstatt des Arnt van Tricht († 1570), der auch anderswo Szenen unter Kreisbögen anordnete (de Werd 1987, S. 173, 184–189).

Engelenweg 46: Ehemaliger Bauernhof Cornelissenhof

Eintragung in die Denkmalliste: 21. Juni 1985
Denkmal Nr. A 13
Eigentümer: Hella und Peter Grosse

Vierflügelige Hofanlage aus Backstein. Dem Stallteil an der Westseite ist T-förmig ein zweigeschossiges Wohnhaus mit Krüppelwalmdach von sechs Fensterachsen Länge vorgestellt. Parallel hierzu steht die ehemalige Scheune. Zwei verbindende Trakte bilden den kleinen Innenhof, der von der Nordseite durch ein korbbogiges Tor zu erreichen ist. Bis 1985 wurde die Hofanlage „unter Wahrung der originalen Raumaufteilung im Wohnflügel" zu Wohnzwecken hergerichtet (JbrD 34, 1992, S. 250). Die Hofanlage ist ein frühes und gutes Beispiel dafür, daß die Umstrukturierung und Umnutzung ehemals landwirtschaftlicher Gebäude nicht allein dem Diktat des Profits folgen muß. Insbesondere ist hervorzuheben, daß die Dachlandschaft nicht durch Dachgauben oder andere Öffnungen verunstaltet wurde.

Haus Golten: Haus Golten

Eintragung in die Denkmalliste: 15. April 1992
Denkmal Nr. A 82

Geschichte

Das heutige Haus Golten steht an der Stelle, an der sich der 1294/95 erstmals genannte landesherrliche Hof Pont – *curtis Ponte* – erhob (MEIHUIZEN 1953, tekst S. 35–37), der Zentrum eines umfangreichen Verwaltungskomplexes des Grafen von Geldern war (NETTESHEIM 1963, S. 17. – FRANKEWITZ 1986a,

Cornelissenhof

S. 127f.). Im Vorfeld der Stadt Geldern gelegen wurde der im 16. Jahrhundert Boemert genannnte Hof 1586 während der Belagerung Gelderns durch Niederländer zerstört (NETTESHEIM 1963, S. 175). Offenbar wurde der Hof erst nach 1601 wiederaufgebaut (KAUL 1976, S. 56). Gleichwohl er nicht zu den Rittersitzen oder Lehen im geldrischen Oberquartier gehörte, avancierte das Anwesen wohl spätestens im 18. Jahrhundert unter dem Besitzer Goldt durch den Bau eines von Gräben umgebenen Hauses zum Herrenhaus, auf dem auch seit mindestens 1711 mit bischöflicher Erlaubnis die Messe gelesen werden durfte (HABETS 3 1892, S. 385). Dieser Familie verdankt das Haus seinen heutigen Namen.

Zu Beginn des 19. Jahrhunderts gehörte das jetzt Golten genannte Anwesen dem Albert Peter Joseph van Aefferden (1808–1892). Sein Vater war der Zeichner Alexander Frans van Aefferden (1767–1840), der verschiedene Zeichnungen von Golten und seinem Park anfertigte (Frankewitz 1997, S. 197. Obwohl dort in der ersten Auflage bereits eine Grundrißzeichnung von Haus und Park veröffentlicht wurde, konnte der Historische Verein für Geldern und Umgegend mit Schreiben vom 8. August 2000 dem Wunsch, den Plan hier nochmals abzudrucken, leider nicht entsprechen, da er eine eigene Veröffentlichung über den Zeichner plant). Wohl in der ersten Hälfte des 19. Jahrhunderts ließ der Eigentümer einen Wappenstein in Form eines Totenschildes anfertigen (und auch einmauern?), der dem Wappenstein auf Kleinderhorsthof ähnlich ist (StA Geldern, Realiensammlung).

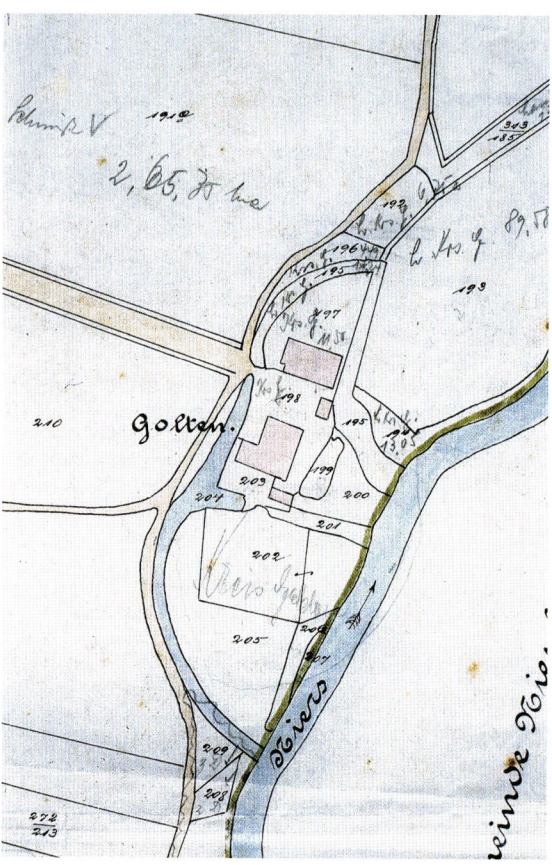

Haus Golten auf der Katasterkarte um 1890

1940 wurde Haus Golten von seinem Besitzer Dr. Schlüter an den Kreis Geldern verkauft, der hier ein Altenheim etablierte (Jakobs 1955). Fünf Jahre später wurde eine Kapelle eingerichtet, in der das erste Hochamt am 24. Oktober 1945 gefeiert wurde; nach dem Zweiten Weltkrieg war in dem Haus bis 1948 auch das in der Stadt Geldern zerstörte Waisenhaus untergebracht; 1949 konnte Haus Golten *durch einen Anbau wesentlich vergrößert* werden (PfA Pont, Pfarrchronik, S. 16f.). Weitere Gebäude folgten in den frühen 1960er Jahren und 1974 (RP vom 5. März 1974). Am 1. Juli 1989 übernahm die Caritas Trägergesellschaft Trier das Altenheim (RP vom 1. Juli 1989). Der Grundstein zu einem weiteren Neubau in den Formen der 1990er Jahre mit zwei Pultdächern wurde 1997 gelegt (RP vom 25. Oktober 1997).

Baugeschichtliche Entwicklung und Beschreibung

Von dem mittelalterlichen Anwesen ist nichts bekannt. Zu Beginn des 19. Jahrhunderts bestand das Haus Golten nur aus einem länglichen, nach Osten zur Niers hin gerichteten Trakt mit einem nach Norden weisenden Anbau (Frankewitz 1997, S. 197). Am Ende des 19. Jahrhunderts war dieser Anbau gemäß der Nachzeichnung der Urkarte aus der Zeit um 1890 großzügig erweitert worden (StA Geldern, Kartensammlung, Nachzeichnung der Urkarte um 1890, Pont, Flur F, Blatt 3); nördlich hiervon kam ein nicht näher zu beschreibendes großes Gebäude hinzu, zwei kleine Häuschen rundeten den zum Teil noch mit Gräben umgebenen Komplex mit seinem Park ab. Ein Teil der Gräben war zu dieser Zeit schon verfüllt.

Gleichwohl das alte Haus Golten heute nur noch den kleinsten Teil des großen Altersheimkomplexes ausmacht, bildet es mit seinem dreigeschossigen quadratischen Turm mit geschweifter Haube und bekrönender, geschlossener Laterne den Mittelpunkt des Anwesens.

Ehemaliges Wohnhaus

Ältester Teil ist das zweigeschossige, weiß geschlämmte Backsteinhaus mit dem Haupteingang. Im Obergeschoß, das durch ein kräftig profiliertes Gesims vom Untergeschoß abgesetzt ist, befinden sich vier Fenster; ursprünglich befanden sich auch im Untergeschoß vier Achsen, von denen die beiden mittleren durch eine Tür mit zwei begleitenden, hochrechteckigen Fenstern unter einem gemeinsamen Gebälk ersetzt wurden. An den im Gesims zu erkennenden Mauerankern sind keine Deckenbalken mehr befestigt, denn diese wurden durch Betonunterzüge ersetzt. Das Dach des im Inneren nur sechs Meter schmalen Hauses besteht noch aus zahlreichen originalen, eichenen Sparrenpaaren mit angeblatteten Kehlbalken aus dem 18. Jahrhundert; nach Westen – zum Turm hin – hatte das Dach ursprünglich einen Krüppelwalm, der offene Dachreiter mit Glocke scheint erst später aufgesetzt worden zu sein. – Am Ostende des Gebäudes sind nach Norden und Süden jüngere Trakte angebaut. Ein weiterer, ebenfalls neuerer Trakt des 20. Jahrhunderts, in dessen Nordende 1945 die Kapelle eingerichtet wurde, befindet sich an der Nordseite des Turms und bildet mit den anderen Gebäudeteilen einen nach Norden offenen, dreiseitigen Hof.

Turm

Der scheinbar aus dem 17. oder 18. Jahrhundert stammende Turm (KAUL 1976, S. 56. – FRANKEWITZ 1997, S. 196) entpuppt sich bei näherem Hinsehen als eine moderne Zutat, vielleicht vom Ende des 19. oder gar erst aus dem Beginn des 20. Jahrhunderts. Auffällig – und für einen älteren Turm völlig

Nordseite von Haus Golten

untypisch – ist die geringe Mauerstärke von nur etwa 38 cm, die an der Ostseite zum ehemaligen Wohnhaus hin in dessen Dachbereich sogar bis 28 cm abnimmt. Auch der komplette Dachstuhl aus einfachem Tannen-Fichtenholz mit hochkant gestellten Brettern als Sparren läßt nichts Altes erkennen. Tatsächlich ist der Turm auf einer Zeichnung aus der ersten Hälfte des 19. Jahrhunderts nicht auszumachen (FRANKEWITZ 1997, S. 197), und im Inventar von 1891 (CLEMEN 1891) wird Golten gar nicht genannt. Vielleicht bietet die schmiedeeiserne Wetterfahne in Form des geldrischen Drachen über einem (renovierungsbedürftigen) Gleven- oder Lilienkreuz einen Datierungshinweis: Eine Fahne mit dem geldrischen Drachen wurde 1884 auf dem alten Gelderner Rathaus angebracht und dürfte zur Popularität des sagenhaften Tiers beigetragen haben (LINGENS 1996, S. 59 f.); die Goltener Wetterfahne hält die Erinnerung daran wach, daß die Grafen von Geldern der Sage nach vom Herrn von Pont abstammen, dessen tapfere Söhne Wichard und Lupold den geldrischen Drachen töteten (FRANKE-WITZ 1996a, S. 8–18).

Park

Zum Denkmal gehört – wie so oft bei den nieder-rheinischen Herrenhäusern – ein Park, der von Grä-ben umgeben war. Die zum Teil noch zu erkennen-den geschwungenen Wegeführungen geben ihn als kleinen Landschaftspark im englischen Stil aus der ersten Hälfte des 19. Jahrhunderts zu erkennen; ähnlich wie in dem jüngeren Park der Villa Eerde in Geldern (→ Issumer Tor 40) gibt es hier an der Westseite einen künstlich aufgeworfenen Hügel, ein leicht erhöhtes Rondell, auf dem früher eine Sitz-gruppe Platz gefunden haben mag; heute steht hier ein Wegkreuz. Zum Anwesen führt eine ebenfalls in die Denkmalliste eingetragene Allee, bestehend aus Linden und Eichen; an dieser Stelle verzeichnet bereits auf der TRANCHOT-KARTE (Blatt 27 Geldern) eine Allee (FRANKEWITZ 1997, S. 196f.).

Möhlendyck 22: Haus Ingenray

Eintragung in die Denkmalliste: 11. September 1985
Denkmal Nr. A 15
Eigentümer: Hans und Emilie Stratmans

Geschichte

Haus Ingenray liegt in der Niersniederung zwischen großer und Kleiner Niers wohl in unmittelbarer Nähe zu einem alten Verbindungsweg zwischen der Römerstraße beim Dorf und der Römerstraße auf der Aldekerker Platte (siehe oben in der Einleitung zu Pont). Möglicherweise stehen in diesem Zusam-menhang die „Scherben und Lämpchen", die bei Ingenray im ersten Jahrzehnt des 20. Jahrhunderts

bei der Anlegung einer Wasserleitung gefunden und als römisch angesprochen wurden (GESCHWENDT 1960, S. 220, Nr. 11). Dem Namen nach ist das Haus aber erst im Mittelalter „in der Rodung" gegrün-det worden. Die erste schriftliche Nennung als *guet oppen Raede* datiert aus dem Jahre 1394, als Jakob Holtappel und seine Frau Aleit (Adelheit) erklärten, sie hätten das Gut von Elbert von Eyll, Everts Sohn, zu Leibgewinn, das heißt zur Pacht, bekommen (RAL, Scheres, Nr. 1520). Eigentümer des Gutes, das zum Gericht Straelen gehörte, muß zu dieser Zeit noch Herman von Lievendael gewesen sein, denn erst 1397 verkaufte dieser seinen *hoff oppen Rade* an Elbert von Eyll (I.) (Archiv Haus Caen, I 70. – FRANKEWITZ 1986a, S. 317f.). Dessen Sohn Elbert (II.) von Eyll kaufte 1415 Diesdonk hinzu (→ Venloer Straße 61), er war Drost des Amtes Geldern von etwa 1435 bis 1449; auch sein Sohn Elbert (III.) von Eyll war ebenfalls für drei Jahre von 1449 bis 1452 Drost von Geldern. Er gehörte zu den finanzkräftigsten Adeligen im Herzogtum Geldern und wurde 1468 zum Ritter geschlagen (FRANKEWITZ 1986a, S. 201–205). Seine Tochter Adriana heiratet Adrian von Boedberg vom Schloß Haag (→ Kapel-len, Bartelter Weg 4). Die von Boedberg blieben bis zum Beginn des 18. Jahrhunderts Besitzer des Hauses, über den 1724 als Besitzer genannten Frei-herrn von d'Olne kam das Haus an die Familie von Francken und von Effertz, die sich beide durch fromme Stiftungen in der 1872 geweihten Ponter Kirche (→ Antoniusstraße 18) ein Denkmal gesetzt haben. Zu dem 1932 an das RAL abgegebene Haus-archiv siehe oben in der Einleitung zu Pont. 1944/45 wurde das unbewohnte Haus geplündert und ver-wüstet. Seitdem fehlt „ein für die Baugeschichte des Kastells besonders wertvolles Dokument, eine Kreidezeichnung von Ingenray aus dem 15. Jahr-hundert, die einen Turnierplatz vor dem Hause und Segeljachten auf den Gräben zeigte" (LINGEN 1948, Pont S. 2). Im Kunstdenkmälerinventar von 1891 wird das Haus eigenartigerweise nicht erwähnt (CLEMEN 1891).

Baugeschichtliche Entwicklung und Beschreibung

Das heutige Haus Ingenray geht gemäß einer in einem Hohlraum im Mauerwerk in der ursprünglichen linken Außenwand gefundenen Schiefertafel mit der eingeritzten Aufschrift *In den jaer ons heren dusent iiii hondert lxi anno dominy* auf das Jahr 1461 zurück (KAUL 1976, S. 78).

Gründungsbau

Zum Gründungsbau aus dieser Zeit gehört der Teil, der vom rechten, nördlichen Giebel bis zur linken Seite des barocken Giebels reicht. Im Untergeschoß dieses Teils befindet sich – über dem nach 1962 wiederhergestellten und tiefer gelegten Keller, in dem die Fundamente eine Stärke von bis zu 220 cm erreichen – rechts ein Saal, der über die gesamte Tiefe des Hauses von drei mächtigen, quer zum First verlegten Mutterbalken überspannt wird, die die eichene Decke tragen. Die Enden der Mutterbalken verdicken sich und sind mit Schnitzereien verziert, die denen im Haus Gesselen ähnlich sind (KAUL 1970, S. 146); an den dickeren Enden der Balken sind die Schnitzereien aus diesen herausgearbeitet, an den dünneren Enden sind sie als eigenständige Sattelhölzer unter den Balken geschoben. Links von diesem Saal schließt sich ein nahezu quadratischer Raum an, dessen Decke von zwei firstparallelen Mutterbalken mit ähnlichen Konsolen getragen wird. Die Räume werden durch eine tragende Mauer getrennt, an dessen Westende im kleineren Raum eine Wendeltreppe in den Keller führte. Beide Räume wurden durch zwei offene

Schieferplatte mit der Inschrift von 1461

Kamine an den Giebelseiten geheizt; im großen Saal ist der Kamin mit Stuck verziert und weist in die Zeit des Rokoko, in dem kleineren Raum sind an dem modernen Kamin noch zwei ältere Wangenstücke aus Blaustein mit schildhaltenden Löwen und Verzierungen in Renaissanceformen aus der Zeit um

Haus Ingenray von Osten

1650 erhalten. – Im Obergeschoß wiederholen sich die Raumfolge und die Balkenlagen. Im Folgenden wird allein dieser Baukörper als „altes Haus" bezeichnet.

Dachstuhl

Der Dachstuhl des alten Hauses von Ingenray ist dreistöckig. Die jeweils zwei Zwischenpfetten an den Längsseiten ruhen auf den Kopfenden der naturgebogenen Dachstühle, die Firstpfette wird von einem stehenden Stuhl getragen. Große, gebogene Kopfstreben sichern das Gespärre. Da die Pfetten in den Giebeln mit Mauerankern gesichert sind und die Pfetten vor den Mauern keine Zapfenlöcher mehr für die Aufnahme weiterer Kopfstreben aufweisen, steht hiermit die ursprüngliche Länge des Hauses – von der nördlichen Giebel- bis zur jetzigen Innenwand – fest. Der Dachüberstand wird mittels Sparrenschuhe erreicht, die auf der äußeren Mauerkrone aufliegen und mit einem rechten Winkel in den Dachraum ragen. Ähnliche Dachstühle finden sich beim Haus Gesselen bei Kevelaer (KAUL 1970, S. 147) sowie im Haus Vlassrath an der Niers, hier allerdings nicht mehr mit Sparrenschuhen, wohl weil das Dach dort erst nach einem Brand von 1607 neu aufgesetzt wurde (SCHIFFLER 1987, S. 104). Der Dachstuhl von Haus

Ingenray gehört zweifellos zu den ältesten und größten Besonderheiten in einem profanen Bauwerk am Niederrhein.

Ehemalige Fenster und Raumaufteilung

Die heutigen Fenster stellen moderne Mauereinbrüche dar, die keine Rückschlüsse mehr auf ehemalige Raumfunktionen zulassen. An der rückwärtigen Gartenseite des Hauses sind im unverputzten Mauerwerk aus Backstein neben den bestehenden Fenstern zusätzlich fünf unterschiedliche Fensterstürze zu erkennen; von seiner niedrigeren Höhe her zu schließen könnte derjenige, der zwischen der ersten und zweiten Fensterachse des Obergeschosses zu sehen ist, zu einem Aborterker gehören. An der Nord- und Ostseite läßt der Putz keine weiteren Beobachtungen zu, an der Südseite verstellt der Anbau den ursprünglichen Bestand. Nach Aussage des heutigen Besitzers waren im alten Haus zahlreiche Zwischenwände (nachträglich?) eingezogen worden, eine einfache Holztreppe erschloß das Obergeschoß; beim Ausbau des Hauses in den 1960er Jahren wurden sie entfernt.

Erweiterung

Der eben beschriebene Bestand des alten Hauses hat drei Erweiterungen erfahren, ohne daß etwas zur Zeitstellung dieser Anbauten gesagt werden kann. Zunächst ist das alte Haus um einen weiteren Raum nach Süden verlängert worden. Dieser ursprünglich ebenfalls zweigeschossige Trakt ist zu einer unbekannten Zeit wieder auf das Erdgeschoß reduziert worden (Foto um 1930: KAUL 1976, S. 77) und wurde zur Wiederherstellung der Symmetrie nach 1962 wieder der Höhe des alten Hauses angeglichen (KAUL 1976, S. 76).

Der rechte, nördliche Flügel, dessen Nordseite mit dem Giebel des alten Hauses fluchtet, könnte

ebenfalls zum ursprünglichen Bestand gezählt haben, könnte aber auch jünger sein; genaue Aussagen wird hier nur eine intensive Bauforschung in Verbindung mit der Archäologie erbringen können. Dieser nördliche Trakt ist etwa um die Hälfte nach Osten verlängert worden, wie eine hofseitige Baunaht deutlich zeigt. Daß dieser jetzt eingeschossige Trakt auch einmal zweigeschossig war, beweisen die entsprechenden, noch heute unter dem Dach des alten Hauses vorhandenen Balken, die ehemals die Kehlen aufnahmen, an denen das Dach des höheren Nordtraktes an das des alten Hauses anschloß.

Der linke, südliche Flügel dürfte der jüngste Anbau sein, seine südliche Außenwand tritt aus der Flucht der südlichen Giebelwand vor; offensichtlich wurde er etwas nach Süden versetzt errichtet, um nicht die linke, hofseitige Fensterachse des südlichen Anbaus an dem alten Haus zu verstellen. Auch dieser Trakt ist einmal zweigeschossig gewesen, wie bis zum Ausbau in den 1960er Jahren die unter der jetzigen Traufe noch zu erkennenden Fensterbrüstungen erschließen ließen.

Spätere Umbauten

Wohl in der zweiten Hälfte des 18. Jahrhunderts erfolgte eine Umgestaltung des Hauses Ingenray. Die beiden nun eingeschossigen Seitenflügel sowie die Eingangsachse des Hauses erhielten nach Osten mehrfach geschweifte Giebel; bei dieser Gelegenheit dürfte auch die eichene, zweiflügelige Tür in barocken Formen aber bereits mit klassizistischen Elementen eingesetzt worden sein.

In der zweiten Hälfte des 19. Jahrhunderts wurden die Hof- und Nordseite des Hauses verputzt, der Giebel an der Nordseite erhielt einen neugotischen Treppengiebel mit zwei begleitenden Ecktürmchen mit Zinnen, die wegen ihrer geringen Ausmaße aber nicht begehbar sind.

Kapelle

In den 1960er Jahren wurde im linken, südlichen Anbau eine kleine Kapelle eingerichtet. Das nach Norden weisende Glasfenster ist ein Entwurf des niederländischen Künstlers Harry op de Laak (Jahrgang 1925) und zeigt neben zahlreichen Heiligen, die den Namen der Besitzerfamilie nahestehen, auch die Wappen von Pont, dem Gelderland, und

Dachstuhl von Haus Ingenray, die sattelförmigen Balken links markieren den ehemaligen Dachansatz des Nordflügels

Haus Ingenray auf der Katasterkarte um 1890

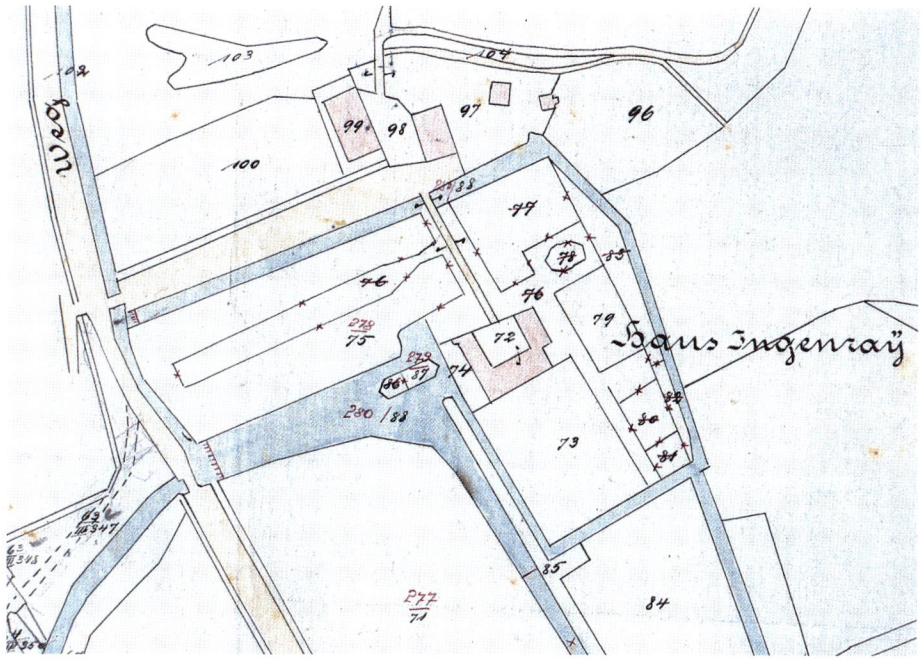

die der Städte Geldern und Kempen. Der neugotische, hölzerne Opferstock stammt aus der Ponter Kirche (→ Antoniusstraße 18). – In der Kapelle hat ein interessantes Postament von mehr als einem Meter Höhe aus Blaustein eine neue Aufstellung gefunden, das im oberen Teil auf einem Schild eine Mispelblüte zeigt (vgl. etwa Frankewitz 1996a, S. 38). Der in das 16., vielleicht auch noch in das 15. Jahrhundert zu datierende Stein wurde vor knapp 30 Jahren bei Bauarbeiten am Gelderner Südwall als Bodenfund geborgen. Die Mispelblüte könnte darauf hinweisen, daß das Postament ursprünglich an einem öffentlichen Gebäude, vielleicht einem Stadttor, verbaut war (zur Mispelblüte im öffentlichen Raum: Frankewitz 1996a, S. 25f.).

Außenanlagen

Die Urkarte und deren Nachzeichnung lassen erkennen, daß zu Ingenray ein großer Gartenkomplex gehörte, der von Wassergräben umflossen wurde. Einige große und alte Bäume – Platanen und Blut-

Tor zum Park von Haus Ingenray

buchen – zeigen, daß auch hier im 19. Jahrhundert ein neuer Park angelegt worden war. An der Zufahrt stehen zwei neugotische, zinnenbesetzte Pfeiler, die zeitgleich mit den Tourellen am Haus errichtet wurden; dazwischen findet sich ein zweiflügeliges, schmiedeeisernes Tor, davor rechts und links zwei schmiedeeiserne Gitter aus der Zeit um 1900 in schönen Formen des Jugendstils; das Tor und die Gitter schirmten zuvor den Friedhof um die Ponter Kirche ab (→ Antoniusstraße 18). – Im Park stehen sechs der um 1860 von Bildhauer Fleige aus Münster angefertigten neugotischen Sandsteinfiguren aus der Gelderner Pfarrkirche St. Maria Magdalena (→ Geldern, Kirchplatz 11), dabei auch einer der beiden Stadtpatrone Gelderns, Galenus oder Valenus als römischer Legionär; die Figuren waren nach dem Zweiten Weltkrieg aus der Kirche entfernt und vor dem Gotteshaus „begraben" worden. Hier wurden sie 1969 beim Bau der Bücherei und der Neugestaltung des Kirchplatzes wieder geborgen. Ebenfalls aus der Gelderner Kirche stammen zwei Konsolsteine und drei einfache Schlußsteine aus den abgestürzten Gewölben, die jetzt im Park von Ingenray liegen.

Ponter Dorfstraße / Venloer Straße: Antonius-Kapellchen

Eintragung in die Denkmalliste: 6. Dezember 1991
Denkmal Nr. A 67

Vor einem Kastanienbaum steht am Ortseingang das backsteinerne, verputzte Kapellchen mit Satteldach aus der zweiten Hälfte des 18. Jahrhunderts (Frankewitz 1995b, S. 96f. und S. 104, Nr. 28). Der vordere Giebel wird durch ein Sandsteinkreuz bekrönt. Wohl um 1900 erhielt die Schauseite des

Antonius-Kapellchen

Der Ponter
Drachenstich

Kapellchens den Rauputz mit dem glatt gestrichenen und farbig abgesetzten Ornamentdekor. Im Dreiecksgiebel das verschlungene Monogramm **S**(ankt) **A**(ntonius) und darüber ein Tau-Stab des Heiligen. In der Nische im hinteren Teil des Kapellchens wird eine kleine, farbig gefaßte Antoniusfigur verehrt. Da das Kapellchen direkt an der Straßeneinmündung steht und schon 1978 durch einen unachtsamen Verkehrsteilnehmer derart beschädigt wurde, daß etwa „20 Ziegelsteine aus dem 1-Stein starken Mauerwerk herausgerissen sind", stellte man schon damals Überlegungen an, das Kapellchen zu versetzen. Aus denkmalpflegerischen Gründen ist dies aber unbedingt abzulehnen, denn hierdurch würden alle Bauspuren und jede Originalität verlorengehen. Vielmehr sollten zum Schutz des

Kapellchens Prellsteine an seine Straßenseite gestellt werden.

Ponter Dorfstraße 27–29: Drahtplastik „Ponter Drachenstich"

Eintragung in die Denkmalliste: 20. Juni 1995
Denkmal Nr. A 165
Eigentümer: Stadt Geldern

An der Turnhalle der am 25. September 1956 eingeweihten und im Juni 1972 geschlossenen Volksschule (StA Geldern, Schulchronik Pont III, 1956–1972) wurde zur Eröffnung eine Drahtplastik des Krefelder Künstlers Laurens Goossens (1898–1979)

Antonius im
Antonius-Kapellchen

angebracht, die die sagenhafte Tötung des Ponter Drachens zeigt (FRANKEWITZ 1996a). Das Motiv der Drachentötung begegnet in Geldern in der bildenden Kunst seit dem 17. Jahrhundert; bei dieser Drahtplastik variiert der Künstler die Darstellung in scherzhafter Weise dahingehend, daß dem Drachen zunächst Pfeffer auf den Schwanz gestreut wird (LINGENS 1996, S. 72). 1996 restaurierte der Ponter Heimat- und Förderverein das Kunstwerk (RP vom 25. Mai 1996).

Steinstraße 9: Dartmannshof

Eintragung in die Denkmalliste: 27. Oktober 1983
Denkmal Nr. A 4
Eigentümer: Familie Stewering

Eingeschossiger Backsteinbau mit T-förmig vorgestelltem Wohnhaus und Satteldächern. Der längliche Stallteil wird durch vier – jetzt vergrößerte –

Der Dartmannshof

Fenster zwischen vier Lisenen gegliedert. Unter der Traufe ein Klötzchenfries im Stile des späten 19. Jahrhunderts. Das Wohnhaus mit vier Achsen Länge und zwei Achsen Tiefe mit einer kleinen Opkamer an der Straßenseite weist mit seinem relativ hoch sitzenden Traufgesims und den treppenförmig ausgebildeten Ortgängen ebenfalls in die zweite Hälfte des 19. Jahrhunderts. Dementsprechend können sich die Maueranker an der Nordseite des Hauses mit der Jahreszahl **1673** nicht auf das eigentliche Baujahr des Hauses beziehen. Vielleicht wurden sie dem Vorgängerbau entnommen und hier in Zweitverwendung wieder eingebaut. – Bei der Renovierung des Hauses und der Umnutzung des Stallteils zu Wohnzwecken wurden 1991 auf die Dachfläche der kleinen Anlage sieben Dachgauben gesetzt. Zu Beginn des 19. Jahrhunderts nannte man den Hof *Därstmannshof* (Uraufnahme 1844, 4503 Straelen). Bei ihm handelt es sich um einen alten Hof in Grenzlage, bei dem es offenbar einen Schlagbaum gab (FRANKEWITZ 1986a, S. 129, Anm. 298).

Venloer Straße 61: Torturm bei Haus Diesdonk

Eintragung in die Denkmalliste: 20. Dezember 2000
Denkmal Nr. A 32

Geschichte

1415 wird Diesdonk ohne weitere Zusätze erstmals genannt, als es an Elbert von Eyll verkauft wurde. Ob es sich bei dem Verkauf allein um eine Flur oder aber schon um ein Anwesen handelte, bleibt offen. Mit einem Haus an dieser Stelle ist wohl ab der ersten Hälfte des 16. Jahrhunderts zu rechnen, genannt wird das *Geseetz die Dyeßdonck* aber erst 1567, und 1573 heißt es *huys, woenongh ind ge-*

seetz die Dießdonck. Damals gehörte das Anwesen der Familie von Egeren. Als weitere Besitzer werden die von Keulken in der zweiten Hälfte des 17. Jahrhunderts und die von Steinen im 18. Jahrhundert genannt. Ab 1724 ist das Haus Sitz der Familie von Beaufort. Nach dem Tod des letzten Beaufort wird das Haus 1839 versteigert und kommt an Johann Friedrich Effertz, Besitzer des Gutes Hombroich bei Neuss. Er war verheiratet mit Cecilia Schopen. Ihr Sohn Johann Friedrich Hubert Effertz wurde noch 1826 in Holzheim bei Neuss geboren, spätestens mit seiner Heirat 1864 mit Wilhelmine Halley, Tochter des Gelderner Bürgermeisters, gehörte er zur Gesellschaft in Geldern. Das Ehepaar hat sich mit zahlreichen Stiftungen in der Ponter Kirche (→ Antoniusstraße 18) ein bleibendes Denkmal gesetzt. Als weitere Besitzer im 20. Jahrhundert sind die Düesberg, van de Loo und der „Burgensammler" Hillebrand überliefert.

Baugeschichtliche Entwicklung

Von den ersten Bauten der Diesdonk ist nichts bekannt. Aus archäologischen Funden ist zu schließen, daß es in der ersten Hälfte des 17. Jahrhunderts verstärkte Bautätigkeit gab. Erst über die Tranchot-Karte (Blatt 27 Geldern) und die Katasterkarte des frühen 19. Jahrhunderts ist zu erfahren, daß es sich bei Diesdonk nicht um eine sonst übliche zweiteilige Anlage handelt; Diesdonk verkörpert als relativ junges Haus den in der frühen Neuzeit aufkommenden Typus des befestigten Hofes, bei dem das – auch repräsentative – Wohnhaus Bestandteil der vierseitig geschlossenen Anlage war. Umbauten scheint es unter den von Effertz im 19. Jahrhundert gegeben zu haben, wie die Wetterfahne auf dem Turm mit den Initialen **F. E. / C. S. / 1840** und dieselben Initialen für Friedrich Effertz und Cecilia Schopen auf einem Stein vermuten lassen.

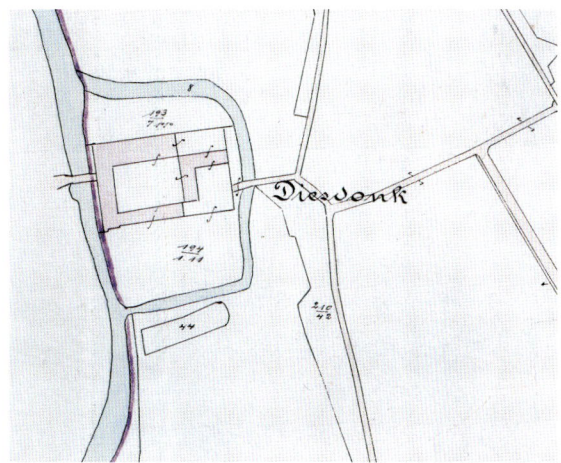

Haus Diesdonk auf der Katasterkarte um 1890

Im Zweiten Weltkrieg wurde das Anwesen „stark beschädigt", die Wiederherstellung, insbesondere die der Dächer, wurde als „ausgesprochen schlecht gelungen" bezeichnet, so daß „dem Hause … in seinem jetzigen Zustand nur noch ein beschränkter Denkmalwert" zuzuerkennen war (JbrD 20, 1956, S. 120). Noch 1970 gab es „im zur Zeit unbewohnten Teil mit vertäfelten Decken" auch noch Malereien „aus dem vorigen Jahrhundert" (Bauakte), sie könnten noch von Friedrich Stummel gestammt haben (Leinweber 1979, S. 51). Mit dem folgenden Abbruch des Süd- und Nordtrakts und dem grundlegenden Umbau der verbliebenen Bauteile hat das Haus bis auf den Torturm seine Denkmaleigenschaft gänzlich verloren (Frankewitz 1997, S. 189–193. – StA Geldern, Dokumentation zu Haus Diesdonk).

Torturm

Einziges Baudenkmal auf Haus Diesdonk ist der dreigeschossige Backsteinturm mit Pyramidendach mit zierlicher Zwiebelhaube und schmiedeeiserner Wetterfahne aus dem 18. Jahrhundert. Die korbbogige Durchfahrt ist flach gedeckt; feldseitig gliedern an den Ecken einfache Pilaster den Turm. Anstelle des hofseitigen Fensters im zweiten Ober-

Torturm von Diesdonk

Neugotische Engel aus
der ehemaligen Kapelle

geschoß findet sich an der Feldseite eine Uhr. Der eichene Dachstuhl stammt noch aus der Entstehungzeit des Turms.

Ehemalige Kapelle

Eine Kapelle wurde in dem Haus 1881 eingeweiht (Beilage Nr. 16). Nach den zahlreichen Umbauten ist sie gänzlich verschwunden. Zwar hat man noch 1970 in dem Haus Malereien „aus dem vorigen Jahrhundert" gesehen (Bauakte), die vielleicht mit den neugotischen Ausmalungen von Friedrich Stummel in Verbindung gebracht werden können (LEINWEBER 1979, S. 51), doch anscheinend wurden keine Fotos vom Innenraum angefertigt.

Aus der Kapelle sind in Privatbesitz zwei hölzerne, neugotische Engel (Höhe 42 und 44 cm) und eine Josefsstatue (Höhe 80 cm) aus Nußbaum (?) erhalten. Als Altarbild diente ein Ölgemälde des 18. Jahrhunderts (H. 140 cm, B. 111 cm) mit der Darstellung der Verkündigung an Maria.

Park

Zum Haus Diesdonk, zu dem eine Allee führt, gehört ein kleiner aber schöner Park aus dem 19. Jahrhundert, der westlich vor dem Haus liegt. 1970 stellte sich dieser damals verwilderte Park „als Rest einer vermutlich fast 150 Jahre alten kleinen herrschaftlichen Parkanlage" dar und wies „neben den üblichen einheimischen Gehölzen auch eine stattliche Anzahl exotischer Gehölzarten" auf (HILD 1971, S. 77). Inzwischen wurde dieser Park wiederhergestellt und bildet mit den Anlagen um das Haus selbst, die erst aus dem späten 20. Jahrhundert stammen, eine großzügige Anlage. Das direkte Umfeld von Haus Diesdonk wurde im Rahmen des Niersauenkonzepts durch entsprechende landschaftliche Umbaumaßnahmen 1999 und 2000 erheblich aufgewertet.

Venloer Straße 61:
Wegkreuz bei Haus Diesdonk

Eintragung in die Denkmalliste: 6. Dezember 1991
Denkmal Nr. A 68

Hohes Sandsteinkreuz auf einem Sockel aus dem 19. Jahrhundert, zum Teil verwittert und restaurierungsbedürftig. Auf dem Sockel in Kursive die Aufschrift : *Ich habe mein / Vertrauen auf Dich / gesetzt o Herr*, direkt darunter in Großbuchstaben **DU O HERR MEIN GOTT / WIRST MICH ERHÖREN** / ... Der Hinweis auf die Bibelstelle ist unleserlich. – Der Kruzifixus des 19. Jahrhunderts aus Gußeisen (?) ist etwa 100 cm hoch. Zugesetzte, weiter nach außen liegende Dübellöcher deuten

an, daß ursprünglich ein größeres Kruzifix an dem Kreuz befestigt gewesen sein könnte. – Denkbar ist, daß das Kreuz im Zuge der frommen Stiftungen der Besitzer von Haus Diesdonk (→ Venloer Straße 61) von diesen um 1870 aufgestellt wurde.

Venloer Straße: Wegkreuz

Eintragung in die Denkmalliste:
Denkmal Nr.

Südlich von Pont steht an der linken Straßenseite in Richtung Straelen ein Wegkreuz, das die Stelle markiert, an der die Römerstraße geradeaus durch das heutige Feld in Richtung Süden lief. – Das Kreuz aus der Zeit um 1900 besteht aus behauenem Naturstein und trägt auf einem breiten Sockel unter einem angedeuteten Giebeldach die Aufschrift **Mein Jesus / Barmherzigkeit**. Auf der Rückseite ist ein kleiner Stein mit der Inschrift **Gebr.**(üder) **Steeger** / **Geldern** eingelassen. – Auf dem steinernen Kreuz ist ein Holzkreuz mit einem Kruzifix aufgelegt; der Korpus stammt zwar ebenfalls aus der Zeit um 1900, scheint aber nicht ursprünglich hier befestigt gewesen zu sein.

Walbecker Straße 149: ehemalige Gaststätte, Bauernhof Neuendickshof

Eintragung in die Denkmalliste:
Denkmal Nr.

Zweigeschossiges, hohes Backsteinhaus von fünf Achsen mit Satteldach vom Ende des 19. Jahrhunderts. Alle Fenster im Untergeschoß sind an der Schauseite bleiverglast. Die Mittelachse mit der Türe wird pfeilerartig von zwei Vorlagen eingefaßt. Horizontal wird das Haus durch einen Putzsockel, zwei einfache Putzgesimse in Schulterhöhe der Fenster und durch ein aufwendig gestaltetes Geschoßgesims gegliedert; dieses zeigt auf farbigen Fliesen einen Rapport mit Blumen; hinzu tritt als weitere Dekoration die Betonung der Ecken durch Putzquader im Obergeschoß und einem Traufgesims; weiterhin sind die leicht korbbogigen Fensterstürze mit farbigen Ziegeln abgesetzt. Die wesentlichen Dekorationselemente setzen sich auf der giebelseitigen Schmalseite fort. Hier finden sich noch die originalen Pfeiler der Zufahrt zum Hof sowie ein anschließender, selten gewordener Hundezwinger mit

Neuendickshof

einem schmiedeeisernen Gitter. Ein Schornstein legt noch Zeugnis ab von der ehemaligen Brennerei, die hier zu Beginn des 20. Jahrhunderts eingerichtet war (Adreßbuch 1910, S. 262). – Das Erscheinungsbild der linken Giebelseite des Hauses wird leider durch einen modernen Anbau an der Rückseite beeinträchtigt.

Wendersstraße 13 a: Leupershof

Eintragung in die Denkmalliste: 30. Oktober 1991
Denkmal Nr. A 66
Eigentümer: Kurt Reimann

Vierseitig geschlossene Hofanlage aus Backstein. Dem Stallteil ist T-förmig vorgestellt das zweigeschossige Wohnhaus mit Satteldach aus der Zeit um 1900. Das breite Haus mit den nicht regelmäßig eingebrachten fünf Achsen fällt durch die glattgestrichenen Ziegel auf, die zusätzlich durch einen hellen Putzsockel und helle Fenstergewände ebenso betont werden, wie durch die drei gelben Horizontalbänder, bestehend aus jeweils zwei Ziegellagen, und die Putzquader an den Ecken. Alle Fensteröffnungen haben einen leichten korbbogigen Stich,

Leupershof

die Fenster selbst sind leider durch sprossenlose Scheiben ersetzt worden. – Parallel zum Stallteil steht die große Längstennenscheune des 19. Jahrhunderts. Beide Trakte sind durch Nebengebäude verbunden und bilden einen Innenhof. Von der Westseite her wird der Hof durch ein korbbogiges Tor mit verputzter Balkendecke über der Durchfahrt erschlossen.

Die Denkmäler im Ortsteil

Veert

Veert
Historischer Überblick

Der Ortsname Veert bezieht sich auf die erhöhte, inselhafte Lage (Veert = Weert = Insel) zwischen sumpfigen Rinnen vorgeschichtlicher Urstromtäler. Veert gehörte im Mittelalter zunächst dem Utrechter Domstift, das schon 1265 seine Besitzungen an das Kloster Graefenthal bei Goch verpachtet und schließlich 1307 verkauft hatte (FRANKEWITZ 1986a, S. 131). Die Herrschaft über Veert war geteilt: Das Kloster Graefenthal besaß als Grundherr die niedere Gerichtsbarkeit, die hohe Gerichtsbarkeit unterstand dem Grafen von Geldern (SCHOLTEN 1899, S. 155 und Nr. 230. – JANSSEN DE LIMPENS 1965, S. 96f.). Das Gericht zu Veert bildete zunächst mit Pont einen Bezirk unter dem Vorsitz des Richters der Stadt Geldern; 1449 hat es ein eigenes Veerter Schöffensiegel gegeben, das in einem geteilten Schild oben den halben wachsenden geldrischen Löwen, unten zwei gekreuzte Krummstäbe – in Bezug auf den Heiligen Martin – zeigt; erst 1632 sollte wieder ein Siegel angeschafft werden, das nun den mantelteilenden Martin zeigt (FRANKEWITZ 1986a, S. 131–134; FRANKEWITZ, VENNER 1987, S. 236f.).

In der Rechnung für den Grafen von Geldern über die Jahre 1294/95 werden aus dem Veerter Bereich lediglich die Höfe Steenhaelen und Boemert genannt (MEIHUIZEN 1953, tekst S. 39 und 44), und in der Steuerliste von 1369 taucht Veert überhaupt nicht auf (DOORNINCK 1903); 1387 werden in einer geldrischen Steuerliste 73 Höfe in Veert und Pont gemeinsam veranschlagt (HStAD, Geldern, Gerichte, Drostamt Geldern Ib, Nr. 2 I); um 1500 umfaßte das Dorf 130 Kommunikanten (OEDIGER 1973, S. 313), die bis 1667 um etwa 20 zunahmen; ihre Zahl betrug 1723 schon 230 Personen (HABETS 3, 1892, S. 191f.). – 1843 bildete Veert eine „Spezialge-meinde" in der Bürgermeisterei Pont mit 637 Einwohnern (Statistische Uebersichten 1843). 1861 zählte Veert 796 (Uebersichtliche Darstellung 1862, S. 2) und 1897 926 Einwohner (Adreßbuch 1897, S. 78), 1937 schon 1283 Einwohner (Adreßbuch 1938, S. 14). Nach dem Zweiten Weltkrieg betrug die Einwohnerzahl 1537 Personen (Adreßbuch 1950, S. 10). Mit der am 1. Juli 1969 in Kraft getretenen kommunalen Neugliederung wurde Veert mit seinen damals 3137 Einwohnern ein Teil der neuen Stadt Geldern (SCHMIDT 1994, S. 9).

Beurskensweg 1:
Ehemaliger Bauernhof

Eintragung in die Denkmalliste: 23. September 1987
Denkmal Nr. A 40
Eigentümer: H. P. Manten

Dreiseitige Hofanlage mit einem nach Süden gerichteten, zweigeschossigen Wohnhaus aus Backstein von sechs Achsen Länge, zwei Achsen Tiefe und

Beurskenshof am Beurskensweg

Geurdenweg 21:
Inneres vor dem
Umbau

Geurdenweg 21

Walmdach, laut Maueranker **AN**(N)**O 1786** erbaut. Die leicht vorspringende Ziegellage über den Fensterstürzen ist untypisch für ein Bauernhaus aus dieser Zeit und geht wahrscheinlich auf eine Veränderung des späten 19. Jahrhunderts zurück, bei der der Kniestock um ein Traufgesims erhöht und der Dachstuhl mit einer geringeren Neigung erneuert wurde. – An die Hinterseite des Wohnhauses schließt der ehemalige Wirtschaftsteil an, dessen Erscheinungsbild durch die bei der grundlegenden Sanierung (JbrD 38, 1999, S. 254) bis 1989 eingebauten, zu großen Dachgauben beeinträchtigt wird. – Das giebelständige Wirtschaftsgebäude mit Satteldach aus dem späten 19. Jahrhundert an der Ostseite weist im Untergeschoß fünf, darüber zwei verblendete Achsen auf. Bestandteil des Denkmals war ein alter, vor diesem Gebäude und an der Straße gelegener Bauerngarten mit schmiedeeisernem Gitter, dessen Zugang von zwei Säulen flankiert wurde (vgl. FRANKEWITZ 1991a, S. 138f.); der Garten wurde leider stillschweigend beseitigt.

Geurdenweg 21:
Ehemaliges Bauernhaus

Eintragung in die Denkmalliste: 26. September 1995
Denkmal Nr. A 182
Eigentümer: Geschwister Enssen

Eingeschossiges Wohn-Stallhaus aus Backstein mit Krüppelwalmdach aus der Mitte des 19. Jahrhunderts. In der südlichen, dreiachsigen Schmalseite in der Mitte die Zugangstüre, darüber zwei kleinere Fenster und dazwischen ein Kreuz, das durch Zurücksetzen der Steine gebildet wird. Im Innern an der Ostseite eine kleine Opkamer. Das Haus stand jahrelang leer und befand sich in einem dementsprechend desolaten Zustand, gleichwohl

dadurch interessante kleine Details erhalten geblieben waren; hierzu gehören beispielsweise Türen und das alte Hausnummernschild **E 31**. Im Jahre 2000 begann eine umfangreiche Instandsetzung, die das Erscheinungsbild im Äußeren weitgehend retten, im Dachbereich aber durch den Einbau von Gauben außerordentlich verändern wird; der ehemalige Stallteil im rückwärtigen Bereich wird zu Wohnzwecken ausgebaut.

Harttor 27:
Gaststätte „Zur Niersbrücke"

Eintragung in die Denkmalliste:
Denkmal Nr.

Zweigeschossiger Putzbau von ursprünglich fünf Achsen Länge mit Krüppelwalmdach aus dem 19. Jahrhundert. Erst Ende des 19. Jahrhunderts wurde die traufständige Fassade mit Putzquaderung und dekorativer Betonung der Fensterstürze überformt; zwischen den Obergeschoßfenstern wurde zudem reiche Stuckornamentik aufgebracht und die Mittelachse durch einen halbrunden Zwerchgiebel mit bekrönendem geraden Abschluß betont; hier findet sich die Aufschrift **1899**; an der linken Seite sind oben am Giebel zwei runde Medaillons mit Reliefdarstellungen von je zwei nackten Knaben angebracht; an der rechten Seite wurde das Haus um eine etwas vorgezogene Achse verlängert; eine separate Türe für den Anbau befindet sich in der abgeschrägten Ecke an der rechten Seite. Das Obergeschoß dieses Anbaus trug eine zunächst offene Veranda mit Balustrade; in der Dachzone findet sich ein ähnlicher Zwerchgiebel, wie bei dem ursprünglichen Bau.

Das Gebäude entstand an einer das Stadtbild außerordentlich prägenden Stelle noch auf Veerter Gebiet aber direkt vor der Stadt Geldern. Durch den Einbau denkmalgerechter Holzfenster könnte das Erscheinungsbild dieses wichtigen Hauses sehr aufgewertet werden. – 1926 wohnte „Theo Bartels, Dekorationsmaler und Anstreichermeister" in dem Haus (BAM, Veert, Karton 12, Rechnung 1926, Blatt 96); in dem Anbau befand sich nach dem Zweiten Weltkrieg das Lebensmittelgeschäft Eck (FRANKEWITZ 1991a, S. 77).

Harttor 44: Villa van der Moolen

Villa van der Moolen und Detail des Stucks über dem Mittelfenster

Eintragung in die Denkmalliste: 30. Juni 1988
Denkmal Nr. A 54
Eigentümer: Georg Müller

Zweigeschossige, verputzte, über unregelmäßigem Grundriß freistehende Villa über hohem Kellergeschoß mit Mansardach aus dem ersten Jahrzehnt des 20. Jahrhunderts. Die zur Straße gerichtete Schauseite ist fünfachsig und wird von einem Mittelrisalit mit halbrundem Erker im Untergeschoß und mit geschwungenem Zwerchgiebel beherrscht. Die rechte Achse ist als leicht vorspringender Turm gestaltet, der über der Traufe in ein achteckiges Geschoß mit zweifacher Haube mündet. Der über eine Freitreppe zu erreichende Zugang an der rechten Ostseite wird durch einen leicht vorspringenden Risalit mit halbrundem Zwerchgiebel betont. An den Ecken und Fenstern der Villa fallen die überaus üppigen Stuckarbeiten auf, die dem in vornehmem Gelb verputzten Anwesen ein repräsentatives Äußeres geben. Erbaut wurde das Haus von dem Gelderner Fabrikanten Friedrich van der Moolen, der Architekt hingegen ist leider nicht bekannt. Insbesondere die rundbogigen Fenster im Untergeschoß und der Risalit am Eingang lassen durchaus an eine Abhängigkeit des Entwurfs von den Krefelder Architekten Girmes und Oediger denken. – 1998 wurde die Villa sehr stilvoll unter Leitung der Architektin Petra Kormann saniert (Tag der Architektur, S. 77). Allein die bei Sonnenschein ständig geschlossen gehaltenen Rolläden beeinträchtigen das Bild.

Heideweg:
Kölner Heiligenhäuschen

Eintragung in die Denkmalliste: 19. Juni 1995
Denkmal Nr. A 172

Eines der interessantesten Heiligenhäuschen am Niederrhein ist das sogenannte Kölner Heiligenhäuschen bei Veert. Es ist aus Backstein erbaut, die Expositionsnische und der darüberliegende Reliefstein bestehen aus Sandstein. Über dem flachen Dach, das nach hinten abgeschrägt ist, erhebt sich eine Weltkugel und darauf ein eisernes Kreuz. Die Nische ist mit modernen Kacheln und einem modernen Marienbild ausgekleidet; an der rechten Seite die Inschrift **Erneuert / zur 312. / Fusswallfahrt / im Jahre / 1984 / G**(ottfried) **A**(mberg), links das Kölner Wappen und **Koelner / Kevelaer / Bruderschaft / von 1672**; die Kacheln gehen auf eine Renovierung des Häuschens im Jahre 1984 zurück. – Der Reliefstein zeigt das von zwei Voluten gerahmte Wappen der Stadt Köln – im Schild elf Zungen als Sinnbild für die elftausend Jungfrauen und drei Kronen als Hinweis auf die heiligen Drei Könige – und darunter die Inschrift mit Chronogramm: **CoLonIa Me eXstrVXIt / Ao VirgInI DeI parae 1686** (Köln errichtete mich im Jahre der gottgleichen Jungfrau 1686). Das angegebene Jahr 1686 bezieht sich zweifellos auf die Fertigstellung des Heiligenhäuschens, denn das Chronogramm ergibt das Jahr 1685, in dem hier bereits ein Opferstock repariert wurde (SCHUMACHER 1929, Nr. 1). Da das Heiligenhäuschen am Anfang der datierten Heiligenhäuschen am Niederrhein steht, kommt ihm eine besondere Bedeutung zu (FRANKEWITZ 1995b, S. 84f.). Errichtet wurde es von den Kölner Bürgern, die seit 1663 von Köln nach Kevelaer pilgerten; als Vorbild für die Form diente ein *fueßfall* bei

Das Kölner Heiligenhäuschen

Dormagen (AMBERG 1975). Das von zwei schutzbietenden Rotdornhecken gerahmte Heiligenhäuschen steht am alten Weg nach Kevelaer, die heute weiter westlich verlaufende Bundesstraße 9 wurde erst in der ersten Hälfte des 19. Jahrhunderts gebaut.

Heiligenhäuschen an
der Kapellener Straße

Kapellener Straße: Heiligenhäuschen

Eintragung in die Denkmalliste: 21. Juli 1994
Denkmal Nr. A 144
Eigentümer: Graf zu Hoensbroech

Dort, wo man von der Kapellener Straße auf Schloß Haag blickt, steht am Straßenrand ein schlankes Heiligenhäuschen mit spitzem hohem Satteldach, dessen neugotische Formen eine Entstehung in der zweiten Hälfte des 19. Jahrhunderts verraten (vgl. FRANKEWITZ 1995b, S. 91–94). Die Expositionsnische wird von einem spitzbögigen, schmiedeeisernen Gitter verschlossen. In dem Häuschen werden drei moderne Figuren verehrt, ein Gemälde aus diesem Heiligenhäuschen, das die heiligen Drei Könige zeigt, wurde der Kirche in Veert gestiftet (→ Schulstraße 1).

Kapellener Straße 108: Willicksche Mühle

Eintragung in die Denkmalliste: 9. August 1994
Denkmal Nr. A 139
Eigentümer: Graf zu Hoensbroech

Geschichte

Ursprünglich standen in der Nähe des heutigen Mühlengebäudes zwei Wassermühlen an der Niers, von der die eine der Familie von Honselaer, die andere der Witwe Lisbeth von Boedberg gehörte. 1429 verpflichteten sich Goswin von Honselaer und seine Frau, ihre Mühle abzubrechen, die in der Nähe der nur einige hundert Meter entfernten Alten Willick lag (Archiv Schloß Haag, Nr. 5235, 5236). Wenig später verkauften Lisbeth von Boedberg und ihr Mann Frederik von Husen ihre Mühle 1434 an den Erbmarschall Johann von Boedberg

Die Willicksche Mühle

(Archiv Schloß Haag, Nr. 5237). Seitdem gehört die Willicksche Mühle zum Haus Haag, die Johann von Boedberg aber 1439 dem Grafen von Moers zu Lehen auftrug (Archiv Schloß Haag, Nr. 5224); bis zum Ende des Alten Reiches blieb die Mühle Moerser Lehen. 1438 war sie abgebrannt, denn in diesem Jahr erlaubte Herzog Arnold von Geldern seinem Erbmarschall, die Mühle näher an Haag wiederaufzubauen (Archiv Schloß Haag, Nr. 5243). Welche wirtschaftliche Bedeutung die Mühle hatte, erhellt aus der Tatsache, daß der Herzog dem Johann von Boedberg 1455 erlaubte, auch seine Mühlenkarre durch die Stadt Geldern fahren zu lassen (FRANKEWITZ 1986a, S. 426f., Nr. 20). Im 16. Jahrhundert wurde hier nicht nur Getreide gemahlen, sondern auch mit einer Lohmühle Rinde zerkleinert und in einer Vollmühle Wolle gewalkt (VALENTIN 1967, S. 78. – VOGT 1998, S. 547f.).

Beschreibung

Das heutige backsteinerne Mühlengebäude mit abgewalmtem Satteldach an der West- und Krüppelwalmdach an der Ostseite entstand im 18. Jahrhundert aus zwei Bauteilen. Der ältere, zur Straße hin gelegene Teil ist an seiner Schauseite dreiachsig gegliedert. Im Obergeschoß befindet sich eine große Türe, durch die die mittels einer Winde in der Dachluke hochgezogenen Getreidesäcke auf den Steinboden gelangten. Der östlich anschließende Teil, der Wohnzwecken dient und sich deutlich durch eine Baunaht absetzt, ist wohl im 19. Jahrhundert angebaut worden. Bis zur Niersregulierung um 1940 wurde die Mühle von zwei Niersarmen umflossen (s. Heimatkalender 1939 Kreis Geldern, S. 88: Zwei Fotos mit dem alten Niersverlauf). Leider befindet sich das Mühlengebäude – eines der letzten von ehemals zahlreichen Wassermühlen am Niederrhein – in einem baulich sehr schlechten Zustand.

Kirchstraße 9: Veerter Pastorat

Eintragung in die Denkmalliste:
Denkmal Nr.

1901 wurde ein neues zweigeschossiges Backsteinhaus mit hohen Räumen als Pastorat erbaut. Die Pläne hierzu stammen von F. Wucherpfennig aus Münster und sind 1901 datiert (BAM, Veert, Karton 13 mit Zeichnungen). An der rechten Seite des vierachsigen Hauses mit Satteldach springen zwei dicht beieinander liegende Fenster unter einem hohen Giebel mit Giebelkreuz risalitartig vor. Auf dem First finden sich noch die originalen Firstziegel mit neugotischen Firstkämmen. Die rechte Giebelseite ist mit Kunstschiefer verkleidet, die Fenster sind alle neu und leider aus Kunststoff.

Kirchstraße 25:
Altes Veerter Pastorat

Eintragung in die Denkmalliste: 9. Oktober 1984
Denkmal Nr. A 8
Eigentümer: Dr. F. Th. Biermann

Südöstlich der Pfarrkirche von Veert steht auf einem ehemals von einem Graben umgebenen Areal, das ein eingetragenes Bodendenkmal ist, das alte Pastorat. Der eingeschossige Putzbau mit Krüppelwalmdach ist durch Maueranker an der westlichen Längsseite **1751** datiert. Bereits 1764 war der *Weemhoff* zumindest zeitweise *onbewoont* (VALENTIN 1977, S. 52). – 1955 wurde das Gebäude allgemein instandgesetzt (JbrD 21, 1957, S. 220), 1984 bis 1985 vom jetzigen Eigentümer umfangreich zur Zahnarztpraxis mit Labor ausgebaut. Architektin war Jana Dreikhausen aus Aachen. Das Haus wurde entkernt und die „maroden Innenwände entfernt" (JbrD 34, 1992, S. 250 mit Foto von 1986). Die ehemalige Opkamer wurde durch Weglassung der Wände zur Empore hinter dem Eingangsbereich umfunktioniert. Alle Fußböden wurden erneuert, die Decke im Obergeschoß teilweise entfernt, so daß man hier auf den alten, leider mit Kunstlack gestrichenen Dachstuhl blickt. Das gesamte Gebäude wurde im Drempelbereich mit einem Betonringanker gesichert, die rechte Giebelwand erstand völlig neu. Das profilierte Dachgesims wurde nach Vorbild des Originals erstellt. Neues Herzstück des Hauses wurde das Treppenhaus, das seine Belichtung durch einen modernen, gläsernen, nur leicht aus der Ostwand vorspringenden Erker mit Fenstern der Gelderner Künstlerin Ruth Smitmans erhält. Glücklicherweise wurde die Dachdeckung mit Hohlpfannen auf Strohdocken vorgenommen, denn hierdurch blieb das äußere Erscheinungsbild in seinem ursprünglichen Zustand weitgehend erhalten.

Altes Veerter
Pastorat mit neuem
Treppenhaus

Klever Straße 160:
Wohnhaus der Hofanlage Am Kaiser

Eintragung in die Denkmalliste: 11. Dezember 1995
Denkmal Nr. A 216
Eigentümer: Peter Beumer

Zweigeschossiger, an der Straßenseite verputzter Backsteinbau von sechs Achsen Länge mit Halbwalm aus der Mitte des 19. Jahrhunderts. Die Putzquaderung sowie die profilierten Putzrahmen der Fensteröffnungen wurden am Ende des 19. Jahrhunderts zur dekorativen Aufwertung des Hauses aufgebracht. – Für das alte Erscheinungsbild sind die vier Kopflinden vor dem Wohnhaus geradezu typisch. In früheren Zeiten gehörten im Außenbereich Bäume als natürlicher Schutz gegen Wind und Wetter zu jedem Hof. – Das Anwesen Am Kaisers gehörte im 18. Jahrhundert zu den großen Höfen

Am Kaiser

Klever Straße / Ecke Voerdenweg:
Heiligenhäuschen

Eintragung in die Denkmalliste: 20. Juni 1995
Denkmal Nr. A 174
Eigentümer: Familie Post

Heiligenhäuschen aus Backstein mit verputzter Giebelseite und geschwungenem, über das Satteldach reichendem, leicht vorkragendem Giebel mit bekrönendem Kreuz aus der Zeit um 1800. Der Giebel erinnert noch an ältere Heiligenhäuschen des 18. Jahrhunderts, mit dem kleinen Altar in der Nische weist das Häuschen aber in eine spätere Zeit (FRANKEWITZ 1995b, S. 91). Auf dem erneuerten Gitter die Worte **Ave Maria**. In dem Häuschen wird die Gottesmutter in Form eines modernen, weißen Tonreliefs verehrt.

Nobiskate, Vorder- und Rückansicht, Ständer und Ankerbalken

in Veert; 1764 wurden hier drei Kühe, drei Rinder, 25 Schafe und drei Gänse für die Steuer veranschlagt (VALENTIN 1977, S. 55).

Nobispfad 19: Nobiskate

Eintragung in die Denkmalliste: 25. Januar 1996
Denkmal Nr. A 202

1764 taucht in einer Veerter Steuerliste *Matthys Nobis* mit einer Kuh und einem Rind auf (VALENTIN 1977, S. 55). Ehemaliges Wohnstallhaus, als niederrheinisches, dreischiffiges Hallenhaus mit Halbwalmdach um 1750 erbaut. An der Vorderseite neben der Tür das größere, ehemalige Küchenfenster, rechts und links in den Abseiten kleinere

Fenster. An der Rückseite ist an der Lage der Holländischen Dreiecke zu erkennen, daß beide Außenmauern der Kübbungen nachträglich erhöht wurden. Das Dach ist nur provisorisch mit Wellpappe gedeckt. Im Innern des nur noch als Schuppen dienenden Gebäudes ist die originale Raumeinteilung nicht mehr vorhanden. Zwei eichene Ständerpaare mit einfachen Ankerbalken tragen die mehrfach angestückelten Rähmhölzer. Auf diesen stehen noch die originalen Sparren des Kehlbalkendachs. Die Sparren über den Abseiten bestehen aus Tannenholz und dürften aus der zweiten Hälfte des 19. Jahrhunderts stammen. In Längsrichtung wird das Haus, das möglicherweise zunächst ein Fachwerkbau war, durch lange, über eine Riegelreihe geblattete naturgebogene Kopfstreben gesichert, die unten in die Ständer, oben in den Rähm eingezapft sind.

Schulstraße 1:
Katholische Pfarrkirche St. Martinus

Eintragung in die Denkmalliste: 15. Oktober 1986
Denkmal Nr. A 26
Eigentümer: Katholische Kirchengemeinde Veert

Geschichte

Die zum Dekanat Straelen gehörende Pfarrkirche dürfte schon um 1100 bestanden haben; zu dieser Zeit war das Kirchspiel Veert zu gleichen Teilen im Besitz des Utrechter Domstifts St. Martin und des Grafen von Geldern; am 7. November 1307 verkaufte das Domstift seine Veerter Besitzungen an das Kloster Graefenthal bei Goch; hierzu gehörte auch die *ecclesia*, die Kirche zu Veert (Scholten 1899, S. 155 und Nr. 105; Oediger 1969, S. 286 f.). Daß die Kirche dem Heiligen Martin geweiht war, ist einem Visitationsprotokoll aus der Zeit um 1500

zu entnehmen (OEDIGER 1973, S. 312). 1580 oder 1581 wurde die Kirche – so der Bericht eines Zeitgenossen – von den Geusen aus der Stadt Geldern aufgebrochen und das gesamte Inventar inklusive das Archiv in der Kirche zusammengetragen und verbrannt (FERBER 1860, VI. Anlage S. 319–321). Bei dieser Gelegenheit wurde die Kirche angeblich „niedergebrannt, aber nach wenigen Jahren wieder aufgebaut" (CLEMEN 1891, S. 80). Auch wenn das Datum der Zerstörung sonst nicht weiter belegt ist, ist festzuhalten, daß sowohl der Turm, als auch das heutige Dach höher als ursprünglich sind (siehe unten unter Beschreibung).

Bis um die Mitte des 20. Jahrhunderts führte eine lokale Wallfahrt insbesondere von Geldern nach Veert (SCHUMACHER 1929, Nr. 3), die bereits im 19. Jahrhundert wegen weltlicher Ausschweifung von sich Reden machte; die Wallfahrt, bei der man nach „Emmaus" ging, hat bis nach dem Ersten Weltkrieg bestanden; sie sollte der Heilung von Geschwüren dienen (VALENTIN 1972). Immerhin hat es bereits 1676 in der Kirche ein Gemälde gegeben, das die Szene zeigt, wie Jesus die Jünger in Emmaus trifft (SCHUMACHER 1929, Nr. 3).

Bauentwicklung und Beschreibung: Alte Kirche

Die alte Kirche war wesentlich niedriger als das jetzige Gotteshaus. Unter dem Dach hat sich an der Ostseite des Turmes der alte Dachanschlag einer früheren Kirche erhalten; danach hatte die alte Kirche eine wesentlich steilere Dachneigung und war – wenn sie denn so breit wie die heutige Kirche war – wesentlich niedriger; auch dem Turm fehlte ein Geschoß, der alte Helm saß auf dem Gesims auf, der noch heute unterhalb der Uhr um den Turm läuft. Die Blendarkaden unter diesem Gesims sind die alten Schallöcher, hinter den die Glocken aufgehängt waren. Vielleicht ist es diese Kirche gewesen, die 1580/81 zerstört wurde.

Heutige Kirche

Die jetzige Kirche, mutmaßlich nach 1580/81 wiederaufgebaut, war bis 1969 eine zweischiffige und ist seitdem eine einschiffige Backsteinkirche von vier Jochen Länge mit 5/8 Chor und einem Querhausarm im dritten Joch von Westen und vorgestelltem, dreigeschossigem Westturm mit achtseitigem Knickhelm. Bis auf die Stirn- und Nordseite des Chores bestehen die unteren Partien des Chores und des Querhauses bis zum Kaffgesims aus Tuff. Im Zwickel zwischen Querhaus und dem vierten Joch erkennt man außen eine vermauerte Türe und auf halber Fensterhöhe den Ansatz eines Gewölbes; vermutlich stand hier die alte Sakristei. Denkbar ist, daß der Scheitel dieses Gewölbes auch die ursprüngliche Höhe des Kirchenschiffs andeutet. – Der Dachstuhl mit Kehlbalken ist vielfach erneuert,

Alter Dachanschlag

könnte aber in den älteren Teilen durchaus dem späten 16. Jahrhundert angehören. Ältere Verzimmerungen des Dachstuhls finden sich auch über dem Querhausarm. – Über dem Kaffgesims des nordöstlichen Strebepfeilers am Chor befindet sich eine leere Expositionsnische.

Im Innern werden die Rippen des Gewölbes im Chor von runden Diensten mit Kompositkapitellen getragen. Die übrigen Dienste sind rechteckig. Der Gurtbogen zum Chorjoch beginnt auf halber Höhe und ruht an der Südseite auf einem Gesims.

Restaurierungen

Nach den Plünderungen 1635 bzw. 1638 wurde der Turmhelm sowie der oben thronende Hahn 1646 vollkommen erneuert (SCHUMACHER 1928, Nr. 9. – VALENTIN 1970, S. 183). – Die Restaurierungen im 19. Jahrhundert müssen im einzelnen noch an Hand der vorhandenen aber unsortierten Kirchenrechnungen, die derzeit im Bistumsarchiv Münster liegen, untersucht werden. Bereits für 1854 beispielsweise verzeichnen die Kirchenrechnungen Ausgaben *an Carl Horster für Ausbesserung der Kirchenwände* (BAM, Veert, Karton 11, Rechnung 1854, „Ausgabe IV"), 1860 an den *Färber H. Janssen zu Geldern für Färbe und Glaser-Arbeit in der Kirche zu Veert* (BAM, Veert, Karton 11, Rechnung 1860, Blatt 8v). Unter dem 1890 verstorbenen Pfarrer Tack gab es eine *herrliche Restaurierung unserer Kirche* (Veerter Schulchronik I, 1668–1924, S. 59), bisher ist aber nicht bekannt, was er initiierte. Eine neue Sakristei im neugotischen Stil nach Plänen des Baumeisters Johann Elsemann wurde 1896 an der Nordseite im Zwickel zwischen Chor und Seitenschiff erbaut (VALENTIN 1970, S. 184. Abbildung: Geldern 1930); wohl gleichzeitig wurde über dem Querhaus nach Süden der Dreiecksgiebel neugotisch erneuert. 1898 zahlt die Kirche an die „Niederrheinische Glas-Malerei Wilh. Derix" in Goch für *5 Fenster in Teppichmalerei in der neuen Sakristei 170 Mark* (BAM, Veert, Karton 12, Rechnung 1897/98, Blatt 23).

„In der Nacht vom 23. auf den 24. Juli 1942 fiel eine Sprengbombe ganz nahe an der Kirche. Fenster, Wände und Kirchendach wurden erheblich beschädigt", die Chorfenster gingen gänzlich verloren (LINGEN 1948, Veert, S. 1. – JbrD 19, 1951, S. 201. – VALENTIN 1970, S. 185). Der vergoldete Hahn wurde 1951 restauriert (RP vom 26. Juni 1951). 1952 wurde ein neuer Zugang zur Kirche an der Nordseite geschaffen (BAM, Veert, Karton 13).

Am 15. März 1969 fand der erste Spatenstich für die neue, achtseitige Kirche nach den Plänen des

Veerter Architekten Josef Ehren statt; geweiht wurde sie am 12. Juli 1970 (VALENTIN 1977, S. 34). Wegen dieser neuen Kirche brach man 1969 leider ohne wirkliche Not das Seitenschiff und die Sakristei ab, das Westportal im Turm wurde zugemauert. 1987 und 1988 „Sanierung des Chormauerwerks, teilweise Auswechselung maroder Mauerpartien … Erneuerung des schadhaften Tuffsockels in Römer-Tuff. Auffrischung der Kaffgesimse und Pfeilerabdeckungen durch lasierende Beschichtung im Sandsteinton. Ersatz des zerstörten Mauerwerks der Chorfenster durch Ettringer Tuff, … neue Sockelabdeckung in Tuff. Abschlagen der geputzten Fasche des großen Turm-Westfensters und Ersatz anhand von Ziegelformsteinen, Auswechslung beschädigter Turmmaßwerke" (JbrD 38, 1999, S. 253 f.), weiterhin wurden 1988 die Maßwerke alle erneuert, dabei wurde das alte Maßwerk zum Teil ebenso unsachgemäß ausgebrochen wie das neue eingesetzt wurde (StA Geldern, Bildarchiv). 1998 folgten Sicherungsarbeiten im Turm, und die alte Kirche erhielt an der Nordseite nach Plänen des Kevelaerer Architekten Ernst Quartier einen kleinen, stilvoll angepaßten Anbau mit Pultdach, der einen neuen Zugang zur Orgelempore aufnimmt.

Alte Fenster

Eine erste Erneuerung der Fenster ist für 1635 überliefert (VALENTIN 1970, S. 182). 1892 erhielt die Kirche drei neue Chorfenster von der Kevelaerer Glasmalerei Heinrich Derix nach bereits 1885 gefertigten Entwürfen von Friedrich Stummel (LEINWEBER 1979, S. 73 f. und S. 290–292 mit Beschreibung der Entwürfe); „im linken Chorfenster war der Reitersmann Martinus in der Szene der Mantelteilung dargestellt. Auf dem Mittelfenster sah man, wie der Heiland Martinus im Traume erschien, und das rechte Fenster zeigte den Tod des Heiligen" (VALENTIN 1970,

S. 184); zudem befand sich in dem Fenster ein (älteres?) Wappen der adeligen Familie von Langen (VALENTIN 1977, S. 91. – Zum Wappen der von Langen → Kapellen, Finkenhorster Weg 9: Haus Finkenhorst). Die Fenster wurden 1942 zerstört.

Heutige Fenster

Die Chorfenster wurden 1953 durch moderne Gläser erneuert. Sie zeigen die gleichen Motive wie die zerstörten und zusätzlich nach Norden wohl den heiligen Antonius Abbas und nach Süden Martin als heiligen Bischof. Das Fenster nach Südosten ist bezeichnet **NJ 53**. – Die übrigen vier nach Süden gerichteten, jeweils dreibahnigen Fenster in leuchtenden Farben mit floralen Motiven in unterschiedlichen Vierpässen sowie ein kleines Fenster in der Turmhalle aus der Zeit um 1900 könnten noch aus der Werkstatt Derix stammen. – Das große, moderne Fenster an der Westseite des Turmes entwarf 1977 der Glasmaler und Mosaikgestalter Joachim Klos aus Nettetal; die Ausführung erfolgte durch Hein Derix in Kevelaer (BAM, Veert, Karton 23, Rechnung zur Renovierung der alten Kirche).

Fußboden

1625 erhielt die Kirche „blaue Kirchensteine" (SCHU-MACHER 1928, Nr. 6), 1929 „einen neuen Flurbelag"

(VALENTIN 1970, S. 183 und 185). Heute befinden sich im Chor und Chorjoch große, diagonal verlegte Blausteinplatten, im Schiff neue, stark marmorierte Platten.

Ausmalung

1889/90 wurde die Kirche von dem Kevelaerer Kirchenmaler Friedrich Stummel, unter Beteiligung des später ebenfalls bekannten Kirchenmalers Gerhard Schoofs (LINGENS 1997a, S. 34), ausgemalt; ein Gemälde „auf der Chorwand zur Sakristei hin" zeigte „die Auferweckung der Toten beim Jüngsten Gericht" (VALENTIN 1970, S. 184; LEINWEBER 1979, S. 73). Ob sich der Satz „1936 ließ der Kunstmaler Heinrich Brey aus Geldern das Innere der Kirche neu in Farbe erstehen" (VALENTIN 1970, S. 185) auf eine

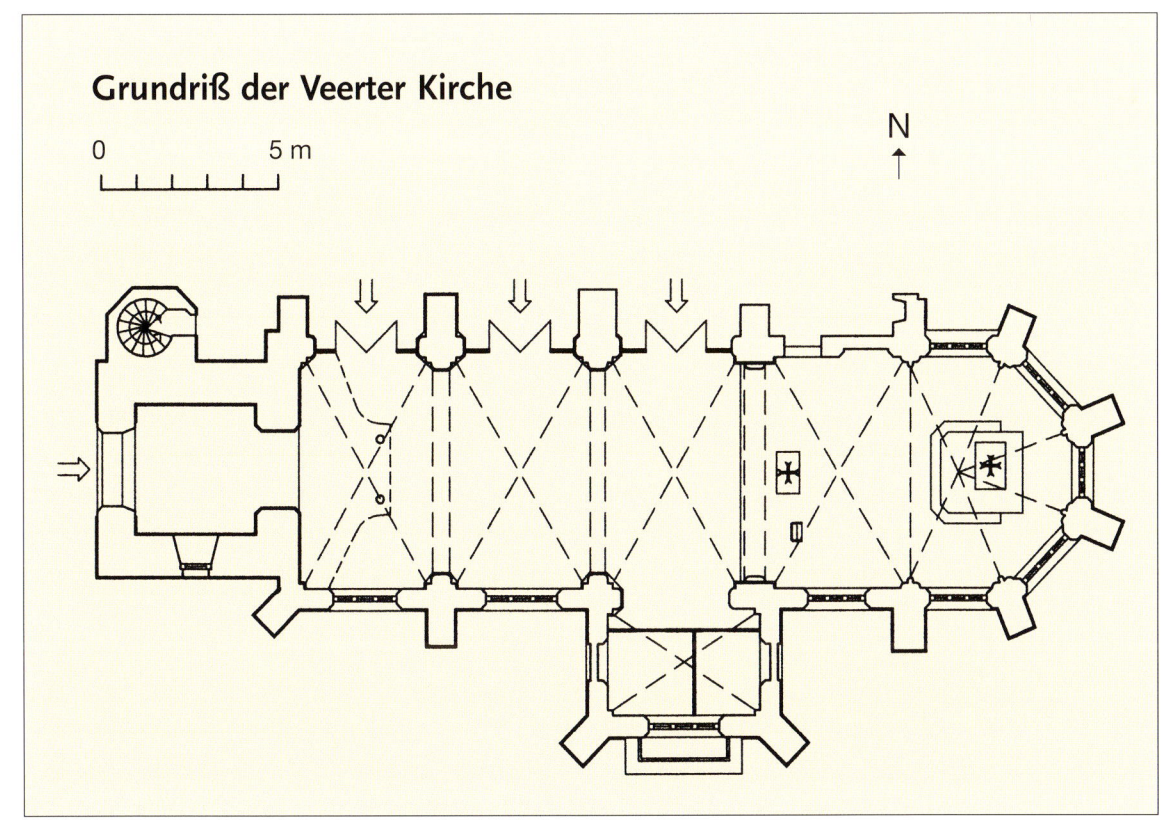

Grundriß der Veerter Kirche

0   5 m

N

Überarbeitung der Gemälde Stummels oder auch auf eigenständige Werke bezieht, bleibt offen (LINGENS 1998a, S. 250).

1953 erhielt das Innere eine neue Fassung durch den Kirchenmaler Ernst Jansen-Winkeln aus Mönchengladbach; dabei wurden die neugotischen Gemälde von Friedrich Stummel beseitigt, Dienste und Rippen der Gewölbe farbig gefaßt; „auf der großen Chorwand stellte der Maler farbig das jüngste Gericht dar und auf der Stirnwand des Seitenschiffs die Mutter Gottes als Meeresstern" (VALENTIN 1970, S. 186).

Während die erstgenannte Malerei, die ihre Entstehung in den 1950er Jahren zu erkennen gibt, erhalten ist, wurde die zweite mit dem Abbruch des nördlichen Seitenschiffs beseitigt. – Das Grau des Kircheninneren entspricht dem mittelalterlichen Alltag.

Ausstattung:
Altäre

Um 1500 besaß die Veerter Kirche drei (OEDIGER 1973, S. 313), um 1660 wohl nur noch zwei Altäre, von denen der, der dem heiligen Martin geweiht war, an der linken, nördlichen Seite (*in cornu Evangelii*) stand; der andere Altar war Unserer Lieben Frau geweiht (HABETS 3 1892, S. 191); für beide Altäre wurde zu dieser Zeit je ein Bild von Meister S. Schroett gemalt (VALENTIN 1970, S. 183). 1672 sollte für den Martinsaltar ein neues Kruzifix angeschafft werden (SCHUMACHER 1929, Nr. 3); 1699 erhielt die Kirche einen neuen Hochaltar (SCHUMACHER 1929, Nr. 8 und 1930, Nr. 10), wohl von diesem Altar stammt das 1891 noch vorhandene „Ölgemälde des h. Martinus zu Ross, aus dem Aufsatz eines Barockaltars um 1700" (CLEMEN 1891, S. 80). 1896 wurde der Altar beseitigt (VALENTIN 1970, S. 184).

St. Martinus, Blick
zum Altar, 2000

◁ St. Martinus, Blick
zum Altar, um 1930

Geißelung aus dem
neugotischen Altar

sein. In beiden Feldern scheint eine Figur im Hintergrund zu fehlen.

In der Mitte bildet der Tabernakel den Sockel zu einer mit Maßwerk bekrönten Expositionsnische für das Altarkreuz, das von zwei abnehmbaren, dreiarmigen Messingleuchtern beleuchtet werden kann.

Über dem erhöhten Mittelteil Christus am Kreuz, beweint von Maria und Johannes. – Die Tabernakeltür wird von einem zweiflügeligen Türchen verdeckt, auf dessen Innenseiten zwei qualitätvolle Engel gemalt sind; sie könnten aus der Werkstatt von Friedrich Stummel stammen.

Zelebrationsaltar

Der moderne Zelebrationsaltar stammt aus dem vor wenigen Jahren aufgelösten Norberthaus in Xanten. Der runde Schaft ist nur wenig schlanker als der Rand mit acht schmucklosen Feldern. Darauf liegt die moderne, achtseitige Mensa.

Immerwährende Hilfe

Das bekrönende neugotische Gespränge der Immerwährenden Hilfe aus gebeiztem Holz könnte von Bildhauer Jakob Ophey aus Geldern gefertigt worden sein. Der schlichte Rahmen ist erneuert.

Chorbänke

Etwa 168 cm hoch und breit. In zwei korbbogig überwölbten, flachen Nischen stehen zwei gebeizte, zweisitzige Chorbänke, die 1937 von Bildhauer Jakob Ophey aus Geldern gefertigt wurden (VALENTIN 1970, S. 185). Dagegen steht die Rechnung über 165 Mark vom 4. Oktober 1926 von dem Schreinermeister Heinrich Valentin aus Veert: *Zwei neue eichene Sitzbänke mit Rückenlehne in Füllungen gemacht u. angebracht* (BAM, Veert, Karton 12, Rechnung 1926, Blatt 97).

Neugotischer Hochaltar

Etwa 250 cm breit, 500 cm hoch. Der Schrein des noch bestehenden Hochaltars wurde 1896 von dem Gelderner Bildhauer Jakob Ophey entworfen und geschaffen (VALENTIN 1977, S. 33). Das dreiachsige, nicht signierte Werk mit reichem Gespränge und äußeren, krabbenbesetzten Fialen ist ungefaßt. Nur die in Kerbschnitttechnik verzierte Expositionsnische sowie die Tabernakeltür hinter einer zweiflügeligen Abdeckung sind vergoldet; hierauf wird sich die Notiz des Maler- und Anstreichermeisters Hubert Boers aus Veert von 1926 *Vergoldung am Altar 30* (Mark) beziehen (BAM, Veert, Karton 12, Rechnung 1926, Blatt 90).

In der linken Nische wird die Geißelung Jesu, rechts die Dornenkrönung und Verspottung thematisiert, angeblich auch von Ophey (VALENTIN 1977, S. 33), wegen der stilistischen Verwandtschaft mit den Tafeln in Hartefeld (→ Hartefeld, Hartefelder Dorfstraße) erscheint die Herkunft aus der Werkstatt Jakob Holtmann in Kevelaer wahrscheinlicher zu

Taufstein

Die Säule des heutigen Taufsteins aus Basaltlava wurde 1977 scharriert und durch die Steinbildhauerei Carl Hoss in Kevelaer aufgestellt (BAM, Veert, Karton 23, Rechnung zur Renovierung der alten Kirche).

Bänke

Die heutigen acht Bänke – jeweils aus zwei Bänken, die einen Mittelgang bildeten, zusammengesetzt (s. Foto RP vom 6. November 1965 und Abbildung auf dem vorderen Vorsatzblatt in der Festschrift „525 Jahre St. Martinus-Bruderschaft, Veert, 1965) – in neugotischen Formen mit runden Knäufen an den Wangen und jeweils einer Blume im Vierpaß aus der ersten Hälfte des 20. Jahrhunderts könnten aus der Werkstatt Jakob Ophey stammen.

Orgel

1908 erhielt die Kirche eine neue Orgel der Firma Tibus aus Rheinberg (VALENTIN 1970, S. 184). Die Orgel wird zur Zeit durch die Firma Mühleisen aus Straßburg mit Hilfe des Landes restauriert.

Uhrwerk

Im Turm steht ein altes, nicht mehr in Gebrauch befindliches Uhrwerk.

Glocken

Wohl im Zuge des sich langsam hinziehenden Wiederaufbaus nach 1581 erhielt das Gotteshaus 1598 zwei Glocken aus Köln (VALENTIN 1977, S. 27), 1611 eine weitere, von Meister Tilmann aus Venlo gegossene (RAL, archief huis Scheres, Nr. 1315. – BERCKER 1957. – VALENTIN 1977, S. 27), eine weitere wurde 1656 geweiht (VALENTIN 1970, S. 183, 1977, S. 31). Nach dem Verlust der Glocken im Ersten Weltkrieg – allein die von 1611 blieb erhalten – wur-den 1928 drei Glocken aus Bronze von der Glockengießerei Otto in Hemelingen angeschafft; alle Glocken mußten 1942 abgegeben werden; 1952 lieferte die Firma Petit und Edelbrock aus Gescher zwei neue Glocken (VALENTIN 1970, S. 185). Neben diesen beiden datierten Glocken ist auch noch eine von 1928 vorhanden.

Figuren:
Christus fällt

Ein Kunstwerk besonderer Art befindet sich in der Vitrine, die in den ehemaligen Durchgang zur Sakristei eingebaut ist: Ein an der Rückseite abgeflachtes eichenes, ungefaßtes Holzrelief von etwa 32 cm Länge und 36 cm Höhe, das den gefallenen Christus bei der Kreuztragung zeigt. Jesus starrt mit blinden Augen und leidvoll geöffnetem Mund ins Leere. Der markante Faltenwurf, die Behandlung des Bartes und die Haltung der linken Hand lassen eine Entstehung des Werks am Niederrhein um 1520 erkennen (Beilage Nr. 19). Der untere Teil des Kreuzes sowie der obere Teil des Querbalkens sind erneuert.

Christus fällt

Maria auf der Mondsichel

Etwa 130 cm große, ungefaßte Holzfigur des 19. Jahrhunderts, unterschiedlich vom Holzwurm befallen; 1977 wurde die Figur durch Schreinermeister Paul Ehren in Geldern-Hartefeld „seidenmattglänzend gebürstet" (BAM, Veert, Karton 23).

Engel

Zwei schwebende, flügellose Barockengel aus ungefaßtem Holz, 18. Jahrhundert, etwa 100 cm groß, die 1964 wiedergefunden wurden (VALENTIN 1970, S. 184), hängen im Querhaus über dem Beichtraum.

Joachim und Anna

An der Nordseite hängen als Bruststücke eine männliche, bärtige, und eine weibliche Figur aus dem frühen 19. Jahrhundert, etwa 72 cm hoch. Sie sind beide ungefaßt, aus Lindenholz geschnitzt und hinten ausgehöhlt. Sie werden als Joachim und Anna, die Eltern Marias, verehrt.

Kreuzwegstationen

Zehn reliefierte und gefaßte Kreuzwegstationen aus Terrakotta, 60 × 80 cm, Anfang 20. Jahrhundert. Vier von ihnen sind in das Mauerwerk an der Südseite eingelassen (1. Jesus wird zum Tode verurteilt, 2. Jesus nimmt das Kreuz auf seine Schultern, 3. Jesus fällt zum ersten Mal unter dem Kreuz, 4. Jesus begegnet seiner Mutter), an der südlichen Ostseite des Turmes (5. Simon von Zyrene hilft Jesus das Kreuz tragen, 6. Veronika reicht Jesus das Schweißtuch) im Durchgang zum Turm (7. Jesus fällt zum zweiten Mal unter dem Kreuz, 8. Jesus begegnet den weinenden Frauen) und an der nörd-

Heiliger Joachim

Kreuzweg aus Terrakotta

lichen Ostseite des Turmes (9. Jesus fällt zum dritten Mal unter dem Kreuz, 10. Jesus wird seiner Kleider beraubt). „Beim Anbau der ‚neuen Kirche' sind durch Abbrucharbeiten der nördlichen Langhauswand 4 Kreuzwegstationen verschwunden" (Schreiben der Firma Ochsenfarth an die Kirchengemeinde Veert vom 6. September 1995). Die verbliebenen, eben genannten Stationen wurden 1996 durch die Firma Ochsenfarth in Paderborn restauriert. – An der Nordwand hängen in eichenen Rahmen vier gemalte Bilder eines anderen Kreuzwegs, die die Themenfolge des ersten Kreuzwegs fortsetzen (11. Jesus wird an das Kreuz genagelt, 12. Jesus stirbt am Kreuz, 13. Jesus wird vom Kreuz abgenommen und in den Schoß seiner Mutter gelegt, 14. Der heilige Leichnam Jesu wird in das Grab gelegt). Die Bilder, ohne Rahmen jeweils etwa

38,5 × 49 cm groß, sind um 1900 auf Metall gemalt und könnten aus dem Umfeld von Friedrich Stummel stammen; die vier Tafeln gehören zu einem Kreuzweg, den Pastor Terhoeven „bei Aufräumarbeiten eines Ziegenstalls auf dem Dachboden" fand und um 1997 in die alte Kirche brachte. Da der andere Kreuzweg eingemauert ist, müßte dieser in einem anderen Gotteshaus gehangen haben. Dies kann in der Pfarre Veert nur die Kapelle Klein-Kevelaer gewesen sein, wo der Kreuzweg wohl noch 1926 hing, denn der Schreinermeister Heinrich Valentin stellte am 10. Oktober u. a. in Rechnung: *Ein Kreuz u. ein Rahmen um Station geleimt* (BAM, Veert, Karton 12, Rechnung 1926, Blatt 99); der jetzt in der Kapelle Klein-Kevelaer vorhandene Kreuzweg wurde erst 1944 angeschafft (→ Tombergsweg 15).

Zwei Gemalte
Kreuzwegstationen

Kalvarienberg
auf dem Friedhof ▷

Sockel mit den
Veerter Pfarrern ▷

Christus in der
neuen Kirche

Heiliger Martin

In der Turmhalle hängt ein etwa 140 cm breites und 105 cm hohes Steinrelief, das den mantelteilenden heiligen Martin auf dem Pferd und den Bettler zeigt, rechts davon **HI** signiert. Die Figurengruppe steht auf einem Balken, der auf der Vorderseite **19 + 25** bezeichnet ist. An der linken und rechten abgeschrägten Seite des Balkens zusätzlich die Inschrift **GEW.**(IDMET) **V.**(ON) **D.**(ER) / **MARTIN**(US) **BRU-D**(ER)**S**(CHA)**FT**. Das Werk stammt von dem Gelderner Künstler Hermann Inhetvin (HANSSEN 1971).

Ehrentafel

Ehrentafel der **ST. JOHANNES-JUNGGESELLEN-BRUDERSCHAFT VEERT**. Am unteren Rand die Aufschrift **DEN VERSTORBENEN MITBRÜDERN GEWIDMET / GRÜNDUNGSJAHR / 1870**. Auf der rund 120 × 150 cm großen Holztafel finden sich in fünf Spalten die Namen der im Zweiten Weltkrieg (1939–1945) Gefallenen, in der Mitte als Herzstück ein an den Ecken mit vier Ritterkreuzen begrenztes Feld mit den Namen der Gefallenen des Ersten Weltkriegs (1914–1918).

Kruzifix

In der neuen Kirche hängt hinter dem Altar an einem modernen Kreuz ein leicht S-förmig geschwungener Christus am Kreuz. Der durch Wurmbefall beschädigte, in barocken Formen geschnitzte Körper und das oben angebrachte Schild mit dem **INRI** stammen wohl aus der ersten Hälfte des 19. Jahrhunderts.

Heilige Drei Könige

Ein rund 100 cm hohes Ölgemälde mit einer nicht sehr überzeugenden Darstellung der heiligen Drei Könige wurde um 1990 aus dem Heiligenhäuschen an der → Kapellener Straße vom Grafen zu Hoens-

broech der Kirche in Veert überlassen; das Bild wird zur Zeit in der Sakristei verwahrt.

Ehemaliger Kirchensitz

Ein älterer Kirchensitz mit den Wappen der in der Veerter Kirche bestatteten Adeligen von Honselaer und von Offenberg ist nicht mehr vorhanden (VALENTIN 1977, S. 91).

Ehemalige Bilder

„Maler Leutnant van Mevaerdt malte 1671 für die Kirche ein neues Bild des hl. Johannes, wie er Christus im Jordan taufte, ein Eccehomobild, die Mater Dolorosa und ein Bildchen vom hl. Martin", ob es sich dabei vielleicht um Ausmalungen in der Kirche handelt, bleibt offen; 1676 wurde „auf ein größeres Brett … die Begebenheit, wie Jesus die Jünger in Emaus trifft, gemalt" (SCHUMACHER 1929, Nr. 3).

Ehemalige Bänke

Um 1632 wurden neue, von Meister Martin gefertigte Bänke angeschafft (VALENTIN 1970, S. 182).

Ehemalige Kanzel

1654 erhielt die Kirche eine neue Kanzel (VALENTIN 1970, S. 183). 1965 ist eine Kanzel (diese?) noch vorhanden (s. Abb. auf dem vorderen Vorsatzblatt in der Festschrift „525 Jahre St. Martinus-Bruderschaft, Veert, 1965). Von ihr erhalten blieb allein die Taube als Sinnbild des Heiligen Geistes am Ambo unter der Orgelempore.

Ehemalige Kommunionbank

1965 ist noch eine Kommunionbank vorhanden (s. Abb. auf dem vorderen Vorsatzblatt in der Festschrift „525 Jahre St. Martinus-Bruderschaft, Veert, 1965).

Ehemaliger Taufstein

Ein aus hellem Sandstein gefertigter Taufstein wurde 1663 angeschafft und stammt von Peter Joppen aus Maastricht (VALENTIN 1970, S. 183).

Schulstraße:
Kalvarienberg auf dem Friedhof

Eintragung in die Denkmalliste: 21. Juni 1995
Denkmal Nr. A 153
Eigentümer: Katholische Kirchengemeinde Veert

Vor der Südseite des Querhausarmes steht zum Friedhof gerichtet auf hohem Sockel ein monumentaler Kalvarienberg aus Sandstein. Das Monument

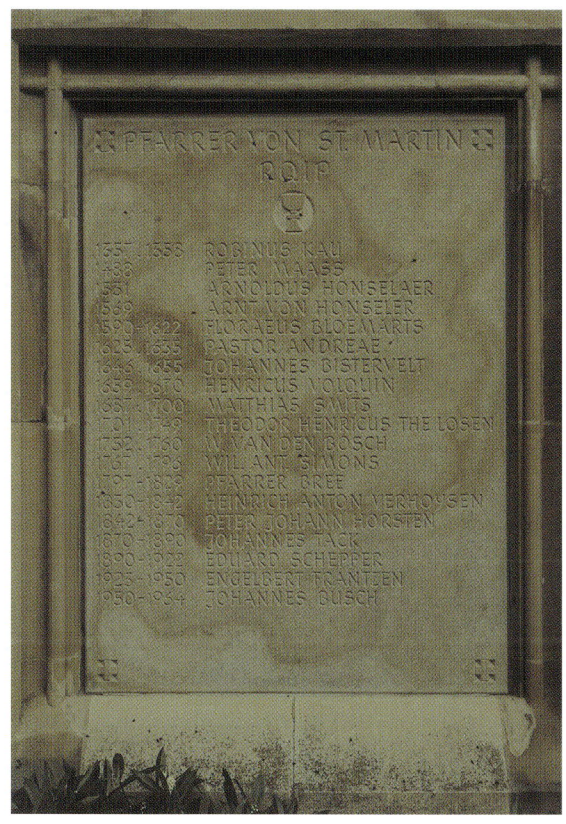

Grabkreuz von 1660

entstand 1856 und wurde von den Düsseldorfer Bildhauern Julius Bayerle und Dietrich Meinardus geschaffen (Trier 1980, S. 93 f.). Das leider schon durch Witterungseinflüsse zu Schaden gekommene Denkmal gehört neben der Gelderner Friedhofskapelle (→ Geldern, Am Ölberg) zu den wichtigsten Zeugnissen der Neugotik um die Mitte des 19. Jahrhunderts in Geldern. – Im Sockel des Kalvarienbergs die Namen der bekannten Veerter Pfarrer von 1357 bis 1964.

Vor dem Kalvarienberg liegen verschiedene ältere Grabplatten aus dem Ende des 19. Jahrhunderts; sie wären in einem noch zu schreibenden Grabdenkmälerinventar aufzunehmen.

Schulstraße: Grabkreuz auf dem Friedhof von 1660

Eintragung in die Denkmalliste: 21. Juni 1995
Denkmal Nr. A 154
Eigentümer: Katholische Kirchengemeinde Veert

Auf dem Friedhof steht in der Nähe des Chores der alten Kirche ein steinernes Grabkreuz von 1660. Es zeigt oben einen gespaltenen Wappenschild mit zwei Kreuzen und die Inschrift **INT IAER / ONS HEER / EN 1660 / DEM 19 / MARTI IS / IN DEN HEER VERSTORVEN / DEN DVECHTSAME CORNELIVS / TER NIERSEN OP S IOSEPS DACH / ENDE CHRISTINA TER NIERSEN / GENANT WINTGENS SYNE / HVISFROUV / STARF INT / IAER 1659 / DEN 2 DACH / MAIVS GODT TROOST DIE** … Da der untere Schaft des Kreuzes in den Boden eingelassen ist, ist die weitere Inschrift nicht mehr zu lesen; die Rückseite ist frei.

Schulstraße: Grabkreuz auf dem Friedhof von 1676

Eintragung in die Denkmalliste: 21. Juni 1995
Denkmal Nr. A 155
Eigentümer: Katholische Kirchengemeinde Veert

Ein weiteres Grabkreuz stammt aus dem Jahre 1676. Unter dem Monogramm **IHS** ist nur noch schwer zu lesen: **A(NN)O 1734 DEN 7 MARTIVS / … SCHEPEN GERRAEDT TOMBERG / HOL A(NN)O 1676 DEN 2 7BER IS CA / TRINA OP DE HYR … 1725 DEN 7 / … IS ANGENES WELLEMS … / HVISVROVWEN SYN / … / ZIELEN.** Darunter steht ein Herz; die Rückseite ist frei.

Grabkreuz von 1676

Schulstraße:
Grabkreuz auf dem Friedhof
von 1720

Eintragung in die Denkmalliste: 21. Juni 1995
Denkmal Nr. A 156
Eigentümer: Katholische Kirchengemeinde Veert

Vor der Stirnseite des Chors der alten Kirche steht auf dem Friedhof ein steinernes Grabkreuz aus Blaubasalt. Auf der Vorderseite erkennt man unter einem Kreuz die Buchstaben **INRI** und darunter in feiner Zeichnung Christus am Kreuz, darunter einen Totenkopf mit zwei gekreuzten Knochen und eine nicht lesbare Inschrift, offensichtlich ehemals mit Chronogramm. – Die Inschrift auf der Rück-

seite ist wegen der geringen Distanz zur Kirche nicht mehr zu lesen, sie beginnt aber mit dem Christusmonogram **IHS**, den Leidenswerkzeugen Christi und der Jahreszahl **1720**.

Schulstraße 6:
Gaststätte Haus Rademacher

Eintragung in die Denkmalliste: 26. Mai 1992
Denkmal Nr. A 88
Eigentümer: P. Rademacher

Zweigeschossiger, fünf Achsen breiter und drei Achsen tiefer Backsteinbau mit Satteldach vom Ende des 19. Jahrhunderts. Die risalitartig nur wenig vor-

gezogene Mittelachse mündet in einen Zwerchgiebel, der ein Fenster aufnimmt, das den Dachboden belichtet. Zwei Sägezahnfriese, bestehend aus helleren, roten und glattgestrichenen Ziegeln, umlaufen das Haus in Höhe der Fensterriegel im Unter- und Obergeschoß; mit den gleichen Steinen sind die korbbogigen Fensterstürze abgesetzt. – 1992 wurden im Obergeschoß des Hauses zwei Wohnungen eingebaut, die Aluminiumfenster glücklicherweise durch dem Haus entsprechende Holzfenster ersetzt.

Schulstraße / Gerhart-Hauptmann-Straße: Wegkreuz

Eintragung in die Denkmalliste:
Denkmal Nr.

Ein interessantes Wegkreuz steht an der Schulstraße in unmittelbarer Nähe zur Tankstelle. Während das Kreuz selbst mehrfach erneuert wurde, dürfte der 84 cm große Kruzifixus noch aus der ersten Hälfte des 19. Jahrhundert stammen. Bemerkenswert ist das portraithafte Gesicht mit den sanften Zügen. In jüngster Zeit wurde die S-förmig geschwungene Figur in Fleischfarben neu gefaßt. Der Kruzifixus zeigt verwandte Züge mit dem in → Vernum, Vernumer Straße 156 auf.

Stellenweg 2: Stellenhof

Eintragung in die Denkmalliste:
Denkmal Nr.

Der Hof gehörte zum umfangreichen Besitzkomplex des Joseph Halley, der 1836 bis 1852 Bürger-

Wegkreuz an der
Schulstraße

meister von Geldern, Pont und Veert und noch zwei Jahre länger von Pont und Veert war (VALENTIN 1977, S. 91). Unter seinem Sohn Albert kommt es auf Stellenhof zu folgenden „Neubauten und Verbesserungen": „1888 Scheune, 1900 Schweinestall, 1905 Wohnhaus, 1914 Verbesserung des Viehstalls, neue massive Decke, Anbau an der Scheune, Wagenschuppen" (VALENTIN 1977, S. 96).

Das eingeschossige Wohnhaus mit fünf Achsen und Satteldach – wohl 1905 erbaut – steht T-förmig vor dem ehemaligen Wirtschaftsteil. Über der mittleren Achse des Hauses bekrönt ein Zwerchgiebel die Eingangstür. Nach links schließt sich ein etwas zurückversetzter und niedrigerer Anbau mit zwei Fenstern und Satteldach an; hier befindet sich die unterkellerte Opkamer. Die Firsthöhe des breiten Stallteils liegt auf der des Wohnhauses.

2000 wird die interessante Hofanlage ausgebaut, nachdem sie über zwanzig Jahre leergestanden hat. Möglich war dies, weil im Innern der Putz schon vor Jahren entfernt worden und eine permanente Belüftung gewährleistet war, so daß sich glücklicherweise weder Fäulnis noch Schimmel bilden konnten.

Tombergsweg 15: Kapelle Klein-Kevelaer

Eintragung in die Denkmalliste: 9. Mai 1989
Denkmal Nr. A 56
Eigentümer: Katholische Kirchengemeinde Veert

Geschichte

Laut Visitationsbericht von 1722 wurde die Kapelle 1699 erbaut, bei der Belagerung Gelderns 1703 völlig zerstört und in gleichen Formen wiederaufgebaut (HABETS 3 1892, S. 191). Schon 1705 wird „die Kapelle unserer lieben Frau zu Kleinkevelaer" genannt (REAL 1903, S. 238; vgl. dagegen VALENTIN 1977, S. 125, der wegen der Pieta auf dem Altar von der Kapelle „Zur schmerzhaften Mutter" spricht), ein Hinweis auf den hier vorbeiführenden Wallfahrtsweg von Köln nach Kevelaer. Auf einer Karte von 1780 ist die Kapelle schematisch dargestellt aber nicht benannt (HStAD, Karten 2978). – Bauherren waren Markgraf Wilhelm Adrian von Hoensbroech (1666–1735) und seine Frau Elisabeth Henriette Maria Reichsgräfin von Schellart zu Obbendorf vom Schloß Haag; über dem Portal ist der stark verwitterte Wappenstein des Stifterpaars mit der Bezeichnung **1699** erhalten. Er zeigt (vom Betrachter aus gesehen) links das Hoensbroechsche Wappen, einen steigenden Löwen auf einem mehrfach geteilten Schild (BERND 1835, Nr. 113) und rechts das Schellartsche Wappen, einen steigenden Löwen.

Beschreibung

Die kleine Saalkirche aus Backstein mit dreiseitigem Chorschluß, Satteldach mit Dachreiter ist ein Bau des 18. Jahrhunderts und in dieser Form auf Karten von 1778 und 1780 eingezeichnet (HStAD, Karten 2634 und 2978). Die äußeren Längsseiten werden von Pilastern gegliedert. Den Innenraum überdeckt ein modernes falsches Gewölbe. Die farbigen und ansprechenden Glasfenster stammen laut Inschrift im Chorfenster aus dem Jahre **1879**. 1898 zahlt die Kirche „39,2 Mark" an die „Niederrheinische Glas-Malerei Wilh. Derix in Goch" für folgende Ausgabe: *Kapelle in Kleinkevelaer Fenster repariert, neun Scheiben neuverbleit u. eingesetzt* (BAM, Veert, Karton 12, Rechnung 1897/98, Blatt 23). Andere Fenster scheinen 1930 durch die Glasmalerei Johann Mölders in Kevelaer ersetzt worden zu sein; 1935 wurden unbekannte „Malereien … von dem Kunstmaler Jan Visseres … ausgeführt" (VALENTIN 1977, S. 125).

Kapelle Klein-Kevelaer von Südwesten mit Wappenstein von 1699

Inneres der Kapelle
Klein-Kevelaer

Die Veerter
Turmwindmühle

Ausstattung

Zur Ausstattung gehört eine aus der Zeit um 1900 stammende Pieta auf dem Altar. – Ein von dem Gelderner Kunstmaler Heinrich Brey auf Holz gemalter Kreuzweg, wurde 1944 angeschafft; die 56,5 × 41,5 cm großen Bilder befinden sich in einem restaurierungsbedürftigen Zustand (LINGENS 1998, S. 250f. – VALENTIN 1977, S. 125); „die alten Stationen wurden verschenkt" (VALENTIN 1977, S. 125); vielleicht handelte es sich dabei um den gemalten Kreuzweg, von dem die letzten vier Stationen jetzt in der alten Pfarrkirche St. Martinus hängen (→ Schulstraße 1).

Utrechter Straße 12: Turmwindmühle

Eintragung in die Denkmalliste: 24. Juni 1987
Denkmal Nr. A 36
Eigentümer: Dr. F. Th. Biermann

Völlig einsam in der Landschaft wurde die jetzt von einem Wohngebiet umgebene Turmwindmühle in Veert 1856 von den Gebrüdern „Arntz und Genossen erbaut" (SOMMER 1991, S. 188, Nr. 4403–11. Luftbilder der alten Situation: FRANKEWITZ 1991a, S. 128 und 130). Bereits 1931 wurden Flügel, Haube und Gebälk der „steinernen Turmmühle, mitten im fruchtbaren niederrheinischen Flachland" mit Hilfe der Denkmalpflege überarbeitet, gleichwohl sie zu dieser Zeit noch in Betrieb war (JbrD 8, 1932, S. 54). Nach der Stillegung übernahm in den 1950er Jahren der Architekt Josef Ehren die Mühle und verkleidete sie um 1965 mit Holzschindeln. In den 1980er Jahren mußten die Flügel nach einem Sturmschaden instandgesetzt werden (JbrD 30/31, 1985, S. 494; VOGT 1989, S. 90–93). Zur Zeit wird die inzwischen flügellose Windmühle, deren Inneneinrichtung zum Teil noch vorhanden ist (KRESS, WENZEL 1980, S. 58–60) umfangreich saniert (RP vom 29. Mai 1998)

Veerter Dorfstraße 9: Wohnhaus

Eintragung in die Denkmalliste: 8. März 1996
Denkmal Nr. A 145
Eigentümer: Ursula und Clemens Scholten

Eingeschossiges, traufständiges Backsteinhaus mit Satteldach, über der Tür in einem eingelassenen Stein **1886** datiert. Das Traufgesims in neuromanischen Rundbögen ausgeführt, an den Giebelseiten

je ein Freigespärre, das jeweils von vier geschnitzten Kopfbändern unterstützt wird. Über den Fenstern eine leicht vorspringende Ziegellage, die für diese Zeit durchaus typisch ist (→ Beurskensweg 1). An der Westseite schließt im rechten Winkel nach Süden ein niedriger Anbau mit Satteldach an. Bei dem 1996 erfolgten Umbau wurden die alten Fensterachsen zwar wiederhergestellt, durch einen untypischen Anbau im hinteren Bereich aber, der in dieser Form nicht von der Denkmalpflege genehmigt worden war, wurde dem Erscheinungsbild des Denkmals kein Gefallen getan.

Venloer Straße: Heiligenhäuschen vor der Diskothek „E-Dry"

Eintragung in die Denkmalliste: 11. Juli 1994
Denkmal Nr. A 143

Schlankes Heiligenhäuschen aus Backstein aus der zweiten Hälfte des 19. Jahrhunderts. Über dem Sockel eine vorkragende Basisplatte aus Sandstein; in einer rechteckigen Blende die leicht spitzbogig geschlossene Expositionsnische mit Gittertür. Auf dem Satteldach steht ein einfaches schmiedeeisernes Kreuz. Bei dem Baum, in dessen Schutz das Heiligenhäuschen steht und der Bestandteil des Denkmals ist, handelt es sich um eine Robinie (FRANKEWITZ 1995b, S. 81 und 94). – An dieser Stelle stand seit dem 15. Jahrhundert ein Leprosenhaus, in dem Leprakranke Unterkunft fanden (HENRICHS 1971, S. 224); wie einer Karte zu entnehmen ist, gehörte zu dem *St. Hubert* genannten Anwesen schon 1780 ein Heiligenhäuschen (HStAD, Karten 2978).

Veerter Dorfstraße 9

Freigespärre
an der Giebelseite

Heiligenhäuschen an
der Venloer Straße

Wettener Straße 76:
Meybroekshof, ehemaliger Bauernhof

Eintragung in die Denkmalliste: 15. Oktober 1986
Denkmal Nr. A 27
Eigentümer: Bärbel Müller

Seinen Namen führt der Meybroekshof von dem sogenannten „Meybroec", den die Abtei Graefenthal bei Goch vom Grafen von Geldern gepachtet hatte (SCHOLTEN 1899, S. 157). Die wohl hier gelegene *Meyvoert* wird 1381 im Zinsregister der Abtei genannt (SCHOLTEN 1899, Urkunden, S. 294). 1764 wurde der Hof allein von einem Mann, einer Frau, einer Kuh und einem Rind bewohnt (VALENTIN 1977, S. 52 und 55). – 1850 wurde alles landwirtschaftliche Gerät und das Hausinventar sowie drei Kühe „auf Meybrückskathe" versteigert (GW vom 16. März 1850), weil kurz darauf die Familie Wilhelm Har-

tings nach Amerika auswanderte (Wochenspiegel vom 28. Juli 1994). – Das Wohnhaus ist eingeschossig, hat vier Achsen und ein Mansarddach, in das mittig ein Zwerchgiebel mit zwei Fenstern eingestellt ist. Nördlich und östlich des Wohnhauses bilden zwei rechtwinklig aneinanderstoßende Wirtschaftsgebäude einen nach Westen offenen, nach Süden durch ein Tor geschlossenen Hof.

Im Zuge der Umnutzung zu Wohnzwecken wurde der Hof bis 1989 grundlegend saniert: „Im Innern größtenteils Veränderungen der originalen Raumdisposition; Wahrung historischer Details wie Zierkachelböden. Sanierung des baufälligen Dachwerks der Nordscheune, Neueindeckung der Scheunengebäude mit Tonziegeln auf Strohdocken. Erneuerung der Scheunentore nach originalen Vorbild. Sanierung der Korbbogentoreinfahrt, Pflasterung des Innenhofs mit Natursteinen, Sicherung des Hofbrunnens" (JbrD 38, 1999, S. 254).

Die Denkmäler
im Ortsteil

Vernum/
Baersdonk

Vernum und Baersdonk
Historischer Überblick

Die heutigen Gelderner Ortsteile Hartefeld und Vernum sind erst mit der kommunalen Neugliederung 1969 geschaffen worden. Der nördliche Zipfel der Gemeinde Nieukerk, der bis zum Gelderner Bahnhofsgelände reichte, wurde damals abgetrennt und dem Gelderner Stadtbezirk zugeschlagen. Da aber die völlig landwirtschaftlich geprägte Baersdonk als Teil von Winternam zusammen mit den Honschaften Vernum-Hartefeld, Sevelen, Rheurdt, Schaephuysen, Stenden, Eyll und den Dörfern Aldekerk und Nieukerk seit dem Mittelalter und für Jahrhunderte einen geschlossenen Bezirk mit dem Namen „Vogtei Gelderland" bildeten, wird hier der immer noch stark ländlich geprägte Raum der Baersdonk mit Vernum zusammengefaßt.

Die Vogtei Gelderland bildete im Mittelalter einen der Gerichtsbezirke im Amtsbezirk Geldern, zu dem noch fünf weitere Gerichtsbezirke, nämlich der der Stadt Geldern und die der Dörfer Pont, Veert, Wetten und Kapellen gehörten (FRANKEWITZ 1986a, S. 56f. und 105–124. – FRANKEWITZ 1993, S. 393–395). Die Vogtei Gelderland wird zuerst 1326 als *Gelrelant* bezeichnet, als *vaichdien van Gelreland* ist sie seit 1387 bezeugt (FRANKEWITZ 1986a, S. 117).

Die Ortsnamen Baersdonk und Vernum werden zuerst 1294/95 unter der Bezeichnung *Barsdunch* und *Virnem* genannt (MEIHUIZEN, tekst, S. 39 und 40). Während die Baersdonk ein Teil von Winternam war, bildete Vernum eine Gemeinde, in der bis zur kommunalen Neugliederung 1969 auch Hartefeld mit der Kirche lag. Der Ort gehörte bis 1804 kirchlich zu dem 4,5 km entfernten Nieukerk. 1843 bildete Vernum mit 1218 Einwohnern eine Spezialgemeinde in der Bürgermeisterei Sevelen. – Im Jahr der kommunalen Neugliederung 1969 zählte der Ortsteil Vernum 830, der Ortsteil Hartefeld 1023 Einwohner (SCHMIDT 1994, S. 9).

Am Güterbahnhof 42:
Wappenstein am Brauershof

Eintragung in die Denkmalliste:
Denkmal Nr.

Den modernen Gebäuden des heutigen Brauershofes, dem Reiterhof Camp, sieht man nicht an, daß hier ein kleines aber besonderes Denkmal zu finden ist. Über dem Eingang zum Stall auf der linken

Torturm des Brauershofes vor dem Abriß 1971

Ansicht und Lageplan des Brauershofes von 1814 ▷

Seite ist ein Wappenstein aus Namurer Blaustein eingemauert, der das Wappen der Familie van Aefferden, einen Streitkolben zeigt. Einzelne Familienmit-
glieder sind seit dem 16. Jahrhundert sowohl in der
geldrischen Landes-, als auch in der Stadtverwaltung zu finden gewesen (NETTESHEIM 1963, S. 146,
157, 251, 267, 300). Unmittelbar vor den Toren
der Stadt wohnten und besaßen sie u. a. auch
den benachbarten Kleinderhorsthof (→ Baersdonker Weg 76) und direkt gegenüber auf der anderen
Niersseite Haus Golten (→ Pont, Haus Golten).

Gemäß einer Ansicht und einer Grundrißzeichnung des Zeichners Alexander Frans van Aefferden
von 1814 bestand das separat liegende Herrenhaus
aus einem Fachwerkbau mit nur einer Abseite, dem
Wirtschaftshof mit T-förmig vorgestellter Pächterwohnung und den Wirtschaftsgebäuden mit dem
Torturm sowie einem typischen vierteiligen Garten
mit Wegekreuz.

Den Zugang zum wasserumwehrten Brauershof
auf der Baersdonk, auf dem es seit dem 17. Jahrhundert auch eine Hauskapelle gab (HABETS 3 1892,
S. 385), vermittelte ein zweigeschossiger Torturm

aus Backstein mit zweifach geschwungenem Giebel und der Datierung in Mauerankern **1669**. Über der rundbogigen Durchfahrt war zwischen zwei hochrechteckigen Fenstern der Wappenstein eingelassen. Da es 1971 noch keinen wirksamen Denkmalschutz gab, konnte der Torturm gegen den erklärten Willen der Stadt Geldern, des Kreises und des Landeskonservators im Februar diesen Jahres abgerissen werden (RP 5., 8. und 15. Februar 1971. – GHK 1972, S. 127. – FRANKEWITZ 1989a, S. 41), der Wappenstein blieb glücklicherweise erhalten und wurde wieder sichtbar eingemauert.

Baersdonker Weg 76: Kleinderhorsthof

Eintragung in die Denkmalliste: 8. Juni 1993
Denkmal Nr. A 117
Eigentümer: Familie Arians

Ein landesherrlicher Hof des Grafen von Geldern mit dem Namen *Horst*, zu dem auch eine Mühle

gehörte, ist bereits für 1294/95 bezeugt (MEIHUIZEN 1953, tekst S. 39); offen bleibt, um welchen der beiden heutigen Höfe – Kleinderhorsthof oder Groterhorsthof (→ Baersdonker Weg 90) – es sich dabei handelt. Die Mühle aber dürfte die spätere Pletschmühle an der Fleuth gewesen sein, die 1975 leider abgebrochen wurde. – Schon 1369 wird in der Steuerliste unter Winternam zwischen *Godert ter Horst* und *Henneken ter Horst* unterschieden (DOORNINCK 1903, S. 78); das „Boenderbuch" von 1725, ein Liegenschaftsbuch, unterscheidet deutlich zwischen *Kleynder Horst* und *Gerrit Grooterhorst* (StA Geldern, Akten A, Q 2, Blatt 168v–169).

Gemäß einer Ansicht und einer Grundrißzeichnung des Zeichners Alexander Frans van Aefferden von 1814 bestand der Hof damals aus einem niederrheinischen Hallenhaus aus Backstein mit Krüppelwalmdach, das gemäß den Mauerankern 1716 erbaut worden war; links erkennt man einen hakenförmigen Ausbau, dessen hochgelegene Fenster verraten, daß hier eine Opkamer eingerichtet wor-

Erhaltener Wappenstein am Brauershof

Wappenstein am Kleinderhorsthof

Kleinderhorsthof auf der Baerdonk

Ansicht und Lageplan
des Kleinderhorsthofes
von 1814

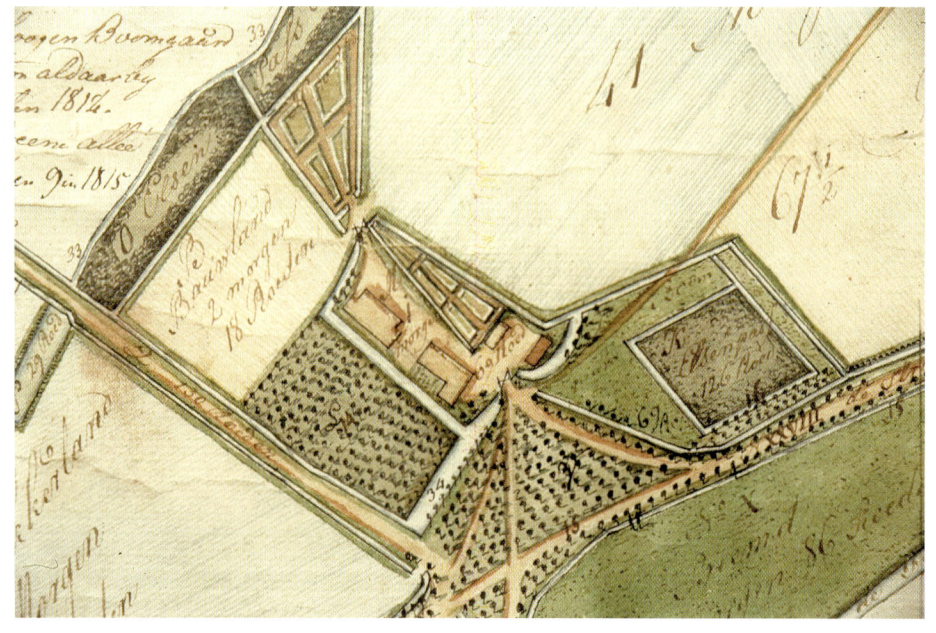

den war. Rechts vom Haus stand ein traufständiger, offener Karrenschuppen, dahinter am vierteiligen Garten ein kleines Gebäude mit Satteldach, vermutlich ein Speicherbau. Ganz links erscheint in der Ansicht ein weiteres Wirtschaftsgebäude. Ein zweiter vierteiliger Garten über trapezförmigem Grundriß mit typischem Wegekreuz schließt sich nach hinten an.

Bei dem Kleinderhorsthof handelt es sich heute um eine vierseitige Hofanlage. Das zweigeschossige Bauernhaus mit fünf Fensterachsen und Satteldach wurde laut Maueranker **1874** erbaut und als T-Haus vor ein älteres Wohn-Stallhaus gesetzt. Im Untergeschoß des Wohnhauses zeigen die beiden linken, höher liegenden Fenster an, daß sich hier eine Opkamer befindet. Da die Achseneinteilung des Untergeschosses genau der auf der Ansicht von 1814 entspricht, ist zu vermuten, daß 1874 das ältere Haus lediglich umgebaut und um ein Geschoß erhöht wurde; so ist vielleicht auch die Unregelmäßigkeit des heutigen Firstverlaufs zu erklären. – Beim Ausbau der nahen Bundesstraße 9 sind leider die Fenster im Zuge der Schallschutzmaßnahmen unsachgemäß durch Kunststofffenster ersetzt worden.

Nach rechts schließt sich an das Wohnhaus ein eingeschossiger Trakt an, der eine schöne, im Schlußstein **1897** datierte Tordurchfahrt mit Spitzgiebel, Satteldach, aufwendigem Ortgang und Fialen aufnimmt und die Verbindung mit der giebelständigen Längstennenscheune herstellt. Die Scheune trägt zwar sehr zum Erscheinungsbild des Hofes bei, ist jedoch nicht Bestandteil des Denkmals. Oben im Giebel der Scheune ist ein sehr dekorativer **1877** datierter Wappenstein aus Sandstein eingelassen, der das Wappen der geldrischen Familie van Aefferden, einen Streitkolben, zeigt, der das Anwesen am Ende des 19. Jahrhunderts gehörte.

Groterhorsthof

Baersdonker Weg 90: Groterhorsthof

Eintragung in die Denkmalliste: 15. April 1992
Denkmal Nr. A 81
Eigentümer: Ernst Forthmann

Ein landesherrlicher Hof des Grafen von Geldern mit dem Namen *Horst*, zu dem auch eine Mühle gehörte, ist bereits für 1294/95 bezeugt (Meihuizen 1953, tekst S. 39); offen bleibt, um welchen der beiden heutigen Höfe – Kleinderhorsthof oder Groterhorsthof – es sich dabei handelt (→ Baersdonker Weg 76).

Das aus der Zeit um 1850 stammende Wohnhaus an der Nordseite der hufeisenförmigen, nach Süden geöffneten Hofanlage ist ein repräsentativer, zweigeschossiger Backsteinbau mit sechs Fensterachsen Länge an der Außen- und fünf an der Hofseite. Die Giebelseite weist im Obergeschoß zwei Fensterachsen auf. Nach Norden sitzen auf dem Satteldach zwei kleine Dachgauben mit spitzen, fünfseitigen Helmen, ähnlich wie beim Haus Issum. Auffällig bei dem Haus sind die sehr breiten und zurückliegenden, ungewöhnlichen Putzleisten um die Fensteröffnungen. Die hofseitige Eingangstür wird von einem breiten Putzband eingefaßt und einem geschwungenen Sturz bekrönt. Der nach Osten weisende Trakt wird an der Feldseite von einem korbbogigen Tor und einer ebenfalls korbbogigen Tür bestimmt. Der natursteinerne Schlußstein über dem Tor trägt unter einem kleinen Kreuz die Inschrift **i:Grooterhorst / A:M:DESELAERS / 1803**. An der Ostseite befinden sich Maueranker in Form von **T** und **F**, die auf **T**illmann **F**orthmann hinweisen,

Tor und Tür zum Wirtschaftsgebäude

der den Hof um 1900 bewirtschaftete (Adreßbuch 1897, S. 70). In der nach Süden weisenden Giebelseite sind zwei Tore eingelassen. Die Westseite nimmt der ehemalige, durch Maueranker **1861** datierte Kuhstall ein, der in den letzten Jahren sehr vorteilhaft restauriert wurde. Das zweigeschossige Gebäude mit segmentbogigen Toren und Rundfenstern wird durch Lisenen gegliedert. Unter dem Traufgesims fallen zwischen den Lisenen die unechten Bögen eines Frieses auf, der durch leicht aus der Mauerflucht hervorspringende Backsteine gebildet wird.

Baersdonker Weg 96: Backhaus beim Bongenhof

Eintragung in die Denkmalliste:
Denkmal Nr.

Wäre dieses Buch bereits vor 30 Jahren geschrieben worden, hätte man noch mehr (ehemalige)

Backhaus beim Bongenhof

Backhäuser aufnehmen können. Als kleinste Einheit und ohne Funktion starben diese kleinen Bauwerke als erste auf den Bauernhöfen. Backöfen gehörten früher zu fast jedem größeren Hof und waren ein fester Bestandteil der Wirtschaftskraft eines bäuerlichen Betriebes; seit dem 18. Jahrhundert wurden sie aufgrund feuerpolizeilicher Verordnungen aus dem Haus verbannt und in separat liegende Gebäude plaziert, die es freilich auch schon früher gab (ZIPPELIUS 1957, S. 157f.).

Das Backhaus auf dem Bongenhof besteht aus Backstein und vermittelt mit den S-Pfannen auf dem Satteldach ein altes und ursprüngliches Aussehen. Der Giebel mit holländischen Dreiecken und Ausflugslöchern für einen Taubenschlag lassen die Entstehung des Gebäudes um 1800 erkennen. Der Backofen selbst ist aus dem gut erhaltenen Gebäude längst verschwunden (RP vom 6. August 1994).

Duisburger Straße 72: Haus Grotelaers

Eintragung in die Denkmalliste: 15. Oktober 1986
Denkmal Nr. A 20
Eigentümer: Familie Michael von Salomon

Geschichte

Den ersten Hinweis auf die Existenz von Grotelaers findet man in der geldrischen Landesrechnung von 1294/95, wonach ein *Genekinus de Grotlar* von seinem Hof sechs Malter Weizen und 18 Malter Hafer an den Grafen von Geldern abführen mußte (MEIHUIZEN 1953, tekst S. 40). Noch 1639 wird Grotelaers nur als „Hof" bezeichnet. Erst mit dem Neubau im Jahre 1696 scheint man hier ein großes und repräsentatives Gebäude geschaffen zu haben. Bauherr war Johann Matthias van Afferden aus einer

bekannten geldrischen Beamtenfamilie, die auch in Pont auf → Haus Golten und dem Kleinderhorsthof (→ Baersdonker Weg 76) zu finden ist. 1748 spricht das „Boenderbuch", ein Liegenschaftsbuch, von dem „großen Haus mit dem Kohlgarten, so wie das in den Gräben liegt" (*de groote Huysinge mit den Coolhoff, gelyck deselve in haere Grachten is gelegen*. StA Geldern, Akten A, Q 4, Blatt 89v). Neben diesem Gemüsegarten und den Gräben, die nach Ausweis von Fotos noch um 1950 randvoll mit Wasser gefüllt waren, wird auch *de groote allee*, die große Allee genannt, die wohl schon damals von der heutigen Duisburger Straße auf das Anwesen zuführte.

Ein Nachfahre des Bauherrn, Johann Josef van Aefferden, verkaufte das Haus an die Eheleute Heinrich und Rosa Cremeren. Nach neuerlichen Besitzwechseln wurde das Landgut *Grootelaars* am 5. Oktober 1818 an Ludwig Cassian von Salomon verkauft. 1839 ließ die Frau des Ernst von Salomon auf Grotelaers die Hinterlassenschaft der Caroline von der Rhoer versteigern, wozu Stühle, Kommoden, Schränke, Sofas, Gläser, Zinn, Kupfer, sowie Wagen und Pferde gehörten (GW vom 28. September 1839). Nachdem im 20. Jahrhundert das Haus kurz dem Amtsgerichtsrat Emil Wittekop gehörte, besitzt es nun wieder ein Nachfahre der Familie von Salomon (Kaul 1976, S. 58f. – Frankewitz 1996b).

Beschreibung

Das nach Ausweis der Maueranker an der Süd-seite **1696** erbaute zweigeschossige Herrenhaus aus Backstein trägt ein hohes Walmdach, das von zwei liegenden Dachstühlen und einer die Firstpfette tragende Stuhlsäule getragen wird; an den beiden Enden des Firstes sitzt je ein großer Kamin. Die Längsseite weist an der Hofseite sieben, an der rückwärtigen Gartenseite fünf Fensterachsen auf. Die mittlere Achse nimmt hofseitig das rundbogige, mit Naturstein eingefaßte Portal mit darüberliegen-dem Ochsenauge auf. Die sichtbar verkleinerten – aber immer noch hohen – Fensteröffnungen zei-gen an, daß ehemals hölzerne Blockrahmenfenster unter sehr hohen Entlastungsbögen das Erschei-nungsbild des Hauses mitbestimmten. Als die höl-zernen Rahmen so schadhaft geworden waren, daß sie ersetzt werden mußten, wurden sie entfernt und die Fensteröffnungen verkleinert. – Am süd-lichen Ende der Ostmauer sowie am westlichen Ende der Nordmauer springt nach Osten bzw. nach Norden jeweils ein kleiner Erker um etwa einen Meter vor, um ehemals zwei zweigeschossige Aborte aufzunehmen. – Im linken Teil des Hau-ses liegt eine Opkamer, die in der Tradition der ländlichen Bauweise zu sehen ist; da die Fenster der Opkamer die gleiche Brüstungshöhe wie die anderen Fenster im Untergeschoß haben, bleibt die Symmetrie der Achsen nach außen gewahrt.

Hauskapelle

Bereits am 4. Dezember 1696 – wohl unmittelbar nach Fertigstellung des Baus – erhielt der Bauherr vom Bischof von Roermond die Erlaubnis, in der Hauskapelle für sich, seine Frau und weitere Bewoh-ner Messen lesen zu lassen (Habets 3 1892, S. 385).

Hofseite von Haus Grotelaers

1823 erteilte der Bischof von Münster dem Herrn von Salomon die Erlaubnis, durch den Priester der Hartefelder Kirche nicht nur sonn- und feiertags, sondern auch Werktags Messe lesen zu lassen (PfA Hartefeld, Kopie im StA Geldern).

Die rückseitige Gartenfront wird von dem malerischen, dreigeschossigen, im Untergeschoß offenen Kapellenturm mit doppelter Zwiebelhaube und geschlossener Laterne bestimmt. Die Kapellenfenster im Obergeschoß sind in hellem Sandstein eingefaßt; das nach Osten gerichtete Fenster ist bleiverglast und zeigt den drachentötenden Erzengel Michael. Im Innern wird die zweijochige Kapelle von rippenlosen Kreuzgewölben gedeckt.

Park

Die Erwähnung einer „großen Allee" 1748 läßt vermuten, daß es bereits im 18. Jahrhundert innerhalb der weitläufigen Gräben einen Park gab. Nach wie vor gehören die Gartenanlagen „zu einer der gepflegtesten Anlagen des Kreisgebiets" (HILD 1971, S. 80). Das romantische Erscheinungsbild des Innenhofs bestimmen eine Kastanie und eine Eiche, die 1839 anläßlich der Hochzeit des Ernst von Salomon mit Carolina Clementine von Büllingen gepflanzt wurden (CUYPERS 1955a, S. 114).

Duisburger Straße 72: Ehemalige Pächterwohnung bei Haus Grotelaers

Eintragung in die Denkmalliste:
Denkmal Nr. A 181

In unmittelbarer Nähe zum Wirtschaftshof – und damit in einer ungewöhnlichen Lage – steht südwestlich von Haus Grotelaers der Rest eines nieder-

Pächterwohnung
bei Haus Grotelaers

rheinischen Hallenhauses, in dem ehemals Mensch und Vieh unter einem gemeinsamen Dach wohnten. Zweifellos ist das Haus eines der 1818 genannten *zwei Pächterswohnungen, jetzt von Tagelöhnern bewohnt* (FRANKEWITZ 1996b). Das interessante Gebäude mit innerem Tragegerüst und Krüppelwalmdach stammt aus dem 18. Jahrhundert. Die ursprüngliche Schauseite mit dem Eingang befand sich zuerst an der Südseite, die heute durch einen Schuppen teilweise verstellt wird. An der rückwärtigen Nordseite befinden sich drei große und drei kleine Fenster sowie eine Luke. Ihre Anordnung in der für ein Bauernhaus des 18. Jahrhunderts ungewöhnlich hohen Mauer ist völlig untypisch und läßt auf eine durchgreifende Veränderung des Hauses noch im 19. Jahrhundert schließen. Tatsächlich ist die Eingangstüre an die rechte Traufseite verlegt worden und der rechts von dieser Türe gelegene Stallteil erhielt vier Fenster. Auch im Innern des Hauses haben Veränderungen stattgefunden, wie an der zur Hälfte offenen Westseite an den untypischen

Balkenlagen zu erkennen ist. Eine weitergehende Untersuchung des noch genutzten Gebäudes wäre sicherlich lohnend.

Duisburger Straße 72: Kapellchen St. Michael

Eintragung in die Denkmalliste: 19. Dezember 1995
Denkmal Nr. A 210

Mitten im Feld steht unter einer Trauerweide das aus der ersten Hälfte des 19. Jahrhunderts stammende backsteinerne Kapellchen, das dem heiligen Michael geweiht ist. Ähnlich wie bei dem Kapellchen in Aengenesch (→ Kapellen, Langendonker Weg) oder dem Annen-Kapellchen am → Poelycker

Kapellchen St. Michael

Weg handelt es sich bei dem Bauwerk im Grunde um ein Heiligenhäuschen mit vorgezogenen Seitenwänden, die aber auch hier offen sind; durch das gemeinsame Pyramidendach mit bekrönendem schmiedeeisernen Kreuz wurde es zum Kapellchen aufgewertet. Auf der Fasche der rundbogig geschlossenen Expositionsnische steht in Frakturschrift: **Heiliger Michael, Streiter des Herrn, / schütze die Heimat, halt Böses ihr fern**. In der Nische steht eine Figur des drachentötenden Erzengels aus dem 20. Jahrhundert, eine Kopie des Originals in der Kapelle von Haus Grotelaers (→ Duisburger Straße 72).

Geskensweg 5: Ravenshof

Eintragung in die Denkmalliste:
Denkmal Nr. A 177

Geschichte

Der Ravenshof wird schon 1326 als *hoff te Ravensberg* in den geldrischen Lehnsregistern im Besitz eines Gerlach von Ravensberg genannt (SLOET 1904, Nr. 5). Bereits 1294/95 ist ein Arnold von Ravensberg bezeugt, der für seine dem Grafen von Geldern auf der Burg in Geldern geleisteten Dienste entlohnt wurde (MEIHUIZEN 1953, tekst S. 46). Im 15. Jahrhundert findet man auf dem Anwesen die Familie von Hertefeld und 1571 die Eheleute Heinrich und Anna in gen Winkel. Die Bedeutung des Hofes erhellt aus der Tatsache, daß zu ihm ein eigener Lehnshof gehörte, zu dem beispielsweise auch Haus Padenberg bei Tönisberg zählte. Nach verschiedenen Besitzerwechseln wurde das Anwesen 1697 an Wilhelm Adrian von Hoensbroech auf Schloß Haag verkauft (Archiv Schloß Haag, Nr. 2146b, S. 129–131, Nr. 3717).

1724 zählte der Ravenshof zu den Rittergütern im Amt Geldern (NETTESHEIM 1963, S. 251, Anm. 26). Dieser Tatsache zufolge entstand im Volksmund die irrige Meinung, der Ravenshof sei einmal eine „Burg" gewesen. Tatsächlich war das Haus zwar ein geldrisches Lehen (FLOKSTRA 1991, Nr. 46), immer aber Bauernhof (StA Geldern, Akten A, Q 4, Blatt 78). 1730 und 1755 wurde der Besitzer wegen des Ravenshofes zu den Ständen zugelassen, danach verschwindet das Gut wieder aus den Listen der Rittergüter (FLOKSTRA 1998, S. 246). Eine Grabenanlage, unverzichtbares Kennzeichen für einen Rittersitz, ist in der Umzeichnung der Urkatasterkarte aus dem 19. Jahrhundert nicht überliefert (StA Geldern, Kartensammlung, Umzeichnung der Urkarte um 1890, Vernum, Flur T, Blatt 2).

Beschreibung

Der heutige Ravenshof ist ein ungewöhnlich breitgelagertes Hallenhaus aus Backstein mit Krüppelwalmdach aus der Zeit um 1800. Aufgrund der Breite beleuchtet ein weiteres Fenster den Dachraum über der Kübbung. Damit gehört das Haus baugeschichtlich zu den niederrheinischen Hallenhäusern, die vornehmlich im Raum Viersen und Mönchengladbach anzutreffen sind. Den Ortgang bilden holländische Dreiecke. Unter dem Krüppelwalm findet sich auf einem Holzbrett in Anlehnung an den Hausnamen ein schwarzer Rabe, darüber die Bezeichnung **ANNO 1986 JRJJFAX**.

In de Veenhey 12: Scheune

Eintragung in die Denkmalliste:
Denkmal Nr. A 183

Relativ kleine Scheune aus Backstein mit innerem hölzernem Tragegerüst von drei Gebinden mit originalem Kehlbalkendach. Die Aussteifung in der Längsachse erfolgt durch lange Kopfstreben, über die ebenfalls in Längsrichtung Riegelhölzer geblattet sind. Diese Art der Verzimmerung läßt die Scheune

Scheune In de Veenhey

Bundesstraße fristete es ein bescheidenes Dasein und sollte im Zuge des Ausbaus der B 9 neu 1994 ebenso wie die große Linde beseitigt werden. Dank des Einsatzes der Denkmalpflege konnte dieses wichtige Flurdenkmal aber an originärer Stelle gerettet werden.

Das Heiligenhäuschen besteht aus Backstein, ist verputzt und weiß gestrichen. Mit seinen nur leicht überhöhten Giebeln und einem hier erstmals zu beobachtenden kleinen Altar in der Ausstellungsnische datiert es noch aus dem 18. Jahrhundert (FRANKEWITZ 1995b, S. 86–88 und S. 102, Nr. 6). In dem inzwischen wieder sehr gepflegten „Heiligenhäuschen zur Mutter Gottes in Vernum" (GHK 1953, S. 45) wird heute die Immerwährende Hilfe verehrt.

in die Mitte des 18. Jahrhunderts datieren. Wohl im 19. Jahrhundert erfolgte ein Ausbau nach Osten, hier wird die Dachhaut durch runde Weichholzsparren getragen, die unterhalb des Firstes beginnen und mit Stilen auf dem Rähm abgestützt werden. Im Rähmholz der ursprünglichen Südwand sind noch Rundlöcher zu beobachten, die ehemals Staken für eine Fachwerkwand aufnahmen. Die Dachhaut besteht aus S-Pfannen des 19. Jahrhunderts über neuer Folie aus Kunststoff. 2000 wurde das verputzte Mauerwerk weiß gestrichen.

Krefelder Straße / Kölner Straße: Heiligenhäuschen

Eintragung in die Denkmalliste:
Denkmal Nr. A 140

An das Landschaftsbild bestimmender Stelle steht dieses bemerkenswerte Heiligenhäuschen. Hinter einer Leitplanke und etwas tiefer gelegen als die

Heiligenhäuschen an der Krefelder Straße

Krefelder Straße 114: Hülshof

Eintragung in die Denkmalliste: 28. September 1995
Denkmal Nr. A 179

Der Hülshof ist aus einer mittelalterlichen Hofanlage hervorgegangen und verdankt seinen Namen einem Peter Huyls, der 1579 die Kate *aen de Camp aen de heylighe Heyster by Velencamp* (an dem Feld bei dem heiligen Buchenstrauch) kaufte (SOMMER 1938). Der Name *Heyster* wird sogar schon in der ältesten Steuerliste von Vernum aus dem Jahre 1369 genannt (DOORNINCK 1903 S. 79: *Hen Keyser*, verlesen für *Heyser* und *Heysterman*). – Der Name Hils bleibt bis 1828 erhalten, bis Anna Mechtilde Hils einen Peter Mathias Smitmans heiratete. Dieser stammte vom Ottenhof in Winternam; auf dem Hülshof wurde von ihm die bestehende Brennerei „bedeutend erweitert" (SOMMER 1938, S. 54).

Bei dem Hülshof handelt es sich um eine vierflügelige Hofanlage aus Backstein mit einem T-förmig vorgestellten, zweigeschossigen, siebenachsigen Wohnhaus mit Krüppelwalmdach aus der zweiten Hälfte des 19. Jahrhunderts. Über der Eingangstür befindet sich ein profiliertes Putzfeld, auf dem ein Hinweis auf die Gastwirtschaft stand, die in einem großen Schankraum im linken Teil des Hauses bis vor dem Ersten Weltkrieg betrieben wurde (SOMMER 1938, S. 55). Eine Opkamer – von außen an dem kleinen Kellerfenster zu erkennen – befand sich an der rechten Seite des Hauses. An der linken Seite des ansprechenden Gebäudes schließt ein niedriger Trakt mit Tordurchfahrt an, die die Verbindung zur Scheune herstellt. Typisch für das Erscheinungsbild sowohl einer früheren Gastwirtschaft, als auch eines niederrheinischen Bauernhauses sind die vier Bäume – in diesem Fall Ahorn – vor dem Haus.

Der Hülshof

Meiersteg 4: Poelmanshof

Eintragung in die Denkmalliste: 20. Dezember 1995
Denkmal Nr. A 180
Eigentümer: Familie Franz und Gertrud Haever

Große, vierseitig geschlossene Hofanlage mit großem, zweigeschossigem und fünfachsigem Wohnhaus mit Satteldach aus dem letzten Viertel des 19. Jahrhunderts (Luftbild: GHK 1965, S. 141). Die Mittelachse des repräsentativen Wohnhauses mit der Türe wird pfeilerartig von zwei Vorlagen eingefaßt, die in einen gestuften Zwerchgiebel mit kleinem Rundbogenfenster einmünden. Die Türe und das darüberliegende Fenster sind ebenfalls rundbogig geschlossen. Die oberen Ecken der Fenster sind mit hellen Steinen dekoriert. Auf der Schulterhöhe der Fenster verbinden Backsteinfriese die Maueröffnungen. Den First des Daches zieren noch einige Firstziegel mit Firstkämmen im Stil der Neugotik. Nach links schließt ein eingeschossiger Bau mit drei Fenstern an, der mit einem Stufengiebel mit Pultdach

Poelmanshof
von Osten

Windmühle am
Poelycker Weg ▷

Herz-Jesu-Kapellchen

an das Haus stößt. – Rechts von der Zufahrt steht
abseits des eigentlichen Hofes ein großes, ehemaliges Speichergebäude mit Backhaus und Satteldach
in den für die zweite Hälfte des 19. Jahrhunderts
typischen Formen (vgl. ZIPPELIUS 1957, S. 146–148).

Poelycker Weg:
Herz-Jesu-Kapellchen

Eintragung in die Denkmalliste: 26. September 1995
Denkmal Nr. A 169

Backsteinernes Kapellchen mit spitzbogigem Zugang und mit einem an den Ecken abgestuften Giebel und bekrönendem, schmiedeeisernen Kreuz in
den Formen der Neugotik aus dem letzten Viertel
des 19. Jahrhunderts. Die Ziegel sind glattgestri-
chen, die Öffnungen der Holztüre sind mit Gittern
versehen. Die übrigen drei Seiten sind verputzt. Der
Fußboden des kleinen Vorraums ist mit farbigen
Kacheln belegt. Stilistisch steht das Kapellchen am
Anfang der größeren, neugotischen Kapellen aus
der Zeit um 1900, die geringe Größe zeigt aber, daß
es noch dem älteren, kleineren Typus verhaftet ist
(FRANKEWITZ 1995b, S. 100f. und S. 105, Nr. 37). Verehrt wird hier das Herz Jesu in Form einer etwa
50 cm großen Christusfigur aus Gips.

Poelycker Weg 10: Windmühle

Eintragung in die Denkmalliste: 5. Dezember 1985
Denkmal Nr. A 16

Noch im 18. Jahrhundert waren die Bauern Ver-
nums – wie schon im Mittelalter – zwangsweise
gehalten, ihre Getreide auf einer der Bannmüh-

len in Geldern, auf der Winternamer Windmühle oder der Pletschmühle auf der Baersdonk an der Fleuth mahlen zu lassen. Nach der Aufhebung dieses Mahlzwangs durch die Franzosen erbaute die Gemeinde Vernum 1819/20 zunächst eine hölzerne Kastenwindmühle, die 1836 als „Getreide-Bockwindmühle" bezeichnet wird (SOMMER 1991, S. 197, Nr. 4504–01). Die vom jetzigen Eigentümer aufgefundenen vier kreuzförmig angeordneten Fundamentsockel von rund 2,4 m Länge und 1,3 m Breite unter dem Fundament der jetzigen Mühle – für die 1820 insgesamt 12 000 Steine veranschlagt wurden (HStAD, Regierung Düsseldorf Nr. 2073, Blatt 19) – zeigen, daß die Mühle ähnlich wie die Tönisberger Windmühle ausgesehen haben wird. 1820 wurde der Gemeinde attestiert, sie habe *durch den bekannten sachverständigen Baumeisters Kuhnert ein solides Werk ... aufführen lassen* (ebenda, Blatt 19 verso).

Am 23. August 1866 faßte der Rat der Gemeinde den Beschluß, die alte Windmühle abzubrechen, um sie durch einen Backsteinbau zu ersetzen (Beilage Nr. 6). Am 1. September 1866 wurde mit dem Abbruch der alten Mühle begonnen, und bereits am 1. Januar 1867 konnte die neue Mühle, in die auch Hölzer der alten in Zweitverwendung verbaut wurden „in Betrieb gesetzt" und für 300 Taler an einen Müller Hotterbosch verpachtet werden (StA Geldern, Bestand Protokollbücher, Vernum, 1860–1879, Blatt 70). In diese Windmühle wurde 1892 eine Dampfmaschine eingebaut und zum 4. April des Jahres *nebst Inventar und neuer Dampfmaschine von 12 Pferdekraft* auf sechs oder neun Jahre verpachtet (GW vom 25. März 1892). Um 1920 wurde der Mühlenbetrieb eingestellt. Ohne Haube und Flügel diente der Turm dann als Jugend- und SA-Heim (VOGT 1989, S. 95–97). Das Gebäude blieb bis kurz vor der kommunalen Neugliederung 1969 im Eigen-

tum der Gemeinde. 1974 kaufte Günter Gerrits den Mühlenstumpf und baute ihn zur Wohnung aus. Mit viel Engagement und Liebe zum Detail setzte der Besitzer dem Turm 1990 eine neue Haube auf, die er **1810** datierte; 1991 wurde auch wieder das Flügelkreuz angebracht. Haube und Flügeln werden mittels einer Windrose aus Metall automatisch in den Wind gedreht. Heute wird mit der Windkraft Strom erzeugt, der ausreicht, um das Denkmal zu heizen (RP vom 31. Oktober 1992).

Sittermansweg 7: Jüttenhof

Eintragung in die Denkmalliste: 27. September 1993
Denkmal Nr. A 111
Eigentümer: Agnes und Heinz Deselaers

Zweigeschossiges, fünfachsiges Wohnhaus aus Backstein, 1922 T-förmig vor den südlichen Wirtschaftsteil einer geschlossenen Hofanlage gebaut. Über der Eingangstür finden sich in einem halbrunden Feld

Der Jüttenhof

in Beton die Jahreszahl **1922** und die Initialen **P. R.** und **M. H.** für Peter Rips und Maria Hilkens, den Erbauern des Hauses. Mit dem Putzsockel gliedert eine nur leicht hervortretende Rollschicht unter der Fensterbrüstung im Obergeschoß die Front. Die Fenster erscheinen für die Fassade sehr groß, ihre Dimensionen sind mit dem markanten Dachüberstand des Walmdachs aber typisch für die Erbauungszeit. Einen ähnlichen Dachüberstand weist das fast zeitgleiche Haus → Hartefelder Dorfstraße 95 auf. Der Giebel der Scheune mit kleinem runden Fenster zeigt am Ortgang abgetreppte Zierformen, die das Gebäude in das letzte Viertel des 19. Jahrhunderts datieren lassen. – Der bekannte Gelderner Kunst- und Kirchenmaler Heinrich Brey fertigte 1957 ein Ölgemälde des Jüttenhofs an, nachdem er bereits 1951 ein prämiertes Pferd des Hofes gemalt hatte (LINGENS 1997/98, S. 83 und 88–90). – Vor dem Haus wird noch ein Blumen- und Gemüsegarten gepflegt, wie er früher zu jedem Hof gehörte.

Sittermansweg 11: Bönningshof

Eintragung in die Denkmalliste: 27. September 1993
Denkmal Nr. A 112

Der heutige Name des Hofes geht auf *Jacob Beunings* zurück, der 1748 Besitzer des Anwesens war (StA Geldern, Akten A, Q 4, Blatt 68). Zu Beginn des 19. Jahrhunderts heißt der Hof noch *Schatten* (Tranchot, 21 Geldern). Da beide Namen nicht in den mittelalterlichen Steuerlisten zu finden sind, dürfte es sich bei dem Hof um eine neuzeitliche Gründung des 16./17. Jahrhunderts handeln.

Das heutige Bauernhaus ist durch Maueranker in das Jahr **1811** datiert. Es gehört zu den nur

noch seltenen niederrheinischen Hallenhäusern, die durch einen einseitigen Ausbau zu einem sogenannten Hakenhaus geworden sind (vgl. die Schraetzkate → Kapellen, Beerenbrouckstraße 46). Der ausgewogene Eindruck, den das fünf Fensterachsen breite Haus aus Backstein vermittelt, wird leider durch den Einbau von Fenstern aus Kunststoff getrübt. Links von der mit Putzleiste umrahmten Tür gibt sich die alte Küche durch die größere Fensteröffnung zu erkennen. Links davon schließt eine in den Wirtschaftsteil reichende Opkamer an, die sich durch die höher liegenden Fensterstürze und die Kellerfenster zu erkennen gibt. Der Ausbau nach Westen ist zwei Fensterachsen breit und mit Krüppelwalmdach versehen.

Die giebelständige Scheune an der Ostseite des vierseitig geschlossenen Hofes aus dem Ende des 19. Jahrhunderts ist an der Straßenseite sehr aufwendig mit Kachelmosaik, Rapporten aus schwimmenden Fischen und rankenden Pflanzen, durch ein Rundbogenfenster und einem Kreuz aus farbigen Ziegeln verziert, das profilierte Ortganggesims ist ebenfalls mit zweifarbigen Backsteinen gestaltet.

Kacheln an der Scheune des Bönningshofes

Der Hartmeshof

Ortsbild von großer Bedeutung. – Die Hofanlage steht in einer bis in das Mittelalter zurückreichenden Tradition. Bereits in der ältesten Steuerliste von 1369 wird ein *Reyner Hartman* genannt (DOORNINCK 1903, S. 79), auf den letztlich der heutige Name zurückgeht.

An einem Nebengebäude hängt das alte Wegkreuz, das zuvor an der Ecke Vernumer Straße Meiersteg stand; der stark überstrichene Kruzifixus mit barocken Zügen stammt vermutlich aus dem 19. Jahrhundert und ähnelt dem an dem Wegkreuz in → Veert, Schulstraße / Gerhard-Hauptmann-Straße.

Vernumer Straße 156: Hartmeshof

Eintragung in die Denkmalliste: 26. Januar 1996
Denkmal Nr. 176
Eigentümer: Gerhard und Jakobine Jacobs

Langgestrecktes, neunachsiges, zweigeschossiges Wohnhaus mit Walmdach aus dem 19. Jahrhundert, an das nahtlos die im rechten Winkel anstoßende Längstennenscheune mit korbbogiger Toreinfahrt anschließt. Die Stürze der mit Putzrahmen versehenen Fenster und der Tür sind im Untergeschoß mit floralem Stuckornament überdeckt, die Fensteröffnungen durch ein einfaches Putzband in Schulterhöhe miteinander verbunden. Diese Dekoration des Hauses dürfte ebenso wie das schmiedeeiserne Gitter am Garten aus dem Anfang des 20. Jahrhunderts stammen. – Die lange Mauerflucht der Scheune entlang der Vernumer Straße ist für das

Wegkreuz am Hartmeshof

Vernumer Straße / Meiersteg: Ehrenmal

Eintragung in die Denkmalliste: 7. Dezember 2000
Denkmal Nr. C 3
Eigentümer: Marianische Bruderschaft Vernum

Auf einer sich nach oben verjüngenden Stele aus Muschelkalk mit einem Adler ist ein von den Jahreszahlen **1914** und **1918** flankiertes Deutsches Kreuz zu sehen, darunter die Aufschrift **Ehret diese Helden / die für das Vaterland / kämpften und starben**. Darunter in einem Halbkreis eine Zielscheibe mit einem Hut vor gekreuztem Säbel und Gewehr, darunter 15 Namen und Daten der Gefallen. Unten auf dem Sockel findet sich die Aufschrift **Den Gefallenen Mitgliedern des Junggesellen Schützen Verein Vernum e.V.**

Vernumer Straße / Meiersteg: Wegkreuz

Eintragung in die Denkmalliste:
Denkmal Nr.
Eigentümer: Gerhard und Jakobine Jacobs

Holzkreuz auf niedrigem Putzsockel mit einem stark überstrichenen, aber wohl aus dem 19. Jahrhundert stammenden Kruzifixus. Am Fußende des Kreuzes ist ein Schild mit folgender Aufschrift befestigt: **Überall in der Natur / Stösst du auf / des Herrgotts Spur. / Willst du ihn noch / grösser sehn / bleib hier an seinem / Kreuze stehn**. Der Überlieferung nach wurde das Kreuz aufgestellt, weil hier ein Mensch vom Blitz erschlagen wurde. Der ursprüngliche Kruzifixus hängt heute beim Hartmeshof (→ Vernumer Straße 156).

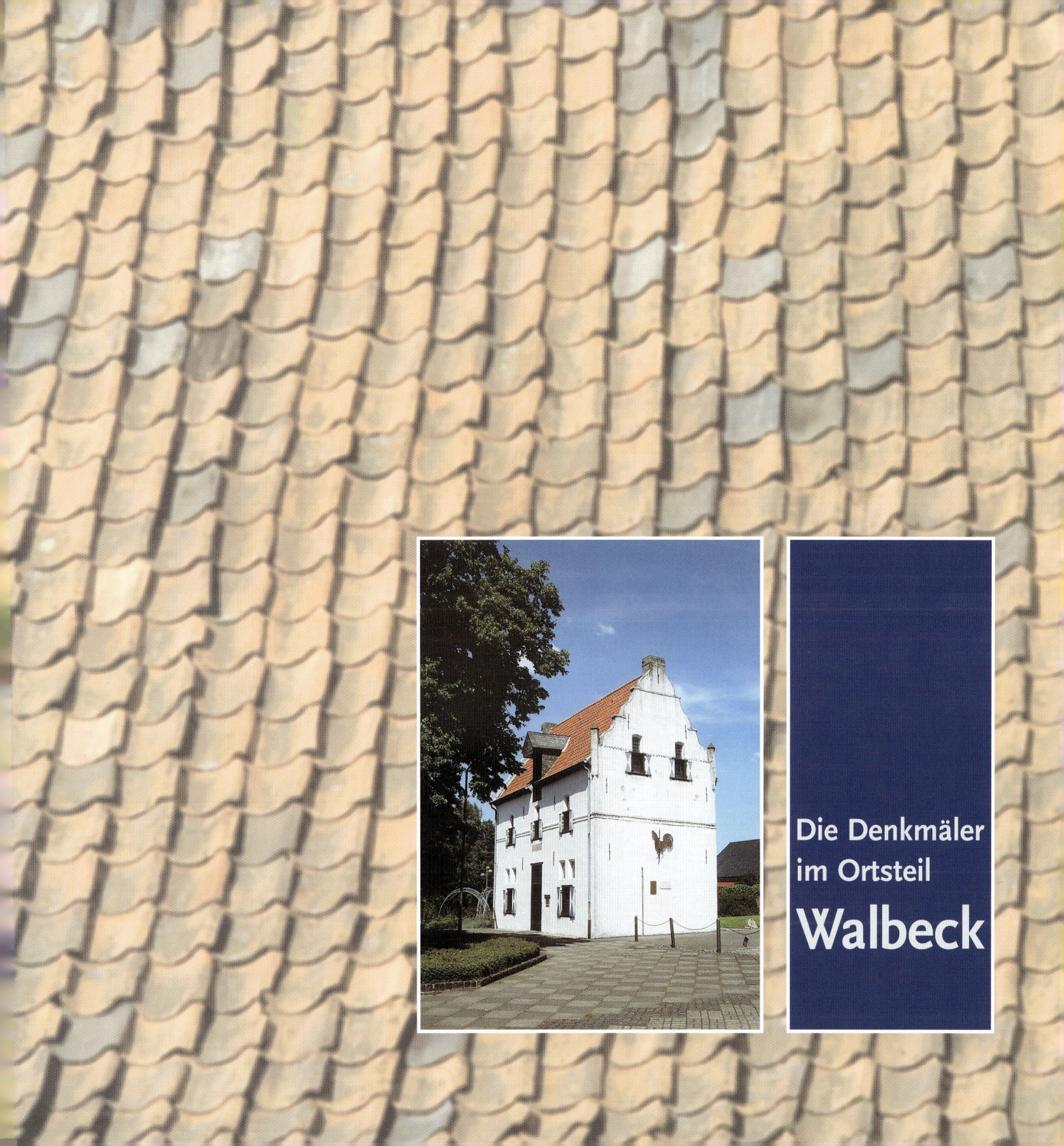

Die Denkmäler
im Ortsteil
Walbeck

Walbeck
Historischer Überblick

Walbeck, zu dem auch das Dorf Twisteden gehörte (heute zu Kevelaer), bildete im Mittelalter eine Herrlichkeit, das heißt einen selbständigen Verwaltungsbezirk mit eigener Gerichtsbarkeit und Steuerhoheit unter den Herren von Walbeck; diese waren ihrerseits dem Herzog von Geldern verbunden, ohne daß der Herzog einen direkten Zugriff auf die Herrlichkeit hatte. Der erste namentlich bezeugte Herr von Walbeck war 1381 (vgl. dagegen OPPENBERG 1968, S. 24) Heinrich Schenk von Nideggen; in diesem Jahr hatte er dem Herzog von Geldern auf die Dauer von vier Jahren die Hälfte der Steuern aus dem „Dorf und Kirchspiel Walbeck" zugewiesen, wofür der Herzog versprach, Walbeck wie sein eigenes Land beschützen und beschirmen zu wollen; gleichzeitig bestätigte der Herzog, keinerlei Rechte am Gericht und der Herrlichkeit Walbeck zu besitzen oder geltend machen zu wollen (FERBER 1860, S. 318f. – OPPENBERG 1968, S. 24f.); da Heinrich auch die Herrlichkeit Afferden an der Maas besaß, könnten mit der Umschreibung *Schenken lant van Nydegghen* von 1359 beide Herrlichkeiten gemeint sein (NIJHOFF II 1838, Nr. 89). Den Walbecker Besitz erbten seine Söhne Heinrich und Winand gemeinschaftlich, doch schon 1403 trat Winand seinen Teil an Walbeck seinem Bruder ab, der schließlich auch Afferden von seinem verstorbenen Bruder erbte; nach Heinrichs Tod 1452 wird die Herrschaft Walbeck gemeinschaftlicher Besitz seiner beiden Söhne Dietrich und Johann; während Johann Eigentümer von Schloß Walbeck blieb (→ Am Schloß Walbeck 3) erhielt Dietrich die Herrschaften Afferden und Blyenbeck sowie wohl das Land, auf dem rund einhundert Jahre später das Haus Steprath gebaut wurde (→ Am Bröckelken 35);

auch die späteren Besitzer der Häuser Walbeck und Steprath teilten sich bis zum Ende des 18. Jahrhunderts die Herrschaft über Walbeck und nannten sich jeweils „Herr von Walbeck".

Bis zum Ende des alten Reiches verfügte auch das Neusser Stift St. Quirin über großen Grundbesitz in Walbeck; die Äbtissin war – seit 1255 nachweisbar – Patronatsherrin über die Walbecker Kirche (OEDIGER 1969, S. 294), aber auch das Kaiserswerther Suitbertstift besaß im Raum Walbeck Grund und Boden (FRANKEWITZ 1991b, S. 97f.).

1843 zählte die eigenständige Bürgermeisterei Walbeck insgesamt 1654 Seelen (Statistische Uebersichten 1843), sie wurde aber von 1823 bis 1863 in Personalunion zusammen mit Kevelaer verwaltet (OPPENBERG 1968, S. 184). 1897 zählte der Ort 2105 (Adreßbuch 1897, S. 104), 1937 der nun „Amt" genannte Bezirk 2502 Einwohner (Adreßbuch 1938, S. 14). Nach dem Zweiten Weltkrieg bildete die Gemeinde Walbeck zusammen mit den Gemeinden Pont und Veert das Amt Walbeck mit Sitz in Walbeck. Mit der kommunalen Neugliederung 1969 wurde das Amt aufgelöst, die drei ehemaligen Gemeinden bilden seitdem – mit den anderen Ortsteilen – die neugebildete Stadt Geldern; damals hatte Walbeck 2670 Einwohner (SCHMIDT 1994, S. 17).

Archiv und Überlieferung

Die archivische Überlieferung zur Walbecker Geschichte ist zwar nicht lückenlos, doch ebenso reichhaltig wie verworren. Das Gemeindearchiv wurde – wie früher üblich – zusammen mit den Archivalien der Pfarre, im Kirchturm verwahrt; hier waren die wichtigsten Unterlagen in der Regel sicherer untergebracht, als in einem der strohgedeckten Häuser, die bei einem Dorfbrand schnell in Flammen aufgingen. 1921 wurde dieser Doppelbestand entdeckt und der größte Teil 1931 und 1936/37 als Depositum im Staatsarchiv Düsseldorf hinterlegt. Bei der Auslagerung der Archivalien von Düsseldorf nach Mitteldeutschland Anfang 1945 „erhielt der Lastkahn im Mittelland-Kanal bei Hannover durch feindliche Tiefflieger Bombentreffer und sank" (OPPENBERG 1968, S. 11). Eine Übersicht über dieses reiche Archiv und seine bis 1970 wieder benutzbar gemachten Archivalien liegt gedruckt vor (OEDIGER 1970, S. 374–377), eine Kopie des alten Findbuchs aus den 1930er Jahren befindet sich im StA Geldern.

Das Archiv befand sich übrigens in einer eichenen Truhe, die zunächst in das Rathaus übernommen wurde (OPPENBERG 1968, S. 11) und von dort 1969 an den Rechtsnachfolger, die Stadt Geldern, gelangte (FRANKEWITZ 1988a, S. 174).

Das Gemeindearchiv kam nicht vollständig nach Düsseldorf, ein wohl einige Archivkartons umfassender Altbestand (bis um 1800) verblieb in Walbeck. Hier wurde er von dem verdienstvollen Lehrer und Heimatforscher Gerhard Oppenberg – wohl in Zusammenhang mit seiner archivpflegerischen Arbeit und seinen heimatkundlichen Untersuchungen – bearbeitet. Wenigstens Teile dieses „Privatarchivs" (zwei Archivkartons, Übersicht bei (OEDIGER 1970, S. 377), um dessen Übernahme sich nach dem Tod von Gerhard Oppenberg († 1990) auch der Historische Verein für Geldern und Umgegend bemühte, wurde 1991 folgerichtig dem Stadtarchiv Geldern als Rechtsnachfolger der Gemeinde und des Amtes Walbeck übergeben.

Ein recht großer Bestand an Verwaltungsakten des 19. Jahrhunderts, in dem sich auch einige wenige frühere Stücke befinden, waren in dem Haus → Walbecker Straße 2, „Alte Bürgermeisterei" durch den Bürgermeister bzw. seinen Nachfolger auf dem Dachboden vergessen worden; sie tauchten erst beim Verkauf des Hauses 1989 auf und kamen zunächst nach Moers; von hier wurden sie glücklicherweise wieder dem Stadtarchiv Geldern zugeführt (NN vom 9. September 1989).

Nach Kevelaer gelangten schon im 19. Jahrhundert Archivalien der Gemeinde Walbeck, denn von 1823 bis 1863 wurden beide Gemeinden von einem Bürgermeister in Personalunion verwaltet (OPPENBERG 1968, S. 184); die Walbecker Archivalien, die bis in das 17. Jahrhundert zurückreichen (zwei Archivkartons), wurden 1995 dem Stadtarchiv Geldern durch Vermittlung des Rheinischen Archiv und Museumsamtes zurückgegeben.

Das heutige Pfarrarchiv Walbeck, das sich glücklicherweise noch am Ort befindet, ist ein reiches Archiv und wird von Paul NIERSMANN und Erich NAUS geordnet und betreut. Eine Übersicht der Bestände befindet sich im StA Geldern. – Bücher eines Pfarrers und eines Organisten in Walbeck wurden „dem Historischen Verein für Geldern und Umgegend aus Privatbesitz übereignet" (KELLER 1997, S. 295).

Weitere Walbeck betreffende Archivalien des Hauses Steprath befanden sich ab 1794 im von Nagelschen Archiv auf Schloß Vornholz, Kreis Warendorf, wo „die Steprather Archivschränke" 1958 einem Hochwasser zum Opfer fielen, „wodurch unersetzlich wertvolles Urkunden- und Aktenschriftgut für immer der Forschung verlorengegangen ist" (FRANKEWITZ 1991b, S. 98).

Im Geheimen Staatsarchiv, Preußischer Kulturbesitz in Berlin-Dahlem befinden sich im Depositum von Ammon ebenfalls einige Geldern und Walbeck betreffende Stücke, u. a. die Originalurkunde Herzog Wilhelms von Jülich-Geldern für Walbeck von 1381 (OPPENBERG 1968, S. 24f.).

Der Vollständigkeit halber sei erwähnt, daß noch weitere Walbecker Archivstücke an anderen Orten liegen (OEDIGER 1970, S. 377), einige gelangten durch Vermittlung des RAL in Maastricht 1991 in das StA Geldern (RP vom 4. August 1988).

Insgesamt wäre es eine verdienstvolle und lohnende Arbeit, die über zahlreiche Orte verteilten Walbecker Archivalien wenigstens auf dem Papier zu einem Gesamtbestand zusammenzuführen.

Am Brökelken 35: Haus Steprath

Eintragung in die Denkmalliste: 20. September 1984
Denkmal Nr. A 6
Eigentümer: Dr. med. Sylvia von Wallenberg-Pachaly und Dieter Ahmerkamp

Geschichte

Über die Anfänge Stepraths ist nichts bekannt. Die nahe Lage zum Haus Walbeck (→ Am Schloß Walbeck) legt aber einen direkten Zusammenhang beider Häuser nahe. Vielleicht ist das Haus Steprath von Heinrich Schenk von Nideggen nur wenige hun-

Haus Steprath
von Südwesten

dert Meter weiter nördlich von Haus Walbeck in der ersten Hälfte des 15. Jahrhunderts gegründet worden (FRANKEWITZ 1991b, S. 99), genannt wird ein Haus aber nicht. Erst mit der Heirat der Katharina von Geldern mit Heinrich von Steprath um die Mitte des 16. Jahrhunderts scheint die seit 1452 geteilte Herrschaft Walbeck neben dem gleichnamigen Haus einen weiteren Mittelpunkt in Form des Hauses Steprath erhalten zu haben (EUSTRUP 1958, S. 60). Ihr Sohn war Reiner von Steprath, der 1570 in Wetten begütert war (SLOET 1904, Nr. 26), und 1578 wie sein Vater als Herr zu Doddendael (westlich von Nijmegen) bezeichnet wird (FAHNE 1860, Nr. 200); er starb 1586; sein Sohn Dietrich kaufte 1647 die halbe Windmühle zu Walbeck, die in der Folgezeit „Steprather Mühle" genannt wurde (→ Schmalkuhler Weg 5). Dessen Sohn Reiner Johann von Steprath, der 1680 starb, war mit Sophia Heilwig von Linden verheiratet; die Witwe ließ auf dem Haus Steprath die Hauskapelle einrichten; ihre Tochter Johanna Maria heiratete 1698 den Freiherrn Johann Carsilius von Doornick, dessen Vater 1678 auf dem Haus Loo beim niederländischen Apeldoorn gestorben war (NEUSE 1956, S. 43f. und Stammtafel im Anhang). Über den 1714 geborenen Wilhelm Caspar von Doornick und dessen Tochter Johanna Elisabeth gelangte Steprath durch Heirat 1765 an Hermann Adolf von Nagel zu Vornholz; seine Familie hatte die Verpflichtung, den Namen Doornick dem eigenen hinzuzufügen. 1946 heißt es, das Haus *war lange Zeit nicht bewohnt. Ende September nimmt Herr von Fürstenberg, ein Schwager des Besitzers Herrn von Nagel-Dornick Wohnung in dem Schlößchen* (PfA Walbeck, III 2, Chronik 1929–1949). Bis 1988 blieb Steprath Eigentum dieser Familie; neue Eigentümer wurden Dr. Sylvia von Wallenberg-Pachaly, Andreas von Wallenberg und Dieter Ahmerkamp (RP vom 3. Oktober 1989), die das große Haus in der Folgezeit unter denkmalpflegerischen Gesichtspunkten hervorragend restaurierten.

Restaurierungen

Gemäß einem Gutachten des Architekten Franz Schneider von 1938 (StA Geldern, Dokumentation Walbeck) gab es damals „beträchtliche Fäulnisstellen am Holzgebälk", an zahlreichen Balken sollten „Verstärkungen mittels seitlicher Eisenlaschen vorgenommen werden", das Schieferdach erschien so schlecht, daß eine neue Dacheindeckung durch „naturrote Hohlziegel – evt. Hohlfalzziegel empfohlen" wurde; die Fenster waren „stark verwittert", die Fußbodenbretter „müssen größtenteils durch neue ersetzt werden". Weiter heißt es: „Die recht interessant gestaltete Kapelle bedürfte einer gründlichen Renovierung. Durch Entfernen des abblätternden Anstrichs auf den Brettern des Tonnengewölbes würde der alte Holzton wahrscheinlich zu einer recht guten farblichen Wirkung benutzt werden können, zumal wenn leichte lasurartige Tönungen oder ein anderer dekorativer Anstrich, etwa durch Aufmalung farbiger Inschriften und Symbole, zu Anwendung kämen. Der Anstrich des unteren Holzwerkes, Türen, Fenster etc., müsste im Farbton harmonisch umgestaltet werden, da der jetzige marmorierende Anstrich eine späte, wenig geschulte Arbeit zu sein scheint. Die Instandsetzung des Altars, sowohl im Holzwerk als auch im Anstrich, würde ebenso wie die Wiederherstellung der teils recht interessanten alten Bilder, dem Raum sehr zur Zierde gereichen. Die Verglasung der Kapellenfenster wäre möglichst gedeckt, etwa mit gewischtem und gebranntem Antikglas in Bleifassung auszuführen, um so die starke Blendung der seitlichen Fenster abzuschwächen. Auch der Fußboden wird einer Erneuerung bedürfen."

Zu einer Restaurierung des Hauses kam es wegen des Zweiten Weltkriegs nicht, im Gegenteil erlitt das Haus stattdessen leichte Schäden am Dach und im Innern (JbrD 19, 1951, S. 202). 1947 erstellte Schneider ein weiteres Gutachten, in dem er nun auch die Mauerrisse beklagte; neben den bereits früher festgestellten Mängeln schlug er zur Wärmedämmung innenliegende Doppelfenster vor: „Die Gestaltung solcher wäre natürlich sehr genau zu überlegen, um das Richtige zu treffen."

Mehr als unbedingt notwendig scheint nicht an dem Haus repariert worden zu sein, in den 1980er Jahren machte es einen recht maroden Eindruck. Erst mit dem Besitzerwechsel 1988 konnte die umfangreiche Instandsetzung und damit die Rettung des Denkmals eingeleitet werden. Die Fenster wurden nach altem Vorbild erneuert, die Fußböden nur dort, wo es aus Sicherheitsgründen erforderlich war, durch neue ersetzt, der Dachstuhl wurde durch neue Hölzer gesichert und entlastet, ohne das Original funktionslos zu machen; im Originalzustand blieben alle Räume in ihrer historischen Gliederung, zahlreiche Fußböden und die Türen erhalten. Das Außenmauerwerk wurde vorsichtig saniert, die neue Ausfugung nahm Rücksicht auf alle gewachsenen Strukturen, so daß nach wie vor die Details der Baugeschichte am Mauerwerk ablesbar blieben. Insgesamt gesehen ist dem Eigentümer dafür zu danken, daß er als Privatmann mit außerordentlich viel Geschick und Liebe zum Detail ein überaus wichtiges historisches Bauwerk unter weitgehender Wahrung der Originalität als Kulturdenkmal für die Zukunft gerettet hat.

Beschreibung der Vorburg

Zweiflügeliger, rechtwinklig aneinanderstoßender Wirtschaftsbau aus Backstein, ein dritter Flügel, mit dem die Vorburg einen hufeisenförmigen Grundriß

Das Haupthaus von
Steprath von Süden

bekommen hätte, war vorgesehen, wurde aber nicht verwirklicht; die entsprechenden Verzahnungen in der Mauer wurden inzwischen beseitigt. – In der Mitte des Südflügels steht der zweigeschossige Torturm. Die korbbogige Tordurchfahrt wird von zwei Lisenen und Blende aus Blaustein umrahmt. Darüber befindet sich ein Wappenstein (siehe unten), der von zwei Ochsenaugen flankiert wird. Der Klötzchenfries sowie der mehrfach geschwungene Giebel mit einem Ochsenauge passen in das auf dem Wappenstein angegebene Jahr **1698**. Der westliche Flügel der Vorburg wird als Pferdestall genutzt, der südliche wurde zu Wohnzwecken hergerichtet; die dabei entstandenen Dachgauben bilden den Kompromiß zwischen dem Wunsch der Denkmalpflege, die Dachhaut unangetastet zu lassen, und der Notwendigkeit, das Gebäude sinnvoll, das heißt ökonomisch zu nutzen.

Wappenstein von 1698
an der Vorburg

Maria von Steprath (gekrönter Löwe mit Schindeln, als Helmzier ein Löwe). Unter einem geflügelten Engelskopf steht in einer rechteckigen Kartusche folgende Inschrift: IJohan Carselis / Van Doornick vndt / Ijohanna Maria / Van Stepraedt / Heer vndt Vrouw Der Vrijheerlickheit / Walbeeck vndt / Twistede / Anno 1698. Am heraldisch rechten Rand die Ahnenprobe des von Doornick mit den bezeichneten Wappen **DOORNIK**, **STEPRAET**, **CAPELL** und **YSENDOORN**, heraldisch links die der von Steprath mit den bezeichneten Wappen **STEPRAET**, **LINDEN**, **DOORNIK** und **STEPRAET**. Der Stein dürfte anläßlich ihrer Hochzeit angefertigt worden sein. Die Auflösung der Ahnenprobe zeigt die unten abgedruckte Stammtafel.

Beschreibung des Haupthauses

Das völlig verschachtelte Haupthaus von Steprath setzt sich aus verschiedenen Teilen unterschiedlicher Zeitstellung zusammen. Allein die Dachausmittlung zeigt, wie verworren das Gemäuer sich heute darstellt.

Wappenstein

Über dem Tor zur Vorburg ist in eine Blende ein großer Wappenstein aus Blaustein eingelassen. Er zeigt oben in der Mitte heraldisch rechts das Wappen des Johann Carsilis von Doornick (Querbalken, als Helmzier ein Hund) und das der Johanna

Auflösung des
Wappensteins

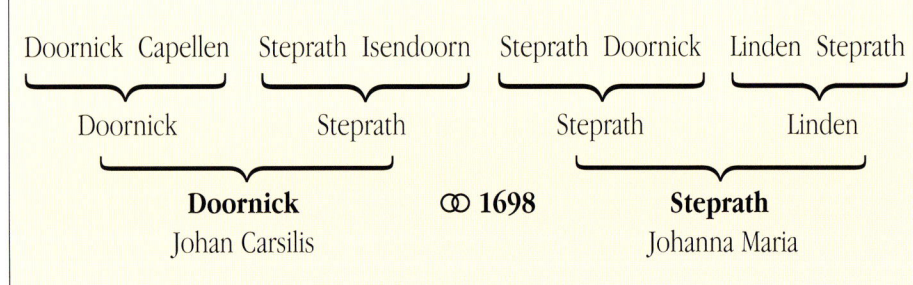

Doornick	Capellen	Steprath	Isendoorn	Steprath	Doornick	Linden	Steprath
Doornick		Steprath		Steprath		Linden	
Doornick						Steprath	
Doornick		⚭ 1698				**Steprath**	
Johan Carsilis						Johanna Maria	

Ältester Bestand

Ältester Teil dürfte der zweigeschossige Backsteinbau A mit geschweiftem Giebel sein, an den sich an der einen Seite der durch Maueranker **1632** datierte Flügel B und an der anderen Seite der ebenfalls durch Maueranker **Anno 1712** datierte Trakt F anschließen. Ein funktionsloser Entlastungsbogen über der heutigen Türe und ein Fenstersturz oben links deuten an, daß die heutigen Fenstereinbrüche nicht zur originalen Fassadengliederung gehören. Das Gebäude A scheint ursprünglich bis an die Außenseite von Trakt E gereicht zu haben, denn hier finden sich im Obergeschoß zwischen der ersten und zweiten Fensterachse von links (neben dem Turm) zwei holländische Dreiecke, die anzeigen, daß hier einmal ein Giebel gesessen hat. Zum ursprünglichen Baukörper A dürfte auch der rechtwinklig nach Norden weisende Ausbau mit Treppengiebel gehören, der etwas versteckt zwischen den Gebäuden C und F steht. – Im Dachraum des Gebäudes A ist hinter dem nach Norden gerichteten Giebel eine alte Holzwinde erhalten, mit deren Hilfe beispielsweise Getreide bis zum Söller hochgezogen werden konnte.

Zeitgleich oder wenig später dürfte der dreigeschossige Turm D mit seinem markanten Sägezahnfries zwischen Unter- und Obergeschoß ohne erkennbare Verbindung zum Gebäude A errichtet worden sein. Ein an der Nordseite des Turmes in Höhe des zweiten Geschosses vermauertes Kreuzstockfenster zeigt an, daß der Turm zunächst frei stand und das Gebäude C parallel zum ursprünglichen Trakt A erst später erbaut wurde. An der durch das Gebäude E teilweise verstellten Südseite des Turmes finden sich noch ältere, vermauerte Fenster. Für die durch Maueranker gebildeten Initialen **I**, **N** und **A** gibt es keine Auflösung, das **N** mag nachträglich angebracht worden sein. Das oberste Geschoß wurde früher zumindest zeitweise als Taubenschlag genutzt (vgl. Frankewitz 1997, S. 27).

Das Gebäude A mit dem Turm D ist aufgrund der relativ geringen Mauerstärke, der Giebelformen und Friese sowie eines Sattelholzes mit Birnenstab und Kerben unter dem Mutterbalken in der Küche in die letzten Jahrzehnte des 16. Jahrhunderts zu datieren. Eine frühere Datierung in das Jahr 1551 aufgrund eines datierten Kesselhakens im offenen Kamin des Hauses (Eustrup 1958, S. 60) erscheint schwach und nicht zwingend.

Ausbau

Die weitere Chronologie des Ausbaus ist nicht in allen Teilen zu klären. Offensichtlich aber plante

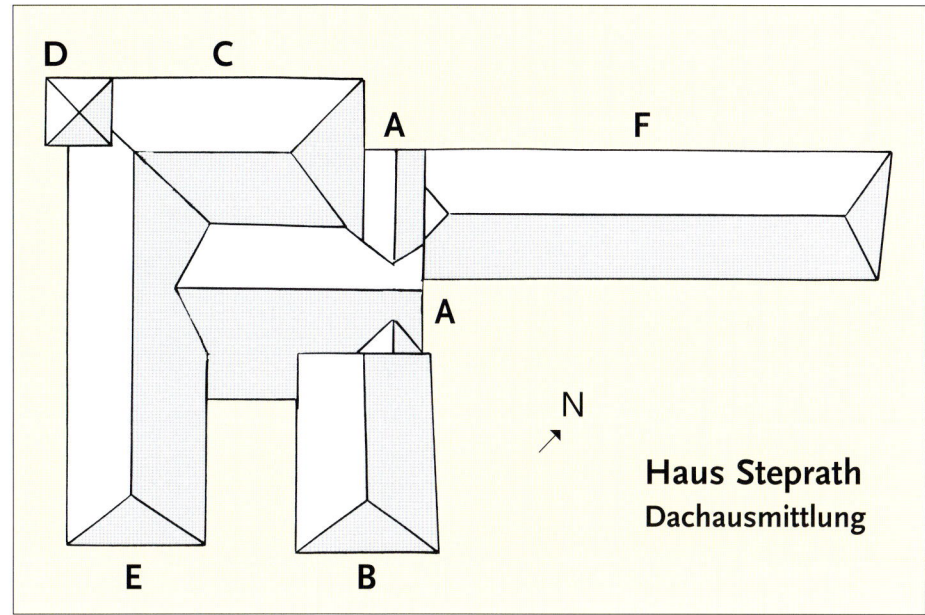

Haus Steprath
Dachausmittlung

man mit dem dreigeschossigen, 1632 datierten Anbau B einen völligen Neubau und damit den Abriß von A. Für diese Überlegung spricht der Umstand, daß der Kamin nicht in dem Gebäude B, sondern untypisch an die mit einem Giebel geschlossene Rückwand angebaut wurde. Warum eine vermauerte Fensteröffnung an der Rückseite von B durch den älteren Giebel von A teilweise verstellt wird, ist unklar.

Das Gebäudeteil E hat an der Westseite Teile von A übernommen und überformt, die beiden holländischen Dreiecke legen an dieser Stelle Zeugnis davon ab. Zwischen dem Turm und der ersten Achse von E sowie zwischen dessen erster und zweiter Achse ist deutlich je eine Baunaht zu erkennen. Auch die in unterschiedlichen Höhen sitzenden Maueranker an der Außenmauer geben zu erkennen, daß hier nicht ein neues Gebäude aus einem Guß erstand, sondern Vorhandenes in den Neubau integriert wurde. Das Gebäude E könnte zeitgleich mit B im ersten Drittel des 17. Jahrhunderts erbaut

Küche mit „aufge-
hobener" Tafel
und aufgehobenen
Bänken ▷

worden sein; für diesen zeitlichen Ansatz spricht zum einen die Stuckdecke im Innern, die in die Zeit der Stuckdecke im 1625 erbauten Walbecker Pastorat weist (→ Hochstraße 25), zum anderen der auffällige, sternförmige Kamin, der typisch für die niederländische Renaissance ist und am Niederrhein nur vereinzelt vorkommt (WILDEMAN 1954, Tafel 27); auch beim Schloß Walbeck (→ Am Schloß Walbeck 3) hat es einen solchen Kamin gegeben. Auch der doppelte, liegende Dachstuhl mit durch Streben gesicherte Firstsäule und langen, naturgebogenen Kopfstreben paßt in diese Zeit.

Die verputzten und stuckierten Mutterbalken des Saals im Trakt E sind an der Außenseite mit gußeisernen Maueankern in Form von Rosetten gesichert, die auf eine Renovierung im 19. Jahrhundert hinweisen.

Vielleicht um die Mitte des 17. Jahrhunderts wurde das Gebäude C mit fünf Achsen Länge angebaut. Die Einrichtung einer Kapelle 1684 (siehe

unten unter Kapelle) scheint die Existenz dieses Gebäudes vorauszusetzen.

1712 wurde der lange Trakt F mit einer Tür und einem darüberliegenden Ochsenauge und zwei Toreinfahrten, von denen die linke vermauert ist, erbaut.

Die Verlängerung des Gebäudes E um eine Achse nach Süden gibt sich durch eine Baunaht deutlich zu erkennen und könnte erst im 19. Jahrhundert erfolgt sein. Ein neuer Zugang zum Gebäude A wurde zwischen den Teilen E und B wohl erst zu Beginn des 20. Jahrhunderts geschaffen.

Fenster

Das Erscheinungsbild von Haus Steprath wird wesentlich durch die Fenster bestimmt. Es ist auffällig, daß alle Gebäudeteile aus den verschiedenen Epochen nicht unterschiedliche, sondern weitgehend einheitliche Kreuzstockfenster und halbe Kreuzstockfenster aufweisen. Offenbar liegt hier eine Frühform der denkmalpflegerischen Überlegung vor, daß sich neue Gebäudeteile den alten auch angleichen können. Als Vorbild dürften die in der ersten Hälfte des 17. Jahrhunderts an der Westseite des Traktes E eingebauten Kreuzstockfenster aus Basalt mit den für diese Zeit noch typischen Vergitterungen gedient haben.

Inneres

Im Gebäude A befindet sich hinter der Eingangstür im Zwickel zum Gebäude F eine alte Wohnküche mit Kamin und einem über die gesamte Tiefe des Raumes reichender Rauchfang. Die unverputzte Holzbalkendecke wird von einem schweren Mutterbalken getragen, der an einem Ende auf einem Sattelholz mit Birnenstab und Einkerbungen aufliegt. Der Fußboden wurde trotz der zahlreichen Risse in den Blausteinplatten in seiner Originalität

Haupthaus von Nord-
osten, links der Trakt B,
in der Mitte A und
rechts F

erhalten. An der Stirnseite der Küche befinden sich
ein Tisch und zwei Bänke, die mit einer Seite mittels
eines Scharniers an der Mauer befestigt sind und
hochgeklappt werden können; die Tafel kann hier
im wahrsten Sinne des Wortes „aufgehoben werden"
(WILDEMAN 1951 und 1954, Tafel 63).

Das Gebäude ist nur teilweise unterkellert; in
den zum Teil mit Tonnengewölben gedeckten Kel-
lerräumen finden sich teilweise noch Fußböden aus
Rollkiesel.

Im Gebäude E befinden sich ein Saal mit aufwendiger Stuckdecke aus der ersten Hälfte des
17. Jahrhunderts; die Decke ähnelt der im 1625
datierten alten Walbecker Pastorat (→ Hochstraße 25). Der Raum wird mittels eines großen
Kamins geheizt. Der zweite Raum in diesem Trakt
weist eine andere Stuckdecke auf und wird ebenfalls von einem offenen Kamin geheizt. Die Böden
beider Kamine bestehen aus hochkant gestellten
Schieferplatten, die sternförmig angeordnet sind;
ähnlich wie in den Kaminen von Haus Vlassrath bei
Straelen (SCHIFFLER 1987, S. 104–107) könnten sie
aus dem 17. Jahrhundert stammen.

Kapelle

Eine Hauskapelle wurde mit bischöflicher Erlaubnis
1684 eingerichtet (EUSTRUP 1958, S. 60 f.). Sie befindet sich noch heute im Gebäudeteil C und ist nach
Westen ausgerichtet. Bereits 1938 war sie renovie-
rungsbedürftig, damals existierten aber noch die
Bilder im Altar und Epitaph (siehe oben Restaurierungen). Die Holztonne des Gewölbes durchstößt
die Decke und reicht bis in den Dachraum. In der
Kapelle ist nur der barocke Rahmen für ein unbe-
kanntes Altarbild des fest installierten Altars (1771
Altare est immobile: HABETS 3 1892, S. 386) zwischen zwei halben Kreuzstockfenstern erhalten; der
Rahmen für ein barockes Epitaph aus Holz mit der

Aufschrift **OBIIT J4 Iuly MDCCXXXIX** (sie starb am 14. Juli 1739) ist ebenfalls vorhanden; auch hier fehlt das dazugehörige Bild; das Epitaph dürfte Johanna Maria von Steprath zugehören, die als Erbtochter 1698 Johann Carsilis von Doornick geheiratet hatte (siehe oben: Wappenstein) und 1739 starb; der Garbstein, der das Grab ihres Mannes und ihr eigenes abdeckte, liegt heute beim Haupthaus (siehe Grabstein). Eine weitere Umrahmung eines Epitaphs auf dem Speicher hat die Aufschrift **Obyt Anno 1717 den 17 Januarii**.

Park

Eine großartige, außergewöhnlich breite Buchenallee führt über eine Länge von 640 m von Südosten zum Haus Steprath; die Allee aus Buchen und Eichen ist nicht auf das Tor ausgerichtet, sondern auf eine mächtigen Linde in der Mitte einer Weggabelung vor der Vorburg. Anläßlich der Hochzeit der Erbtochter Johanna Maria von Steprath mit Johann Carsilis von Doorninck 1698 „sollen in den vier Himmelsrichtungen des stattlichen Herrensitzes vier Linden gepflanzt worden sein, von denen zwei, darunter die eine an der Wegkreuzung vor dem Tore, noch heute grünen" (EUSTRUP 1958, S. 61). Am Haus vorbei führt eine weitere, vor einigen Jahren neu angepflanzte Allee in Richtung Norden.

Der engere Parkbereich um das eigentliche Haus besteht aus ehemals vier unterschiedlich großen Inseln, die von einem Wassergraben zusammengefaßt werden. Der Vorburg auf einer Insel ist eine andere, rechteckige Insel für den Nutz- und Gemüsegarten zugeordnet, der Insel, auf dem sich das Haupthaus erhebt, schließt sich eine quadratische Insel für den Lustgarten an. Beide Garteninseln sind auf der Uraufnahme von 1844 (4503 Geldern) als Gärten eingezeichnet. Die streng geometrische Anlage gibt sich als ehemals niederländischer Barock-

park des späten 17. Jahrhunderts zu erkennen. Ob dabei Einflüsse des ab 1685 begonnenen Parks des Schlosses Het Loo eine Rolle spielten, bleibt zu untersuchen. Wie oben gesagt war der Vater des Johann Carsilis von Doornick 1678 auf Loo gestorben, sein Sohn könnte also die späteren Parkanlagen kennengelernt haben. – An der Nordostecke des Lustgartens sind Mauerreste eines Gartenhauses aus dem 18. Jahrhundert mit einem Klobenstein für eine Türangel und ein vermauertes Ochsenauge erhalten. Die gesamte Ostseite dieser Parkinsel wird von alten Eiben abgeschirmt, die wegen mangelnder Pflege völlig durchgewachsen waren und nun wieder zurückgeschnitten wurden.

Grabstein

Der Grabstein des Johann Carsilis von Doornick (†1724) und seiner Frau Johanna Maria von Steprath (†1739), der sich noch 1968 am Turm der Walbecker Kirche befand (EUSTRUP 1958, S. 61. – OPPENBERG 1968, S. 71), liegt heute beim Haupthaus. Die ehemalige Schrift ist völlig abgelaufen, die Wappen des Ehepaars sind aber noch gut zu erkennen. Auffällig ist, daß das Wappen der Frau hier an der vornehmeren, heraldisch rechten Seite steht, ein Hinweis darauf, daß die Frau Auftraggeberin des Grabsteins war.

Grabstein bei
Haus Steprath

Am Schloß Walbeck 3:
Schloß Walbeck

Eintragung in die Denkmalliste: 28. Januar 1992
Denkmal Nr. A 62
Eigentümer: CJD-Bildungszentrum Schloss Walbeck

Geschichte

Wie bei den meisten festen Häusern des Niederrheins fehlen auch beim Schloß Walbeck gesicherte Nachrichten zur Frühgeschichte. Da Walbeck als Herrlichkeit selten einen Niederschlag im landesherrlichen Archiv fand, datiert die erste Erwähnung des Hauses Walbeck aus dem Jahre 1403, als Wynand Schenk von Nideggen zugunsten seines Bruders Heinrich auf seinen Anteil an „dem Hause Walbeck mit seinen Vorburgen, Baum- und Kohlgärten … binnen seinen Gräben und Grenzen" verzichtete (Ferber 1860, S. 34).

Die Familie Schenk von Nideggen blieb bis zum Beginn des 16. Jahrhunderts im Besitz des Hauses (siehe oben zur Geschichte Walbecks). 1526 heiratete Irmgard Schenk den Adrian von Bylant, Herrn von Schloß Rheydt (Frankewitz 1997, S. 64–67). Ihr Sohn Bertram von Bylant erbte Walbeck, und dieser kaufte mit seiner Frau Sophie van Huys 1562 das Haus Holtheyde bei Wachtendonk; Bertram wird noch 1576 als Herr von Walbeck genannt (StA Geldern, Walbeck, Urkunden); ihr zweiter Sohn Heinrich wurde der Erbe des Hauses Walbeck (Frankewitz 1997, S. 148–150). Wohl dessen Tochter Sophia von Bylant erbte Walbeck und heiratete Thomas von Gramey.

Am 21. Oktober 1653 heiratete Theodora Katharina von Gramey den Lothar Wilhelm Otto von Bönninghausen, der bis zu seinem Tode 1693 auf dem Haus wohnte (Kaul 1976, S. 131). Aus seiner zweiten Ehe mit Anna Katharina von Goor gingen

Schloß Walbeck
von Westen

elf Kinder hervor. Erbe wurde der Erstgeborene Theodor Adolf, der 1728 starb. Seine Frau Maria Beatrix de Jeger gebar vier Kinder. Mit dem Tod des Ehepaars Cornelius Franziskus Johannes Freiherrn von Bönninghausen 1802 und der Maria Anna von Sternenfels 1803 starb die Linie von Bönninghausen auf Schloß Walbeck aus. Am 2. Dezember 1808 wurde das Haus durch deren Erben an Gerhard Friedrich von Ammon verkauft, der von 1813 bis 1823 Bürgermeister von Walbeck war (von Bönninghausen 1964. – Oppenberg 1968, S. 184. – Kaul 1976, S. 131). 1839 klagte Friedrich von Ammon, ihm sei *die Verwaltung meines Gutes zu Walbeck in meinen Jahren zu lästig*, und zehn Jahre nach seinem Tod 1846 (Geheimes Staatsarchiv, Preußischer Kulturbesitz, Berlin-Dahlem, Archiv Ammon, Nr. 61) wurde das gesamte Anwesen 1857 öffentlich versteigert (StA Geldern, Walbeck, Nachlaß Oppenberg:

„Verzeichniß der … zum Verkauf kommenden, den Erben von Ammon zugehörigen, das Rittergut ‚Haus Walbeck‘, auch Boenninghausen genannt, umfassenden Immobilien"). Ankäufer war offenbar eine Familie von Hymmen, die den Besitz um 1880 an die Familie Mauritz aus Düsseldorf veräußerte (StA Geldern, Walbeck 3/10).

1903 gelangte das Haus auf dem Wege der Versteigerung an Jakob (Köbes) Klein. Dessen Sohn Major Dr. Walther Klein Walbeck (ein Denkmal für ihn steht am → Bergsteg / Grenzweg) und seine Frau richteten das heruntergekommene Schloß zu ihren Wohnzwecken her. Bei diesem Ausbau wurde ein altes Wappen der Familie von Bönninghausen beseitigt und das jetzige Doppelwappen angebracht, im Speisesaal ein Kamin nach Plänen des Provinzialkonservators Professor Paul Clemen eingebaut (freundliche Hinweise von Frau Dr. Inge Klein-Walbeck; siehe dazu unten); für die Dekoration des Schlafzimmers konnte der Düsseldorfer Professor

Lageplan von Schloß Walbeck, um 1890

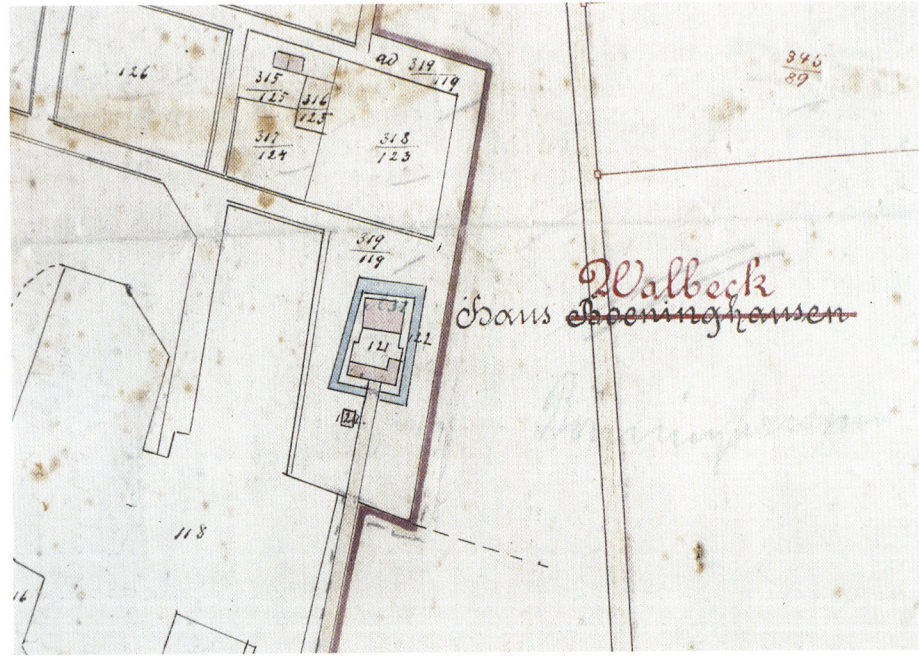

Emil Fahrenkamp gewonnen werden (Moderne Bauformen. Monatshefte für Architektur und Raumkunst, Jg. XXII, Stuttgart, Oktober 1923).

Nach dem Zweiten Weltkrieg diente das Schloß zunächst als Erholungsheim für Bergleute (RP vom 30. Januar 1971). Seit 1955 wurden die Räume von einem Institut für christliche Sozialpädagogik genutzt (StA Geldern, Walbeck, 3/10); 1980 kaufte das sozialpädagogische Institut „Christliches Jugenddorf Deutschland" das Schloß von Dr. Klein-Walbeck (NN vom 8. Oktober 1980).

Ansicht von Jan de Beyer, 1743

Der bekannte Zeichner Jan de Beyer zeichnete das Haus Walbeck von Südosten (DE WERD 1980, Nr. 146). Die Morgensonne scheint von rechts auf das Haus mit der Vorburg, die im Vordergrund zu sehen ist. Sie bestand aus zwei rechtwinklig aneinander stoßende Teile, von denen der dem Betrachter zugewandte Südflügel fensterlos und teilweise strohgedeckt erscheint; das Obergeschoß kragt über ein rundbogiges Gesims leicht vor. Die noch in der Sonne liegende Südostecke des Gebäudes ist abgefast. Von dem im rechten Winkel an der linken Seite anstoßenden Westflügel ist im Schatten allein ein Giebel aus Fachwerk zu erkennen. Ein nur eingeschossiger, kurzer Anbau der zum Haupthaus gerichtet ist, schließt an der rechten Seite in nördliche Richtung an. Da dieser Anbau im Schatten des zweigeschossigen Torturms mit Zugbrücke liegt, muß dieser Turm direkt an den Anbau anstoßen. Der Torturm ist über eine einbogige Steinbrücke sowie eine Zugbrücke zu erreichen. Über dem Tor ist offenbar ein Wappenstein vermauert. Das Satteldach zwischen den sechsfach abgetreppten Giebeln ruht an der Traufe ebenfalls auf einem Bogenfries; der große Kamin verrät, daß der Turm für längere Aufenthalte konzipiert war und in seinen Unterge-

Ansicht von
Jan de Beyer, 1743

schossen vielleicht noch aus dem Spätmittelalter stammte.

Das Haupthaus im Hintergrund erscheint als wuchtiger, vierseitiger Bau, in dessen Ostwand (an der rechten Seite) im Untergeschoß zwei große, im Obergeschoß drei kleinere Kreuzstockfenster zu erkennen sind. Das Obergeschoß kragt ein wenig über einem Klötzchenfries vor, unter der Traufe erkennt man einen weiteren Fries. Auf den beiden Ecken sitzen in der Dachzone zwei mehrseitige kleine Türme, Tourellen. Das Satteldach mit fünf Dachgauben endet im Hintergrund an einem Giebel. – Der Südflügel des Hauses wird weitgehend von den Gebäuden der Vorburg verdeckt. Die Traufe dieses Flügels liegt um ein ganzes Geschoß niedriger als beim Ostflügel. Bekrönt wird das Dach von einer achtseitigen, offenen Laterne. Der – verdeckte – Zugang zum Haupthaus wird von einem

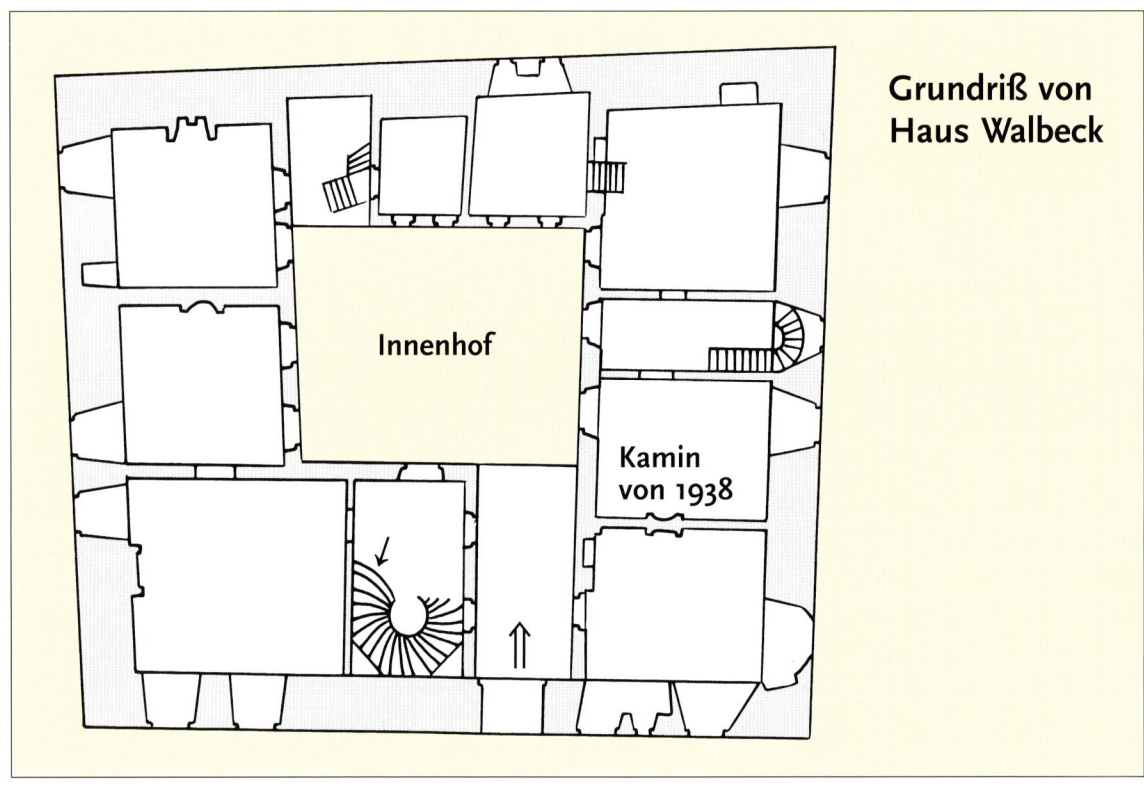

Grundriß von Haus Walbeck

Innenhof

Kamin von 1938

Treppengiebel überdeckt. Interessant ist der Kamin am linken Ende des Firstes, der über einem sternförmigen Grundriß mehrseitig gestaltet ist; einen solchen auffälligen Kamin, der typisch für die niederländische Renaissance ist, kommt am Niederrhein nur vereinzelt vor (WILDEMAN 1954, Tafel 27), in unmittelbarer Nähe zu Haus Walbeck gibt es einen solchen bei dem Haus Steprath (→ Am Bröckelken 35).

Ansicht von 1782
Wesentlich ungelenker als die Zeichnung von de Beyer ist eine eher naive Ansicht des Schlosses aus dem Jahre 1782 (VON BÖNNINGHAUSEN 1964, S. 131. – WIGGER 1989, S. 144, C 806, Nr. 40), die aber in ihren Details wichtige Hinweise zur baugeschichtlichen Entwicklung des Hauses vermittelt. Der unbekannte Zeichner des Bildes stand etwa an derselben Stelle wie Jan de Beyer, jedoch sah er das Haus aus einer leichten Vogelperspektive. Die wichtigste Veränderung gegenüber der Ansicht von 1743 ist bei der Vorburg zu erkennen: Nicht nur der Torturm, sondern die gesamte dreiseitige Vorburg ist abgebrochen und wurde zwischenzeitlich durch einen Winkelbau ersetzt; der Zugang erfolgt nun nicht mehr von der Ost-, sondern von der Südseite; das Vorhofgebäude weist vier große Fenster nach Süden auf, die vermuten lassen, daß dieser Teil nun zu Wohnzwecken hergerichtet wurde. – Dank der Vogelperspektive ist zu erkennen, daß die repräsentative Fassade des Haupthauses nicht nur durch einen, sondern durch zwei Treppengiebel betont wurde. Die Tourellen, Dachgauben und die offene Laterne haben keine Veränderungen erfahren.

Restaurierungen

1833 ist das Schloß teilweise abgebrannt, dabei ging der alte Dachstuhl – und damit auch die Laterne – verloren; der jetzige Dachstuhl besteht unten aus Eichenholz, darüber aus Tannenholz; die Verzimmerung erfolgte noch mit Holznägeln; die einzelnen Stühle tragen Abbundzeichen. Im zweiten Dachstuhlgebinde von rechts findet sich die Inschrift **IOHANN KLOMPEN R**(enovatu)**M x 1833 x**. Wahrscheinlich wurden bei dieser Gelegenheit die beiden auf der Zeichnung von 1782 erkennbaren Giebel entfernt, der linke der beiden Zugänge vermauert und dahinter das jetzige Treppenhaus mit großer Wendeltreppe eingebaut.

Ab 1920 modernisierten die Eigentümer das Haus nach damaligen Maßstäben. Im Zweiten Weltkrieg erlitt das Haus Walbeck leichte Schäden am Dach (JbrD 19, 1951, S. 202), die bis 1956 behoben werden konnten (JbrD 21, 1957, S. 220). 1965 folgte eine umfangreiche Instandsetzung der Dächer (StA Geldern, Walbeck, 3/10).

Die Vorburg wurde ab 1971 zu Wohnzwecken hergerichtet, die dabei entstandenen Bausünden konnten bei der Dachsanierung 1999 beseitigt werden (siehe unter Vorburg).

Beschreibung und baugeschichtliche Entwicklung: Vorburg

Die eingeschossige Vorburg aus Backstein legt sich hufeisenförmig vor das Haupthaus. Die Gebäude stammen im Kern aus dem 18. Jahrhundert, dürften aber im 19. Jahrhundert – möglicherweise im Zusammenhang mit dem Brand von 1833 – verändert worden sein. Wohl zu dieser Zeit verschwand die noch auf der Zeichnung von 1782 zu sehende Zugbrücke und wurde durch das heutige zweiflügelige, mit schweren Nägeln verzierte Tor mit

Schloß Walbeck
von Osten

integrierter Pforte ersetzt. Durch den Ausbau der Vorburg zu Wohnzwecken ab 1971 sollte das Gebäude zwar „äußerlich keinerlei Veränderung erfahren" (RP vom 30. Januar 1971), das Ergebnis des Ausbaus entsprach aber in keiner Weise der Bedeutung des Denkmals. 1999 wurden glücklicherweise die damals eingebauten Dachflächenfenster und verschiedene, völlig unpassende Dachgauben durch einheitliche Gauben mit Verschieferung ersetzt. Bei dieser wichtigen und guten denkmalpflegerischen Maßnahme sind auf Grund der Wärmeschutzverordnung die Gauben leider etwas groß geraten.

Haupthaus

Das zweigeschossige Haupthaus von Schloß Walbeck erhebt sich über eine leicht rechteckige Grundrißfläche von etwa 25 × 30 m mit einem kleinen

Innenhof. Das äußere Mauerwerk stellt eine Ringmauer dar und erreicht in beiden Geschossen eine
Stärke von 200 cm; zum Innenhof hin ist die Mauer
nur 65 cm stark. Im Dachgeschoß ist die Außenmauer nur noch bis zu 60 cm dick. Markantes
Gliederungselement ist der Klötzchenfries, der auf
der Schulterhöhe des Obergeschosses auf allen vier
Seiten um das ganze Haus läuft und auf dem die darüberliegende Mauer um einen Stein nach außen
verspringt.

Das Haupthaus nimmt an der zur Vorburg gerichteten Südseite ein aus der Mittelachse etwas
nach rechts versetztes rundbogiges Tor auf, das zu
einem kleinen Innenhof führt. Links des Tores befinden sich in beiden Geschossen je zwei übereinanderliegende Fenster, die Fensterachsen rechts

des Tores sind nicht symmetrisch angeordnet. Die
Fenster des Obergeschosses durchschneiden den
Klötzchenfries, über dem die obere Hälfte des Obergeschosses mit dem Drempel vorkragen. Durch die
direkt unter der Traufe gelegenen Luken kann der
Drempel beleuchtet bzw. belüftet werden. – Zu
großen Teilen sind im Dachgeschoß noch Lehm-
putzreste an den Mauern zu beobachten. Da auf
der Ansicht von Jan de Beyer auf dem Dach zahlreiche Dachgauben zu sehen sind, ist zu vermuten,
daß hier verschiedene Kammern zu Wohnzwecken
eingerichtet waren.

Der Bau der Gebäude im Innenraum der Ringmauer erfolgte offensichtlich abschnittsweise. Ältester Teil könnte der linke, westliche Flügel sein,
an den sich in der Südmauer ein zur Vorburg ausge-
richteter Torbau anlehnte und der – von der
Vorburg aus gesehen – mittig in der Südmauer
den Innenhof erschloß. Mit der Umwandlung des
Torbaus zu Wohnzwecken ist vielleicht ein zweites,
das jetzige Tor, in die Ringmauer gebrochen worden
und wurde ebenso wie das alte Tor mit einem
Treppengiebel überdeckt. Dies könnte die völlig
untypische Anordnung von zwei Treppengiebeln,
wie sie auf der Zeichnung von 1782 dargestellt
sind, erklären. Mit dem Ausbau des Südflügels erhielt das Haus den für viele mittelalterliche Häuser
typischen rechtwinkligen Grundriß (vgl. Neersen,
Uda, Wachtendonk: FRANKEWITZ 1997, S. 95, 112, 134).

Das heutige Tor zum Haupthaus dürfte noch aus
dem 17. Jahrhundert stammen. Die beiden Torflü-
gel stehen und drehen mittels eines eisernen Dor-
nes in einem Stein im Boden, die oberen Angeln
werden von Kloben in Klobensteinen gehalten.

Links vom heutigen Zugangstor erkennt man im
unregelmäßigen Mauerwerk die Vermauerung des
ursprünglichen Zugangs, über dem sich gemäß der
Zeichnung von 1782 eine Sonnenuhr befand.

Erst in einer weiteren Bauphase wurde in die Ringmauer der östliche Wohnflügel gebaut, der deutlich vom Südtrakt durch eine Baunaht an der linken Innenseite des heutigen Tores getrennt ist. Da in diesem östlichen Trakt die Fenster in der Westwand – zum Innenhof hin – über die gesamte Länge zu finden sind, muß der nördliche Verbindungstrakt zwischen West- und Ostflügel noch später datieren; durch das Dach dieses nördlichen Verbindungstrakts, der deutlich niedriger als die anderen Gebäude ist, werden zwei zugemauerte Fenster in der Westwand des Ostflügels verstellt. Zumindest teilweise ist die Außenmauer des nördlichen Verbindungstraktes nur 100 cm dick, hier müßten also noch weitergehende Untersuchungen ansetzen.

Auf den Tourellen befinden sich schmiedeeiserne Wetterfahnen, von denen die beiden an der Südseite die Wappen der Familien Klein und Lamprecht (siehe unter Wappenstein), die beiden an der Nordseite die Jahreszahlen **1346** und **1934** tragen; die Wetterfahnen wurden demnach 1934 angebracht.

Wappenstein

Ein älterer Wappenstein der Familie von Bönnighausen mit einem Fisch (Abbildung bei OPPENBERG 1968,

Kamin im Speisesaal

vor S. 73) wurde der Überlieferung nach 1920 beseitigt und durch den jetzigen Stein ersetzt. Dieser zeigt die etwas unheraldischen Wappen des Dr. Walther Klein-Walbeck (ein schräg gestellter Pfeil, der von vier Sternen begleitet wird) und das seiner zweiten Frau Marianne Lamprecht (eine zwieschwänzige Meerjungfrau auf einer Weltkugel), Tochter des berühmten Historikers Karl Lamprecht (1856–1915). In einem Gedicht wird auf die Bedeutung des Pfeiles als Abwehrwaffe hingewiesen (CHERK 1999, S. 12).

Ausstattung

Eine alte Ausstattung existiert nicht. Allein die beeindruckende Wendeltreppe mit offener Spirale, die bis zum Dachgeschoß führt, dürfte von 1833 datie-

Wappenstein über dem Zugang zum Haupthaus

ren. – Im Speisesaal befindet sich ein Kamin aus Sandstein, der vorne die beiden Wappen Klein und Lamprecht (siehe oben Wappenstein) sowie die Jahreszahl **1920** zeigt; in diesem Jahr übernahm er die Verwaltung von Haus Walbeck (StA Geldern, Totenzettelsammlung); an der linken Seite ist der Spruch **NON MERGOR** (ich werde nicht untergehen), rechts die Datierung **1938**. Der Überlieferung nach wurde der Kamin von Paul Clemen entworfen. – Im Westflügel ist eine klassizistische Ofennische, die an einen Kamin erinnert, erhalten.

Kapelle

Eine Kapelle ist von Lothar Wilhelm Otto von Bönninghausen 1666 eingerichtet worden (StA Geldern, Walbeck, Urkunden zu 1666 März 13 und Oktober 28), der von 1653 bis zu seinem Tode 1693 auf dem Haus wohnte (KAUL 1976, S. 131). Die Kapelle besaß 1772 einen fest installierten Altar (*altare est immobilie*. HABETS 3 1892, S. 386), die Erlaubnis zum Lesen von Messen wurde alle vier Jahre erneuert (StA Geldern, Walbeck, Urkunde zu 1772 April 28). Angeblich befand sich die Kapelle im nordwestlichen Raum des Obergeschosses.

Datierung

Das Schloß Walbeck mit den Resten eines Wehrgangs sowie vier Tourellen auf den Ecken dürfte wegen seiner immensen Mauerstärke aus der Mitte des 14. Jahrhunderts stammen. Schon seit der Mitte dieses Jahrhunderts sind derartige Tourellen bei den großen Landesburgen bekannt (Zons, Hülchrath, Andernach: WILDEMAN 1954, Tafel 13, 18, 19), aber erst im Verlauf des 15. Jahrhundert kommen sie im nördlichen Rheinland bei repräsentativen Gebäuden sowohl des Adels, als auch der Bürgerschaft geradezu in Mode; so finden sich Eckwarten an den Rathäusern in Kalkar (1442), Rees (Mitte 15. Jahr-

hundert) und Geldern (1477: MEURER 1979, Nr. 66) ebenso, wie an zahlreichen Burgen und Herrenhäusern (Kleve, Anholt, Middelaar, Driesberg, Wissen: DE WERD 1980, Nr. 49–51, 31, 74, 79, 97) oder Stadttoren (Emmerich, Goch, Uedem: DE WERD 1980, Nr. 8, 10, 90, 92). Auch wenn die Tourellen beim Schloß Walbeck erst im 15. Jahrhundert als Dekoration nachträglich angebaut worden sein sollten, spricht die noch ganz auf Verteidigung ausgerichtete Ringmauer für eine wesentlich frühere Datierung des Hauses.

Park

Die in unmittelbarer Nähe von Schloß Walbeck in den Wald führenden Alleen zeigen, daß es hier sicherlich seit dem 17. Jahrhundert gärtnerische Anlagen gegeben hat. Die Lage der Alleen ist auf der preußischen Uraufnahme von 1844 (Blatt 4403 Geldern) ebenso auszumachen, wie östlich des Hauses die Disposition einer älteren Gartenanlage, wohl des 18. Jahrhunderts. *Bei Schloß Walbeck war* (1940) *eine der beiden alten Linden, die beide unter Denkmalschutz stehen, halb umgeweht. Sie wurden aber auf Veranlassung der Besitzerin mit Seilen und Balken wieder in ihre alte Lage gesetzt und blieb somit erhalten* (Schulchronik Walbeck I, 1872–1945, S. 167).

Am Schloß Walbeck 41: Buchshof

Eintragung in die Denkmalliste: 9. Januar 1997
Denkmal Nr. A 167

Eingeschossiges Bauernhaus aus Backstein mit Halbwalmdach aus der Mitte des 19. Jahrhunderts. Die Giebelseite hat eine Breite von vier Fensterachsen. Charakteristisch für dieses Bauernhaus ist die gleiche Höhe der Abseiten und des Mittelschiffs. 1998 wurde das Haus grundlegend saniert, der Stallteil sowie der Speicher zu Wohnzwecken ausgebaut. Dabei wurden auf die Dachhaut straßenseitig drei und an der Rückseite vier Schleppgauben aufgesetzt, die in dieser Form früher bei ländlichen Wirtschaftsgebäuden üblich waren. Im Innern des ehemaligen Wohn-Stallhauses ist an der Stelle des alten Kamins ein **1939** datierter Kamin mit einer runenartigen Aufschrift ebenso erhalten geblieben, wie die – sichtbar gelassenen – Scherenstühle des Dachstuhls, auf dem sich Abbundzeichen befinden. Die Fugen des äußeren Mauerwerks sind in hervorragender Weise wieder mit einem Fugenstrich versehen worden. – In dem reichen Bauerngarten gibt es vor dem Haus noch einen alten Brunnen, dessen Aufmauerung erneuert wurde.

Der Buchshof

An der Fossa 22: Bosserhof

Eintragung in die Denkmalliste: 8. Dezember 1995
Denkmal Nr. A 206

Am Ende einer Buchenallee steht T-förmig vor dem Stallteil das zweigeschossige Backsteinhaus von fünf Achsen Länge und zwei Achsen Breite mit Satteldach aus dem dritten Viertel des 19. Jahrhunderts. Alle Fensterstürze werden von einem leicht korbbogigen, nur wenig hervortretenden Gesims überdeckt, das an den Enden nach unten abknickt. Vorbild für diese Betonung der Fenster dürfte die Villa von Eerde in Geldern gewesen sein (→ Geldern, Issumer Tor 40). Die Ortgänge sind nach unten treppenartig ausgebildet, die Giebelwände ragen über die Dachfläche hinaus und sind sattelförmig abgedeckt. – Auf dem Hof wohnten die Familien Keltgens und Vallen (Schopmans, Naus 1981, S. 23).

Der Bosserhof

Bergsteg 1: Wohnhaus

Eintragung in die Denkmalliste: 11. Dezember 1995
Denkmal Nr. A 200

Zweigeschossiges Backsteinhaus von vier Achsen mit Krüppelwalmdach aus der Mitte des 19. Jahrhunderts. An der Maasstraße hat das Haus einen

eingeschossigen Anbau mit Walmdach, dessen hintere Ecke aufgrund der Straßenführung abgeschrägt ist. Trotz der unschönen Dachflächenfenster und der Veränderungen im Innern stellt das an einer Straßengabelung dominierend gelegene Haus ein wichtiges Element des auf Harmonie abzielenden Ortsbildes dar. – Die Pumpe der Nachbarschaft „Boneshuck" vor dem Haus an der Straßengablung wurde 1991 durch den Heimat- und Verkehrsverein erneuert (RP vom 4. Oktober 1991).

Bergsteg / Grenzweg:
Denkmal für Major Klein Walbeck

Eintragung in die Denkmalliste:
Denkmal Nr.

In einem kleinen Park an der Gabelung der beiden genannten Straßen findet sich an einem Findling ein leicht ovales Bronzerelief von etwa 50 cm Höhe. Es zeigt den Major Dr. Walther Klein-Walbeck, der 1876 in Elberfeld geboren wurde, 1920 nach Walbeck kam und „den in dieser Gegend ganz unbekannten Spargelbau im großen Ausmaß" einführte (StA Geldern, Totenzettelsammlung). 1929 gründete er mit 55 Walbeckern eine „Spargelbau-Genossenschaft für Walbeck und Umgebung"; 1931 starb er auf Schloß Walbeck (→ Am Schloß Walbeck 3) 1939 setzte man dem Major das Denkmal (KLEIN-WALBECK 1977. – REINDERS 2000, S. 116–119).

Spargelanbau hat es im Gelderland bereits erheblich früher gegeben. Schon 1737 ist er im nahen Venlo bezeugt (VENNER 1993), und in der Stadt Geldern konnte bereits 1881 der Mühlenbesitzer Bernhard Vollrath „einen in seinem Garten gezogenen Spargel von 30 Ctm. Länge und 3 Ctm. Durchmesser der Zeitung präsentieren" (GW vom 3. Juni 1881).

Heeseker Weg 15:
Ehemaliges Bauernhaus Heeseker

Eintragung in die Denkmalliste: 11. Dezember 1995
Denkmal Nr. A 214
Eigentümer: Jörg und Ruth Sals

Langgestrecktes Wohn-Stallhaus aus dem 19. Jahrhundert mit Satteldach und dreiachsigem Giebel an der Ostseite mit der Eingangstüre mit Putzumrahmung. Den Giebel mit Putzsockel zieren an den Ecken Putzquader und auf der Schulterhöhe der unteren Fenster ein Putzgesims. Die Fensterstürze sind jeweils durch drei Putzquader betont. Dieses Dekor dürfte um 1910 aufgebracht worden sein. 1995/96 wurden der Wohn- sowie der ehemalige Stallbereich zu Wohnzwecken hergerichtet. Dabei

Heeseker

wurden alle Fenster erneuert, zwei korbbogige Tore zu Fenstern umfunktioniert. Um auch den Dachbereich des ehemaligen Bauernhauses nutzen zu können, wurden an jeder Seite zwei Dachgauben aufgesetzt. Im Innern konnte der Wohnteil weitgehend erhalten werden. Hervorzuheben sind hier der Kamin und die Kölner Decke in der alten Küche. Leider meinte der Dachdecker, den Ortgang an der Giebelseite verschiefern zu müssen.

Hochstraße 5:
Wohnhaus, „Haus Hermans"

Eintragung in die Denkmalliste: 11. Dezember 1995
Denkmal Nr. A 204
Eigentümer: Klaus Bodem

Giebelständiges Wohnhaus aus Backstein mit Quaderputz an den Längsseiten und einem Giebel mit

Kamin in der Küche
des Heeseker Hofs

Hochstraße 5

Das alte Pastorat
von 1625 und
die Stuckdecke ▷

Das ehemalige
Luziastift

roten, glattgestrichenen Ziegeln und mit hellem Putz abgesetzten Fenster- und Türgewänden; über den Fenstern floraler Schmuck; oben in einer abgesetzten Tafel die Datierung **1910**, die sich aber nur auf den Giebel bezieht. Die Maueranker an den Längsseiten verraten, daß das Haus im Kern älter ist und sicher aus dem 19. Jahrhundert stammt (Schopmans, Naus 1981, S. 35).

Hochstraße 8–10: van Deelensches Haus / ehemaliges Luziastift

Eintragung in die Denkmalliste: 11. Dezember 1995
Denkmal Nr. A 198

Zweigeschossiger Backsteinbau mit Walmdach, durch Maueranker an der Längsseite in das Jahr **1771** datiert. An der Südseite befindet sich im hinteren Teil ein quadratischer, ebenfalls zweigeschossiger Anbau, der auf Stelzen errichtet wurde (Frankewitz 1991a, S. 147) mit Walmdach und Dachreiter, an dessen spitzbogigen Fenstern zu erkennen ist, daß das Obergeschoß eine Kapelle birgt. – Seinen Namen verdankt das ansprechende Haus der Familie van Deelen, von der Peter Franz (†1812) letzter Sekretär der Freiherrlichkeit Walbeck war (Oppenberg 1968, S. 10). Zwischen 1859 und 1911 wurde in dem Haus Schulunterricht erteilt; ab 1913 besaß der „Orden der christlichen Schule und Barmherzigkeit" in dem Luzia-Stift genannten Haus eine Niederlassung und betreute hier bis 1998 ein Altenheim (Oppenberg 1968, S. 118f.); über 60 Jahre beheimatete das Haus zudem die frühere „Kinderbewahrschule" (RP vom 5. November 1997). 1958 beabsichtigte der damalige Amtsdirektor, das Haus „wegen Baufälligkeit" abzureißen (RP vom

23. Dezember 1958)! Seit April 2000 befindet sich in dem Haus das „Hospiz-Haus Brücke Friedel", in dem „Menschen in ihrer letzten Lebensphase und deren Angehörige" betreut werden (RP 12. Januar, 31. März, 3. April 2000).

Hochstraße 25: Altes Pastorat

Eintragung in die Denkmalliste: 25. Mai 1994
Denkmal Nr. A 129

Zweigeschossiger, weiß verputzter Backsteinbau mit Satteldach zwischen zwei hohen und dreigeschossig geschweiften Giebeln von 1625. Die beiden an der südlichen Giebelseite über Eck gestellten Fialen und der Sägezahnfries sind für die Entstehungszeit des Hauses ebenso typisch, wie der im Obergeschoß auf halber Fensterhöhe umlaufende Sägezahnfries.

Bei der Restaurierung 1973 wurden die Fenster des um 1900 völlig überformten Hauses (siehe Abbildung bei OPPENBERG 1968, nach S. 60) nach altem Befund als halbe Kreuzstockfenster wieder-

Kevelaerer Straße 2:
Ehemalige Gaststätte
„Zum Goldenen Kreuz"

Eintragung in die Denkmalliste: 5. Dezember 1991
Denkmal Nr. A 71

Ein sehr interessantes und wichtiges Denkmal ist dieser eingeschossige, verputzte Backsteinbau mit vier Achsen Breite und drei Achsen Länge mit Satteldach. An der hohen Giebelseite findet sich in Eisenankern die Datierung **1780**. Bedingt durch die ungewöhnliche Breite ist der Speicher mit dem eichenen Dachstuhl zweigeschossig. Um 1900 wurden die zwei nachträglich vergrößerten Gaststättenfenster an der Frontseite sowie die drei Fenster an der Straßenseite mit einer Verglasung in Jugendstilornamentik eingebaut, die Türe und die Fenster erhielten Putzrahmen. Vielleicht noch aus dieser Zeit stammen die beiden den früheren Gästen schattenspendenden Linden vor dem Haus. An der rückwärtigen, unverputzten Giebelseite mit holländischen Dreiecken erkennt man die Ausflugslöcher eines Taubenstalls. – In einem daran anschlie-

hergestellt (RP vom 3. August 1973). Über der Eingangstür ist ein Blaustein mit folgender Inschrift eingelassen: **R. D. EVERHARDO POEYN PAS= / TORE ET AVCTORE HOC AEDIFI=/CIVM IN VSVM ECCLESIAE / EST ERRECTV**(M) **A**(NN)**O 1625** (Dem ehrwürdigen Eberhard Poeyn, Pastor und Begründer wurde dieses Bauwerk zum Nutzen der Kirche im Jahre 1625 errichtet). Im nach Norden gerichteten Raum mit offenem Kamin an der Giebelseite befindet sich eine Stuckdecke, die wohl aus der Erbauungszeit des Hauses stammt und in der Mitte einen Wappenschild mit einem Löwen und einen Raubvogel mit offenem Flug als Helmzier zeigt. Die Decke ähnelt der Stuckdecke im Haus Steprath (→ Am Bröckelken 35).

ßenden, eingeschossigen Anbau, der 1997 abgerissen wurde (RP vom 8. Juli 1997), war ab 1950 das Postamt untergebracht (RP vom 11. Juli 1998). Ihren Namen verdankt die ehemalige Gaststätte dem „goldenen Kreuz", einem einfachen hölzernen, 1948 erneuerten Wegkreuz mit einem Kruzifix des 19. Jahrhunderts, das vor dem Haus unter einer Linde steht (OPPENBERG 1968, S. 139f.). – Allein der soliden Bauweise des 18. Jahrhunderts ist es zu verdanken, daß dieses wichtige, leerstehende Denkmal trotz jahrelanger Vernachlässigung immer noch auf eine dringend notwendige Sanierung hoffen kann.

Längsseite von
Kevelaerer Straße 2

Kevelaerer Straße: Friedhof

Eintragung des Kalvarienbergs in die Denkmalliste:
20. Juni 1995
Denkmal Nr. A 189

Kalvarienberg

Auf einem bepflanzten Hügel steht auf dem Walbecker Friedhof, der vor 1830 von der Kirche weg und hierhin verlegt wurde (OPPENBERG 1968, S. 70), ein Kalvarienberg aus dem Beginn des 20. Jahrhunderts. Er besteht aus einem Steinkreuz mit Kruzifix sowie den freistehenden Figuren der Maria und des Johannes. Auf dem mittleren der aus Backstein gemauerten Sockeln findet sich die Aufschrift **VOLLBRACHT**.

Kriegerehrenmal

Ein Kriegerehrenmal für die Gefallenen des Ersten Weltkriegs sollte schon 1922 errichtet werden (StA Geldern, Walbeck, 3/10). – Das heutige Kriegerehrenmal mit den Namen der Gefallenen und Vermißten des Zweiten Weltkriegs auf 13 Bronzetafeln an

Kalvarienberg auf
den Friedhof

Glocke von 1772

fünf Steinsockeln und einem Holzkreuz wurde 1957 fertiggestellt und geht auf einen Entwurf des Bildhauers Dierkes in Kevelaer zurück (RP vom 28. September 1957); 1982 wurden die Tafeln „mit Salzsäure gereinigt" (Monats-Anzeiger November 1982, S. 15).

Glocke auf dem Friedhof

Neben der Friedhofshalle steht ein offener hölzerner Turm, in dem die alte Nikolausglocke von 1772 hängt (CLEMEN 1891, S. 91), 1998 sollte sie mit den neuen Glocken eigentlich wieder in der Kirche aufgehängt werden (RP vom 19. November 1998, hier 1776 datiert) doch sie blieb auf dem Friedhof.

Kokerweg 18: Kokermühle

Eintragung in die Denkmalliste: 9. Juni 1988
Denkmal Nr. A 52
Eigentümer: Hans-Peter Engels

Daß Fachwerkbauten nicht als Immobilien angesehen wurden, zeigt ein Blick in die Geschichte der Kokermühle, die im 18. Jahrhundert in den Niederlanden stand und als Sägemühle arbeitete, 1823 dort abgebaut und in Walbeck wieder aufgebaut wurde (SOMMER 1991, S. 193f., Nr. 4503–1. – VOGT 1989, S. 91). Hier arbeitete sie mit Windkraft bis 1952 und anschließend noch mit einem Holz- und Dieselmotor (OPPENBERG 1962).

Schon 1929–32 wurde die Mühle „frisch beschindelt" und „das gesamte Getriebe … instand gebracht" (JbrD 8/9, 1932, S. 54), 1938 wurden die Treppe und der Schwertbalken repariert (JbrD 16, 1938, S. 503). Im Zweiten Weltkrieg wurde das Flügelkreuz zerstört und das Gehäuse der Mühle leicht beschädigt (JbrD 19, 1951, S. 202), bis 1956 „Sicherung des Bestandes dieses besonders wich-

tigen technischen Kulturdenkmals" (JbrD 21, 1957, S. 220). Mindestens bis 1964 war die Inneneinrichtung der inzwischen dem Amt Walbeck gehörenden Mühle „vollkommen erhalten" (JbrD 25, 1965, S. 173). Nachdem die Mühle lange Jahre ungenutzt leerstand, wurde sie von der Stadt Geldern und dem Kreis Kleve 1997 an Hans-Peter Engels aus Lüllingen verkauft (RP vom 2. August 1997) und durch den Architekten Egbert Arts fachgerecht und mit viel Liebe zum Detail saniert und restauriert. Seit August 1998 dient das Mühlengebäude als hervorragende Kulisse für ein Architekturbüro (N. N. vom 22. August 1998. – SCHOPMANS 1999). – Leider wird das Erscheinungsbild und die Erfahrbarkeit der ehemals auf freiem Feld errichteten Mühle (Kreis Geldern 1930. – FRANKEWITZ 1991a, S. 146. – FRANKEWITZ, VOIGT 1993, S. 89) in zunehmendem Maße durch ein in unmittelbarer Nähe ausgewiesenes Neubaugebiet stark beeinträchtigt.

Die Kokermühle steht in der Mühlenlandschaft im Rheinland einzigartig dar. Auf einem achtseitigen steinernen Sockel erhebt sich das eigentliche Mühlengebäude als reiner Fachwerkbau. Anders als bei den sogenannten Achtkantwindmühlen des 18. Jahrhunderts, die ebenfalls aus Fachwerk bestehen (OP DE HIPT 1940, S. 43), wird bei der Kokermühle nicht nur die Haube mit den Flügeln, sondern auch der oberste Boden in dem quadratischen, auch von außen über eine Stiege und durch eine Luke erreichbaren Kasten, in den Wind gedreht. Die Verankerung der drehbaren Haube an der Mühle erfolgt durch den Koker (Köcher), der aus einem schweren Hohlzylinder besteht, der aus mächtigen Dauben gebildet wird und senkrecht verbaut und mit dem Unterteil fest verbunden ist und durch den – wie ein Pfeil in einem Köcher – die Königswelle die Drehkraft nach unten auf die Mahlsteine überträgt (SINGENDONK 1962).

Die Kokermühle

Luciastraße 1:
Katholische Pfarrkirche St. Nikolaus

Eintragung in die Denkmalliste: 15. Oktober 1986
Denkmal Nr. A 29
Eigentümer: Katholische Pfarrgemeinde
St. Nikolaus Walbeck

Geschichte

Walbeck gehörte ursprünglich zur Urpfarrei Strae-len, deren Sprengel von Krickenbeck im Süden bis vor Twisteden im Norden reichte; die Grenzen die-ses Kirchspiels wurden noch 1360 in einem Weis-tum festgehalten, gleichwohl es zu dieser Zeit keine rechtliche Bedeutung mehr besaß (FRANKEWITZ 1986a, S. 308–313). Ursprünglich gehörte die Wal-becker Pfarrkirche, die zuerst 1255 genannt wird zum Dekanat Straelen; als dieses um 1290 in die Dekanate Süchteln und Geldern geteilt wurde, zählte die Walbecker Kirche zum Dekanat Geldern. Patronin der Kirche war bereits 1255 die Äbtissin von Neuss (OEDIGER 1969, S. 293f.).

Die jetzige Kirche soll 1329 erbaut worden sein (OPPENBERG 1968, S. 13), die diesbezügliche Notiz im Lagerbuch ist hierfür jedoch kein wirklicher Beleg. Sicher ist noch nicht einmal, daß der Turm 1432 errichtet wurde (siehe unten). Um 1500 war die Kirche nur der heiligen Lucia geweiht; zu dieser Zeit gehörten zu der Kirche vier Kapellen, nämlich die in Twisteden (heute zu Kevelaer), in Lüllingen (→ Lüllingen, An de Klus), in Geniel (→ Lüllingen, Genieler Straße 71) und eine nicht mehr existie-rende Kapelle *ufgen Dam*, wohl in Damm bei Pont (OEDIGER 1973, S. 332). 1667 trug die Kirche das Doppelpatrozinium Nikolaus und Lucia (HABETS 3 1892, S. 192); wohl seit dem 18. Jahrhundert ist die Pfarrkirche allein dem Nikolaus, die Wallfahrts-kapelle auf dem Markt der Lucia geweiht.

Restaurierungen

Schon für 1858 ist eine wohl neugotisch geprägte Restaurierung überliefert (OPPENBERG 1968, S. 69), sichere Hinweise hierfür finden sich aber erst zehn Jahre später: 1868 wurde durch den Maurermei-ster Wilhelm Schnucklaken an der Südseite der „Fugenputz" ausgebessert; bei weiteren „Steinmetz-und Maurerarbeiten" werden das Dachgesims, alle Verdachungen von sieben Strebepfeilern – oben, in der Mitte und unten, „das untere Gurtgesims unter den Fenstern und an den Strebepfeilern ... der Sockel von Sandstein" ausgetauscht und das Mauer-werk neu gefugt (PfA Walbeck V 7.1).

1851 schlug der Blitz in den Turm, ohne aber zu zünden, dabei gingen auch Fensterscheiben zu Bruch (PfA Walbeck V 7.1) 1862 schlug der Blitz abermals in den Turm, das Feuer konnte gelöscht werden; 1866 wurde „der obere Rand des Turm-mauerwerks repariert" (RP vom 4. September 1952).

1880 sollte der Turmhelm erneuert werden. In einem entsprechenden Gutachten vom 7. Mai des Jahres heißt es: *Bei dem vorliegenden Projekte soll jedoch mit Ausnahme der ersten Balkenlagen ausschließlich Tannenholz verwendet werden, wel-ches leicht in so großen Längen zu beschaffen ist, daß statt der verschiedenen Etagen eine durchge-hende Strebekonstruktion gewählt werden kann, welche bezüglich Festigkeit und Unveränderlich-keit in der Form des Helmes größere und zwar die besten Garantien bietet.* Zwei Kostenvoran-schläge wurden von der Firma A. Traugott aus Breyell und von A. Hanemann aus Münster ein-gereicht, der erstere erhielt den Zuschlag, der *Baucontract* datiert vom 13. Dezember 1880 (PfA Walbeck V 7.1). „Im Sommer 1881 ist dann der Kirch-turm oberhalb des Mauerwerks neu gebaut wor-den"; diese Nachricht ist auf einem Zettel überlie-fert, der in der Kuppel unter dem Hahn 1946 ge-

funden wurde (RP vom 4. September 1952). – Der
Dachstuhl des heutigen Helms besteht tatsächlich
aus Tannenholz und datiert aus dem Jahre 1881.

1944 sollte der Turm, *weil er der feindlichen
Artillerie als Ziel diente, gesprengt werden* (Schulchronik Walbeck I, 1872–1945, S. 178). Im Zweiten
Weltkrieg wurden „Dächer und Fenster leicht beschädigt", anschließend die „Fenster neu verglast"
(JbrD 19, 1951, S. 202). Dagegen steht die Notiz in
der Walbecker Pfarrchronik: *Trotz des öfteren Be-
schusses des Dorfes und der Umgebung durch die
feindliche Artillerie in den Monaten Dez. 1944 bis
anfangs März 1945, bei der auch manche Häuser
in der Nähe der Kirche mehr oder weniger beschädigt wurden, blieb die Kirche völlig unver-
sehrt; nicht einmal eine Scheibe wurde zertrüm-*

mert. Auch die Lucia-Kapelle blieb unbeschädigt
(PfA Walbeck, III 2, Chronik 1929–1949).

1952 wurde der Turmhelm neu verschiefert
(RP vom 17. September 1952). – 1969/70 erhielt das
Gotteshaus neue Fenster (siehe unten) und eine
neue Sakristei (Abbildung der alten bei OPPENBERG
1968, vor S. 25). An die umfangreiche Renovierung
erinnert neben dem neuen Eingang an der Südseite ein Bronzerelief mit zwei Personen von dem
ehemals in Aachen tätigen Professor Wolfgang Binding mit der Aufschrift **Renovierung der Kirche
und / Umgebung 1969–80 / Paul Lappenküper
Pf(arre)r**. Bis 1989 folgte die „vollständige Neuaus-
fugung des Westturms, Erneuerung der Strebe-
pfeilerabdeckungen an der Kirchensüdseite sowie
Überarbeitung der Fenstersohlbänke aus Natur-

stein. Trockenlegung des gesamten Kirchenfundaments. Erneuerung der Farbfassung des Kircheninnenraums" (JbrD 38, 1999, S. 254).

Von 1997 bis 1999 umfangreiche Sicherungsarbeiten insbesondere des Turmes unter Leitung des Architekten Ernst Quartier aus Kevelaer (Dokumentation bei der Unteren Denkmalbehörde der Stadt Geldern). Zudem wurde der Untergrund in einem aufwendigen Verfahren verfestigt und die Westwand vor weiterem Abgang bewahrt (RP vom 3. August 1996). Diese Sicherung schien nach dem Einsturz des Gocher Kirchturms am 24. Mai 1993 (FRANKEWITZ, VOIGT 1993, S. 22) geboten, die nicht nur kostenaufwendige Maßnahme wird nun aber durch den jüngsten Einbau einer schweren Sendeanlage in den Turm konterkariert; dieser Eingriff in das Denkmal wurde von den Denkmalbehörden nicht genehmigt.

Beschreibung

Backsteinkirche von sechs Jochen Länge, 3/8 Chorschluß und niedrigerem, fünf Joche umfassendes südliches Seitenschiff mit einem Nebenjoch am Turm und geradem Abschluß im Osten. Im Westen ist der Kirche der zweiachsige, dreigeschossige Turm vorgestellt, der bis zum unteren Viertel des zweiten Geschosses ebenso aus Tuffstein besteht, wie der ihn begleitende, auffällig breite Treppenturm über rechteckigem Grundriß an der Südseite. Die Strebepfeiler sind zweifach abgetreppt. Das Traufgesims am Chorjoch und dem Chor besteht aus profiliertem Sandstein, das an der Nordseite bis zum Turm führt; an der Südseite ist der Übergang vom Pultdach des Seitenschiffs zur Traufe des Kirchendachs verschiefert, so daß momentan nicht gesagt werden kann, ob das Traufgesims nicht auch an der gesamten Südseite aus Sandstein besteht. An der Nordseite der Kirche lehnt sich am ersten

Joch von Westen ein Vorbau mit Satteldach und Treppengiebel an, der den Zugang zur Kirche vom Markt her vermittelt. Auf der Höhe des fünften Jochs ist zwischen die Strebepfeiler eine nur wenig aus der Flucht der Strebepfeiler vorspringende Kapelle mit Pultdach eingebaut.

Der First des Daches weist auf der Höhe des dritten Jochs von Westen einen deutlichen Buckel auf, der den Übergang vom älteren zum jüngeren Dachstuhl markiert (siehe Dachstuhl). Am Firstende über dem Chor steht ein schmiedeeisernes Kreuz.

Den hellen und freundlichen Innenraum bestimmen weitgehend die modernen Fenster (siehe unten). Die heutige Farbfassung der Gewölberippen, Vorlagen und Dienste richtet sich nach den Befunden, die in den 1960er Jahren freigelegt wurden (HANSMANN 1972, S. 153). Ebenfalls in diese Zeit gehören die modernen und reizvollen, unterschiedlichen Kapitelle des Aachener Bildhauers Wolfgang Binding, die unter den aus dem Kaffgesims wachsenden Diensten angebracht wurden.

Mauerwerk

Auf der Höhe des zweiten und dritten Jochs an der Südseite sind je zwei Baunähte vorhanden, die von Türen und/oder entfernten Grabsteinen Zeugnis ablegen. – Die untersten Lagen im Sockelbereich sind sehr unregelmäßig und mit unterschiedlich dicken Steinen, die zum Teil nur die Stärke von Tonplatten erreichen, gemauert. Zahlreiche Tuff- und Backsteine sind – zum Teil über Flächen von mehreren Quadratmetern – erneuert worden, so daß etliche Bauspuren als verloren gelten müssen.

Baugeschichtliche Entwicklung: Inschrift am Turm

An dem mit Tuffstein verkleideten Turm findet sich an der Nordseite eine inzwischen ziemlich ver-

Kapitell von
Wolfgang Binding

witterte Inschrift. Sie lautet: **im jaer ons heren mccccxxxii doe is die / irst sten aengelacht van dese tore s(u)nte luci(a)** (Im Jahr unseres Herrn 1432 ist der erste Stein zu diesem Turm der heiligen Lucia gelegt worden) (CLEMEN 1891, S. 91 gibt die Inschrift in Kapitälchen wieder, OPPENBERG 1968, S. 31 in Normalschrift). Inzwischen ist die Lesung nicht nur wegen des schlechten Erhaltungszustands, sondern auch aus historischen Gründen in Zweifel gezogen worden; Datierungen an verschiedenen Kirchen tauchen nämlich am Niederrhein erst nach 1470 auf, die Walbecker Inschrift steht mit der

Lesung „1432" also sehr vereinzelt da, es sei nicht **mccccxxxii**, sondern **mccccLxxii** zu lesen, und damit ergäbe sich die Datierung „1472", die in den übrigen Kanon passe (BINDING 1980, S. 287).

Archäologische Bauuntersuchung: Romanischer Vorgängerbau

Von einem romanischen Vorgängerbau der heutigen Kirche, der bei der ersten urkundlichen Erwähnung des Gotteshauses im Jahre 1255 sicher anzunehmen ist, konnte im Zuge des Einbaus einer Fußbodenheizung 1970 eine kleine Hallenkirche

Inschrift von 1432
oder 1472 am Turm

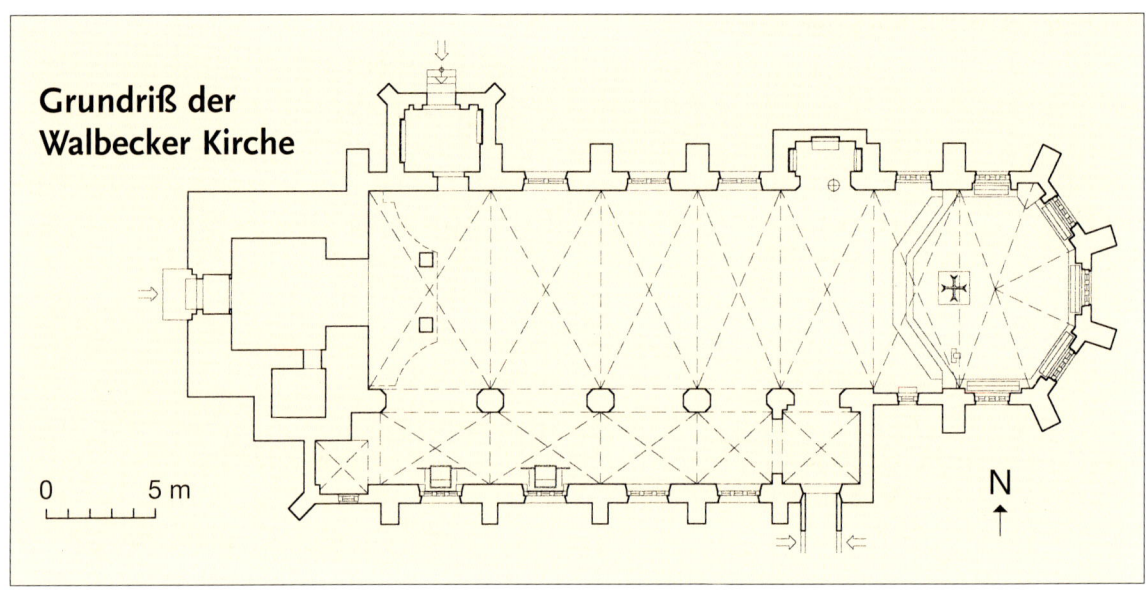

Grundriß der Walbecker Kirche

0   5 m

N

---

von 7,95 × 7,97 m aus Tuffstein im dritten Joch nachgewiesen werden; trotz nur spärlicher Befunde geht der Ausgräber davon aus, daß diese Kirche nach Westen bis vor den Turm und nach Osten durch einen leicht eingezogenen Rechteckchor mit einer Länge von 7,30 m, der fast bis zum Ostabschluß des Seitenschiffs reichte, erweitert wurde; die Bauzeit ist „eher in das 12. als in das 11. Jahrhundert" zu setzen (BINDING 1980, S. 289f. und Abb. 6. – Erwähnt wird die Grabung in der RP vom 24. Dezember 1970 und bei HANSMANN 1972, S. 152).

Erste gotische Kirche

Wann die erste gotische Kirche erbaut wurde, ist nicht bekannt. Für eine angeblich 1329 vorgenommene Erweiterung einer bestehenden gotischen Kirche gibt es keine wirklichen Belege. Wohl aber dem 14. Jahrhundert zuzuordnen ist die archäologisch nachgewiesene Bauphase, in der der romanische Chor abgebrochen und durch einen gotischen Chor mit 5/8 Schluß ersetzt wurde (BINDING 1980, S. 290f. und Abb. 7).

Zweite gotische Kirche mit Turm

In einer weiteren Bauphase wurde nach Ansicht des Ausgräbers zunächst der Turm – gemäß der revidierten Lesung der Inschrift 1472 – erbaut, danach soll die Halle bis zum Chor abgebrochen und durch eine neue ersetzt worden sein, diese Kirche hatte noch keine Gewölbe und keine Strebepfeiler (BINDING 1980, S. 291f. und Abb. 8). Für eine Flachdecke in dieser Kirche sprechen in der Tat die Sattelhölzer, die noch im Dachraum erhalten sind (siehe älterer Dachstuhl).

Dritte gotische Bauphase

Erst im 16. Jahrhundert soll es zum Ausbau der jetzigen Kirche gekommen sein, bei der der westliche Teil der Nordmauer bestehen blieb und mit Strebepfeilern ebenso verstärkt wurde, wie der neu errichtete und weiter nach Osten geführte Chor sowie das südliche Seitenschiff; bei dieser Maßnahme wurde die Südmauer der zweiten gotischen Kirche zum Seitenschiff hin geöffnet, nachdem bereits das Seitenschiff bestand (BINDING 1980, S. 292).

Baubefund in der heutigen Kirche

Die Möglichkeit der archäologischen Untersuchung war 1970 „der willkommene Anlaß, die für den spätgotischen Landkirchenbau am Niederrhein wichtigen Bauten einer kritischen baugeschichtlichen Untersuchung zu unterziehen" (BINDING 1980, S. 287); offen bleibt bei dieser Zielsetzung, warum BINDING bei dieser Gelegenheit nicht auch das aufgehende Mauerwerk der Walbecker Kirche in die Untersuchung miteinbezog.

Stellt man den jetzigen Baukörper in Beziehung zu den Ausgrabungsergebnissen, so scheint es eine etwas andere Bauabfolge gegeben zu haben. Festzuhalten bleibt, daß die zweite gotische Kirche – ohne Chor – drei Joche umfaßte; der dazugehörige und ergrabene Chor reichte „bis an die Stelle der Kommunionbank", wo im Boden schon früher eine Mauer gefunden worden war (OPPENBERG 1968, S. 15 f.).

BINDING hat nicht gesehen, daß zu dieser Kirche der noch vorhandene Dachanschlag unter dem jetzigen Dach am Turm vorhanden ist. Da der Neigungswinkel dieses Dachanschlags der älteren gotischen Kirche identisch ist mit dem jetzigen, bedeutet das, daß die erste gotische Kirche dieselbe Breite hatte, wie das heutige Hauptschiff. Dies wurde tatsächlich durch die Ausgrabung bestätigt.

Die Höhe der Traufe dieser früheren Kirche ist im oberen Drittel der jetzigen Fenster anzunehmen. Daß der Turm zeitgleich mit der niedrigen gotischen Kirche existierte, dafür spricht der alte Zugang vom Turm zum Gewölbe, der noch heute funktionslos im Turm unterhalb der Gewölbescheitel vorhanden ist. Die Höhe des Turms hat übrigens direkt drei Geschosse betragen, denn weitere als die bestehenden Schallöcher hat es nicht gegeben.

Ausbau zur heutigen Kirche

Der Umbau des gotischen Gotteshauses zur jetzigen, zweischiffigen Kirche sah im großen und ganzen drei wichtige Veränderungen vor. Zunächst wurde der bestehende Chor abgebrochen und das Schiff um drei Joche mit einem $^3/_8$ Chor verlängert; gleichzeitig wurde das bestehende Schiff höher aufgemauert. Diese Erhöhung ist im Innern an der Nordseite an dem Absatz in Schulterhöhe der Fenster klar zu erkennen. Bei dieser Aufstockung der Mauer wurden auch die drei zweibahnigen Fenster nach oben verlängert, so daß diese heute zu schmal und zu schlank für die Breite der dazugehörigen Blenden erscheinen. Die Fenster des Erweiterungsbaus wurden allesamt – auch beim Seitenschiff – dreibahnig und damit als besser proportionierte Öffnungen konzipiert.

Der Übergang vom älteren zum jüngeren gotischen Ausbau läßt sich im Innern auch an der Flucht der Nordmauer erkennen; der jüngere Ausbau ist gegenüber der älteren gotischen Kirche um einen Stein nach außen versetzt und damit etwas breiter. Da zunächst Seitenschiffe fehlten, die den Schub der Mauern und den Druck des Daches wirkungsvoll hätten ableiten können, wurde das relativ hohe und schlanke Kirchenschiff in der Mauerkrone durch schwere Eisenanker vor dem Auseinanderdriften ge-

Dachanschlag der älteren gotischen Kirche

Ankerkonstruktion unter dem Dach

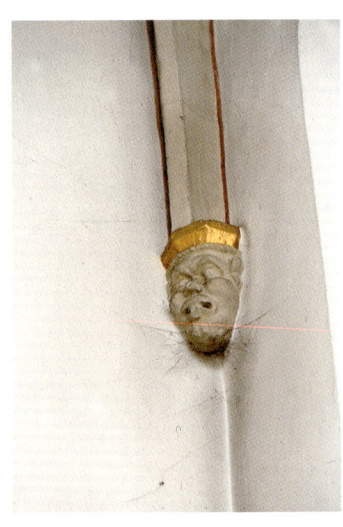

Kapitell in der
ehemaligen Sakristei

sichert; die durchlaufende Ankerkonstruktion besteht aus drei Teilen: An den Mauern halten Eisensplinte, die an der nördlichen Außenmauer zu sehen sind, die Eisenstreben, die im Gewölbe durch schwere Eisenstangen miteinander verbunden sind; die interessanten Verbindungen werden durch Eisennägel gesichert.

Die dritte Veränderung sah die Verblendung des backsteinernen Turmes mit Tuffsteinen vor. Dies ist an der Stelle, an der nachträglich ein Zugang vom Turm zum Gewölbe eingebrochen wurde, bestens zu erkennen; offensichtlich wurde das Tuffmauerwerk mit dem Backsteinmauerwerk noch nicht einmal konstruktiv verbunden.

BINDING nahm aufgrund archäologischer Befunde an, das Seitenschiff sei vor der Erneuerung des Hauptschiffs erbaut worden. Die Bauabfolge scheint mir aber eine andere gewesen zu sein: Wohl erst während der Verlängerung und der Erhöhung der Kirche entschied man sich, zusätzlich ein südliches Seitenschiff mit Sakristei zu bauen. Daß dieses Seitenschiff mit der Sakristei nicht sofort geplant war, ergibt sich aus dem Umstand, daß die Wasserschläge der Strebepfeiler des Hauptschiffs vom Seitenschiff überdeckt werden; da über den spitzbogigen Öffnungen zum Seitenschiff der Absatz, wie er auf der nördlichen Seite zu sehen ist, fehlt und zudem im Dachraum des Seitenschiffs zu erkennen ist, daß diese Mauer zumindest hier oben zweifellos nicht auf Sicht gebaut wurde, heißt das, daß man zumindest bei den oberen Steinlagen wußte, daß das Mauerwerk unter dem Pultdach des Seitenschiffs verschwinden würde, was auf eine Planänderung noch während des Baus schließen läßt.

Die zu dieser nun zweischiffigen Kirche gehörende Sakristei befand sich im östlichen Joch des Seitenschiffs und wurde durch eine – noch erkennbare – Mauer von den westlichen Jochen des Seitenschiffs getrennt; allein an der Südseite werden die Gewölbe der ehemaligen Sakristei von zwei kleinen Maskenkonsolen getragen, die in das 15. Jahrhundert datieren; heute befindet sich in dieser alten Sakristei der südliche Zugang zur Kirche. Mit diesen Maskenkonsolen dürfte die Datierung Bindings vom 16. in das 15. Jahrhundert zu korrigieren sein, der Turm wird doch von 1432 stammen.

Dachstuhl

Der Dachstuhl der Walbecker Kirche gehört zu den interessantesten Konstruktionen nicht nur in Geldern, sondern sicherlich auch am Niederrhein. Er besteht nämlich aus zwei unterschiedlichen Dachstühlen, bei beiden stehen alle Sparren auf Sparrenschuhen. Die Abbundzeichen an beiden Dachstühlen, die durchaus unterschiedlich sind, beginnen jeweils mit der „I", bemerkenswert ist, daß bei beiden die römischen Ziffern jeweils nur sehr roh in das Holz geritzt und nicht durch die sonst üblichen Kerben gebildet sind. Der gesamte Dachstuhl wurde in den letzten Jahren saniert und nach modernen Gesichtspunkten mit Binderhölzern und Metallverschraubungen gesichert.

Älterer Dachstuhl

Der erste Teil des Dachstuhls erstreckt sich vom Turm bis über das dritte Joch von Westen. Dieser Dachstuhl besteht aus sieben Gebinden, die einzelnen Stühle bestehen aus naturgebogenen Hölzern, die in das gesamte Schiff überspannende Balken eingezapft sind; diese liegen nicht einfach auf der Mauer auf, sondern ruhen alle auf Sattelhölzern mit Birnenstabverzierung. Die einzelnen Gebinde liegen nur etwas mehr als zwei Meter auseinander, so daß nicht nur auf Höhe der Strebepfeiler, sondern auch dazwischen Gebinde des Dachstuhls stehen. Die

Da an der Ostseite des östlichen Gebindes keine Zapfenlöcher oder andere Bauspuren zu erkennen sind, die auf eine Fortsetzung des Dachstuhls nach Osten schließen ließen, dürfte der dazugehörige, ältere Chor wesentlich niedriger als das Langhaus gewesen sein.

Jüngerer Dachstuhl

Die zweite Dachstuhlkonstruktion ab dem vierten Joch in Richtung Osten beginnt mit einem Dachstuhl, der nur einen Meter vom letzten Gebinde der ersten Konstruktion entfernt steht. Er ist ähnlich wie der erste aufgebaut, die Hölzer des liegenden Stuhls sind aber länger, so daß die Zwischenpfetten unterschiedliche Höhen aufweisen. Die mächtigen Balken, in die die Stühle eingezapft sind, liegen ohne Sattelhölzer direkt auf der Mauerkrone auf. Da die einzelnen Stühle weiter voneinander entfernt stehen, bilden die ebenfalls hohen und langen Kopfstreben ein liegendes X.

relativ enge Stellung der Gebinde sowie die auffälligen Sattelhölzer lassen den Schluß zu, daß der dazugehörige Kirchenraum nicht eingewölbt, sondern mit einer Flachdecke versehen war. – Die Winkelsicherung der Dachstühle erfolgt durch lange Kopfstreben; diese sind über Riegel geblattet, sie überkreuzen sich im oberen Drittel und sind in der Zwischenpfette, die auf dem Dachstuhl ruht, eingezapft. Im oberen Bereich sind die Sparren durch Kehlbalken miteinander verbunden.

Grundriß der beiden
Dachstühle in der
Walbecker Kirche

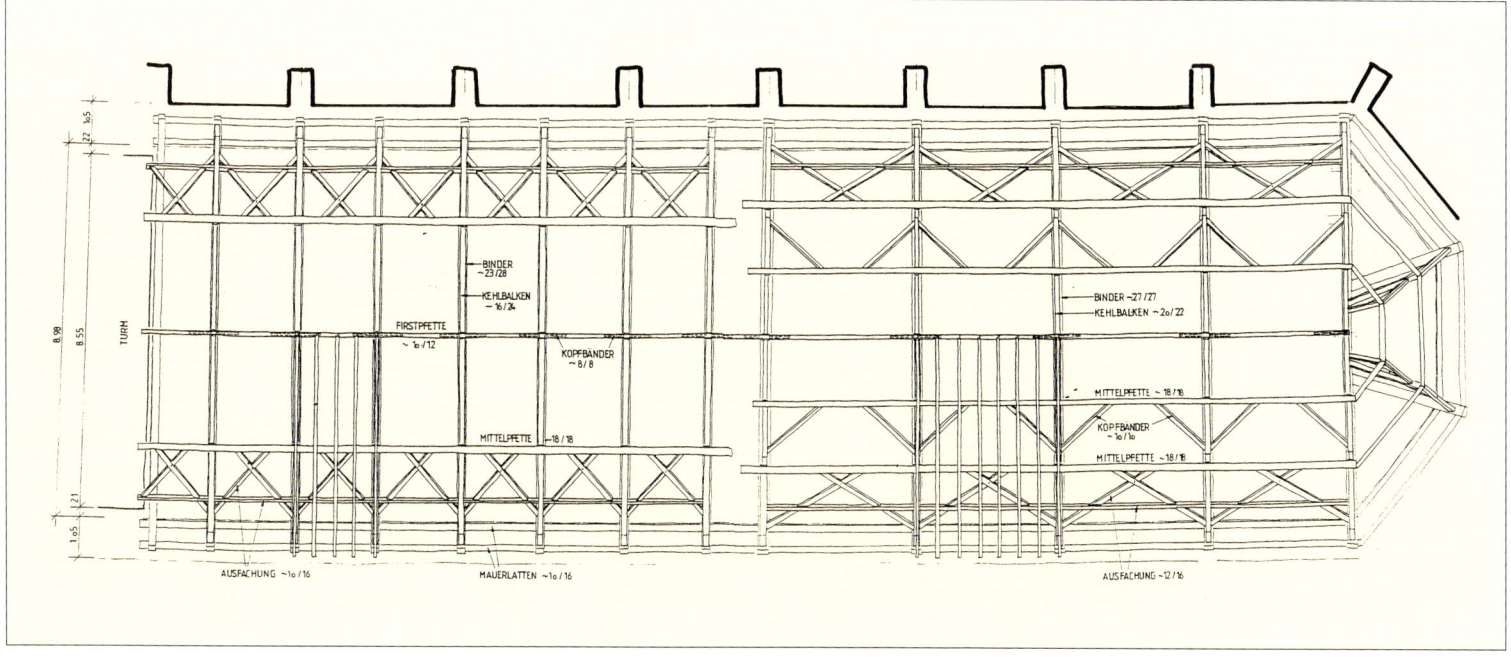

Jüngerer und älterer
Dachstuhl (rechts)

Die Verwendung von zwei unterschiedlichen Dachstühlen auf einem Gebäude ist bemerkenswert. Zweifellos handelt es sich bei dem älteren Dachstuhl um denjenigen, der zuerst das Dach des niedriegeren Kirchenbaus von 1432 trug. Da bei der Aufstockung und Verlängerung der Kirche – vielleicht nur einige Jahrzehnte später – die Dachneigung nicht verändert wurde, konnte der völlig intakte Dachstuhl problemlos abgebaut und später wieder aufgesetzt werden; anschließend wurde das Dach unter etwas veränderten Bedingungen verlängert. – Fachwerkgebäude konnten beliebig ab- und aufgebaut werden; noch 1823 wurde die Kokermühle (→ Kokerweg 18) des 18. Jahrhunderts – im zerlegten Zustand aus den Niederlanden kommend – in Walbeck wiederaufgebaut.

Dachstuhl des Seitenschiffs

Die oberen Sparrenenden des Pultdachs des Seitenschiffs ruhen unter der Traufe des Daches über dem Hauptschiff auf einem Streichbalken, der seinerseits nicht auf Konsolsteinen, sondern auf mächtigen eisernen Haken ruht; ob diese Haken ursprünglich sind, läßt sich nicht definitiv entscheiden.

Datierung

Der archäologische, und dazu ergänzend der baugeschichtliche Befund zeigen, daß die zeitliche Abfolge der verschiedenen Kirchenbauten Walbecks noch nicht abschließend geklärt ist. Sogar die Datierung des Turmes durch den noch vorhandenen Inschriftstein ist interpretierungsbedürftig. Aufgrund der Art der Verzimmerung der beiden Dachstühle sowie der Maskenkonsolen in der ehemaligen Sakristei am Südschiff erscheint eine Aufstockung des früheren gotischen Baus, die Verlängerung des Gotteshauses nach Osten und die Erweiterung um ein südliches Seitenschiff noch für das 15. Jahrhundert nicht unwahrscheinlich. Diese Überlegung widerspricht der Datierung von BINDING.

Eine abschließende Beurteilung der zeitlichen Abfolge der einzelnen Bauphasen der Walbecker Kirche wird – ähnlich wie in Kapellen – allein über eine dendrochronologische Datierung der Hölzer des Dachstuhls möglich sein.

Fenster

Bis auf die drei westlichen, zweibahnigen Fenster an der Nordseite der Kirche weisen alle Fensteröffnungen dreibahnige, wohl sämtlich erneuerte Maßwerke auf, allein das Fenster des Nebenjochs an der Südseite ist einbahnig. Bis 1969 besaß die Kirche schlichte Glasfenster des 19. Jahrhunderts. In den drei Chorfenstern waren je drei Heilige unter Baldachinen dargestellt. „Da waren in satten Farben die Evangelisten, Patronatsheilige und die Wappen von Steprath und Bönninghausen zu sehen" (SCHOPMANS 1991, S. 32). Das mittlere Fenster zeigte in älteren Gläsern auf einem von zwei Löwen gehaltenen, quadrierten Schild die Wappen der Familien von Nagel und Doornick, die Besitzer des Hauses Steprath (→ Am Bröckelken 35) waren: eine runde Gürtelschnalle (Nagel) und einen Querbalken (Doornick); unter dem Wappen befand sich der Spruch **Deo hanc restaurationem laete fecit parochia** (die Kirchengemeinde hat diese Restauration für Gott glücklich durchgeführt) mit Chronogramm, das das Jahr 1858 ergab (OPPENBERG 1968, S. 69, teiweise Abbildung vor S. 25. – Zum Wappen: FAHNE 1848, S. 299); das Fenster soll 1858 eingebaut worden sein (OPPENBERG 1968, S. 116), ein weiteres Wappenfenster zeigte ein Andreaskreuz auf einem Schild, der von drei Helmen mit Helmzier besetzt war (OPPENBERG 1968, vor S. 61).

Frau Klein-Walbeck hatte uns (1941) versprochen, ein neues Fenster zu stiften mit dem Bilde der hl. Luzia, der Entwurf, von Professor Dickmann hergestellt, ist fertig. Derix in Kevelaer soll es machen; es soll aber damit das Ende des Krieges abgewartet werden; ein weiteres Fenster enthält die Darstellung des hl. Nikolaus, soll ebenfalls von Professor Dickmann gezeichnet und von Derix in Kevelaer gemacht werden … Es sind die beiden Fenster am Herz-Jesu-Altar und in der Nische,

Fenster von 1969
von Joachim Klos

Das Innere der Walbecker
Kirche um 1950

Das Innere der Walbecker
Kirche 2000 ▷

Inneres der Kath. Pfarrkirche, Walbeck

wo die Bank von Haus Walbeck steht (PfA Walbeck,
III 2, Chronik 1929–1949).

1969 und 1970 erhielt der gotische Bau völlig
neue und moderne Fenster nach Entwürfen von
Joachim Klos aus Nettetal, die in der Kevelaerer
Glaswerkstatt Hein Derix zur Ausführung gelangten; bereits damals galten sie als „wertvolle Berei-
cherung der Walbecker Pfarrkirche. Ein Besuch des
Gotteshauses ist deshalb empfehlenswert" (RP vom
14. November 1969), eine Einschätzung der auch
dreißig Jahre später nichts hinzuzufügen ist.

„Das Thema der Fenster – das Volk Gottes auf
dem Wege zum himmlischen Jerusalem – ist von der
dogmatischen Konstitution über die Kirche ange-
regt, wie sie auf dem zweiten Vatikanischen Konzil
formuliert wurde. Der Evangelist Johannes schildert
in der Geheimen Offenbarung die Vision des himm-

lischen Jerusalems, der ewigen Gottesstadt, ‚die als
himmlische Wirklichkeit zu allen Zeiten und über
alle Zeiten vorhanden ist' … Das mittlere Chorfenster stellt sie als eine antike Architektur in strahlen-
dem Goldgelb des natürlichen Tageslichts dar. Auf
dieses Fenster sind alle übrigen hingeordnet. Die
im Haupt- und Seitenschiff deuten den Weg des
pilgernden Gottesvolkes zum himmlischen Jerusalem an. Der Künstler hat auf eigenwillige Weise versucht, mit Architekturelementen Zusammenhänge
zu schaffen. Zum Ausgangspunkt nimmt er ein markantes Ausstattungsstück, den Orgelprospekt, der
auf Säulen steht. Säulenmotive oder nur Säulen-
teile, aber auch andere Architekturdetails werden
immer wieder in den Fenstern vorgeführt" (HANS-
MANN 1972, S. 153 und danach auch SCHOPMANS
1991, S. 32).

Charakteristisch für die Walbecker Fenster sind die feinen schwarz-weiß Zeichnungen, in die unaufdringlich aber sehr markant nur wenige Farben eingestreut sind. Personengruppen, einzelne Personen und der Regenbogen mit seinen Farben spielen dabei eine zentrale Rolle.

Die modernen Fenster mit Anklängen an die Pop-Art (HANSMANN 1972, S. 155) bauen innerhalb der spätgotischen Architektur ein ungemeines Spannungsfeld auf; das Raumempfinden wird durch die ungewöhnlichen Gläser aber nicht überlagert, sondern im Sinne der qualitätvollen Weiterentwicklung einzelner Architekturelemente bereichert.

Ausmalung

Von Ende Juli bis zum 4. Oktober (1925) *wurde unsere Pfarrkirche neu ausgemalt* (Schulchronik Walbeck I, 1872–1945, S. 123), wer die Arbeiten ausführte, ist nicht bekannt. Nach einer um 1935 zu datierenden Postkarte, die die Orgel zum Thema hat (StA Geldern, Bildarchiv), und nach einer älteren Innenansicht (SCHOPMANS, NAUS 1981, S. 88) befanden sich auf den Rippen der Gewölbe (florale?) Malereien und in den Blenden der Triforienzone Gemälde.

Ausstattung:
Frühere Altäre

1428 wird durch Adelheid von Rade, Frau zu Walbeck, und ihre beiden Enkel ein dem heiligen Suitbert gestifteter Altar mit Ländereien ausgestattet (PfA Walbeck. – OPPENBERG 1968, S. 26f. – FRANKEWITZ 1991b, S. 95).

Um 1500 gab es in der Walbecker Kirche fünf Altäre, erstaunlich viele für das kleine Dorf: 1. Der Altar Johann-Baptist, 2. der Altar Unserer Lieben Frau, 3. der Petrus-Altar, 4. der Antonius-Altar und 5. der Katharinen-Altar (OEDIGER 1973, S. 332).

Blick nach Westen und zur Orgel ▷

Das Patronat, daß heißt das Recht, einen Priester anzustellen, besaßen 1501 Johann und Derick Schenk von Nydeggen als Herren von Walbeck für den Altar der heiligen Apostel Petrus und Paulus und der heiligen Maria Magdalena; in diesem Jahr stellten sie Gerhard te Dyck an (Archiv Schloß Haag, Nr. 4971). Nach dem Visitationsbericht von 1667 war der Hochaltar zu dieser Zeit neu und gerade geweiht worden (*Summum altare est novum et consecratum*), an der Evangelienseite (Nordseite) stand der Altar Unserer Lieben Frau, der mit dem Antonius-Altar vereinigt worden war; an der Südseite – aber wohl noch im Chor – stand der Annen-Altar, dessen Patron der Herr von Schloß Walbeck war; an dieser Seite war auch der Altar für Petrus und Paulus aufgestellt, dessen Patron der Herr von Steprath war; den Katharinen-Altar gab es nicht mehr, seine Einkünfte waren dem Petrus-und-Paulus-Altar zugewiesen worden; außerhalb des Chores stand an der Nordseite der Johannes-Altar (HABETS 3 1892, S. 192 f.) – Von den alten Altären ist keiner mehr erhalten; vermutlich verschwanden sie oder ihre letzten Reste – wie anderswo auch – im 19. Jahrhundert während der in Walbeck im einzelnen noch nicht nachvollziehbaren Neugotisierung der Kirche.

Ehemaliger Hochaltar

Wohl im Zuge der Restaurierung der Kirche (ab) 1858 wurde 1863 ein neuer Altar geweiht (BINDING 1980, S. 287); errichtet wurde ein neugotischer Hochaltar mit steinerner Mensa; das Mittelstück des dreiachsigen Altars war überhöht und mit einem spitzen Giebel mit krabbenbesetzten Fialen bekrönt (Abbildung bei OPPENBERG 1968, vor S. 25. – SCHOPMANS, NAUS 1981, S. 88). In den späten 1960er Jahren wurde der Altar auseinandergenommen, einzelne Teile blieben am → Zelebrationsaltar, → Ambo oder als Dekoration des Chorraums erhalten.

Zelebrationsaltar

Unter der 150 × 150 cm großen Mensa befinden sich in von gotischem Maßwerk eingefaßten Nischen an den Seiten je eine und an der Vorderseite zwei Propheten des Alten Testaments aus Sandstein mit Spruchbändern aus dem neugotischen Altar.

Marien-Altar

An der Westwand unter der Orgelempore ist etwas unscheinbar ein Marien-Altar mit der Immerwährenden Hilfe aus der Zeit um 1900 aufgestellt. Die Innenseiten der beiden 42 cm breiten und 128 cm hohen Flügel sind mit sehr qualitätvollen Malereien des Kevelaerer Kirchenmalers Friedrich Stummel geschmückt. Die bemalten Flächen sind zweigeteilt; die vier dargestellten Heiligen sind jeweils im Heiligenschein bezeichnet. Auf dem linken Flügel sieht man oben Joachim als Hüftfigur und darunter Mathias als Vollfigur, auf dem rechten Flügel entsprechend oben Anna und darunter Theresia. „Die Malereien müssen vor 1901 ausgeführt worden sein" (LEINWEBER 1979, S. 74).

Tabernakel

Der neugotische Tabernakel ist 46 cm breit und 66 cm hoch; er zeigt auf den vergoldeten Türen die Verkündigung an Maria und die Aufschrift **Ave Maria gratia plena**; er stammt aus dem neugotischen Altar und steht heute in einer Wandnische im Chorraum und wird von je zwei Fialen des ehemaligen Altars flankiert. Möglicherweise befand sich in der Nische das → ehemalige Sakramentshäuschen.

Ambo

Der steinerne Fuß des Lesepults aus Plexiglas ist eine gekürzte Fiale aus dem ehemaligen neugotischen Hochaltar.

Chorgestühl

Von den beiden neugotischen Chorgestühlen (OPPEN-
BERG 1968, vor S. 25) steht eines noch am Turm.
Die Rückenlehne der 140 cm hohen und 215 cm
breiten, ungefaßten Bank mit geschnitzten und ge-
rundeten Wangen besteht aus Faltwerkfüllung.

Taufstein

1667 stand der steinerne und blanke Taufstein hinten in der Kirche (*fons bapt. in fine ecclesiae est
lapideus et nitidus*, HABETS 3 1892, S. 192), heute
steht der vierseitige Stein aus poliertem Blaustein
auf einem vierseitigen, gewölbten Fuß aus Blaubasalt
in der östlichen Kapelle an der Nordseite; in dem
Becken befindet sich ein moderner, verzichtbarer
Einsatz aus Messing.

Orgel

Die heutige barocke Orgel wurde 1752 von Heinrich Titz aus Korschenbroich für das Kreuzherren-
kloster in Venlo gebaut. Von hier gelangte die inzwischen umgebaute Orgel nach der Säkularisation
über Baarlo 1803 durch Kauf nach Walbeck. Über
die alte Disposition unterrichtet eine Untersuchung
durch den Orgelbauer B. Tibus aus Rheinberg. 1929
kommt es zur Reparatur der Orgel, die sich in
einem „trostlosen und traurigen" Zustand befand.
Durch den Orgelbauer Franz Breil aus Dorsten
wurde in das alte Gehäuse eine neue Orgel eingebaut, die 1930 eingeweiht wurde (JANßEN, NAUS,
SCHAERER 1993).

„Das zweigeschossige Gehäuse mit der breit ausladenden, geschwungenen Brüstung hat eine beeindruckende Raumwirkung. Das gesamte Ensemble
wurde aus massiver Eiche gefertigt und ist reich mit
barocken Schnitzereien verziert. Bekrönt wird die
Orgel von zwei posaunenblasenden Engeln und von
König David, der mit der Harfe dargestellt ist"; zu

Beginn der 1990er Jahre wurde die Orgel durch die Firma Mühleisen aus Straßburg abermals umgebaut. „Bei der Realisierung wurden die Eigenarten der ursprünglichen Disposition aufgegriffen. Das Ergebnis ist eine Orgel, deren neues Innenleben klanglich und technisch in harmonischem Einklang mit dem alten Gehäuse steht" (Janßen, Naus, Schaerer 1993).

Glocken

Bereits 1583 wurde die Walbecker Kirche um drei Glocken beraubt (Oppenberg 1968, S. 32). 1891 gab es eine Glocke von 1710, die laut Aufschrift von Sophia Heylevich van Lynden, Witwe von Steprath und Frau von Walbeck, gestiftet worden war. Eine zweite Glocke u. a. mit folgender Aufschrift: **Sancte Nicolaus ora pro nobis. alexius Petit et henricus zynen zoon hebben my gegooten. A**(NNO) **1772** (nach Clemen 1891, S. 91). Eine dritte Glocke von 1630 war von Nikolaus und Michael Brochard gefertigt.

Im Zweiten Weltkrieg wurden die Glocken bis auf eine von 1643 (?) eingezogen, die von 1772 wurde nicht eingeschmolzen und kehrte nach Walbeck zurück. Am 7. August 1949 wurden im Turm vier neue Stahlglocken des Bochumer Vereins aufgehängt (RP vom 12. September 1998). Nach der Sanierung und Standsicherung des Turmes wurden die Stahlglocken entfernt, die größte von ihnen hat der Heimat- und Verkehrsverein auf dem Kaplanshof aufgestellt (RP vom 12. September 1998). Drei neue Bronzeglocken mit den Namen St. Luzia, St. Maria und Karl Leisner aus einer Gießerei im niederländischen Asten wurden im November 1998 in den Turm gehängt; auch die alte Nikolausglocke von 1772 sollte in den Turm gehängt werden (RP vom 19. November 1998, hier 1776 datiert), doch sie leutet immer noch auf dem Friedhof (→ Kevelaerer Straße).

Uhr

1924 erhielt der Kirchturm eine neue Uhr aus der Werkstatt Vortmann in Recklinghausen, ein Jahr später wurde sie durch einen Blitz, der in den Turm geschlagen war, beschädigt (Schulchronik Walbeck I, 1872–1945, S. 117 und 123); bei dem Blitz handelte es sich der Überlieferung nach um einen kalten Schlag, der kein Feuer entfachte (NL vom 30. September 1925).

Kirchturmhahn

Der 1881 installierte und 1994 entfernte Hahn hängt heute an der Südseite des alten Pastorats; gefertigt wurde er von der Firma H. Traugott aus (Nettetal-)Breyell, die auch den gesamten Turmhelm erneuerte. Auf sie weist die Inschrift auf einer Platte auf dem Hahn hin: **H. Traugott / Techniker / I. Roosen**.

Gemälde:
Heilige drei Könige

1643 stiftete der ehemalige Pastor Eberhard Poen das 120 cm breite und etwa 160 cm hohe Bild, das heute an der Stirnwand des Seitenschiffs hängt; es zeigt eine Darstellung der Anbetung des Kindes durch die heiligen drei Könige und ein Portrait von ihm selbst; unten rechts kniet der Pastor in Stiftermanier und schaut in betender Haltung den Betrachter an; ihn ziert ein für die Zeit des 17. Jahrhunderts typischer Bart. Das Bild trägt unten links eine beschädigte und überschriebene Aufschrift, die nicht zu lesen ist; rechts neben der Krone steht **AETATIS / 45** (im 45. Lebensjahr); rechts davon sind noch die Worte **Reverendus Eberhardus Poen Pastor curavit et fundavit 1643** zu entziffern, das Chronogramm ist nicht mehr vollständig, sollte aber 1643 ergeben (Oppenberg 1968, S. 48).

Heilige drei Könige
von 1643

Kreuzwegstation
von 1904

Auferstandener
Christus

Kreuzweg

In der Kirche hängt ein sehr harmonievoller Kreuzweg, der in Öl auf Holz gemalt ist; die einzelnen Bilder sind ohne den neugotischen Rahmen 58 × 78 cm groß; die 14. Station ist signiert **H. Holtmann 1904**, die übrigen hat der Kevelaerer Künstler mit **HH** bezeichnet; bis 1989 wurde der Kreuzweg saniert (JbrD 38, 1999, S. 254, hier in das 19. Jahrhundert datiert; vgl. LINGENS 1998a, S. 178).

Skulpturen:
Auferstandener Christus

An der Nordseite des Chors steht die 68 cm große Holzfigur des auferstandenen Christus mit Wundmalen, Kreuzstab und Fahne aus dem 18. Jahrhundert. Die Figur weist noch einige Reste der alten Fassung auf.

Maria und Johannes

Rechts und links der Orgel stehen auf Sockeln die lebensgroßen Figuren von Maria und Johannes aus dem 17. Jahrhundert; vielleicht gehörten sie als Assistenzfiguren zu einem (verlorenen) Kreuzigungsbild des 1667 neu geweihten Hochaltars.

Antonius

Holzfigur im Hauptschiff, etwa 100 cm groß. Die gefaßte Figur stammt noch aus dem späten 17. Jahrhundert (CLEMEN 1891, S. 91).

Sebastian

Holzfigur im Hauptschiff, etwa 100 cm groß. Der gut modellierte Körper der gefaßten Figur stammt noch aus dem späten 17. Jahrhundert (CLEMEN 1891, S. 91).

Elisabeth

Die farbig gefaßte, 100 cm hohe Holzfigur der Elisabeth von Thüringen mit einem Bettler gehört zur neugotischen Ausstattung der Kirche.

Katharina

Die farbig gefaßte, 105 cm große Holzfigur zeigt die Heilige mit Schwert; die Figur gehört zur neugotischen Ausstattung der Kirche.

Silberner Engel

Ein versilberter Engel mit langem gelocktem Haar in betender Haltung steht in einer Nische an der Westseite neben dem Turmportal. Die in der Neugotik des 19. Jahrhunderts geschaffene Figur von 25 cm Höhe soll der Tradition nach aus Emmerich stammen.

Putten

In der Taufkapelle sind zwei fliegende, rund 50 cm große Barockengel des 18. Jahrhunderts ohne Flügel angebracht.

Kalvarienberg

Im Nebenjoch am Turm hängt ein Kalvarienberg mit rund 60 cm großen Figuren, die noch aus dem 18. Jahrhundert stammen könnten.

Evangelisten

Im Chor stehen auf Blattkapitellen die vier jeweils 86 cm großen Evangelisten mit Buch und Feder aus Sandstein. Sie wurden im 19. Jahrhundert gefertigt und stammen aus dem Hochaltar.

Nikolaus

In der Taufkapelle steht in einer Vitrine eine etwa 130 cm große und ungefaßte Holzfigur des heiligen Nikolaus aus dem 20. Jahrhundert.

Heiliger Sebastian und
heilige Elisabeth

Rest der Kanzel

Muttergottes

In der Turmhalle steht eine rund 100 cm große Holzfigur der Gottesmutter mit dem Kind aus dem 20. Jahrhundert.

Ehemaliges Sakramentshaus

Ein „Baldachin eines spätgothischen Sakramentshäuschens, mit Eselsrücken, um 1500, im Chor eingemauert" (CLEMEN 1891, S. 91) ist nicht mehr vorhanden und erscheint schon auf älteren Fotos nicht mehr (OPPENBERG 1968, vor S. 25).

Ehemalige Kanzel

Zwei hölzerne, 130 cm breite und 150 cm hohe, ungefaßte Seitenstücke der ehemaligen, neugotischen Kanzel hängen heute im Chor. Vor einer reichen Maßwerkarchitektur in gotischen Formen stehen in der Mitte auf kleinen Kapitellen die Apostel Petrus und Paulus; das bekrönende, rankende Blattwerk und die Krabben auf den Ecken stammen von dem reich verzierter Schalldeckel (OPPENBERG 1968, vor S. 25).

Ehemalige Kommunionbank

Eine Kommunionbank war noch 1968 vorhanden (Oppenberg 1968, S. 15).

Ehemalige Bank

1924 wird eine *Bank der Familie von Nagel-Dornick in das Seitenschiff vor den Herz-Jesu-Altar gestellt* (Schulchronik Walbeck I, 1872–1945, S. 117f.); sie wurde der Stifterfamilie zurückgegeben.

Luciastraße: Pastorat

Eintragung in die Denkmalliste:
Denkmal Nr.

1929 war *der Bau der neuen Pastorat soeben vollendet* (Schulchronik Walbeck I, 1872–1945, S. 117f.). Der rechteckige, zweigeschossige Backsteinbau mit Satteldach verkörpert mit seinen etwas vorstehenden und den an die Specklagen des 16. und 17. Jahrhunderts erinnernden Steinlagen die expressionistische Bauweise, die in den ländlichen Gegenden nicht so häufig zu finden ist und für Walbeck an dieser Stelle eine ungewöhnliche Bedeutung hat.

Luciastraße 10: Wohnhaus

Eintragung in die Denkmalliste: 11. Dezember 1995
Denkmal Nr. A 203
Eigentümer: Walter Verrieth

Zweigeschossiges Backsteinhaus mit Satteldach, im Untergeschoß mit drei Achsen, oben nur zwei Fenster, durch völlig untypische, vielleicht erst später angebrachte Maueranker **1715** datiert; das Haus ist aber auch ohne Datierung als Bau des 18. Jahr-

hunderts zu erkennen. Die Putzleisten um die Fenster und die Tür sowie das Stuckornament über dem Eingang wohl um 1900 hinzugefügt. Bei der Gelegenheit dürfte zumindest das rechte Fenster im Untergeschoß vergrößert worden sein. An der Seite befindet sich ein hoher Giebel mit holländischen Dreiecken, die genau anzeigen, daß das Haus nach hinten erweitert wurde. Leider beeinträchtigen ein moderner Kamin und Antennenanlagen das Erscheinungsbild des gepflegten Denkmals.

Neesenweg 40: Neesenhof

Eintragung in die Denkmalliste: 11. Dezember 1995
Denkmal Nr. 211
Eigentümer: Manfred Wirtz

Wie ein englisches Landhaus versteckt sich in einem malerischen Garten das alte Haus des Neesenhofs, der schon im 18. Jahrhundert zum Schloß Walbeck gehörte (VON BÖNNINGHAUSEN 1964, S. 131). Es handelt sich dabei um den seltenen Typus des Hakenhauses, das durch eine nachträgliche Erweiterung des niederrheinischen Hallenhauses zu einer Seite hin entstanden ist (ZIPPELIUS 1957, S. 92–94). Die holländischen Dreiecke am Giebel des hakenförmigen Ausbaus zeigen, daß die Erweiterung bereits im 18. Jahrhundert erfolgte. Ein ähnlicher Bautyp begegnet in Kapellen mit der Schratzkate (→ Kapellen, Beerenbroeckstraße 46). Der anschließende Stallteil wurde ebenfalls zu Wohnzwecken ausgebaut; aus diesem Grund wurden die Außenmauern des ehemaligen Stallteils unmittelbar hinter dem eigentlichen Haus höher aufgemauert (vgl. Abbildung bei OPPENBERG 1968, vor S. 145). Bei der zum Neesenhof gehörenden Scheune handelt es sich um eine Längstennenscheune mit innerem, eichenen Tragegerüst aus dem 18. Jahrhundert. An das noch mit alten S-Pfannen gedeckten Gebäude lehnen sich im rückwärtigen Teil spätere Schuppen an.

Der Neesenhof und seine Scheune

Pinnertstraße / Kastellweg: Josefskapellchen

Eintragung in die Denkmalliste: 25. Mai 1994
Denkmal Nr. A 128

Mitten auf einer Wegekreuzung steht an markanter Stelle unter Kopflinden die Josefskapelle, ein Backsteinbau in neugotischen Formen von 1875 (Rechnung im PfA Walbeck, V 7.10). Der spitzbogige Zugang mit Gitter wird von einer weißen, zurückliegenden Putzleiste gerahmt, darüber findet sich ein blindes Rundfenster. Im Innern wird eine Holzfigur des 19. oder noch 18. Jahrhunderts des heiligen Josef mit Bart verehrt. Da die TRANCHOT-Karte von 1802/03 (21 Geldern) an der Kreuzung ein

Josefskapellchen

Wegkreuz verzeichnet, steht die Kapelle offensichtlich in einer älteren Tradition.

Ringweg: Wegkreuz

Eintragung in die Denkmalliste:
Denkmal Nr.

In der Nähe des Hofes Aries steht auf einem modernen backsteinernen Sockel mit der Inschrifttafel
Sieh o Sünder / hier dein Werk ein gußeisernes
Kreuz mit Kruzifixus. Das „Aries-Kreuz" genannte
Flurdenkmal wurde 1875 nach einem „großen
Hagelwetter" errichtet (OPPENBERG 1968, S. 139). Es
legt nicht nur für die Volksfrömmigkeit Zeugnis
ab, sondern auch für die in der zweiten Hälfte
des 19. Jahrhunderts zunehmende industrielle Ferti-
gung alltäglicher, religiöser Denkmäler.

Kreuz am Ringweg

Bauernhaus am
Ringweg

mauert, der Giebel entsprechend höher gezogen, und für den neugewonnenen Dachraum wurden vier Rechteckfenster in den Giebel eingesetzt. Bei dieser Maßnahme konnten auch die Fenster der Abseiten vergrößert und der Größe des bestehenden Küchenfensters neben der Tür angepaßt werden.

Ringweg 100: Coolshof

Eintragung in die Denkmalliste: 11. Dezember 1995
Denkmal Nr. A 212
Eigentümer: Familie Klaus-Jürgen Geldermann

Zweigeschossiges Backsteinhaus von sechs Achsen Länge mit flachem Satteldach, das an der Südseite einen flachen Krüppelwalm aufweist. Über die rundbogigen Fenster im Obergeschoß kann das Gebäude in die erste Hälfte des 19. Jahrhunderts datiert werden. An das Wohnhaus schließt sich nach Norden ein Wirtschaftsteil an, der mit einem weiteren rechtwinklig anschließendem Gebäude L-förmig den offe-

Ringweg 50: Bauernhaus

Eintragung in die Denkmalliste: 19. Dezember 1995
Denkmal Nr. A 215
Eigentümer: Gertrud Wilems

Breit gelagertes, backsteinernes Wohn-Stallhaus mit vier Achsen und Krüppelwalmdach aus dem 18. Jahrhundert. Wie die unterschiedliche Ausfugung – nicht entstellt von „Verschönerungsmaßnahmen" – zeigt, lagen die Traufen des ursprünglichen Baukörpers fast einen Meter tiefer als die jetzige Traufhöhe. Dementsprechend waren die Abseiten, das sind die Seitenschiffe des Hallenhauses, niedriger als das Mittelschiff. So erklärt sich, daß in der Fassade zwei Maueranker lediglich in der Mitte – nicht aber in den Abseiten – zu finden sind.

Der Sägezahnfries unter dem Krüppelwalm zeigt an, daß das Haus wohl in der zweiten Hälfte des 19. Jahrhunderts grundlegend verändert wurde: Die Seitenmauern wurden um fast einen Meter aufge-

Coolshof

nen Hof bildet. 1900 vernichtete ein Brand „die Stallung und einen Teil des Dachstuhles des Hauses" (Schulchronik Walbeck I 1872–1945, S. 53). – Zum Denkmal gehört ein schmiedeeisernes Tor, das den Zugang zum Hof sperren konnte.

Schmalkuhler Weg 5:
Steprather Windmühle

Eintragung in die Denkmalliste: 9. Juni 1988
Denkmal Nr. A 53
Eigentümer: Förderverein Steprather Mühle

Zu den ältesten erhaltenen Windmühlen im Rheinland gehört die Steprather Windmühle, die aus Backstein errichtet wurde und schon in einer Steuerliste von 1510 genannt wird (OPPENBERG 1968, S. 54). Ihren Namen verdankt die Mühle dem Haus Steprath (→ Am Brökelken 35), an dessen Besitzer Dietrich von Steprath und seine Frau Maria von Doornick die halbe Mühle 1647 verkauft wurde (EUSTRUP 1958, S, 60. – OPPENBERG 1963, S. 25). Die Mühle war Bannmühle, das heißt, die Einwohner Walbecks durften ihr Getreide allein auf ihr mahlen lassen. Nach dem Zweiten Weltkrieg arbeitete die Mühle nur noch mit zwei Flügeln (JbrD 36, 1993, S. 143: Foto von 1948), wurde aber schon 1949 mit Mitteln der Denkmalpflege wiederhergestellt. Aus dieser Zeit stammt der Spruch oben an der Haube: **In Wind und Wetter ist Gott mein Retter** (OPPENBERG 1963, S. 28). Der letzte Mühlenpächter starb 1957, seitdem arbeitete die Mühle nicht mehr (VOGT 1989, S. 89. – SOMMER 1991, S. 189, Nr. 4403–15).

Bis 1964 erhielt die Mühle einen Neuanstrich und neue Flügel (JbrD 25, 1965, S. 174f.), 1999 wurde die Kappe mit 10000 eichenen Schindeln

Straelener Straße: Kapellchen

Eintragung in die Denkmalliste: 10. August 1994
Denkmal Nr. A 141

Backsteinernes Kapellchen über leicht rechteckigem Grundriß mit Satteldach und einer spitzbogigen Öffnung in der Giebelseite, erbaut im dritten Viertel des 19. Jahrhunderts. Das Kapellchen in neugotischer Form ist kaum größer als etwa zeitgleiche Heiligenhäuschen und übernimmt damit stilistisch eine Mittlerfunktion zwischen den älteren Heiligenhäuschen und den jüngeren, neugotischen Kapellchen (FRANKEWITZ 1995b, S. 99f. und S. 105, Nr. 33). In dem Kapellchen wird das Herz Jesu verehrt; die wohl im 19. Jahrhundert entstandene Figur

Getriebe auf dem
Steinboden

Das Kapellchen an der
Straelener Straße und
die Herz-Jesu-Statue

neu verkleidet (RP vom 31. März 1999). Da das Innere der Mühle vollständig erhalten blieb, wurde zu Beginn der 1990er Jahre ein Förderverein gegründet (SCHOPMANS 1992), der mit Hilfe der Stadt Geldern und der NRW-Stiftung am 9. September 1995 den Mühlenbetrieb wieder aufnehmen konnte (SCHOPMANS 1996. – Die NRW-Stiftung Naturschutz, Heimat- und Kulturpflege. Magazin 1/99, S. 22 f.). Seitdem kann die Windmühle besichtigt werden. Vom Mühlenberg aus betritt man den Mehlboden über der Durchfahrt, wo die Säcke abgefüllt werden. Darüber liegt der Steinboden, wo die beiden Mahlgänge laufen. Steigt man höher, erreicht man den Getreideboden, wo das Korn in die Trichter geschüttet wird, sowie den Aufzugs- und Kappenboden, wo die Windkräfte auf die schweren ineinandergreifenden hölzernen Zahnräder übertragen werden.

In dem 1995 errichteten „Backhaus" wird das Mehl zu Brot gebacken, in dem gastronomischen Betrieb kann es verzehrt werden.

steht in der rückwärtigen, ebenfalls spitzbogigen Nische. Bei der letzten Restaurierung vor 1990 wurden wieder stilgerecht zwei Eichen neben das Kapellchen gepflanzt, den ursprünglich mit einem Putzband versehenen Ortgang meinte man aber leider verschiefern zu müssen.

Walbecker Markt: Friedenseiche

Eintragung in die Denkmalliste:
Denkmal Nr.

„Die Friedenseiche am Marktplatze, gepflanzt zur Erinnerung des Friedens nach Beendigung des deutsch-französischen Krieges 1870/71, erhielt am 16. September 1893 statt des bisherigen Holzgitters auf Beschluß des Gemeinderates ein hübsches eisernes Gitter" (Schulchronik Walbeck I 1872–1945, S. 37), das heutige Gitter könnte aber später datieren. Die Walbecker Eiche ist die einzige Friedenseiche in Geldern.

Walbecker Markt:
Wallfahrtskapelle St. Luzia

Eintragung in die Denkmalliste: 15. April 1992
Denkmal Nr. A 85
Eigentümer: Katholische Pfarrgemeinde
St. Nikolaus Walbeck

Geschichte

Die Luzia-Kapelle am Walbecker Markt wird bei der Aufzählung der zur Walbecker Pfarrkirche um 1500 gehörenden Kapellen noch nicht genannt; da zu dieser Zeit die Pfarrkirche noch selbst der heiligen Luzia geweiht war (OEDIGER 1973, S. 332), muß die

Die Luzia-Kapelle am Walbecker Markt

Kapelle erst nach 1500 errichtet worden sein. Dieser historischen Voraussetzung entspricht auch der baugeschichtliche Befund (BINDING 1980, S. 292f.). Denkbar ist, daß der Stifter der Kapelle Otto Schenk von Nydeggen war, der von 1504 bis 1518 Amtmann bzw. Inhaber der Herrschaft Wachtendonk war (FERBER 1860, S. 39f.), wo er an die Kirche eine ebenfalls der heiligen Luzia geweihte Kapelle anbaute (HENRICHS 1910, S. 118. – GHK 1975, S. 128); angeblich wird die Walbecker Kapelle „um 1516" erstmals erwähnt (OPPENBERG 1965, S. 80), 1587 fand

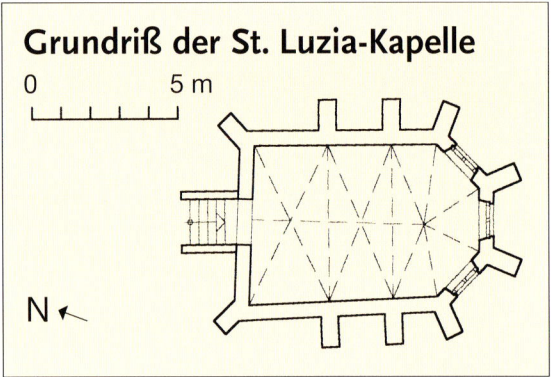

Grundriß der St. Luzia-Kapelle

0   5 m

N

die Huldigung des Grundherrn der Herrlichkeit Walbeck angeblich „in der Lucien-Kapelle" statt (OPPENBERG 1965, S. 45 und 83), tatsächlich wird die Kapelle in einem Visitationsbericht von 1667 erwähnt (HABETS 3 1892, S. 193). Bei CLEMEN wird die Kapelle nicht genannt (CLEMEN 1891, S. 91). Das Kirchlein war Wallfahrtskapelle, ein Gebetsheftchen zur heiligen Luzia ist für 1741 belegt (OPPENBERG 1965, nach S. 156); noch 1811 führte eine Bittprozession von Kevelaer nach Walbeck und noch kurz vor 1850 wurde für die Wallfahrer ein Andachtsbüchlein herausgegeben, das 1906 eine zweite Auflage erfuhr (OPPENBERG 1965, S. 82 f.).

Beschreibung und Restaurierungen

Zweijochige einschiffige Kapelle aus Backstein mit $5/8$ Chorschluß über Sockelgeschoß mit Giebel an der Marktseite sowie einem Dachreiter auf dem verschieferten Dach. An der Ostseite befindet sich unter einem Sandsteinsturz ein vermauerter Zugang. 1954 wurden bei der Renovierung der Kapelle Fresken mit lebensgroßen Figuren entdeckt, die zum Teil durch unsachgemäße Freilegung zerstört wurden; nach „dringenden Außenreparaturen" bis 1956 (JbrD 21, 1957, S. 220) wurden die Fresken 1959 durch den Landeskonservator restauriert und gesichert (JbrD 23, 1960, S. 345 f. und Abb. 497 des Petrus). Weitere florale Fresken in den Gewölbefeldern wurden bei der Innstandsetzung 1971 freigelegt und ergänzt (HANSMANN 1974, S. 166). Bei dieser (?) Restaurierungsmaßnahme wurde außen das in Höhe der Fensterbänke umlaufende Kaffgesims an der Giebelseite auf eine einheitliche Höhe gebracht, das über der Tür befindliche Maßwerkfenster nach unten verlängert und zwei das Fenster begleitende Figuren des heiligen Nikolaus und der heiligen Luzia, die nach 1945 aufgestellt worden waren, mit ihren Konsolen entfernt (OPPENBERG 1965, S. 81 f. mit Foto des alten Zustands).

Ausmalung

Die 1954 freigelegten aber nur fragmentarisch erhaltenen Fresken aus dem frühen 16. Jahrhundert zeigen an der Marktseite oberhalb der Eingangstüre links den heiligen Christophorus, rechts eine Heilige mit einem Buch vor einer Schafherde, vielleicht die heilige Agnes; an der linken, östlichen

Gewölbe in der Luzia-Kapelle

Seite erkennt man in den zwei spitzbogigen Nischen links Reste der Gottesmutter mit dem Kind und rechts den heiligen Petrus mit Schlüssel (OPPENBERG 1965, S. 80–82). Bei der Madonna finden sich Reste eines weiteren Bildes, vermutlich einer Katharinendarstellung, wie ein Rad vermuten läßt. In den Zwickeln um die Schlußsteine findet sich in den Gewölben üppiges Pflanzenwerk (HANSMANN 1974, S. 167).

Fenster

1911 wurden der Kapelle aus Anlaß der 100jährigen Prozession von Kevelaer nach Walbeck Fenster mit Szenen aus dem Leben der heiligen Luzia gestiftet (OPPENBERG 1965, S. 83). Mit der Erneuerung 1971 erhielt die Kapelle neue Fenster durch den Glasmaler Joachim Klos. „Für die spitzbogigen Maßwerkfenster des Chores und des Schiffs beschränkt sich der Künstler auf eine strenge ornamentale Musterung in Schwarz-Weiß; hierin eingestreut sind einige Figuren und figürliche Szenen. Nur das Fenster über dem Eingang ist durch Grün und Gelb ergänzend belebt" (HANSMANN 1974, S. 167).

Ausstattung:
Altar

1971 wurde der Altar aus neugotischen Teilen und unter Verwendung der alten Altarplatte durch den Architekten Max von Hausen gestaltet (HANSMANN 1974, S. 167).

Leuchter

In der Kapelle hängt ein etwa 110 cm großer, zweigeschossiger Kerzenleuchter aus Messing mit jeweils acht Kerzen und einer versilberten Figur der heiligen Luzia. Der Leuchter ist die Kopie eines spätgotischen Leuchters aus der Pfarrkirche, der 1924 verkauft wurde (OPPENBERG 1965, S. 82. – HANSMANN 1974, S. 167).

Skulpturen:
Christophorus

Holzskulptur, „treffliche, neu polychromierte Figur um 1500, in halber Lebensgröße". Charakteristisch für die am Niederrhein entstandene Figur sind die weit geöffneten Augen des Heiligen sowie sein langer Bart, der in kleinen Locken endet. Die Figur ist im 19. Jahrhundert auf einem Gipsgrund neu gefaßt

worden, unter den jetzt abblätternden Farbschichten ist offenbar noch eine ältere Fassung vorhanden; eine fachmännische Restaurierung erscheint dringend geboten.

Luzia

Statue der heiligen Luzia aus der zweiten Hälfte des 19. Jahrhunderts stand bis zum Zweiten Weltkrieg in dem 1913 gegründeten Luzia-Stift (→ Hochstraße 8–10) (OPPENBERG 1965, S. 83). Die farbig gefaßte Holzfigur ist 145 cm groß und von hinten ausgehöhlt, sie zeigt die heilige Luzia mit zwei Augen in einem Schälchen.

Weihwasserkessel

Ein fest im Mauerwerk zu verankernder Weihwasserkessel des 16. Jahrhunderts aus Bronze mit Menschenköpfen in den Knäufen, Durchmesser oben 19,5 cm, mit Griff 33 cm hoch, ist zur Zeit ausgebaut und befindet sich in der Sakristei.

Glocke

In dem Dachreiter hängt eine von dem ehemaligen Walbecker Pastor Everhard Poyn 1643 gestiftete Glocke mit einer Inschrift (nach OPPENBERG 1965, S. 82, etwas andere Lesung bei OPPENBERG 1968, S. 48): **R**(everendus) **D**(ominus) **Everh**(ard) **Poyn, Pastor in Barlo, me laetus obtulit Deo et St. Luciae in Walbeck. Anno 1643** (Der ehrwürdige Everhard Poyn, Pastor in Baarlo, hat mich glücklich in den Dienst für Gott und der heiligen Lucia gestellt).

Walbecker Markt 1: Gaststätte „Haus Deckers"

Eintragung in die Denkmalliste: 19. Dezember 1995
Denkmal Nr. A 201
Eigentümer: Deckers

Zweigeschossiger Backsteinbau mit fünf Fenstern im Obergeschoß, deren leicht korbbogigen Stürze mit glatt gestrichenen, roten Steinen von einem nur wenig hervortretenden Gesims überdeckt werden. Das mit einem Satteldach gedeckte Haus mit Rundbogenfries unter dem aufwendigen Traufgesims sowie aufwendig abgemauertem Ortgang an der Giebelseite, die zur Luciastraße und zur Pfarrkirche gerichtet ist, datiert aus dem dritten Drittel des 19. Jahrhunderts. Durch den Einbau der großen liegenden Fenster im Erdgeschoß wurde die Proportion der repräsentativ an der Stirnseite des Marktes gelegenen Gaststätte empfindlich gestört. In

dem Haus mit Bäckerei und Gastwirtschaft befand sich von 1911 bis 1950 die Walbecker Poststelle (SCHOPMANS, NAUS 1981, S. 5 und 26. – RP vom 11. Juli 1998).

Walbecker Markt 3–5: Geschäfts- und Wohnhaus

Eintragung in die Denkmalliste: 25. Juli 1996
Denkmal Nr. A 150
Eigentümer: Irene Welbers

Zweigeschossiges Wohn- und Geschäftshaus aus Backstein mit Quaderputz und Satteldach mit Krüppelwalm aus dem 19. Jahrhundert. Der Tradition nach ist das ursprünglich eingeschossige Haus um

1900 um ein Geschoß erhöht worden. Die Fenster-anordnung ist unsymmetrisch, an der linken Seite im Untergeschoß befindet sich ein in den 1950er Jahren eingebrachtes Schaufenster in Form eines liegenden Rechtecks. Die Fenster wurden 1997 in Absprache mit der Unteren Denkmalbehörde er-neuert.

Walbecker Markt 3–5 (oben) und Walbecker Markt 9

Walbecker Markt 9: Wohnhaus

Eintragung in die Denkmalliste: 19. Dezember 1995
Denkmal Nr. A 191

Zweigeschossiges, traufständiges Backsteinhaus mit vier Fensterachsen und Krüppelwalmdach, datiert im Oberlicht der Haustüre in das Jahr **1873**. An der Marktseite bilden allein die weiß verfugten Tür- und Fensterstürze ein bescheidenes Dekor an die-sem weitgehend in seinem äußeren Erscheinungs-bild original erhaltenen Haus.

Walbecker Markt 12: Geschäfts- und Wohnhaus

Eintragung in die Denkmalliste:
Denkmal Nr.

Mit gelben Riemchen verkleideter Backsteinbau mit schmucklosen Fensteröffnungen; durch den Ab-bruch des danebenliegenden Hauses Walbecker Markt 10 wurde die südliche Giebelseite mit Krüp-pelwalm freigelegt. Die holländischen Dreiecke zei-gen, daß das Haus im Kern noch aus dem 18. Jahr-hundert stammt. Die tiefgreifenden Veränderungen aber lassen eine Eintragung in die Denkmalliste zur Zeit nicht geboten erscheinen.

Walbecker Straße 2:
Alte Bürgermeisterei

Eintragung in die Denkmalliste: 20. Juni 1985
Denkmal Nr. A 9

Zweigeschossiger fünfachsiger, weiß geschlämmter Backsteinbau mit Satteldach aus dem frühen 19. Jahrhundert. Die Gliederung der Fassade ist nicht symmetrisch. Östlich des Hauses schließt sich der durch eine korbbogige Einfahrt mit Seitenpforte zu erreichende Hof des ehemals landwirtschaftlich genutzten Anwesens an. Im rückwärtigen Teil befand sich ehedem eine Kornbrennerei. Die linke Seite des Hofes wurde durch das Gebäude des Kuh-

stalls geschlossen. Den Namen „alte Bürgermeisterei" erhielt das Anwesen, weil neben dem Wohnhaus und hinter der Pforte zum Hof der Walbecker Bürgermeister Johann Ludwig Leenen eine Amtsstube angebaut hatte (OPPENBERG 1968, nach S. 84), in der er von 1863 bis 1898 seiner Verwaltungstätigkeit nachging (Schulchronik Walbeck I 1872–1945, S. 51). Eine große Kiste mit Verwaltungsakten des 19. Jahrhunderts, die der Bürgermeister auf den Söller seines Hauses gestellt hatte und die dort in Vergessenheit geriet, konnte 1989 dem Stadtarchiv Geldern zugeführt werden.

1989/90 wurde das Haus zum Restaurant ausgebaut (WIR am Niederrhein September 1990, S. 4f.). Dabei konnte im Eingangsbereich hinter einer

auf, die durch die weißen Fugen zwischen den Putzquadern an den Seiten und den profilierten, weißen Putzleisten der Fenster und der Tür noch betont werden. Putzgesimse in Schulterhöhe der Fenster und am Fuß der Fenster im Obergeschoß steigern die Lebhaftigkeit der Fassade. Besonders aufwendig ist das breite Gesims zwischen den Geschossen gestaltet, auf dem in Stuck ein Rapport mit floralen Elementen aufgebracht ist. Die einsehbare rechte Seite des Hauses ist verputzt, die hier befindlichen Fenster zeigen eine schlichte Rahmenleiste in Rauhputz. – Neben dem Haus → Hochstraße 5 stellt dieses Haus für das Dorf Walbeck eine Besonderheit dar, finden sich derartige Dekorationen sonst nur im städtischen Bereich und weniger im ländlichen Raum.

Ehemalige Remise
und Tor zum Hof

Holzvertäfelung ein alter Kamin wieder freigelegt werden. – Beim Ausbau des Kuhstalls zur Sparkasse 1997 konnte durch die Denkmalpflege der Hof mit dem Tor und den Remiseneinfahrten erhalten werden; der gefunde Kompromiß ist für beide Seiten als glücklich zu bezeichnen (RP vom 24. Januar 1998). In dem neuen Sparkassengebäude wird auch eine kleine und sehenswerte Ausstellung zur Walbecker Geschichte präsentiert (CHERK 1999).

Walbecker Straße 9: Wohnhaus

Eintragung in die Denkmalliste:
Denkmal Nr.

Zweigeschossiges Backsteinhaus von drei Achsen Länge mit Satteldach und relativ großer, zweiachsiger Dachgaube mit bekrönendem Dreiecksgiebel aus dem ersten Jahrzehnt des 20. Jahrhunderts. Das Haus fällt durch die glattgestrichenen, roten Ziegel

Walbecker Straße 9

Walbecker Straße 13:
Geschäfts- und Wohnhaus

Eintragung in die Denkmalliste: 11. Dezember 1995
Denkmal Nr. A 209
Eigentümer: Gerd und Ursula Harmes

Zweigeschossiges, verputztes Backsteinhaus von vier Achsen Länge mit Quaderputz und Walmdach aus dem 19. Jahrhundert. Das niedrigere Obergeschoß ist vom Untergeschoß durch zwei parallele Gesimse abgesetzt. Das linke Fenster im Untergeschoß dient schon seit der ersten Hälfte des 20. Jahrhunderts als Schaufenster (SCHOPMANS, NAUS 1981, S. 34) und ist deshalb größer als die anderen. Hell abgesetzte Rauhputzquader betonen die Ecken des Gebäudes.

Walbecker Straße 25:
Gaststätte „Haus Schopmans"

Walbecker Straße 13 (oben) und 25

Eintragung in die Denkmalliste: 8. Dezember 1995
Denkmal Nr. A 208

Eingeschossiger, langgestreckter Putzbau mit Mansarddach und dreiachsigem Zwerchgiebel aus dem Beginn des 20. Jahrhunderts. Die Fensteraufteilung im Untergeschoß ist unsymmetrisch, die Türe ist aus der Mittelachse nach links versetzt, rechts von ihr ist ein größeres, dreiteiliges Fenster in die Fassade eingebracht. Die mittlere Achse des Zwerchgiebels ist kalottenförmig nach außen gewölbt, darüber liegt ein halbrundes Fenster. – Wilder Wein und Blauregen, die an dem ansprechenden Haus wachsen, bieten zwar „einen reizvollen Anlick" (HEIN 1987, S. 85), sie sollten aber gepflegt, das heißt regelmäßig geschnitten werden, damit das Denkmal nicht zu einem unsichtbaren Klettergerüst verkommt.

Anhang

Quellen zur Bau- und Kunstgeschichte in Geldern

Inhalt

1 um 1776: Inventar des Hauses Haag, nach Zimmern aufgenommen (Seite 412)

2 1841: Beschreibung der Kapellener Kirche (Seite 416)

3 1850 bis 1880: Auszüge aus dem Protokollbuch des Kapellener Kirchenvorstands (Seite 416)

4 1858/59: Beschreibung der Umbauarbeiten auf Schloß Haag im 17. Jahrhundert durch den Sekretär Heinrich Ferber (Seite 416)

5 1862: Bericht über die Restauration der Gelderner Pfarrkirche (Seite 417)

6 1866: Beschluß der Gemeindevertretung Vernum, die alte Kastenwindmühle durch eine neue zu ersetzen (Seite 420)

7 1882: „Die katholische Kirche in Geldern nach ihrer Restauration" (Seite 421)

8 1886: Stellungnahme des Generalvikars in Münster zum Entwurf eines neuen Altars in der Kapellener Kirche (Seite 423)

9 1886: Brief von Ferdinand Langenberg betreffend den Hochaltar in der Kapellener Kirche (Seite 423)

10 1888: Zustandsbeschreibung der evangelischen Kirche in Geldern (Seite 424)

11 1888: „Ein neuer Altar in Capellen bei Geldern" (Seite 424)

12 1893: Erläuterungsbericht zum Neubau der Hartefelder Kirche durch Julius Busch (Seite 425)

13 1894 bis 1901: Bericht über den Neubau der Hartefelder Kirche (Seite 426)

14 1902: Zeitungsbericht über die neue Kommunionbank in der Kapellener Kirche (Seite 426)

15 1902: „Die neue Kapelle auf Schloß Haag" (Seite 427)

16 (nach) 1903: Die Geschichte der Kapelle auf Haus Diesdonk (Seite 428)

17 1908: Auszug aus dem Inventar der Kirche in Hartefeld (Seite 428)

18 1923: Beschreibung des Umbaus des Hartefelder Hochaltars (Seite 429)

19 1927: Auszug aus dem „Verzeichnis kirchlicher Kunstaltertümer der Pfarrei ad St. Martinum in Veert b. Geldern aus der Zeit vor 1870" (Seite 429)

20 1928: Angebot des Kunstmalers Heinrich Repke aus Wiedenbrück zur Ausmalung der Hartefelder Kirche (Seite 430)

21 1932: Aus dem Inventar der Kirche in Hartefeld (Seite 431)

1 Inventar des Hauses Haag, nach Zimmern aufgenommen, um 1776

Archiv Schloß Haag, Nr. 2224, Blatt 10–19. Zur Datierung siehe Archiv Schloß Haag, Nr. 4004–4010: In Nr. 15 wird „Marquis" Joseph, in Nr. 17 „Graf" Joseph genannt.

Ingevolge S'Hofs ordonatie van den 15 april Laestleeden hebben wy ondergescreven in qualiteyt van Sequester de Mobilien ende verdere gereeden op den Huyse Haage bevintlyk geinventariseert heeden den.

1. by den inganck van den voors. Huyse op de vestebulle bevonden twe portretten, en vier Schilderyen. Eene Stant uhre met kast, eene bleeke lampe staende op eenen houten voet, aen eene blinde venster hangende. Twe Staets calenders, eene Eycketaefel.

2. Het The Cabinet behangen met papiere tapyten, en daerinne bevonden eene geleyde Commode, een thee kistjen, eene ingeleyde drykantige commode met cast staende in eenen hoeck, eenen Baromeetrum, eene oude ingeleyde taefel, twee ysere vierhouden met copere knoopen, Dry Landkarten ende vyf Biessene Stoelen met groene plussene kussens.

3. Het Eedtzaal behangen met papiere tapyten en daerinne bevonden eenen gebloemden hoeckast met daer op staende vyf porseleyne potten of macliynen, eenen grooten

stooven ooven, en daer boven in de muyre staende porseleyne potdouilie.

vier oovergulde wantlughters; eene groote ingeleyde taefel, eene groote oovale taefel bekleet met eenen plussenen tappig. Vier stoelen met opgenaegelde plussene witte, roode en groen Strypekussens.

4. Het groen Eedtzael behangen met hotelisse tapyten, en daerinne bevonden twee ingeleyde Commooden, eenen Spiegel met vergulden Raem. Eenen Baromeetrum, twalf Stoelen met gestrypte plussene kussens, twee Dito met gruene plusse kussens, ende nogh twee met andere groene Stoffe kussens. Eenen Stoven ooven met eene daerop staende porseleyne potdilie. Een Scherre van rooden Zyden Daeman met uytgewerckten houteren raem.

5. by den entrée van den grooten Zaal bevonden eene marmorne taefel met oovergulden voet, een Canneppée, twe biesse Stoelen met roode Stoffe kussens.

6. Den grooten Zaal met Hote Liste tapyten behangen en daerinne bevonden twee portretten, representeerende Syne Majesteyt den ouden en teegenwoordigen Koninck van Pruyssen, vyf andere maeleryen representeerende vyf Sinnen. Twee Spiegels met oovergulde raemen, twee want Lughters met oovergulde raemen, eene groote, en twee kleene marmorne Taefels met witte aangestreekene voeten, staende onder ider der selve eene porseleyne pot Doulie.

Ses Sedel Stoelen met gestickte Kussens. Twee vier houden met kooperen knop, twee van wittsen, en grauw geverfde vier Schermen met yseren voet. – Twee groote porseleyne maxlynen ofte Lange potten.

7. in de Camer reghter handt den grooten Zaal behangen met Hote liste tapyten, en daerinne bevonden eenen Spiegel met overguldene Raem, eene ingeleyde Commode, eene Schilderye, twee oude portretten.

Eenen vierhoudt, een tange, ende een houtere Brandtvat. – Twee Stoelen met root aglitige, en twee Dito met groene kussens, item eenen Stoel sonder kussen. – Eene Bedlaede met blauwe Zitse gardyne van binnen met witte gestukte zyde bekleedt, eene witte zyde gestickte Spreye, eene Dito van Blauwen en witten Zits. – Eene Bedde, eene hofft pulve, twee kussens, eene matress ende eenen Stroysack. – Eene Bedde, commode, eenen par kleynen camerpot

8. in het Domestyquen Camerken daer neffens bevonden eene Bedlaede met groene garddynen behangen, een

Bedde, eenen Stroydsack, dry Kussens en eene wollene Decken.

Dry oude portretten, een Steglite Denne Commode, een taefel, twee Stoelen sonder Leen, eenen mantel Stock met vyf Daerop liggende kussens

9. In de camer Linker handt den grooten Zaal met hote liest getappisseert en daerinne bevonden eenen Spiegel met oovergulden Raem, dry oude portretten, eenen vier hout en ysere tange. – Eene Bedlasde met blauwe en witte gardynen en van binnen met gestickte Zyde bekleedt. – Een Bedde, twee kussens en eene hooft pulve, eene metress en eenen Stroye Sack

een bed commode, en eenen porselynen camerpot. – In de muyrcast bevonden twalf gestickte Stoelkussens. – Een oud commode van weyden holt. – Dry Bissee Stoelen, en eene faianee Levoir Comp met aen den voet gebrokene kanne. – Eene Zyde saimoise Spreye, met wollen Decken.

10. in het Domestyquen Camerken daer neffens bevonden eene Bedlaede sonder gardynen, een Bedde, twe kussens en eenen hofft pulve, eene matrasse ende eene wollene Decken. – Een oud portret, eenen mantel Stock waerop vier nay kussens. – Eene tafel, twee Stoelen sonder Leen, eene groote Denne Commode

11. in de onderste Slaepcaemer van Haere Excellentie bevonden en hote liste tapyten behangen eenen Spiegel met vergulden Raem, eene ingeleyde commode. – Eenen ingeleyden drykantigen Kast. – Dry biesse Stoelen met roode Stoffe kuissens. – Een houtere Brandt vat, twee half ysere en koopere vierhouden. – Twee portretten, een Bedcommode, eenen porseleynen Camerpot. – Een wint Scherm.

12. op de groote trappe bevonden twe grauw aangestreckene hoeckasten

13. op de groote vestibulle voor de Capelle bevonden dry Denne commooden

een toegenaegelt verslaegh. – Twalf Schilderyen ende derthien portretten, eenen opstaenden Mantel Stock. – Dry kniebancken waerop een kussen eene Stantuhre, een Brantvat.

14. Op het kleen Camerken neffens de vestibulle ofte Capel een Bedde, een hofft puloe, een kussen twee wollene, ende eene Schaeps vellene Decken. eenen Stoel

15. op de voorcaemer van Syne Excellentie den Heere Marquis Joseph, behangen met papiere tapyten, en bevon-

den eene Eyke commode, eenen ingeleyden hoeckast, eenen ronden Spiegel met vergulden Raem, eene Schildereye, eenen Stouven oven eene tafel.

eenen Seedel Stoel met groen kussen, twee andere Stoelen, eenen met een roodt, en den anderen met een groen kussen, item eenen Stoel sonder Leen.

16. In de Slaepcamer van syne voormelde Excellentie, bevonden ende met papiere tapeyten behangen, eene Bedlaede behangen met blauwe geprinde gardynen, een Bedde een matrass, een hooft pulve, twee kussens, eenen stroy sack, eene wolle Decken en eene Catoeue gestickte Spreye, eenen lLeederen Seedel Stoel, twee houte Stoelen met twee kussens, een Bedcommode met porseleynen Camerpot, een ingeleyt Comptoir, eene Commod.

17. op de vestibulle voor de camer van syne Exellentie den Heere Graef Joseph bevonden eene Schilderye, thien portretten, eene Lant Charte, eenen Stoven ooven met Koolback en pypen. – Een met Leder overtrocken Coffer, eenen naglit Stoel, item eenen ouden Leederen Stoel.

18. op D'eerste Caemer vanden ganck bevonden eene bedlaede met groene gardynen, een Bedde, een Hofft pulve, twee kussens, eene Matrass, eenen Stroy Sack, twee wollene Deikens, eene van Schaeps vel, twee oude Stoelen met kuissens. – Vyf portretten, twee Schilderyen, eene oude groote taefel, eenen mantel Stock, eenen viervoetigen Baesen waerinne is ligende eene ysere plaet.

19. op de Caemer daerneffens, behangen met gewantdoecke tapeeten en daerop bevonden eene Bedlaede met Zitse gardynen, een Bedde, een hooft pulve een kussen, eenen Stroy Sack, eene wollene Decken. – Dry portretten, eenen Spiegel met oovergulden raem, eenen Biessen Stoel, eenen mantel Stock, eene taefel.

20. op de Caemer van syne Excellentie den Heere Marquis Jean Friederich bevonden eenen Stoeven ooven, eenen ouden ingeleiden kast, eenen Spiegel met Swarten Raem, twee denne Commooden, dry portetten. – Eenen groten Sedel Stoel met een groen kussen, twee Biesse Stoelen, twee taefels, eene Bedlaede met groene gardynen, een bedde, eene matrass, twee kussens, eene hooft pulve ende Stroy Saek, twee wollene deeken en eene Catoene gestickte Spreye. – Eene Bedschebelle met porselynen Camer pot.

21. op de Slaepcaemer van Syne Excellentie den Heere Erfmarschal bevonden eenen Stoven oven met pypen.

eenen Spiegel met Swarten Raem, twee taefels, twee commoden, een Scherm met houten Raem en van binnen papier. – Eenen ouden ingeleyden kast, twee portretten. – Een Bedlaede met witte en blauwe gardynen, een Bedde, eene matress, eene hooft Pulve. – Twee kussens, eenen Stroy Saek, eene gestickte Catoene Decken, eene Bedde Commode, eenen porseleynen Caemer pot. – Eenen Leederen Sedel Stoel, vier biesse Stoelen, eenen houten Stoel met een groen kussen.

De twee Cabinetten aldaer beslooten gevonden

22. op het Cabinet van Haere Excellentie onse genaedige Mevrouwe, behangen met papiere tapeeten, en aldaer bevonden vier portretten, twee ingeleyde hoeckaesten, eene ingeleyde Commode, met daer opstaende Comptoir, en eene porseleyne potdinlie. eenen Barometrum.

23. op de Slaepcaemer van Haere Excellentie Daer naest volgende bevonden eene Bedlaede behangen met roode Zyde Damaste gardynen, een Bedde, een matrass, eenen Stroy Sack, twee kussens, een hofft pulve, eene wollene Decken, een root Zyde Damaste Couvert, een Bedcommode, eenen porseleynen Camerpot. – Eene taefel met op slaende Laye, twee biesse Stoelen met roode Stoffene kussens, een dito sonder kussen – item nogh eenen Biessen Stoel met een root plussen kussen, twee portretten, een ingeleyde Commode.

24. op de caemer van de caemerjoufer bevonden twee groote Lynewans casten, eene Denne commode, eene Bedlaede met groene en roede gestrypte gardynen, eene Bedde, eene matress, eenen stroy sack, vier kussens, eene hooft pulve, eene Zitse gestickte Decken, dry biesse Stoel, eenen Stoel sonder Leen, een Bed commode.

25. op de kinder caemer bevonden eenen dennen Lynewans kast, eene Eycke Commode, eene Denne Ditto, eene Bedlaede met groene gestrypte gardynen, een Bed, Dry kussens, eene hooft pulve, eenen Stroy Sack, twee wollene en eene gestickte Catoene Decken. – Twee groote oude Stoelen, eenen Stoel sonder Leen, eene taefel, een kleen Dito. een kleen gebroent kastien, enen hoeck reck, eene Schilderye.

26. op het kleen caemerken in de kinder caemer twee groote Stoelen, een Bedde.

27. op de Huyshouderse haere caemer bevonden twee bedlaeden met roode gardynen, twee Bedden, twee

Stroy Sacken, dry hooft pulven, ses kussens, eene groote Eycke taefel, een kleen taefel. – Twee kasten, eenen brautback, dry Schilderyen, ses oude portretten, dry gebrooke Stoelen.

28. op de provisie caemer bevonden twee kasten, een taefel, eenen ouden Stoel.

29. in de caemer onder de trap bevonden [nichts genannt]

30. in de Bottelerye bevonden eenen kast, eene taefel, eenen houten Spoelback ende verdere rommelerye. – Op des rentmeesters Comptoir bevonden twee taefels vyf Stoelen, een opstaende commode met Schaepen, eenen hoeckast.

volgen de Domestyquen caemeren

31. op die aghterste Caemer van den gank een bedlaede met gestrypte gardynen, een Bedde, een hooft pulve, een kussen, twee wollene Deckens, twee taefels, eenen Stoel, een Denne verslag ende verdere rommelerye.

32. op de Caemer daer naest volgende dry bedlaeden met oude hote Liste gardynen behangen, twee Bedden, twee hooft pulven, een kussen, dry oude wolle Deckens, twee pommeren, eenen ouden stoel, twee taefelen, eenen ouden reck

33. op de caemer daer naest volgende eenen bedlaede met blauwe gardynen, een Bedde, een hofft pulve, twee kussens, een wolle decken, eenen pommer, eenen Stroye Sack, eenen Stoel, twee kasten, eene taefel, item differente aerdepotten, waerinne ten deelen gaerde gesaets, eenige Schilderyen.

34. op de caemer daer naest volgende bevonden twee bedlaeden met oude bonte gardynen, een Bed, een matrass, twee hooft pulven, een kussen, eenen stroy Sack, twee Stoelen, eenen taefel, eene carrekist, twee mantel Stocken, twee wolle Deckens.

35. op de caemer daer naest volgende dry bedlaeden, dry bedden, vyf hooft pulven, twee kussens, twee wollene Decken, twee pommeren, twee oude stoelen, eene taefel, ses Coopere jagt hoorens, eenen ouden kast en verdere rommelerye.

De caemer daer naest volgende beslooten gevonden, item op den ganck eenige rommelerye.

36. in den Rydt Stal bevonden een bedlaede, een bedde, twee hooft pulven, twee kussens, een wolle Decken, eenen pommer

37. in den moelenpaerde stal een Bedlaede, een Bedde, twee hooft pulven, een wolle Decken, eenen pommer.

38. in den acker stal een bedlaede, twee hooft pulven, een kussen, twee wolle Decken eenen pommer.

39. in den Koutz Stal twee bedlaeden, twee bedden, twee hooftpulven, een kussen, vier wolle Deckens.

40. op de Lynewabts Caemer aghtien wantlughters, eene quantiteyt geprinde Schilderyen, eenige rollen tapeeten papier, ses kasten, twee taefels, eene kiste, vier stoelen, item twee Sonder Leen, dry Bedden, twee matrassen, vierthien kussens, dry hooft pulven, vier gestickte Catoene Deckens, twee wollene Deckens, eenen thée reck, eenen Spiegel, twee roode Stoffene Stoelkussens, dry groene Sleghte Dito. een rust bedlaede en verdere Rommelerye

volgt het Lyne want op de Lynewans caemer [...]
op de Kinder Caemer in de Lynewans kast [...]
onder aan de poorte reghter handt by den inganck van de Caemers aan de trappe eene blauwe ovaele taefel.

in D'eerste Caemer aldaer, bevonden eene taefel, eene Commode of comptoir met truhen en eenen stoel.

in de tweede Caemer twee Commoden, vyf biesse Stoelen, eene taefel, eenen Stouven oven, eene tange en Schup, eenen Brantback

in de Derde Caemer bevonden eene bedlaede met Zitse gardynen, een Bedde, eenen Stroy Sack, twee kussens, eene hofftpulve, twee mantelstocken, een Biblioteque Schaep, twee Commoden met daerop staende vertrecken ofte registratuyr, waer af een naer Blech wort gesonden, eene houtere hanghuhre, eenen Stoel sonder Leen.

In het Poorthuys bevonden eenen Stoven ooven, eene Bedcoutze, een Bedde, een hooft pulve, twee kussens, eene wolle Decken, eenen pommer

in D'orangerye bevonden twee Stooven ooven, eenen Spiegel, twee groote cuypens met ysere Banden, een Draeghvat, Dry Stoelen, eenen kast ende Stellagins der orangerye Boomen.

in het garden huysken eenen Spiegel, twee oude Stoelen en verdere rommelerye.

in het Moeshuys bevonden gaerde gereetschappen en allerhande rommelerye

volgt het keuken geschier

Dry copere maemütten, eenen Schinkenketel en eenen vischkeetel, twee Eyerpannen

2 Beschreibung der Kapellener Kirche, 1841
PfA Kapellen, Lagerbuch von 1841, S. 8.

Die Kirche
Das Hochchor hält 26 Fuß im Durchmesser. Vom Hochchor bis zum Thurme (inclusive der Seitenflügel welche 13 Fuß breit sind) beträgt die Breite 52 Fuß und die Länge 60 Fuß. Die Höhe beträgt im mittleren Raum vom Flur bis an Gewölbe 32 Fuß, die der Seitenflügel 20 Fuß. Die Höhe der Kirche mit dem Dache beträgt 38½ Fuß. Die Sacristei hält 13–15 Fuß und die beiden Hallen jede 12–14 Fuß Grundfläche. Die Grundfläche des Thurmes ist 25½ Fuß □ seine Höhe bis am Dache beträgt 66 Fuß und die Dachspitze 64 Fuß circa.

Die Kirchenmauern sind meistens aus Duffsteine, das Hochchor und der Thurm aber aus Ziegeln gemauert, 4½–2½ Fuß stark. Die Kirche ist ganz gewölbt, mit Schiefer gedeckt und mit Hausteinen geflurt, hat zwei Doppelthüren, 9 Thüren, 11 große Glasfenster.

In der Kirche sind: 1 Hochaltar, zwei Nebenaltäre, eine schöne Kanzel, eine Orgel, zwei Beichtstühle und ein Taufstein, ferner zwei Singbänke, 2 Betstühle, ein verpachteter Kirchensitz und außer den Pfeilern überall Bänke. Der Thurm hat eine Uhr und drei Glocken.

3 Auszüge aus dem Protokollbuch des Kapellener Kirchenvorstands, 1850–1880

1850 August 12 (Blatt 5)
Es wurde einstimmig für gut gefunden, das jetzige Gitter, welches den Taufstein einschließt, wegzunehmen und letzteren später unter die Thurmhalle zu versetzen. Ebenso zweckmäßig wurde es befunden, die Beichtstühle zu versetzen, und dann beschloß man ebenfalls, die Pfeiler und Bogen, welche in früheren Zeiten teilweise verstümmelt und ausgehauen worden waren, nach der ursprünglichen Form wiederherzustellen.

1875 November 16 (Blatt 25)
wurde die Beschaffung 8 neuer Petroleum Lampen beschlossen, und dem Vorsitzenden beauftragt, dieselben bei den hiesigen Kupferschlägern zu bestellen …

wurde bestimmt, daß das Fenster an St. Catharina Altar wieder in Stand gesetzt werden solle

1877 März 23 (Blatt 29)
wurde der Antrag erstellt, daß es zweckmäßig sei, daß bevor die Stationen in der Kirche aufgestellt werden, zuvor eine neue Flur in derselben verlegt werde

1880 Oktober 26 (Blatt 35)
betreffend Beschaffung eines Kirchenfensters hinter dem Hochaltar. In Erwägung, daß die beiden vorhandenen Chorfenster jetzt durch den Herrn Grafen von Hoensbroech ganz geschenkt werden, beschloß Kirchenvorstand gleichzeitig, das jetzt noch zugemauerte Hauptfenster nach den von der Glasmalerei bestellt zu Innsbruck vorgelegten Zeichnung restaurieren zu lassen. Dieser Beschluß bedarf der Genehmigung der Gemeindevertretung und soll diese baldigst herbeigeführt werden

4 Beschreibung der Umbauarbeiten auf Schloß Haag im 17. Jahrhundert durch den Sekretär Heinrich Ferber, 1858/59
Archiv Schloß Haag, Nr. 2146b, S. 13–16.

Adrians Sohn Arnold Adrian Freiherr von Hoensbroech, der wegen seiner vielfachen Dienste als spanischer Gesandter bei fast allen deutschen Höfen 1675 in den Marquisen-Stand erhoben wurde, … erhielt 1675 am 26. Januar von Carl II. König von Spanien die 14 Herrlichkeiten nebst Jurisdiktion des Amtes Geldern … Er ließ auch das verfallene Haus Haag von Grund auf neu erbauen. Bereits 1661 hatte Arnold Adrian die ersten Vorbereitungen dazu treffen lassen und von der Rechenkammer Gelderlands die freie Einfuhr der zum Baue erforderlichen Materialien, die auf 300 Mudd Kalk, 50 Fuder Kohlen zum Backen von 250 000 Ziegelsteinen, 200 000 Leien, 10 000 Pfund Eisen 6000 Pfund Blei und einem halben Duzend Marmor und anderen Kaminen angegeben wurden, erlangt.

Im darauf folgenden Jahre begann er den Bau. Am 26. Juli und 10. August 1662 schloß er mit dem Maurermeister Dirk von Deyl den Accord ab, wonach dieser 1. für die Summe von 197 Pattacons und 16 Tonnen Bier übernimmt: Die Gallerie und Mauer an der Südseite des alten

Hauses bis zu den untersten Fenstern, welche für die Keller und Küchen zu lassen sind, abzubrechen und die Mauer auf die Höhe der anderen stehenbleibenden Ost- und Westseite aufzurichten, die Keller zu wölben, Fundamente zu graben usw.; dann 2. für 80 Rixdaler und zwei Tonnen Bier die inneren Mauern aufzumauern, die Front auf den alten Fundamenten aufzuführen und alles wegzubrechen, was beim Bau hinderlich sei.

Bei dieser Gelegenheit wurde auch ein viereckiger Thurm weggebrochen, der an der Südwestseite des Hauses gestanden hat. Hiernach hatte das Schloß vordem also – da nothwendigerweise die Südostseite ebenfalls einen Thurm gehabt haben muß – sechs Thürme, so daß die beiden kleineren, jetzt noch dastehenden Thürme, welche wie die beiden größeren mit dem Haupthause jetzt nicht in Verbindung stehen und demselben keinen Schutz gewähren konnten, als Mittelthürme erscheinen und ihre eigenthümliche Lage so ihre Erklärung findet.

Die Zimmerei-Arbeiten wurden dem Meister Gerhard Raymans übertragen. Mit Ausnahme der Ostseite erhielt das ganze Haus neues Holzwerk.

Die Arbeiten wurden sofort in Angriff genommen und am 31. August 1662 durch Arnold Adrians siebenjähriger Tochter Agnes Isabella – aus erster Ehe mit Catharina von Hoensbroech-Oestham – der erste Stein zum Baue gelegt, wobei sie den Maurern einen Dukaten verehrte.

Für das Portal und den Kapellenbau, wie auch für zwei Balkone, welche höchst wahrscheinlich rechts und links neben der Kapelle, da wo jetzt die beiden Ausbaue angebaut sind, angebracht waren, kamen die Hausteine von Lüttich.

1664 war der Bau zwar vollendet, er wurde jedoch noch im selben Jahre durch die eben erwähnten an der Fronte des Hauses vorspringenden beiden Ausbaue erweitert, welche Arbeit indessen auch im October 1664 beendigt wurde.

Diese Arbeit geschah während der zweiten Ehe von Arnold Adrian mit Dorothea Elisabeth von Cottereau, deren vereinigtes Wappen nebst der Jahreszahl 166. [sic!], des zum Zeugnisse außen an der Kapelle eingemauert wurde, so wie es noch jetzt dort prangt.

1680 ließ Arnold Adrian sodann bedeutende, einem Neubau gleich kommende Reparaturen des Vorhofes vornehmen und zu gleicher Zeit den Stall und die Scheune neu aufbauen. Ursprünglich war der vollständige Neubau des Oberhofes beabsichtigt. Nach einer vorliegenden Zeich-

nung war es Plan, rechts vom Hause ein sogenanntes Orangeriehaus und links die Stallung für 14 Pferde bauen zu lassen und zwar so, daß die Ecken dieser Bauten mit dem des Haupthauses aneinander stießen. Sie würden den jetzt freien Raum zwischen dem Hause und dem Archiv- respektive dem anderen kleinen Thurm ausgefüllt haben. Die zwischen den beiden Höfen stehende Gebäulichkeit war auf demselben Plane durch ein zierliches Geländer ersetzt, so daß vom Hause aus der ganze Unterhof frei übersehen werden konnte. Leider kam dieser Plan, der dem Erfinder alle Ehre macht, nicht zur Ausführung; es wurde vielmehr der Bau so ausgeführt, wie wir ihn noch heute sehen. Jedoch hatte die Gebäulichkeit rechts vom Hause eine andere innere Einrichtung. Da, wo jetzt die Remise ist, war die mit vier Fenstern vorgesehene Vorrathskammer für Früchte, Orangen, Gemüse usw. Der Eingang zu derselben befand sich neben dem Thürmchen, ein anderer, noch jetzt sichtbar, unter dem Thorwege. Bäckerei und Waschhaus waren neben dem sogenannten Aepfelthurm, da wo sie noch sind. Jedoch war gleich vom Eingange rechts – im jetzigen Waschhause – eine kleine Kammer angebracht. – Auf dem ersten Stock ging der Gang nur bis zu dem über dem Thorwege befindlichen Zimmer, das die Größe des ganzen Thorweges hatte. Die Zimmer hinter demselben existierten nicht; der entsprechende Raum war Getreidesöller.

Weiter erichtete Arnold Adrian 1686 das mittlere, steinerne Thor, so wie es jetzt noch da steht; es geschah dies während der dritten Ehe mit Catharina von Bocholtz, weshalb beider Wappen über dem Thore eingefügt wurde; dasselbe befindet sich noch dort.

1688 endlich ließ Arnold Adrian auch den Unterhof mit der Wohnung für den Pächter neu aufbauen und gab damit dem Hause Haag die Gestalt, die es noch heute mit nur wenigen Abänderungen hat.

5 Bericht über die Restauration der Gelderner Pfarrkirche, 1862

GW vom 6. Dezember 1862. Hervorhebungen wurden für diese Edition vorgenommen

Die Restauration der Pfarrkirche in Geldern.
Als wir vor etwa zwei Jahren die Pfarrkirche in Geldern besuchten, fanden wir dieselbe nach allen Seiten hin in der

Restauration begriffen. Man war beschäftigt, an dem nördlichen Schiffe einen Anbau für **Sakristei** und **Orgelbühne** herzurichten, das ausgedehnte Dach von Neuem herzustellen: im Innern war die Kirche mit Gerüsten bedeckt und dem gottesdienstlichen Gebrauche zeitweilig entzogen; kurz, eine gründliche, allseitige Restaurationsarbeit wurde angekündigt. Von Herzen begrüßten wir damals das beginnende Unternehmen, zumal wir überzeugt waren, daß dasselbe umsichtiger Leitung übertragen worden sei.

Der einfache, edle Bau dieses altehrwürdigen Gotteshauses, welcher, wie so viele andere, durch Gunst und Ungunst einer uns vorausgegangenen Zeit so Vieles gelitten, verdiente gewiß in der besonnensten und sorgfältigsten Weise wieder hergestellt zu werden. Es ließ sich mit Grund erwarten, derselbe werde, einmal gesäubert von aller entstellenden Zuthat und dann geschmückt in einer seinen ursprünglichen, schönen Formen entsprechenden Weise als eine wahre Zierde der Umgegend erscheinen und den schönsten, jüngst restaurirten Bauwerken am Unterrhein sich anreihen. Wir waren zugleich von der Ueberzeugung durchdrungen, der große Opfersinn der Pfarrgemeinde Geldern, welcher sich in der bereits erfolgten Anschaffung so vieler äußerst werthvoller kirchlicher **Prachtgewänder** so glänzend dargethan habe, werde bei der Restauration der Kirche selbst nicht im Mindesten erlahmen. Was nämlich vor Verschönerung der Kirche selten der Fall ist, so waren die Gläubigen in Geldern zuerst darauf bedacht gewesen, reich und künstlich gestickte **Paramente** zu beschaffen, welche nicht bloß in der Nähe vielseitig als höchst gelungen bezeichnet, sondern auch in der Ferne, besonders in der in Stuttgart erscheinenden Zeitschrift „Kirchenschmuck", Jahrgang 1858, Heft 12, S. 82, ausführlich besprochen und gepriesen wurden. So ließ sich mit allem Rechte voraussetzen, die Pfarrgemeinde werde großes Interesse für ihre **vielfach entstellte Pfarrkirche** an den Tag legen und gerne und unausgesetzt bis zu völligen Fertigstellung die nöthigen Mittel an die Hand geben. Wir verließen daher damals die Kirche mit den herrlichsten Wünschen für das fernere Gedeihen des muthig in Angriff genommenen Werkes und freuten uns auf den Tag des Wiedersehens, wo es uns vergönnt sein würde, die fernere Entwicklung der Restauration in Augenschein nehmen zu dürfen.

Heute war es uns wieder vergönnt, dieses Gotteshaus zu sehen und zu betreten. In der That, wir waren überrascht, als wir den Blick nach allen Seiten hinschweifen ließen und, wir wollen es gestehen, mit einer gewissen Schärfe den ganzen Bau eingehend prüften. Zwar hatten wir inzwischen daheim schon öfters vernommen: „die Kirche in Geldern habe so viel gewonnen; wer sie früher gekannt und nun sehe, kenne sie kaum mehr", doch, wir fanden mehr, als wir zu finden gehofft hatten. Zunächst nahmen wir den herrlichen **Außenbau** in seiner neuen, verjüngten Form in Augenschein. Von den Sockeln, welche unten rings die Kirchenmauer umschließen, bis zu den prächtigen, in Blei ausgeführten **Kreuzblumen** oben auf den Dachspitzen, ist Alles, mit ausnahme der Chöre, bereits vollendet; sämmtliche Mauerflächen sind neu verputzt; alle **Gesimse** und **Pfeilerabdachungen** in sauber profylirter Form mit Sandstein erneuert; auf der Nordseite steht ein kräftiger, stylgerechter **Anbau** ausgeführt und ein kleineres **Portal** schlank und fein in Stein geschnitten; auf der Westseite finden sich zwei mächtig hinaufsteigende Giebel, geschmückt mit kunstgerechtgearbeiteten, steinernen **Kreuzblumen**, und dann in der Mitte, dem Hochaltar gerade gegenüberstehend, ein in reichstem architectonischem Schmucke mit schlankem Ziergiebel sich erhebendes **Hauptportal**. Fürwahr, eine so durchgreifende, angemessene und in verhältnißmäßig so kurzer Zeit ausgeführte Restauration am Aeußeren der Kirche, mußte eine gute Vorbedeutung sein und auf eben so günstige und schöne Ergebnisse im Innern der Kirche schließen lassen!

Und wie staunten wir über die so geschickte und glückliche Ausführung der Restauration der Kirche selbst! Die Kirche hat, dieses läßt sich in keiner Weise verkennen, durch **Offenlegung des Thurmes**, abgesehen davon, daß die nöthige Symmetrie wieder hergestellt worden, bedeutend an Länge und Fernsicht gewonnen und überhaupt ihre ursprünglichen, durchaus richtigen Verhältnisse wieder erlangt.

Der mächtige **Orgelkasten** mit seiner weitgespreizten Bühne auf dem so entstellendem Unterbau, welcher bisher die schöne Thurmhalle und das prächtige Portalfenster verdeckte, ist beseitigt worden, ebenfalls die nebenanliegende **Sakristei**, welche in gleicher Weise die richtige Architectur störte und wegen ihrer gar zu weiten Entfernung vom Altare für den fungirenden Priester ein unleidlicher Uebelstand war. Das **Portalfenster**, die schönste architectonische Zier am Westende, steht nunmehr wieder frei und unverhüllt da, und wird im Stande sein, das liebliche Abendlicht über die ganze Kirche ungestört zu ergießen, und, falls in demselben farbige Bilder angebracht werden, ein edles, erhebendes Farbenspiel hervorzubringen.

Bei fernerer Besichtigung fanden wir den modernen, dicken Kalküberzug beseitigt und die rohen höckerigten **Wand- und Gewölbeflächen** durch Pliesterarbeit fein und sauber abgeglättet, und statt der kalten Farbe der weißen Tünche, welche vordem Wände, Gewölbe und Pfeiler deckte, erfreute uns ein warmer, hellgelblicher Steinton. Sehr wohlthuenden Anblick gewährten ferner die sorgfältig restaurirten **hohen Mittel- und Nebenpfeiler**, an welchen sich schöne, neue Rundsäulchen mit Kapitälen in reicher Gliederung abhoben. Vor allem übten die neuen **Fenster** im nördlichen und südlichen Seitenschiff eine angenehme Wirkung aus. Dieselben waren seither ganz besonders der Vernachlässigung anheimgefallen, indem sie nur noch mit schmalen Eisenstäben und profanem Glase versehen und unten mit allzugroßer Sorgfalt durchgehends in einer Höhe bis 5 Fuß zugemauert waren, so daß sie gar keinen kirchlich dekorativen Charakter mehr enthielten. Nunmehr sind dieselben mit neuem steinernen **Maßwerk**, und neuer, schöner Verglasung geschmückt worden, genau so, wie der Charakter des Baues es erheischte.

Ein streng stylisirtes Blattwerk und Rankengeflecht – in jedem Fenster ein verschiedenes – geht teppichartig durch die ganze Fläche, eingefaßt von bunten Streifen und Rosetten, und oben in der Bekrönung etwas lebhafter in der Färbung abschließend. Man beabsichtigte keineswegs, mit dieser Art und Weise der Ausschmückung der Fenster einen reichen Farbenschmuck zu erzielen, zu glänzen, und das Auge der Gläubigen gewaltsam auf dieselben hinzuziehen; im Gegentheil sollte das Auge über diese Theile sanft hinweggeführt werden, um im östlichen Theile der Kirche im Hochchore, seine Ruhe und volle Befriedigung zu finden. Da, wo der Altar für das geheimnißvolle Opfer steht, wo vorzugsweise Herz und Sinn nach Oben gezogen wird, da gehört der reiche, fesselnde Schmuck hin, und will man für die daselbst befindlichen fünf Fenster, wie auch in den beiden Nebenchören, die Fülle des Bildwerkes, die reiche Pracht der Farben nicht sparen. Recht so! Aeußerst sinnig und glücklich ist der hiermit in Verbindung stehende Gedanke, in den fünf dreitheiligen **Fenstern der Rundung des Hochchors** die Bilder der vierzehn Nothhelfer – je sieben zu beiden Seiten des Heilands als Segenspenders, welcher in der Mitte sich befindet – in schimmerndem Glase anzubringen; fürwahr, ein seltener, vortrefflicher Schmuck des Chors und der ganzen Kirche, zumal wenn, wie es auch in der Absicht der Leiter des Baues liegt, an den Pfeilern im Chore und Mittelschiffe sich eben so reich gezierte **plastische Figuren** der Heiligen befinden und, in derselben Höhe und Größe angebracht, mit den Glasbildern im Chore einen heiligen, ununterbrochenen Kreis bilden, welche zum Heilande sich wenden, Schutz suchend für die ganze Pfarrgemeinde Geldern!

Doch der Anbringung dieses reichen Bilderschmuckes steht einstweilen, möchte man sagen, der Hauptaltar im Wege. Nicht so! Dieser **Hauptaltar** ist nunmehr die schwächste Seite der Kirche, ein durchaus unberechtigtes, für den Styl derselben und für diesen Standort nicht angefertigtes und berechnetes Machwerk. Es ist in den bizarren Formen des Zopfstyles erbaut und mit schneidend grellen Farben versehen, und daher schmückt er nicht den Chor, den wesentlichen Haupttheil der Kirche, sondern verhüllt hinaufsteigend bis zum nahen Gewölbe diesen schönsten Schmuck mit seinen großen Fenstern und schlanken Halbsäulchen. Aus diesem Grunde müssen die zugemauerten Fenster, wie es ehedem gewesen, wieder geöffnet, der jetzige Hauptaltar beseitigt und ein kleinerer, den Blick in die Chorrundung durchlassender, im edlen Style der Kirche gebauter, hergestellt werden.

Indessen hat die Pfarrkirche in Geldern bis heute nicht bloß viele bedeutende Verschönerungen, sondern auch verschiedene bauliche Veränderungen erfahren wodurch sie offenbar für die Benutzung beim Gottesdienste praktisch brauchbarer geworden ist. Wir erinnern daran, daß nunmehr **Sakristei und Orgel** nahe am Chore eine sehr passende Stelle gefunden haben, und insbesondere die neue Orgelbühne, ohne stark hervorzuspringen, und die Symmetrie des Gebäudes zu stören, mit ihren schönen Formen, so weit dieselben jetzt ersichtlich sind, sich würdig dem ganzen Baue einverleibt. Wir weisen hin auf die Beseitigung der **alten Sakristei** und der überwölbten Orgelbühne, wodurch die unteren Räume frei geworden sind und nunmehr eine weit größere Zahl Personen fassen können. Vorzüglich machen wir auf die Verlegung der Kanzel um einen Pfeiler höher nach dem Chore hin und auf die **Offenlegung des Chores** aufmerksam. Das Erstere hat den Vortheil, daß die in den Chören befindlichen Gläubigen die Predigt hören können, was früher wohl nicht gut möglich war, und das Letztere nützt in eben so hohem Grade. Früher waren nämlich die beiden Seiten des Chores, welche sich an das Langschiff anschließen, ungeöffnet und enthielten nur in ihren oberen Theilen eine schmale Fensteröffnung. Das zwischen den Pfeilern der beiden Chorseiten befindliche Mauerwerk ist nunmehr glücklich ausgebrochen und zwischen denselben eine vollständige Bogenöffnung hergestellt worden, so daß jetzt eine bequeme Verbindung zwischen dem Hauptchor und den beiden Seitenschiffen besteht und das Chor um ein Drittel offengelegt und verkleinert worden ist. Dadurch ist denn auch wieder für die Gläubigen ein großer Raum gewonnen, und der Blick auf das Hochchor und die Kanzel frei geworden. Die beiden Seitenchöre sind daher jetzt, dem Benehmen nach, weit besuchter, als früher, und wird das südliche noch brauchbarer werden, wenn erst der **Taufstein** von dort in einer eigenen gewölbten Kapelle am unteren Thurme, augenscheinlich einem sehr passenden Standorte, untergebracht worden ist.

Es bleibt also nach gründlicher Wiederherstellung der Mittel- und Nebenschiffe noch eine schöne Aufgabe übrig, die Erneuerung der Chöre! Wir sehen der glücklichen Lösung derselben mit Vertrauen und Freuden entgegen; denn das bis heute so eifriger und umsichtiger Weise Geleistete bürgt uns mit Gewißheit für das noch zu Leistende, und läßt mit Grund voraussetzen, die wackere Pfarrgemeinde Geldern, welche seither ihre Opferwilligkeit für die Restauration ihrer lieben Kirche in so hohem Maße an den Tag gelegt hat, werde bei der Förderung derselben auf dem bestimmt gezeichneten Wege verharren, und vorzüglich jenen hehren Theil ihres Gotteshauses, welcher über den übrigen Raum erhöht sein soll, den Chor gerne und freudig zieren und so nach einigen Jahren das ganze Werk krönen – zu ihrer dauernden Ehre.

6 Beschluß der Gemeindevertretung Vernum, die alte Kastenwindmühle durch eine neue zu ersetzen, 23. August 1866

StA Geldern, Bestand Protokollbücher Vernum, 1860 bis 1879, Blatt 65v–66v

Mittelst Verhandlungen vom *[nicht genannt]* wurde der Neubau der jetzigen Kasten Mühle der Gemeinde Vernum in eine steinerne Mühle beschlossen und die Ausführung nach den Stipulationen in dieser Verhandlung und der genehmigenden Regierungs Verfügung vom 24. p.d. I III K B 1192 dem Mühlenbauer Theodor Angeneyndt in Winnekendonk zur Ausführung übertragen.

Durch Beschluß vom 23. Mai curant wurde die Ausführung der Arbeiten der Kriegerischen Verhältnisse wegen einstweilen supprimirt. Die letzeren sind nunmehr glücklich beseitigt, und nachdem eine in diesen Tagen unter Zuziehung des genannten Angeneyndt vorgenommene Besichtigung der Mühle ergeben, daß der Zustand derselben die sofortige Inangriffnahme des Baues unumgänglich nöthig machen, beschloß Gemeinderath einstimmig

1. Mit dem Bau soll sofort begonnen werden. Angeneyndt am 6. September mit dem Abbruche der alten Mühle, wonach dann ungesäumt die Maurer Arbeiten zum Bau der neuen Mühle beginen, die in vier Wochen, vom Tage des Beginnes angerechnet, fertig zu stellen sind.

2. die Maurer-Arbeiten wurden den Maurern Joseph Posten und Ludwig Waerder in Vernum übertragen. Dieselben erhalten per tausend Steinen 1 Reichstaler 7½ Silbergroschen. Fenster und Einfahrtsthor werden voll gerechnet. Sie haben den Kalk zu löschen, die Fundamente zu werfen, nöthigen Sand zu sieben und den zum Löschen des Kalkes erforderlichen Brunnen, zu welchem die Gemeinde nur die Materialien liefert, herzustellen. Die Entschädigung hierfür ist in obigem Preise mit einbegriffen.

3. Die Mühle wird mit offenen Fugen gemauert und muß alle drei Lagen gehörig eingewaschen werden. Der Mühlenbauer Angeneyndt übernimmt die Aufsicht hierbei und ist der Gemeinde gegenüber für die gehörige Ausführung der Arbeiten allein verantwortlich. Er schließt auch den Contract mit den Maurern ab, übernimmt deren Auszahlung und berechnet sich später hierüber mit der Gemeinde.

4. Die Steine liefert der Bäcker Johann Kratz in Geldern, für 5 Thaler die tausend, zwei gebrannte auf einen bleichen, franco Baustelle laut Uebereinkunft.

5. Der Kalk wird von dem Kaufmann Goossens in Kempen bezogen, der denselben per Waggon, 27 Malter wenigstens enthaltend, und per Malter 15 Kubikfuß liefernd, zu 27 Thaler franco Nieukerk laut Accord liefert. Von hier wird derselbe durch Gemeinde-Fuhren zur Mühle gebracht.

6. Der Mühlenbauer Aengeneyndt übernimmt die Ausführung der sämmtlichen Arbeiten nach Maaßgabe des von ihm augestellten Kosten-Anschlages und den Stipulationen der Verhandlung vom 10. April des Jahres. Er muß dieselben ununterbrochen und in der kürzesten Frist, spätestens in 2 Monaten fertigstellen.

7. Da augenblicklich die nötigen Fonds der Gemeinde nicht zur Disposition stehen und der Mühlenbauer Angeneyndt sich damit einverstanden erklärt, daß ihm die Annahme Summa ad 879 Reichstaler erst Ende März 1867 gezahlt werde, so … pirt Gemeinderath dieses Anerbieten und wird die Summe spätestens zu diesem Termine auf Zinsen a 4½ procent vom Tage der Fertigstellung der Mühle an gerechnet an Angeneyndt auszahlen … Der Gemeinderath.

7 „Die katholische Kirche in Geldern nach ihrer Restauration", 1882

Niederrheinische Volkszeitung Nr. 189 vom 19. August 1882. Hervorhebungen wurden für diese Edition vorgenommen

Nach einer kleinen Rundfahrt am Niederrhein besuchte ich letzthin auch die katholische Pfarrkirche in Geldern, die weithin im Rufe steht, eine ebenso umfassende als gelungene Herstellung und Ausstattung erfahren zu haben, Dank der Munifizenz unseres Kaisers, Dank der thatkräftigen Unterstützung und der großmüthigen Spenden mancher anderer Wohltäter, unter denen der zeitige Pfarrer den ersten Platz behauptet. – Die eigentliche Restauration der Kirche begann schon Ende der 50er Jahre und bestand in einer vollständigen Herstellung und Ergänzung des Bauwerks im Aeußeren und ebenso gründlichen Durcharbeitung desselben im Innern. Wie die meisten kirchlichen Backsteinbauten des Niederrheins aus dem 15. und 16. Jahr-

hundert, war auch an diesem der Haustein gar spärlich verwendet worden, so daß nicht einmal die Schrägen der **Pfeiler** damit gedeckt waren; von sonstigem steinernem Schmuck konnte um so weniger die Rede sein. Was das Mittelalter hier in dieser Hinsicht hatte fehlen lassen, hat unsere Zeit redlich nachgeholt, aber auch nicht unterlassen, die baulichen Veränderungen zu treffen, welche die Umwandlung der Klosterkirche in eine ausschließliche Pfarrkirche längst erfordert hätte. Hierzu zählen besonders die Entfernung der westlichen Empore, die Oeffnung des Uebergeschosses vom Thurm, der Anbau einer Sacristei, die Durchbrechung der Chorwände, bezw. Reducirung der Chorpfeiler. Dadurch hat zugleich die Kirche, die ohnehin im Verhältnisse zu ihrer Breite etwas kurz gehalten war, in ihrer Längenwirkung im Innern nicht unerheblich gewonnen. Das **Chor** ist neuerdings ganz mit Tuffstein geblendet, nicht ohne Nachtheil für die einheitliche Wirkung des Ganzen, der westliche Eingang, ursprünglich durch eine Verbindung des alten Carmeliter-Klosters mit der Kirche verdeckt, ist mit einer reichen, allzu schweren Portalbildung versehen, an den verschiedene Anspielungen schon jetzt die Pointe verloren haben dürften, die vielleicht von Anfang an nicht recht am Platze war. Uebrigens ist die Wirkung der Kirche in ihrem Aeußeren eine durchaus vortheilhafte und alle Erneuerungen, die sie dort erfahren, haben ihr doch den Charakter eines alten Denkmals nicht genommen.

Fast noch durchgreifender sind die baulichen Veränderungen im Innern, zu denen außer den bereits genannten namentlich die Anlage von Marmorsockeln, von hausteinernen Diensten, von Fenstermaßwerk zählen, lauter Neuerungen, die, weil ganz im Geiste und Stile des Bauwerks ausgeführt, dieses zu gelindern und zu heben geeignet erscheinen. Von den bedeutenden Opfern, welche alle diese Arbeiten erfordert haben, mußte die Gemeinde sich erst wieder erholt haben, bevor sie zur Ausschmückung ihres neu bereiteten Gotteshauses übergehen konnte. Trotzdem ließ dieser Uebergang nicht lange auf sich warten, und wenige Jahre genügten, um die Kirche zu einem wahren Schmuckkästchen sich ausbilden zu lassen, Dank dem im Ganzen recht gelungenen Zusammenwirken von Decorations- und Glasmaler, von Bildhauer und Polychromeur, von Bildsticker und Goldschmied. Mit Recht wurden zunächst die Fenster farbig verglast, die hervorragenderen der Chorpartie mehr mit einzelnen, unter Baldachinen gestellten Figuren, die übrigen mehr mit teppichartigen Mustern. Die **Galsgemälde** des Hauptchores, die aus dem Atelier des Herrn F. X. Zettler aus München hervorgegangen sind, haben auf mich mich in Bezug auf Zeichnung und Farbe einen besonders guten Eindruck gemacht. Nachdem die Kirche so die definitive Beleuchtung erhalten hatte, war es Sache des Malers, unter deren Berücksichtigung die **Wände** farbig zu behandeln und Herr Th. Fischer aus Crefeld übernahm diese nicht gerade leichte Aufgabe. In der durchaus soliden, für Kirchen ohne Zweifel am meisten empfehlenswerthen Technik der Wachsmalerei führte er sämmtlichen Dekor aus, sowohl den figürlichen wie den ornamentalen. Für den figürlichen Schmuck bot die Kirche wenig Raum; aber, wo er sich fand, ist er geschickt dazu benutzt worden. Am **Triumphbogen** fanden kleinere symbolische Darstellungen aus der lauretanischen Litanei, in der **rechten Seitencapelle** über dem Kreuzaltar Christus als Weltenrichter zwischen Maria und Johannes, über der Thür des rechten Seitenschiffes die Mutter Anna, ihr h. Kind unterweisend, ganz geeignete Stelle. Vorwiegend conturmäßig behandelt und guten spätgothischen Vorbildern nachgebildet, erfüllen diese Darstellungen wohl ihren Zweck. Rankenwerk und Blumen in reicher Abwechselung und stilistischer Behandlung, lebhaft und doch nicht zu grell in der Farbe, beleben überall die Wände, namentlich deren untere Parthien und heben sich von dem gut gewählten grau gelben Grundton vortrefflich ab. Ihnen fehlen die sinnbildlichen Beziehungen so wenig als die Wappenschildchen in den Fensterblenden der beiden **Nebenchören**. So bietet die ganze malerische Ausstattung ein einheitliches Bild und zugleich einen wohlthuenden Gesammtton. Etwas unvermittelt erscheint nur in der Höhe der Uebergang von der Grundfarbe des Mittelschiffes zu der des Chores und hätte vielleicht eine bildliche Darstellung in der betreffenden Gewölbekappe diesen Uebergang erleichtert.

Dem holzgeschnitzten, spärlich polychromirten **Kreuzaltar** merkt man es an, daß er schon in den 60er Jahren in Münster entstanden ist. Er hat sich vor einem **neuen Marmor-Altare** an die flache Wand des rechten Flügels zurückziehen müssen, nicht zu seinem Nachtheile. Jener Marmor-Altar aber mit der über lebensgroßen Herz-Jesu-Statue bildet mit seinem Gegenstücke in der linken Capelle, welches der hl. Jungfrau geweiht ist und mit dem von der

Kreuzigungsgruppe bekrönten marmorenen Hochaltare, der Stiftung unseres Kaisers, die kostbarste Ausstattung des Chores. Diese drei Prachtaltäre sind nach Entwürfen des Baurathes Statz und Bildhauers Custodis in Köln ausgeführt, der auch die mit Flachbildern versehene reich durchbrochene **Communionbank**, sowie die an den Pfeilern des Mittelschiffes angebrachten Marmorreliefs der **vierzehn Stationen** geliefert hat. Die Altäre wirken glänzend und mächtig, aber etwas schwer, vielleicht weil den meisten Marmorfiguren, denen etwas Gold an den Haaren, Säumen und Attributen und etwas farbige Behandlung des Futters in der Regel sehr gut thut, jedes Colorit fehlt. Die **Stationen** sind sämmtlich in einer Art Vierpaß hineingezwängt mit aufgesetztem Kreuz und angehängter Inschrifttafel, wodurch dem Künstler ohne Grund die Aufgabe sehr erschwert wurde, so daß die glücklich behandelte Composition einzelner Gruppen um so mehr Anerkennung verdient.

Die in Sandstein gemeißelten **Standbilder der Apostel**, welche ebenfalls die Hauptpfeiler zieren, Arbeiten des Bildhauers Fleige in Münster, sind etwas ungleich im Werth, meistens aber ganz vortrefflich durchgebildet, von guter Bewegung und vollem Ausdruck, auf ihnen wäre etwas farbige Markirung zu wünschen. Der vom Goldschmied Wüsten in Köln für die Aufnahme der Gebeine der c. Galenus und Valenus gefertigte kupfervergoldete **Reliquienschrein** mit seinem reichen blendenden Schmucke, gut modellirten und vorzüglich gravirten Figuren und vielfarbigen Emails hat noch keine definitive Aufstellung in der Kirche gefunden, da er an der richtigen Stelle in passender Form angebracht, zu großer Zierde gereichen wird. Gedenken wir noch der mannigfachen Kleinkunstgegenstände, welche theils als ständige Altarausrüstung, wie Cruzifixe, Leuchter, Meßpulte etc. theils bei festlichen Gelegenheiten in Form prachtvoll gestickter, höchst kostbarer Paramente zur Verherrlichung des Gottesdienstes beitragen, so habe ich wenigstens einen Ueberblick über den Reichthum und Glanz, womit die Kirche in Geldern im letzten Jahrzehnt ausgestattet worden ist, Dank vor Allem dem Eifer des so opferwilligen wie kunstsinnigen Pfarrers, dem es vielleicht schwer genug fällt, sich in Zukunft auf kleinere Anschaffungen, wie **Taufsteindeckel** etc. beschränken zu müssen. Denn an der alten **Kanzel** einem in seiner Art sehr gefälligen Barockmöbel aus dem Ende des 17. Jahrhunderts wird der Erneuerungseifer Halt machen müssen. Dafür ist deren Aufbau zu originell, deren plastischer Schmuck zu edel, deren Erhaltung zu gut. Auch hat der Gedanke, daß das Wort Gottes von einem und demselben Lehrstuhle schon seit zwei Jahrhunderten verkündet wird, etwas recht Erhebendes.

8 Stellungnahme des Generalvikars in Münster zum Entwurf eines neuen Altars in der Kapellener Kirche vom 28. Mai 1886

BAM, Depositum Kapellen 26. Unterstreichungen im Original vorhanden

Wir haben die von Euer Hochwürden unter dem 11. des Monats uns eingesandte Zeichnung zu einem neuen Hochaltare durch einen Sachverständigen prüfen lassen und wollen Sie die von uns vorschußweise bezahlten Revisionsgebühren mit 12 Mark ehestens an unsere Kanzlei-Kasse wieder einsenden. Das Resultat der Revision geben wir nachstehend.

„Der Hochaltar für die Kirche in Capellen ist weder in seinen Gesammtverhältnissen, noch weniger aber in seinen architektonischen Details schön zu nennen. An der Mensa haben die Säulchen sehr schwer profilirte Kapitäle und oben zu leichte und unten zu breite Sockel mit durchaus unverstandenen Prilen. Das Profil der Altarplatte (ob dieselbe von Holz oder von Stein werden soll, ist nicht zu ersehen) hat keine Aehnlichkeit mit einem mittelalterlichen Profil. Dasselbe gilt mehr oder weniger auch von den übrigen Profilen und den zopfähnlichen Ornamenten.

Die ganze Disposition ist insofern unglücklich, als auf einen möglichst einfachen schrankähnlichen Tabernakelgehäuse ein offener reichverzierter Expositionsbaldachin projektirt ist, welcher als Sockel zu einer Herz-Jesu-Statue dient. Ueber dieser Statue steht ein Crucifix unter einem sehr leichten offenen, aber auch sehr gedrückten Baldachin – also das hochwürdigste Gut in Wirklichkeit unten, darüber die Statue, und darüber als Crucifix! – die fliegenden Engel, welche das heilige Blut auffangen, machen den oberen Theil sehr unruhig. Die zum Kreuze gehörigen Statuen Mariä & Johannes stehen etwas weit abseits ziemlich isolirt unter mächtigen Baldachinen. – Die gewähl-

ten Gruppen sind offenbar Nachbildungen von einem alten Schnitzaltare (eventuell Calcar), welches an und für sich nicht verwerflich ist, jedoch gibt es bessere und schönere Vorbilder mit weniger naiven Auffassungen, wie z. B. der Heiland den heiligen Johannes unter dem Arme liegen hat etc.

An der Mensa ist die Geburt Christi respektive Anbetung der heiligen drei Könige und die Verkündigung der Hirten in drei getrennten Gruppen etwas entfremdend.

Leuchterbänke sind gar nicht vorhanden! Es wäre sehr zu wünschen, daß der Entwurf, namentlich in seinen architektonischen Details, eine gründliche sachverständige Umarbeitung erführe“.

Indem wir die Zeichnung hierbei remittiren, können wir uns dem Schlußsatze des Revisionsberichtes nur voll und ganz anschließen.

Münster, den 28. Mai 1886. Bischöfliches General-Vikariat (Unterschrift)

An den ersten Seelsorger Herrn Scholten, Hochwürden zu Capellen bei Geldern.

9 Brief von Ferdinand Langenberg betreffend den Hochaltar in der Kapellener Kirche vom 17. August 1886

BAM, Depositum Pfarrarchiv Kapellen 26

Hochwürdiger Herr Pastor!
Übersende hiermit die Altarzeichnung mit der Hoffnung, daß sie Ihren Beifall finden wird. Wohl ist noch Manches, was getadelt worden, bei behalten, z. B. die Gruppen der Mensa, ferner der weite Abstand von Maria und Johannes zum Kreuz. Leider läßt sich jedoch nicht gut anders machen und kommt auch sehr häufig vor. Daß die Mensa von Stein und Aufsatz von Holz wird, werden Euer Hochwürden einem Bericht wohl bemerken. Ob Euer Hochwürden bemerken wollen, daß die Zeichnung vom Regierungs Baumeister Busch ist, überlasse ich Ihnen und werden Euer Hochwürden am besten zu beurtheilen wissen. Daß Herr Baumeister seine Unterschrift vort läßt, ist anzunehmen, es ist ja nicht seine Composition sondern hat nur corrigirt.

Nach der Genehmigung werden wir dann Vergleiche anstellen müssen und überlegen, wie der Aufsatz gemacht werden soll, auch die Nischen für die Gruppen sind auf dem Grundriß nicht tief genug. Das aber später.

Mit aller Hochachtung Ihr ergebenster Ferdinand Langenberg.

Goch 17. August 1886.

10 Zustandsbeschreibung der evangelischen Kirche in Geldern vom 4. Februar 1888
Evangelisches Pfarrarchiv Geldern, Nr. 71–2.

Erläuterung

An der evangelischen Kirche sind in den letzten Jahren viele bauliche Instandsetzungen erfolgt, welche dringend nothwendig waren.

Zuerst wurde der schwere Dachreiter, welcher auch die beiden Glocken enthält und um 30 cm gesunken war, durch 4 große Hängewerke auf die Umfassungsmauern gestützt und ferner das Dach neu mit Schiefer bekleidet.

Im Jahre 1886 sind die gänzlich verfaulten beiden Freitreppen durch neue aus Basaltlava ersetzt, die Sandsteingewände der beiden Thüren theilweise erneuert und theilweise ausgebessert, die Gesimse der beiden Straßenseiten in Cementmörtel neu verputzt und 6 Stück neue große Gußeiserne Fenster eingesetzt und verglaset. Nun ist der Flurplattenbelag des Altarraumes und der Gänge so schadhaft, daß eine Erneuerung dringend nothwendig ist, zumal derselbe in Folge der schadhaften Gewölbe der darunter befindlichen Gräber an einzelnen Stellen gesunken ist. Hierbei muß der nur 0,14 m höher gelegene Altarraum durch eine Sandsteinstufe abgegrenzt werden. Die alten theilweise verfaulten und zerfallenen Fenster in der Hauptfront nach der Gelderstraße müssen dringend erneuert werden, namentlich auch damit die Orgel nicht ferner darunter leidet. Die Ausführung muß in Eichenholz geschehen, damit wenigstens diese Seite kein fabrikmäßiges Aussehen erhält.

Auch die Haupteingangsthür muß erneuert werden, während die Thür am Seiteneingange noch verbleiben kann.

Sodann sind die jetzt geweißten Wände mit Leimfarbe zu streichen, damit das Innere einen würdigeren Eindruck macht. Ebenso ist der Oelfarbenanstrich der sämmtlichen Holztheile so mangelhaft, da eine Erneuerung nothwendig ist.

11 „Ein neuer Altar in Capellen bei Geldern", 1888
Bericht im GW vom 23. Oktober 1888.

Abermals ist ein künstlerisch bedeutsamer, reich gearbeiteter Altar aus der Werkstatt des Meisters Ferdinand Langenberg in Goch hervorgegangen. Derselbe ist in den letzten Tagen in seinem Bestimmungsorte Capellen aufgestellt worden. Im Bildwerke mußte dem Auftrage gemäß die Liebe des göttlichen Herzens Jesu in den Hauptthatsachen der Menschwerdung und Erlösung zur Darstellung gebracht werden. Dementsprechend zeigt der steinerne Unterbau in der Front drei sorgfältig gemeißelte Gruppen: als Mittelbild die Geburt des göttlichen Heilandes, links vom Beschauer die Verkündigung der Geburt an die Hirten, rechts die dem neugeborenen Heilande sich nähernden hl. drei Könige. Wenn wir die nach dem Entwurfe auf der Außenseite der Flügel noch anzubringenden Malereien, welche Herr Stummel in Kevelaer ausführen wird, sowie auf deren Innenseite ebenfalls noch fehlenden Reliefs mitberücksichtigen, so sind die Darstellungen im Altaraufsatz folgende: links Christus am Oelberge (Malerei auf der Außenseite des Flügels), Pilatus stellt Christum dem Volke vor (Relief auf der Innenseite des linken Flügels); über der Leuchterbank in tief zurückgehenden Nischen zwei äußerst zierlich gearbeitete Grüppchen: links die Fußwaschung, rechts die Einsetzung des hl. Altarsakramentes, als Hauptbilder links die Kreuztragung, rechts die Grablegung, über dem reichverzierten Baldachin des Expositoriums die majestätische Gestalt des auf sein hl. Herz zeigenden Heilandes in einem Strahlenkranze, hoch oben die Kreuzigungsgruppe, die Auferstehung (Relief auf der Innenseite des rechten Flügels), Christus erscheint der hl. Maria Magdalena (Malerei). Ueber den beiden Querladen des Schreines sind hinter einem reichen Ornament die Brustbilder der vier Evangelisten angebracht; zwischen je zwei derselben stehen größere Heiligengestalten, von denen besonders der hl. Georg, der Kirchenpatron, durch seine imponirende ritterliche Haltung auffällt. Auf den Schmalseiten des Schreines stehen die hl. Apostel Petrus und Paulus. Den Abschluß des Ganzen bilden drei aufstrebende Baldachine, wovon der mittlere leider unverhältnißmäßig gedrückt werden mußte, damit das die Himmelfahrt Christi darstellende Chorfenster, welches den Darstellungen im Altarwerk sich anpaßt, nicht so sehr verdeckt werde.

Wenn wir die noch fehlenden Reliefdarstellungen auf der Innenseite der Flügel mit in Anschlag bringen, so sind nicht weniger als gegen 100 Figuren in dem Altare angebracht, und eine jede, auch die kleinste Figur, ist mit größter Sorgfalt und Sauberkeit gearbeitet. Wie viel Aufwand an Zeit und Mühe mögen wohl diese kleinen Figürchen in den Nischengruppen gefordert haben! Bei den Gruppendarstellungen ist für entsprechende, die Flächen belebende Hintergründe gesorgt. Die Füllungen der Baldachine wie die Leisten des Schreines zeigen ein reiches, leicht und elegant geschwungenes Ornament, welches bei gleichbleibendem Hauptmotiv in den mannigfaltigsten Variationen wechselt. Da ist nichts Eintöniges, alle Härten sind aufgelöst, alles lebt und kündet von frischer, fröhlicher Arbeit des Geistes und der Hände.

Allerdings haben Arbeiten des 15. und 16. Jahrhunderts als Vorbilder gedient, aber der Meister ist kein bloßer Copist. Er versteht es, aus den Schöpfungen der Vorzeit mit seinem ästhetischen Geschmack das Beste und für seinen Zweck Passende auszuwählen, dessen formelle Richtigkeit durch eingehende Studien nach der Natur zu revidiren, Neues, Gleichwerthiges hinzuzufügen. Eine ganz andere Aufgabe, als in dem Aldekerker herrlichen St. Annaaltar, der aus derselben Werkstatt stammt, war hier dem Meister gestellt. Galt es in dem St. Annaaltar zarte sanfte Seelenstimmungen in ruhiger Darstellung auszudrücken, so mußten in diesem Werke die vollste Ergebung und der tiefste Schmerz, die innigste Theilnahme und die auf's höchste gesteigerte Leidenschaftlichkeit sich kundgeben, eine der schwierigsten Aufgaben, die an den Künstler gestellt werden können. Und das alles steht wie frisch aus dem Leben gegriffen vor uns. Jede Figur ist voll und ganz das, was sie sein soll, bestimmt individualisirt, charakteristisch ausgeprägt. Selbst ein weniger geübtes Auge wird das bei den beiden Hauptdarstellungen, in denen sich diese vorwiegend dramatische Wirkung am meisten zeigen mußte, sowie in den linksseitigen Nischengruppe leicht herausfinden.

Wie das Werk Meister und Gesellen ehrt, so haben der religiöse Sinn und der Opfergeist der Capellener Gemeinde in dem herrlichen Kunstwerk ein bleibendes ehrendes Denkmal. Zu wünschen ist nur, daß nunmehr auch dem Hochaltar entsprechende Seitenaltäre im Laufe der Zeit beschafft werden.

12 Erläuterungsbericht zum Neubau der Hartefelder Kirche durch Julius Busch vom 23. Januar 1893
Pfarrarchiv Hartefeld

Erläuterungsbericht

Betrifft den Erweiterungs- und Umbau der Pfarrkirche in Hartefeld bei Sevelen Dekanat Geldern.

Die Kirche in Hartefeld besteht in einem einzigen mit glatter Putzdecke versehenen und an der Chorseite mit drei Achtecksseiten geschlossenen Raume, an welche sich östlich ein kleiner Sakristeiraum anschließt. Sie faßt bei 120 qm Laienraum nur 360 Personen, während bei der über 1200 Seelen starken Gemeinde ein freier Raum für 800 Kirchgänger vorhanden sein müßte.

Deshalb hat der Wohllöbliche Kirchenvorstand eine Vergrößerung beschlossen, welche, da vor längerer Zeit die Fensteröffnungen neues gotisches Maaßwerk erhalten haben, im gotischen Style erfolgen soll.

Die Höhe der jetzigen Kirche beträgt nur 7,90 m, der neue Theil soll aber eine angemessenere Höhe erhalten, in der Vorraussicht, daß später der alte Theil ebenfalls erhöht und unter Einbau von Strebepfeilern massiv überwölbt werde.

Dabei würden die Fenster ebenfalls höher und zwei Glasfelder unterhalb des Couronements eingeschoben werden. Auch ist dabei eine Verstärkung der Mauern durch 1/2 Ziegel-Verblendung vorgesehen, wodurch das ganze Äußere gleichmäßig neu erscheinen wird. Endlich ist auch die Erbauung eines Thurmes für die Zukunft beabsichtigt.

Die projektierte Erweiterung und Umänderung der jetzigen Kirche ist nach vorstehenden Gesichtspunkten in der beiliegenden Skizze dargestellt mit dem Bemerken, daß eine weitere Ausdehnung nach Osten wegen der nahen Grenze nicht angängig ist, vor dem Thurm aber bis zur Straße noch immer ein freier Raum von 9 m Tiefe verbleiben wird.

Die Größe des Laienraumes wird nach der Ausführung des Kreuzes und Chores betragen 204 qm, also 612 Personen fassen, nach Erbauung des Thurmes nebst dem halben Kirchenjoch und der Sängerbühne 270 qm Raum für 800 Kirchgänger.

Die Kosten werden überschlägig betragen:

1. Für das Kreuz und Chor = 202 qm Fläche à 95 M =
   19 190 M
2. Für die Sakristeien = 43,5 qm à 60 M   2 610 M
   21 800 M
3. Für den Thurm = 40 qm à 200 M   8 000 M
4. Für das halbe zwischenliegende Joch =
   34,25 qm à 95 M   3 300 M
   11 300 M

5. Für die Erhöhung und Verblendung der jetzigen Kirche, Anlage der Strebepfeiler, Abnahme und Wiederaufbringung des Daches, Erhöhung der Mauern und Ueberwölbung einschl. Haustein-Consolen und Rippen zusammen 7900 Mark. Somit wird die Gesamtsumme sich stellen auf 41 000 Mark.

Neuss, den 23. Januar 1893
Ju. Busch Regierungsbaumeister

13 Bericht über den Neubau der Hartefelder Kirche, 1894 bis 1901

StA Geldern, Schulchronik Hartefeld bis 1904/05

Blatt 33–34: Schuljahr 1894/95

Es war die Absicht zunächst nur ein neues Chor mit zwei Kreuzarmen zu erbauen, da nur hierfür die Mittel vorhanden waren. Doch gelang es den Bemühungen unseres Herrn Pfarrers, noch während des Sommers die Mittel zu beschaffen, daß auch noch das alte Schiff auf die Höhe des Chors gebracht werden konnte. Das neue Chor zu seiner jetzigen Höhe aufgeführt und dann erst mit dem Abbruch des alten begonnen. Der untere Teil der Kirche wurde durch eine Tuchwand abgeschlossen und so eingerichtet, daß der Gottesdienst dort abgehalten werden konnte, bis der neue Teil fertig gestellt war. Die Benediction wurde durch den hochwürdigen Herrn Dechanten van Ackeren zu Kevelaer vollzogen … Nun wurden auch noch im selben Herbst die Mauern des alten Schiffes auf die Höhe des Neubaues geführt und auch dieser Teil mit einem Gewölbe versehen. Hiermit ist vorläufig der Erweiterungsbau abgeschlossen. Die Verlängerung des Schiffes sowie der Neubau eines Turmes wird stattfinden, sobald die nötigen Geldmittel hierfür vorhanden sind … Im Allgemeinen hat die Pfarrkirche durch den Neubau sehr gewonnen, obgleich sie ja noch unfertig aussieht. Besonders hat dieselbe jetzt auch eine gute Akustik, welche der früheren, da sie zu niedrig und ohne Gewölbe war, ganz mangelte. Hoffentlich wird der fernere Ausbau in gar ferner Zeit stattfinden können und haben wir dann in unserer Pfarre ein recht schönes und würdiges Gotteshaus.

Blatt 35: Schuljahr 1896/97

… Im Laufe des Sommers fand die feierliche Consecration der hiesigen Pfarrkirche durch den Hochwürdigen Herrn Weihbischof Grafen von Galen aus Münster statt …

Blatt 40 verso: Schuljahr 1901 und 1902

… Zunächst begann der Herr Pfarrer Hünnekens gleich nach Ostern mit dem Turmbau an der hiesigen Pfarrkirche. Die Maurerarbeiten vollführte Meister Hoyer aus Aldekerk; die Zimmerarbeiten ein Zimmermann aus Veen. Bei sehr günstiger Witterung wurde der Bau ohne jeden Unfall im Herbste vollendet … Das Gotteshaus macht mit seinem weithin sichtbaren Turm einen erhabenen und befriedigenden Eindruck …

14 Zeitungsbericht über die neue Kommunionbank in der Kapellener Kirche, 1902

GW vom 29. Juli 1902

Capellen, 28. Juli. Die Ausschmückung unseres Gotteshauses schreitet immer weiter voran. Nachdem im vergangenen Jahre durch Herrn Maler Heinrich Brey die Altäre reich und stilvoll vergoldet und bemalt worden sind, ist jetzt schon wieder ein herrlicher Schmuck hinzugekommen. Herr Bildhauer Jakob Ophey aus Geldern hat eine prachtvolle Kommunionbank für unsere Kirche geschaffen und dieselbe letzthin aufgestellt. Es ist erfreulich, zu sehen, wie gut es dem Künstler gelungen ist, sie harmonisch den Altären anzuschließen. Die Kommunionbank, welche sich auf einem kräftigen Sockel aufbaut, ist der Länge nach in fünf große Felder geteilt. Diese sind wiederum durch Nischen mit musizierenden und singenden Engelchen verbunden. Das mittlere Feld enthält eine Gruppe, den Heiland mit den Jüngern zu Emaus darstellend. Die beiden anderen Felder zeigen als Schmuck Symbole des allerheiligsten Altarsakramentes, nämlich den Hirsch, welcher nach der Wasserquelle lechzt und den Pelikan, der seine

Jungen mit seinem Blute nährt. Die zwischenliegenden Felder sind mit äußerst formvollen Maßwerken ausgefüllt und bringen eine angenehme Abwechselung in das Ganze. Die Ausführung ist eine ungemein geschickte und gediegene zu nennen und gereicht das Kunstwerk seinem Meister zu großer Ehre. Wie wir vernehmen, soll auch demnächst die Kirche einen neuen und helleren Anstrich erhalten.

15 „Die neue Kapelle auf Schloß Haag", 1902

Auszug aus einem Zeitungsbericht im GW vom 17. Oktober 1902. Die Einteilung in Abschnitte wurde für diese Edition vorgenommen.

Wenn wir im Folgenden es unternehmen, unsern Lesern eine kurze Beschreibung der Kapelle zu geben, so freut es uns sehr, zunächst anerkennend hervorheben zu können, daß die sämmtlichen Arbeiten an derselben von heimischen Künstlern ausgeführt worden sind. Der gefällige Bau gibt in seinem Aeußern und Innern hervorragende Beweise von der hohen Blüthe, in der das Kunstgewerbe in der Stadt Geldern und am Niederrhein überhaupt steht. Die gothische Bau-Ausführung hatte die Firma Joh. Elsemann-Geldern übernommen, die der gestelten Aufgabe voll und ganz gerecht wurde.

Den Eingang zum Gotteshause ziert ein reiches Haustein-Portal, in welchem das Wappen der Familie Hoensbroech-Windischgrätz kunstvoll eingehauen ist mit den Jahreszahlen „1877" und „1902" und dem Spruchbande: „Soli Deo."

Der Altar ist ein besonderes Kunstwerk. Auf einem schwarzen Syenit-Sockel baut sich das in feinstem Carrara-Marmor ausgeführte Antipendium auf. Das Antipendium ist vorne in drei Felder eingetheilt, deren mittleres das auf dem Evangelienbuch ruhende Lamm Gottes zeigt. Mit besonderer Liebe scheint der Künstler an die Ausführung dieses schwierigen Mittelfeldes gegangen zu sein. Die beiden andern Felder zeigen verschieden ausgearbeitete Seitenfüllungen in vortrefflich gelungener Reliefarbeit. Auf den Ecken des Unterbaues und als Träger der Altarplatte treten rothe Marmorsäulchen wirkungsvoll hervor. Auch die Seiten des Altars sind in reichem gothischen Maßwerk kunstvoll ausgeführt. Entwurf und Ausführung des großen

Wappens und der Marmorarbeiten des Altars entstammen dem Atelier der Herren Gebr. Steeger-Geldern, deren vorzügliche Leistungen in immer weiteren Kreisen bekannt zu werden verdienen.

Auf diesem weißen Unterbau erhebt sich der kupfervergoldete Altaraufsatz aus der Kunstanstalt von Gebr. Bausch in Kevelaer. Derselbe weist eine außerordentlich reiche in Filigran, Schmelz und Getriebenem gehaltene Metallarbeit auf. Die vier untern Felder zeigen in altem Silber die Attribute der vier Evangelisten. Ebenso erheben sich auf den Eckpfeilern zwei silberne schön modellierte Engel. Eine besondere Erwähnung verdient das Tabernakel u. der Baldachin. Auf den Tabernakel-Thüren befinden sich silberne Reliefs, die Verkündigung Mariä darstellend. Kunstvolles Landgewinde umrahmen dieselben. Der sich über dem Tabernakel erhebende Baldachin, dessen edle Formen und Verhältnisse auffallen, endigt in einem kostbaren, reich mit Edelsteinen geschmückten Kreuz. Wie letzteres so sind auch Thüren, Baldachin und Seitentheile reich mit edlen Steinen und Korallen besetzt, welche die Munificenz der Gräfin Hoensbroech gespendet, und die dem ganzen Werke ein selten vornehmes und reiches Ansehen verleihen.

Nicht zuletzt dürfen die aus der Glasmalerei von W. Derix in Goch hervorgegangenen im spätgothischen Style gehaltenen Fenster Erwähnung finden, von denen die zur Seite des Altars stehenden andachtsvolle Darstellungen aus dem Leben der hl. Eleonore und des hl. Wilhelm, der Namenspatrone der Erbauer, bieten. Sie bekunden, daß das Derix'sche Institut den Vergleich mit den besten Leistungen in- und ausländischer Kunst auf diesem Gebiete nicht zu scheuen braucht.

Die Ausführung der Kirchenmöbel und Holzschnitzereien bestätigt den guten Ruf und die fortschreitende Vervollkommnung der Firma J. Ophey-Geldern von neuem.

Endlich verdienen die Schmiede-, Holz-, Klempner- und Dachdeckerarbeiten der Firmen Terstegen, L. Wedershoven, Polders, Stelkens u. Gastens in Geldern Erwähnung, welche das Aeußere des Baues in harmonischer Weise zieren. Ehre und Anerkennung all diesen wackeren Meistern, die geholfen haben, dieses schöne, der größeren Ehre Gottes geweihte Werk fertig zu stellen. Einen besonderen Schatz wird die Kapelle noch bergen, indem ein seit Jahrhunderten im Besitze der gräflichen Familie befindlicher hl. Dorn aus der Dornenkrone des Heilandes in einem besonders kostbaren Reliquiarium dort eine würdige Stätte finden wird.

∗ ∗ ∗

Möge das neue Gotteshaus auf Jahrhunderte hinaus ein beredeter Zeuge sein für den frommen Sinn der Erbauer und des ganzen gräflich Hoensbroech'schen Hauses, mögen alle, die in der neuen Kapelle beten, Gottes reichsten Segen für Zeit und Ewigkeit erfahren!

16 Die Geschichte der Kapelle auf Haus Diesdonk, (nach) 1903

Auszug aus einem „Kapellenbuch", Privatbesitz.

Die Kapelle auf Haus Diesdonk verdankt ihre Entstehung dem frommen Sinn meiner in Gott ruhenden Eltern, Herrn Johann Friedrich Effertz und Frau Wilhelmine geb. Halley.

Sie wurde erbaut in den Jahren 1880 und 1881. Das bei der bischöflichen Behörde nachgesuchte Privilegium, daselbst hl. Messe lesen zu lassen, ging meinen Eltern zu durch den wegen der Wirren des preußischen Kulturkampfes im Auslande weilenden hochseligen Bischof Johann Bernhard von Münster, weshalb die Urkunde unterzeichnet ist „vom Orte Unsers Exils, August 1881". Dies Privilegium wurde auf die Dauer von 20 Jahren gewährt. Am 12. September 1881 wurde die Kapelle benedicirt durch den Herrn Dechanten Brüel von Geldern, der alsdann die erste hl. Messe daselbst celebrirte. Der Kelch war vom hochw. Herrn Bischof Corum von Trier consecrirt worden. Der Feier wohnten bei: Meine Eltern mit ihren vier Töchtern Maria, Anna, Cäcilie und Elisabeth; meine Großmutter Frau Joseph Halley geb. Coninx aus Geldern; meine Tante Frau Franz Cürten geb. Margaretha Effertz vom Gute Hövel bei Emmerich; Frau Louis Haerten geb. Marie Roeffs aus Geldern nebst ihren Kindern Maria, Philipp, Pia und Theodor; meine Gouvernante Fräulein Effertz und Fräulein von Slop aus Geldern.

Nach dem Tode meines Vaters, 26. Nov. 1887, wurde das Privilegium der Kapelle durch Vermittlung des hochw. Herrn Bischofs Hermann Dingelstaedt von Münster erweitert auf die Lebenszeit meiner Mutter, sowie auf die bei ihrer Mutter auf Haus Diesdonk wohnenden Töchter.

Mit dem Tode meiner Mutter, 5. Dez. 1902, erlosch auch dieses Privilegium. Durch Vermittlung des oben genannten Herrn Bischofs wurde es im Januar 1903 lebenslänglich erteilt meinem Schwager Walter Düesberg und meiner Schwester Elisabeth, in deren Besitz Haus Diesdonk übergegangen war, und mir als auf Haus Diesdonk wohnend.

Cäcilie Effertz

17 Auszug aus dem Inventar der Kirche in Hartefeld, November 1908

Pfarrarchiv Hartefeld, ohne Nummer, Blatt 16–16 verso

Blatt 1:
Inventar der katholischen Kirchen Gemeinde Hartefeld. Aufgestellt im Monat November 1908.
Blatt 16:
Titel VII. Bewegliche Gegenstände
  1) drei Altäre
  2) Zwei Chorstühle (*nachgetragen 1932:* neu aufgemacht und in Farben gefaßt von Repke bei der Ausmalung 1929)
  3) Communionbank
  4) Eine Kanzel mit Kreuz an der Wand
  5) 18 Kinderbancken
  6) 15 Sitzbänke für Männer und ebensoviele für Frauen
  7) drei kleinere Betstühle, namlich ein auf dem Chor und zwei in der Taufkapelle
  8) drei Beichtstühle, namlich zwei in den Kreuzarmen der Kirche und einer im Langschiff (*nachgetragen 1932:* letzterer steht in der Capelle zu Holthuysen)
  9) eine Orgel mit Zubehör in der ersten Thurmetage (*nachgetragen 1932:* Erneuert. Siehe unten)
  10) Zwei Kirchenglocken, eine 2' 1'' und eine 1' 8¾'' Durchmesser im Thurm (*nachgetragen 1932:* Abgeliefert im Kriege. Neue Glocken Siehe unten)
  11) Eine Thurmuhr (*nachgetragen 1932:* Abmontiert. Neue Siehe unten)
  12) Zehn Statuen aus Gips: Therese vom Kinde Jesu, Paulus, ein Bischof, Ecce Homo, St. Joseph, Aloysius, Johannes im Garten der Pastorat, Maria im Garten der Schwestern. Antonius, zerbrochen. Fünf Statuen aus Holz: Herz Jesu, Maria mit Kind, Maria auf dem Rosenkranzaltar, Antonius, Sebastian
  13) Ein Oelgemälde, die Geburt Christi im Kreuzarm rechts (*nachgetragen 1932:* und eines in der Sakristei, St. Georg. Zwei große Ölgemälde über den Nebenaltären à

500 M von Heinr. Repke-Wiedenbrück, aufgehängt Okt. 1929 darstellend: der verlorene Sohn und der barm. Samariter)

14) Ein Ankleidetisch in der Sakristei

15) Zwei Schränke und 1 Anrichttisch, miteinander verbunden

16) Ein diebessicherer und feuerfester Schrank in der Sakristei

17) Ein eichener Ankleidetisch in der Sakristei

18) Vier silbervergoldete Kelche (*nachgetragen 1932:* 1921 aus 2 Kelchen ein Ciborium gemacht. Es bleiben 4 Kelche, davon einer in Holthuysen)

12) (!) Ein Ciborrium (1932 verbessert: Drei Ciborien) Silber vergoldete Cupa (nachgetragen 1932 , ein großes, ein mittleres und ein kleines)

13) Eine silbervergoldete Monstranz und eine aus Kupfer vergoldet

14) Sechs gothische Altarleuchter aus Kupfer und sechs aus Messing (*nachgetragen 1932:* S. unten)

15) eine Chorlampe aus englisches Metall und eine aus Kupfer

16) Ein kupfernes und ein silbernes Weihrauchfaß mit Schiffchen

17) Zwei große und vier kleine Pärchen Fahnen (*Eintrag gestrichen und nachgetragen 1932:* Siehe unten)

18) Ein kupfernes Prozessionskreuz (*„kupfernes" gestrichen und nachgetragen 1932:* messing und ein kleines)

19) Zwei Prozessionslaternen und zwei Laternen bei Beerdigungen aus Kupfer (*nachgetragen 1932:* Sind alle ausrangiert. S. unten)

20) Zwei Krankengefäß wovon eines von Kreuzform aus Silber.

18 Beschreibung des Umbaus des Hartefelder Hochaltars, 1923

PfA Hartefeld, Chronik der Pfarre Hartefeld I.

Der Hochaltar, der im Jahre 1897 von Bildhauer Ophey in Geldern für 3200,– M angefertigt war, war sehr gedrückt, um darüber noch etwas von dem dahinter befindlichen Bildfenster sehen zu können. Der Altar störte das Fenster und das Fenster den Altar. Da das Bildfenster in das Seitenfenster auf der Evangelienseite gesetzt war und die mittlere Fensteröffnung geschlossen war, so konnte der ge-

drückte, niedrige Hochaltaraufbau hoch gezogen werden. Der untere Ausfbau links und rechts war viel niedriger als der Tabernakel und enthielt große Bogenfenster mit großen dunklen Öffnungen. Zunächst wurde dieser Teil auf die richtige Höhe gebracht und auf beiden Seiten mit schönen Schnitzereien versehen, dann wurde auch das gedrungene Kreuz verlängert und die Postamente für die beiden Figuren. Die Kosten betrugen 402 500,– Mark.

Damit man nicht immer dasselbe Bild vom Hochaltar hätte (varietas delectat) wurden vom Bildhauer Jakob Ophey-Geldern zwei Seitenflügel mit Sperrholzplatten und 6 schweren Messingscharnieren angefertigt zum Preise von 100 000,– Mark (13/2. 23). Über die Bemalung der Flügel wurde mit Kunstmaler Heinrich Brey in Geldern ein Vertrag abgeschlossen. Auf den beiden Rückseiten sollten stehen das 1. Wunder zu Kana (der Heiland verwandelt Wasser zu Wein) und die 1. wunderbare Brotvermehrung. Beide Bilder waren sehr gut zu verwerten im Anfang des Kommunionunterrichtes. Auf den Innenflügeln (nach Öffnung des Altars sichtbar) sollten stehen die 1. hl. Kommunion des Apostels Johannes und Apostel Thomas vor dem auferstandenen Heiland. Maler Brey verlangte dafür einen Preis von 500 000 M = 50 Gulden. Der Preis wurde ihm <u>vor</u> dem Beginn der Anfertigung ausgezahlt. Leider verlangte der Maler noch vor der Ablieferung noch eine Nachzahlung von 200 000 M.

19 Auszug aus dem „Verzeichnis kirchlicher Kunstaltertümer der Pfarrei ad St. Martinum in Veert b. Geldern aus der Zeit vor 1870", 1. Juni 1927

BAM, Veert, Karton 13, Kladde „Alte Kirchenbücher"

A. Kirchliche Bauten …
B. Heilige Gewänder und Geräte
   I. Heilige Geräte
   1. Kelche: Roman. Ziborium. Leichtsilbervergoldet
               Barock. Ziborium. Silber
               Kelch. Barock
   2. Monstranzen: Monstranz. Barock. Leichtsilbervergoldet. Kupfer
   3. Reliquiarien:
   4. Kreuze: Holzkruzifix, Barock um 1650. Ohne Wert. In der Kirche
   5. Leuchter:

6. Rauchfässer: Barockes Rauchfaß u. Schiffchen. Sakristei.

Zwei Weihwasserkessel. Messing.

Aufschraubbare Hohlkugel, silbervergoldet, durchm. 6 cm. Wappen mit 3 Vögeln. Inschrift: Volmer van Honsel-ler Ao DNI 1549 Renovatum Ao DNI 1673 sub Henrico VOLPYN Pastore. Pastorat.

7. Lampen: Achtarmiger Kronleuchter. Hergestellt von L. Fölling Cleve 1875. an der Kirche.

II. Gewänder

1. Gewebte oder gestickte Paramente: Sehr altes Meßgewand. Silberbrokat. Nicht mehr in Gebrauch. Sakristei.

2. Spitzen z. B. Antependien

3. Hungertücher usw.

C Bildwerke

1. Gemälde: Ölgemälde. S. Ev. Lullus mit dem Löwen. Lebensgröße

Ölgemälde. S. Martinus zu Roß aus dem Aufsatz eines Barockaltars. Um 1700.

Ölgemälde Jansenischer Kruzifixus

2. Steinbildwerke

3. Holzbildwerke: Kreuztragender Heiland. Spätgotische Arbeit. Sehr fein aus einem Stück geschnitzt. Sehr stark herausgearbeiteter Faltenwurf. Schmerzverzerrtes Antlitz. Höhe der Figur 36 cm. Das Kreuz hat eine Länge von 59 cm. An zwei Stellen ist das Kreuz renoviert (Pastorat – Gehört zur Kapelle Klein-Kevelaer).

4. Metallbildwerke: Messingschild, vergoldet, darstellend Mariä Verkündigung, in Silber, 15 cm hoch, in 6 Halbkreise auslaufend, gekrönt von einem gotischen Helm, umrahmt von den Symbolen der 4 Evangelisten. Inschrift um den Rand des Schildes: Volmer van Hoenzeler. Anno Domini 1556. In unterem Halbkreis Wappen mit drei Vögeln. (Pastorat) …

20 Angebot des Kunstmalers Heinrich Repke aus Wiedenbrück zur Ausmalung der Hartefelder Kirche, 29. Dezember 1928

PfA Hartefeld, Akte „Ausmalung der Kirche u. Capelle"

Offerte über Ausmalung der Pfarrkirche zu Hartefeld bei Geldern.

Die Ausmalung der ganzen Kirche geschieht in der Art und Farbenstimmung wie der eingesandte Entwurf es anzeigt. – Der Grundgedanke ist der, das Gotteshaus welches in seinem jetzigen Zustande etwas nüchtern, durch stimmungsvolle Farbenpracht zu heben und den ganzen Raum feierlich zu gestalten. Zunächst soll besonders das Chor eindrucksvoll wirken, sodaß das Auge des Beschauers in erster Linie dort hingezogen wird, wo der Heiland im Tabernakel wohnt und der Priester das hl. Meßopfer darbringt. Das Gewölbe wird in einem goldig leuchtenden Gelb gehalten, mit Palmenornamenten belegt, aus denen in Ehrfurcht herabschauende Engelköpfe, die die Heiligkeit des Ortes andeuten, angebracht. Die erhabenen Worte Sanctus, Sanctus, Sanctus erhöhen gleichsam die Stimmung in feierlicher Weise, die aus himmlischen Höhen dem Heiland im Sakramente umgibt. Die Wände werden in zarter blaugrüner Färbung gehalten und die Teppichflächen in kräftig blauen Tönen, um den vorhandenen Hochaltar wirkungsvoll zur Geltung zu bringen. Das Opferlamm des alten Bundes und Fisch und Brot des neuen Bundes umgeben vom Wein- und Ährenornament weisen symbolisch auf das hl. Sakrament hin. Im Triumpfbogen sollen die vorhandenen 14 hl. Nothelfer erhalten bleiben, aber die Umgebung wird so in Farbe gestimmt, daß das Alte sich dem Neuen anpaßt. Die weitere Ausmalung der ganzen Kirche geschieht in derselben Art. Es wird besonders Wert darauf gelegt werden, die ganze Kirche farbenfroh zu halten, um den bis jetzt so kalt anmutenden Raum seine Eintönigkeit zu nehmen. Dieses läßt sich nur erreichen durch schön abgestimmte Farbtöne, die sich in ihrer Feierlichkeit dem Chor anpassen. In den ersten 4 Kappen des mittleren Kreuzgewölbes werde ich die figürl. Darstellungen der 4 Evangelisten in Tonmalerei anbringen, da diese Heiligen uns die ganze Lehre des Heilandes übermittelt haben. Es wird auf diese Weise auch der Übergang vom Chor zur Kirche allmählich vermittelt.

Die ganzen Arbeiten werden in bestem haltbarstem Material ausgeführt und zwar so, daß die Kirche in ihrer Art eine Sehenswürdigkeit bieten soll. Der Gesamtpreis für die Ausmalung einschließlich farbiger Behandlung der Chorstühle sowie der Figuren von Holz oder Terracotta beträgt 3450 M. Diese Summe kann in folgenden Raten gezahlt werden: 500 M zu Beginn der Arbeit, weitere 500 M je monatlich während der Ausführung, welche 3 Monate dauern wird, und der Rest von 1450 M am 1. Januar 1930 bei einer Verzinsung von 5%. Ich verspreche eine erstklassige, schöne, künstlerische Arbeit zu liefern, die in jeder Hinsicht der Würde des Gotteshauses entspricht und von ersten Fachmännern beurteilt werden darf.

21 Aus dem Inventar der Kirche in Hartefeld, November 1932

Pfarrarchiv Hartefeld, ohne Nummer, Blatt 16v–18

In der Kirche

14 Stationen in Eichenrahmen

2 weißgerahmte Ölgemälde aus dem Leben Jesu an den Seiten der Orgelbühne (von Brey), Altarflügel

1 großes Missionskreuz mit Korpus, an der Wand unten

2 massive Holzständer für die Statuen St. Josef und St. Antonius mit Samthintergründen

1 alter Kronleuchter mit einer Lampe um einer imitierten Kerzenstufe

5 gebogene, kupferne Kerzenwandleuchter

1 Messingstrahlenkranz mit elektrischen Birnen um die Herz-Jesustatue

2 Sakramentsbilder auf Blech gemalt über den Chorstühlen (von Brey)

2 große elekt. Lichtlampen am Gewölbe und 6 Soffittenscheinwerfer am Triumphbogen

3 eichene und gepolsterte Sedilen

2 größere, farbige Engelfiguren, Kerzenleuchter tragend, auf Holzständern

1 Kredenztisch aus Eichenholz

2 Prozessionslaternen aus Messing an der Kommunionbank (105 Rm) von Polders-Kevelaer, Geschenk der Brautleute Wilh. Raets-Pasch

1 gußeiserner Fahnenhalter (Dreifuß)

2 1,20 Meter hohe Ständer und 2 weiße kleine Blumenständer

1 langgestreifter Kokosläufer, reichend von Kommunionbank bis Haupteingansthor und 2 Querläufer vom selben Muster (Geschenk von Heinr. Deselaers Bankangestellter, 1928)

1 Läufer (12 M das Meter) von Sakristei zu Sakristei, einer vom Altar über die Stufen bis zur Kommunionbank und 1 Querläufer über dem Altar. Alles ein Muster. Ge-

schenk des Kriegervereins zum silbernen Prieserjubiläum des Pfr. Hünnekens (1930)

1 rotblaugestreifter langer Wollläufer auf der Kommunionbankkniestufe (Von den Schwestern hergestellt.)

1 besserer viereckiger Altarteppich (aus der Kriegszeit)

4 weißgelbe Feststreifen, vom Chorgewölbe herabhängend

10 silberne Altarleuchter und 16 kupferne

2 Meßbuchpültchen, 2 Paar Nickelschellen, 1 Gong

3 Meßbücher und 2 für Requiemsmesse

1 Garnitur Altarkännchen aus Glas, 1 aus Christall und 1 aus Christal und Silber

4 Altartücher aus Leinen, 2 für Nebenaltare, 4 bessere Kommunionbanktücher und 3 gewöhnliche

1 grünes und 1 rotes Tuch über Chorbetbank

4 weiße Altarschondecken, 1 rote und 2 rote für Nebenaltäre

1 schwarzer Altarbehang und 1 langer Trauerflorstreifen, 1 violetter Altarbehang

2 weiße Meßgewandkapellen, 1 rote, eine schwarze Chormäntel: 2 weiße, 1 roter, 2 schwarze, 1 violetter Meßgewänder: 2 weiße, 2 rote, 2 grüne 2 violette, 2 schwarze

2 weiße Schulterroben

2 Lorbeerbäume, aufbewahrt in der Pastorat. Ein Minimax-Brandlöscher hinter d. Altar.

Unter dem Turm

Kriegermal: Bild der schmerzhaften Mutter von Brey. Eichene Einfassung desselben und 2 eichene Tafeln mit den Namen der Gefallenen von Ophey, 2 Holztafeln in Form des Eisernen Kreuzes mit den Portraits der Krieger von Passens-Hartefeld

Eine eichene Bank vor dem Kriegermal

2 eichene Holztafeln über den Weihwasserbecken

1 große Fußmatte am Eingang, 28 Mark

1 schwarze Anschlagetafel

Kapelle der Kirche

1 hohes Altärchen aus Eichenholz mit dem Bild der Immerwährenden Hülfe

1 Ölhängelampe zur Seite, Geschenk von Wilhelm Urselmann, 1931

1 steinerner Taufbrunnen mit Holzdeckel, gekrönt mit der Figur des Täufers

1 Kerzenständer mit Kupferteller
1 einfaches Holzbrett mit den Namen der Gefallenen 1870/71

Im Turm

1 Orgelgehäuse in Eichenholz, 600 M. von Jac. Ophey, 1914
1 Orgel mit 16 Registern auf 2 Manualen mit Pedal, 6388 M, von Ernst Seifert Aug. 1914
1 Elektromotor nebst Zubehör, 623 M
1 längere Sitzbank, 2 kürzere
1 Lichtglocke
2 drehbare Notenständer und ein nichtdrehbarer
1 schmaler neuer Bücherschrank mit Chorbüchern, Notenheften, Diözesangesang etc. 1930
Mantelstock für Hüte

Glockenkammer

1 Bronce Glocke, Ton E, 1,26 Meter, 1191 Kg., April 1922. Gewicht
1 Bronce Glocke, Ton G, 1,04 Meter, 659 Kg., April 1922. Gewicht
1 Bronce Glocke, Ton A, 0,92 Meter, 457 Kg., April 1922. Gewicht

Turmuhrkammer

1 neue Turmuhr mit 3 Zifferbrettern, von Forthmann-Recklingh., Juni 1922
1 Blasebalg, 1 Minimax-Handlöscher. 1 Blitzableiter auf dem Turm. Inflationsgeld
1 weißgelbe Turmfahne.

Vorratsstube im Turm

1 große vollständige Weihnachtskrippe: Gestell, Stall, Hirten, 3 Könige, Schäfchen etc.
1 primitive Tumba mit 8 Holzleuchten und anderem Zubehör, 1 leichte Leichenbahre

Hauptsakristei

1 schwarzes Kreuz über Ankleidetisch mit 2 vergoldeten Barockfiguren vom früheren Hauptaltar

1 Real mit 2 Versehlampen
Ölgefäße vergoldet und versilbert, 2 Versehbursen, Taufteller mit Kännchen und Tuch
1 Handtuchhalter, 1 Lavabokessel aus Kupfer auf Holzbrett
2 Aspergills, eins versilbert, eins aus Kupfer mit 1 kupfern. Weihwasserkesselchen
1 Hostiendose, 3 Löschhörnchen, 1 Klingelbeutel, 1 Kollektenteller aus Messing, 1 Körbchen, 1 Kassel
1 elektr. Scheinwerfer zum Wärmen
12 weiße Meßdienersöckchen, Talare: 8 rote, 4 violette, 4 grüne, 4 schwarze mit Kragen,
2 Biretts, 6 schwarze Priesterkragen, 1 Küstertalar

Nebensakristei

1 großer eichener dreitüriger Schrank für Fahnen, Paramente u. Wäsche, 800 M
1 gewöhnlicher Kleiderschrank mit Röckchen, Fahnenstangen, Kerzen etc.
1 niedriger einfacher Schrank mit Vasen, Blumen, Eimern, Schrubber etc.
1 Notbeichtstuhlgestell mit Bänkchen und Stuhl
1 Stehkreuz und 1 Hängekreuz
8 Stäbe mit Kerzen für …
1 Stehleiter
6 Bruderschaftsstäbe, zum Teil versilbert
1 Siebenarmiger Leuchter
1 Traghimmel für Fronleichnam mit allem Zubehör und Fähnchen, Symbole Fahnen: St. Antonius, Maria, Mütterverein, Jungfrauenfahne für die Prozession, Jünglingsfahne mit 3 Mützen und Scherpen der Jünglingssodalität
6 kleine Fähnchen, 2 kleine schwarze, 2 weiße Sakramentsverhüllungsfähnchen
8 Alben, 4 Rochetts, 2 Sakramentsbursen

[*Das Inventar wird fortgesetzt mit der Aufzählung der Gegenstände in der Kapelle Holthuysen, der „Kaplanei (Schwesternhaus)", nach Zimmern geordnet, und „Zur Pastorat gehörig".*]

Die Bodendenkmäler der Stadt Geldern

Neben der Denkmalliste für die Baudenkmäler führt die Stadt Geldern als Untere Denkmalbehörde auch eine Liste der Bodendenkmäler. Unter Bodendenkmälern versteht man die Denkmäler, die im Boden verborgen und meist nicht sichtbar sind; die Übergänge zu den Baudenkmälern können fließend sein. Es macht keinen Sinn, Fundamente eines Gebäudes als Bodendenkmal einzustufen, nur weil man sie nicht sieht; sie gehören natürlich zum aufgehenden Mauerwerk und sind damit Bestandteil des Baudenkmals. Anders mag es sich bei zerstörten Gebäuden verhalten, bei denen nur noch unterirdisch Mauerreste existieren. Doch wie verhält es sich beispielsweise bei den Kasematten (→ Geldern, Am Mühlenturm 1), die als eigenständige Baukörper im Boden verborgen sind? Die Frage ist eigentlich nur akademisch, denn wichtig für das Denkmal ist allein die Tatsache, daß es überhaupt in der Denkmalliste geführt wird.

An dieser Stelle können die einzelnen Bodendenkmäler der Stadt Geldern nicht ausführlich vorgestellt werden, eine Publikation, die diese Denkmälergruppe zusammen mit den im Stadtgebiet aufgetretenen Bodenfunden vorstellt, ist geplant. Nur der Vollständigkeit halber seien hier die Bodendenkmäler der Stadt Geldern genannt:

Das Bodendenkmal Geldern aus der Luft

Ortsteil Geldern
Mittelalterlicher und frühneuzeitlicher Stadtgrundriß
(→ Am Mühlenturm 1)
Eintragung in die Denkmalliste: Ab 1994
Denkmal Nr. B 21

Eisenbahntrasse von Geldern nach Moers
Eintragung in die Denkmalliste:
Denkmal Nr.

Eisenbahntrasse von Geldern nach Straelen
Eintragung in die Denkmalliste:
Denkmal Nr.

Ortsteil Kapellen
Mittelalterlicher Spiekerhügel
Eintragung in die Denkmalliste: 27. Oktober 1983
Denkmal Nr. B 1

Grabenanlage Loewshof
Eintragung in die Denkmalliste: 25. September 1984
Denkmal Nr. B 4

Grabenanlage Schrammenhof
Eintragung in die Denkmalliste: 25. September 1984
Denkmal Nr. B 5

Düne bei Haus Beerenbrouck
Eintragung in die Denkmalliste: 3. Oktober 1984
Denkmal Nr. B 10

Burgwüstung Haus Langendonk (→ Langendonker Weg 25)
Eintragung in die Denkmalliste: 25. Januar 1985
Denkmal Nr. B 11

Wasserburg Schloß Haag (→ Bartelterweg 4)
Eintragung in die Denkmalliste: 16. Oktober 1990
Denkmal Nr. B 16

Wasserburg Haus Beerenbrouck
(→ Beerenbrouckstraße 62)
Eintragung in die Denkmalliste: 23. September 1991
Denkmal Nr. B 19

Ortsteil Lüllingen
Grabhügel Ravensberg
Eintragung in die Denkmalliste: 18. Oktober 1985
Denkmal Nr. B 13

Nierskanal
Eintragung in die Denkmalliste:
Denkmal Nr.

Ortsteil Pont
Niederungsmotte Ayendonk
Eintragung in die Denkmalliste: 25. September 1984
Denkmal Nr. B 7

Fester Rittersitz – Hofesfeste Haus Diesdonk
(→ Venloer Straße 61)
Eintragung in die Denkmalliste: 16. Oktober 1990
Denkmal Nr. B 17

Eisenbahntrasse von Geldern nach Straelen
Eintragung in die Denkmalliste:
Denkmal Nr.

Ortsteil Veert
Wassergraben um das ehemalige Pfarrhaus
(→ Kirchstraße 25)
Eintragung in die Denkmalliste: 25. März 1987 und
9. Juni 1988
Denkmal Nr. B 15

Fossa Eugeniana
Eintragung in die Denkmalliste:
Denkmal Nr.

Nierskanal
Eintragung in die Denkmalliste:
Denkmal Nr.

Ortsteil Vernum
Löper Schanze
Eintragung in die Denkmalliste: 11. November 1983
Denkmal Nr. B 2

Landwehr
Eintragung in die Denkmalliste: 16. Februar 1984
Denkmal Nr. B 3

Wasserburg Haus Grotelaers (→ Duisburger Straße 72)
Eintragung in die Denkmalliste: 16. Oktober 1990
Denkmal Nr. B 18

Eisenbahntrasse von Geldern nach Moers
Eintragung in die Denkmalliste:
Denkmal Nr.

Eisenbahntrasse von Geldern nach Straelen auf der
Baersdonk
Eintragung in die Denkmalliste:
Denkmal Nr.

Fossa Eugeniana
Eintragung in die Denkmalliste: 4. Dezember 1984
Denkmal Nr. B 14

Ortsteil Walbeck
Schanze der Fossa Eugeniana
Eintragung in die Denkmalliste: 25. September 1984
Denkmal Nr. B 6

Fossa Eugeniana
Eintragung in die Denkmalliste:
Denkmal Nr.

Grabhügelgruppe
Eintragung in die Denkmalliste: 25. September 1984
Denkmal Nr. B 8

Grabhügelgruppe
Eintragung in die Denkmalliste: 25. September 1984
Denkmal Nr. B 9

Grabhügel Oppenberg
Eintragung in die Denkmalliste: 18. Oktober 1985
Denkmal Nr. B 12

Haus Steprath mit Grabenanlage (→ Am Brökelken 35)
Eintragung in die Denkmalliste: 20. September 1984
Denkmal Nr. B 20

Glossar

Das nachstehende Glossar soll nur den ersten Zugang zur Fachsprache der Architektur erleichtern, es kann und will nicht die zahlreichen soliden und wesentlich ausführlicheren Handbücher ersetzen, von denen das von KOEPF besonders empfohlen sei. Die mit einem * versehenen Ausdrücke sind auf den beigegebenen Zeichnungen wiederzufinden.

Abbundzeichen*, Markierungen zusammengehöriger Hölzer im Fachwerkbau

Abseite* (Kübbung) Seitenschiff eines dreischiffigen niederrheinischen Hallenhauses, meist niedriger als das Mittelschiff

Architrav, waagerechter Balken, auf dem ein Oberbau ruht, übertragen auch der horizontale, besonders gegliederte Streifen über einer Türe oder einem Fenster

Aufschiebling*, Holz, das am Sparren befestigt ist und einen Dachüberstand bewirkt

Baluster, stark profilierte Stütze in einem Geländer oder einer Brüstung

Dach, siehe Mansarddach, Pultdach, Satteldach, Walmdach

Dachausmittlung nennt man die Aufsicht auf ein Dach

Drempel* (Kniestock) nennt man den Raum unter dem Dach, der an den Seiten noch von der Wand oder Mauer begrenzt wird

Expositionsnische, Nische im Mauerwerk oder in einem Altar, in der man eine Heiligenfigur ausstellen kann

Fasche, rahmende Einfassung eines Fensters aus Putz, Holz oder Stein.

Fiale, schlankes, freistehendes Ende eines Pfeilers oder seitliche Bekrönung eines an die Architektur angelehntes Element

Firstpfette* siehe Pfette

Fries, horizontales Gliederungselement im Steinbau, je nach Art unterscheidet man beispielsweise Sägezahnfries, Klötzchenfries usw.

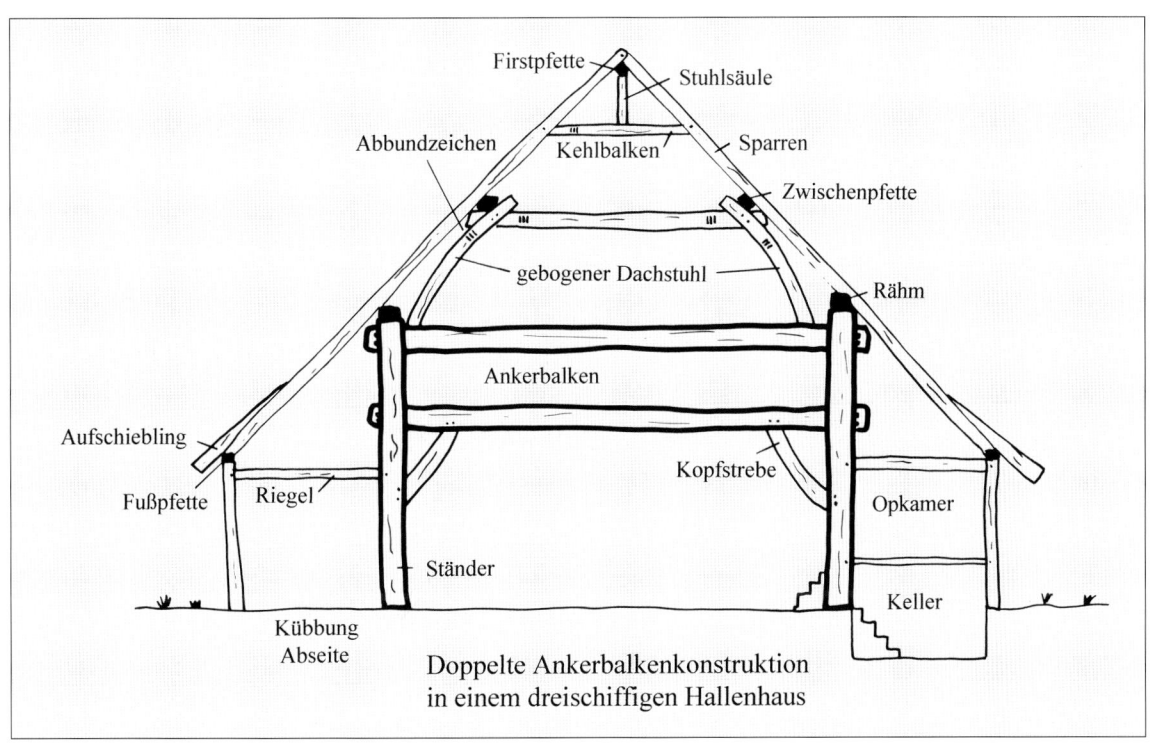

Doppelte Ankerbalkenkonstruktion
in einem dreischiffigen Hallenhaus

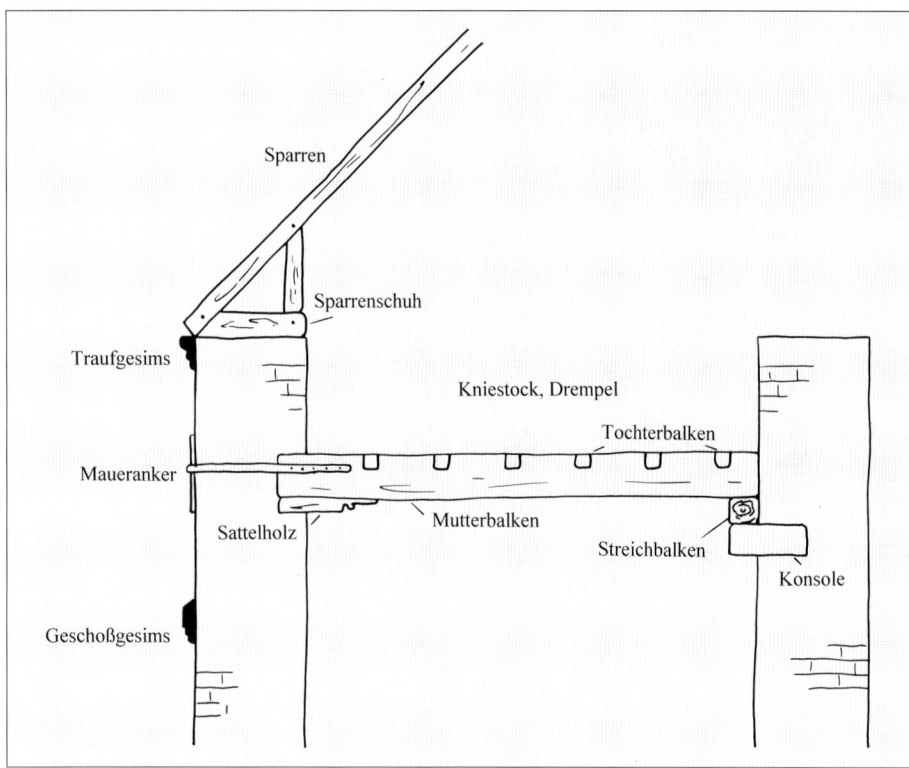

Sparren

Sparrenschuh

Traufgesims

Kniestock, Drempel

Tochterbalken

Maueranker

Mutterbalken

Streichbalken

Sattelholz

Konsole

Geschoßgesims

Fußpfette* siehe Pfette

Gesims, horizontales vorspringendes Gliederungselement in der Wand, das unten profiliert und oben mit Dach versehen sein kann, je nach Lage spricht man beispielsweise von Geschoßgesims* oder Traufgesims*

Gespärre, Gesamtheit der Sparren in einem Dachwerk

holländische Dreiecke im Backsteinbau ein Gestaltungselement eines Giebels am Ortgang

Joch, Bauabschnitt oder Gewölbefeld zwischen zwei Hauptstützen einer Baukonstruktion

Kloben Naturstein im Backsteinmauerwerk, in dem meist mit Blei die eisernen Angeln (Kloben) für Fenster und Türen eingelassen sind

Kniestock* siehe Drempel

Kübbung* siehe Abseite

Kompositkapitell Kapitell, das aus verschiedenen Gestaltungselementen komponiert wurde

Längstennenscheune Scheune, bei der die Durchfahrt und Tenne nicht im Mittelschiff, sondern – längs zum First – in einem Seitenschiff liegt

Lisene, schwach vortretende, senkrechte Mauervorlage, die die Mauer pfeilerartig gliedert

Mansarddach, geknicktes Dach mit steilerem Neigungswinkel im unteren Bereich

Mittelpfette siehe Pfette

Opkamer* nennt man am Niederrhein die Kamer, unter der sich ein nur zur Hälfte in den Boden eingetiefter Keller befindet; die Opkamer gibt sich meist durch die höher gelegenen Fenster zu erkennen.

Ortgang nennt man die Schnittstelle, an der Giebel und Dachhaut zusammenstoßen

Pfette*, horizontal verbauter Holzbalken, auf dem die Sparren stehen (Fußpfette), von dem die Sparren unterstützt werden (Mittel- oder Zwischenpfette) oder auf dem die oberen Sparrenenden ruhen (Firstpfette)

Pilaster, Wandpfeiler mit Sockel und Kapitell

Plinthe, Sockel oder Sockelplatte für eine Figur

Pultdach, nur eine geneigte Dachfläche, meist über einem Anbau, der sich an ein anderes Gebäude anlehnt

Risalit, vor die Flucht eines Hauses vorspringender Bauteil, meist mit eigenem Dach; je nach Lage unterscheidet man Mittelrisalit oder Seitenrisalit

Rähm, waagerechter Balken, mit dem im Fachwerkbau einzelne Ständerpaare verbunden werden; bei manchen Bauten dient der Rähm gleichzeitig als Fußpfette (→ Pfette)

Rustika (rustizieren), Quader aus Naturstein, deren Schauseiten unbehauen sind, um 1900 mit Verputz nachgeahmt

Satteldach, zwei im gleichen Winkel zueinander geneigte Dachflächen

Sparrenschuh*, zwei rechtwinklig miteinander verbundene Hölzer, die am unteren Ende eines Sparrens befestigt sind und diesen auf der Mauerkrone sichern

T-Haus, ein Quer vor einen Längsbau errichtetes Haus, dessen First in der Dachausmittlung – von oben gesehen – mit dem First des Längsbaus die Form eines T bildet

Tourelle, kleiner, meist runder Turm auf der Ecke eines Gebäudes oder Turmes, oftmals nur Gestaltungselement

Walmdach, Satteldach, bei dem die Giebel durch eine geneigte Dachfläche ersetzt werden; wird nur das obere Ende oder die Hälfte des Giebels durch ein Dach ersetzt spricht man entweder vom Krüppelwalmdach oder Halbwalmdach.

Zwerchgiebel, kleiner Giebel, der die Traufe unterbricht und aus der Wandfläche emporwächst

Zwischenpfette* siehe Pfette

Literatur

Adreßbuch 1861
Adreßbuch für den Regierungsbezirk Düsseldorf. Elberfeld 1861.

Adreßbuch 1897
Adreßbuch für Handel und Gewerbe der Kreise Geldern, Cleve und Moers. Herausgegeben auf Grund amtlicher Quellen von Fritz HAGELKRUYS. Geldern 1897.

Adreßbuch 1910
Adreßbuch des Kreises Geldern 1910. Bearbeitet und herausgegeben nach amtlichen und privaten Mitteilungen von Jos. Stauf. Geldern 1910.

Adreßbuch 1938
Einwohnerbuch für den Kreis Geldern, Ausgabe 1938. Hösel 1937.

Adreßbuch 1950
Einwohnerbuch der Stadt und des Kreises Geldern mit Branchen-Verzeichnis und Telefon-Anschlüssen. Ausgabe 1950. Geldern 1950.

AMBERG 1975
Gottfried AMBERG: Bey Geldern auf der Heyd. Entstehung und Wiederentdeckung des Kölner Heiligenhäuschens bei Veert. In: GHK 1975, S. 124–126.

ARBOGAST 1988
Alois Wolfgang ARBOGAST: 150 Jahre Orgelklang in Hartefeld. Von der untergegangenen Rütter-Orgel zur heutigen Seifert-Orgel. In: GHK 1988, S. 132–140.

ARBOGAST 1994
Alois Wolfgang ARBOGAST: Zur Geschichte der Orgeln in der evangelischen Kirche zu Geldern. In: GHK 1994, S. 153–160.

B. 1880
B.: Nachrichten über Aengenesch. In: Niederrheinischer Geschichtsfreund, Nr. 27. Kempen 1880, S. 134, 143, 171, 180.

BÄR 1919
Max BÄR: Die Behördenverfassung der Rheinprovinz seit 1815. Bonn 1919. S. 588, Nr. 159).

BAMBAUER, KLEINHOLZ 1980
Klaus BAMBAUER, Hermann KLEINHOLZ (Hrsg.): Niederrheinische Inschriften aufgezeichnet von Anton von Dorth (1626–1695). Teil II. Wesel 1980.

BECKER 1994
Jörg BECKER: Der Aufstand der Schillschen Soldaten. In: Jörg BECKER, Karl-Heinz TEKATH (Hrsg.): 1794–1814. Franzosen am unteren Niederrhein. Goch 1994, S. 72.

BEGRICH 1989
Jost BEGRICH: Das Giebelkreuz der Kapuzinerkirche in Geldern, ein Symbol der Gegenreformation. In: GHK 1989, S. 76–83.

BEGRICH 1991
Jost BEGRICH: Jan Vissers – ein Künstler vom Niederrhein. Würdigung seines Lebenswerkes aus Anlaß des 80. Geburtstages. In: GHK 1991, 56–61.

BEISSEL 1987
Silvia BEISSEL u. a.: Lieder der Devotio moderna aus Klöstern im Gelderland. In: GHK 1987, S. 125–132.

J. BELONJE 1961
J. BELONJE: Genealogische en heraldische gedenkwaardigheden in en uit de kerken der provincie Limburg met een supplement betreffende de Belgische en Duitse grensgebieden. Maastricht 1961 (Publications de la société historique et archéologique dans le Limbourg XCVI–XCVII, 1960–1961).

BENGER 1988
Ruth BENGER: Sho'ah. Alphabetische Liste der jüdischen Geldrianer. In: GHK 1988, S. 160–166.

BERCKER 1957
Theo BERCKER: Der Glockenguß zu Veert 1611. In: GHK 1957, S. 119f.

VAN DEN BERG 1953
Hermann VAN DEN BERG: Zur Geschichte der Pfarrkirche von Pont bis nach 1700. In: GHK 1953, S. 33f.

BERND 1835
C. S. Th. BERND (Hrsg.): Wappenbuch der Preussischen Rheinprovinz. Mit Beschreibung der Wappen. Erster Theil.

Wappen des immatrikulirten Adels. Zweiter Theil. Wappen des nicht immatrikulirten Adels. Bonn 1835. Reprint Osnabrück 1977.

BERTZ-NEUERBURG 1980 a
Waltraud BERTZ-NEUERBURG: Kurzbiographien der Architekten und Baumeister. In: Eduard TRIER, Willy WEYRES (Hrsg.): Kunst des 19. Jahrhunderts im Rheinland in fünf Bänden. Band 2: Architektur II. Profane Bauten und Städtebau. Düsseldorf 1980, S. 524–556.

BERTZ-NEUERBURG 1980 b
Waltraud BERTZ-NEUERBURG: Künstlerbiographien. In: Eduard TRIER, Willy WEYRES (Hrsg.): Kunst des 19. Jahrhunderts im Rheinland in fünf Bänden. Band 4: Plastik. Düsseldorf 1980, S. 497–513.

BERTZ-NEUERBURG 1981
Waltraud BERTZ-NEUERBURG: Künstlerbiographien. In: Eduard TRIER, Willy WEYRES (Hrsg.): Kunst des 19. Jahrhunderts im Rheinland in fünf Bänden. Band 5: Kunstgewerbe. Düsseldorf 1981, S. 497–513.

BINDING 1980
Günther BINDING: Rheinische Kirchenarchäologie – am Beispiel der katholischen Pfarrkirche St. Nikolaus in Walbeck, Kreis Geldern. In: Offa. Berichte und Mitteilungen zur Urgeschichte, Frühgeschichte und Mittelalterarchäologie Band 37 (Festschrift für Hermann Hinz). Neumünster 1980, S. 282–293.

BISPING 1993
Antje BISPING: Die Publikationen des Amtes. In: Festschrift zum hundertjährigen Bestehen des rheinischen Amtes für Denkmalpflege (JbrD 36). Köln 1993, S. 525–542.

VON BÖNNINGHAUSEN 1964
Albert VON BÖNNINGHAUSEN: Schloß Walbeck – genannt Bönninghausen. Die Herrschaft Walbeck-Bönninghausen um das Jahr 1800. In: GHK 1964, S. 131f.

BOSCH 1970
Heinz BOSCH: Der Zweite Weltkrieg zwischen Rhein und Maas. Eine Dokumentation der Kriegsereignisse im Kreise Geldern 1939–1945. Geldern 1970.

BOSCH 1977
Heinz BOSCH: Erinnerungen an das alte Geldern (VHVG 77). Geldern 1977.

BOSCH 1984
Heinz BOSCH: Vor sechzig Jahren. Neubau der Gelderner Post – Erinnerungen an „de Matratz". In: GHK 1984, S. 161–166.

BOSCH 1991
Heinz BOSCH: Grüße aus dem alten Geldern. Handbuch zur Ausstellung des Historischen Vereins für Geldern und Umgegend. Geldern 1991.

BOSCH 1994
Heinz BOSCH: Illustrierte Geschichte der Stadt Geldern 1848–1969. Band I. Von den revolutionären Ereignissen 1848 bis zum Ausbruch des Ersten Weltkriegs 1914. Geldern 1994.

BOSCH 1998
Heinz BOSCH: Illustrierte Geschichte der Stadt Geldern 1848–1969. Band II. Vom Ausbruch des Ersten Weltkriegs 1914 bis zur Kommunalreform 1969 (VHVG 97). Geldern 1998.

BRIMMERS 1986
Peter BRIMMERS: Hausgerät in alter Zeit. Inventarlisten des 16. bis 18. Jahrhunderts aus Straelen mit alten Bezeichnungen. In: GHK 1986, S. 171–177.

BROCKE 1988
Michael BROCKE, Hartmut MIRBACH: Grenzsteine des Lebens. Auf jüdischen Friedhöfen am Niederrhein. Duisburg 1988.

BRÜES 1980
Eva BRÜES: Gerichtsgebäude. In: Eduard TRIER, Willy WEYRES (Hrsg.): Kunst des 19. Jahrhunderts im Rheinland in fünf Bänden. Band 2. Architektur II. Profane Bauten und Städtebau. Düsseldorf 1980, S. 17–31.

BRUNS, WECZERKA 1962/1967
Friedrich BRUNS, Hugo WECZERKA: Hansische Handelsstraßen. Atlas (Quellen und Darstellungen zur hansischen Geschichte, Neue Folge, Band XIII, Teil 1). Köln Graz 1962 und Friedrich BRUNS, Hugo WECZERKA: Hansische Handelsstraßen. Textband (Quellen und Darstellungen zur hansischen Geschichte, Neue Folge, Band XIII, Teil 2). Köln Graz 1967.

BUSCHMANN 1997
Jutta BUSCHMANN: Hauptwerke aus der Werkstatt Ferdinand Langenberg. Der Hochaltar zu Kapellen, 1886–88. (1) Auftragsvergabe und gesellschaftlicher Hintergrund. In: Aus

dem Museum für Kunst und Kulturgeschichte Goch. Heft 19, 1997, S. 6–8.

BUSCHMANN 1999
Jutta BUSCHMANN: Katalogteil und Biografischer Teil. In: Stephan MANN (Hrsg.): Renaissance der Gotik. Ferdinand Langenberg. Neugotik am Niederrhein. Goch 1999, S. 89–164.

CHERK 1999
Inge CHERK: Ausstellungsbroschüre. Präsentation der Heimatgeschichte Walbecks. Straelen o. J. (1999).

CLEMEN 1891
Paul CLEMEN: Die Kunstdenkmäler des Kreises Geldern (Die Kunstdenkmäler der Rheinprovinz 1. Band, II). Düsseldorf 1891. Reprint Moers 1979.

COSTARD 1992
Monika COSTARD: Predigthandschriften der Schwestern vom gemeinsamen Leben. Spätmittelalterliche Predigtüberlieferung in der Bibliothek des Klosters Nazareth in Geldern. In: Volker Mertens, Hans Jochen Schwier (Hrsg.): Die deutsche Predigt im Mittelalter. Tübingen 1992, S. 194–222.

CÜPPERS 1962
Heinz CÜPPERS: Zwei kaiserzeitliche Brandgräberfelder im Kreise Geldern. In: Bonner Jahrbücher 162, 1962, S. 299–390.

CUSTODIS 1972
Paul-Georg CUSTODIS: Die Villen des späten 19. Jahrhunderts in Brühl. In: Rheinische Heimatpflege. Neue Folge 9, 1972, S. 169–189.

CUYPERS 1952
Wilhelm CUYPERS: Festschrift anläßlich der feierlichen Konsekration des Hochaltars der wiederaufgebauten Pfarrkirche St. Maria Magdalena zu Geldern durch Se. Exzellenz Weihbischof Heinrich Baaken am Sonntag, dem 16. November 1952. Geldern 1952.

CUYPERS 1955 a
Wihelm CUYPERS: Haus Grotelaers und „Der Fragebogen". In: GHK 1955, S. 112–114.

CUYPERS 1955 b
Wilhelm CUYPERS: Zwei Häuser – zwei historische Ereignisse. In: GHK 1955, S. 115–117.

CUYPERS 1957
Wilhelm CUYPERS: Neue Schulen in neuer Gestaltung. GHK 1957, S. 57f.

CUYPERS 1961
Wilhelm CUYPERS: Gelderns Kapuzinerkirche. Geschichte und Wiederaufbau des alten Gotteshauses. In: GHK 1961, S. 65–67.

CUYPERS 1970
Wilhelm CUYPERS: Lorenz Bösken – ein Künstler der Weite. In: GHK 1970, S. 200–205.

DAHLHAUS 2000
Georg DAHLHAUS: 1600–2000. 400 Jahre Liebfrauen-Bruderschaft Kapellen. Geldern 2000.

DAUTERMANN 1992
Christoph DAUTERMANN: Städtischer Hausbau am unteren Niederrhein – vom 15. bis zum 18. Jahrhundert (Führer und Schriften des Rheinischen Freilichtmuseums – Landesmuseum für Volkskunde Kommern Nr. 47). Köln, Bonn 1992.

DEURER 1991
Wolfgang DEURER: Weseler Baudenkmäler bis zur Gegenwart. In: Jutta PRIEUR (Hrsg.): Geschichte der Stadt Wesel. Band 2. Düsseldorf 1991, S. 387–434.

DÖSSELER, OEDIGER 1974
E. DÖSSELER, F. W. OEDIGER: Die Lehnregister des Herzogtums Kleve (Das Hauptstaatsarchiv Düsseldorf und seine Bestände 8). Siegburg 1974.

DOORNINCK 1901
P. N. van DOORNINCK: Register op de Leenacten van Gelre en Zutphen 1376–1402 uit het staatsarchief te Dusseldorp. Bijvoegsel. Overkwartier. Arnhem 1901.

DOORNINCK 1903
P. N. van DOORNINCK: Schatting van den Lande van Gelre voor het Overkwartier en de Betuwe van 1369 naar het oorspronkrlijke handschrift in het staatsarchief te Dusseldorp. Haarlem 1903.

EBE-JAHN 1966
Elisabeth EBE-JAHN: Geldern eine niederrheinische Festung. Kevelaer 1966.

ECHTERNACH 1960

Hanns ECHTERNACH: Preußischer General lag im Grabge-wölbe. Die Gräber in der Heilig-Geist-Kirche zu Geldern. In: GHK 1960, S. 80.

ENDBERG 1956

Peter ENDBERG: Zwei Kreuze in Geldern. In: GHK 1956, S. 106.

EUSTRUP 1958

Elisabeth EUSTRUP: Haus Steprath – ein alter Rittersitz. In: GHK 1958, S. 56–61.

EVERS, WILLING 1998, 1999, 2000

Delia EVERS, Martin WILLING (Hrsg.): Kevelaerer Persönlich-keiten. Portraits und Dossiers Kevelaerer Personen der Zeit-geschichte, Band 1. Kevelaer 1998, Band 2. Kevelaer 1999, Band 3. Kevelaer 2000.

EYCKMANN 1984

Ruth EYCKMANN: Zur Geschichte der Juden in Geldern und Issum. Maschinenschriftlich Duisburg 1984 (Kopie im StA Geldern).

FAHNE 1848

Anton FAHNE: Geschichte der Kölnischen, Jülichschen und Bergischen Geschlechter in Stammtafeln, Wappen, Siegeln und Urkunden. Erster Theil: Stammfolge und Wappenbuch (A–Z). Köln und Bonn 1848.

FAHNE 1860

Anton FAHNE: Die Dynasten, Freiherren und Grafen von Bocholtz, nebst Genealogie derjenigen Familien, aus denen sie ihre Frauen genommen. Zweiter Band: Urkundenbuch. Cöln 1860.

FELDERHOFF 1941

FELDERHOFF: Kriegerehrenmale im Kreise Geldern. In: Hei-matkalender 1941 für Stadt und Landkreis Geldern, S. 40–47.

FERBER 1860

(Heinrich FERBER): Geschichte der Familie Schenk von Nydeggen, insbesondere des Kriegsobristen Martin Schenk von Nydeggen. Mit geschichtlichen Nachrichten über Affer-den, Blyenbeck, Hillenrath, Swalmen und Asselt, Arßen, Gribbenforst, Walbeck, Geystern, Heyen u. a. Güter. Köln und Neuß 1860.

FISCHER 2000

Heinz FISCHER: Die Baugeschichte der katholischen Kirche St. Georg Kapellen in der Gemeinde Geldern, Kreis Kleve. In: Hans TERLINDEN (Red.): Rund um St. Georg. Wissens-wertes aus Vergangenheit und Gegenwart. Kapellen 2000, S. 9–29.

FLOKSTRA 1991

M. FLOKSTRA: Register op de leenaktenboeken van het Prui-sisch Overkwartier van Gelder 1713–1794. Register zu den Lehnsakten im preußischen Oberquartier von Geldern 1713–1794. Maastricht 1991.

FLOKSTRA 1998

Marinus FLOKSTRA: Rittermäßige Güter und ihre adeligen Eigentümer im Preußisch-Geldrischen Oberquartier 1713–1794. In: Geldrischer Heimatkalender 1998.

FRANKEWITZ 1978

Stefan FRANKEWITZ: Die Befestigungen Straelens. Wehrbauten prägen das Gesicht einer Stadt. In: GHK 1978, S. 83–98.

FRANKEWITZ 1985

Stefan FRANKEWITZ: Der Mühlenturm in Geldern. In: GHK 1985, S. 77–85 u. S. 88.

FRANKEWITZ 1986a

Stefan FRANKEWITZ: Die geldrischen Ämter Geldern, Goch und Straelen im späten Mittelalter (VHVG 87). Geldern 1986.

FRANKEWITZ 1986b

Stefan FRANKEWITZ: Kleiner Führer durch Geldern. Geldern 1986 (Die Pont betreffenden Teile wiederabgedruckt in Pont 1987, S. 36, 42, 46, 48 und 101).

FRANKEWITZ 1986c

Stefan FRANKEWITZ: Stadt Goch am Niederrhein (Rheinische Kunststätten 316). Neuss 1986.

FRANKEWITZ, VENNER 1987

Stefan FRANKEWITZ, Gerard VENNER: De zegels der steden en dorpen in het Overkwartier van Gelder. Die Siegel der Städte und Dörfer im geldrischen Oberquartier 1250–1798. Venlo, Geldern (1987).

FRANKEWITZ 1988a

Stefan FRANKEWITZ: „Eine abermalige Nachprüfung hat er-geben, daß das Archiv einer Überarbeitung bedarf …" Das

Stadtarchiv Geldern und seine Bestände. In: Geldrischer Heimatkalender 1988, S. 167–176.

FRANKEWITZ 1988b
Stefan FRANKEWITZ: 125 Jahre Eisenbahn und Schienenverkehr in Geldern. Geldern 1988.

FRANKEWITZ 1988c
Stefan FRANKEWITZ: Die Pfarrkirche Maria-Magdalena in Geldern. Unsere Liebe Frau. In: Katholische Kirchengemeinde St. Maria-Magdalena, Geldern, Pfarrbrief II/88. S. 14f.

FRANKEWITZ 1989a
Stefan FRANKEWITZ: Franz Pistorius (1893–1978). Gemälde, Aquarelle, Radierungen, Zeichnungen. Geldern 1989.

FRANKEWITZ 1989b
Stefan FRANKEWITZ: Die Fenster des Rathauses in Geldern. In: GHK 1989, S. 159–164.

FRANKEWITZ 1989/90
Stefan FRANKEWITZ: Ein Bauernhof wird gebaut. Zwei Baupläne von 1739 im Stadtarchiv Geldern. In: Rheinisches Jahrbuch für Volkskunde, 28. Band, 1989/90, S. 203–217.

FRANKEWITZ 1990
Stefan FRANKEWITZ: Von der Gasthauskapelle zur Heilig-Geist-Kirche. Geldern 1990. (Ausstellungskatalog)

FRANKEWITZ 1991a
Stefan FRANKEWITZ: Von oben. Historische Luftaufnahmen erzählen Gelderner Geschichte (Geldrisches Archiv 1). Geldern 1991.

FRANKEWITZ 1991b
Stefan FRANKEWITZ: Der heilige Suitbert in Walbeck. Eine unbekannte Urkunde aus dem Jahre 1428. In: GHK 1991, S. 95–99.

FRANKEWITZ 1991c
Stefan FRANKEWITZ: Die Gruft in der Kirche. In: Katholische Kirchengemeinde St. Maria Magdalena, Geldern, Pfarrbrief II/91, S. 20f.

FRANKEWITZ 1992a
Stefan FRANKEWITZ: Zur Geschichte der Pfarrkirche St. Maria Magdalena in Geldern. In: Hubert WINTERHOFF (Red.): Alles was Odem hat, lobe den Herrn. Chor an St. Maria Magdalena Geldern 1867–1992. Festschrift zur Feier des 125jährigen Bestehens. (Geldern 1992), S. 25–40.

FRANKEWITZ 1992b
Stefan FRANKEWITZ: „Der Schöpfer hat es verstanden, für die hiesigen Verhältnisse den richtigen Ton zu treffen". Kunst in Geldern. In: Stadt Geldern (Hrsg.): Bildhauer Symposion am Markt. Geldern (1992), S. 15–17.

FRANKEWITZ 1992c
Stefan FRANKEWITZ: Das Kloster Zandt. In: 650 Jahre Stadt Straelen 1342–1392. Beiträge zur Geschichte (VHVG 93). Geldern 1992, S. 75–90.

FRANKEWITZ 1993
Stefan FRANKEWITZ: Tönisberg – Eine Stadt, zwei Honschaften, ein Stadtteil. In: Friedhelm WEINFORTH (Red.): Campunni – Kempen. Geschichte einer niederrheinischen Stadt. Aufsätze (Schriftenreihe des Kreises Viersen 39,2). Viersen 1993, S. 391–407.

FRANKEWITZ, VOIGT 1993
Stefan FRANKEWITZ, Corneel VOIGT: Flug über den Niederrhein. Essen 1993.

FRANKEWITZ 1994
Stefan FRANKEWITZ: Geldern–Arcen–Venlo. Gewohnheitsrecht contra Stadtrecht. In: Marlene NIKOLAY-PANTER, Wilhelm JANSSEN, Wolfgang HERBORN (Hrsg.): Geschichtliche Landeskunde der Rheinlande. Regionale Befunde und raumübergreifende Perspektiven. Georg Droege zum Gedenken. Köln, Weimar, Wien 1994, S. 291–303.

FRANKEWITZ 1995a
Stefan FRANKEWITZ: Das Stadtgebiet und die Festung Geldern 1735. In: GHK 1995, S. 56–70.

FRANKEWITZ 1995b
Stefan FRANKEWITZ: Das „Heiligenhäuschen" ist „eine kleine Kapelle an Wegen". Bemerkungen zu einem Aspekt niederrheinischer Volksfrömmigkeit vom 17. bis 19. Jahrhundert. In: Rheinisch-westfälische Zeitschrift für Volkskunde. 40. Jahrgang 1995, S. 75–105.

FRANKEWITZ 1996a
Stefan FRANKEWITZ: Drache und Mispel – Sage und Wirklichkeit. In: Stefan FRANKEWITZ, Peter LINGENS: Drache und Mispel im Gelderland. Eine Handreichung für Haus und Schule (Geldrisches Archiv 4). Geldern 1996, S. 7–56.

FRANKEWITZ 1996b
Stefan FRANKEWITZ: Aus der Geschichte des Hauses Grotelaers. Vervielfältigtes Typoskript, 1996.

FRANKEWITZ 1997
Stefan FRANKEWITZ: Burgen, Schlösser Herrenhäuser an den Ufern der Niers. Kleve 1997.

FRANKEWITZ 1998
Stefan FRANKEWITZ: Das Karmeliterkloster in Geldern im Mittelalter. In: GHK 1998, S. 277–284.

Geldern 1930
Der Kreis Geldern in Bildern. Geldern 1930.

GENFELD 1981
Leo GENFELD: 75 Jahre Landwirtschaftsschule Geldern – eine Rückschau. In: Festschrift aus Anlaß des 75jährigen Bestehens der Landwirtschaftsschule und Beratungsstelle Geldern. O. O. und o. J. (1981), S. 3–10.

GESCHWENDT 1960
Fritz GESCHWENDT: Kreis Geldern (Archäologische Funde und Denkmäler des Rheinlandes Band 1). Köln, Graz, Kevelaer 1960.

GORISSEN 1967
Friedrich GORISSEN: Das Marienbild von Aengenesch. Ein bedeutendes Werk der niederrheinländischen Skulptur. In: GHK 1967, S. 127–134.

GORISSEN 1973
Friedrich GORISSEN: Die Kreuzabnahme von Aengenesch. Eine Komposition von Rogier van der Weyden. In: GHK 1973, S. 116–122.

GORISSEN 1974
Friedrich GORISSEN: Die Kreuzabnahme in Aengenesch. Ein Nachtrag. In: GHK 1974, S. 168.

VAN DE GRAAF 1999
W. S. VAN DE GRAAF: Bericht zur archäologischen Baubegleitung beim Bauvorhaben Schloß Haag bei Geldern. Kleve 1999. Dokumentation bei der Unteren Denkmalbehörde der Stadt Geldern.

GROSS 1999
Wera GROSS: Protestantische Kirchenneubauten des 16. bis 18. Jahrhunderts am Niederrhein und im Bergischen Land (Kirchliche Kunst im Rheinland Band 4). Zwei Bände. Düsseldorf 1999.

GROSSE OSTERHOLT 1951
GROSSE OSTERHOLT: Kloster Nazarezth in Geldern. In: Das Gold-Blaue Buch geldrischer Geschichte. Festschrift zur Hundertjahrfeier des Historischen Vereins für Geldern und Umgegend (VHVG 60). Geldern 1951, S. 123–132.

HABETS 3 1892
Jos. HABETS: Geschiedenis van het tegenwoordig bisdom Roermond en de Bisdommen, die het in deze gewesten zijn voorafgegaan. Deerde deel. Het oude Bisdom Roermond 1559–1801. Roermond 1892.

HAGEN 1931
Joseph HAGEN: Römerstraßen der Rheinprovinz (Erläuterungen zum Geschichtlichen Atlas der Rheinprovinz, 8. Band). Bonn 1931.

HANSMANN 1972
Wilfried HANSMANN: Die Walbecker Kirche erneuert. Archäologen, Denkmalpfleger und Künstler wirkten zusammen. In: GHK 1972, S. 152–155.

HANSMANN 1974
Wilfried HANSMANN: Ein Kleinod alter und neuer Sakralkunst. Zur Restaurierung der Lucia-Kapelle in Walbeck. In: GHK 1974, S. 166f.

HANSMANN, KNOPP 1981
Wilfried HANSMANN, Giesbert KNOPP: Rheinlands Schlösser und Burgen. Herausgegeben von Alexander Duncker 1857–1883. I. Faksimile-Band, II. Kommentar-Band. Düsseldorf 1981.

HANSSEN 1971
Bernhard HANSSEN: Hermann Inhetvin. Ein Bildhauer aus Geldern. In: GHK 1971, S. 172–177.

HARTMANN, RENARD 1910
Paul HARTMANN, Edmund RENARD: Die Kunstdenkmäler des Kreises Düren (Die Kunstdenkmäler der Rheinprovinz 9,I). Düsseldorf 1910.

HECKMANN 1996a
Helmut HECKMANN: Geschichte der St. Antoniuskirche Pont von 1865 bis 1965. In: der niederrhein. Die Zeitschrift des Vereins Niederrhein – VN 63. Jg. 1996, S. 127–132

und dazu der Leserbrief von Bernhard NIEMÖLLER, ebenda, S. 252f.

HECKMANN 1996b
Helmut HECKMANN: Glaubenszeugnisse am Wegesrand. Aengenesch. Issum. Oermten. Seveln. Horb 1996.

HEIN 1987
Gertrud HEIN: Fassadenbegrünung. In: GHK 1987, S. 85–91.

HENRICHS 1910
Leopold HENRICHS: Geschichte der Stadt und des Landes Wachtendonk. Hüls-Crefeld 1910 (Reprint VHVG 74, Kevelaer 1973).

HENRICHS 1971
Leopold HENRICHS: Das alte Geldern. Gesammelte Schriften zur Stadtgeschichte. Redigiert von Gregor HÖVELMANN. Geldern 1971.

HERCHER 1928
HERCHER (Hrsg.): Der Regierungsbezirk Düsseldorf. II. Band. Linker Niederrhein. Berlin 1928.

HERTEL 1995
Monika HERTEL: Pappeln, Bauschutt und Heiligenhäuschen. In: Naturschutz im Kreis Kleve, 2. Halbjahr 1995, S. 28.

VAN HEUMEN 1992
Camilia VAN HEUMEN: Peter van de Locht. In: Stadt Geldern (Hrsg.): Bildhauer Symposion am Markt. O. O. u. o. J. (1992), S. 33–37. – Pierre Theunissen. Ebenda, S. 39–45. – Walter Wittek. Ebenda, S. 47–51. – Günther Zins. Ebenda, S. 53–57.

HILD 1971
Jochen HILD: Park- und Gartenanlagen im Bereich der geldrischen Adelssitze. In: Geldrischer Heimatkalender 1971, S. 75–91.

HILGER 1990
Hans Peter HILGER: Stadtpfarrkirche St. Nicolai in Kalkar. Kleve 1990.

HÖVELMANN 1971
Gregor HÖVELMANN: 126 Jahre Krankenpflege. Zum Abschied der Klemensschwestern aus Geldern. In: GHK 1971, S. 161–167 (mit Gemälde der Kirche von Heinrich Brey auf S. 165).

HÖVELMANN 1974
Gregor HÖVELMANN: Geschichte des Kreises Geldern. Eine Skizze. Erster Teil: 1816–1866. Geldern 1974.

HÖVELMANN 1976
Gregor HÖVELMANN: Die philosophisch-theologischen Hochschulen in Geldern und Emmerich. Vergessene Anfänge im 18. Jahrhundert. In: Kalender für den Kreis Kleve 1976, S. 45–58.

HÖVELMANN 1977
Gregor HÖVELMANN: 125 Jahre Historischer Verein für Geldern und Umgegend. In: Der Niederrhein. Zeitschrift für Heimatpflege und Wandern 44, 1977, S. 46f. und 91–93.

HÖVELMANN 1978
Gregor HÖVELMANN: Eisenbahnknotenpunkt Geldern. Über die ehemalige Köln-Mindener Bahn und den Bahnhof Geldern-Ost. In: GHK 1978, S. 139–148.

HÖVELMANN 1980
Gregor HÖVELMANN: Das Herzogthum Geldern Königl. Preußischen Antheils. Nachdruck der Erstausgabe samt Faltkarte Berlin 1782/84 (VHVG 81). Geldern 1980.

HÖVELMANN 1983
Gregor HÖVELMANN: Wegen „politischer Unzuverlässigkeit" Die Amtsenthebung des Gelderner Landrats Freiherr von Eerde 1876. In: GHK 1983, S. 78–93.

HÖVELMANN 1985
Gregor HÖVELMANN: Mahlen, Wohnen, Gießen, Tagen, Wachen, Schießen. Über die wechselnden Nutzungen des Gelderner Mühlenturms. In: GHK 1985, S. 86–88.

HÖVELMANN 1986a
Gregor HÖVELMANN: Die Muttergottes von Geldern. Zur Entdeckung eines vergrabenen Kunstwerks aus der Zeit um 1400. In: GHK 1986, S. 79–84.

HÖVELMANN 1986b
Gregor HÖVELMANN: Wer war der Maler „HC". Apostelbilder frisch restauriert. In: Pfarrbrief I/86. S. 8–9.

HOLTHAUSEN 1909
H. HOLTHAUSEN: Zur Geschichte des Geldernschen Karmeliterklosters. Geldern 1909. In: Die VHVG. Gesamtausgabe in drei Bänden. Erster Band, Geldern 1974, S. 417–450.

HÜSKENS 1991
Lydia HÜSKENS: Die Tabakindustrie in Geldern (1850–1933). In: GHK 1991, S. 100–107.

HUSE 1996
Norbert HUSE: Denkmalpflege. Deutsche Texte aus drei Jahrhunderten. ²München 1996.

JAKOBS 1955
Theodor JAKOBS: Haus Golten. In: GHK 1955, S. 87.

JANSSEN 1970
Wilhelm JANSSEN: Ein niederrheinischer Fürstenhof um die Mitte des 14. Jahrhunderts. In: Rheinische Vierteljahrsblätter 34, 1970, S. 219–251.

JANSSEN DE LIMPENS 1965
K. J. TH. JANSSEN DE LIMPENS: Rechtsbronnen van het Gelders overkwartier van Roermond (Werken tot uitgaaf der bronnen van het oud-vaderlandsche recht. Derde reeks No. 20). Utrecht 1965.

JANSSEN, NAUS, SCHAERER 1993
Stefan JANSSEN, Erich NAUS, André SCHAERER (Red.): Orgel in St. Nikolaus Walbeck. Straelen 1993.

JOOSTEN 1988
Christoph JOOSTEN: Die Pfarrkirche St. Maria-Magdalena in Geldern. Veränderungen des liturgischen Raumes im 20. Jahrhundert. Typoskript Münster 1988. Kopie im StA Geldern.

KAMPS 1913
C. KAMPS: Mitteilungen aus der Geschichte des Kapuzinerklosters zu Geldern. Geldern 1913. In: Die VHVG. Gesamtausgabe in drei Bänden. Zweiter Band, Geldern 1974, S. 689–722.

KAMPS 1931
Karl KAMPS (Hrsg.): Festschrift herausgegeben aus Anlaß der 500 Jahrfeier der Rektoratkirche zu Aengenesch, Pfarre Kapellen, Kreis Geldern. O. O. und o. J. (1931).

KARNAU 2000
Oliver KARNAU: Hermann Josef Stübben (1845–1936). In: Rheinische Lebensbilder 18. Köln 2000, S. 117–146.

Katalog Wien 1991
Katalog des Historischen Museums der Stadt Wien: Friedrich von Schmidt (1825–1891). Ein gotischer Rationalist. Wien 1991, S. 224.

KAUL 1970
Adolf KAUL: „het huys te gestell". Zur Geschichte eines altgeldrischen Herrensitzes. In: GHK 1970, S. 135–148.

KAUL 1976
Adolf KAUL: Geldrische Burgen, Schlösser und Herrensitze (VHVG 76). Geldern 1976.

KAUL 1978
Adolf KAUL: 350 Jahre Kapuzinerkirche in Geldern. In: GHK 1978, S. 110–122.

KELLER 1961
Karl KELLER: Geldern und die Schillschen Offiziere. Die Enthüllung der Gedenktafel am 7. Nov. 1909. In: GHK 1961, S. 34–41.

KELLER 1977
Karl KELLER: 50 Jahre Kreisgymnasium in Geldern. In: GHK 1977, S. 44–49.

KELLER 1985
Karl KELLER: Die Entstehung der Wallfahrt nach Aengenesch. Nach dem Bericht in der Gelderner Karmeliterchronik von 1760. In: GHK 1985, S. 89–97.

KELLER 1990a
Karl KELLER: Friedrich Spee von Langenfeld (1591–1635). Leben und Werk des Seelsorgers und Dichters. Geldern 1990.

KELLER 1990b
Karl KELLER: Der Gelderner Karmeliter Petrus vom Hl. Schutzengel (Taitghens), 1638–1689, Pfarrer, Dekan Schriftsteller. In: GHK 1990, S. 118–129.

KELLER 1997
Karl KELLER: Mosaiksteine zur Walbecker Kirchen- und Kulturgeschichte. Wiederaufgefundene Bücher aus den Nachlässen des Pfarrers Hermann Becks († 1790) und des Organisten Heinrich Allofs. In: GHK 1997, S.295–304.

KELLER 1999
Karl KELLER: Predigthandbücher aus dem Kloster Nazareth in Geldern. Zugleich ein Beitrag zur Geschichte der Devotio moderna im Gelderland. In: GHK 1999, S. 214–220.

KEUCK 1992
Bernhard KEUCK: Issum, Geldern und das Landjudentum am Niederrhein. In: Ludger HEID, Julius H. SCHOEPS (Hrsg.): Wegweiser durch das jüdische Rheinland. Berlin 1992.

KIESOW 2000
Gottfried KIESOW: Denkmalpflege in Deutschland. Eine Einführung. Darmstadt ⁴2000.

KLAPHECK 1916
Richard KLAPHECK: Die Baukunst am Nieder-Rhein. Erster
Band. Von der Baukunst des Mittelalters bis zum Ausgange
des 17. Jahrhunderts. Düsseldorf 1916 (= Reprint Frankfurt
1978).

KLEIN-WALBECK 1977
Walther KLEIN-WALBECK: Spargel aus Walbeck. In: GHK 1977,
S. 66–69.

KOCH 2000
Karin KOCH, Martin KOCH, Albert SPITZNER-JAHN: Neues über
die Gelderner Landräte Friedrich und Georg von Eerde. In:
GHK 2000, S. 180–190.

KÖHREN-JANSEN 2000
Helmtrud KÖHREN-JANSEN: Abbrüche von Baudenkmälern.
In: DiR 17, 2000, S. 120–125.

KOEPF 1999
Hans KOEPF: Bildwörterbuch der Architektur. Dritte Auflage
überarbeitet von Günther Binding (Kröners Taschenaus-
gabe 194). Stuttgart 1999.

KOPPERS 1982
Gerd KOPPERS: Ein römischer Brunnen in Pont. In: GHK
1982, S. 60–62.

KORTING 2000a
Hans KORTING: Das alte Taufbecken, zerstört 1875–1880, in
der Pfarrkirche St. Georg in Kapellen. In: Hans TERLINDEN
(Red.): Rund um St. Georg. Wissenswertes aus Vergangenheit und Gegenwart. Kapellen 2000, S. 66–69.

KORTING 2000b
Hans KORTING: Die Glocken der Pfarrkirche St. Georg, der
Kirche in Aengenesch, vom Kloster St. Bernardin und
der Kapelle im Achterhoek. In: Hans TERLINDEN (Red.): Rund
um St. Georg. Wissenswertes aus Vergangenheit und Gegenwart. Kapellen 2000, S. 91–98.

KORTING, OERDING 2000
Hans KORTING, Udo OERDING: Altäre in St. Georg Kapellen. In:
Hans TERLINDEN (Red.): Rund um St. Georg. Wissenswertes
aus Vergangenheit und Gegenwart. Kapellen 2000, S. 53–63.

KORTING, OERDING, URBAN 2000
Hans KORTING, Udo OERDING, Werner URBAN: Die Geschichte
des Haagschen Hauses. In: Hans TERLINDEN (Red.): Rund um
St. Georg. Wissenswertes aus Vergangenheit und Gegenwart. Kapellen 2000, S. 53–63.

KORTING, URBAN 2000
Hans KORTING, Werner URBAN: Die Geschichte der Fenster
der Pfarrkirche St. Georg in Kapellen. In: Hans TERLINDEN
(Red.): Rund um St. Georg. Wissenswertes aus Vergangenheit und Gegenwart. Kapellen 2000, S. 34–52.

KRAACK, LINGENS
Detlev KRAACK, Peter LINGENS: Bibliographie zu historischen
Graffiti zwischen Antike und Moderne (im Druck).

KRAUHAUSEN 1952
M. KRAUHAUSEN: Ein neues Gotteshaus entstand. In: Wilhelm
CUYPERS: Festschrift anläßlich der feierlichen Konsekration
des Hochaltars der wiederaufgebauten Pfarrkirche St. Maria
Magdalena zu Geldern durch Se. Exzellenz Weihbischof
Heinrich Baaken am Sonntag, dem 16. November 1952.
Geldern 1952, S. 15–30.

Kreis Geldern 1930
Der Kreis Geldern in Bildern. Geldern 1930 (ohne Seiten-
angabe).

KRESS, WENZEL 1980
Hans Ulrich KRESS, Harald WENZEL: Windmühlen am Niederrhein. Moers 1980.

KUBACH, VERBEEK 1971
Hans Erich KUBACH, Albert VERBEEK: Romanische Kirchen an
Rhein und Maas (Rheinischer Verein für Denkmalpflege und
Landschaftsschutz, Jahrbuch 1970/71). Neuss 1971.

LACOMBLET III 1853
Theodor Joseph LACOMBLET: Urkundenbuch für die Geschichte des Niederrheins oder des Erzstifts Köln, der Für-
stentümer Jülich und Berg, Geldern, Moers, Kleve und Mark
und der Reichsstifte Elten, Essen und Werden. Band 3.
1301–1400. Düsseldorf 1853. Neudruck Aalen 1966.

LEGNER 1978
Anton LEGNER (Hrsg.): Die Parler und der schöne Stil
1350–1400. Europäische Kunst unter den Luxemburgern.
Ein Handbuch zur Ausstellung des Schnütgen-Museums
in der Kunsthalle Köln. Köln 1978.

LEGNER 1980

Anton LEGNER (Hrsg.): Die Parler und der schöne Stil 1350–1400. Europäische Kunst unter den Luxemburgern. Resultatband zur Aussstellung des Schnütgen-Museums in der Kunsthalle Köln. Köln 1980.

LEINWEBER 1979

Ulf LEINWEBER (Red.): Ad maiorem Die gloriam. Der Kirchenmaler Friedrich Stummel (1850–1919) und sein Atelier (Kataloge des Niederrheinischen Museums für Volkskunde und Kulturgeschichte Kevelaer). Kevelaer 1979.

LINGEN 1948

Hermann Joseph LINGEN: Verlorenes Kulturgut. Der Zweite Weltkrieg im Kreise Geldern: Schäden und Verluste an Geschichts-, Kunst-, Bau- und Naturdenkmälern. Manuskript, StA Geldern.

LINGENS 1994 a

Peter LINGENS: Der Aufstand der Schillschen Soldaten. In: Jörg BECKER, Karl-Heinz TEKATH (Hrsg.): 1794–1814. Franzosen am unteren Niederrhein. Goch 1994, S. 72.

LINGENS 1994 b

Peter LINGENS: Das Arbeitsfeld Denkmalpflege – vorgestellt am Beispiel der Unteren Denkmalbehörde der Stadt Geldern. In: KulTour. Mitteilungsblatt des Volkskundlichen Seminars der Universität Bonn 5. Jg. 2/1994, S. 5–17.

LINGENS 1995

Peter LINGENS: Wanddekorationen der 20er Jahre in Sprüh- und Schablonentechnik: Vom Wert des Alltäglichen. In: der Niederrhein. Zeitschrift für Heimatpflege und Wandern 62, 1995, S. 161–164.

LINGENS 1996

Peter LINGENS: Die geldrische Drachensage in Kunst und Kunstgewerbe. In: Stefan FRANKEWITZ, Peter LINGENS: Drache und Mispel im Gelderland. Eine Handreichung für Haus und Schule (Geldrisches Archiv 4). Geldern 1996, S. 57–80.

LINGENS 1997 a

Peter LINGENS: Der Kirchenmaler Gerhard Schoofs (1873–1915). Von Weeze über Kevelaer bis zu den Grenzen des Deutschen Reiches. In: GHK 1997, S. 28–37.

LINGENS 1997 b

Peter LINGENS: Der Bildhauer Jakob Holtmann (1863–1935). In: Unsere Heimat. Blätter des Vererins für Heimatschutz und Museumsförderung e.V. Kevelaer, Nr. 3, 1997, S. 69–71.

LINGENS 1997/98

Peter LINGENS: Gemalte Bauernhofansichten des 20. Jahrhunderts als Gegenstand und Quelle volkskundlicher Forschung. In: Rheinisches Jahrbuch für Volkskunde. Volkskundliche Bildquellen. 32. Band 1997/98, S. 79–95.

LINGENS 1998 a

Peter LINGENS: Kirchenmaler vom Niederrhein. Der Gelderner Heinrich Brey (1872–1960) und seine Kevelaerer Berufskollegen (Geldrisches Archiv 5). Geldern 1998.

LINGENS 1998 b

Peter LINGENS: Familie Bausch – eine vergessene Goldschmiede-Dynastie. In: RheinGold – Schmiede zwischen Rhein und Maas (Führer des Niederrheinischen Museums für Volkskunde und Kulturgeschichte Kevelaer 38). Kevelaer 1998, S. 17–23.

LINGENS 1999 a, 2000

Peter LINGENS: Grabdenkmäler und Gipsfiguren. Gelderner Bildhauer der ersten Hälfte des 20. Jahrhunderts (Erster Teil) in: GHK 1999, S. 204–209 und (Zweiter Teil) in: GHK 2000, S. 224–228.

LINGENS 1999 b

Peter LINGENS: Zum 80. Geburtstag von Vater Elsemann. Ein Mundartgedicht von 1924 auf den Gelderner Bauunternehmer Johann Elsemann. In: GHK 1999, S. 290.

LINKE 1950

Klaus-Jürgen LINKE: Jupp Sieben. In: GHK 1950, S. 60–62.

VON LOOZ-CORSWAREM, PURPAR 1996

Clemens VON LOOZ-CORSWAREM, Rolf PURPAR: Kunststadt Düsseldorf. Objekte und Denkmäler im Stadtbild. Düsseldorf 1996.

MAINZER 1976

Udo MAINZER: Stadttore im Rheinland (Rheinischer Verein für Denkmalpflege und Landschaftsschutz, Jahrbuch 1975). Neuss 1976.

MANN 1999

Stephan MANN (Hrsg.): Renaissance der Gotik. Ferdinand Langenberg. Neugotik am Niederrhein. Goch 1999.

MARTIN 1976
Dieter K. MARTIN: Von Landräten und Landratssitzen der preußischen Rheinprovinz. In: Rheinische Heimatpflege 1976, S. 9–19.

MEIHUIZEN 1953
L. S. MEIHUIZEN: De rekening betreffende het graafschap Gelre 1294/1295 (Werken Gelre 26). Arnhem 1953.

MEURER 1979
Peter H. MEURER: Topographia Geldriae. Ein Katalog der historischen Pläne und Ansichten von Stadt und Festung Geldern (VHVG 80). Geldern 1979.

MEYERS 1994
Fritz MEYERS: In memoriam Jan Vissers. Anstelle eines Nachrufes. In: GHK 1994, S. 16f.

MEYERS 1996
Fritz MEYERS: „Die Mettwurst" stiftete Verwirrung. Aus der geldrischen Kunstszene und der Arbeit der „Werkgemeinschaft Kunst" des Kreises Geldern. In: GHK 1996, S. 223–227.

MURMANN 1970
Werner MURMANN: Henriette Brey – Dichterin aus Passion. In GHK 1970, S. 53–58.

MURMANN 1984
Werner MURMANN: Die Wallfahrtskirche Aengenesch ist restauriert. In: GHK 1984, S. 29–31.

NETTESHEIM 1963
Friedrich NETTESHEIM: Geschichte der Stadt und des Amtes Geldern unter Berücksichtigung der Landesgeschichte nach authentischen Quellen. Von den Ursprüngen bis 1863. Kevelaer 1963.

NEUSE 1956
Walter NEUSE: Die Geschichte der Rittersitze Haus Wohnung und Haus Endt (Beiträge zur Geschichte und Volkskunde des Kreises Dinslaken am Niederrhein, Band 1). Neustadt/Aisch 1956.

NIJHOFF II 1838
Is. An. NIJHOFF: Gedenkwaardigheden uit de geschiedenis van Gelderland. Tweede deel. Reinald III. en Eduard, hertogen van Gelre. Arnhem 1838.

N. N.: 1914
Kurzer Führer durch das Kreismuseum in Geldern 1914. O. O. und o. J.

N. N. 1941
N. N.: Albrecht Dürer entwarf das Gelderner Verteidigungs-System. In: Heimatkalender 1941 für Stadt und Landkreis Geldern, S. 125 und in: GHK 1950, S.140.

N. N. 1949
N. N.: Schloß Haag unter der Spitzhacke. In: Niederrheinisches Jahrbuch II. Krefeld 1949, S. 44–46.

NÜSS 1963
Frans Josef NÜSS: Eine Meisterschöpfung niederrheinischer Plastik. Das Muttergottes-Bild in der Kirche zu Aengenesch. In: GHK 1963, S. 99–101.

OEDIGER 1957
Friedrich Wilhelm OEDIGER: Landes- und Gerichtsarchive von Jülich-Berg, Kleve-Mark, Moers und Geldern (Das Hauptstaatsarchiv Düsseldorf und seine Bestände 1). Siegburg 1957.

OEDIGER 1964
Friedrich Wilhelm OEDIGER: Stifts- und Klosterarchive. Bestandübersichten (Das Hauptstaatsarchiv Düsseldorf und seine Bestände 4). Siegburg 1964.

OEDIGER 1970
Friedrich Wilhelm OEDIGER: Kurköln (Landesarchiv u. Gerichte). Herrschaften. Niederrheinisch-westfälischer Kreis. Ergänzungen zu Band 1 (Das Hauptstaatsarchiv Düsseldorf und seine Bestände 2). Siegburg 1970.

OEDIGER 1969
Friedrich Wilhelm OEDIGER: Die Erzdiözese Köln um 1300. Zweites Heft. Die Kirchen des Archidiakonates Xanten (Erläuterungen zum geschichtlichen Atlas der Rheinlande. Neunter Band). Bonn 1969.

OEDIGER 1973
Friedrich Wilhelm OEDIGER: Niederrheinische Pfarrkirchen um 1500. In: Derselbe: Vom Leben am Niederrhein. Aufsätze aus dem Bereich des alten Erzbistums Köln. Düsseldorf 1973, S. 263–350.

OERDING 2000a
Udo OERDING: Die Sanierung des Kirchturms und des Kirchendachs 1998–2000. In: Hans TERLINDEN (Red.): Rund um St. Georg. Wissenswertes aus Vergangenheit und Gegenwart. Kapellen 2000, S. 30–33.

OERDING 2000b
Udo OERDING: Die vier Heiligenhäuschen im Dorf Kapellen. In: Hans TERLINDEN (Red.): Rund um St. Georg. Wissenswertes aus Vergangenheit und Gegenwart. Kapellen 2000, S. 135–140.

OMMER 1988
Gustav K. OMMER: Neuzeitliche Orgeln am Niederrhein mit Beispielen historischer Orgeln im Anhang. München, Zürich 1988.

OP DE HIPT 1940
Hermann OP DE HIPT: Die Windmühlen im Kreise Geldern. In: Heimatkalender 1940 Kreis Geldern, S. 41–46.

OPPENBERG 1962
Gerhard OPPENBERG: Sie stand einst in Holland. Aus der Geschichte der Kokerwindmühle Hermans. In: GHK 1962, S. 24f.

OPPENBERG 1963
Gerhard OPPENBERG: Sie dreht sich nicht mehr im Winde. Aus der Geschichte der Steprather Windmühle in Walbeck. In: GHK 1963, S. 25–29.

OPPENBERG 1965
Gerhard OPPENBERG: Luzienpfade führten nach Walbeck. Aus der Geschichte der Luzia-Kapelle in Walbeck. In: GHK 1965, S. 79–83.

OPPENBERG 1968
Ferdinand OPPENBERG: Walbeck. Freiherrlichkeit und Gemeinde. Weeze 1968.

OTTEN, THOMA 2000
Heinrich OTTEN, Hubert THOMA: Neugewinnung historischer Stadträume. Acht Projekte im Rheinland. Wuppertal 2000.

PASTOORS 1999
Karl-Heinz PASTOORS: Das römische Fabelwesen aus Geldern. In: GHK 1999, S. 286–289.

PELLENS 1982
Karl PELLENS: Ein römisches Brandgrab in Kapellen. In: GHK 1982, S. 59.

PETERS 1993
Dieter PETERS: Genealogische Daten von jüdischen Friedhöfen in der ehemaligen Rheinprovinz und der niederländischen Provinz Limburg. Kleve 1993.

PICK 1883
Richard PICK: Zur Geschichte der Stadt und des ehemaligen Amtes Rheinberg. In: AHVN 39, 1883, S. 1–140.

PIPER 1912
Otto PIPER: Burgenkunde. Bauwesen und Geschichte der Burgen zunächst innerhalb des deutschen Sprachgebiets. 3München 1912 = Augsburg 1993.

PONT 1987
Pont. Bilder unseres Dorfes. Herausgegeben zum 100jährigen Bestehen des Löschzuges Pont der Freiwilligen Feuerwehr der Stadt Geldern. Geldern 1987.

PRACHT-JÖRNS 2000
Elfie PRACHT-JÖRNS: Jüdisches Kulturerbe in Nordrhein-Westfalen. Teil II: Regierungsbezirk Düsseldorf (Beiträge zu den Bau- und Kunstdenkmälern im Rheinland Band 34.2). Köln 2000.

REAL 1903
J. REAL: Die Beschießung und Einnahme der Festung Geldern durch die Preußischen Truppen 3. Oktober – 17. Dezember 1703. Geldern 1903. In: Die Veröffentlichungen des Historischen Vereins für Geldern und Umgegend. Gesamtausgabe in drei Bänden. Erster Band. Geldern 1974, S. 227–249.

REAL 1906
J. REAL: Elisabeth von Braunschweig-Lüneburg, die letzte Herzogin von Geldern. 1906. In: VHVG 1974, Band I, S. 343–347.

RECKMANN 1981
Hans RECKMANN: Das Salzmonopol in Preußisch-Obergeldern. Zugleich ein Beitrag zur Geschichte des Arbeitsamtsgebäudes am Gelderner Ostwall. In: GHK 1981, S. 101–106.

REINDERS 2000
Clemens REINDERS: Der Mann, der Manhattan kaufte und andere Geschichten vom Niederrhein. Duisburg 2000.

REINHOLD 1934
REINHOLD: Zwei Altarflügel in der Kapelle zu Aengenesch, Kr. Geldern. In: JbrD 11, 1934, S. 124–126.

REINKE 1977
Ulrich REINKE: Spätgotische Kirchen am Niederrhein im Gebiet von Rur, Maas und Issel zwischen 1340 und 1540. 2 Bände. Phil. Diss. Münster 1977.

RENARD 1921
Edmund RENARD (Hrsg.): Die Rheinlande in Farbenphotographie. Erster Band: Der Niederrhein (Deutschland in Farbenphotographie Band VI). Berlin und Köln 1921.

RENARD 1922
Edmund RENARD: Rheinische Wasserburgen. Bonn 1922.

ROMBERG 1847
ROMBERG: Zeitschrift für praktische Baukunst. O. O. und o. J. (1847).

SACHSSE 1978
Ros und Rolf SACHSSE: Ferdinand Langenberg. Bilhauer in Goch (Gocher Schriften 1): Goch 1978, ²1990.

SACHSSE-SCHADT 1996
Roswitha SACHSSE-SCHADT: Ferdinand Langenberg (1849–1931). Ein niederrheinischer Bildhauer und seine Werkstatt. Phil. Diss. Bonn 1996.

SCHILDT 1987
Helmut SCHILDT: Maximilian Friedrich Weyhe und seine Parkanlagen. Düsseldorf 1987.

SCHIETZEL 1982
Kurt SCHIETZEL: Burg Uda in Oedt (Schriften des Rheinischen Landesmuseum Bonn 4). Köln Bonn 1982.

SCHIFFLER 1983
Rainer SCHIFFLER: Die Bau- und Kunstdenkmäler des Kreises Kleve. Gemeinde Kerken. Historische Texte von Gisbert KNOPP (Die Bau- und Kunstdenkmäler von Nordrhein-Westfalen. I. Rheinland 11.7). Berlin 1983.

SCHIFFLER 1987
Rainer SCHIFFLER: Die Bau- und Kunstdenkmäler des Kreises Kleve. Stadt Straelen. Historische Beiträge von Gisbert KNOPP (Die Bau- und Kunstdenkmäler von Nordrhein-Westfalen. I. Rheinland 11.13). Berlin 1987.

VAN SCHILFGAARDE 1967
A. P. VAN SCHILFGAARDE: Zegels en genealogische gegevens van de graven en hertogen van Gelre, graven van Zutphen (Werken Gelre No. 33). Arnhem 1967.

SCHMIDT 1994
Rainer SCHMIDT: 1969–1994. 25 Jahre neue Stadt Geldern. Ein Arbeitsbericht. Geldern 1994.

SCHÖNELL 1989
Ewald SCHÖNELL: Chronik des Gefängnisses zu Geldern. In: GHK 1989, S. 144–154

SCHOLTEN 1899
Robert SCHOLTEN: Das Cistercienserinnen-Kloster Grafenthal oder Vallis comitis zu Asperden im Kreise Kleve. Kleve 1899 (Reprint: VHVG 85, Geldern 1984).

SCHOLTEN-NEESS 1965
Mechtild SCHOLTEN-NEESS: In Gelderns Sparkasse begann es. 50 Jahre Heimatmuseum des Kreises Geldern. In: GHK 1965, S. 111–117).

SCHOLTEN-NEESS 1970
Mechtild SCHOLTEN-NEESS: Ein Hungertuch aus Geldern. In GHK 1970, S. 126–134.

SCHOPMANS, NAUS 1981
Helmut SCHOPMANS, Erich NAUS (Red.): Walbeck. Erinnerungen an vier Generationen von 1870–1970. Straelen 1981.

SCHOPMANS 1991
Helmut SCHOPMANS: 300 Jahre Kirchenchor St. Nikolaus Walbeck. Geldern 1991.

SCHOPMANS 1992
Helmut SCHOPMANS: Kehrt die alte Mühlenherrlichkeit zurück? In Walbeck wurde ein „Förderverein Steprather Mühle" gegründet. In: GHK 1992, S. 138–140.

SCHOPMANS 1996
Helmut SCHOPMANS: Ein über 500 Jahre altes Baudenkmal. Die Flügel der Steprather Mühle in Walbeck drehen sich wieder. In: GHK 1996, S. 151f.

SCHOPMANS 1999

Helmut SCHOPMANS: Walbecks Kokermühle im „alten" neuen Glanz. In: der Niederrhein. Zeitschrift für Heimatpflege und Wandern 66, 1999, S. 196 f.

SCHUMACHER 1922

C. SCHUMACHER: Aus der Geschichte des Dorfes Capellen. In: UH 10, 1922, Nr. 8.

SCHUMACHER 1924

C. Schumacher: Zur Schul- und Kirchengeschichte von Hartefeld. In: UH 12, 1924, Nr. 3.

SCHUMACHER 1928

C. SCHUMACHER: Aus vergangenen Tagen der Pfarre Veert. Allerlei Ereignisse von 1623–1625. In: UH 16, 1928, Nr. 6. Leibgewinnsgüter in Veert. In: UH 16, 1928, Nr. 6. Erbauung einer Kirchhofsmauer. In: UH 16, 1928, Nr. 7. Allerhand aus den Jahren 1639 und 1640. In: UH 16, 1928, Nr. 9. Vorbereitungen auf einen Besuch des Bischofs. In: UH 16, 1928, Nr. 10. Prozessionen oder Gottestrachten. In: UH 16, 1928, Nr. 12. Eingelaufene amtliche Nachrichten für die Veerter Kirche. In: UH 16, 1928, Nr. 12.

SCHUMACHER 1929

C. SCHUMACHER: Aus vergangenen Tagen der Pfarre Veert. Von Wegkreuzen, Heiligenhäuschen und Opferstöcken. In: UH 17, 1929, Nr. 1. Verschiedene Anschaffungen. In: UH 17, 1929, Nr. 3. Fromme Stiftungen, Abgaben, allerlei Ereignisse und Anschaffungen von 1682–1705. In: UH 17, 1929, Nr. 8.

SCHUMACHER 1930

C. SCHUMACHER: Aus vergangenen Tagen der Pfarre Veert. Die letzten 15 Jahre des 17. Jahrhunderts. In: UH 18, 1930, Nr. 10.

SCHUMACHER 1931

C. SCHUMACHER: Aus vergangenen Tagen der Pfarre Veert. Nach der Beschießung von Geldern. In: UH 19, 1931, Nr. 4.

SCHUMACHER 1932

C. SCHUMACHER: Großfeuer in Pont. In: UH 20, 1932, Nr. 10.

SCHWANKE 1987

Hans Peter SCHWANKE: Architektur für Stadt, Gesellschaft und Industrie. Das Werk der Krefelder Architekten Girmes & Oediger 1892–1933. In: Krefelder Studien 4. Krefeld 1987, S. 398–736.

SCHWANKE 1993

Hans Peter SCHWANKE: Bauten der Architekten Girmes & Oediger in Krefeld-Hüls und in Geldern. In: Die Heimat. Krefelder Jahrbuch. Zeitschrift für niederrheinische Kultur- und Heimatpflege 64, 1993, S. 90–97.

SCHWARZ 1938

Heinrich M. SCHWARZ: Die kirchliche Baukunst der Spätgotik im klevischen Raum (Kunstgeschichtliche Forschungen des Rheinischen Vereins für Denkmalpflege und Heimatschutz, Band IV). Bonn 1938.

SINGENDONK 1962

J. Josef SINGENDONK: ein seltenes Bauwerk. Die Kokerwindmühle in Walbeck. In: GHK 1962, S. 26.-28.

SINGENDONK 1959

Josef SINGENDONK: Der Eis- und Bierkeller bei Kapellen. In: GHK 1959, S. 52–54.

SLOET 1904

J. J. S. SLOET: Overkwartier (Register op de leenaktenboeken van het vorstendom Gelre en graafschap Zutphen, hrsg. von J. J. S. SLOET und J. S. van VEEN). Arnhem 1904.

SOMMER 1938

Heinrich SOMMER: Der Hülshof in Vernum. In: Heimatkalender 1938 Kreis Geldern, S. 50–56.

SOMMER 1955

Heinrich SOMMER: Das Interdikt des Bischofs für Vernum. In: GHK 1955, S. 75–77.

SOMMER 1991

Susanne SOMMER: Mühlen am Niederrhein. Die Wind- und Wassermühlen des linken Niederrheins im Zeitalter der Industrialisierung (1814–1914) (Werken und Wohnen. Volkskundliche Untersuchungen im Rheinland Band 19). Köln 1991.

SPITZNER-JAHN 1996

Albert SPITZNER-JAHN: Eyll in Kamp-Lintfort. Zur Geschichte eines festen Hauses und seiner Umgebung. Mit einem Beitrag von Hugo Hartfeld zur Geologie Eylls. O. O. 1996.

Stadtarchiv Geldern 1988
Stadtarchiv Geldern (Hrsg.): Juden in Geldern. Eine Ausstellung zur Erinnerung an die Zerstörung der Synagoge in Geldern. Maschinenschriftlich Geldern 1988.

Statistische Uebersichten 1843
Statistische Uebersichten der Verwaltung des Kreises Geldern im Jahre 1843. Wesel 1844. Reprint Geldern 1969.

STRICKER 1985
Friedrich STRICKER: Gelderns „FMT". Wie er entstand – was er leistet. In: GHK 1985, S. 33–35.

STÜWER 1938
Wilhelm STÜWER: Die Patrozinien im Kölner Großarchidiakonat Xanten. Beiträge zur Kulturgeschichte des Niederrheins. Bonn 1938.

Tag der Architektur
Architektenkammer Nordrhein-Westfalen (Hrsg.): Tag der Architektur 1998. O. O. 1998.

TEKATH 1993
Karl Heinz TEKATH: Die Wallfahrt nach Aengenesch. In: GHK 1993, S. 7–9.

TEKATH 1999a
Karl Heinz TEKATH: Die Neugotik am unteren Niederrhein bis zum Ende des Kulturkampfes. In: Stephan MANN (Hrsg.): Renaissance der Gotik. Ferdinand Langenberg. Neugotik am Niederrhein. Goch 1999, S. 33–44.

TEKATH 1999b
Karl-Heinz TEKATH: Die Gelderner Hirten-Schüppe. In: Pfarrbrief St. Maria Magdalena Pfingsten 1999, S. 22.

TERLINDEN 2000
Hans TERLINDEN (Red.): Rund um St. Georg. Wissenswertes aus Vergangenheit und Gegenwart. Kapellen 2000.

TERLINDEN, KREUTZ 2000
Hans TERLINDEN, Willi KREUTZ: Das alte Gnadenbild „Mutter von der immerwährenden Hilfe". In: Hans TERLINDEN (Red.): Rund um St. Georg. Wissenswertes aus Vergangenheit und Gegenwart. Kapellen 2000, S. 70 f.

THIEME-BECKER
Ulrich THIEME, Felix BECKER (Hrsg.): Allgemeines Lexikon der bildenden Künstler von der Antike bis zur Gegenwart. 37 Bände. Fotomechanischer Nachdruck, Leipzig.

TRANCHOT
Kartenaufnahme der Rheinlande durch Tranchot und v. Müffling 1803 bis 1820, herausgegeben vom Landesvermessungsamt Nordrhein-Westfalen, aufgenommen 1802/04, reproduziert 1971: Blatt 15 Kevelaer, Blatt 21 Geldern, Blatt 22 Sevelen.

TRIER 1980
Eduard TRIER: Bildwerke für Kultus und Andacht. In: Eduard TRIER, Willy WEYRES (Hrsg.): Kunst des 19. Jahrhunderts im Rheinland in fünf Bänden. Band 4. Plastik. Düsseldorf 1980, S. 63–112.

Uebersichtliche Darstellung 1862
Uebersichtliche Darstellung der statistischen Verhältnisse und Beschreibung der Verwaltungs-Resultate für die Jahre 1859, 1860 und 1861 des Kreises Geldern. Geldern 1862.

Uraufnahme
Preußische Kartenaufnahmne 1:25 000 (1836–1850) – Uraufnahme, herausgegeben vom Landesvermessungsamt Nordrhein-Westfalen, Blätter 4403 Geldern, 4503 Straelen, 4504 Kerken, aufgenommen 1844, reproduziert 1992, Blatt 4404 Issum, aufgenommen 1845, reproduziert 1993

VAASSEN 1997
Elgin VAASSEN: Bilder auf Glas. Glasgemälde zwischen 1780 und 1870. München, Berlin 1997.

VALENTIN 1967
Heinrich VALENTIN: Die Wilicksche Mühle. In: GHK 1967, S. 76–80

VALENTIN 1970
Heinrich VALENTIN: Alte Veerter Kirche in neuem Gewand. In: GHK 1970, S. 177–187.

VALENTIN 1977
Heinrich VALENTIN: Veerter Heimatbuch. Geldern-Veert 1977.

VALENTIN 1972
Heinrich VALENTIN: Nach Emmaus gehen. Eine Wallfahrt oder ein Osterspaziergang und sein Mißbrauch. In: GHK 1972, S. 173–177

VENNER 1993
Gerard VENNER: Asperges in Limburg. In: De Maasgouw. Tijdschrift voor Limburgse geschiedenis en oudheidkunde 112, 1993, Sp. 103 f.

VERBEEK 1953
Albert VERBEEK: Fund einer spätgotischen Grabkammer in der Pfarrkirche Sankt Maria Magdalena zu Geldern. In: GHK 1953, S. 24–26.

VERHOOLEN 1962
Felix VERHOOLEN: Die ehemaligen Adelssitze in Issum. In: GHK 1962, S. 70–75.

VERHOOLEN 1972
Felix VERHOOLEN: Von den Wassermühlen an der Issumer Fleuth. In: GHK 1972, S. 178–182.

VERHUVEN 1951
Richard VERHUVEN: Haus Vinkenhorst bei Kapellen-Aengenesch und seine Besitzer. In: GHK 1951, S. 55–60.

Verwaltungsbericht 1969–1978
Stadt Geldern. Verwaltungsbericht für die Zeit von 1969 bis 1978. Geldern 1979.

VERWEYEN 1995
Heinrich VERWEYEN: Die Sankt-Michael-Schule in Geldern. Von der Elementarschule über die Volksschule zur Grundschule (Geldrisches Archiv 3). Geldern 1995.

VOELZ 1988
Günter VOELZ: Issum. Zweihundert Jahre deutsche Geschichte. Von der Französischen Revolution bis zur kommunalen Neuordnung. Geldern 1988.

VOGT 1989
Hans VOGT: Niederrheinischer Windmühlenführer. Krefeld 1989.

VOGT 1998
Hans VOGT: Niederrheinischer Wassermühlen-Führer. Krefeld 1998.

VOGTS 1920
Hans VOGTS: Elektrische Lichtleitungen im Orts- und Landschaftsbild. In: Zeitschrift des Rheinischen Vereins für Denkmalpflege und Heimatschutz 13, 1920, S. 92–105.

VOGTS 1960
Hans VOGTS: Vincenz Statz (1819–1898). Lebensbild und Lebenswerk eines Kölner Baumeisters. Mönchengladbach 1960.

VOLLMER-KÖNIG 1996
Martin VOLLMER-KÖNIG: Beispiel Geldern – Bodendenkmalpflege als lokales Konzept. In: Archäologie im Rheinland 1996. Köln Bonn 1997, S. 194–196.

WAHL 1927
WAHL: Das Bauwerk. In: Gymnasium i. E. des Kreises und der Stadt Geldern. Festschrift zur Einweihung des Anstaltsgebäudes am 27. September 1927. Geldern 1927, S. 5–15.

WENSKY 1999
Margret WENSKY: Mädchen und Frauenbildung in der spätmittelalterlich-frühneuzeitlichen Stadt. In: Wilhelm JANSSEN, Margret WENSKY (Hrsg:): Mitteleuropäisches Städtewesen in Mittelalter u. Frühneuzeit. Köln/Weimar/Wien 1999, S. 21–40.

DE WERD 1980
Guido DE WERD: Jan de Beijer (1703–1780). Zeichnungen. Von Emmerich bis Roermond. Kleve 1980.

DE WERD 1987
Guido DE WERD: Die Steinreliefs des Arnt van Tricht auf Schloß Wissen. In: Stefan FRANKEWITZ (Hrsg.): Epitaph für Gregor Hövelmann. Beiträge zur Geschichte des Niederrheins dem Freund gewidmet. Geldern 1987, S. 171–189.

WIGGER 1989
J. H. WIGGER: Inventaris huisarchief Herinckhave te Fleringen 1366–1965 waarin opgenomen de collectie Von Bönninghausen 1488–1986 (Uitgaven van het Rijksarchief in Overijssel 18). Zwolle 1989.

WILDEMAN 1951
Theodor WILDEMAN: Die Knappenstube in Haus Steprath. In: Das Gold-Blaue Buch geldrischer Geschichte. Festschrift zur Hundertjahrfeier des Historischen Vereins für Geldern und Umgegend (VHVG 60). Geldern 1951, S. 133–136.

WILDEMAN 1954
Theodor WILDEMAN: Rheinische Wasserburgen und wasserumwehrte Schlossbauten Neuss o. J. (1954)

WÜSTEN 1960
W. WÜSTEN: Notizen zur Geschichte von Capellen und Aengenesch. O. O. 1960.

ZIPPELIUS 1957
Adelhart ZIPPELIUS: Das Bauernhaus am unteren deutschen Niederrhein (Werken und Wohnen. Volkskundliche Untersuchungen im Rheinland Band 1). Wuppertal 1957.

Jahrbücher der rheinischen Denkmalpflege

Da die Erscheinungsweise und Zählung des Jahrbuchs der rheinischen Denkmalpflege sehr verworren ist, folgt hier eine Übersicht der einzelnen Bände, die früher in zwei verschiedenen Zeitschriften und ohne Zählung erschienen. Erst mit dem 19. Band ab 1951 erhielt die Reihe ein eigenständiges und einheitliches Bild. Zitiert werden die einzelnen Lieferungen wie in Klammern angegeben.

1 = Zeitschrift des Rheinischen Vereins für Denkmalpflege und Heimatschutz, 18. Jg., 1925, Heft 1, S. 1–128 (JbrD 1, 1925)

2 = Zeitschrift des Rheinischen Vereins für Denkmalpflege und Heimatschutz, 19. Jg., 1926, Heft 1, S. 1–88 (JbrD 2, 1926)

3 = Zeitschrift des Rheinischen Vereins für Denkmalpflege und Heimatschutz, 20. Jg., 1927, Heft 1, S. 1–84 (JbrD 3, 1927)

4 = Zeitschrift des Rheinischen Vereins für Denkmalpflege und Heimatschutz, 21. Jg., 1928, Heft 3, S. 1–112 (JbrD 4, 1928)

5/6 = Zeitschrift des Rheinischen Vereins für Denkmalpflege und Heimatschutz, 23. Jg., 1930, Heft 1, S. 1–144 (JbrD 5/6, 1930)

7 = Rheinischer Verein für Denkmalpflege und Heimatschutz, 24. Jg. 1931, Heft 3, S. 1–96 (JbrD 7, 1931)

8/9 = Rheinischer Verein für Denkmalpflege und Heimatschutz, 25. Jg. 1932, Heft 3, S. 1–148 (JbrD 8/9, 1932)

(10/11) = Rheinische Heimatpflege. Neue Folge des Nachrichtenblattes für rheinische Heimatpflege, 6. Jg., 1934, Heft 2, S. 89–234 (JbrD 10/11, 1934)

(12) = Rheinische Heimatpflege. Zeitschrift für Museumswesen, Denkmalpflege, Archivberatung, Volkstum, Natur- und Landschaftsschutz, 7. Jg. 1935, Heft 3, S. 311–424 (JbrD 12, 1935)

(13) unter besonderer Berücksichtigung der technischen Kulturdenkmale = Rheinische Heimatpflege. Neue Folge des Nachrichtenblattes für rheinische Heimatpflege, 8. Jg., 1936, Heft 3, S. 359–512 (JbrD 13, 1936)

(14/15) unter besonderer Berücksichtigung der rheinischen Wasserburgen = Rheinische Heimatpflege. Zeitschrift für Museumswesen, Denkmalpflege, Archivberatung, Volkstum, Natur- und Landschaftsschutz, 9. Jg. 1937, Heft 4, S. 471–638 (JbrD 14/15, 1937)

(16) Denkmalpflege in der Stadt. = Rheinische Heimatpflege. Zeitschrift für Museumswesen, Denkmalpflege, Archivberatung, Volkstum, Natur- und Landschaftsschutz, 10. Jg. 1938 Heft 4, S. 417–516 (JbrD 16, 1938)

(17/18) Denkmalpflege und farbige Architektur = Rheinische Heimatpflege. Zeitschrift für Museumswesen, Denkmalpflege, Archivberatung, Volkstum, Natur- und Landschaftsschutz, 13. Jg. 1941, Heft 3, S. 201–400 (JbrD 17/18, 1941)

Jahrbuch der Rheinischen Denkmalpflege in Nord-Rheinland

19: Heinz Peters: Die Baudenkmäler in Nord-Rheinland. Kriegsschäden und Wiederaufbau. Kevelaer 1951. (JbrD 19, 1951)

20: Walter Bader (Hrsg.): Berichte über die Tätigkeit der Denkmalpflege in den Jahren 1945–1953. Kevelaer 1956. (JbrD 20, 1956)

21: Rudolf Wesenberg: Berichte über die Tätigkeit der Denkmalpflege in den Jahren 1953–1956 (Jahrbuch der rheinischen Denkmalpflege 21). Kevelaer 1957. (JbrD 21, 1957)

22: Rudolf Wesenberg: Berichte über die Tätigkeit der Denkmalpflege in den Jahren 1956–1959 (Jahrbuch der rheinischen Denkmalpflege 22). Kevelaer 1959. (JbrD 22, 1959)

23: Rudolf Wesenberg (Hrsg.): Berichte über die Tätigkeit der Restaurierungswerkstatt in den Jahren 1953–1959. Kevelaer 1960. (JbrD 23, 1960)

24: Rudolf Wesenberg (Hrsg.): Berichte über die Tätigkeit der Restaurierungswerkstatt in den Jahren 1959–1961. Kevelaer 1962. (JbrD 24, 1962)

25: Rudolf Wesenberg (Hrsg.): Berichte über die Tätigkeit der Denkmalpflege in den Jahren 1959–1964. Kevelaer 1965. (JbrD 25, 1965)

26: Rudolf Wesenberg (Hrsg.): Abhandlungen aus dem Bereich der Denkmalpflege und Inventarisation 1959–1964. Kevelaer 1966. (JbrD 26, 1966)

27: Berichte über die Tätigkeit der Restaurierungswerkstatt in den Jahren 1961–1965. Kevelaer 1967. (JbrD 27, 1967)

28: Günther Borchers: Berichte über die Tätigkeit der Restaurierungswerkstatt in den Jahren 1965–1970. Kevelaer 1971. (JbrD 28, 1971)

29: Jahrbuch der rheinischen Denkmalpflege. Band 29. Forschungen und Berichte. Köln und Kevelaer 1983. (JbrD 29, 1983)

30/31: Jahrbuch der rheinischen Denkmalpflege. Band 30/31. Forschungen und Berichte. Köln und Kevelaer 1985. (JbrD 30/31, 1985)

32: Jahrbuch der rheinischen Denkmalpflege. Band 32. Forschungen und Berichte. Köln und Kevelaer 1987. (JbrD 32, 1987)

33: Jahrbuch der rheinischen Denkmalpflege. Band 33. Forschungen und Berichte. Köln und Kevelaer 1989. (JbrD 33, 1989)

34: Jahrbuch der rheinischen Denkmalpflege. Band 34. Forschungen und Berichte. Köln und Kevelaer 1992. (JbrD 34, 1992)

35: Jahrbuch der rheinischen Denkmalpflege. Band 35: Paul Clemen. Zur 125. Wiederkehr seines Geburtstages. Köln und Kevelaer 1991. (JbrD 35, 1991)

36: Jahrbuch der rheinischen Denkmalpflege. Band 36: Festschrift zum Hundertjährigen Bestehen des Rheinischen Amtes für Denkmalpflege. Köln und Kevelaer 1993. (JbrD 36, 1993)

37: Jahrbuch der rheinischen Denkmalpflege. Band 37. Forschungen und Berichte. Köln und Kevelaer 1996. (JbrD 37, 1996)

38: Jahrbuch der rheinischen Denkmalpflege. Band 38. Forschungen und Berichte. Köln und Kevelaer 1999. (JbrD 38, 1999)

Register zu den Architekten und Künstlern, Firmen und Handwerkern

Die folgende Übersicht über die Architekten, Firmen, Künstler oder Handwerker will und kann nicht erschöpfend sein, sondern möchte nur den Zugang zu den Menschen und Institutionen erleichtern. Dementsprechend werden nur diejenigen Werke aufgezählt, die in diesem Buch genannt werden.

Acken, siehe Hoyng und van Acken

Aefferden, Alexander Frans van (1767–1840), Zeichner (P. C. Molhuysen, P. J. Blok: Nieuw nederlandsch biografisch woordenboek. Eerste deel. Leiden 1911, Sp. 35f. – Gerard Venner: Een onbekende aquarel van de kasteelruine te Montfort uit 1821. In: Roerstreek 32, 2000, S. 51–61), zeichnete in Pont Haus Golten (S. 280); 1814 auf der Baersdonk den Kleinderhorsthof (S. 331f.) und den Brauershof (S. 330) und in Kapellen um 1830 Haus Beerenbrouck (S. 200–202)

Agatz, Postbaurat, entwarf vielleicht nach dem Vorbild des Gelderner Postamts in der Bahnhofstraße 1925 das in Viersen (S. 47)

Ainmiller, Max Emanuel (1807–1870), Glasmaler in München (Thieme-Becker 1, S. 153. – Vassen 1997, S. 198–220), lieferte 1858 Glasfenster für die Kapellener Kirche (S. 213)

Aken, van, Zimmermann in Kevelaer, sicherte 1996 den Dachstuhl in Schloß Haag (S. 193)

Anfang, Gottfried, Wilverath in der Eifel, fertigte für die Ponter Kirche 1986 Antoniusfigur im Hochaltar (S. 271) und Kreuzweg (S. 275)

Angeneyndt, Theodor, Mühlenbauer aus Winnekendonk, baute 1866 die Vernumer Windmühle (S. 420f.)

Arnt, Meister († 1492), Bildschnitzer in Kalkar (Thieme-Becker 2, S. 147. – Hilger 1990, S. 58–93), schnitzte vor 1480 die Gottesmutter in der Wallfahrtskapelle in Aengenesch (S. 179)

Arts, Egbert, Architekt, sanierte die Kokermühle in Walbeck (S. 376)

Bausch, Gebrüder, Kevelaer, wirkten 1902 beim Bau der Kapelle auf Schloß Haag mit (S. 191, 427)

Bayerle, Julius (1826–1873) Bildhauer in Düsseldorf (Bertz-Neuerburg 1980b, S. 498), fertigte 1856 mit Meinardus den Kalvarienberg für die Veerter Kirche (S. 320)

Beckschulze, Friedrich, Architekt in Hamm, sanierte 1994 die Fabrik Bahnhofstraße 27–29 (S. 48)

Beekmans, Mathias, Schreiner in Aengenesch, baute 1906 am Rektoratsgebäude in Aengenesch (S. 182)

Bergers, Johann, Schreinerei, fertigte 1998 neue Fenster für die Villa Eerde am Issumer Tor (S. 74)

Bergmann, Schreiner in Geldern, fertigt 1908 eine Orgelbühne in der Kapelle in Aengenesch (S. 176, 182)

Berndt, Steinhauer, siehe Kaufhold

Beyer, Jan de (1703–1780), Zeichner (Thieme-Becker 3, S. 566f. – de Werd 1980), zeichnete 1743 Schloß Walbeck (S. 362f.)

Bickern, Königswinter, lieferte 1858 Steine zur Kapelle in Aengenesch (S. 176)

Binding, Wolfgang, Bildhauer in Aachen, schuf für die Kirche in Walbeck um 1970 neue Kapitelle (S. 380) und 1980 ein Bronzerelief (S. 379), entwarf den 1990 aufgestellten Drachenbrunnen auf dem Gelderner Marktplatz (S. 109)

Bochumer Verein, Glockengießer, gießen 1924 drei Glocken für die Kapellener Kirche (S. 225) und 1949 vier für die Walbecker Kirche (S. 392)

Böhm, Dominikus, Architekt in Köln, gestaltete bis 1952 die Pfarrkirche Maria-Magdalena um (S. 95–97, 102)

Boers, Frank, Maler aus Kevelaer, sanierte 1999 in Geldern die Häuser Markt 26 (S. 113) und Nordwall 53 (S. 117)

Boers, Hubert, Maler, vergoldete 1926 Teile des Hochaltars für die Veerter Kirche (S. 314)

Boers, Mathias, Maler aus Kevelaer, malte 1926 das Altarbild in der Genieler Kapelle in Lüllingen (S. 255)

Boesken, Lorenz (1891–1967), Künstler aus Geldern (Cuypers 1970), schuf 1952/53 das Mosaik an der Michael-Schule (S. 64)

Bösken, Heinrich (1854–1918) Devotionalienfabrikant in Geldern, Atelier in der Bahnhofstraße (Lingens 2000), fertigte 1896 zwei Figuren für die Wallfahrtskapelle in Aengenesch (S. 182) und um 1900 möglicherweise den Kreuzweg in der Ponter Kirche (S. 276)

Boetzkes, Regierungsbaurat bei der Reichsbahn, baute 1926 das Haus Westwall 41 (S. 140)

Brand, van den, Schreiner aus Lottum (NL), fertigte 1843 das Orgelgehäuse für die Hartefelder Kirche (S. 164)

Breil, Orgelbauer in Dorsten; 1837 wurde Josef Anton Breil aus Dorsten als Orgelbauer zugelassen (Amtsblatt der Regierung Münster Nr. 4 vom 28. Januar 1837)
Franz Breil (1903–1985) baute 1929 die Walbecker Orgel um (S. 391)

Brey, Heinrich (1872–1960), Kirchenmaler in Geldern, sein Geburtshaus in → Geldern-Kapellen, Lange Straße 22 steht unter Denkmalschutz (S. 239f.), Schüler von Friedrich Stummel in Kevelaer und Mitarbeiter von Heinrich Lamers in Kleve, akademische Ausbildung in Düsseldorf und München, seit 1908 eigenes Atelier in Geldern (Lingens 1998a), bezog Rahmenleisten bei Maghs (S. 135). Arbeiten:
1901 Polychromierung der drei Altäre in der Kapellener Kirche (S. 217, 223, 426)
1901/02 Polychromierung der Chorgestühle in der Kapellener Kirche
1904 Ausmalung der Hartefelder Kirche (S. 159)
1906 Zeichnung für das Grab der Herzogin Elisabeth (S. 99)

1906 Polychromierung des Kreuzwegs in der Kapellener Kirche (S. 222)
1909 Entwurf für die Gedenktafel für die Schillschen Offiziere (S. 67)
1922 schmerzhafte Mutter in der Hartefelder Kirche (S. 165, 431)
1923 Gemälde an den Altarflügeln in der Hartefelder Kirche (S. 160, 429)
vor 1927 Mosikentwurf für die Gelderner Pfarrkirche Maria Magdalena (S. 61)
1927 Entwurf für einen Chorteppich für die Gelderner Pfarrkirche Maria Magdalena (S. 101)
vor 1932 zwei Gemälde im Chor der Hartefelder Kirche (S. 162, 431)
1936 Ausmalung (?) der Veerter Kirche (S. 311)
1940 Ausmalung in der Heilig-Geist-Kirche (S. 57)
1940 Ausmalung der Ponter Kirche (S. 266), vielleicht auch des dortigen Kreuzwegs (S. 276)
1944 Kreuzweg für die Kapelle Klein-Kevelaer (S. 324)
1951 Bild eines Pferdes vom Jüttenhof (S. 344)
1954 Kopie eines Bildes für die Gelderner Kirche Maria Magdalena (S. 87, 104)
1956 Bild des Kapuzinerklosters im Zustand vor 1896
1957 Bild des Jüttenhofes (S. 344)

Brey, Joseph (1872–1960), Maler in Kapellen, polychromiert in der Kapellener Kirche 1893 den Kalvarienberg (S. 225) und 1902 die Kommunionbank und das Chorgestühl (S. 224)

Brinkamp, J., Stadtlohn, fertigte 1930 das Ehrenmal in Pont (S. 277)

Brochard, Nikolaus und Michael, Glockengießer, gossen 1630 eine Glocke für Walbeck (S. 392)

Büttner, Karl, Kirchenmaler, entwarf 1928 das Modell für ein Ehrenmal an der Lüllinger Kirche (S. 254)

Busch, Julius (1838–1912), Architekt, geboren in Kevelaer, Regierungsbaumeister in Neuss (Bertz-Neuerburg 1980a, S. 527. – Peter Stenmans: Julius Busch [1838–1912]. In: Lebensbilder aus dem Kreis Neuss Band 3 (Veröffentlichungen des Kreisheimnatbundes Neuss Nr. 10). Neuss 1997,

S. 57–64. – Peter LINGENS: Julius Busch [1838–1912]. Ein rheinischer Baumeister aus Kevelaer und vor Ort fast vergessen. In: Kevelaerer Blatt vom 1. 9. 2000), zeichnete bzw. korrigierte 1886 für Ferdinand Langenberg einen Entwurf für den Hochaltar in der Kapellener Kirche (S. 217, 423), baute in Geldern die Synagoge am Nordwall (1938 zerstört), 1893 in Hartefeld die Katholische Pfarrkirche (S. 155, 156, 425)

Clemen, Paul (1866–1947), erster Provinzialkonservator der Rheinprovinz (Gisbert KNOPP: Paul Martin Clemen. Daten und Ereignisse eines bewegten Lebens. In: JbrD 35, S. 1–50) entwarf angeblich einen Kamin für Schloß Walbeck (S. 362, 367f.)

Custodis, Friedrich (1842 – um 1911), Bildhauer in Köln, (BERTZ-NEUERBURG 1980b, S. 500); gleichzeitig gab es einen Eduard Custodis (1845–1939) (BERTZ-NEUERBURG 1980a, S. 529, nur Lebensdaten); fertigte für die Gelderner Kirche St. Maria Magdalena 1862 den Kreuzweg, die Kommunionbank und drei Altäre (S. 103, 105, 422), arbeitete auch für die Wissener Schloßkapelle (Raum und Ausstattung rheinischer Kirchen 1860–1914 (Beiträge zu den Bau- und Kunstdenkmälern im Rheinland Band 26). Düsseldorf 1981, S. 71, 75, 78)

Dalmann, liefert 1858 neue Kommunionbank zur Kapelle in Aengenesch (S. 176)

Darée, Ludwig und Max, Glasmaler in München (VASSEN 1997, S. 196), malen 1858 Glasfenster für die Kapellener Kirche (S. 213)

Dencke, Friedel, Bildhauer, entwarf 1971 das Kunstwerk vor dem Finanzamt (S. 61)

Derix bedeutende Glasmaler-Werkstätte in Goch und Kevelaer, Firmengründer war Wilhelm Derix (1837–1919) (100 Jahre Glasmalerei Derix Kevelaer 1866–1966. – Hein DERIX, Robert PLÖTZ: Die Glasmaler-Werkstätten Hein Derix. Zum 80. Geburtstag von Hein Derix [Führer des Niederrheinischen Museums für Volkskunde und Kulturgeschichte Kevelaer 12]. Kevelaer 1984. – VAASSEN 1997, S. 120f. – EVERS, WILLING 1998, S. 39–41)

Die Firma fertigte Fenster
1886 für die Kapelle in Aengenesch (S. 177)
1892 für die Veerter Kirche (S. 310, 311)
1894, 1898 für die Hartefelder Kirche (S. 155, 158)
1898 Kapelle Klein-Kevelaer (Reparatur)(S. 323)
1898 für die Sakristei der Veerter Kirche (S. 309)
1899 für die Kapellener Kirche (S. 214)
1902 Westfenster für die Ponter Kirche (S. 268)
1902 für die Kapelle auf Schloß Haag (S. 191, 427)
1905 für die Kapelle in Aengenesch (S. 178)
1912 Fenster für das Gelderner Rathaus (S. 75)
1941 sollte die Firma Fenster für die Walbecker Kirche anfertigen (S. 387)
1957 Fenster für das Refektorium am Ostwall (S. 122)
1969/70 Fenster für die Walbecker Kirche
1977 Turmfenster für die Veerter Kirche

Deyl, Dirk van, Baumeister, baute 1662–64 Schloß Haag (S. 190, 416)

Dickmann, Professor, entwarf Fenster für die Walbecker Kirche (S. 387)

Dierkes, August (1868–1934) (LINGENS 1998a, S. 102f.), lieferte ein Model für die Gedenktafel für die Schillschen Offiziere in der Issumer Straße (S. 67)

Dierkes, Ferdinand, Sohn von August Dierkes, Bildhauer in Kevelaer (LINGENS 1998a, S. 103, Anm. 13), fertigte das Kreuz auf dem Altar in der Wallfahrtskapelle Aengenesch (S. 179), 1949 Restaurierung der Gottesmutter in der Kapellener Kirche (S. 221)

Dierkes, Leo (1902–1990), Bildhauer in Kevelaer, (LINGENS 1998a, S. 102f., 212, 216. – RP vom 20. September 1954), fertigte das Kreuz auf dem Hartefelder Friedhof (S. 152), 1957 das Kriegerehrenmal auf dem Walbecker Friedhof (S. 376)

Dreikhausen, Jana, Architektin in Aachen, baute 1984 das alte Pastorat in Veert um (S. 304)

Düllings, Willy, Abteilungsleiter der Friedhofsverwaltung, gestaltete in der zweiten Hälfte des 20. Jahrhunderts den Gelderner Friedhof (S. 44)

Edelbrock siehe Petit

Ehren, Josef (1912–1996), Architekt in Geldern, studierte in Aachen und Berlin (RP vom 25. November 1992), entwarf 1964 den Zelebrationsaltar in der Ponter Kirche (S. 266) und brach 1969 das Seitenschiff der Veerter Kirche ab (S. 310), wohnte in der Veerter Mühle, die er 1965 verschindelte (S. 324)

Ehren, Paul, Schreinermeister, bearbeitet 1977 eine Figur in der Veerter Kirche (S. 316)

Elsemann, Johann (1844–1926), Schwiegervater des Kunstmalers → Heinrich Brey; Bauunternehmer in Geldern (LINGENS 1998, S. 43f. – LINGENS 1999 b), entwarf und baute folgende Denkmäler:
1893 Westwall 69 (S. 146)
1896 Westwall 55 (S. 143)
1896 neue Sakristei an der Veerter Kirche (S. 309)
1899 Westwall 73 (S. 147)
1902 Kapelle auf Schloß Haag (S. 191, 427)
1903 Weseler Straße 32 (S. 133)
1905 Nordwall 53 (S. 117)
1906 Westwall 26 (S. 137)
1907 die Kapelle Unserer Lieben Frau an der Weseler Staße (S. 130)
1908 Wiederaufbau von Haus Beerenbrouck (S. 202)
1909 Westwall 71 (S. 146)
1909 Boeckelter Schule (S. 247)

Emsters, Josef, Architekt in Geldern, entwarf die Häuser Ostwall 63 (S. 128)
1898 Bahnhofstraße 25 (S. 47)
1899 Weseler Straße 28 (S. 132)

Espeter, Manfred, Glasmaler in Münster, entwarf 1972 die Fenster in der Heilig-Geist-Kirche (S. 58)

Eule, Orgelbauer in Bautzen, lieferte 1975 eine Orgel an die Heilig-Geist-Kirche (S. 58)

Fahrenkamp, Emil (1885–1966), Professor für Architektur in Düsseldorf, entwarf (vor) 1923 ein Schlafzimmer für Schloß Walbeck (S. 362)

Felderhoff, Ernst (1884–1962), Kreisbaumeister in Geldern, gehörte zu den ersten Vorstandsmitgliedern der 1949 gegründeten Gemeinnützigen Wohnungs- und Siedlungsgenossenschaft Geldern, restauriert 1931 die Kapelle in Aengenesch (S. 176)

Fischer, Th., Krefeld, malte um 1860 die Pfarrkirche Maria Magdalena aus (S. 98, 422)

Fleige, Bildhauer in Münster (THIEME-BECKER 12, S. 84), fertigte um 1860 Sansteinfiguren für die Gelderner Kirche Maria Magdalena, von denen ein Teil bei Haus Ingenray steht (S. 102 und 286)

Fleiter, Münster, baut 1963 die Orgel in Kapellen um (S. 224)

Fuchs, Heinrich, Steinbildhauer in Kempen; ob er in Verbindung mit dem berühmten Bildhauer des Kölner Doms Peter Fuchs steht (BERTZ-NEUERBURG 1980b) ist mir nicht bekannt; liefert wohl um 1870 das Friedhofskreuz in Hartefeld (S. 151), 1884 den Taufstein in der Kapellener Kirche (S. 219)

Gastens, Geldern, Firma wirkte 1902 beim Bau der Kapelle auf Schloß Haag mit (S. 427)

Gemmeren, Gerard van, Schmied in Hartefeld, 1822 beim Bau des dortigen Pastorats beteiligt (S. 152)

Girmes, Wilhelm (1866–1917), Oediger, Heinrich (1865–1938), Architekten in Krefeld (SCHWANKE 1987, SCHWANKE 1993), bauten in Geldern
1907 Ostwall 1 (S. 118)
1907 die Häuser Nordwall 65 (S. 117) und Westwall 43 (S. 141)
1910 Westwall 61 (S. 145)
1911 Remise beim Haus Markt 20 (S. 110)
und vielleicht auch die Villa in Veert, Harttor 44 (S. 300)

Glitz, Philipp (1913–1998), Architekt in Geldern-Kapellen, geboren in Düsseldorf, studierte in München und Aachen Architektur (RP vom 11. Mai 1993), gestaltete ab 1969 den Innenraum der Pfarrkirche Maria-Magdalena um (S. 96)

Goossens in Kempen, lieferte 1866 den Kalk für die Vernumer Windmühle (S. 421)

Goossens, Laurens (1898–1979), Krefelder Künstler, schuf der Ponter Drachenstich an der Turnhalle der ehemaligen Ponter Schule (S. 287)

Gorris, Friedrich, Stadtbaumeister, 1903 schon in Geldern genannt (StA Geldern, Akten B, Nr. 191), 1910 wohnhaft Brühlscher Weg 37 (Adreßbuch 1910, S. 23), 1928 wird die Stelle neu ausgeschrieben (StA Geldern, Akten B, Nr. 192). Baute in Geldern 1901/2 die Fanziskusschule in der Kapuzinerstraße (1973 abgebrochen, FRANKEWITZ 1991a, S. 51) und 1906 die Gendarmeriewohnungen Weseler Straße 33–35 (S. 134) sowie die Landwirtschaftliche Winterschule Ostwall 32 (S. 126)

Gorris, Architekt, plante den Wiederaufbau der Heilig-Geist-Kirche (S. 57)

Groen, F. aus Kleve, restaurierte 1845 das alte Altarbild in Hartefeld (S. 166)

Haas, Kleve, polychromiert 1892 Wandschränkchen in der Kapellener Kirche (S. 223)

Haas, Anstreicher in Kapellen, streicht 1892 die Möbel in der Kapelle in Aengenesch (S. 176)

Hanebal, Will (1905–1982), Kunstbildhauer aus Büderich, studierte an den Werkkunstschulen in Wuppertal und Düsseldorf, freier Bildhauer in Düsseldorf und Berlin, Westfälischer Bildhauerpreis durch das Landesmuseum Münster (N. N.: Bildhauer Will Hanebal. Ratingen, Kastellaun, Düsseldorf o. J. – Gerd HÖFFMANN: Wilhelm Hanebal [1905–1982] – ein fast vergessener Sohn Büderichs. In: Meerbuscher Geschichtshefte. Beiträge zur Geschichte und Volkskunde der Stadt Meerbusch und ihrer ehemaligen selbständigen Gemeinden, Heft 16, 1999, S. 63–78), fertigte 1960 das Ehrenmal in Hartefeld (S. 152)

Hanemann, A., Firma in Münster, reichte 1880 ein Angebot für die Erneuerung des Turmhelms der Kirche in Walbeck ein (S. 378)

Hansen, Reinhold (1962–1991), Orgelbauer, baute die Chororgel für die Gelderner Kirche St. Maria Magdalena (S. 102)

Hausen, Max von, Architekt, gestaltete 1971 den Altar in der Walbecker Kapelle St. Luzia (S. 403)

Heerperath, Hubert, schuf 1863 ein Bild für einen Altar in der Gelderner Kirche St. Maria Magdalena (S. 105)

Heimburger, Jost, Baumeister, baute 1729 die reformierte Kirche in Wesel und vielleicht ab 1736 die Heilig-Geist-Kirche in Geldern (S. 56)

Helmus, Hermann, Architekt in Kevelaer, baute in Geldern 1958 das Haus des Handwerks Ostwall 38 (S. 127)

Hermens, Matthias, Architekt in Geldern, leitete 1958 bis 1965 die Renovierung der Kapuzinerkirche (S. 80), 1964 die Wiederherstellung des Wehrgangs auf Schloß Haag (S. 193)

Hermkens, Architekt und Bauunternehmer in Geldern, baute 1902 das Doppelhaus Westwall 57–59 (S. 108), 1913 Brühlscher Weg 8, 1914 Brühlscher Weg 10 (S. 52)

Holtmann, Heinrich (1856–1941), Maler in Kevelaer (LINGENS 1998a, S. 174–182), malte 1904 den Kreuzweg für die Walbecker Kirche (S. 393)

Holtmann, Jakob (1863–1935), Bildhauer in Kevelaer (Peter LINGENS: Die Antoniuskapelle an der Kroatenstraße. Kontext und Künstler. In: UH 87, 1996, S. 45f. – LINGENS 1997b)
1896 vermutlich die Schnitzgruppen im Hochaltar der Veerter Kirche (S. 314)
1897 Schnitzgruppen im Hochaltar der Hartefelder Kirche (S. 160)
1899 Schnitzgruppen im Hochaltar der Ponter Kirche (S. 270)

Horsten, Will (1920–1979) Maler in Kevelaer (EVERS, WILLING 1999, S. 100–102), schuf vor 1965 Ausstattungsstücke für die Kapuzinerkirche (S. 82)

Horster, Carl, bessert 1854 die Kirchenwände in der Veerter Kirche aus (S. 309)

Hoselmann, Willi (1890–1978), Bildhauer in Düsseldorf, schuf um 1960 die Büste an der Friedrich-Spee-Straße (S. 54)

Hoss, Carl, Steinbildhauer in Kevelaer, bearbeitet 1977 den Taufstein in der Veerter Kirche (S. 315)

Hoyer, Gerhard, Bauunternehmer, baute 1901/2 den Turm der Kirche in Hartefeld (S. 155, 426). – Ein Maurermeister Mathias Hoyer, geboren 4. Juni 1871 in Kerken-Eyll, meldet sich am 5. Januar 1898 in Kevelaer an (StA Kevelaer 13–42: Anmelderegister, freundlicher Hinweis von Dr. Peter Lingens).

Hoyng und van Acken, Möbelschreinerei in Rees, lieferten 1906 Treppe und Haustür für das Rektoratsgebäude in Aengenesch (S. 182)

Icks und Söhne, Wachtendonk, reparierten 1946 die Fenster der Ponter Kirche (S. 266)

Inhetvin, Hermann (1887–1973), Bildhauer und Künstler (LINGENS 1998a, S. 105), fertigte 1925 ein Steinrelief für die Veerter Kirche (S. 318)

Jakobs, lieferte in den 1970er Jahren eine Immerwährende Hilfe nach Hartefeld (S. 162)

Jansen, P., Maler in Kevelaer, restaurierte 1895 die Kreuzabnahme des 15. Jahrhunderts in der Wallfahrtskapelle in Aengenesch (S. 180)

Janssen, H., Färber, arbeitet 1860 in der Veerter Kirche (S. 309)

Jansen-Winkeln, Ernst (1904–1992), Kirchenmaler in Mönchengladbach (Barbara MAIBURG: Kante und Planke. Künstlergruppen in Mönchengladbach [Beiträge zur Geschichte der Stadt Mönchengladbach, Band 42]. Mönchengladbach 2000, S. 158; Veert wird nicht genannt), malte 1953 die Veerter Kirche aus (S. 312)

Joppen, Peter, Maastricht, liefert 1663 einen Taufstein für die Veerter Kirche (S. 319)

Kaufhold & Berndt, Steinhauer in Düsseldorf, liefern 1881 (Maßwerke für) ein Fenster in der Kapellener Kirche (S. 213)

Kerns, (Theodor ?) Maurermeister in Weeze, baute die 1869 eingesegnete Kirche in Pont (S. 266)

Klompen, Johann, Zimmermann (?), erneuerte 1833 den Dachstuhl von Schloß Walbeck (S. 365)

Klos, Joachim, Glasmaler, 1931 in Weida in Thüringen geboren, studierte u. a. an der Kunstgewerbeschule in Krefeld, freier Grafiker und Glasmaler in Mönchengladbach, jetzt Nettetal (Fritz EISHEUER: Der Glasmaler Joachim Klos. In: Niederrheinische Blätter November 1981, S. 29. – Wilhelm CUYPERS: Glasgestalter und Grafiker. In: Niederrheinische Blätter März 1997, S. 53)
1969 Fenster für die Nikolaus-Kirche in Walbeck (S. 387f.)
1971 Fenster für die Wallfahrtskapelle St. Luzia in Walbeck (S. 403)
1977 Turmfenster für die Veerter Kirche (S. 311)

Koch, Hugo, Architekt in Krefeld (BERTZ-NEUERBURG 1980a, S. 537) baute 1911 die Villa Bahnhofstraße 13 (S. 45)

Kormann, Petra, Architektin in Geldern, sanierte 1998 die Villa van der Moolen in Veert (S. 300)

Kratz, Johann, fertigte 1866 die Steine für die Vernumer Windmühle (S. 421)

Krayer, Kaspar de (1584–1669), Maler (THIEME-BECKER 8, S. 70–72), er soll nach älterer Überlieferung die Apostelfiguren im Schloß Haag gemalt haben, die nun in der Gelderner Pfarrkirche Maria-Magdalena hängen (S. 103 und 191)

Krentz, Steinmetz in Duisburg-Beek, fertigte 1948 neue Maßwerke in die Fenster der Kapellener Kirche (S. 214)

Kuhnert, Baumeister, baute 1820 die erste Windmühle in Vernum (S. 343)

op de Laak, Harry, Maler, geboren 1925 zu Venlo, Lehrjahre bei Sef Moonen und an der Rijksacademie in Amsterdam bei

Professor H. M. E. Campendonk, von 1973 bis 1985 war er selbst Lehrer für Monumentalmalerei an der Rijksacademie für Beeldend Kunsten zu Amsterdam. (HANS VAN NORDEN: Harry op de Laak. Schilderijen, etsen, tekeningen. Venlo 1986). Entwarf in Pont die Glasfenster der Kapelle von Haus Ingenray (S. 285)

Langenberg, Ferdinand (1849–1931), bedeutender neugotischer Bildhauer in Goch (THIEME-BECKER 22, S. 330. – SACHSSE 1978. – BERTZ-NEUERBURG 1980b, S. 506. – Ros Sachsse-Schadt: Ferdinand Langenberg 1849–1931. In: Raum und Ausstattung rheinischer Kirchen 1860–1914 [Beiträge zu den Bau- und Kunstdenkmälern im Rheinland Band 26]. Düsseldorf 1981, S. 25–34. – SACHSSE-SCHADT 1996. – MANN 1999)
1888 Hochaltar für die Kapellener Kirche (S. 216–218, 423, 424)
1892 Rosenkranzaltar für die Kapellener Kirche (S. 222f.)
1892 St. Anna-Schränkchen für die Kapellener Kirche (S. 223)
1893 Josefsaltar für die Kapellener Kirche (S. 223)
1903 Pieta für die Kapellener Kirche (S. 221)
1915 Ecce homo für die Kapellener Kirche (S. 221)
1920 Figur im nördlichen Seitenaltar in der Hartefelder Kirche (S. 161)
vielleicht weitere Figuren in der Kapellener Kirche (S. 221)

Lemmen, Josef, Architekt, wollte 1962 das Denkmal Westwall 43 abreißen (S. 141)

Lepelmann, Architekt aus Geldern in Düsseldorf, baute das Haus Markt 25 (S. 111)

Limpinsel, H., Lehrer, entwarf 1927/28 das Ehrenmal in Lüllingen (S. 254)

Loeman, Willem († 1512), „Kupfergräber" Uerdingen/Köln, gravierte die Grabplatte für Katharina von Geldern (S. 98)

Lotito, Bronzegießerei in Köln, goß die Figuren für den Gelderner Drachenbrunnen (S. 109)

Lukas und Bernhard, Brüder, malten 1680 die Pfarrkirche Maria Magdalena aus (S. 98)

Maghs, Bilderrahmenwerkstatt (S. 135)

Mannhardt, München, liefert 1893 Turmuhr für die Kirche in Kapellen (S. 225)

Martin, Meister, fertigte um 1632 Bänke für die Veerter Kirche (S. 318)

Mayr, Theodor, Glasmaler in München (THIEME-BECKER 24, S. 495. – VASSEN 1997, S. 204f.)
malt 1858 Glasfenster für die Kapellener Kirche

Meinardus, Dietrich (1804–1871), Bildhauer in Düsseldorf (BERTZ-NEUERBURG 1980b, S. 507), fertigte 1856 mit Bayerle den Kalvarienberg an der Veerter Kirche (S. 320)

Menke, Joseph (1860–1935), Senior, Glasmaler in Goch, gebürtig aus Papenburg. Lehrjahre bei Wilhelm Derix in Goch (Jörg BECKER: Die Gocher Glaswerkstatt Menke. In: Aus dem Museum für Kunst und Kulturgeschichte Goch Heft 19, 1997, S. 2f.), fertigte 1901 Fenster für die Kirche in Hartefeld (S. 159), 1921 für die Kirche in Lüllingen
Menke, Joseph (1900–1964), Junior, Sohn des gleichnamigen Vaters, ebenfalls Glasmaler in Goch, Ausbildung an der Kunstgewerbeschule in Krefeld und der Düsseldorfer Kunstakademie
Verglaste nach dem Zweiten Weltkrieg die neuen Fenster in der Gelderner Heilig-Geist-Kirche (S. 57)

Mennekes, Hans, Glasmaler, entwarf 1957 die Fenster für das Refektorium am Ostwall (S. 122)

Menssen, J., Glaser, arbeitet 1854 an den Fenstern der Genieler Kapelle (S. 255)

Mevaerdt, van, Maler, malte 1671 vier Bilder für die Veerter Kirche (S. 318)

Mölders, Johann, Glasmalerei in Kevelaer, scheint 1930 in der Kapelle Klein-Kevelaer neue Fenster eingbaut zu haben (S. 323)

Möller, Baurat aus Geldern-Veert, leitete nach dem Zweiten Weltkrieg den Wiederaufbau der Heilig-Geist-Kirche (S. 57)

Moors, Heinrich, Bildhauer in Kevelaer (Peter Lingens: Die Antoniuskapelle an der Kroatenstraße. Kontext und Künstler. In: UH 87, 1996, S. 46), schnitzte 1903 die Flachreliefs in den Nebenaltären der Hartefelder Kirche (S. 161)

Mühleisen, Orgelbauer in Straßburg, baut um 1990 die Walbecker Orgel um (S. 392), restauriert 2000 die Veerter Orgel (S. 315)

Mühlhoff, Johann, Glasmaler in Kevelaer, entwarf 1912 ein Fenster für das Gelderner Rathaus (jetzt Issumer Tor 36, S. 74)

Müller, Restaurator in Brühl, ersetzte 1991 das Jesuskind in der Kapellener Kirche (S. 220)

Müller, Rheinberg, reparierte 1948 die Orgel in der Ponter Kirche (S. 273)

Mulders, Johann, Glasmaler in Kevelaer, entwarf 1952 Fenster für die Kapellener Kirche (S. 214)

Nicolas, Glasmaler aus Roermond, fertigte 1865 Fenster für die Hartefelder Kirche (S. 158)

Ochsenfahrt, Paderborn, restauriert 1996 den Kreuzweg in der Veerter Kirche (S. 317)

Oediger siehe Girmes und Oediger

Ophey, Jakob (1857–1941), bedeutender Kunstschreiner in Geldern (Lingens 1998a, S. 105–109)
1889 Rahmen für Immerwährende Hilfe für die Kapellener Kirche (S. 223)
1893 Seitenaltar in der Ponter Kirche (S. 271)
1894 Chorgestühle für die Kapellener Kirche (S. 224)
1895 zwei Beichtstühle für die Kapellener Kirche (S. 224)
1896 Hochaltar für die Veerter Kirche (S. 314)
1897 Hochaltar für die Hartefelder Kirche (S. 160, 429)
1899 Orgelbühne und Gehäuse für die Kapellener Kirche (S. 224)
1899 vielleicht Hochaltar in der Ponter Kirche (S. 270)
1902 Kommunionbank für die Kapellener Kirche (S. 224, 426)

1902 Orgelbrüstung und Kirchenbänke für die Hartefelder Kirche (S. 164, 165)
1902 Inventar für die Kapelle auf Schloß Haag (S. 191f., 427)
1903 zwei Seitenaltäre für die Hartefelder Kirche (S. 161)
1907 Triumphkreuz in der Ponter Kirche (S. 275)
1914 Orgelgehäuse für die Hartefelder Kirche (S. 164, 432)
vor 1932 zwei Tafeln für das Kriegermal in der Hartefelder Kirche (S. 431)
1937 zwei Chorbänke für die Veerter Kirche (S. 314)
1940 Altar in der Heilig-Geist Kirche (S. 57)
unsicher:
Immerwährende Hilfe in der Veerter Kirche (?) (S. 314)
Bänke in der Veerter Kirche (?) (S. 315)

Otto, Glockengießerei in Hemelingen, liefern 1928 drei Glocken für die Veerter Kirche (S. 315)

Pelzer, Franz Ludwig (1819–1884), Baumeister in Kleve, kontrollierte 1866 den Neubau der Ponter Kirche (S. 264) und sollte 1882 die Kapellener Kirche untersuchen (S. 211)

Peters, Anstreicher in Geldern, streicht 1892 das Innere der Kapelle in Aengenesch (S. 176)

Petit, Alexius d. Ä. (1720–1801) Glockengießer (Thieme-Becker 26, S. 489), gießt Glocken
1746 eine für die Heilig-Geist-Kirche (S. 58)
1747 eine für die Kapellener Kirche (S. 225)
1766 für die Gelderner Kirche St. Maria-Magdalena (? S. 101)
1772 eine für die Walbecker Kirche (S. 392)
Sein Sohn Alexius d. J. (1765–1842) nimmt wegen Kinderlosigkeit seine beiden Neffen Joseph (1806–1885) und Wilhelm (1807–1859) Edelbrock in die Firma auf und begründet damit die in Gescher/Westfalen ansässige Glocken- und Kunstgießerei Petit & Gebr. Edelbrock
Die Firma liefert Glocken
1922 drei für die Kirche in Hartefed (S. 166)
1923 eine für die Kirche in Kapellen (umgegossen) (S. 225)
1952 zwei für die Veerter Kirche (S. 315)
1971 eine für die Gelderner Kirche St. Maria-Magdalena (S.101)

Piroeth, Ute, Architektin in Köln, sanierte die Remise Markt 20 (S. 111)

Pistorius, Franz (1893–1978), Kunsterzieher und Kunstmaler in Geldern (FRANKEWITZ 1989a) wohnte und arbeitete in den Denkmälern Bahnhofstraße 27–29 (S. 48) und Westwall 71 (S. 146)

Polders, Geldern, Firma wirkte 1902 beim Bau der Kapelle auf Schloß Haag mit (S. 427)

Polders, setzt 1858 in der Kapelle in Aengenesch Fenster ein (S. 176)

Polders, Wilhelm (1828–1896), Kevelaerer Goldschmied (EVERS, WILLING 1999, S. 177, nur erwähnt), 1888 sechs Leuchter für den Altar und Sakristeiglocke für die Kapellener Kirche (S. 219), vor 1932 zwei Prozessionslaternen für die Hartefelder Kirche (S. 431)

Posten, Joseph, Maurer in Vernum, baute 1866 den Sockel für die Vernumer Windmühle (S. 420)

Pottbecker, Johannes, Architekt in Geldern-Veert, baute 1928 in Geldern Verwaltungsgebäude Ostwall 3–5 (S. 119)

Puteanus liefert 1858 Farben zur Kapelle in Aengenesch (S. 176)

Quartier, Ernst, Architekt in Kevelaer, leitete ab 1997 die Sicherungsmaßnahmen an der Kirche in Walbeck (S. 380), ab 1998 die bei die Kapellener (S. 212) und Ponter Kirche (S. 266), baut 1998 einen neuen Aufgang zur Orgelempore an der Veerter Kirche (S. 310)

Quilinus, Bildhauer, schnitzte um 1700 eine Figur für die Kapuzinerkirche (S. 82)

Ranke, Euskirchen, schnitzte Kreuzblumen für die Orgel in der Ponter Kirche (S. 274)

Rasch, Fritz, Kunstschlosser in Kevelaer, in den Adreßbüchern von 1910 bis 1955 belegt, er war Mitglied des Kevelaerer Künstlerbundes (Peter LINGENS: Der Kevelaerer Künstlerbund in den 20er und 30er Jahren. In: UH 87, 1996, S. 22), fertigte in den 1920er Jahren eine Ehrentafel für die Gefallenen in Lüllingen (S. 253)

Rasche, Ernst, Bildhauer in Mülheim, entwarf 1991 in der Kapellener Kirche den Chorraum (S. 215), den Zelebrationsaltar und Ambo (S. 218)

Raymans, Gerhard, Zimmermann, beim Bau von Schloß Haag ab 1662 beteiligt (S. 417)

Reichpietsch, Albert, Architekt in Geldern, baute 1928 Doppelhaus in der Kapuzinerstraße (S. 84) und das Haus Egmondstraße 6 (kein Denkmal, erwähnt bei Westwall 41, S. 140)

Reifschneider, Bildhauer, entwarf um 1960 das Gewölbe für die Kapuzinerkirche (S. 80)

Rensing, Jacob, Dekorationsmaler in Krefeld, malte 1883 die Kapellener Kirche aus (S. 215)

Repke, Heinrich (1877–1962), Kunst- und Kirchenmaler in Wiedenbrück (THIEME-BECKER 28, S. 178. – Marita HEINRICH: Werkstätten in Wiedenbrück und Rheda. In: Benedikt GROSSE HOVEST, Marita HEINRICH: Die „Wiedenbrücker Schule. Kunst und Kunsthandwerk des Historismus. Paderborn 1991, S. 109–111; die Werke in Hartefeld werden nicht genannt)
Arbeiten in der Hartefelder Kirche: 1928 Ausmalung der Kirche (S. 159) und Polychromierung von Chorstühlen (S. 159, 428), 1929 des Hochaltars (S. 159f.) und der Wandfiguren, malt 1929 zwei Gemälde in den Querhausarmen (S. 162, 429)

Reul, Heribert (* 1911), Künstler aus Kevelaer (Peter LINGENS: Heribert Reul. Das künstlerische Werk der 50er Jahre. In: UH 87, 1996, S. 49–52. – EVERS, WILLING 1998, S. 1999), entwarf 1954 das Sgraffito am Haus Lindenallee 17–19 (S. 108), 1958 das Kachelmosaik in Geldern, Ostwall 38 (S. 127), 1960 und das Sgraffito Pater-Delp-Straße 24 (S. 128)

Rinker, Glockengießer in Sinn bei Herborn, lieferten 1956 ein Glockenspiel für die Heilig-Geist-Kirche (S. 58)

Roosen, I., Techniker, bei der Erneuerung des Walbecker Kirchturmhahns beteiligt (S. 392)

Rubens, Peter Paul (1577–1640), Maler aus Siegen (THIEME-BECKER 29, S. 137–146), von ihm hing ein Bild im Schloß Haag (S. 191)

Rütter, Wilhelm (1812–1887), Orgelbauer in Kevelaer (ARBOGAST 1994, S. 155), baute Orgeln
1843 für die Kirche in Hartefeld (S. 164)
1849 für die Kirche in Kapellen, 1880 repariert (S. 224)
1860 für die Heilig-Geist-Kirche in Geldern (S. 58)
1872 für die Kirche in Pont (S. 273)

Schadt, Köln, liefert 1858 Fenster zur Kapelle in Aengenesch (S. 176)

Schiffer, Rheinberg, fertigte 1952 die Maßwerke für die Fenster in der Gelderner Kirche St. Maria Magdalena (S. 97)

Schmidt, Friedrich von (1825–1891), Architekt (THIEME-BECKER 30, S. 139. – BERTZ-NEUERBURG 1980a, S. 547. – BERTZ-NEUERBURG 1980b, S. 511), lieferte um 1850 Entwürfe für die Kapelle auf dem Friedhof Am Ölberg (S. 42) und 1855 für die Ponter Kirche (S. 265), 1856 entwarf er (?) wohl auch die Maßwerke für die Kapellener Kirche (S. 213)

Schneider, Franz, Architekt, erstellte 1938 und 1947 Gutachten für Haus Steprath (S. 354)

Schnucklaken, Wilhelm, Maurermeister, restaurierte 1868 die Kirche in Walbeck (S. 378)

Scholz, Architekt in Düsseldorf, 1928 blieb sein Plan für das Gymnasium Boekelter Weg 2 unberücksichtigt (S. 49)

Schoofs, Gerhard, Kirchenmaler (LINGENS 1997a, S. 34), malte mit Stummel 1889/90 die Veerter Kirche aus (S. 311)

Schreiber, Kreisbauinspektor, entwarf in Geldern 1904 das Amtsgericht (S. 116)

Schroett, S., Maler, malte um 1660 zwei Altarbilder für die Veerter Kirche (S. 312)

Schwarzenberg, Bruno, Steinmetz in Aachen, gestaltete den Gelderner Drachenbrunnen (S. 109)

Seifert, Orgelbauerfirma in Kevelaer, baute Orgeln
1914 für die Hartefelder Kirche (S. 164, 432)
1925 für die Wallfahrtskapelle in Aengenesch (S. 182)
1971 für die Gelderner Kirche St. Maria Magdalena (S. 102)
1985 für die Kapellener Kirche (S. 224)
1987 für die Gelderner Kapuzinerkirche (S. 82)
1993 Pfeifen für die Orgel in der Ponter Kirche (S. 273)

Sensen, Hermann, schuf Mosik nach Entwurf von Heinrich Brey für die Gelderner Kirche St. Maria Magdalena (S. 61)

Sieben, Jupp (1914–1985), Bildhauer aus Mönchengladbach (LINKE 1950. – Nachruf: RP vom 31. Januar 1985), wohnte und arbeitete in Geldern-Kapellen Markt 8 (S. 226), 1945 Restaurierung der Kanzel in der Kapellener Kirche (S. 218)
1955 Gedenkstein für Henriette Brey (S. 240)
1963 Kreuzweg in der Kapellener Kirche (S. 222)
1979 Hungertuch in der Kapellener Kirche (S. 222)

Smitmans, Ruth, Künstlerin in Geldern, gestaltete das Treppenhaus im alten Pastorat in Veert (S. 304)

Snyders, Frans (1579–1657), Maler (THIEME-BECKER 31, S. 190f.), von ihm hing ein Bild im Schloß Haag

Sprenger, Jakob, Maurermeister, baute 1720 die steinerne Brücke auf Schloß Haag (S. 195)

Statz, Vincenz (1819–1898), Architekt (THIEME-BECKER 31, S. 492. – VOGTS 1960. – BERTZ-NEUERBURG 1980b, S. 511), entwarf um 1860 die Gelderner Friedhofskapelle Am Ölberg (S. 43; nicht auf Schloß Haag, S. 191), um 1860 vermutlich die Villa Eerde am Issumer Tor (S. 73) und nach 1863 den Hochaltar und zwei Seitenaltäre für die Gelderner Kirche St. Maria Magdalena (S. 105, 422)

Steeger, Gebrüder Geldern, Bahnhofstraße, Firma hat es auch in Goch und Krefeld gegeben,
1899 Maßwerke für Fenster in der Kirche in Kapellen (S. 214), 1902 Teilnahme am Bau der Kapelle auf Schloß Haag (S. 191, 192, 427), um 1900 Wegkreuz an der Venloer Straße (S. 292), 1921 (?) Kreuz für das Ehrenmal auf dem Aengenescher Friedhof (S. 184)

Stelkens, Geldern, Firma wirkte 1902 beim Bau der Kapelle auf Schloß Haag mit (S. 427)

Stommel, Jan, Glockengießer, goß 1609 die Glocke für die Wallfahrtskapelle in Aengenesch (S. 182)

Stübben, Hermann Josef (1845–1936) (THIEME-BECKER 32, S. 235. – BERTZ-NEUERBURG 1980 a, S. 551. – KARNAU 2000) Stadtplaner, entwarf 1908 für Geldern einen Bauplan, Teile beim Haus Bahnhofstraße 25 wurden verwirklicht (S. 48)

Stummel, Friedrich (1850–1919), bedeutender Kirchen-maler in Kevelaer (THIEME-BECKER 32, S. 246. – LEINWEBER 1979. – EVERS, WILLING, 2000, S. 210–217), entwarf und malte
1885 Fenster für die Veerter Kirche (S. 310)
1886 Fenster für die Kapelle in Aengenesch (S. 177)
1889/90 Ausmalung der Veerter Kirche (S. 311), 1953 be-seitigt (S. 312)
1890 zwei Altartafeln in der Kapellener Kirche (S. 217, 218, 424)
1895 Fenster für die Kapelle in Aengenesch (S. 177)
1896 zwei Bilder für den Hochaltar in der Veerter Kirche (?) (S. 314)
1898 zwei Chorfenster für die Hartefelder Kirche (S. 158)
1899 vielleicht zwei Bilder am Altar in der Ponter Kirche (S. 271)
um 1900 in der Walbecker Kirche zwei Altarflügel (S. 390)
1902 in der Ponter Kirche Westfenster (S. 268) und vielleicht auch Fußboden (S. 269)
Räume auf Haus Diesdonk (S. 289 f.) und der Kreuzweg in der Veerter Kirche (S. 317)?

Susen, entwarf 1952 Fenster für die Kapellener Kirche (S. 214)

Terhorst, Wilhelm, Bauunternehmer in Kapellen, baute 1906 das Rektoratsgebäude in Aengenesch (S. 182)

Terstegen, Geldern, Firma wirkte 1902 beim Bau der Kapelle auf Schloß Haag mit (S. 427)

Tervooren, Schreinerei in Kevelaer-Kervenheim, fertigte 1996 eine neue Türe für die Villa von Eerde am Issumer Tor (S. 74)

Tibus, Bernhard, Orgelbauer in Rheinberg (Heinrich COOP-MANN: Rheinberg. Handel, Handwerk und Gewerbe im Wan-del der Zeiten [Schriften der Stadt Rheinberg zur Ge-schichte und Heimatkunde Band 6, Teil 2]. Rheinberg 1994, S. 181–196) untersuchte die Walbecker Orgel (S. 391)
Tibus, Franz (1854–1924), Orgelbauer in Rheinberg, baute 1899 neue Orgel für die Kapellener Kirche (S. 224)
1908 neue Orgel für die Veerter Kirche (S. 315)

Tilmann, Glockengießer aus Venlo (THIEME-BECKER 33, S. 173, erwähnt), gießt 1611 Glocke für die Veerter Kirche (S. 315)

Tiroler Glasmalerei, liefert 1881–1884 Fenster für die Kirche in Kapellen (S. 214)

Titz, Heinrich, Orgelbauer in Korschenbroich, baute 1752 die Walbecker Orgel (S. 391)

Traugott, H. Ein Peter Heinrich Traugott gründete im 19. Jahrhundert in (Nettetal-) Breyell ein Baugeschäft, er war „der Gründer dieses im ganzen Grenzland bekannten Betriebes" (Josef FUNKEN: Die Wirtschaftliche Entwicklung der Gemeinde Breyell II. In: Heimatbuch des Kreises Kem-pen-Krefeld 1971, S. 134), erneuerte 1881 den Turmhelm und Wetterhahn in Walbeck (S. 378, 392)

Treeck, Peter Matthias van (1816–1889), Krefeld-Hüls. „für kurze Zeit kam 1860 Wilhelm Derix als Lehrling zu ihm" (VAASSEN 1997, S. 120), fertigte 1861 die Fenster für die Pfarr-kirche Maria Magdalena an (S. 97)

Tricht, Arnt van (†1570), Bildhauer (THIEME-BECKER 33, S. 397. – HILGER 1990, S. 166–173), schuf vielleicht das Sandsteinrelief in Pont (S. 278)

Trie, Henricus A., Glockengießer, goß 1659 die Glocke in der Genieler Kapelle in Lüllingen (S. 255)

Trösch, Architekt, sanierte 1954 in Geldern das Refektorium am Ostwall (S. 122)

Valentin, Heinrich, Schreinermeister, 1926 Arbeiten in der Genieler Kapelle in Lüllingen (S. 255), 1926 zwei Sitzbänke für die Veerter Kirche (S. 314), 1926 Restaurierung am Kreuzweg in der Kapelle Klein-Kevelaer (S. 317)

Vissers, Jan (1910–1993). Maler aus und in Geldern-Veert (BEGRICH 1991. – MEYERS 1994. – LINGENS 1998a, S. 105), schuf 1935 Malereien in der Kapelle Klein-Kevelaer (S. 323), vor 1948 Fresko in der Kapuzinerkirche (S. 82) und entwarf den Osterleuchter für die Gelderner Kirche St. Maria-Magdalena (S. 101)

Vorfeld, Johann (1875–1964), Goldschmied in Kevelaer (Peter LINGENS: Der Kevelaerer Künstlerbund in den 20er und 30er Jahren. In: UH 87, 1996, S. 22, nur erwähnt) goß 1909 die Gedenktafel für die Schillschen Offiziere in der Issumer Straße (S. 67)

Vortmann, B., Uhrmacher in Recklinghausen, lieferte Turmuhren 1922 für die Kirche in Hartefeld (S. 166, 432), 1924 für die in Walbeck (S. 392) 1956 für die in Pont (S. 274)

Voß, Architekt in Kevelaer, entwarf 1921 den neuromanischen Erweiterungsbau für die Kapelle in Lüllingen (S. 252)

Vyten, Wilhelm, Baumeister, baute 1643 den Mühlenturm in Geldern aus (S. 38)

Waerder, Ludwig, Maurer in Vernum, baute 1866 den Sockel für die Vernumer Windmühle (S. 420)

Wahl und Rödel, Architekten in Essen, bauten 1928 das Gymnasium Boeckelter Weg 2 (S. 49)

Warbeyener Klinker-Werke, Kleve-Warbeyen, lieferten 1926 die Ziegel für den Bau des Gelderner Gymnasiums (S. 49)

Wedershoven, L., Geldern, Firma wirkte 1902 beim Bau der Kapelle auf Schloß Haag mit (S. 427)

Weidtman, Peter, Orgelbauer in Ratingen, von ihm stammt vielleicht die nach 1740 in der Heilig-Geist-Kirche eingebaute Orgel (S. 58)

Westermann, Carl, Kreisbaumeister (HÖVELMANN 1974, S. 52, nur erwähnt – BERTZ-NEUERBURG 1980a, S. 554), untersucht 1850 die Kapellener Kirche (S. 211) und baut die dortige Orgelbühne (S. 224)

Weyden, Rogier van der (um 1400–1464) bedeutender Künstler (THIEME-BECKER 35, S. 468–476), die Kreuzabnahme in Aengenesch geht auf ein Vorbild von ihm zurück (S. 180)

Weyhe, Maximilian Friedrich (1775–1846), Gartendirektor zu Düsseldorf (THIEME-BECKER 35, S. 482. – BERTZ-NEUERBURG 1980a, S. 555. – SCHILDT 1987) wirkte vielleicht vorbildhaft für den Gelderner Park der Villa Eerde (Rathaus) am Issumer Tor (S. 74)

Wittek, Walter, Bildhauer (* 1943), schuf 1990 ein Kunstwerk im Park der Villa Eerde am Issumer Tor (S. 74)

Württembergische Metallwarenfabrik Geislingen (S. 67)

Wucherpfennig, F., Architekt, baute 1901 das Pastorat in Veert (S. 303)

Wüsten, Franz (1844–1893), Goldschmied in Köln (BERTZ-NEUERBURG 1981, S. 342), schuf 1882 einen Reliquienschrein für die Gelderner Kirche St. Maria-Magdalena (S. 100, 422)

Zettler, F. H., München, entwarf 1861 die Fenster für die Gelderner Kirche St. Maria Magdalena (S. 97, 422)

Zins, Günther (* 1951), schuf eine Edelstahlplastik an der Gelderner Kapuzinerkirche (S. 83)

Abbildungsnachweis

Alle Fotos © Dr. Stefan Frankewitz

Weitere Abbildungen stellten freundlicherweise zur Verfügung:

Egbert Arts, Geldern: S. 385 unten

Helga Jermutus: S. 322 rechts

Kreis Kleve, Abteilung Vermessung, Bodenordnung, Grundstücksbewertung (Genehmigung 6.2–621205–1 vom 28. August 2000): S. 34, 150, 172, 250, 260, 296, 328, 350

Museum Kurhaus Kleve: S. 363

Nordrhein-Westfälisches Hauptsstaatsarchiv Düsseldorf: S. 56 unten, 86, 232

Privat: S. 156 (2×), 157, 162, 203 unten

Christoph Pyka, Kleve: 57, 80, 92, 175, 207, 269, 311, 382, 402

Rheinisches Amt für Bodendenkmalpflege, Bonn: S. 381 oben

Rheinisches Amt für Bodendenkmalpflege, Außenstelle Xanten: S. 206

Verlag Sauerländer, aare Verlag, kbv Luzern: S. 14, 15 (Genehmigung vom 13. Juli 2000)

Stadtarchiv Geldern: S. 59, 94 (2×, rechts: H. Camps), 95 links, 233, 243 oben (P. Lingens), 329

Kurt Welter, Geldern: 212, 312, 388

MESPILVS und das Geldrische Archiv

Am 27. April 1994 wurde MESPILVS, die Gesellschaft zur Förderung des Stadtarchivs Geldern, gegründet. Der Name des Vereins ist lateinisch und bedeutet Mispel. Bekanntlich hauste der geldrische Drache, den die sagenhaften Brüder Wichard und Lupold erschlugen, unter einem Mispelstrauch. Deshalb nahmen die Brüder die Mispelblüte in ihr Wappen auf. Noch heute finden sich Mispelblüten in den Wappen der Städte Geldern, Kevelaer, Goch, Viersen und Erkelenz, die alle zum ehemaligen Herzogtum Geldern gehörten.

So wie die Mispelblüte am Anfang der geldrischen Geschichte steht, bilden die im Stadtarchiv Geldern verwahrten Archivalien den Grundstock für die Gelderner Geschichtsschreibung. Die Pflege und Erforschung dieser Überlieferung kostet Geld.

Mit Ihrer Mitgliedschaft in der Gesellschaft MESPILVS helfen Sie, die Geschichte der Stadt und des Landes Geldern zu erhalten und zu erforschen! Als Dankeschön erhalten Sie kostenlos die jeweils aktuellen Veröffentlichungen, die in der Reihe „Geldrisches Archiv" erscheinen und von MESPILVS herausgegeben werden.

MESPILVS
Stadtarchiv Geldern
Issumer Tor 36
47608 Geldern
Telefon: 0 28 31 / 39 80
Telefax: 0 28 31 / 39 81 30
Homepage: www.mespilus.de

Bisher sind in der Reihe „Geldrisches Archiv" erschienen:

1 Stefan Frankewitz
Von oben. Historische Luftaufnahmen erzählen Gelderner Geschichte. Geldern 1991. 179 Seiten

2 Willem Kuppers
Die Stadtrechnungen von Geldern 1386–1423. Einführung, Textausgabe, Register. Geldern 1993. 125 Seiten und 436 Seiten *(vergriffen)*

3 Heinrich Verweyen
Die Sankt-Michael-Schule in Geldern. Von der Elementarschule über die Volksschule zur Grundschule. Geldern 1995. 304 Seiten

4 Stefan Frankewitz, Peter Lingens
Drache und Mispel im Gelderland. Eine Handreichung für Haus und Schule. Mit einem Beitrag von Christoph Brust. Geldern 1996. 120 Seiten

5 Peter Lingens
Kirchenmaler vom Niederrhein. Der Gelderner Heinrich Brey (1872–1960) und seine Kevelaerer Berufskollegen. Geldern 1998. 312 Seiten

6 Stefan Frankewitz
Die Denkmäler der Stadt Geldern. Geldern 2001. 468 Seiten

In Vorbereitung:

Die Burgen am Niederrhein

Die Gelderner Stadtrechnungen im 16. Jahrhundert

Die Höfe in der Vogtei Gelderland

Historisches Adreßbuch für die Stadt Geldern

Bodendenkmäler und Archäologie in Geldern

Niederlande

Lüllingen

Steprath

Walbeck

Walbeck

**Die Stadt Geldern
mit ihren Ortsteilen**

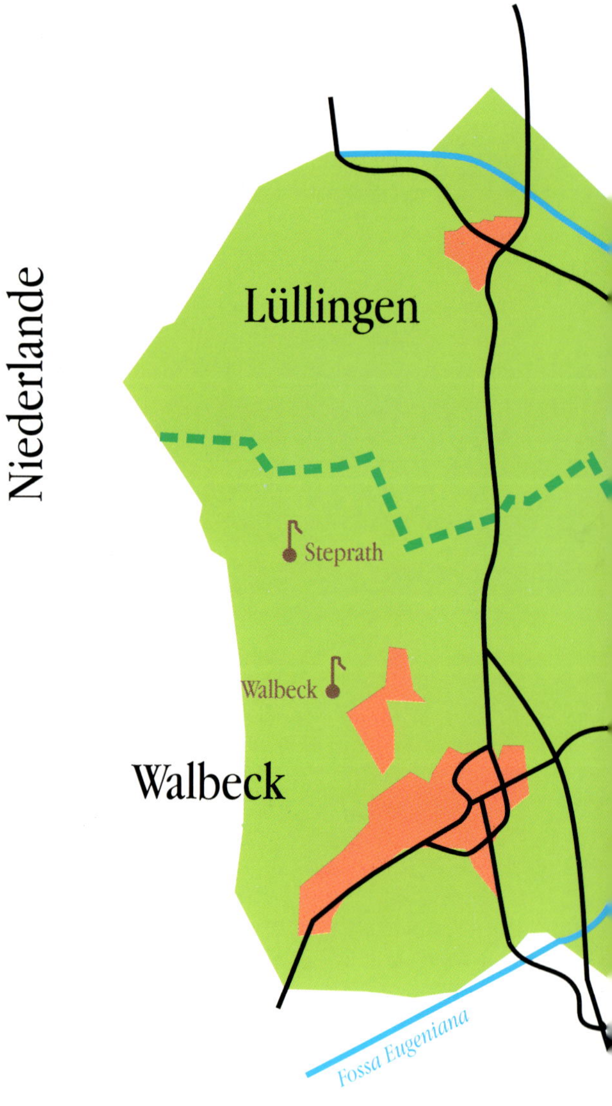

Fossa Eugeniana